U0497205

名人家谱丛考

卞孝萱 著　　武黎嵩 编

上 册

辽海出版社

图书在版编目（CIP）数据

名人家谱丛考 / 卞孝萱著；武黎嵩编. —沈阳：辽海出版社，2019.12

ISBN 978-7-5451-5400-9

Ⅰ. ①名… Ⅱ. ①卞… ②武… Ⅲ. ①名人—家谱—研究 —中国 Ⅳ. ①K820.9

中国版本图书馆 CIP 数据核字（2019）第 177928 号

出 版 者：辽海出版社
（地址：沈阳市和平区十一纬路 25 号 邮编：110003）
印 刷 者：辽宁鼎籍数码科技有限公司
发 行 者：辽海出版社
幅面尺寸：170mm × 240mm
印　　张：64.75
插　　页：16
字　　数：800 千字
出版时间：2019 年 12 月第 1 版
印刷时间：2019 年 12 月第 1 次印刷
责任编辑：于景祥　徐桂秋　范高强　刘英楠
封面设计：金蚂蚁设计工作室
版式设计：金蚂蚁设计工作室
责任校对：丁　雁

书　　号：ISBN 978-7-5451-5400-9
定　　价：200.00 元

购 书 电 话：024-23285299
开发部电话：024-23285788
网　　址：http://www.lhph.com.cn

法律顾问：辽宁普凯律师事务所　王伟
如有质量问题，请与印刷厂联系调换
印刷厂电话：024-85908302
盗版举报电话：024-23284481
盗版举报信箱：liaohaichubanshe@163.com

卞孝萱先生像

2008 年清明节卞孝萱先生在扬州旧城九巷故居前

2007 年 6 月 20 日卞孝萱先生与武黎嵩在桐城博物馆合影

2006 年 2 月卞孝萱先生同夫人段子宜及研究生武黎嵩、郁旭映在港龙园新居

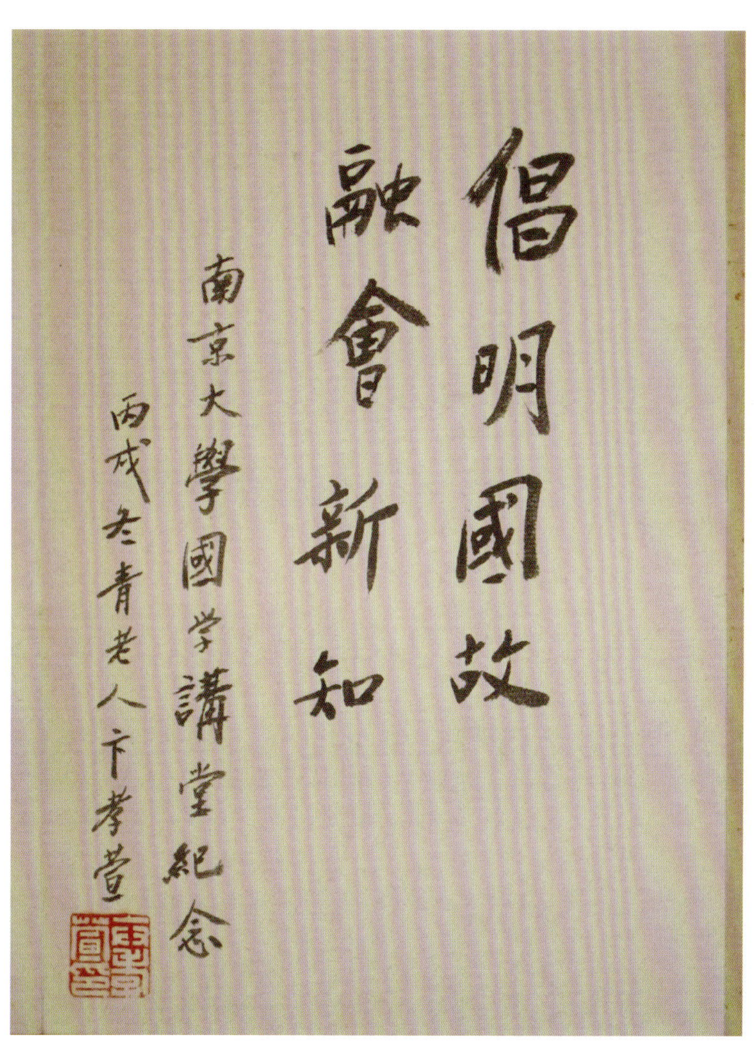

卞孝萱先生手迹

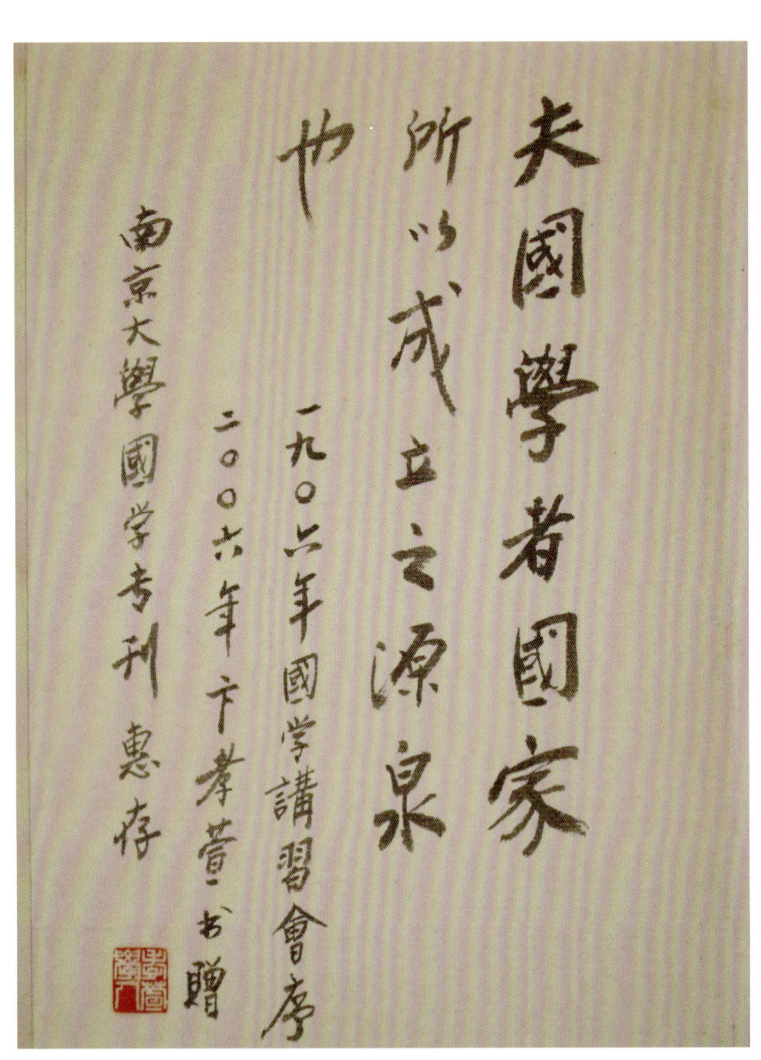

卞孝萱先生手迹

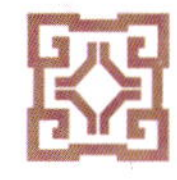

扬州迎宾馆 YANGZHOU STATE GUESTHOUSE

传真：
Facsimile
No.

由From	往To
客人姓名：Guest Name	国家或地区 Country or Destination
房号 Room No.	传真号码 Fax No.
日期 Date	应答代码 Answer Back Code

电文Message（请用正楷书写 Please write in block letters）

曾兴世兄：

我与府上三世交谊。因赴故乡参加书画篆刻界活动，未能接待您，至为抱歉，以后我如有机会赴沪，定拜访一谈。柳老文录、诗录保存完好否？

承赠《柳老学术思想论文选集》，十分感谢，正在拜读。从总体上说，此书比曾符世兄所编者更有学术价值。曾符世兄所选录之文，带有纪念性，而此书纯属学术性也。

拙著《现代国学大师学记》中有柳老一篇，并影印柳老手札，中华书局出版，沪上见到否？拙编《民国人物碑传集》中有柳老自述。柳老是我最敬佩之史学大师也。盼保持联系。

专此，顺颂

全家康乐，万事如意！

八五叟 卞孝萱

3.18.
2008.

宅电：025—86260870 住址：210036 南京市龙园北路80号2幢303室

地址：中国江苏扬州长春路一号 ADD: 1, Changchun Road, Yangzhou, Jiangsu, China.
电话 TEL: (0514) 7325288 传真 FAX: (0514) 7331674 邮政编码 P.C.: 225002

卞孝萱先生致柳诒徵之孙信，谈柳氏文集整理

杨贵妃的几个谜

卞孝萱

第 1 页

（一）

唐开元二十三年（公元735年）十二月二十四日玄宗册杨玉环为寿王（李瑁）妃，《册寿王杨妃文》中称杨玉环为"河南府士曹参军杨玄璬长女"，与《旧唐书·玄宗杨贵妃传》所云"妃早孤，养于叔父河南府士曹玄璬"相符，但以后讳莫如深了。

（二）

唐玄宗要以儿媳做妃子，先割断她与李瑁的夫妇关系，叫她假装出家，做女道士。《新唐书·玄宗纪》云："开元二十八年十月甲子，幸温泉宫，以寿王妃杨氏为道士，号太真。"对于这个时间，从宋至今，未有人表示过不同意见。

据《唐大诏令集·王妃入道》，玄宗《度寿王妃为女道士敕》系孙逖所撰，而孙逖不可能于开元二十八年（740）草敕。因为《旧唐书·孙逖传》云："（开元）二十

20×15=300　　25 A 4006.90.10　　西北师范大学中文系稿纸

卞孝萱先生手稿

敦煌石室寫經題記彙編序

陳寅恪

許雨新先生國霖以所輯敦煌石室寫經題記彙編來徵序於寅恪，寅恪受而讀之，以為敦煌寫本之有題記者不止佛教經典，而佛教經典之有題記者此編所收亦尚未盡，然即取此編所收諸卷題記之著有年月地名者與南北朝隋唐之史事一參究之，其關繫當時政治之變遷及佛教之情況者，約有二事，可得而言：一則足供證明，一則僅資談助，請分別陳之。

此編所收寫經題記之著有年號者，上起西晉，下迄北宋，前後幾七百年，而其中屬於楊隋一朝及唐高宗武則天時代者，以此例計之，最居高位。隋書叁伍經籍志佛經類總序通鑑壹柒伍陳宣帝紀太建十三年條同。云：

開皇元年高祖普詔天下，任聽出家，仍令計口出錢，營造經像，而京師及相州洛州等諸大都邑之處並官寫一切經，置於寺內，而又別寫藏於祕閣。天下之人從風而靡，競相景慕，民間佛經多於六經數十百倍。

案，楊氏有國不及四十年，而此編所收寫經題之著有開皇仁壽大業之年號者凡三十有六種，故知史氏謂當時民間佛經多於六經數十百倍，實非誇大之詞，李唐開國，高祖太宗頗不崇佛，唐代佛教之盛，始於高宗之世，此與武則天之母氏家世信仰有

卞孝萱先生旧藏陈寅恪先生清华讲义

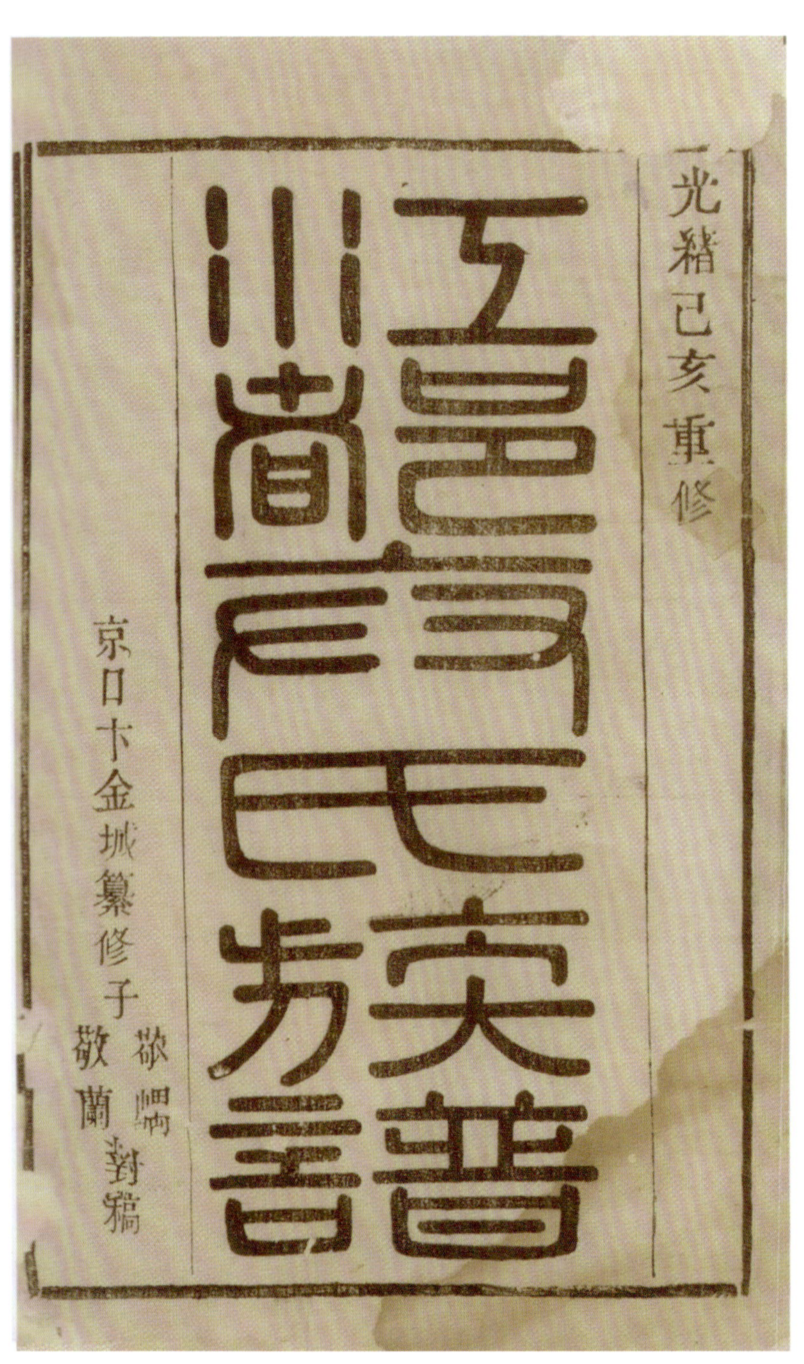

《江都卞氏族谱》之一页

《京江柳氏宗谱》之一页

《陈氏合修宗谱》之一页

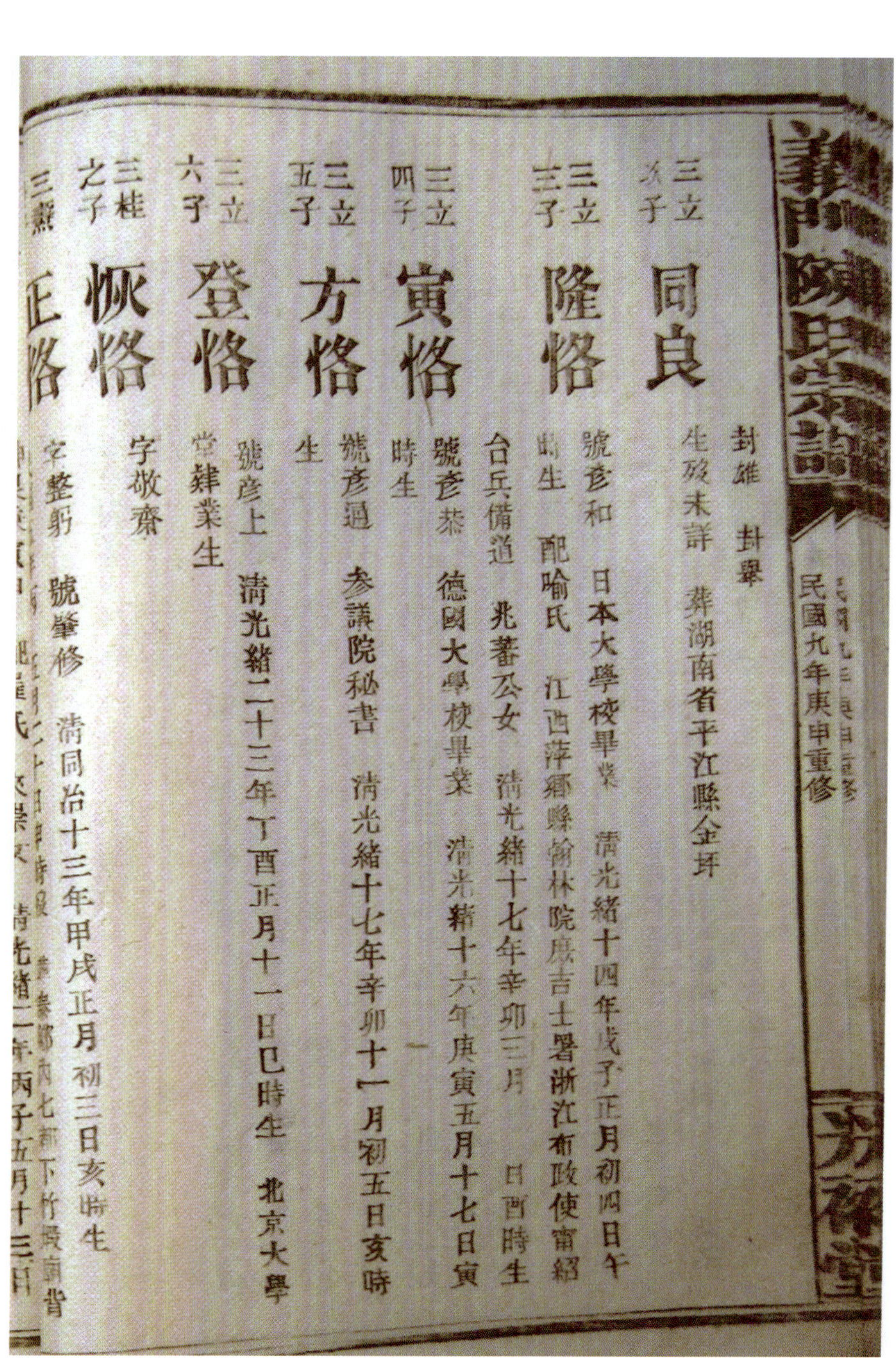

《义门陈氏宗谱》之一页

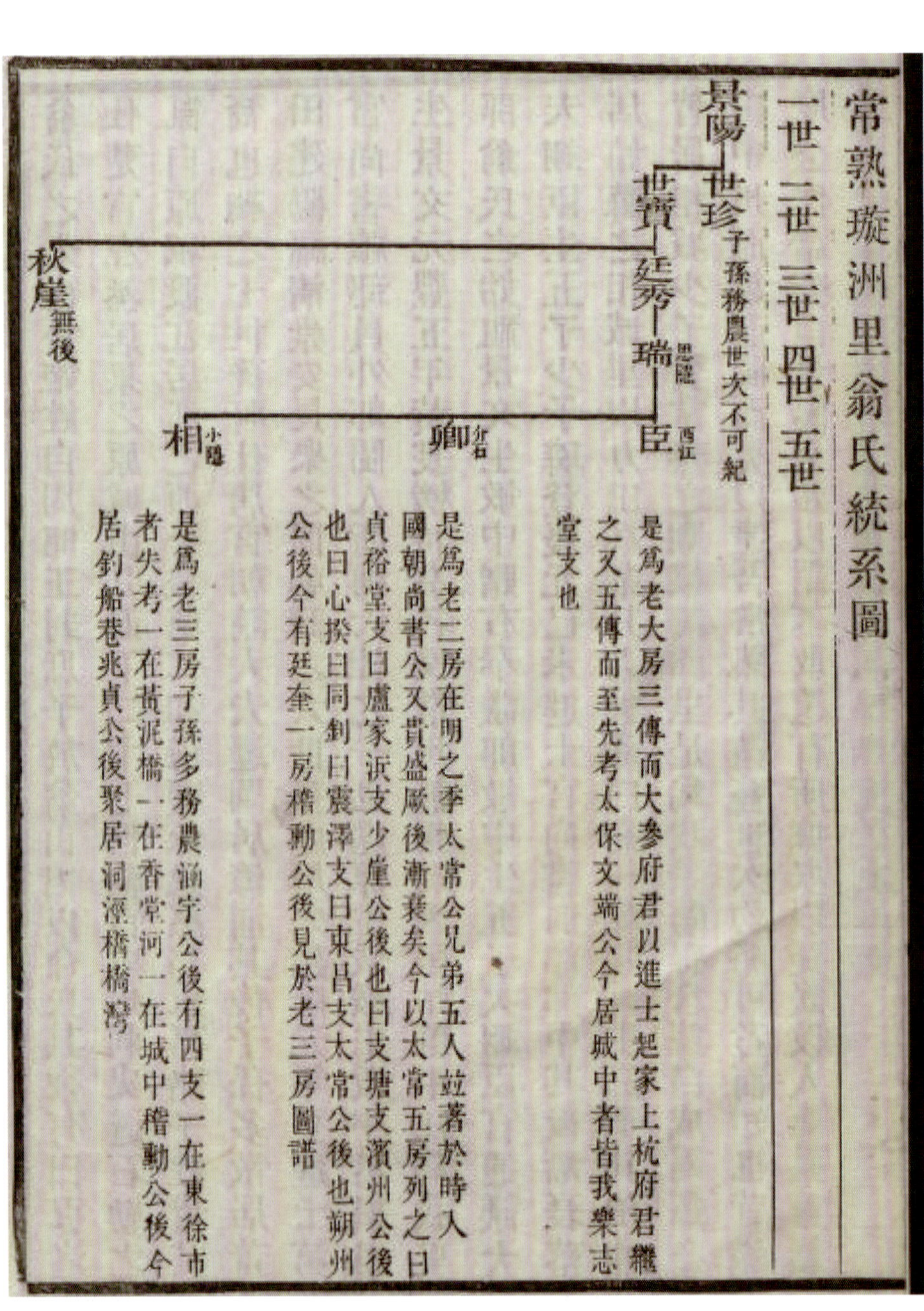

常熟璇洲里翁氏統系圖

一世 二世 三世 四世 五世

景陽—世珍 子孫務農世次不可紀

世贇—廷秀—瑞 思隱

秋崖 無後

臣 西江

卿 介石

相 小隱

是爲老大房三傳而大參府君以進士起家上杭府君繼之又五傳而至先考太保文端公今居城中者皆我樂志堂支也

是爲老二房在明之季太常公兄弟五人竝著於時入國朝尚書公又貴盛厥後漸衰矣今以太常五房列之曰貞裕堂支曰盧家浜支少崖公後也曰支塘支濱州公後也曰心揆曰同釗曰震澤支曰東昌支太常公後也朔州公後今有廷奎一房稽勳公後見於老三房圖譜

是爲老三房子孫多務農涵宇公後有四支一在東徐市者失考一在黄泥橋一在香堂河一在城中稽勳公後今居釣船巷兆貞公後聚居祠溼橋橋灣

《海虞翁氏族谱》之一页

光緒歲次丙戌重鐫

西盖趙氏族譜

永思堂

《西盖赵氏族谱》之一页

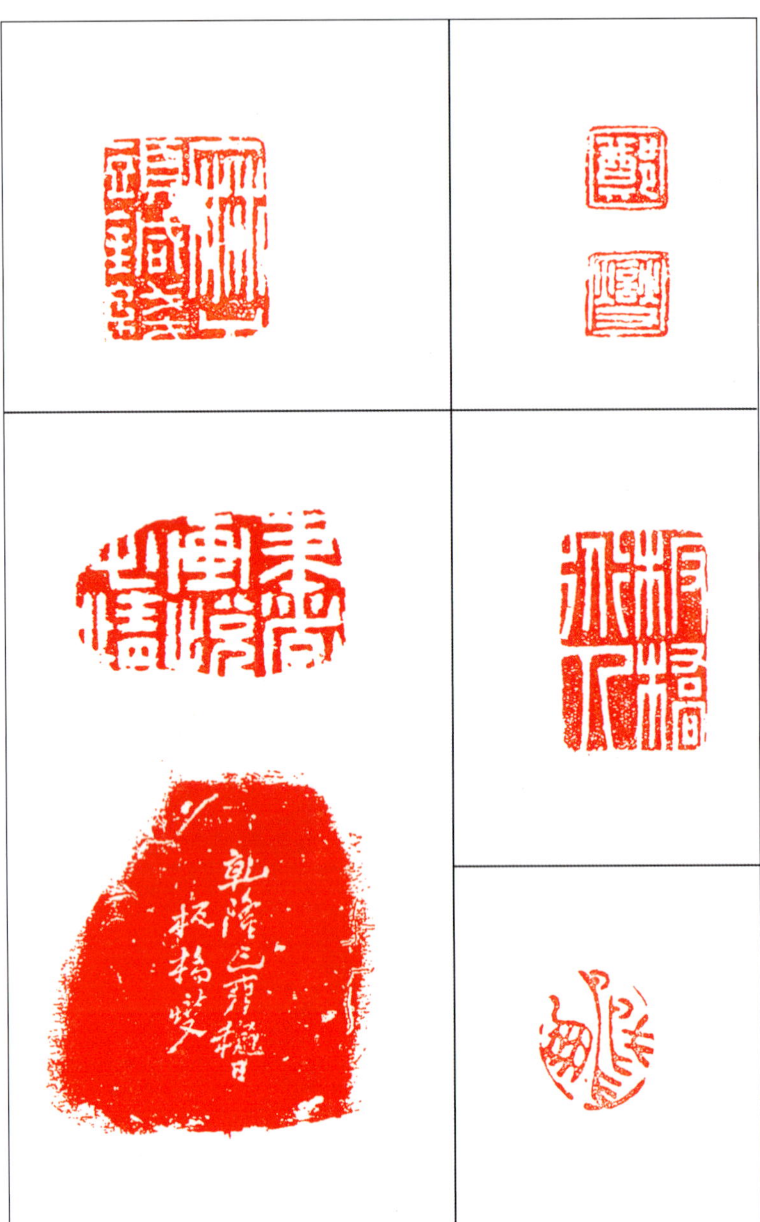

郑板桥所用印章

目录

上册

下　册

开拓谱牒文献研究的新领域（代前言）

武黎嵩

2006年10月，卞孝萱先生穷20年心血而成的著作《现代国学大师学记》由中华书局出版。《学记》之作既是先生对已故的国学大师的怀念之情深化成学术上的相知，更是先生治学心得的凝聚，也是先生一生勤奋自学的缩影。此书出版后直至先生逝世，卞先生将主要精力集中到家谱的研究上来。2008年底，卞孝萱先生生前最后一部专著《家谱中的名人身影——家谱丛考》（以下简称《家谱丛考》）交由辽海出版社出版。2009年9月5日先生辞世，逝世前仍从事家谱研究。惜卞先生生前未能看到对于《翁氏宗谱》（翁同龢家族）、《钱氏宗谱》（钱穆家族）、《董氏宗谱》（董祐诚、董康家族）研究成果的发表。在随后整理先生遗物的时候，我们发现先生尚有对《黄氏宗谱》（黄景仁家族）、《恽氏宗谱》（恽格家族）、《卞氏宗谱》（卞宝第家族）的研究，仅抄出资料，或记下零星心得，未及撰述成文，殊为可惜。

卞孝萱先生在人生的最后几年中，以耄耋高龄，集中精力从事家谱研究，开拓文史研究的新领域。我是先生最年幼的学生，也是先生晚年从事家谱研究的助手，有幸与先生合撰七篇关于家谱研究的论文，目睹先生治学之劬、用功之深，了解先生研究家谱的治学方法。故撰此文，介绍先生家谱研究的学术特色，以期有助于读者阅读《家谱丛考》一书。更是在先生逝世周年之际，表达对先生的无限怀念之情。

一

大家熟悉，卞孝萱先生由碑传之学入手，学习文史，编有《辛亥人物碑传集》《民国人物碑传集》，为学者所习用。先生尝自述："孝萱治史，从近现代入手。日军侵华，战火之中文物多有损失，孝萱为了抢救近现代文献资料，花大力气收集到大量的近现代名人行状、家传、墓碑、墓志铭等。……一个人之史为碑传，一个家族之史为家谱。孝萱在收集碑传的同时，也留心家谱。"[①]早在六十余年前，卞孝萱先生通过友人在淮安访得《迁淮边氏谱》稿本，当时尚无静电复印，先生手抄其中关于"扬州八怪"之一的书画家边寿民（维祺）的资料，结合相关史料撰成《从〈迁淮边氏谱〉看边寿民》一文。此后先生研究扬州八怪、近代学人多引用家谱资料。可见先生对于谱牒文献的重视，是贯穿整个治学生涯的。

清代《四库全书》收录图书中，除《孔颜孟三氏志》《闵子世谱》等极少量的圣贤谱牒外，几乎不收家谱。不同于正史、方志、名人年谱这些普遍流传的文献，谱牒文献绝大多数流传不广，除本族子孙外，绝少传播与收藏。而传世的谱牒文献又良莠不齐，目前谱牒文献的存世量超过4万种，或存于地方图书馆，或庋于藏家之手，遍览这些谱牒资料是不可能的，而有目的的去寻访一些名谱也是一项艰难的工作。卞先生晚年通过公、私收藏，阅读十余种名人家谱，撰述文章，为家谱研究作了典范。

研究首先需要占有文献资料，先生晚年外出讲学的重要目的之一即是访求当地的名谱。先生常说，家谱文献与其他历史文献相反：其他历史文献越早越好，时代越早则讹误越少，越接近历史的原貌。家谱文献越晚越好，时代越晚则记录的家族成员越多，可供研究的资料也越完备。先生研究家谱不求孤本秘籍，但求首尾连贯，传承有序，内容可观者。如《西盖赵氏宗谱》，为2003年重修铅印本，已为一般学者和藏家所不重视。先生由常州谱牒文化研究会朱炳国会长处借阅该谱后，反复研读，钩沉出赵翼、赵元任等文化名人的家族历史。先生称该谱是研究赵翼的资料库，并将该谱碑、传编制目录，以便学者索骥。此是先生的学术眼光由沉潜而高明之处。

二

因为地域、族别、经济实力等原因，不同的家谱差异极大；根据收族范围不同又有“族谱”“宗谱”“支谱”“家乘”之别；体例也不尽一致，或详或略，质量参差不齐。从一部传世的家谱文献中发现有意义的学术问题，需要有丰富的知识背景以及学术眼光。卞先生用毕生积累的学养，审视不同的家谱文献，发掘其中的珍贵历史文献，进行研究。这恰是采铜于山、取舍于心的过程。那么先生研究家谱文献有哪些值得借鉴和学习的方法？略举如下几个方面：

（一）选择家谱中重要的历史人物，从纵向和横向的不同方面进行研究比较。得睹一部名人家谱，先生首先让我做的工作总是以名人（如姚鼐、翁同龢、柳诒徵、陈寅恪、钱穆）为中心画出世系图，推演其数十代的家世传承。此就是古人所谓的“谱”。其次根据此世系图，按照世次摘编其直系亲属的姓名、行第、字号、生卒、科名、仕宦、姻娅等基本情况简表。此即是古人所谓“牒”。这一过程，实际上是对家谱浓缩和提炼的过程，也是积累研究的基本史料的过程。翻阅《家谱丛考》一书以及先生研究家谱的文章，我们从中可以看到关于名人家世的第一手文献，也为将来的研究者提供了线索和资料。

纵向观察一个家族人物的生活轨迹，就可以看出一个家族的发展史。横向比较家族成员的生平、婚姻等则可以看出一个家族在具体的时代中的特点。《江都卞氏族谱》在明末清初的人物记载中，往往于生、卒、葬地多有缺失。先生一针见血地指出，这些人物的生、卒、葬地失载，就是“扬州十日”之后卞氏家族家破人亡的真实写照，是无法磨灭的时代烙印。

（二）针对不同类型的家族，采取不同的研究方法及切入点。每次编制完世系图、家族成员情况表，卞先生总要问我对这个家族有什么直观的看法。对于我的直观看法，先生常常给予修正、补充、深度挖掘。先生常说，对于不同类型的谱牒文献，要有不同的研究切入点。先生将家族类型加以区分，认为有文化型、农耕型、工商型等不同类型的家族，在传统的农业社会，人们安土重迁，家族的特征也易于传承。而这些不同类型的家族要想进一步提升其社会地位，都是以家学为基石，以科举为路径向官僚世家转化。有的可以成功，有的终究没有成功。家谱家家不同，却同为一类文献，以不同的视角去看家谱，则可以窥出大千世界：

例如，义宁陈氏家族本是农耕型的寒族，因陈宝箴、陈三立父子中举人、进士而成为士族，并通过陈宝箴参与镇压太平军，仕至高位而成为官僚家庭。卞先生以陈宝箴、陈三立一系为中心，梳理陈氏家世，并对其娶亲、嫁女的经过进行研究，揭示出陈氏家族由农而士而学的转变历程，展示了国学大师陈寅恪的家族背景。

例如，京江柳氏家族，虽无显宦，却世代书香，学兼汉、宋。《京江柳氏宗谱》以其完备的体例，丰富的艺文资料，保存了大量的珍贵历史文献而为家谱中的上乘之作。对该谱的研究，除了能够揭示家学背景对国学大师柳诒徵学术倾向的影响外，还可以展示该谱极高的文献价值。

例如，桐城麻溪姚氏家族，科甲蝉联，也是世代书香，是典型的文化官僚型家族。良好的家庭教育是保持姚氏家族数百年家声不坠的牢固基石。在姚鼐的努力下，最终形成桐城文派，影响直至清末民初。研究姚氏家族，就要发掘其家族中以理学为内核的文化传承，理出其家学传承的线索。

例如，钱塘丁氏家族，拥资巨万，是典型的工商家族。仓廪实而知礼节，钱塘丁氏富而好学，建八千卷楼，收拾兵乱中的文澜阁藏书。从丁氏家族慈善活动中可以窥得其财力，而探得其财富来源，则可知八千卷楼的兴废正与丁氏工商活动之成败相关联。

（三）揭露家谱文献中为世人所不知的历史真相。一方面在修撰家谱时为了炫耀门第，修谱者往往在始祖、谱序上做文章，伪托名人，鱼目混珠。另一方面，在礼教森严的传统社会，修谱者对于祖先怀有敬畏之心，关于祖先的生卒、字号、婚姻、仕宦等情况都会真实予以记录。家谱文献中往往保留世人所不知的历史真相。今据《海虞翁氏族谱》举两例：

众所周知，晚清名臣翁心存、翁同龢父子两代帝师，家庭显赫，却不知翁氏本为邹氏后人。我们通过对《海虞翁氏族谱》展开研究得知，翁氏第七世翁万春（号芳庵），《谱》云："东磵老人铭公墓，称为孝友笃诚、光明倜傥之君子。""东磵老人"指钱谦益。据钱氏《翁芳庵合葬墓志铭》："翁自思隐公始大，诸孙鹊起，青紫映望。府君少负渊敏，思奋臂出其间。梦肠刻肾，攻苦绩学，屡厄童子科，垂老罢去。于是乎望尘息心，束身修行。横经籍史，以峙老学。作苦食淡，以治生产。夙夜曙戒，以教子姓。……宗有贵人，婆人子辄鲜衣危帽，矫尾厉角。府君每唾之曰：吾翮下有翼，不能垂天，肯窃他人羽毛吓腐鼠耶?"（《牧斋外集》卷十六）钱氏所撰《墓志铭》揭示出翁万春刻苦勤学，却厄于屋场，未能一第，并受到同宗有功名者的刺激。而《海虞翁氏族谱》更揭示出翁万春无子，不以侄继承，而抱邹氏之子为儿的事实。对于翁万春之子翁长庸，《谱》云："本姓邹氏。父讳孟孝，字达所。生七日而芳庵抱以为子。幼孤，奉母至孝……"可见翁心存、翁同龢等名人，实际上是邹氏的后裔。本应姓邹，这是世人所未知的。②

查阅清人的出生年月，今可利用的资料有《朱卷履历》。但古人在科举、仕宦中为了表示自己年轻有为，往往故意虚报自己的出生年月，将年龄改小。试将《朱卷履历》与《海虞翁氏族谱》均有记载的三位翁氏家族成员的出生年月比较如下：

姓名	《朱卷履历》所载生年	《族谱》所载生年
翁咸封	乾隆壬申四月初五日生（1752）	乾隆庚午四月五日生（1750）
翁心存	乾隆辛亥五月十四日吉时生（1791）	乾隆辛亥五月十四日生（1791）
翁曾源	道光丁酉年五月二十二日吉时生（1837）	道光甲午五月二十二日生（1834）

从上表不难看出，除翁心存履历出生日期与事实相符外，翁咸封、翁曾源均有将出生日期改后的情况，这一改其科举成功的年龄自然比实际年龄要小一些。如不核对家谱文献，仅仅依据《朱卷履历》则将致误。

三

能够看到名人名谱总是令人兴奋的，但是卞孝萱先生对家谱文献采取十分审慎的态度。在传统社会正史、方志多出自学者之手，与修者多为名流宿学。家谱虽多由族人中有名望者挂名主修，实际董其事者多为塾师。限于学养，修谱者不能严格考证文献真伪，而流俗又多以攀附名人为荣。致使家谱文献中常常掺入一些人为的作伪文献。卞先生对于家谱文献做了不少辨伪的工作，有示范意义。

（一）家谱中的文献作伪，如伪造名人序跋。卞先生指出："在旧社会，编修家谱者，常伪造名人题字、撰序，以抬高家族的地位。"[③]泰和三塘《钟氏族谱》载有南朝文学家钟嵘所撰《序》。卞先生考证认为"这篇序文，与钟嵘之生平、家世、思想皆不合，还运用了钟嵘绝不可能知道的后世的典故，足以说明它是冒名之伪作。"[④]

（二）家谱中对家族历史作伪，冒认历史名人作祖先。《中山刘氏宗谱》托始于汉中山靖王刘胜，自称为刘禹锡后人。卞先生通过刘禹锡《子刘子自传》与《晋书》《魏书》《周书》《隋书》等文献比较研究，得出刘禹锡应系“随着拓跋氏政权南迁的胡姓刘氏之后”⑤。而非汉代楚元王刘交或中山靖王刘胜之后。《中山刘氏宗谱》冒充汉、唐刘姓名人之后乃属“陋习”所致。

无锡《锦树堂钱氏宗谱》奉吴越王钱镠为始祖，卞先生特别说明：“江浙一带钱氏均奉钱镠为始祖，世系荒邈，本文存而不论，不去深究。”⑥

先生还特别在文章中表彰，世代书香的京江柳氏家族，在修辑家谱过程中，实事求是，不冒认祖先。京江柳氏传说为宋代词人柳永后裔，而《京江柳氏宗谱》在记录流俗传说的同时，仍然尊奉文献、世系可考的明代中期人柳鲲为始祖。先生云：

> 京江柳氏修谱，首先批评世俗冒认祖宗之陋习，如第六世柳可荫所撰《谱序》云：“六朝以来，风靡俗薄，为人后者，不知发奋以自雄，惟夸门第以相尚。有经乱离而失其谱系者，则择一前代爵隆誉重之人，而冒认以为后。如李唐远祖老聃，吴越托始彭祖，或二三十世而系一人，或十五六世而系一人，不亦荒邈之甚耶！”……三部《柳谱》，皆以世系秩然可考之明人柳鲲为第一世。⑦

（三）在大量阅读家谱文献的基础上，卞先生认为：从宏观上看，由于历史原因，各个家谱记载的宋以前的家族历史及家族世系多不可靠。先生在《〈钟氏族谱〉钟嵘序辨伪》一文中引用《通志》及《宋史》资料，说明唐五代以前，家谱文献散佚的事实：

> 《宋史·刘烨传》：“唐末五代乱，衣冠旧族多离去乡里，或爵命中绝而世系无所考。”《通志·氏族略》：“家藏谱系之书，自五季以来，取士不问家世，婚姻不问阀阅，故其书散佚。”《宋史》《通志》从不同

的角度说出了唐末五代时家谱散佚的原因。[8]

卞孝萱先生在考证家谱文献真伪的过程中运用了多种文献学的方法，非常值得我们学习和借鉴，如：（1）避讳学，《泾川柳氏宗谱》中有托名唐人柳宗元所撰的《谱牒论》，其中“崔民干”唐人皆避讳作“崔干”，而伪托之《谱牒论》未能注意唐人避讳习惯。（2）科举及职官制度，《泾川柳氏宗谱》中有托名唐人柳玭所撰的《序》，结衔有“赐进士出身”“授吏部清吏司”等字样。卞先生指出，入仕后自称“前进士”“前明经”，“赐进士出身”是宋代以后对于出身的说法；唐代吏部所辖四司，分别为吏部司、司封司、司勋司、考功司，清吏司的称呼是明清以后才有的。（3）年代学，《泾川柳氏宗谱》中有托名唐人柳玭所撰的《序》署“唐光化三年岁次庚申夏蒲月”，卞先生根据《新唐书·柳玭传》《北梦琐言》《资治通鉴》及《金石萃编》所载《大唐万寿寺记》等文献比较研究，发现柳玭先贬渝州后移泸州，至光化初，昭宗诏复柳玭官爵，而柳已物故。故所署“光化三年”作序，实属伪托。（4）校勘学，兴国《钟氏族谱》载有《（钟绍京）制诰第一通》，有学者认为此《制诰》系《全唐文》漏载。卞先生通过《册府元龟》《唐大诏令集》《全唐文》及《钟氏族谱》的校勘发现，该制诰于《册府元龟》《唐大诏令集》《全唐文》中均有收录，《钟氏族谱》中尽管文字有窜改，但卞先生通过校勘发现，《族谱》所载详于以上三书，删汰较少，保存全文，优于以上三书所载。

卞孝萱先生晚年没有像一般的老人一样颐养天年，而是像一名年轻人一样探索着新的研究领域。先生不会使用电脑和网络。他检索文献凭借的是毕生积累的学养和勤奋的治学态度。先生的遗稿均是工楷手写而成，有的上面朱墨焕然，是先生不断修改、不断提炼的痕迹。

先生晚年亲身从事的是利用家谱文献进行文化史的研究，但是先生早已指出家谱研究的价值不仅仅局限于此，先生云：

> 家谱对于研究社会学、民俗学、教育学、民族史、经济史、移民史以及家族制度、父母两系遗传等，均有重要价值，略举数例如下：
>
> 每一部家谱，照例记载该家族全部成员的名字、排行、生卒之年月日时，以及科名、官职、婚姻（包括配偶的姓名、籍贯及生卒之年月日时）、子女（包括女婿的姓名、籍贯、简历）等，除因犯罪而有碍门风，开除出族者外，没有故意的遗漏，比官方的记载要完整些、准确些。
>
> 某些家谱中的序跋、诰命、奏章、田地房契、碑传、日记、诗词等，往往是史籍、地方志、诗文集、笔记小说中所见不到的。
>
> 运用统计方法，利用家谱中的记载，可以考出各时代、各地方的婚姻平均年龄，平均寿数，男女出生比例，出生率与死亡率之比较等。除家谱外，绝无其他途径可以得到这些数据。[9]

先生晚年讲述国学时常说，国学的内涵是不断发展的。20世纪初随着敦煌文书、殷墟甲骨的发现，国学有了敦煌学、甲骨学。作为过去常被忽略的家谱文献，先生强调其价值，更期许对于谱牒文献能有像敦煌学、甲骨学那样的深入研究。这些研究有的属于历史学范畴，有的已经超出历史学研究的领域而属于自然科学研究的内容。可见，谱牒文献研究的深入，需要多学科的交叉。

“于树似冬青”是先生最爱的诗句，也是先生晚年的写照。卞孝萱先生在人生的最后几年，为家谱研究这一新兴学科打开一扇门，而更深入的研讨，则需要更多人的参与和努力。让我们用家谱文献研究的丰硕成果，寄托对卞孝萱先生的无限思念吧，这应是先生最希望看到的。

注释：

①卞孝萱、武黎嵩2009年5月31日《致〈中国文化〉编辑部

的一封信》，据卞孝萱先生手稿。

②卞孝萱，武黎嵩．解读翁同龢——《海虞翁氏族谱》资料的发掘利用［J］．古典文献研究，2009（12）：77.

③卞孝萱．家谱中的名人身影——家谱丛考［M］．沈阳：辽海出版社，2008：248.

④卞孝萱．家谱中的名人身影——家谱丛考［M］．沈阳：辽海出版社，2008：231.

⑤卞孝萱．家谱中的名人身影——家谱丛考［M］．沈阳：辽海出版社，2008：250.

⑥卞孝萱，武黎嵩．没有钱穆名字的钱穆家谱——《钱氏宗谱》资料的发掘利用［J］．中国文化，2009（2）：159.

⑦卞孝萱，武黎嵩．从三部《京江柳氏宗谱》看国学大师柳诒徵［J］．淮阴师范学院学报（哲学社会科学版），2009（2）：210.

⑧卞孝萱．家谱中的名人身影——家谱丛考［M］．沈阳：辽海出版社，2008：229.

⑨卞孝萱．“家谱研究”专栏主持人语［J］．淮阴师范学院学报（哲学社会科学版），2009（1）：50.

钟嵘——《钟氏宗谱》考

《许昌学院学报》顾问谢文学，从泰和三塘《钟氏族谱》中看到一篇署名钟嵘撰的序，复印邮示，请我鉴别真伪。钟嵘是《诗品》的作者，不比普通文人，序文的真伪问题，至为重要。故将我的回信公开发表，供大家参考。

钟氏是名门望族，据《唐贞观八年条举氏族事件》，“颍川郡七姓”中有钟氏一姓。颍川是钟氏郡望。南开大学藏清钞本《颍川郡钟氏族谱》卷首所载《颍川郡钟氏族谱源流总序》明言：“裔等追维家谱纂于南宋。”怎样解读这句重要的话？《宋史·刘烨传》：“唐末五代乱，衣冠旧族多离去乡里，或爵命中绝而世系无所考。”《通志·氏族略》：“家藏谱系之书，自五季以来，取士不问家世，婚姻不问阀阅，故其书散佚。”《宋史》《通志》从不同的角度说出了唐末五代时家谱散佚的原因。钟氏家谱纂于南宋，可见原有家谱散佚了。假设钟氏旧谱中有钟嵘序言，也一同散佚了。绝无家谱散佚而序言独存之理！泰和三塘《钟氏族谱》中的钟嵘序言，来历不明，不能轻信。下面揭示这篇序言的伪造痕迹。

序文署：“梁大通二年岁次戊申嗣孙嵘序。”钟嵘生于何年？学者虽有不同的考证，约在泰始三年至七年（467—471）之间，是学术界普遍接受的意见。卒于何年？约在天监十七年（518 年），没有分歧的说法。卒后十年为大通二年（528 年）。《钟氏族谱》所载大通二年之序，与钟嵘生平不合。

序文说："传至伯州犁仕楚为大夫。"据《元和姓纂》："桓公曾孙伯宗，仕晋；生州犁，仕楚。"《新唐书·宰相世系表》："伯宗子州犁仕楚。"《钟氏族谱》所载之序，将伯宗、州犁父子二人误为"伯州犁"一人。序文又说："因地受氏，则钟离眛也。"据《姓纂》《新表》，钟离眛为项羽将，《钟氏族谱》将"眛"误为"昧"。这都与钟嵘家世不合。

序文说："其间为儒、为宦、为士大夫、为素封者，累今相继。"在中国旧社会，"素封"对封君而言。有封邑的贵族，称为封君；无官爵封邑而拥有资产，与封君一样富有者，称为"素封"。南北朝重视门第，虽有钱而无官爵封邑，社会地位很低。举一例子：据《陈书·儒林传》记载，太原晋阳人王元规，八岁而孤，兄弟三人，随寡母依舅氏往临淮郡，"郡土豪刘瑱者，资财巨万，以女妻之。元规母以其兄弟幼弱，欲结强援"。王元规哭着对母亲说："岂得……辄婚非类？"母感其言而止。一个流落异乡的书生，尚且不屑与资财巨万的庶族之女结婚，从这个故事可见当时的社会风气。至于钟嵘本人，非常重视门第，据《梁书·文学传上》《南史·文学传》记载，天监初，钟嵘上言："臣愚谓永元诸军官是素族士人，自有清贯，而因斯受爵，一宜削除，以惩浇竞。若吏姓寒人，听极其门品，不当因军遂滥清级。若侨杂伧楚，应在绥抚，正宜严断禄力，绝其妨正，直乞虚号而已。"看出他把士、庶的界限划分得多么清楚。《钟氏族谱》所载之序文，列举钟氏祖先，将素封与儒、宦、士大夫相提并论，不符合钟嵘的思想实际。如序文是钟嵘手笔，必不以祖先"素封"为荣。

序文说："其与子寿、道济之通谱，盖同符而合辙矣。彼元振之妄拜，正伦之求附，又焉可同言而语哉！"据两《唐书》，张九龄字子寿，张说字道济，元振姓郭，正伦姓杜。所谓"通谱"，张九龄家于始兴，为曲江人；张说之先为范阳人，世居河东，徙家洛阳。张九龄、张说同姓而不同宗，“张说谪岭南，一见（张九龄）厚遇之”（据《新唐书·张九龄传》）。用今天流行的话来说，两个人认本家了。所谓“求附”，杜正伦是相州洹水人，与京兆杜氏、襄阳杜氏，同姓而不同宗。“正伦与城南诸杜昭穆素远，求同谱，不许，衔之。”（据《新唐书·杜正伦传》）暂且不说《钟氏族谱》所载之序，运用这几个典故，妥当与否；四位唐朝人，怎么可能出现在钟嵘的笔下？

以上指出，这篇序文，与钟嵘之生平、家世、思想皆不合，还运用了钟嵘绝不可能知道的后世的典故，足以说明它是冒名之伪作。至于文笔拙陋，大大玷污了钟嵘，我就不多说了。

考出这篇序言是伪作，不等于它毫无价值。陈寅恪说得好：“如某种伪材料，若径认为其所依托之时代及作者之真产物，固不可也。但能考出其作伪时代及作者，即据以说明此时代及作者之思想，则变为一真材料矣。”（《金明馆丛稿二编·冯友兰〈中国哲学史〉上册审查报告》）在重门第的六朝，追述祖先，不可能将“为素封”与“为儒、为宦、为士大夫”相提并论，但宋以后就不同了。由唐至宋，地主阶级内部结构发生了相当大的变化，租佃制盛行，无身份的地主取代了士族地主的地位。人们对门第的观念也随之发生变化，追述祖先，“为儒、为宦、为士大夫、为素封”，都是光彩的。

《钟氏谱》“纂于南宋”，“有明成化、天顺、宣德世复编纂，厥后兵燹，桑梓旧谱幸存其一”（《颍川郡钟氏族谱源流总序》）。今日所见之各地钟氏谱，多为清代所修。假冒钟嵘之名的序言中，出现四个唐人，最早也是宋以后的产物。它是六朝的伪材料，却是宋以后的真材料。它所反映的是无身份地主的社会地位提高之后的思想意识，能够看出中国旧社会地主阶级内部结构变化——文化转型的迹象。

附：《钟氏宗谱》窜改唐制诰考

兴国《钟氏族谱》所载《（钟绍京）诰命第一通》有窜改之处。近见谢文学的文章[①]，没有去伪存真，反而传播其中的错误。不容缄默，应予澄清。

有比较才能鉴别。在进行考证之前，先将《册府元龟》《唐大诏令集》《全唐文》《钟氏族谱》四书所载的同一篇唐代制诰，原文对照如下：

《册府元龟》卷八十四《帝王部·赦宥》："少帝温王唐隆元年六月……辛丑，诏曰：'大盗移国，朝有贼臣。见危授命，家多义士。朕以凶闵，触诸〔绪〕糜溃。奸竖构扇，倾陷宗社。潜图窃发，机兆未萌。相王第三子临淄郡王隆基纠合同盟，忠勇奋怒。志除凶党，保护邦家。逆贼韦温、马秦客、叶静能、宗楚客、纪处讷、武延秀、赵履温、杨筠等，密行鸩毒，先圣暴终。朕志不图全，枕戈泣血。风云玄感，情计阴通。太平公主男卫尉卿薛崇暕，与前同州朝邑县尉刘幽求，总监钟绍宗〔京〕，日夜共谋，誓诛逆党。凶徒惊恧，投窜无所。今天衢交泰，氛祲廓清。宜申作解之恩，以洽升平之化。自唐隆元年六月二十一日昧爽已前，大辟罪以下，常赦所不免者，咸赦除之。其逆贼头首，咸已斩决。自余支党，一无所问。内外官三品以上，赐爵一等；四品已下，加一阶。隆基可封平王，食实封一千户，赐物五千段。薛崇暕封立节郡王，食实封五百户，赐物三千段。钟绍宗〔京〕可银青光禄大夫、守中书侍郎、颍州〔川〕郡开国公，食实封二百户，赐物一千段。前同州朝邑县尉刘幽求可朝议大夫、守中书舍人，仍参知机务、中山郡〔县〕开国男，食实封二百户。利仁府折冲麻嗣宗可云麾将军，行左金吾卫中郎将，赐物一千段。追贬皇后韦氏为庶人，安乐公主为悖逆庶人。'"

《唐大诏令集》卷一二三《政事·平乱上·平内难赦》:"大盗移国，朝有贼臣。见危授命，家多义士。朕以凶闵，触绪縻溃。奸竖构扇，倾陷宗社。潜图窃发，机兆未萌。相王第三子临淄郡王隆基，纠合同盟，忠勇奋怒。志除凶党，保护邦家。逆贼韦温、马秦客、叶静能、宗楚客、纪处讷、武延秀、赵履温、杨均业等，密行鸩毒，先圣暴崩。朕志不图全，枕戈泣血。风云玄感，情计阴通。太平公主男卫尉卿薛崇暕，与前同州朝邑县尉刘幽求、总监钟绍京，日夜共谋，誓诛逆党。凶徒惊恐，投窜无所。今天衢交泰，氛祲廓清。宜申作解之恩，以洽升平之化。自唐隆元年六月二十一日昧爽以前，大辟以下，常赦所不原者，咸赦除之。其逆贼头首，咸已斩决。自余支党，一无所问。内外官三品以上，赐爵一级；四品已下，加一阶。隆基可封平王，实封一千户，赐物五千段。薛崇暕封立节郡王，食实封五百户，赐物三千段。钟绍京可银青光禄大夫、守中书侍郎、颍川郡开国公，食实封二百户，赐物一千段。前同州朝邑县尉刘幽求可朝议大夫、守中书舍人，仍参知机务、中山县开国男，食实封二伯〔百〕户。利人府折冲麻嗣宗可云麾将军、行左金吾卫中郎将，赐物一千段。"

《全唐文》卷九十九"襄王重茂"《大赦诏》:"大盗移国，朝有贼臣。见危授命，家多义士。朕以凶闵，触诸〔绪〕縻溃。奸竖构扇，倾陷宗社，潜图窃发，机兆未萌。相王第三子临淄郡王隆基，纠合同盟，忠勇奋怒。志除凶党，保护邦家。逆贼韦温、马秦客、叶静能、宗楚客、纪处讷、武延秀、赵履温，杨均[②]等，密行鸩毒，先圣暴终。朕志不图全，枕戈泣血。风云元（玄）感，情计阴通。太平公主男卫尉卿薛崇简[3]，与前同州朝邑县尉刘幽求、总监钟绍京，日夜共谋，誓诛逆党。凶徒惊悉，投窜无所。今天衢交泰，氛祲廓清。宜申作解之恩，以洽升平之化。自唐隆元年六月二十一日昧爽已前，大辟罪已下，常赦所不免者，咸赦除之。其逆贼头首，咸已斩决。自余支党，一无所问。内外官三品已上，赐爵一等；四品已下，加一阶。隆基可封平王，食实封一千户，赐物五千段。薛崇简封立节郡王，食实封五百户，赐物三千段。钟绍京可银青光禄大夫、守中书侍郎、颍川郡开国公，食实封二百户，赐物一千段。前同州朝邑县尉刘幽求可朝议大夫、守中书舍人，仍参知机务、中山郡〔县〕开国男，食实封二百户。利仁府折冲麻嗣宗可云麾将军、行左金吾卫中郎将，赐物一千段。追贬皇后韦氏为庶人，安乐公主为悖逆庶人。”

兴国《钟氏族谱》所载“睿宗”《（钟绍京）诰命第一通》：“门下：大盗移国，朝有贼臣。见危授命，家多义士。朕以凶闵，触绪糜溃。奸竖构扇，倾陷宗社。潜图欲发，机见未萌。相王第三子临淄郡王隆基纠合同盟，忠勇愤怒。志除凶党，保护邦家。逆贼韦温、马秦客、叶静能、宗楚客、纪处纳〔讷〕、武廷〔延〕秀、赵理〔履〕温、杨均等，密行鸠〔鸩〕毒，先圣暴崩。仙驾初飞，若无天地。圣灵安寝，方觉仇雠。六合摧心，三光失色。况朕为子，志不图全。泣血枕戈，捐生雪耻。风云眩〔玄〕感，情计阴通。太平公主第三子卫尉卿薛崇暕，与前同州朝邑县尉刘幽求，苑总监钟绍京等，日夜同谋，誓诛逆党。一挥骁健，万骑云奔。绍京更集丁夫，斩关先入。凶徒惊悉，投窜无所。各从诛斩，实多庆快。今天衢交泰，氛祲廓清。宜申作解之恩，以洽升平之化。自景云元年庚戌六月二十一日昧爽以前，大辟罪以下，已发觉未发觉，已结正未结正，系囚见徒，罪无轻重，常赦所不免者，咸赦除之。其逆贼头首，咸以斩决。其余支党，一无所问。内外文武官三品以上，各赐爵一等，先有者听回授子；四品以下，各加一阶；应入五品者，减两考。安乐公主府官，不在此限。其隆基可封平王，食实封一千户，赐物五千段。太平公主第二子薛崇暕，可封立节郡王，食实封五百户，赐物二千段。钟绍京可银青光禄大夫、行中书侍郎、颖〔颍〕川郡开国公，食实封二百户，赐物一千段。前同州朝邑县尉刘幽求可朝议大夫、守中书舍人，参知机务、中山县开国男，食实封二百户，赐物一千段。利仁府折冲麻嗣宗可云麾将军、行左金吾卫中郎将，赐物一千段。……”

对照四篇之后，便可发现，前三篇的内容是一致的，第四篇与第三篇有许多不同，对于这种歧异，要区别对待，今为论证如下：

（一）颁布诏令的皇帝，诏令中所涉及的时间，《钟氏族谱》窜改，谢君误导。

据《旧唐书》卷四、五，《新唐书》卷七，公元710年，唐朝有过三个皇帝，三个年号，就是：

景龙四年六月壬午，中宗崩。

癸未，立中宗第四子温王李重茂为皇太子。

甲申，皇太后韦氏临朝，改元为唐隆。

唐隆元年六月丁亥，皇太子即位，史称少帝（殇帝）。

辛丑，少帝大赦天下。

甲辰，少帝逊位于叔父相王，是为睿宗。

七月己巳，改元为景云。

景云元年七月乙亥，追贬韦氏为庶人。

孝萱案：《册府元龟》所载“少帝温王唐隆元年六月辛丑诏”，《唐大诏令集》所载《平内难赦》，《全唐文》所载“襄王重茂《大赦诏》”，与《旧唐书》《新唐书》符合。据《旧唐书》卷八十六，李重茂于神龙初封温王，逊位后改封襄王。《册府元龟》之“少帝温王”与《全唐文》之“襄王重茂”，是一人。由于李重茂只做了十几天皇帝，修《钟氏族谱》者，不知中宗、睿宗两个皇帝之间还有个少帝，不知景龙（中宗年号）、景云（睿宗年号）两个年号之间还有个唐隆年号，将诏令中的“唐隆”年号改为景云，颁布诏令的皇帝也就误为睿宗了。谢君不知《钟氏族谱》之误。

谢君误以为《全唐文》“漏载”了这篇诏令，更不知在《全唐文》之前，它已见于《册府元龟》《唐大诏令集》了。谢君不知比较四篇之异同，不能发现《钟氏族谱》有窜改之处。其实，谢君如果细读诏令，也能发现问题。颁布诏令的皇帝是少帝，诏令中的“朕”是少帝自称，“相王”指叔父（即睿宗），是讲得通的。假如颁布诏令的皇帝是“睿宗”，诏令中的“朕”是睿宗自称，又自称为“相王”，是讲不通的。此陈垣总结校勘四法之理校法也。

据《旧唐书》卷九十七：“韦庶人将行篡逆，（刘）幽求与玄宗潜谋诛之，乃与苑总监钟绍京、长上果毅麻嗣宗及太平公主之子薛崇暕等，夜从入禁中讨平之。是夜所下制敕百余道，皆出于幽求。”少帝《平内难赦》（《大赦诏》）之执笔人应为刘幽求，谢君漏考。

（二）谢君虽称《钟氏族谱》所载《（钟绍京）诰命第一通》是“第一手难得的珍贵资料”，但未能指出其珍贵之处。

对于《（钟绍京）诰命第一通》要一分为二，严肃纠正其窜改之处，充分利用其珍贵资料。哪些是它的珍贵之处呢？试举三例如下：

（1）《册府元龟》之“少帝温王唐隆元年六月辛丑诏”，《唐大诏令集》之《平内难赦》，《全唐文》之“襄王重茂《大赦诏》”，皆节本；《钟氏族谱》之《（钟绍京）诰命第一通》，是全文，其中“仙驾初飞”等七句，“捐生雪耻”句，“一挥骁健”等四句，“各从诛斩”等二句，“已发觉未发觉”等四句，“先有者听回授子”句，“应入五品者”等四句，特别是“即令上知事”句后的大段文字，为《册府元龟》《唐大诏令集》《全唐文》所无。可供增订《全唐文》之用。

（2）唐隆元年六月辛丑，少帝大赦天下。景云元年七月乙亥，睿宗追贬皇后韦氏为庶人，安乐公主为悖逆庶人。大赦在前，追贬在后，“少帝温王唐隆元年六月辛丑诏”“襄王重茂《大赦诏》”中，不可能有追贬内容。《册府元龟》将大赦、追贬二事系于一条，不能误解为二事同时，更不能误解为《大赦诏》中有“追贬”二句。《唐大诏令集》之《平内难赦》无此二句，可以为证。《全唐文》照抄《册府元龟》，羼入此二句，大误。保存诏令全文之《（钟绍京）诰命第一通》，无此二句，更可证明《全唐文》之误。今后引用《大赦诏》，要削去“追贬”二句。

又，《（钟绍京）诰命第一通》中有“安乐公主府官，不在此限”二句，可见此时安乐公主尚未被贬为“悖逆庶人”。如她已被贬，就不能再称她为公主了。这又可证明少帝《大赦诏》中无“追贬”二句。睿宗即位后、始贬韦后、安乐公主母女，故曰“追贬”。此亦运用理校法也。

（3）在“即令上知事”句后的大段文字中，如“其皇亲三等以上各赐两阶，应入五品不须限以年考；四等以下及诸亲各赐谯（?）勋，平转其防掾。朕宫不离左右者，各赐物三十段。谁〔谯〕王重福，所司即差使慰劳。诸军总经略大使，赐物八十段。上州都督、刺史，赐物一百段。四大都督府长史、司马，各赐物一百段。诸番大首领，各赐物一百二十段。中下州刺史，各赐物七十段。上县令，赐物五十段。中下县令，各赐物三十段。皇帝任内外五品以上官，各赐物一百段。天下百姓，宜免今年半租。……亡官失爵，并加收录。女子百户，量赐酒面。诸年百岁以上，版授下州刺史，妇人版授郡君，赐粟五石，绵亘〔帛〕三段；八十以上，版授县令，妇人版授乡君，赐粟两石，绵帛两段。各以当处正义仓物便给”，反映出睿宗父子杀韦氏后，大肆赏赐，收买人心，安定局面，巩固政权的措施。

总之，纠正了《钟氏族谱》对唐制诰的窜改，它所保存的全文，是优于《册府元龟》《唐大诏令集》《全唐文》的。

本文对文献中误字，用〔〕更正；避讳字，用（）回改；可疑字用“?”表示。标点方面，谢君漏标错标者，本文已更正，不一一指出。

注释：

①《中华文学史料》第二辑《〈钟氏族谱〉中的五篇唐代制书》。

②杨筠、杨均业、杨均乃一人。

③薛崇暕一作薛崇简。

刘禹锡——《中山刘氏宗谱》考

《中山刘氏宗谱》卷首有《中山源流记略》（以下简称《源流》），卷一有《中山刘氏重修族谱世系》（以下简称《世系》），皆以刘禹锡为中心，叙述家世，但内容分歧。今先录原文，再作分析。

《源流》："汉景帝第七子胜，封中山靖王，生子百二十人，散布淮海甚盛，然而渺然不可稽矣。越晋迄唐，有集贤学士禹锡公由中山寓居彭城。生子惠。惠生永成，以进士任参政。生成（成字衍）爵。爵举三子：长政，字以德；次敌，字以音；季敩，字以校。流离避难渡江，羁旅无依，遂各择所处……惟以德公……迤逦来溧水……境内有故乡中山之名，遂止而家焉。"

《世系》："汉景帝第七子胜（贾夫人生）封为中山氏……有子一百二十人（见《十七史》）……逮晋广武侯刘琨（中山魏昌人）护元帝渡江东，幽州刺史段匹磾（磾应为䃅）推为盟主，共讨石勒，后为匹磾（磾应为䃅）所害，子孙畏其暴，潜居江左。至唐礼部尚书刘禹锡。生惠。惠生永成，举进士，官参政。永成生爵。爵生政、敌、䃅，兄弟三人，自中山避五季难，渡江东……（政）公留溧水之茅城。政公以前，世次遐邈，又经兵燹，谱系不传。"

今案：两文皆以刘禹锡为刘胜后裔，《世系》插入刘琨，但未交代刘琨与刘禹锡是什么关系。《源流》说刘禹锡由中山寓居彭城，

《世系》说刘禹锡五世孙刘政等于五代时自中山渡江东。《中山刘氏宗谱》的编者，面对这些分歧，不置可否，可见其心中无数，姑妄言之。必须指出，二文都不符合刘禹锡之家世、生平与后裔情况，逐一辨析如下：

（一）刘禹锡《子刘子自传》："七代祖亮，事北朝为冀州刺史、散骑常侍，遇迁都洛阳，为北部都昌里人。……坟墓在洛阳北山。"这一段话是真实可信的，只要对照《魏书》《周书》《隋书》，便可了解刘禹锡自述家世的真相。请看：

（1）《魏书》卷七下《高祖纪下》记载：太和十九年六月"丙辰，诏迁洛之民，死葬河南，不得还北。于是代人南迁者，悉为河南洛阳人"。北魏建国于公元386年正月，初称代国，至同年四月始改国号为魏。北魏由鲜卑族拓跋氏建立，显祖献文帝拓跋宏迁都洛阳，改姓元。

（2）《周书》卷四《明帝纪》记载：二年三月"庚申，诏曰：'三十六国，九十九姓，自魏氏南徙，皆称河南之民。'"这是说，到周明帝宇文毓时，再下诏书，重申当初随北魏南迁的各族民众皆称河南人。

（3）《隋书》卷三十三《经籍志二》指出："后魏迁洛，有八氏十姓，咸出帝族。又有三十六族，则诸国之从魏者；九十二姓，世为部落大人者，并为河南洛阳人。"

可见刘禹锡自述的"七代祖亮""遇迁都洛阳，为北部都昌里人""坟墓在洛阳北山"，与以上三条资料相合，他是随着拓跋氏政权南迁的胡姓刘氏之后。

这与《子刘子自传》中"其先汉景帝贾夫人子胜，封中山王，谥曰靖，子孙因为中山人也"一段话，不是自相矛盾吗？

今案：东汉末年刘备自称中山靖王刘胜之后，已没有多少人相信。元胡三省注《资治通鉴》卷六十《汉纪》时，对此事就已指出："然自祖父以上，世系不可考。"刘备自称刘胜之后尚有疑问，何况时代更晚的唐刘禹锡呢！

刘禹锡除了自称刘胜之后外，还自称刘向之后。他在《口兵戒》中说“它日读远祖中垒校尉书曰：‘口者，兵也。’……繇是知吾祖之言为急。”刘向为中垒校尉（《汉书》卷三十六《楚元王传》）。刘禹锡称刘向为“远祖”，等于说自己是楚王刘交之后。刘禹锡究竟是汉高祖同父少弟刘交之后，还是汉景帝子刘胜之后？都是姑妄言之。唐代门第观念很重，假冒为名门之后者，何止刘禹锡一家，是不足为怪的。

（二）刘禹锡的七代祖刘亮，在北朝做官，与东晋政权无涉。《中山刘氏宗谱》插入刘琨，纯属伪造。据《晋书》卷六十二《刘琨传》：“刘琨，字越石，中山魏昌人，汉中山靖王胜之后也。祖迈……父蕃……子群嗣。”段匹磾缢杀刘琨。“子侄四人俱被害”。“石季龙灭辽西，群……没胡中……至冉闵败后，群遇害。”《中山刘氏宗谱》所云刘琨子孙“潜居江左”，于史无据，更与刘禹锡无涉。

（三）刘禹锡“家本荥上，籍占洛阳”（《汝州上后谢宰相状》），不住在中山。《中山刘氏宗谱》说他“由中山寓居彭城”，更不合。刘知几《史通·内篇》卷五《因习下》：“自世重高门，人轻寒族，竟以姓望所出，邑里相矜。……爰及近古，其言多伪，至于碑颂所勒，茅土定名，虚引他邦，冒为己邑……姓卯金者咸曰彭城。”中山是刘禹锡的郡望，彭城是别人送给他的高帽子，他没有说过家于中山、寓居彭城的话。

（四）《子刘子自传》：“曾祖凯，官至博州刺史。祖锽，由洛阳主簿察视行马外事，岁满，转殿中丞、侍御史，赠尚书祠部郎中。父讳绪，亦以儒学。天宝末，应进士。遂及大乱，举族东迁，以违患难，因为东诸侯所用。后为浙西从事，本府就加盐铁副使，遂转殿中，主务于埇桥。其后罢归浙右，至扬州，遇疾不讳。”刘绪由洛阳“东迁”到什么地方？刘禹锡晚年在《送裴处士应制举》

诗中说："忆得童年识君处，嘉禾驿后联墙住。垂钓斗得王余鱼，踏芳共登苏小墓。"查出嘉禾驿与苏小墓的所在地，王余鱼的出产地，就找到了刘绪"东迁"后的寓居之处。请看：

(1)《通典》卷一八二《州郡·古扬州下·吴郡（苏州）·嘉兴县》："吴时，有嘉禾生。"

(2)《六臣注文选》卷五左思《吴都赋》："双则比目，片则王余。"刘逵注："吴都者，苏州是也。"

(3)陆广微《吴地记》："嘉兴县……前有晋妓钱唐苏小小墓。"

可见嘉禾驿、苏小小墓在苏州，王余鱼是苏州特产。唐嘉兴县属苏州。刘绪由洛阳"东迁"于苏州嘉兴县（今浙江省）。刘禹锡在嘉兴一带长大，所以自称"少为江南客"（《金陵五题并引》）。《中山刘氏宗谱》说刘禹锡"由中山寓居彭城"，与其家世、生平皆不合。

（五）刘禹锡《名子说》："今余名尔：长子曰咸允，字信臣；次曰同廙，字敬臣。"柳宗元有《殷贤戏批书后寄刘连州并示孟仑二童》诗，白居易《刘白唱和集解》云："仍写二本……一授梦得小儿仑郎。"对照起来看，咸允乳名孟郎，同廙乳名仑郎。范摅《云溪友议》卷中《中山诲》云"因诫子弟咸元〔允〕、承雍等"云云。可见刘禹锡之子之名为咸允、同廙、承雍。《中山刘氏宗谱》所云刘禹锡子刘惠……五世孙刘政等"自中山避五季难，渡江东"，皆与刘禹锡不合，纯属冒认。

清镇江柳氏修谱，曾批评世俗冒认祖宗之陋习。《京江柳氏宗谱》载柳可荫所撰《序》云："有经乱离而失其谱系者，则择一前代爵隆誉重之人，而冒认以为后。"《中山刘氏宗谱》冒认为刘禹锡之后，在《中山源流记略》《中山刘氏重修族谱世系》二文中强调"世次遐邈""谱系不传"，就是镇江柳氏所批评的那种情况。

附：刘禹锡六题

刘禹锡与晚唐诗人

《旧唐书》卷一六〇《刘禹锡传》云："禹锡晚年与少傅白居易友善，诗笔文章，时无在其右者。"这几句话，代表着中、晚唐人对刘禹锡文学创作的评价。这样一位"诗豪"，除了与白居易唱和外，与其他晚唐诗人，不可能不发生联系。这篇小文，是我所举的几个例证，也是我所进行的一种试探。

刘禹锡与李商隐

《旧唐书》卷一九〇下《文苑传下·李商隐传》云："令狐楚镇河阳，（李商隐）以所业文干之，年才及弱冠。楚以其少俊，深礼之，令与诸子游。楚镇天平、汴州，从为巡官，岁给资装，令随计上都。"[①]刘禹锡晚年与令狐楚唱和频繁，此时李商隐正在令狐楚幕中，他对刘禹锡应有印象。

令狐楚虽欣赏李商隐的文才，充分使用，但未荐举过他。冯浩《玉溪生年谱》云："令狐于义山，虽岁使随计，实未尝论荐。"王达津《唐诗丛考·李商隐诗杂考十·从〈酬令狐郎中见寄〉到〈九日〉诗》云："《九日》……说出了心里的话，怪罪令狐楚当年不培养他推荐他。'不学汉臣栽苜蓿'，也就是指责令狐楚兼指令狐绹不提拔培养有用人才的意思，怪他们不能把他移根上苑。令狐楚使用李商隐近十年，但是从没有荐举过他。他（令狐楚）为人谨慎，又因屡次外调，特别是元和十五年因亲吏贪污，从中书侍郎、同中书门下平章事贬外，对他打击极大，所以很少推举人。‘空教楚客咏江篱’，是用《惜诵》‘播江篱与滋菊兮，愿春日以为糗粮’这一典故的，表明自己虽希望令狐楚播江篱滋菊，为国家之用，但终归失望。”[②]我同意以上两家的分析，并补充一条证据。李商隐《白云夫旧居》云：“平生误识白云夫。”徐逢源笺：“此白云夫当是楚。”（冯浩《玉溪生诗笺注》卷三引）既曰“误识”，怨恨可知。

据开成元年李商隐《上令狐相公状三》云：“前月末，八郎书中，附到同州刘中琴〔丞〕书一封，仰戴吹嘘，内惟庸薄。书生十上，曾未闻于明习；刘公一纸，遽有望于招延。虽自以数奇，亦未谓道废，下情无任佩德感激之至。”[③]“刘中丞”是同州刺史兼御史中丞、充本州防御、长春宫等使刘禹锡，[④]“八郎”是令狐楚之子令狐绹。从此状看出，李商隐通过令狐楚，求荐于刘禹锡。李商隐表面上“感激”令狐楚，实际是感激刘禹锡。

李商隐对刘禹锡诗甚为喜爱，用心学习。何焯《义门读书记·李义山诗集卷上》云：“七言句法，兼学梦得。”《李义山诗集卷下》云：“《行次昭应县道上送户部李郎中充昭义攻讨》：颇似梦得‘相门才子称华簪’篇。”“《喜闻太原同院崔侍御台拜兼寄在台三二同年之什》：极似梦得。”方世举《批〈昌谷集〉》云：“工力之深如义山……学刘中山七律，皆得其妙。”这是对李商隐诗歌研究颇有心得之言。

诗话家常将刘禹锡、李义山放在一起评论。如：

黄彻《䂬溪诗话》卷五云：“老杜：‘卿到朝廷说老翁，漂零已是沧浪客。’又：‘朝觐从容问幽仄，勿云江汉有垂纶。’其后梦得《送陈郎中》云：‘若问旧人刘子政，而今头白在商于。’《送惠休》则云：‘休公久别如相问，楚客逢秋心更悲。’小杜：‘江湖酒伴如相问，终老烟波不记程。’‘交游话我凭君道，除却鲈鱼更不闻。’商隐《寄崔侍御》云：‘若向南台见莺友，为言垂翅度春风。’……皆有所因也。”

同书卷九云：“史赵释绛县老人年数云：‘亥有二首六身。’盖离析‘亥’字点画而上下之，如算筹纵横然，则下其二首为二万，六身各一纵一横，为六千六百六十，正合其甲子之日数，传以赵之明历。刘宾客《送人赴绛州》云：‘午桥群吏散，亥字老人迎。’义山《赠绛台老驲吏》云：‘过客不劳询甲子，惟书亥字与时人。’可谓善使事矣。”

张戒《岁寒堂诗话》卷上云：“李义山、刘梦得、杜牧之三人，笔力不能相上下，大抵工律诗而不工古诗，七言尤工，五言微弱……义山多奇趣，梦得有高韵，牧之专事华藻，此其优劣耳。”

谢榛《四溟诗话》卷二云：“诗有简而妙者……亦有简而弗佳者，若……李义山‘江上晴云杂雨云’，不如刘梦得‘东边日出西边雨，道是无情还有情’。”

同书同卷云：“古辞曰：‘黄蘖向春生，苦心随日长。’……此皆吴格指物借意。李义山曰：‘春蚕到老丝方尽，蜡烛成灰泪始干。’刘禹锡曰：‘东边日出西边雨，道是无情还有情。’措词流丽，酷似六朝。”

吴乔《围炉诗话》卷二云：“刘梦得、李义山之七绝，那得让开元、天宝。”

方贞观《辍锻录》云：“古云：‘诗有别材，非关书也；诗有别趣，非关理也。’……正有无理而妙者，如……刘梦得‘东边日出西边雨，道是无情却有情’。李义山‘八骏日行三万里，穆王何事不重来’。语圆意足，信手拈来，无非妙趣。”

同书又云：“所谓‘语不惊人死不休’者，非奇险怪诞之谓也，或至理名言，或真情实景，应手称心，得未曾有，便可震惊一世。……刘禹锡之‘风吹落叶填宫井，火入荒陵化宝衣’，李商隐之‘于今腐草无萤火，终古垂杨有暮鸦’，不过写景句耳，而生前侈纵，死后荒凉，一一托出，又复光彩动人，非惊人语乎？”

王寿昌《小清华园诗谈》卷下云：“吊古之诗，须褒贬森严，具有《春秋》之义，使善者足以动后人之景仰，恶者足以垂千秋之炯戒。……近体如……李义山之……‘玄武湖中玉漏催，鸡鸣埭口绣襦回。谁言琼树朝朝见，不及金莲步步来？敌国军营漂木柹，前朝神庙锁烟煤。满宫学士皆颜色，江令当年只费才。’（《南朝》）……至若刘梦得之‘王浚楼船下益州，金陵王气黯然收。千寻铁锁沉江底，一片降幡出石头。人世几回伤往事，山形依旧枕寒流。从今四海为家日，故垒萧萧芦荻秋。’（《西塞山怀古》）读前半篇暨义山‘敌国军营’二句，令人凛然知忧来之无方，祸至之无日，而思患预防之心，不可不日加惕也。吁！至矣！”

朱庭珍《筱园诗话》卷三云：“纯用实字，杰句最少，不可多得。……刘中山‘天子旌旗分一半，八方风雨会中州’，李义山‘永忆江湖归白发，欲回天地入扁舟’，高唱入云，气魄雄厚，亦名句之堪嗣响工部者。”

以上各家，从思想内容、艺术特色、表现手法等方面，将刘禹锡诗与李商隐诗进行对比，指出其共同的优点。刘禹锡的年龄比李商隐大，刘禹锡成名在李商隐前，当是李商隐学习刘禹锡。

前人有误以刘禹锡之诗、文为李商隐的作品者，例如下：

（一）刘禹锡有《代诸郎中祭主相国文》。此文又见李商隐《樊南文集补编》卷十二；《全唐文》卷七八二《李商隐十二》亦收之。钱振伦以为是李作。张采田疑之，云：“论文格似近梦得，或非义山之文也。”（《玉溪生年谱会笺》卷一）岑仲勉始辨明非李作，理由是：“按文云：‘维太和四年月日，某官等敬祭于……元亮等。’元亮即赵元亮，见《郎官柱》左中，诸郎中左中最高，故由元亮领衔，核其时代正合。四年初禹锡方以郎中充集贤，必在与祭之列，所以由其秉笔。若商隐则是岁方居天平幕，无缘捉刀。倘谓千里外求教于年未弱冠之书生，南省中衮衮诸公，其能堪耶。故就事实论，可断必非李文。”（《玉溪生年谱会笺平质·〔丁〕失鹄》）

（二）胡仔《苕溪渔隐丛话前集》卷四十《东坡三》引《西斋话纪》云：“引用故事，多以事浅语熟，更不思究，率尔用之，往往有误。如李商隐《路逢王二十入翰林》诗云：‘定知欲报淮南诏，急召王褒入九重。’汉武帝以淮南王安善文辞，尊重之，每为报书，常召司马相如视草乃遣。王褒自是宣帝时人。……苕溪渔隐曰：《路逢王二十入翰林》诗乃刘梦得诗，[5]非李商隐诗也。”

刘禹锡与温庭筠

范摅《云溪友议》卷下《温裴黜》云：“裴郎中諴，晋国公次弟子也。足情调，善谈谐。举子温岐为友，好作歌曲，迄今饮席，多是其词焉。”

《旧唐书》卷一九〇下《文苑传下·温庭筠传》云：温庭筠，“能逐弦吹之音，为侧艳之词，公卿家无赖子弟裴诚〔諴〕、令狐缟〔滈〕之徒，相与蒱饮，酣醉终日”。裴諴是裴度之侄。温庭筠既与裴諴“为友”，即可通过裴諴而投靠裴度。

王鸣盛《蛾术编》卷七七《说集三·温飞卿》云：“《中书令裴公挽词》落句云：‘从今虚醉饱，无复污车茵。’裴度之卒，据《旧书》，开成四年三月也。自大和九年十一月，诛李训、王涯、贾餗、舒元舆等四宰相，自是，中官用事，衣冠道丧。度不复以出处为事。东都之第，于集贤里筑山穿池，于午桥创别墅，起绿野堂。与白居易、刘禹锡以诗酒自乐，当时名士，皆从之游。盖飞卿在其门。次章落句云：‘空嗟荐贤路，芳草满燕台。’叹度卒无人能荐己也。”这段考证，除引用《旧唐书·裴度传》外，别无新意。温庭筠与裴度、刘禹锡、白居易诸老，年龄悬殊甚大，声望更不可比拟，怎能以“名士”身份从裴度“游”？王鸣盛未考出温庭筠通过裴諴投靠裴度，似嫌不足。

据《旧唐书》卷一七〇《裴度传》：“复出为襄阳节度。”“（大和）八年三月，以本官判东都尚书省事，充东都留守。九年十月，进位中书令。……开成二年五月，复以本官兼太原尹、北都留守、河东节度使。……四年正月，诏许还京，拜中书令。……御札及门，而度已薨，四年三月四日也。”可见温庭筠投靠裴度是在大和八年至开成二年这一段时间内。（开成二年五月裴度离洛阳后，未回来过。）温庭筠认识刘禹锡，也在这一段时间内。

温庭筠《秘书刘尚书挽歌词二首》云：“王笔活鸾凤，谢诗生芙容。学筵开绛帐，谭柄发洪钟。粉署见飞鹏，玉山猜卧龙。遗风丽（一作洒）清韵，萧散九原松。”“麈尾近良玉，鹤裘吹素丝。坏陵殷浩谪，春墅谢安棋。京口贵公子，襄阳诸女儿，折花兼踏月，多唱柳郎词。”“刘尚书”是谁？曾益原注、顾予咸补注、顾嗣立重订的《温飞卿诗集》未考出。《蛾术编·说集三·温飞卿》云：“《秘书刘尚书挽词》极写投分之深，尚书必禹锡。禹锡，《旧书》称开成中检校礼部尚书太子宾客分司。分司官无职事，优游东都，正与飞卿游处时。会昌二年七月卒，赠户部尚书，不言带秘书监衔，疑史有阙文。”岑仲勉《唐史余沉》卷四《杂述·李温诗注》云：“余按《子刘子自传》：‘后被足疾，改太子宾客，分司东都，又改秘书监分司，一年，加检校礼部尚书兼太子宾客。’（《梦得外集》九）秘书监、尚书即其终官，王特未检及耳。”

诗话家常将刘禹锡、温庭筠放在一起评论。如：曾季貍《艇斋诗话》云：“刘梦得‘神林社日鼓，茅屋午时鸡’，温庭筠‘鸡声茅店月，人迹板桥霜’，皆佳句。”杨慎《升庵诗话》卷五《乌夜啼》云：“‘芳草二三月，草与水同色。攀条摘香花，言是欢气息。’唐刘禹锡诗：‘烟波与春草，千里同一色。’温飞卿诗：‘蛮水扬光色如草。’”方世举《兰丛诗话》云：“怀古五七律，全首实做，自杜始，刘和州与温、李宗之，遂当为定格。”管世铭《读雪山房唐诗凡例·七绝凡例》云：“诗中谐隐，始于古稿砧诗。唐贤绝句间师此意。刘梦得‘东边日出西边雨，道是无晴却有晴’。温飞卿‘玲珑骰子安红豆，入骨相思知不知’。古趣盎然，勿病其俚与纤也。李商隐‘只应同楚水，长短入淮流’，亦是一家风味。”以上各家，对刘禹锡诗与温庭筠诗的选材、命意、声色、句格等进行对比，发现其有相同之处。

范温《潜溪诗眼》云：“上自齐梁诸公，下至刘梦得、温飞卿辈，往往以绮丽风花，累其正气，其过在于理不胜而词有余也。”这是批评刘禹锡、温庭筠创作的共同缺点。陆游《渭南文集》卷十四《徐大用乐府序》云：“温飞卿作《南乡》九阕，高胜不减梦得《竹枝》。”卷二七《跋金奁集》云：“飞卿《南乡子》八阕，语意工妙，殆可追配刘梦得《竹枝》，信一时杰作也。”这是赞扬刘禹锡、温庭筠创作的共同优点。这些批评或赞扬，都可说明温庭筠浓艳诗风和词风的形成，曾受到刘禹锡的影响。

孝萱案：刘禹锡有《杨柳枝词九首》《杨柳枝词二首》，温庭筠有《杨柳枝八首》《新添声杨柳枝辞二首》，一脉相承。何谓“新添声”？任半塘《唐声诗》下编《格调第十三・七言四句・杨柳枝》云：“《万首唐人绝句》作‘添声《杨柳枝》’，无‘新’字；《词苑》所纪则称‘新声《杨柳枝》’，无‘添’字。……且冠‘添声’二字于调名上，乃宋词后起之事，非唐人所为，何况曰‘新添声’乎？按后起词调既曰‘添声’，必已添字。今裴、温之作，仍为七言四句，并未添字，故疑其所添者为和声，而和声辞则失传。安得善本《云溪友议》，一剖此疑？”

刘禹锡与杜牧

刘禹锡与杜家三世交谊。（一）杜佑。刘禹锡《许州文宣王新庙碑》云：“禹锡昔年忝岐公门下生，四参公府。”“岐公”是杜佑，“四参公府”指：贞元十六年（800 年）杜佑兼徐泗濠节度使，辟刘禹锡掌书记；杜佑罢徐泗濠节度使，专任淮南节度使，刘禹锡改为扬州掌书记；二十一年（805 年），杜佑兼山陵使，以刘禹锡署崇陵使判官；杜佑兼度支、诸道盐铁转运等使，刘禹锡判度支、盐铁等案。（二）杜师损、杜式方。刘禹锡《谢男师损等官表》云："伏见今月一日制授臣长男师损秘书省著作郎，次男式方太常寺主簿。"自注："为淮南杜相公佑修。"长庆二年杜式方卒，刘禹锡为文祭之。[6]（三）杜悰。《许州文宣王新庙碑》是刘禹锡应杜悰之请求而撰。杜牧是杜佑之孙，杜师损、杜式方之从子，杜悰之从弟，对刘禹锡是不生疏的。大和九年七月至开成二年春，杜牧为监察御史、分司东都；开成元年秋，刘禹锡为太子宾客、分司东都。在这段时间内，二人当有机会在洛阳见面谈诗。

诗话家认为杜牧学习刘禹锡。如：

贺裳《载酒园诗话》卷一《三偷》云："偷法一事，名家不免。如刘梦得'山围故国周遭在，潮打空城寂寞回。淮水东边旧时月，夜深还过女墙来。'杜牧之'烟笼寒水月笼沙，夜向秦淮近酒家。商女不知亡国恨，隔江犹唱《后庭花》。'……虽各咏一事，意调实则相同。"

管世铭《读雪山房唐诗凡例·七绝凡例》云："杜紫微天才横逸，有太白之风，而时出入于梦得。""刘宾客无体不备，蔚为大家，绝句中之山海也。始以议论入诗，下开杜紫微一派。"

陆蓥《问花楼诗话》卷一云："梦得、牧之喜用数目字。梦得诗'大艑高帆一百尺，新声促柱十三弦''千门万户垂杨里''青城三百九十桥'。牧之诗'汉宫一百四十五''南朝四百八十寺''二十四桥明月夜''故乡七十五长亭'。此类不可枚举，亦诗中之'算博士'也。"

我根据这些评论，做一些补充：（一）刘禹锡《故洛城古墙》云："粉落椒飞知几春，风吹雨洒旋成尘。莫言一片危基在，犹过无穷来往人。"杜牧《故洛阳城有感》云："一片宫墙当道危，行人为尔去迟迟。筚圭苑里秋风后，平乐馆前斜日时。锢党岂能留汉鼎，清谈空解识胡儿。千烧万战坤灵死，惨惨终年鸟雀悲。"同咏洛阳故城，皆以议论入诗，当为一时所作。（二）诗中运用数目字，一般是由于对仗的方便，有时是出于表达情感的需要。刘禹锡、杜牧都喜于并善于驱使数字，别出心裁，使诗句形成特殊的节奏，以强化诗情，故王士禛云：“虽‘算博士’，何妨！”（《带经堂诗话》）

《苕溪渔隐丛话前集》卷十五《王摩诘》引李希声《诗话》云：“唐人诗流传讹谬，有一诗传为两人者……又‘楚乡寒食梅花时，野渡临风驻彩旗。草色连云人去住，水纹如縠燕差池’，既见《杜牧集》中，[7]又《刘梦得外集》作八句，其后云：‘朱幡尚忆群飞雉，青绶初联左顾龟。非是湓城白司马，水曹何事与新诗。’[8]考其全篇，梦得诗也。然前四句，绝类牧之。”刘禹锡是杜牧的前辈。刘诗“绝类”小杜诗的说法是欠妥的，应该说小杜诗“绝类”刘诗。

诗话家常将刘禹锡、杜牧放在一起评论。除了上面所举的《砻溪诗话》《岁寒堂诗话》外，又如：胡应麟《诗薮内编》卷五《近体中・七言》云：“元和如刘禹锡，大中如杜牧之，才皆不下盛唐，而其诗迥别。故知气运使然……不能挽也。”这是批评刘禹锡、杜牧的七言近体劣于盛唐人。王夫之《唐诗评选》卷四《七言律》云：“中唐诗至……刘禹锡、杜牧，一变‘十才子’之陋，眉目乃始可辨。”这是赞扬刘禹锡、杜牧的七言律诗优于“大历十才子”。批评也好，赞扬也好，都可说明刘禹锡、杜牧的七言律绝代表了中、晚唐诗人的一种成绩。

李商隐、温庭筠、杜牧从过去许多诗人的作品中吸取了丰富的营养，不限于刘禹锡一人。本文专就李、温、杜接受刘的影响立论。刘禹锡长于五七言近体诗，李、温、杜在这方面受刘的影响尤多。借鉴是为了创新，李、温、杜的诗是各树一帜的。

冯浩《玉溪生诗笺注》，曾益原注、顾予咸补注、顾嗣立重校《温飞卿诗集》，冯集梧注《樊川诗集》等书，常用刘禹锡的诗来注解李、温、杜的诗。刘精于用典，讲究语词，李、温、杜在镶嵌典故，绣织丽字方面，确有取法刘诗之处。

刘禹锡与苏轼

为什么要提出刘禹锡与苏轼的问题?

苏辙《栾城后集》卷二二《亡兄子瞻端明墓志铭》云:“公诗本似李、杜，晚喜陶渊明。”卷二一《子瞻和陶渊明诗集引》云:“辙少而无师，子瞻既冠而学成，先君命辙师焉。子瞻常称辙诗有古人之风，自以为不若也。然自其斥居东坡，其学日进，沛然如川之方至，其诗比杜子美、李太白为有余，遂与渊明比。辙虽驰骤从之，常出其后。”对于苏轼学诗的过程，苏辙是最有发言权的，苏辙没有提到苏轼作诗学过刘禹锡，但宋、元人所写的诗话、笔记中，却记载着苏轼作诗学过刘禹锡的大量事实。⑨为了全面了解苏轼学诗过程，我觉得有必要将这个情况揭示出来。

一

在宋、元人诗话、笔记中，直接提出苏轼作诗学过刘禹锡的，如:(1)陈师道《后山诗话》:“苏诗始学刘禹锡，故多怨刺，学不可不慎也。晚学太白……”(2)张戒《岁寒堂诗话》卷上:“苏子瞻学刘梦得，学白乐天、太白，晚而学渊明。”(3)刘克庄《后村先生大全集》卷一七三《诗话前集》:“‘莫猺自生长，名字无符籍。市易杂鲛人，婚姻通木客。星居占泉眼，火种开山脊。夜渡千仞溪，含沙不能射。’‘蛮语钩辀音，蛮衣斑斓布。薰狸掘沙鼠，时节祠盘瓠。忽逢乘马客，恍若惊麏顾。腰斧上高山，意行无旧路。’此刘梦得《莫猺》《蛮子》诗也。世传坡诗始学梦得，观此二诗信然。”(4)巩丰《后耳目志》:“东坡平日诗学刘梦得……晚年妙处，乃不减李、杜……”(5)《瀛奎律髓》卷二十《梅花类》苏轼《岐亭道上见梅花戏赠季常》方回批:“东坡作诗，初学刘梦得，颇涉讥刺，第以荆公新法，天下不便，故勇于排之，而又不能忘情于诗，间有所斥，非敢怨君。……”（参阅同书卷二《朝省类》苏轼《次韵子由五月一日同转对》：“后生可畏吾衰矣，刀笔从来错料尧。”方回批：“尾句又似不平执政者之骤进，此乃东坡平生口病也。”）从宋到元的诗话家，有说苏轼“始学”刘禹锡，有说苏轼“初学”刘禹锡，有说苏轼“平日学”刘禹锡，总之，苏轼作诗是学过刘禹锡的。陈师道是“苏门六君子”之一，他的话尤为可信。

刘禹锡集中有不少政治讽刺诗。陈师道说“苏诗始学刘禹锡，故多怨刺”，这个线索很重要。在宋人著作中，颇有批评苏轼诗“好骂”“好讥刺”“讥诮朝廷”的，如：（1）黄庭坚《豫章黄先生文集》卷十九《答洪驹父书》：“东坡文章妙天下，其短处在好骂。”（参阅吴氏《林下偶谈》卷四《好骂文人之大病》）（2）罗大经《鹤林玉露》卷十《诗祸》：“东坡文章妙绝古今，而其病在于好讥刺。”（3）杨时《杨文靖公龟山先生文集》卷三十七《语录二·荆州所闻》：“观苏东坡诗，只是讥诮朝廷，殊无温柔敦厚之气，以此人故得而罪之。”将这些评论与《后山诗话》对照起来看，就不仅感到苏轼喜欢写讽刺诗，还觉得应该将苏轼的讽刺诗与刘禹锡的讽刺诗联系起来考察。

苏轼所写的讽刺诗，有反映民间疾苦的，有讥评时政得失的，主要的是反对“王安石变法”。苏辙《亡兄子瞻端明墓志铭》云：“初，公既补外，见事有不便于民者，不敢言，亦不敢默视也，缘诗人之义，托事以讽，庶几有补于国。”胡仔《苕溪渔隐丛话·前集》卷三十八《东坡一》云：“熙宁间，介甫当国，力行新法，子瞻讥诮其非，形于文章者多矣。”可证。

元丰二年（1079 年）何正臣、舒亶、李定等先后弹劾苏轼作诗谤讪新法。舒亶说：“陛下发钱以本业贫民，则曰：‘赢得儿童语音好，一年强半在城中。’陛下明法以课试群吏，则曰：‘读书万卷不读律，致君尧舜知无术。’陛下兴水利，则曰：‘东海若知明主意，应教斥卤变桑田。’陛下谨盐禁，则曰：‘岂是闻韶解忘味，迩来三月食无盐。’其他触物即事，应口所言，无一不以诋谤为主。小则镂板，大则刻石，传播中外，自以为能。”宋神宗令御史台派人到湖州“勾摄”苏轼入京审讯。苏轼到开封后，被关在狱中，接受“考核”。经多方营救，从轻结案，贬谪黄州。这就是所谓“乌台诗案”。

作为苏轼主要罪证的《元丰续添苏子瞻学士钱塘集》已失传，但从宋人朋九万《乌台诗案》、周紫芝《诗谳》、胡仔《苕溪渔隐丛话·前集》卷四十二至四十五《东坡五至八》等书中所保存的苏轼“供状”，还可看出苏轼反对“变法”的讽刺诗的大概。今以《乌台诗案·与刘攽通判唱和》为例，说明刘禹锡讽刺诗对苏轼的影响。

刘攽因反对新法，由馆阁校勘出为泰州通判（详见《宋史》卷三一九《刘敞传》附《刘攽传》）。苏轼《送刘攽倅海陵》云：“秋风昨夜入庭树，莼丝未老君先去。君先去，几时回？刘郎应白发，桃花开不开。”孝萱案：（1）刘禹锡《秋风引》云：“何处秋风至，萧萧送雁群。朝来入庭树，孤客最先闻。”《团扇歌》云：“秋风入庭树，从此不相见。”这是苏轼“秋风昨夜入庭树”一句的出处。（2）刘禹锡《征还京师见旧番官冯叔达》云：“前者匆匆袱被行，十年憔悴到京城。南宫旧吏来相问，何处淹留白发生！”这是苏轼“刘郎应白发”一句的出处。（3）刘禹锡《元和十一年自朗州承召至京戏赠看花诸君子》云：“紫陌红尘拂面来，无人不道看花回。玄都观里桃千树，尽是刘郎去后栽。”《再游玄都观绝句》云：“百亩中庭半是苔，桃花净尽菜花开。种桃道士归何处？前度刘郎今又来。”这是苏轼“桃花开不开”一句的出处。苏轼这首讽刺诗中，有三处是“化用”刘禹锡的讽刺诗，可见两者之间的传承关系。

“乌台诗案”是一场文字狱。弹劾苏轼的人，不免有捕风捉影之处。苏轼在狱中所写的“供状”，难免有自诬之处。尽管如此，苏轼写过反对“变法”的讽刺诗，却是事实。而且苏轼这一方面的诗，还有“乌台诗案”所未涉及的，例如：

曾季貍《艇斋诗话》：“东坡《起伏龙行》，盖讽富韩公也。韩公熙宁初入相，时荆公用事，韩公多称疾在告，故范忠宣在谏路，尝以书责之。东坡《起伏龙行》即与忠宣之意同。其间如云‘满腹雷霆暗不吐’，又云‘赤龙白虎战明日，有事径须烦一怒’，意欲韩公与荆公争辩也。”

周必大《二老堂诗话·陆务观说东坡三诗》：“陆游务观云：‘王性之谓苏子瞻作《王莽》诗讥介甫云：入手功名事事新。又咏《董卓》云：功业平生劝用儒，诸公何事起相图。只言世上无健者，岂信车中有布乎。盖讥介甫争市易事，自相叛也。车中有布，借吕布以指惠卿，姓曾，布名，其亲切如此。’”

以上两条“诗话”，对苏轼只有敬意，毫无敌意，所说应该可信。

苏轼的讽刺诗与刘禹锡的讽刺诗也有不同之处。“永贞革新”失败之后，刘禹锡长期遭受贬谪，在愤慨忧伤之中，写了不少的讽刺诗，表示了不屈的精神和对政敌的蔑视。在主张与反对“变法”而展开的斗争中，苏轼站在保守派一方，怀着政治偏见，写讽刺诗反对变法派。他几乎看不到“变法”所取得的成绩而一味地加以排斥。但变法派本身有缺点，新法推行过程中有流弊，具有“仁政”思想、关心民间疾苦的苏轼接触了一定的社会现实，他所写的反对“变法”的讽刺诗，也反映了某些问题。

二

苏轼作诗学刘禹锡，是因为他喜爱刘禹锡的诗。《豫章黄先生文集》卷二六《跋刘梦得〈竹枝歌〉》：“刘梦得《竹枝》九章，词意高妙……昔东坡尝闻余咏第一篇，叹曰：‘此奔轶绝尘，不可追也。’”这是黄庭坚亲耳所闻苏轼对刘禹锡诗歌的赞美。

当然，更强有力的证据是苏轼自己的墨迹。如：（1）《朝云诗》小引："世谓乐天有《鬻骆马放杨柳枝》词，嘉其主老病，不忍去也。然梦得有诗云：'春尽絮飞留不得，随风好去落谁家。'……则是樊素竟去也。"这是苏轼作诗时联想到刘禹锡有关的诗。（2）《归朝欢·和苏坚伯固》："君才如梦得，武陵更在西南极，《竹枝词》，莫徭新唱，谁谓古今隔。"这是苏轼在九江填词送友人往澧阳时联想到刘禹锡的《竹枝词》（参阅《艇斋诗话》）。（3）《寒具》诗自注："乃捻头，出刘禹锡《嘉话》。"这是苏轼作诗时联想到《刘宾客嘉话录》中所记载的典故。（4）《东坡志林》卷二《异事上·记刘梦得有诗记罗浮山》："山不甚高，而夜见日，此可异也。"这是苏轼写罗浮山的文章时联想到刘禹锡有关的诗。（5）《东坡先生翰墨尺牍》卷三《与张文潜》："某见寓监司行馆，下临二江，有楼，刘梦得《楚望赋》，句句是也。"（《东坡先生全集》卷五二《尺牍·答张文潜四首》之一，注："以下俱惠州。"）这是苏轼在惠州楼居望远时联想到刘禹锡有关的赋。（6）《东坡先生全集》卷六七《题跋（诗词）·书子厚梦得造语》："柳子厚、刘梦得皆善造语……梦得云：'水禽嬉戏，引吭伸翮，纷惊鸣而决起，拾采翠于沙砾。'亦妙语也。"这是苏轼称赞刘禹锡《楚望赋》中的"妙语"。（7）葛立方《韵语阳秋》卷十八："琼州进士姜唐佐，东坡极爱之……东坡尝书唐佐课册云：'云兴天际，款若车盖。凝眸未瞬，弥漫霳霬。惊雷出火，乔木糜碎。''溜绠四坠，日中见沫。移晷而收，野无全块。'今亦刊集中，乃戏书刘梦得《楚望赋》也。"这是苏轼书写刘禹锡的名句，赠送给他所"极爱"的人。以上七例，证明苏轼喜爱刘禹锡的作品，至老不衰，熟读刘禹锡的诗、文，至老不忘。

叶梦得《石林诗话》卷中云："读古人诗多，意所喜处，诵忆之久，往往不觉误用为已语。……如苏子瞻'山围故国城空在，潮打西陵意未平'，此非误用，直是取旧句纵横役使，莫彼我为辨耳。”“山围故国城空在，潮打西陵意未平”是苏轼《次韵秦少章和钱蒙仲》诗中的两句。对于这两句诗，宋人有不同的评价。叶梦得写这条“诗话”，用意在于为苏轼辩护，开头先说“误用”，经过解释，结论是“非误用”。我们暂不介入对苏轼这两句诗的评价的争论，而从这条“诗话”看出苏轼对刘禹锡作品的喜爱（所谓“旧句”，指刘禹锡《金陵五题·石头城》：“山围故国周遭在，潮打空城寂寞回。”），“诵忆之久”，达到“莫彼我为辨”的程度。

三

宋、元的诗话、笔记中，提到苏轼学刘禹锡的还有不少证据，略举如下：

一、苏轼仿效刘禹锡作诗的技巧

写怀古思旧诗法　《林下偶谈》卷三《词人怀古思旧》：“词人即事睹景，怀古思旧，感慨悲吟，情不能已。今举其最工者，如：刘禹锡《金陵诗》：‘山围故国周遭在，潮打空城寂寞回。淮水东边旧时月，夜深还过女墙来。’《愚溪诗》：‘溪水悠悠春自来，草堂无主燕飞回。隔帘惟见中庭草，一树山榴依旧开。’又：‘草圣数行留断壁，木奴千树属邻家。惟见里门通德榜，残阳寂历出樵车。’……东坡《昆阳城赋》：‘横门豁以四达，故道宛其未改，彼野人之何知，方伛偻而畦菜。’……盖人已逝而迹犹存，迹虽存而景随变，古今词云语言百出，究其意趣，大概不越诸此。”（《吴氏诗话》卷下同）这条记载是说苏轼、刘禹锡写怀古思旧诗文手法有相同者。

借字寓意法　陈秀明《东坡诗话录》卷下：“莲子劈开须见忆，楸枰著尽更无期。破衫却有重缝处，一饭何曾忘却匙。赵彦村〔材〕诗注云：‘此吴歌格，借字寓意也。’……愚谓刘禹锡《竹枝歌》云：‘东边日出西边雨，道是无晴还有晴。’亦是此意，盖用‘晴’隐‘情’字也。”

倒用法　黄彻《䂬溪诗话》卷四：“梦得云‘酌我莫忧狂，老来无逸气’，乃倒用盖次翁‘无多酌我’。‘寄谢稽中散予无甚不堪’，倒用《绝交论》。坡云：‘后生可畏吾衰矣，刀笔从来错料尧。’周昌以赵尧刀笔，后果无能为，所料信不错，而云‘错料尧’，亦以涉讥谤倒用尔。又有‘穷鬼神须呼’，‘乃知饭后钟，阇黎其眼’，‘他年五君咏，山王一时数’，皆倒用也。”

用字法　龚颐正《芥隐笔记·刘梦得东坡用字法》：“刘梦得称韩文云：‘鸾凤一鸣，蜩螗革音。’东坡有‘振鬣长鸣，万马皆瘖’。”吕本中《童蒙诗训》：“《三马赞》‘振鬣长鸣，万马皆瘖’，此记不传之妙。学文者能涵泳此等语，自然有入处。”吕本中把苏轼从刘禹锡作品中学来的“用字法”，写入《诗训》，教授童蒙，可见其重要。

以上是诗话家所指出的苏轼仿效刘禹锡作诗技巧的几个例子。苏轼所曾仿效过的刘禹锡的作诗技巧，当然不仅这些。

二、苏轼运用刘禹锡作品中的语言、典故

挑　《二老堂诗话·刘禹锡〈淮阴行〉》：“‘……无奈脱莱时，清淮春浪软。’……予尝见古本作‘挑菜时’。东坡惠州《新年诗》‘水生挑菜渚’，恐用此字。”

若问　《碧溪诗话》卷五：“梦得《送陈郎中》云：‘若问旧人刘子政，而今头白在商于。’……坡：‘单于若问君家世，莫道中朝第一人。’皆有所因也。”

宾鸿　《碧溪诗话》卷八：“坡翁云：‘宾鸿社燕巧相违。’《月令》来宾事，尝疑人未曾用，及观梦得《秋江晚泊》云：‘暮霞千万状，宾鸿次第飞。’”

乘鸾女　吕祖谦《诗律武库》卷六《仙道门·秦女乘鸾》：“刘禹锡《团扇歌》曰：‘秋风入庭树，从此不相见。上有乘鸾女，苍苍网虫遍。’而坡和文潜秋扇亦云：‘犹胜汉宫悲婕妤，网虫不见乘鸾女。’……仿禹锡也。”

书带草　严有翼《艺苑雌黄·墨头鱼与书带草》：“《三齐略

记》云：'不其城东有鲎山，郑玄删注《诗》《书》，栖于此，山上有古井，不竭，傍生细草，如薤叶，长尺余，坚韧异常，土人谓之康成书带。'故梦得诗：'墨池半在颓垣下，书带犹生蔓草中。'东坡诗：'庭下已生书带草，使君疑是郑康成。'……一皆用此事。"

寒具油　《苕溪渔隐丛话·前集》卷三九《东坡二》："东坡《次韵米芾二王书跋尾诗》云：'怪君何处得此本，上有桓玄寒具油。'《刘公嘉话》云：《晋书》有饭食名寒具者，后于《齐民要术》并《食经》中检得，是今所谓镮饼。桓玄尝盛陈书画，召客观之，客有食寒具，不濯手而执书，因有污处，玄不怿，自是命宾不设寒具。"

玉山颓　《诗律武库·后集》卷一《酒饮门·玉山颓》："晋嵇康饮酒醉倒如玉山之将颓，故唐刘禹锡诗云：'寂寂独看金烬落，纷纷只见玉山颓。自知不是高阳侣，一夜星星骑马回。'而东坡《饮傅国博家诗》云：'不肯星星骑马回，玉人知为玉山颓。'盖用此也。"

汤饼客　朱翌《猗觉寮杂记》卷上："坡诗'便欲去为汤饼客'，多用德宗王后生日典半臂作汤饼[10]为证。"误。赵令畤《侯鲭录》卷八："东坡作诗，妙于使事，如'剩欲去为汤饼客，却愁错写弄獐书'。……'汤饼客'出刘禹锡《赠张盥诗》云：'忆尔悬弧日，余为坐上宾。举箸食汤饼，祝辞天麒麟。'若以为明皇王后事，则不见坐食汤饼之意。"是。

元和脚　《漫叟诗话》："东坡最善用事，既显而易读又切当。……《柳氏求字答》云：'君家自有元和脚，莫厌家鸡更问人。'天然奇作。"《诗律武库·后集》卷五《书画门·柳家元和脚》："唐柳公权在元和间书最有名，[11]而刘禹锡《酬柳宗元》诗云：'柳家新样元和脚，且尽姜芽敛手从。'故坡《赠柳氏二外生求笔迹诗》云：'君家自有元和脚，莫厌家鸡更问人。'可谓故语。"

定中（用支谦、广宣故事）　《砻溪诗话》卷八："坡……又

《寄参寥问少游失解》云：‘底事秋来不得解，定中试与问诸天。’盖刘禹锡《和宣上人贺王侍郎放榜后诗》云：‘借问至公谁印可？支郎天眼定中观。’不惟兼儒释，又政属科场事，其不泛如此。”

尤物（形容山峰）　《苕溪渔隐丛话·后集》卷十二《李赞皇》：“东坡……又以湖口李正臣所蓄石，九峰玲珑，宛转若窗棂然，名之曰‘壶中九华’。后归自岭南，欲买此石，与仇池为偶，已为好事者取去，赋诗有‘尤物已随清梦断’之句，盖用刘梦得《九华山歌》云：‘九华山，自是造化一尤物，焉能藉甚乎人间？’”

临春、结绮　《诗律武库》卷十四《游赏门·临春结绮》：“陈后主宠爱张丽华，于光昭殿前起临春、结绮、望仙三阁，以沉香木为之，微风一过，香闻数里，卒以此亡国。唐刘梦得《金陵诗》云：‘台成〔城〕六代竞豪华，结绮、临春事最奢。万户千门成野草，只缘一曲后庭花。’故坡《梅花诗》有‘临春、结绮荒荆棘，谁信幽香是返魂’是也。”

生公讲堂月　《诗律武库》卷十《释学门·讲经聚石》：“《十道四蕃志》云：‘异僧生公者，即竺道生也，讲经于苏之虎丘寺，人无听者，乃聚石为徒，与谈至理，石皆点头，至今寺有生公讲堂。’唐刘禹锡诗云：‘生公说法鬼神听，身后空堂夜不扃。高坐寂寥尘漠漠，一方明月可中庭。’故坡《吊天竺海月辨〔辩〕公诗》云：‘欲寻遗迹强沾裳，本是无生可得亡。今夜生公讲堂月，满庭依旧冷如霜。’（用禹锡诗语，而事则生公事也。）”

相望落落如星辰　吴开《优古堂诗话·相望落落如晨星》：“《王直方诗话》谓：‘东坡……《赠参寥》云：故人各在一天角，相望落落如晨星。……而苏黄门《送退翁守淮〔一作怀〕安》亦云：我怀同门客，势若晓天星。其后学者，尤多用此。’以上皆王说。予按古乐府徐朝云（吴曾《能改斋漫录》卷八《沿袭·相望落落如星辰》无“徐朝云”三字）：‘两头纤纤月初生，半白半黑眼中睛。腷腷膊膊鸡初鸣，磊磊落落向曙星。’故刘梦得作《韦处厚集序》亦云：‘古今相望，落落然如骑星辰。’乃知二苏所用，本古乐府，岂直方忘之耶?”孝萱案：古乐府无“古今相望”之意，苏轼诗“相望落落如晨星”是用刘禹锡语。

以上仅是宋、元诗话家所指出的苏轼诗歌运用刘禹锡作品中语言、典故的几个例子，统计一下宋以来苏轼诗集的各种注本，共注出苏轼诗歌运用过刘禹锡一百五十首左右的诗、文中的语言、典故。此外还有漏注的。

《二老堂诗话·辨人生如寄处》云：“苏文忠公诗、文少重复者。”可是苏轼运用刘禹锡作品中的语言、典故，却不厌重复。例如刘禹锡玄都观看桃花的典故，苏轼的诗、词中就运用了九次，其中有两次直接借用刘禹锡的原句：

(1)《送刘攽倅海陵》云：“刘郎应白发，桃花开不开。”

(2)《刁景纯赏瑞香花，忆先朝侍宴，次韵》云：“上苑夭桃自作行，刘郎去后几回芳。”

(3)《刘贡父见余歌词数首，以诗见戏，聊次其韵》云：“十载飘然未可期，那堪重作看花诗。”

(4)《又和景文韵》云：“试问壁间题字客，几人不为看花来。”

(5)《次韵杨公济奉议梅花十首》之三云：“而今纵老霜根在，得见刘郎又独来。”

(6)《阮郎归》云：“他年桃李阿谁栽，刘郎双鬓衰。”

(7)《南乡子·席上劝李公择酒》云：“看取桃花春二月，争开，尽是刘郎去后栽。”

(8)《殢人娇·王都尉席上赠诗人》云：“满院桃花，尽是刘郎未见。”

(9)《南歌子》云：“紫陌寻春去，红尘拂面来，无人不道看花回。”

应该指出，苏轼仿效刘禹锡作诗的技巧，运用刘禹锡作品中的语言、典故，决不是单纯的因袭，而是从中汲取营养来为自己的诗歌创作服务。本文旨在揭示苏轼作诗学过刘禹锡的真相，对于苏轼与刘诗成就的大小，不多去谈。

四

有一些宋、元诗话、笔记，在记载苏轼学刘禹锡时，还分析这种学习的得失，如：

一、认为苏轼的某些诗句，取材于刘禹锡的作品，而胜于原著，有脱胎换骨之妙。史绳祖《学斋占毕》卷二《坡文之妙》云："东坡《泗州僧伽塔诗》：'耕田欲雨藝欲晴，去得顺风来者怨。'此乃檃括刘禹锡《何卜赋》中语曰：'同涉于川，其时在风，沿者之吉，溯者之凶。同藝于野，其时在泽，伊穜之利，乃穋之厄。'坡以一联十四字而包尽刘禹锡四对三十二字义，盖夺胎换骨之妙也。"

程大昌《演繁露续集》卷四《诗事·刘禹锡苏子瞻用孔子履事》云："东坡《跋欧公家书》曰：'仲尼之存，人削其迹，梦奠之后，履藏千载。'刘禹锡《佛衣铭》曰：'尼父之生，土无一里，梦奠之后，履存千祀。'东坡语意，或因刘耶？然其作问处，不如东坡脉贯也。"程大昌将苏轼句与刘禹锡句对比，认为苏学刘而胜于刘。他不把这条笔记置于《文类》而置于《诗事》，当是因为苏轼作诗学刘禹锡的缘故。

二、认为苏轼的某些诗，纠正了刘禹锡有关作品的错误。《林下偶谈》卷一《桃源》云："渊明《桃花源记》初无仙语，盖缘诗中有'奇踪隐五百，一朝敞神界'之句，后人不审，遂多以为仙，如……刘禹锡云：'仙家一出寻无踪，至今流水山重重。'……此皆求之过也。惟王荆公诗与东坡和桃源诗所言，最为得实，可以破千载之惑矣。"（参阅《苕溪渔隐丛话·前集》卷三《五柳先生上》：

“东坡云：‘世传桃源事，多过其实。考渊明所记，止言先世避秦乱来此，则渔人所见，似是其子孙，非秦人不死者也。又云杀鸡作食，岂有仙而杀者乎？……’苕溪渔隐曰：‘东坡此论，盖辨证唐人以桃源为神仙，如……刘梦得……作《桃源行》是也。’”）

三、认为苏轼的某些诗句，效法刘禹锡的作品，而逊于原著。洪迈《容斋随笔》卷十四《绝唱不可和》云：“刘梦得‘山围故国周遭在，潮打空城寂寞回’之句，白乐天以为后之诗人，无复措词。坡公仿之曰：‘山围故国城空在，潮打西陵意未平。’坡公天才，出语惊世，如追和陶诗，真与之齐驱，独此……比之……刘为不侔，岂非绝唱寡和，理自应尔邪。”李治《敬斋古今黈》卷八云：“东坡先生……才大气壮，语太峻快，故中间时时有少陧杌者，如……《次韵秦少章》云：‘山围故国城空在，潮打西陵意未平。’此则全用刘禹锡《石头城诗》，但改其下三五字耳，亦是太峻快也。”

四、认为苏轼的某些诗，错用了刘禹锡作品中的典故。邵博《邵氏闻见后录》卷十六云：“东坡……又《和刘景文听琵琶诗》：‘犹胜江左狂灵运，共斗东昏百草须。’按唐刘梦得《嘉话》：‘晋谢灵运美须，临刑，施为南海祇洹寺维摩塑像须。寺人宝惜，初无亏损。至中宗朝，安乐公主五日斗百草，欲广物色，令驰驿取之，又恐为他所得，尽弃其余。’则以灵运须斗百草者，唐安乐公主，非齐东昏侯，亦误也。”（《苕溪渔隐丛话·前集》卷四十《东坡三》引黄朝英《缃素杂记》亦载此事，并云：“按东昏侯是齐明帝第三子，虽昏虐暴乱，实未尝取灵运须以斗百草，岂非误与。”）

以上四个方面的问题，都是苏轼在学刘禹锡过程中所出现的。把它们揭示出来，就为苏诗学刘增添了更多的证据。

五

正因为苏轼学刘禹锡，所以宋、元的诗话家往往将他们合在一起评论。如《砻溪诗话》卷七云：“梦得《送僧君素》云：‘去来皆是道，此别不销魂。’坡云：‘古今正是同，岁月何必书。’此等语皆通彻无碍，释氏所谓具眼也。”又如《苕溪渔隐丛话·后集》卷十二《刘梦得》云：“梦得《观棋歌》云：‘初疑磊落曙天星，次见搏击三秋兵，雁行布阵众未晓，虎穴得子人皆惊。’予尝爱此数语，能摸写弈棋之趣，梦得必高于手谈也。至东坡《观棋》则云：‘胜固欣然，败亦可喜，优哉游哉，聊复尔耳。’盖东坡不解棋，不究此味也。”古今观棋的诗不少，胡仔独将刘禹锡的一首与苏轼的一首合在一起，比较研究，可见，在一些诗话家的眼中，刘、苏的关系，不同于一般。

在宋、元诗话、笔记中，竟有将刘禹锡与苏轼凑合在一起谈论而说错了的。如（1）朱翌《猗觉寮杂记》卷上：“刘梦得云：‘盛时一失难再得，桃笙葵扇安可常。’东坡云：‘扬雄《方言》以簟为笙，则知桃笙者，桃竹簟也。’”孝萱案，《东坡诗话·书子厚诗》：“柳子厚诗云：‘盛时一失贵反贱，桃笙葵扇安敢当。’不知桃笙为何物。偶阅《方言》：‘簟，宋、魏之间谓之笙。’乃悟桃笙以桃竹为簟也。”朱翌误以柳宗元诗为刘禹锡诗了。（2）高似孙《纬略》卷十《寒具》：“刘禹锡《佳话》有《寒具诗》云：‘纤手搓来玉数寻，碧油轻蘸嫩黄深。夜来春睡浓于酒，压匾佳人缠臂金。’乃以捻头为寒具也（即馓子也）、东坡集有此诗，言《佳话》谓之捻头。”高似孙误以苏轼集中诗为《刘宾客嘉话录》中诗了。（3）吕祖谦《诗律武库》卷十四《游赏门·赤波金轮》：“唐刘禹锡言：惠州罗浮山势亦未甚高而夜半见日，此可异也。其诗曰：‘阴阳迭用事，乃俾夜作晨。咿喔天鸡鸣，扶桑色昕昕。赤波千万里，涌出黄金轮。’故东坡《游罗浮》云：‘人间有此白玉京，罗浮见日鸡一鸣。’”孝萱案，苏轼《游罗浮山一首示儿子过》自注：“刘梦得有诗，记罗浮夜半见日事。山不甚高，而夜见日，甚可异也。”吕祖谦误将苏轼的话当作刘禹锡的话了。诗话家因苏轼学刘禹锡，往往将他们合在一起评论，在这种风气下，出现了朱翌、高似孙、吕祖谦的乱谈。

六

对于苏轼诗“始学”“初学”刘禹锡的解释，前人往往陷于形而上学的观点。如朱弁《曲洧旧闻》卷九：“或曰：‘东坡诗始学刘梦得，不识此论诚然乎哉？’予应之曰：‘予建中靖国间，在参寥座，见宗子士暕以此问参寥，参寥曰：“此陈无己之论也。东坡天才，无施不可以，少也实嗜梦得诗，故造词遣言，峻峙渊深，时有梦得波峭。然无己此论，施于黄州以前可也。坡自元丰末还朝后，出入李、杜，则梦得已有奔逸绝尘之叹矣。无己近来得渡岭越海篇章，行吟坐咏，不绝舌吻，常云：此老深入少陵堂奥，他人何可及。其心悦诚服如此，则岂复守昔日之论乎？”予闻参寥此说三十余年矣，不因吾子，无由发也。’”朱弁等人认为苏轼只是贬官黄州以前，即44岁以前，“实嗜梦得诗”“时有梦得波峭”，这就是说，苏轼学刘禹锡只在44岁以前。朱弁等人为了替苏轼洗刷学刘禹锡的痕迹而发此论，与事实不合。上面已经论证了苏轼喜爱刘禹锡诗，至老不衰，苏轼诗歌中运用刘禹锡作品中的语言、典故，至老不废，不能以44岁作为苏轼学不学刘禹锡的分界线。在苏轼的一生中，开始多学点刘禹锡，后来兼学其他诗人，这是不奇怪的。苏轼善学古人，非只守一家之诗，而贯穿出入诸家之诗，与诸体俱化，自成一家。

七

围绕着苏轼学刘禹锡这个问题，还有一些有关的现象，值得提出来研究，如：

一、苏轼与灵澈　《邵氏闻见后录》卷十七云：“‘经来白马寺，僧到赤乌年。’唐僧灵澈语。东坡《海会殿上梁文》全取之。”刘禹锡幼年曾向灵澈学诗，灵澈死后，由刘禹锡代他编辑遗集。刘禹锡《澈上人文集纪》云：“世之言诗僧多出江左。……独吴兴昼公能备众体。昼公后澈公承之。至如《芙蓉园新寺诗》云：‘经来白马寺，僧到赤乌年。’……可谓入作者阃域，岂独雄于诗僧间邪?”从这段话看出刘禹锡对灵澈诗歌成就的高度评价。“经来白马寺”一联，是刘禹锡所评选的灵澈的代表作，苏轼撰文“全取之”，应是受了刘禹锡的影响。（《石林诗话》卷中云：“唐诗僧，自中叶以后，其名字班班为当时所称者甚多，然诗皆不传，如‘经来白马寺，僧到赤乌年’数联，仅见文士所录而已。”叶梦得所说的“文士”，指刘禹锡。从这条诗话看出灵澈的佳句因刘禹锡摘录而流传，也可证明苏轼是读了刘禹锡的文章才发现灵澈的佳句而“全取之”的。）

二、苏辙与刘禹锡　苏轼喜爱刘禹锡诗，苏辙受其影响，也喜爱刘禹锡诗。《栾城三集》卷三《读乐天集戏作五绝》之一：“乐天梦得老相从，洛下诗流得二雄。”可以为证。苏轼运用刘禹锡作品中语言，苏辙受其影响，也运用刘禹锡作品中语言，辙诗“我怀同门客，势若晓天星”系用禹锡语，已见前述。

据《童蒙诗训·苏子由爱刘禹锡诗》云：“苏子由晚年多令人学刘禹锡诗，以为用意深远，有曲折处。”但在苏辙的诗、文中，没有留下叫人学刘禹锡的痕迹，可见苏辙还有顾忌。吕本中说出苏辙“多令人学刘禹锡诗”这个事实，但加上“晚年”二字，表示此时苏辙诗已成熟，他本人无学刘禹锡之嫌。

三、秦观与刘禹锡　清人论词，谓刘禹锡流丽之笔，下开秦观一派。其实宋人早已注意及此。周辉《清波杂志》卷九云：“秦少游发郴州，反顾有所属，其词曰：‘雾失楼台，月迷津渡，桃源望断无寻处。可堪孤馆闭春寒，杜鹃声里斜阳暮。驿寄梅花，鱼传尺素，砌成此恨无重数。郴江幸自绕郴山，为谁流下潇湘去?’山谷云：‘语意极似刘梦得。’”王楙《野客丛书》卷二十《词句祖古人意》云：“《后山诗话》载：王平甫子游谓秦少游‘愁如海’之句，出于江南李后主‘问君还有几多愁?恰似一江春水向东流’之意。仆谓李后主之意，又有所自。……刘禹锡诗曰：‘蜀江春水拍山流’

‘水流无限似侬愁’，得非祖此乎？则知好处前人皆已道过，后人但翻而用之耳。”

四、张耒与刘禹锡　《砻溪诗话》卷三云：“张文潜《法云怀无咎》云：‘独觉欠此公。’或传某生语，文潜自以‘欠’字为得意。然梦得《送皇甫》云：‘从兹洛阳社，吟咏欠书生。’……张何得意之有？”《苕溪渔隐丛话前集》卷五一《张文潜》云：“潘子真《诗话》云：文潜《次张〔公〕远韵》，有‘……东边日下终无雨，阙上题诗合有碑。……’或问：‘无雨有碑，何等语也？’予答以‘东边日出西边雨，道是无情却有情’，刘梦得《竹枝歌》也。……”这两条记载，都是说明张耒喜爱、仿效刘禹锡的诗。

《苕溪渔隐丛话后集》卷三三《张右史》云：“《复斋漫录》云：东坡《泗州僧伽塔诗》：‘耕田欲雨刈欲晴，去得顺风来者怨，若使人人祷辄遂，造物应须日千变。’文潜用其意别为一诗云：‘南风霏霏麦花落，豆田漠漠初垂角，山边半夜一犁雨，田父高歌待收获。雨多潇潇蚕簇寒，蚕妇低眉忧茧单。人生多求复多怨，天公供尔良独难。’”从这条记载看出，苏轼将刘禹锡《何卜赋》中名句，概括入诗。张耒受苏轼启发，又作了一首。

秦观、张耒是苏轼最赏识的，也是最亲密的两位后辈。据《曲洧旧闻》卷五云：“东坡尝语子过曰：‘秦少游、张文潜才识学问，为当世第一……二人皆辱与予游，同升而并黜……’”从苏轼对秦观、张耒评价之高、情谊之厚，可以推测秦观、张耒喜爱刘禹锡诗是与苏轼的影响分不开的。

五、黄庭坚、陈师道与刘禹锡　我另有《刘禹锡与江西诗派》一文，详细论述黄庭坚、陈师道等对刘禹锡的继承关系。

《王直方诗话·东坡诗书邢敦夫扇》：“邢敦夫云：‘扫地烧香闭阁眠，簟纹如水帐如烟，客来梦觉知何处？挂起西窗浪接天。’此东坡诗也，尝题于余扇。山谷初读以为是刘梦得所作也。”从黄庭坚错把苏轼诗当作刘禹锡诗，不仅可以看出苏轼学刘禹锡达到了乱真的程度，还反映出“苏门六君子”以及与苏轼有来往的人大多喜爱刘禹锡诗，这不言而喻是因为受到了苏轼的影响。

八

或许有人要问：（1）苏轼为什么自己不说作诗“始学”刘禹锡呢？（2）《邵氏闻见后录》卷十四云：“子由云：‘子瞻读书，有与人言者，有不与人言者。不与人言者，与辙言之，而谓辙知之。’”可见，苏轼作诗“始学”刘禹锡，苏辙应是知道的。但说出苏轼作诗“始学”刘禹锡的，是“苏门六君子”之一的陈师道。苏辙为什么讳莫如深呢？我分析，可能出于以下两个原因：

一、政治上的原因 据王安石《临川先生文集》卷七一《读〈柳宗元传〉》云：“余观八司马，皆天下之奇材也。一为叔文所诱，遂陷于不义。至今士大夫欲为君子者，皆羞道而喜攻之。”[12]作为宋代政治改革家的王安石，与唐代的“二王八司马”，本是志同道合，前后呼应的，但他在肯定“八司马”的同时，还不能不否定一下“二王”以作为掩护，可见当时的社会风气。与变法派相对立的苏轼，对“二王八司马”的评价怎样呢？《东坡志林》卷四《人物·柳宗元敢为诞妄》斥责“柳宗元与伾、叔文交”。《东坡先生全集》卷六五《史评·柳子厚论伊尹》批评柳宗元作《伊尹五就桀赞》是“意欲自解其从王叔文之罪也”。同书同卷《刘禹锡文过不悛》对刘禹锡更是破口大骂：“刘禹锡既败，为书自解，言‘王叔文实工言治道，能以口辩移人，既得用，所施为，人不以为当。太上久疾，宰相及用事者不得对，宫掖事秘，建桓立顺，功归贵臣，由是及贬。’《后汉·宦者传》论云：‘孙程定立顺之功，曹腾参建桓之策。’腾与梁冀比，舍清河而立蠡吾，此汉之所以亡也，与广陵王监国事，岂可同日而语哉！禹锡乃敢以为比，如（以）〔此知〕小人为奸，虽已败，犹不悛也，其可复置之要地乎！因读《禹锡传》，有所感，书此。”苏轼骂刘禹锡“小人为奸”，可见他对“二王八司马”的政治革新活动是否定的。苏轼不说诗歌创作

“始学”刘禹锡，是怕妨碍自己政治上的进取。苏辙了解苏轼的心意，也避而不谈。

二、文艺上的原因 在唐代诗坛上，李白、杜甫是大家而刘禹锡是名家。在宋代诗坛上，苏轼是大家。大家学名家，未免有失身份。所以苏轼不愿说作诗“始学”刘禹锡；苏辙则干脆说苏轼诗“本似李、杜”。

分析了以上原因以后，对于诗话家说苏轼作诗“始学”刘禹锡，而苏轼、苏辙兄弟不提此事，就不觉得奇怪了。

刘禹锡与江西诗派

一、江西诗派继承刘禹锡“须有来处”的理论

韦绚《刘宾客嘉话录》：“为诗用僻字，须有来处。宋考功诗云：‘马上逢寒食，春来不见饧。’[13]尝疑此字，因读《毛诗·郑笺》说箫处，注云：‘即今卖饧人家物。’《六经》唯此注中有‘饧’字。缘明日是重阳，欲押一‘糕’字，寻思《六经》竟未见有‘糕’字，遂不敢为之。常讶杜员外‘巨颡拆老拳’，疑‘老拳’无据，及览《石勒传》：‘卿既遭孤老拳，孤亦饱卿毒手。’岂虚言哉。后辈业诗，即须有据，不可率尔道也。”刘禹锡这一论点，为江西诗派所信服，并有所发展。

吕本中《东莱吕紫微诗话》：“表叔范元实既从山谷学诗，要字字有来处。”陈长方《步里客谈》卷下：“章叔度宪云：每下一俗间言语，无一字无来处，此陈无己、黄鲁直作诗法也。”黄庭坚（鲁直、山谷、涪翁）是江西诗派的创始人；陈师道（无己、履常、后山）是江西诗派的重要成员；吕本中（居仁、紫微）是《江西诗社宗派图》的作者，第一个正式提出“江西诗派”名称的人。吕本中等人说黄、陈的“作诗法”是“字字有来处”“无一字无来处”，说明江西诗派确是继承刘禹锡“须有来处”的理论的。

这一诗派的成员韩驹（子苍）的诗草，“历疏语所从来”（陆游《渭南文集》卷二十七《跋·跋陵阳先生诗草》），更是典型的事例。

或许有人要问：黄庭坚在《答洪驹父书》中，自我介绍他的“作诗法”是：“自作语最难。老杜作诗，退之作文，无一字无来处，盖后人读书少，故谓韩、杜自作此语耳。古之能为文章者，真能陶冶万物，虽取古人之陈言入于翰墨，如灵丹一粒，点铁成金也。”并未提到刘禹锡呀。我的看法是：“无一字无来处”不是杜甫作诗、韩愈作文的理论。先说杜甫，元稹《酬孝甫见赠十首》之二说：“杜甫天材颇绝伦，每寻诗卷似情亲。怜渠直道当时语，不着心源傍古人。”⑭再说韩愈，他《答李翊书》说：“惟陈言之务去。”《南阳樊绍述墓志铭》说：“惟古于词必己出，降而不能乃剽贼。”⑮怎么能说杜甫作诗、韩愈作文是“取古人之陈言入于翰墨”呢？

王若虚《滹南遗老集》卷四十《诗话》：“鲁直论诗，有夺胎换骨、点铁成金之喻，世以为名言。以予观之，特剽窃之黠者耳。鲁直好胜，而耻其出于前人，故为此强辞，而私立名字。”韩愈反对“剽贼”，而黄庭坚是“剽窃之黠者”，两人在理论上是对立的。黄庭坚说“惟陈言之务去”的韩愈作文“无一字无来处”，岂止强加于人，简直是为自己的“剽窃”行为找遮羞布。

“为诗用僻字，须有来处”，是刘禹锡的理论。为了论证它，刘禹锡举了一句杜甫诗为例。黄庭坚把这个口号接过来，发展为“老杜作诗，退之作文，无一字无来处”。为什么黄庭坚不直接说继承刘禹锡而抬出杜甫、韩愈来呢？因为杜诗、韩文，在宋代享有极大声誉，黄庭坚就抬出这两块招牌，以为号召。对黄庭坚、陈师道诗钻研很深，并为其诗集作注的任渊，在《黄陈诗集注序》一开头就引用了《刘宾客嘉话录》，而只字未提杜甫、韩愈，可见他是深知江西诗派理论的秘密的。如果我们宣传江西诗派继承杜、韩的理论，就受黄庭坚的骗了。清赵翼也看出江西诗派这个秘密，《瓯北诗话》卷十一《黄山谷诗》说："刘梦得论诗，谓'无来历字，前辈未尝用'；孙莘老亦谓'杜诗无一字无来历'，山谷尝拈以示人，盖隐以自道。"这一段话，揭示了江西诗派与刘禹锡在"作诗法"上的直接联系，而孙觉是利用杜甫以抬高自己的身份。这位孙觉（莘老）是黄庭坚的岳父。

葛立方《韵语阳秋》卷三："作诗贵雕琢，又畏有斧凿痕；贵破的，又畏粘皮骨，此所以为难。……能脱此二病，始可以言诗矣。刘梦得称白乐天诗云：'郢人斤斫无痕迹，仙人衣裳弃刀尺，世人方内欲相从，行尽四维无处觅。'若能如是，虽终日斫而鼻不伤，终日射而鹄必中，终日行于规矩之中，而其迹未尝滞也。山谷尝与杨明叔论诗，谓'以俗为雅，以故为新，百战百胜，如孙吴之兵，棘端可以破镞，如甘蝇飞卫之射'，捏聚放开，在我掌握。与刘所论，殆一辙矣。"此条前半段抄袭《王直方诗话》，后半段采用黄庭坚《次韵杨明叔四首、再次韵》的引言。葛立方从"贵雕琢，又畏有斧凿痕；贵破的，又畏粘皮骨"的角度，发现黄庭坚"论诗"，与刘禹锡"殆一辙"，是江西诗派继承刘禹锡理论的又一证明。

二、刘禹锡某些作品已开江西诗派风气

刘禹锡《和仆射牛相公春日闲坐见怀》："官曹崇重难频入，第宅清闲且独行。阶蚁相逢如偶语，园蜂速去恐违程。人于红药惟看色，莺到垂杨不惜声。东洛池台怨抛掷，移文非久会应成。"方回批："'阶蚁''园蜂'一联，似已有江西体。"（《瀛奎律髓》卷十《春日类·七言》）

刘禹锡《同白二十二赠王山人》："爱名之世忘名客，多事之时无事身。古老相传见来久，岁年虽变貌长新。飞章上达三清路，受箓平交五岳神。笑听鼕鼕朝暮鼓，只能催得市朝人。"纪昀批："已逗江西一派。"（《瀛奎律髓刊误》卷四十八《仙逸类·七言》）

选《瀛奎律髓》的方回，“大旨排西昆而主江西”（《钦定四库全书总目》卷一八八《集部》四十一《总集类》三《瀛奎律髓四十九卷》）。写《瀛奎律髓刊误》的纪昀，反对方回“左袒江西”（《瀛奎律髓刊误序》）。二人论诗的主张是不同的。但对于刘禹锡的某些作品已开江西诗派风气，二人的意见却是相同的。江西诗派的赞成者与反对者，从正反两面为我们提供了这一无可辩驳的事实。

三、江西诗派成员普遍喜爱刘禹锡诗歌

黄庭坚《豫章黄先生文集》卷二十六《题跋》有三处称赞刘禹锡诗歌。(一)《跋刘梦得〈淮阴行〉》：“《淮阴行》情调殊丽，语气尤稳切，白乐天、元微之为之，皆不入此律也。”（二）《跋刘梦得〈竹枝歌〉》：“刘梦得《竹枝》九章，词意高妙，元和间诚可以独步。道风俗而不俚，追古昔而不愧，比之杜子美《夔州歌》，所谓同工而曲异也。昔东坡尝闻余咏第一篇，叹曰：此奔轶绝尘，不可追也。”（三）《跋刘梦得〈三阁辞〉》：“此四章可以配《黍离》之诗，有国存亡之鉴也。大概刘梦得乐府小章优于大篇，诗优于它文耳。”黄庭坚认为，刘禹锡的某些作品在元、白之上，某些作品与杜甫媲美，某些作品可以上配《诗经》，这是极高的评价。他唯恐只是自己赞扬刘禹锡，力量还嫌不够大，又举出苏轼的话，以助声势，可谓用心良苦。

宋人诗话笔记中，常转载黄庭坚对刘禹锡诗歌的评论，如何汶《竹庄诗话》卷二十《杂编十・刘禹锡・武昌老人说笛歌》引《漫斋语录》云：“刘禹锡长于歌行并绝句，如《武昌老人说笛歌》，山谷云：‘使宋玉、马融复生，亦当许之。’……不虚语也。”时代在前的宋玉、马融，根本不可能评价刘禹锡的《武昌老人说笛歌》，而黄庭坚说宋玉、马融“复生”亦当许可这首诗，反映出他本人对刘禹锡这首诗的无比崇拜。

胡仔《苕溪渔隐丛话后集》卷十一《柳子厚》：“《复斋漫录》

云：‘子厚《寄刘梦得诗》：“书成欲寄庾安西，纸背应劳手自题。闻道近来诸子弟，临池寻已厌家鸡。”盖其家有右军书，每纸背庾翼题云：“王会稽六纸。”其诗谓此也，故梦得有《酬家鸡之赠》，乃答前诗，非子厚作也。其中有“柳家新样元和脚”，人竟不晓，高子勉举以问山谷，山谷云：“取其字制之新。昔元丰中，晁无咎作诗文极有声，陈无己戏之曰：闻道新词能入样，湘州红缬鄂州花。盖湘州缬鄂州花也。则柳家新样元和脚者，其亦此类欤。”余顷见徐仙者效山谷书，而无己以诗寄之曰：“蓬莱仙子补天手，笔妙诗清万世功。肯学黄家元祐脚，信知人厄匪天穷。”则知山谷之言无可疑。’”对于刘禹锡诗中“人竟不晓”的句子，宋人唯有请黄庭坚作解答，才“无可疑”，可见宋人公认黄庭坚是研究刘禹锡诗歌的权威人士。

陈师道《后山先生集》卷二三《诗话》：“望夫石在处有之，古今诗人共用一律，惟刘梦得云：‘望来已是几千岁，只似当年初望时。’语虽拙而意工。”可谓推崇备至。

洪刍《洪驹父诗话》：“山谷至庐山一寺，与群僧围炉，因举《生公讲堂》诗末云‘一方明月可中庭’，一僧率尔云：何不曰‘一方明月满中庭’。山谷笑去。”《生公讲堂》是刘禹锡《金陵五题》的第四首。黄庭坚对庐山众僧朗诵这首诗中的句子，说明他对刘禹锡作品的喜爱。洪刍（驹父）是三洪（洪朋、洪刍、洪炎）之一，黄庭坚的外甥，江西诗派的成员。他把舅父这件事写入诗话，也说明他对刘禹锡作品的喜爱。吴聿《观林诗话》云：“豫章诸洪作诗，有外家法律。”这“法律”是什么呢？从黄庭坚、洪刍都讥笑庐山一僧不懂得刘禹锡“一方明月可中庭”句中“可”字的佳妙，可以看出一二。

《王直方诗话》：“予观文忠公所为《花品序》云：‘牡丹初不载文字，自则天以后始盛，然未闻有以名者，如沈、宋、元、白皆善咏花，当时有一花之异，必形篇什，而寂无传焉。唯刘梦得有诗，但云一丛千朵，亦不云其美且异也。’然余犹以此诗为非，‘惟有牡丹真国色，花开时节动京城’，岂不云美也。”“径尺千余朵”是刘禹锡《浑侍中宅牡丹》诗中的句子。[16]“惟有牡丹真国色，花开时节动京城”是刘禹锡《赏牡丹》诗中的句子。由于王直方（立之）比欧阳修更熟悉刘禹锡的诗，所以才能纠正欧阳修说刘禹锡不咏牡丹花“美”的错误。《东莱紫微诗话》：“王立之直方病中尽以书画寄交旧，余亦得书画数种。与余书云：‘刘玄德生儿不象贤。’盖讥其子不能守其图书也。”（《东莱吕紫微师友杂志》：“立之尽以平生书籍图画散之故人朋友，予亦得数种，托杨符信祖附来寄予书，书不成字矣。书中但言‘刘玄德生儿不象贤’……盖叹其子不能继绍也。”）“生儿不象贤”是刘禹锡《蜀先主庙》诗中的句子，王直方病危时还引用它。王直方、杨符（信祖）都是江西诗派成员。朱弁《风月堂诗话》卷下说：“立之读书喜宾客，黄鲁直、诸晁皆与之善。”“诸晁”之一的晁冲之（叔用），也是江西诗派成员。晁公武《昭德先生读书后志》卷二《别集类·晁氏具茨集三卷》说：“曾慥亦称公早受知陈无己。”王直方病危时以书籍图画赠送“交旧”，这些人主要是江西诗派成员。王直方用刘禹锡诗句向吕本中等表示遗愿，说明江西诗派成员对刘禹锡诗的共同爱好和理解。

吕本中《童蒙诗训》：“苏子由晚年多令人学刘禹锡诗，以为用意深远，有曲折处。后因见梦得《历阳》诗云：‘一夕为湖地，千年列郡名。霸王迷路处，亚父所封城。’皆历阳事，语意雄健，后殆难继也。”在吕本中所著的诗话、笔记中，多次提到刘禹锡的作品。这一段话，尤为重要，因为这是面对着学习作诗的“童蒙”讲的，相当于今天的教科书。他惟恐只是自己赞扬刘禹锡，力量还嫌不够大，又举出苏辙（子由）的话，以助声势，用心之苦，与黄庭坚一样。《宋史》卷三七六《吕本中传》：“有诗二十卷，得黄庭坚、陈师道句法。”吕本中从“用事”角度，高度评价刘禹锡《历阳书事七十韵》，正是反映出江西诗派的共同观点。

四、黄庭坚、陈师道、陈与义大量“点化”刘禹锡诗句

江西诗派提倡“夺胎换骨”。宋、元人所著诗话中，颇有记载黄庭坚、陈师道“点化”刘禹锡诗句的例子：

《韵语阳秋》卷二：“诗家有换骨法，谓用古人意而点化之，使加工也。……刘禹锡云：‘遥望洞庭湖翠水，白银盘里一青螺。’山谷点化之云：‘可惜不当湖水面，银山堆里看青山。’……学诗者不可不知此。”

吴曾《能改斋漫录》卷十《议论》：“王直方《诗话》记陈公辅题湖阴先生壁云：‘身似旧时王谢燕，一年一度到君家。’荆公见而笑曰：‘戏君为寻常百姓耳。’古诗云：‘旧时王谢堂前燕，飞入寻常百姓家。’然以予观之，山谷有诗答直方送并蒂牡丹云：‘不如王谢堂前燕，曾见新妆并倚栏。’若以荆公之言为然，则直方未免为山谷之戏，政苦不自觉尔。”

刘壎《隐居通议》卷十一《夺胎换骨》：“唐刘禹锡作柳州文集序云：‘韩退之曰：雄深雅健，似司马子长，崔、蔡不足多也。’崔谓崔瑗，蔡谓蔡邕。山谷咏张文潜诗，亦用此意。有曰：‘晁张班马乎，崔蔡不足云。’其善于夺胎换骨如此，而世或未之知也。”

以上论黄庭坚“点化”刘禹锡诗句。

魏了翁《鹤山渠阳经外杂钞》卷一：“刘禹锡诗：‘向来行哭里门道，昨夜画堂歌舞人。’……陈后山‘起舞为主寿，相送南阳阡。忍着主衣裳，为人作春妍。’又云：‘向来歌舞地，夜雨鸣寒蛩。’”

以上论陈师道“点化”刘禹锡诗句。

任渊《山谷诗集注》，史容《山谷外集诗注》，史季温《山谷别集诗注》，任渊《后山诗注》，胡稚《增广笺注简斋诗集》《胡学士续添简斋诗笺正误》更为我们提供了黄庭坚、陈师道、陈与义（简斋）“点化”刘禹锡诗句的大量例证。归纳起来，有如下几种情况：（一）从用法说，有借用的、反用的、用其字的、用其意的、意相同的、反其意而用之的。（二）从用例说，刘禹锡的某些诗句，有被黄庭坚运用多次的，或被黄庭坚、陈师道、陈与义共同运用的。由于注者往往只举出刘禹锡的诗句而未标出诗题，读者查阅不便，加之所引诗句与现在通行的版本多有歧异，还有错把刘禹锡诗当作柳宗元诗的，因此我逐一查对了刘禹锡集，补充了诗题，校勘了诗句，订正了作者，编成《黄庭坚诗与刘禹锡诗文对照表》《陈师道诗与刘禹锡诗文对照表》《陈与义诗与刘禹锡诗文对照表》，作为同志们进一步研究刘禹锡与江西诗派关系的参考。

五、结论

方回倡江西诗派“一祖三宗”之说，一祖指杜甫，三宗为黄庭坚、陈师道、陈与义。江西诗派对杜甫的继承关系，确是十分重要的；但当我们论证了：（一）江西诗派继承刘禹锡“须有来处”的理论。（二）刘禹锡某些作品已开江西诗派风气。（三）江西诗派成员普遍喜爱刘禹锡诗歌。（四）黄庭坚、陈师道、陈与义大量“点化”刘禹锡诗句之后，便觉得“一祖”的说法，不能全面反映江西诗派对唐代诗人的继承情况，而刘禹锡与这一诗派的关系也是不应忽视的。

刘禹锡《竹枝词》之影响

刘禹锡《竹枝词》作于何时？何地？《新唐书·刘禹锡传》《乐府诗集》卷八十一说在朗州作，黄常明《诗话》说在连州作（《诗话总龟后集》卷二十四），均误。今按：刘禹锡《竹枝词》九首引云：“岁正月，余来建平。”应是长庆二年（822 年）初到夔州时作。

唐代有几位诗人写过《竹枝词》，而以刘禹锡声誉最高，影响最大。人们公认刘禹锡是《竹枝词》之祖，他的创作开辟了一条文人诗与民歌相结合的新道路。清王士禛《带经堂诗话》卷二十九指出："《竹枝》咏风土，琐细诙谐皆可入，大抵以风趣为主，与绝句迥别。"这是说，《竹枝词》的题材比绝句广阔，特别是泛咏风土这一点，使它获得了浓厚的地方色彩。从艺术技巧看，《竹枝词》不仅大量使用比兴与谐声双关、重叠回环等民歌常用的艺术手法，而且还把民歌特有的那种清新刚健的语言和悠扬宛转的音节吸入诗中，从而使它达到了所谓"道风俗而不俚，追古昔而不愧""词意高妙""奔轶绝尘"的境界。刘禹锡的《竹枝词》不仅在民间受到欢迎，而且后世文人也十分喜爱。

刘的《竹枝词》在宋代受到苏轼、黄庭坚等的高度评价，黄庭坚还手书之。值得我们注意的是从宋至清《竹枝词》的发展、演变。苏轼所作《竹枝词》九首，是竹枝词咏史之始。杨万里所作《过白沙竹枝歌》六首、《过显济庙前石矶竹枝词》二首、《峡山寺竹枝词》五首，是竹枝词加题头之始。

元汪士熙作《竹枝词》六首，袁桷、虞集、马祖常、胡奎、许有壬等有和作。元末杨维桢作《西湖竹枝词》九首，"一时和者数百家"，编为《西湖竹枝集》。这是一次大规模的《竹枝词》创作活动，作者队伍扩大到"妇人女子"。《西湖竹枝集》风行海内，有"徐兴公选本""钱牧斋选本"，还有"徐野君续本"。

明邝璠著《便民图纂》，书前有"务农之图"十五幅，"女红之图"十六幅，每幅题《竹枝词》一首，共三十一首，"用劝于民"，使泛咏风土的竹枝词成为对农民进行耕织技术教育的农桑课本。在竹枝词中别具一格。

清尤侗写《外国竹枝词》一百首，是竹枝词咏外国之始。附"土谣"十首，是竹枝词咏少数民族之始。尤侗只据典籍，并未亲历其地，其中不免有失实之处。自他开了风气，其后作者日多，且皆亲见亲闻，在竹枝词中形成一个系列。

明、清两代的竹枝词，可分为两大类。一类为泛咏一州一县的历史、地理、风俗、人物以至方言、俚语，像万花筒。其中规模浩大者，如：清《海陵竹枝词》八百首，尚非出于一人之手。秦荣光一人作《上海县竹枝词》七百零六首，经其弟子删存为五百三十二首，可谓空前绝后。另一类为专咏一事，像特写镜头。如叶燮《吴江大水竹枝词》四首，专咏康熙九年（1670年）吴江大水灾民之苦。高士奇《灯市竹枝词》六首，专咏康熙时京师灯市盛况。孔尚任《清明红桥竹枝词》二十首，专咏康熙二十七年（1688年）扬州红桥修禊风光及民间习俗。康熙三十二年（1693年）孔尚任、袁启旭、蒋景祁等在陈子健家集会，各作《燕九竹枝词》十首，专咏正月十九日北京白云观庙会情况。道光时，卢先辂作《红楼梦竹枝词》一百首，专评书中人物。王士恒作《河工竹枝词》十首、《河工后竹枝词》十首、《后河工竹枝词》十首、《新春河工竹枝词》九首，反映了清代黄河决口、官吏腐败、工程敷衍、民伕艰苦的实际情况。罗煛《壬寅夏纪事竹枝词》十六首对鸦片战争时期清廷沿海大吏，一一评论忠奸。清末还出现《新婚竹枝词》二十四首，细致描绘了结婚礼仪及夫妇情态，李伯元录入《南亭四话》。余不多举。

这里试对刘禹锡倡导《竹枝词》以来一千多年的发展史，做初步的小结。

（1）作者队伍　有男，有女。有著名的诗人，也有普通的文士。竹枝词的魅力，能使皇帝技痒，爱新觉罗·弘历写了《荔枝效竹枝词》三首。

（2）诗歌内容　咏汉族，也咏少数民族；咏国内，也咏国外。有像万花筒（泛咏一州一县），也有像特定镜头（专咏一事）。有欢乐（青年男女的爱情），也有愁苦（劳动人民的生产、生活）。

（3）表现形式　有诗无注释，有诗加注释。从以诗为主逐渐演变为以注为主，注文是民俗学的宝贵资料。

（4）艺术水平　有高，有低。艺术水平不高而资料丰富的竹枝词，从民俗学的角度看，还是有价值的。

（5）社会功能　有美，有刺。清嘉庆时得硕亭《京都竹枝词》序云：“竹枝之作，所以纪风土，讽时尚也。”在他之前，虽已有讽刺性的竹枝词，但他首次明确提出了竹枝词应有“讽时尚”的作用。清朝统治日益腐败，讽刺性的《竹枝词》也就增多了。

（6）诗与唱的关系　刘禹锡的《竹枝词》原是为夔州民歌谱写的新词，有音乐伴奏，歌者边唱边舞。宋人所作，也还能唱。黄庭坚《竹枝词二首》跋云：“予自荆州上峡入黔中，备尝山川险阻，因作二叠，传与巴娘，令以竹枝歌之。前一叠可和云：‘鬼门关外莫言远，五十三驿是皇州。’后一叠可和云：‘鬼门关外莫言远，四海一家皆弟兄。’”任半塘在《唐声诗》中对此做了解释：“黄氏所谓‘和’，既用七言四句之后二句，与唐、五代《竹枝》之和声，仅用二言短语，散系于各句句中或句尾者，显然不同，应是《竹枝》唱法至宋之变。”后来，《竹枝词》脱离了音乐，不是为竹枝谱写歌词，而是用民歌体来写诗了。王夫之《竹枝词》十首序云：“杨廉夫唱竹枝于湖上，和者麇集。以初体求之，非竹枝也。”“初体”指刘禹锡写的《竹枝词》。其实不止杨维桢《西湖竹枝集》如此，已是普遍现象了。

总之，经过一千多年的时间考验，证明《竹枝词》是群众所喜闻乐见的一种文学样式，也是民俗学的一座资料库。它既有欣赏价值，又有认识价值。刘禹锡倡导之功，是不可磨灭的，其社会效果不是唐代任何一位诗人的作品所能比拟的。

明、清时期的一些诗人还在刘禹锡学习民歌曲调写《竹枝词》的启发下，开始重视学习其他民间歌谣，并把它吸取到自己的创作中来。如徐渭的《边词廿六首》之三：“墙头赤枣杵儿斑，打枣竿长二十拳。塞北红裙争打枣，江南白苎怯穿莲。”“打枣竿”是明代流行于北方的民歌曲调。王骥德《曲律》云：“小曲《挂枝儿》即《打枣竿》，是北人长技，南人每不能及。”徐渭是山阴（今浙江绍兴）人，他把流行于北方的民歌《打枣竿》援引入诗，说明他“客燕时”注意学习了这种曲调。《边词》中的内容与声情，与《打枣竿》是相接近的。明、清诗人的这种努力，与刘禹锡的影响是分不开的。所以，清黄生说刘禹锡《竹枝词》“诚可为后来山歌、挂枝、打枣先鞭”（《唐诗摘钞》卷四）。

校补刘禹锡《祭韩吏部文》缺字

李翱晚年曾对人说：“翱昔与韩吏部退之为文章盟主，同时伦辈，惟柳仪曹宗元、刘宾客梦得耳。”[17]韩愈（退之）、李翱（习之）、柳宗元（子厚）、刘禹锡（梦得）确是人们公认的中唐古文运动的几位领导人物。刘禹锡有一篇《祭韩吏部文》，是研究韩愈其人其文以及韩愈、柳宗元、刘禹锡三人交谊的重要文献。《祭文》“服之言”下，徐鸿宝影印宋绍兴八年本、董康影印日本崇兰馆藏宋刻本、仁和朱氏《结一庐剩余丛书》本以及影印《全唐文》本，均缺若干字。近年出版的标点本，也未能校补。《中国古典文学丛书·刘禹锡集笺证》说：“后幅有脱简，不知何处断句杂出于此。当存疑。”

刘禹锡《祭韩吏部文》中的缺字，真是无法校补了吗？否。我在影印文渊阁《四库全书·刘宾客文集》发现一字不缺的《祭文》。今录全文如下，《四库》本不缺而各本皆缺的十三个字，用黑体字排，以资识别。

高山无穷，太华削成。人文无穷，夫子挺生。典训为徒，百家抗行。当时勍者，皆出其下。古人中求，为敌盖寡。贞元之中，[18]帝鼓薰琴。奕奕金马，文章如林。君自幽谷，升于高岑。鸾凤一鸣，蜩螗革音。手持文柄，高视寰海。权衡低昂，瞻我所在。三十余年，声名塞天。公鼎侯碑，志隧表阡。一字之价，辇金如山。权豪来侮，人虎我鼠。然诺洞开，人金我灰。[19]亲亲尚旧，[20]丹〔宜〕[21]其寿考。天人之学，可与论道。二者不至，至者其谁？岂天与人，好恶背驰？昔遇夫子，聪明勇奋。常操利刃，开我混沌。子长在笔，予长在论。持矛举盾，卒不能困。时惟子厚，窜言其间。赞词愉愉，辨道[22]颜颜。磅礴上下，羲农以还。会于有极，服之言[23]**诠**。**胡合〔舍〕我而长逝，徒泣涕而涟涟**。吁嗟乎，岐山威凤不复鸣，华亭别鹤中夜惊。畏简书兮拘印绶，思临恸兮志莫就。生刍一束酒一杯，故人故人歆此来！

将刘禹锡《祭韩吏部文》缺字补全，恢复原貌，是我几十年来校勘刘集的最大发现，特公诸同行。

《陋室铭》非刘禹锡作

我在1963年出版的《刘禹锡年谱》中提出《陋室铭》非刘禹锡作。于北山在《教学与进修》1979年第3期发表《〈陋室铭〉非刘禹锡作补证》，所谓“补证”，即北宋释智圆《闲居编》中的一段话：“俗传《陋室铭》，谓刘禹锡所作，谬矣，盖阘茸辈狂简斐然，窃禹锡之盛名，以诳无识者，俾传行耳。”

吴汝煜在1988年出版的《刘禹锡传论》中，反对智圆这段话，认为：“僧人好作惊人之论，以耸动世人听闻，未必有所据而云然。智圆所论，未提出任何确切证据，故此说不能据为定谳。”在1989年出版的《刘禹锡选集》中，再次肯定《陋室铭》是刘禹锡在洛阳作。

今按：《闲居编》在中国久已失传，仅日本有刻本。诸桥辙次著《大汉和辞典》修订版第11册第820页引用了《闲居编》中一段话，于北山用作“补证”，吴汝煜表示反对。但他们都未见到原书。

《续藏经》第二编第6套第1册登载《闲居编》。《全宋文》卷312据以收录。今将《雪刘禹锡》一文的主要内容，介绍如下：

“俗传《陋室铭》……俾传行耳。夫铭之作，不称扬先祖之美，则指事以戒过也。出此二涂，不谓之铭矣。称扬先祖之美者，宋鼎铭是也。指事戒过者，周庙金人铭是也。俗传《陋室铭》，进非称先祖之美，退非指事以戒过，而奢夸矜伐，以仙、龙自比，复曰'唯吾德馨'。且颜子愿无伐善，圣师不敢称仁，禹锡巨儒，心知圣道，岂有如是狂悖之辞乎！陆机云：'铭博约而温润。'斯铭也，旨非博约，言无温润，岂禹锡之作邪！昧者往往刻于琬琰，悬之屋壁，吾恐后进童蒙慕刘之名，口诵心记，以为楷式，岂不误邪？故作此文，以雪禹锡耻，且救后进之误。……"

看了上面的话，便知《大汉和辞典》所引用的，不是智圆的主要论点。智圆认为《陋室铭》非刘禹锡作的论点，主要是：（一）不符合铭的体裁。（二）不符合刘禹锡的为人。（三）不符合刘禹锡文章的风格。吴汝煜反对智圆，应从这三个方面进行批驳。未见原文而痛斥智园"未提出任何确切证据"，未免厚诬古人了。

下面扼要地说一说我判断《陋室铭》非刘禹锡作的理由：

（一）智圆自号中庸子，撰《中庸子传》。其《闲居编自序》云："于讲佛经外，好读周、孔、扬、孟书。往往学为古文，以宗其道。又爱吟五、七言诗，以乐其性情。"可见智圆不是一个普通的和尚，他兼宗儒教，嗜好文学。吴汝煜未考其生平，未读其著作而斥之，非是。

《闲居编自序》撰于大中祥符九年（1016 年）。《雪刘禹锡》是书中的一篇，此文叹息："俗传《陋室铭》……昧者往往刻于琬琰，悬之屋壁。"可见在 1016 年之前，假托刘禹锡作的《陋室铭》，不仅已写成，而且已流传。智圆提供这个情况很重要，有助于我们从"刻于琬琰"的角度对《陋室铭》进行考察。

王象之《舆地碑记目》卷一《婺州碑记》中记载"政和中"郡民发现《陋室铭》石刻。政和（1111—1117）在智圆所说的"刻于琬琰"之后约一百年，婺州发现《陋室铭》石刻，证实了智圆的话。可是，王象之的记载，只能说明婺州有一方《陋室铭》石刻，不能保证此铭一定是刘禹锡手笔。

《舆地碑记目》卷二《和州碑记》也记载《陋室铭》。《舆地纪胜》述此事尤洋。该书卷四十八《淮南西路·和州·景物上》云："陋室：唐刘禹锡所辟。又有《陋室铭》，禹锡所撰，今见存。"又《官吏》云："刘禹锡：为和州刺史，有《和州刺史壁记》及《陋室铭》。"又《碑记》云："唐刘禹锡《陋室铭》：柳公权书，在厅事西偏之陋室。"王象之将一件事重复叙述了三次，可谓郑重，但也不能轻信。因为（1）刘禹锡勤政廉政，关心民众疾苦。《和州谢上表》云："伏以地在江、淮，俗参吴、楚。灾旱之后，绥抚诚难。谨当奉宣皇恩，慰彼黎庶。久于其道，冀使知方。"《历阳书事七十韵》云："比屋茕嫠辈，连年水旱并。遐思常后已，下令必先庚。""受谴时方久，分忧政未成。比琼虽碌碌，于铁尚铮铮。"这是刘禹锡的自我写照，与《陋室铭》所谓"无案牍之劳形"的逍遥形态，判若两人，怎么能说《陋室铭》是刘禹锡任和州刺史时撰的呢？（2）刘禹锡工书，其自撰自书之碑，不仅见于欧阳修《集古录跋尾》、赵明诚《金石录》、郑樵《通志·金石略》《宝刻类编》等记载，个别的碑还有拓片存在。如刘禹锡在和州撰《陋室铭》，不必远道求柳公权书写。而且《宝刻类编》卷四记载柳公权所书之碑 76 件，没有《陋室铭》。王象之所云《陋室铭》为刘禹锡撰、柳公权书，俱不可信。

最早提到《陋室铭》的人，是钱唐释智圆。距离钱唐不远的婺州，有此铭石刻。我从这两个迹象推测《陋室铭》是浙江省的文士假托刘禹锡之名撰写的。南方潮湿，地面上有青苔。《陋室铭》所谓"苔痕上阶绿"，流露出南方人的口吻。北方干燥，房屋左右前后少见青苔。

（二）陋室，简陋的房屋。《论语·雍也》云："贤哉回也！一箪食，一瓢饮，在陋巷，人不堪其忧，回也不改其乐。"（陋巷，指居室，非街巷，见刘宝楠《论语正义》引王念孙说。）居室虽然简陋，而房屋的主人崇高，就不是羞耻，而是光彩了。唐崔沔有《陋室铭》。韩愈《长安交游者赠孟郊》云："陋室有文史，高门有笙竽。何能辨荣悴，且欲分贤愚。"刘禹锡《上杜司徒书》云："小人祖先壤树在京、索间，瘠田可耕，陋室未毁。"三人笔下的"陋室"，各有用意，不能混淆。

据颜真卿《通议大夫守太子宾客东都副留守云骑尉崔倬记赠尚书左仆射博陵崔孝公宅陋室铭记》，崔沔"为常侍时，著《陋室铭》以自广"。为东都副留守时，"河南府崇政坊买宅以制居"，"逆胡再陷洛阳，屋遂崩圮，唯檐下废井存焉"。大历十一年，崔沔子崔祐甫"乃刻《陋室铭》于井北遗址之前"。崔沔在长安撰《陋室铭》，陋室指长安的居室。崔祐甫在洛阳刻《陋室铭》，陋室指洛阳的居室。

韩愈称孟郊的居室为"陋室"，不过是形容"有穷者孟郊"的房屋简陋，与崔沔以"陋室"为室名不同。

刘禹锡则把祖先遗留下来的房屋，谦虚地称为"陋室"。正像我们自称寒舍、蜗居一样。孟郊真穷，室是真陋。刘禹锡笔下的"陋室"与"瘠田"，都是谦词，田未必瘠，室未必陋。当然也与崔沔以"陋室"为室名不同。

简单地说，崔沔的"陋室"是室名。孟郊、刘禹锡的"陋室"皆非室名，前者是形容，后者是谦虚。既然刘禹锡笔下的"陋室"非具体的室名，就不能牵强附会地作为他撰《陋室铭》之证。

吴汝煜误解了刘禹锡《上杜司徒书》中的话，认为开成年间刘禹锡为太子宾客分司东部（洛阳）时撰《陋室铭》。今按：《通典》卷一七七《州郡》云：荥阳郡（郑州）荥阳县"有京水、索水。楚汉战于京、索间是也"。可见刘禹锡所说的"小人祖先壤树在京、索间……陋室未毁"的地点是荥阳。这与他在《子刘子自传》中说"世为儒而仕……葬荥阳之檀山原"，又在《汝州上后谢宰相状》中说"家本荥上"，完全符合。怎能将荥阳的"陋室"误解为洛阳的住宅呢？

（三）《陋室铭》与刘禹锡的文格不类。刘禹锡撰铭，或四言，或七言，句式整齐。如《唐故朝议郎守尚书吏部侍郎上柱国赐紫金鱼袋赠司空奚公神道碑》铭共44句，《唐故福建等州都团练观察处置使福州刺史兼御史中丞赠左散骑常侍薛公神道碑》铭共52句，《许州文宣王新庙碑》铭共40句，《唐故朝散大夫检校尚书吏部郎中兼御史中丞赐紫金鱼袋清河县开国男赠太师崔公神道碑》铭共78句，《唐故宣歙池等州都团练观察处置使宣州刺史兼御史中丞赠左散骑常侍王公神道碑》铭共58句，《唐故邠宁庆等州节度观察处置使朝散大夫检校户部尚书兼御史大夫赐紫金鱼袋赠右仆射史公神道碑》铭共74句，《大唐曹溪第六祖大鉴禅师第二碑》铭共38句，《佛衣铭》共42句，《袁州萍乡县杨岐山故广禅师碑》铭共44句，《唐故监察御史赠尚书右仆射王公神道碑》铭共48句，都是四言到底。《陋室铭》只18句，计：四言6句、五言5句、三言1句、六言2句，又五言2句、三言1句、四言1句。这样杂乱的句式，与上述整齐的句式，形成尖锐的对比，怎么会出于一人之手呢？

（四）刘禹锡擅长碑版文字，“用笔端凝，谙金石之体”（林纾《林氏选评名家文集·刘宾客集》评语），“矜炼雅健，金石文之正轨”（高步瀛《唐宋文举要》甲编卷四评语），而“刻于琬琰”的《陋室铭》小气、俗气。就以开头四句“山不在高，有仙则名。水不在深，有龙则灵”来说，完全违反常识。道教称神仙居住的地方为洞天、洞府、灵山、仙山。岂有仙居于矮山，龙游于浅水之理？

湖北应山有“大唐贞观四年三月勒石”的《观音寺界碑》（《应山县志》卷二三《文物名胜》五《石刻》），开头四句为“盖闻山不在高，有僧则名。寺不在大，有神则灵”，与《陋室铭》相似。从“盖闻”可知这样的话是当时社会上流行的顺口溜，佛教徒可以套用，道教徒也可以套用，不过一称“僧”、一称“仙”罢了。《陋室铭》与《观音寺界碑》都套用庸俗的顺口溜，显然是一般文士所为，怎么可能是“有道”（赵执信《谈龙录》）“有名理”（上海图书馆藏何焯批刘禹锡诗集）的著名哲学家刘禹锡的手笔？

（五）《陋室铭》与刘禹锡的思想作风、生活环境大不符合。例如“谈笑有鸿儒，往来无白丁”，是一副瞧不起群众的口吻，与刘禹锡《名子说》“欲尔于人无贤愚，于事无小大，咸推以信，同施以敬，俾物从而众说，其庶几乎”的思想作风不合。又如“苔痕上阶绿，草色入帘青”，是一片幽僻荒凉景象，与吴汝煜所认为的“陋室”在洛阳，室主是正三品官的生活环境不合。苔不多，不可能“上阶绿”；草不长，不可能“入帘青”。苔多、草长，可见人迹罕至，又与“谈笑有鸿儒”相矛盾。再如：既云“调素琴”，又云“无丝竹之乱耳”，琴不是丝类乐器吗？明显地牴牾。四如：“有仙则名”是崇尚道教，“阅金经”是崇尚佛教，而来陋室“谈笑”的是“鸿儒”，不是和尚、道士，反映出《陋室铭》的作伪者缺乏逻辑，拼凑成文，怎么能与“字字如镔铁铸成，不能易也”（林纾《林氏选评名家文集·刘宾客集》评语）的刘禹锡作品相提并论，鱼目混珠呢？《文苑英华》《唐文粹》等不选《陋室铭》，是有鉴别的。

注释：

①《旧唐书》卷一九〇下《文苑传下·李商隐传》、《新唐书》卷二〇三《文艺传下·李商隐传》说李商隐受知令狐楚，始于河阳，误。冯浩《玉溪生年谱》云：“商隐从楚，在天平幕。”“传文概书天平汴州，尚未细核，矧可远及河阳时哉！”是。

②葛立方《韵语阳秋》卷十一云：“李商隐《九日》诗云……盖令狐楚与商隐素厚，楚卒，子绹位致通显，略不收顾，故商隐怨而有作。”不如王达津解释为“指责令狐楚兼指令狐绹”近是。

③《樊南文集补编》卷五《上令狐相公状三》钱振伦：“令狐楚于开成元年出镇兴元。文云：‘远闻汉水，已有梅花。’必此时所

上。”

④据刘禹锡《同州举萧谏议自代状》。

⑤刘禹锡《逢王二十学士入翰林因以诗赠》。

⑥《旧唐书》卷一四七《杜佑传》附《杜式方传》云：“转兼御史中丞，充桂管观察都防御使。长庆二年三月，卒于位。”（同书卷十六《穆宗纪》作“（长庆二年四月）庚辰，桂管观察使杜式方卒。”是朝廷得到桂管奏报的时间。）《唐语林》卷二《文学》引《刘公嘉话》云：“予尝为大司徒杜公之故吏，司徒冢嫡之薨于桂林也，柩过渚宫，予时在朗州，使一介具奠酹，以申门吏之礼。为一祭文云……”“司徒冢嫡”指杜式方。岑仲勉《杜谱补正》云：“禹锡，永贞元年贬朗州司马，元和十年改连州刺史，式方卒时，离朗已久，朗州当是韦绚误记，禹锡此年实官蜀之夔州，朗应作夔，夔去荆非甚远也。”

⑦指杜牧《江上偶见绝句》。

⑧刘禹锡《酬窦员外使君寒食日途次松滋渡先寄示四韵》。

⑨明、清人诗话、笔记中有关苏轼作诗学刘禹锡的论述。拟另文介绍。

⑩《新唐书》卷七六《后妃传上·王皇后传》：“玄宗皇后王氏……承间泣曰：‘陛下独不念阿忠脱紫半臂易斗面，为生日汤饼邪？’”朱翌云“德宗王后”，误。

⑪何焯《义门读书记·河东集·第三卷·附刘梦得酬家鸡之赠》：“柳家新样元和脚：注言元和间有书名‘元和脚’者，指公权也。按赵璘《因话录》云：‘元和中，柳柳州书，后生多师效，就中尤长于章草，为时所珍。……长庆以来柳尚书公权，又以博闻强识工书，不离近侍。柳氏言书者，近世有此二人，是子厚先擅书名于元和之证。且未有乞书于子厚而反称公权者也。注非。’”

⑫《瀛奎律髓》卷四三《迁谪类》柳宗元《衡阳与梦得分路赠别》方回批：“二人者，党王叔文得罪……梦得乃特老寿，后世

亦鄙其人云。”至宋、元之际，士大夫仍攻击刘禹锡、柳宗元。

⑬吴曾《能改斋漫录》卷四《刘禹锡误呼沈云卿诗为宋考功诗》说是沈佺期《岭表逢寒食》诗。

⑭陆游《老学庵笔记》卷七：“今人解杜诗，但寻出处，不知少陵之意，初不如是。且如《岳阳楼诗》：‘昔闻洞庭水，今上岳阳楼。吴楚东南坼，乾坤日夜浮。亲朋无一字，老病有孤舟。戎马关山北，凭轩涕泗流。’此岂可以出处求哉？纵使字字寻得出处，去少陵之意益远矣。”这一段话，应是针对江西诗派“老杜作诗”，“无一字无来处”的论点而发。

⑮韩愈《进学解》：“今先生学虽勤而不繇其统，言虽多而不要其中，文虽奇而不济于用，行虽修而不显于众，犹且月费俸钱，岁靡廪粟。子不知耕，妇不知织，乘马从徒，安坐而食，踵常途之促促，窥陈编以盗窃，然而圣主不加诛，宰臣不见斥，非其幸欤?”这是戏语，是反话，不能作为韩愈主张“盗窃陈编”的根据。

⑯欧阳修《洛阳牡丹记·花释名第二》：“唯刘梦得有咏《鱼朝恩宅牡丹》诗，但云一丛千万朵而已，亦不云其美且异也。”欧阳修误以浑瑊为“鱼朝恩”。

⑰据刘禹锡《唐故中书侍郎平章事韦公集纪》。

⑱徐本作“贞元中”，董本作“在贞元中”。朱本、《全唐文》作“贞元之中”。

⑲“灰”，《全唐文》作“土”，误。

⑳徐本、董本、《全唐文》作“尚旧”。朱本作“旧尚”。

㉑徐本、董本、《全唐文》作“宜”。朱本作“丹”，误。

㉒徐本、董本、《全唐文》作“固非”。朱本缺二字。

㉓董本、朱本作“服之言”。徐本、《全唐文》作“服之无言”。“无”字衍文。

柳宗元——《泾川柳氏宗谱》考

嘉庆丙子（二十一年，1816）纂修的《泾川柳氏宗谱》卷首载“宗元公《谱牒论》”，是伪作，今从五个方面进行考辨。

一、关于“贞观十三年论世家”问题

史书一律记载，贞观十二年《氏族志》修成。伪《谱牒论》云贞观十三年，误。唐太宗对高士廉的训话，古人无录音，柳宗元不可能听到，只能于文献中看到。今将《贞观政要》《旧唐书》《资治通鉴》、伪《谱牒论》所载太宗对高士廉的训话，全文对照如下：

《贞观政要》卷七《礼乐第二十九》：“太宗谓曰：‘我与山东崔、卢、李、郑，旧既无嫌，为其世代衰微，全无官宦，犹自云士大夫，婚姻之际，则多索财物。或才识庸下，而偃仰自高，贩鬻松檟，依托富贵。我不解人间何为重之？且士大夫有能立功，爵位崇重，善事君父，忠孝可称，或道义清素，学艺通博，此亦足为门户，可谓天下士大夫。今崔、卢之属，唯矜远叶衣冠，宁比当朝之贵？公卿已下，何暇多输钱物，兼与他气势，向声背实，以得为荣。我今定氏族者，诚欲崇树今朝冠冕，何因崔干犹为第一等？只看卿等不贵我官爵耶？不论数代已前，只取今日官品人才作等级。

宜一量定，用为永则。’”

《旧唐书》卷六十五《高士廉传》：“太宗曰：‘我与山东崔、卢、李、郑，旧既无嫌，为其世代衰微，全无冠盖，犹自云士大夫，婚姻之间，则多邀钱币。才识凡下，而偃仰自高，贩鬻松槚，依托富贵。我不解人间何为重之？只缘齐家惟据河北，梁、陈僻在江南，当时虽有人物，偏僻小国，不足可贵，至今犹以崔、卢、王、谢为重。我平定四海，天下一家，凡在朝士，皆功效显著，或忠孝可称，或学艺通博，所以擢用。见居三品以上，欲共衰代旧门为亲，纵多输钱帛，犹被偃仰。我今特定族姓者，欲崇重今朝冠冕，何因崔干犹为第一等？昔汉高祖止是山东一匹夫，以其平定天下，主尊臣贵。卿等读书，见其行迹，至今以为美谈，心怀敬重。卿等不贵我官爵耶？不须论数世以前，止取今日官爵高下作等级。’”①

《资治通鉴》卷一九五《唐纪十一》：“上曰：‘汉高祖与萧、曹、樊、灌皆起闾阎布衣，卿辈至今推仰，以为英贤，岂在世禄乎！高氏偏据山东，梁、陈僻在江南，虽有人物，盖何足言！况其子孙才行衰薄，官爵陵替，而犹印然以门地自负，贩鬻松槚……弃廉忘耻，不知世人何为贵之！今三品以上，或以德行，或以勋劳，或以文学，致位贵显。彼衰世旧门，诚何足慕！……今欲厘正讹谬，舍名取实，而卿曹犹以崔民干为第一，是轻我官爵而徇流俗之情也。’”

伪《谱牒论》：“帝曰：‘汉高祖与萧、曹、樊、灌皆起布衣，至今推仰，以为英贤，岂在世称乎？高氏偏据山东，梁陈僻处江南，虽有人物，盖何足言，况其子孙衰替而犹昂然以门第自负，贩鬻松槚，无复廉耻，不知世人何为贵之。今三代以上，皆以德行勋劳与学贵显，彼衰世旧门，何足篡哉！今欲厘正讹谬，舍名取实。而卿曹独以民干为第一，是轻我官爵而徇流俗之情也。’”

孝萱案：《贞观政要》是唐吴兢撰。《旧唐书》虽成于五代，

“唐书旧稿，实出吴兢”[②]。如《谱牒论》系柳宗元撰，其中唐太宗对高士廉训话的内容，应与《政要》《旧唐书》相似，而伪《谱牒论》与《政要》《旧唐书》皆不相似。

值得注意的是，伪《谱牒论》与《通鉴》何其相似！《通鉴》编于北宋，柳宗元生前不可能预知其内容。《谱牒论》之伪造者抄袭《通鉴》，是十分浅薄的。唐朝人避太宗李世民之讳，崔民干省称崔干。《贞观政要》《旧唐书》（抄《旧唐书》的《册府元龟》注）可以为证。司马光编《通鉴》时无需避李世民之讳，故恢复崔民干之原名。《谱牒论》如系柳宗元所撰，应称崔干。伪《谱牒论》称崔民干，是伪造者不懂避讳学，抄袭《通鉴》之铁证。又，史书一律云《氏族志》“千六百五十一家”，伪《谱牒论》作“一千六百九十一家”，误。

二、关于“显庆四年改《氏族志》为《姓氏录》”问题

伪《谱牒论》中对显庆四年改《氏族志》为《姓氏录》的叙述，也是抄袭《资治通鉴》。请看：

《资治通鉴》卷二百	伪《谱牒论》
诏改《氏族志》为《姓氏录》……许敬宗等以其书不叙武氏本望，奏请改之……以后族为第一等，其余悉以仕唐官品高下为准……于是士卒以军功致位五品，豫士流，时人谓之勋格。	改《氏族志》为《姓氏录》。时许敬宗见《氏族志》无武姓之编，奏请改之，言武氏本望族，故以后族为第一，其余以仕唐高下为准。于是士卒以军功至位五品，考核之流，乱称名门大家。时人新改者而流其俗称谓之勋格。

孝萱案：《通鉴》“不叙武氏本望”句，“望”者郡望，指门族。《谱牒论》之伪造者，不懂“望”字之义，误作“无武姓之

编”。又，《通鉴》“豫士流”句，“豫”通“与”，指参与，谓士卒参与“士流”。《谱牒论》之伪造者，不懂“豫”字之义，误作“考核之流”……

三、关于柳奭的一系列问题

伪《谱牒论》云：“吾嫡高祖奭公仕高祖，武德年为中书令。”这与柳宗元家世不合。据韩愈《柳子厚墓志铭》：“曾伯祖奭，为唐宰相，与褚遂良、韩瑗俱得罪武后，死高宗朝。”《旧唐书》卷七十七《柳亨传》：“亨兄子奭。……贞观中，累迁中书舍人。……永徽三年，代褚遂良为中书令。”《新唐书》卷七十三上《宰相世系表三上·柳氏表》：“奭字子燕，相高宗。”又卷一六八《柳宗元传》：“从曾祖奭为中书令。”以上四条可靠的资料表明：柳奭是柳宗元的“曾伯祖”（即“从曾祖”），而伪《谱牒论》误为“嫡高祖”。高宗朝柳奭为中书令（宰相），而伪《谱牒论》误为高祖朝。在传统礼教的约束下，子孙不能直呼祖宗之名，如《谱牒论》是柳宗元所撰，不应称“奭公”！

四、关于写作时间与作者官衔问题

伪《谱牒论》署：“唐贞元十九年春三月……赐进士授礼部员外郎裔孙宗元述谱。”这与柳宗元生平不合。据韩愈《柳子厚墓志铭》：“虽少年已自成人，能取进士第……贞元十九年，由蓝田尉拜监察御史。顺宗即位，拜礼部员外郎。”刘禹锡《〈唐故尚书礼部员外郎柳君集〉纪》：“子厚始以童子有奇名于贞元初，至九年为名进士，十有九年为材御史，二十有一年以文章称首，入尚书为礼部员外郎。"《旧唐书》卷一六〇《柳宗元传》："登进士第……贞元十九年，为监察御史。顺宗即位……转尚书礼部员外郎。"柳宗元的亲密朋友和史书，都说柳于贞元二十一年（顺宗朝）为礼部员外郎，而伪《谱牒论》误为贞元十九年。又，宋、明、清有所谓"赐进士及第""赐进士出身""赐同进士出身"的说法，[③]唐朝无"赐进士"之称。按照唐朝习惯，中进士后、尚未做官者称"前进士"，已做官者称官衔。《唐代墓志汇编》2554页"前进士崔周桢撰"，1515页"族叔礼部员外郎朏撰兼书"可证。伪《谱牒论》署"赐进士授礼部员外郎"，不合唐人习惯，暴露出后人伪撰的马脚。

五、关于《万姓录》问题

伪《谱牒论》云："余另删《万姓录》，正名敦本，使万姓名副其实。"贞观时所修《氏族志》，只"二百九十三姓"，到贞元时怎么可能多出9707姓？今天全世界的华人华裔也没有一万姓！明凌迪知著《万姓统谱》。伪《谱牒论》云"余另删《万姓录》"云云，不像唐朝人语言而像明清人口吻。伪《谱牒论》又云："当今圣世柳族……人口何止亿万。"今天全世界的华人华裔中，柳姓也没有亿万人！柳宗元怎么可能这样胡言乱语，真是厚诬古人。伪《谱牒论》中文字不妥之处甚多，不一一列举。

注释：

①《册府元龟》卷五六〇《国史部七·谱牒》之注，全抄《旧唐书》。

②《四库全书总目》卷四六《旧唐书》提要。

③详见《宋史》卷一五六《选举志二》、《明史》卷七〇《选举志二》、《清史稿》卷一百八《选举志三》。

附：《泾川柳氏宗谱》柳玭序辨伪

嘉庆丙子（二十一年，1816）纂修的《泾川柳氏宗谱》卷首载“宗元公《谱牒论》”“玭公《原序》”。针对前者，我已考证为伪作；今再撰文，揭示后者亦系赝品。

所谓“玭公《原序》”，署：“赐进士出身第授吏部清吏司西舍人兼御史大夫四十三世孙玭字绍威号类贞题。”这个头衔大有问题，辨伪就从这里开始。

“赐进士出身”？据《旧唐书》卷一六五《柳玭传》：“玭应两经举，释褐秘书正字。又书判拔萃，高湜辟为度支推官。”可见柳玭以明经科、书判拔萃科入仕，未登进士科。不仅“赐进士出身”这个头衔与柳玭的身份不符，而且唐朝没有这个名称。请看周绍良主编《唐代墓志汇编》中所见之唐人署名：

河南府乡贡进士陈众甫词　侄孙乡贡明经（张）有邻书（1514页）

嗣子前乡贡进士（高）盖述　次子前乡贡明经（高）宇书（1338页）

陈众甫、张有邻是投考而未录取者，称“进士”“明经”；高盖、高宇是已录取者，称“前进士”“前明经”。

宋、明、清盛行进士科。一甲称“赐进士及第”，二甲称“赐进士出身”，三甲称“赐同进士出身”。所谓“玭公《原序》”中

“赐进士出身”的头衔，暴露出此“序”是不了解唐代科举制度的后人所伪撰。

“授吏部清吏司”？据《旧唐书》卷四十三《职官志二》：“吏部尚书一员，侍郎二员。……其属有四：一曰吏部，二曰司封，三曰司勋，四曰考功。”无“清吏司”这个名称。

《明史》卷七十二《职官志·吏部》：“（洪武）二十九年定为文选、验封、稽勋、考功四司并五部属皆称清吏司。”《清史稿》卷一一四《职官志·吏部》：“文选、考功、验封、稽勋四清吏司。”所谓“玭公《原序》”中“吏部清吏司”的头衔，暴露出此“序”是不了解唐代职官制度的明、清人所伪撰。

“西舍人”？据《新唐书》卷一六三《柳玭传》：“高湜再镇昭义，皆表为副，擢刑部员外郎。……出为岭南节度副使。……黄巢陷交、广，逃还，除起居郎。巢入京师，奔行在，再迁中书舍人、御史中丞。”未任“西舍人”之职。

“兼御史大夫”？《旧唐书·柳玭传》：“历谏议给事中，位至御史大夫。”《新唐书·柳玭传》：“文德元年，以吏部侍郎修国史，拜御史大夫。”御史大夫是柳玭一生中之最高官职。是专任，非兼职。再看《唐代墓志汇编》中唐代高官署名：

中书侍郎兼检校相王府司马王德真撰（667 页）

尚书左仆射姚崇撰并书（1291 页）

秘书监集贤学士贺知章纂（1403 页）

从这些署名可以看出唐人的习惯：（1）入仕后，头衔中就不写进士、明经；（2）头衔中只写当时官职；（3）以品阶较高之职“兼”较低之职。所谓“玭公《原序》”之“赐进士出身第授吏部清吏司西舍人兼御史大夫”署名，不仅与柳玭生平不合，而且违反唐人的习惯，其出于伪造，盖无可疑。

※※※※

“玭公《原序》”署“唐光化三年岁次庚申夏蒲月”，这个时间，更与柳玭生平不合。据孙光宪《北梦琐言》卷四：“唐柳大夫玭……谪授泸州郡守。”《新唐书·柳玭传》：“坐事贬泸州刺史，卒。光化初，帝自华还，诏复官爵。”《资治通鉴》卷二五九：“（昭宗景福二年三月）以渝州刺史柳玭为泸州刺史。”《〈资治通鉴〉考异》卷二十六：“《新、旧书》，玭贬官无年月。今据《实录》……当是时贬渝州，后移泸州。《新·传》《北梦琐言》误也。”

孝萱案：王昶《金石萃编》卷一一八《大唐万寿寺记》署：“刺史柳玭撰……景福元年八月一日。”可以证明司马光说柳玭先贬渝州后移泸州，是正确的。[①]《新唐书·柳玭传》漏记渝州之贬，但说柳玭贬泸州后“卒”，不误。光化初，昭宗诏复柳玭官爵，此时柳玭已卒。所谓“玭公《原序》”署“光化三年”，岂有已卒之柳玭撰序乎？

※※※※

所谓“玭公《原序》”，文格卑下，绝非出于柳玭之手，其中漏洞甚多，如：“我唐及今三百余载，士庶如林立矣。……商贾迁徙之地……犁然毕具”云云，更暴露出作伪的马脚，驳斥如下：

（1）《新唐书·柳玭传》：“文德元年，以吏部侍郎修国史，拜御史大夫。”自武德元年戊寅（618 年）至文德元年戊申（888 年），只二百七十年，而《序》云“及今三百余载”，与柳玭生平不合。

（2）《旧唐书》卷一七九《柳璨传》：“璨少孤贫好学，僻居林泉。昼则采樵，夜则燃木叶以照书。性謇直，无缘饰。宗人璧、玭，贵仕于朝，鄙璨朴钝，不以诸宗齿之。”《北梦琐言》卷十二：“仆亲家柳坤，即亚台（柳玭）疏房也……亚台先问读书否？修文否？苟不如是，须学作官。我之先人，修文成名，皆作官业，幸勿弃分阴也。”可见柳玭只重视“读书”“修文”“作官”；柳璨“采樵”，不认为同宗；而《序》中重视“商贾”，与柳玭思想不合。

※※※※

在旧社会，编修家谱者，常伪造名人题字、撰序，以抬高家族的地位。在这种风气下，《泾川柳氏宗谱》伪造柳宗元《谱牒论》、柳玭《序》，不足为怪。据《新唐书》卷五十八《艺文志二·乙部史录·杂传记类》："《柳氏训序》一卷（柳玭）。"《旧唐书·柳玭传》："玭尝著书诫其子弟。"《新唐书·柳玭传》："玭常述家训以戒子孙。"《北梦琐言》卷十二："仆尝览《柳氏训序》，见其家法严肃，乃士流之最也。"修《泾川柳氏宗谱》者，精心撰择了以著《柳氏训序》闻名，"乃士流之最"的柳玭，为作伪之对象。

注释：

①《金石萃编》卷一一八《大唐万寿寺记》王昶云："碑但署刺史，而不言泸州者，何也？"王昶未检《资治通鉴》，未能深考。

郑板桥——《昭阳郑氏谱》考

郑板桥（燮），是一个妇孺皆知的名字，一个经久不息的话题。由于文献不足，人们对他的家世，有语焉不详者，有轻信传闻者，有主观臆测者，深以为憾。我亲至板桥故乡兴化，仔细阅读了《昭阳郑氏谱》写本，发现了人们从未涉及的问题，补正了文献记载中的缺漏或错误，深化了对板桥诗文的理解，也有助于鉴别一些书画的真伪。我采用《谱》与史书、地方志、板桥诗文互相印证，比较研究之法，直抒已见，撰成此文。对于流行著作中的失误，不一一指摘。

（一）

《谱》云：郑重一、重二兄弟，“洪武年间，自苏州阊门播迁兴化，住居汪头”。据《太祖高皇帝实录》卷五十三：洪武三年六月辛巳，“上谕中书省臣曰：‘苏、松、嘉、湖、杭五郡，地狭民众，细民无田以耕，往往逐末利，而食不给。临濠，朕故乡也，田多未辟，土有遗利。宜令五郡民无田产者，往临濠开种，就以所种田为已业，官给牛、种、舟、粮，以资遣之，仍三年不征其税。’于是徙者凡四千余户”（《明史》卷二《太祖纪二》、卷七十七《食货志一》同）。《谱》与史书有三点相合：（1）明太祖洪武时；

（2）由苏州移徙；（3）从重一、重二兄弟之名，看出他们不是官僚地主知识分子，确是“细民”。有一点不合：史书云“往临濠”，临濠是明太祖的故乡凤阳；[①]而郑重一、重二兄弟是“播迁”到兴化。仔细分析一下，苏州、松江、嘉兴、湖州、杭州五郡“四千余户”的移民，平均每户以五口计算，约二万人，在明初的社会条件下，仅凤阳一地恐难容留这么多的人口，可能要分散到附近地方去。兴化属扬州府，[②]与凤阳距离不远。《谱》云：“（郑重二）同兄迁来，闻后又往江西九江府去。”既然郑重二以后能从兴化又迁九江，郑重一、重二兄弟不是不可能由临濠迁兴化的。

（二）

据《谱》，昭阳郑氏“长门”一世至十六世如下：

郑重一——从宜——廷秀——以德——良玉——轩——
（水村，子昂）

鹤龄——大元——毓瀛——名驹——新万——湜——之本——
（海汀）（寅川）（昆明，淑才）（九逸）（长卿）（清之）（立庵，梦阳）

燮———田———镕
（克柔，板桥）（砚耕）（范金）

《谱》云：郑大元“幼报农民”，郑毓瀛“文林郎”，郑名驹、郑新万都是“文庠”，郑湜“儒官”，郑之本“廪生”。反映出郑板桥祖先由农民向士人的转变，但郑板桥之前，没有中进士、做县令的。

（三）

据《谱》，郑板桥祖先的葬地有四处：卧钟地、钱家垛、刹院寺、苏顾庄。板桥及嗣子郑田、孙郑镕“葬于管阮庄”。梁园棣等

《重修兴化县志》卷一《舆地志·古迹·宅墓·国朝》："郑进士墓：管阮庄，葬知县郑燮。"《志》与《谱》合。

郑板桥《范县署中寄舍弟墨》云："刹院寺祖坟，是东门一枝大家公共的，我因葬父母无地，遂葬其傍。得风水力，成进士，作宦数年无恙。是众人之富贵福泽，我一人夺之也，于心安乎不安乎！"与《谱》云郑鹤龄"葬于刹院寺祖茔昭穴"，郑湜、郑之本都"葬于刹院寺"，相合。

板桥的信中，提到"风水"，似迷信，但有历史渊源。据《谱》，郑良玉"葬于东门外南河二里许钱家垛西蛇形地上，癸山丁向，迎合三水，可惜明堂西南被曹家庵堂、刘家花园逼压伤害，破了风水"。郑轩"葬于城北二十五里刹院寺旁，壬山丙向，惜明堂西有抛剑水未浚沟流西北去，致令反跳，后人宜改"。可见郑氏家族把自己的贫穷归咎于祖坟"破了风水"。板桥是不相信风水迷信的，他曾在《焦山双峰阁寄舍弟墨》中说："夫堪舆家言，亦何足信。吾辈存心，须刻刻去浇存厚，虽有恶风水，必变为善地，此理断可信也。"

板桥"可怜我东门人，取鱼捞虾，撑船结网，破屋中吃秕糠，啜麦粥，搴取荇叶蕴头蒋角煮之，旁贴荞麦锅饼，便是美食……"他做了范县知县，令郑墨："汝持俸钱南归，可挨家比户，逐一散给……务在金尽而止。"可见"得风水力"，夺了"众人之富贵福泽"，不过是他"敦宗族……相赒相恤"（以上见板桥《范县署中寄舍弟墨》）的借口罢了，用意在于行善。

（四）

板桥祖母

郑板桥《乳母诗》的小序中，提到"先祖母蔡太孺人"，与《谱》云板桥祖父郑湜"娶蔡氏"，相合。

板桥父

杨荫溥藏郑板桥墨迹中提到“父立庵先生”，今据《谱》所云“立庵公：讳之本，号梦阳”“廪生”“生于康熙癸丑年十月初四日未时”，可补文献之不足。

板桥母

板桥《七歌》云：“我生三岁我母无……思我后母心悲酸。”杨荫溥藏板桥墨迹云：“板桥外王父汪氏……生女一人……即板桥之母也。”板桥《焦山双峰阁寄舍弟墨》中提到“郝家庄”“郝表弟”等，与《谱》所云郑之本“娶汪氏、郝氏”，相合。汪氏是板桥生母，郝氏是板桥后母。

板桥叔父、堂弟

板桥《七歌》云：“有叔有叔偏爱侄。”据《谱》，郑湜“生子之本、之标”，郑之标“生于康熙乙卯年二月十一日巳时”“生子墨”，郑墨“生于康熙于酉年八月十一日”，可见郑之标四十三岁才生子郑墨，四十三岁前无子，自然要对板桥“偏爱”。

据《谱》，郑之标字省庵，“娶江氏”“殁于雍正七年三月十八日酉时”，郑墨字克己，“号五桥”“文庠”“娶陆氏”“殁于嘉庆戊午年”“寿八十二岁”，可补文献之不足。板桥《怀舍弟墨》云“我无亲弟兄，同堂仅二人”，与《谱》相合。

许莘农藏板桥临《兰亭序》拓本，有郑銮跋云：“板桥世大父生于康熙癸酉十月廿又五日，殁于乾隆乙酉年十二月十有二日。”与《谱》相合，但《谱》多生于“子时”，殁于“未时”，较详。板桥《怀舍弟墨》云“我年四十一，我弟年十八”，与《谱》相合。

板桥妻、妾

板桥《潍县署中与舍弟墨第二书》中，提到“二妇人”，一是“郭嫂”，另一是“饶嫂”。泰州博物馆藏板桥家书中，提到“二位奶奶”，一是“郭奶奶”，另一是“饶奶奶”。据《谱》，板桥“娶徐氏、郭氏，侧饶氏”。徐氏早亡，郭氏是继配，饶氏是妾。上海博物馆藏板桥墨迹，叙述他与饶五姑娘结合经过，参阅拙作《郑板桥丛考·生平考》。

板桥子、嗣子

板桥有《哭犉儿五首》，与《谱》云“生子犉，夭”，相合。

郑銮提到“叔父田”。据《谱》，郑田“字砚耕”，是板桥“嗣子”“生于乾隆甲戌年十二月十八日卯时”，可见板桥比郑田大六十二岁，是他在已无生子希望的晚年收养之螟蛉，七十三岁他就死了。

板桥女

故宫博物院藏板桥画兰，题云：“乾隆戊寅，板桥老人为二女适袁氏者作。”与《谱》所云板桥“女三：一适赵，二适袁，三适李”，相合。1936 年上海的一个小书店——中央书店，排印了一册《郑板桥家书》，载板桥书信六十二通，其中十六通是从刻本《与舍弟书十六通》抄来的，四十六通是浅薄文人伪造的。如云“陆婿”云云，与《谱》不合，就是不明了板桥家世而露出伪造之痕迹，参阅拙作《郑板桥丛考·〈郑板桥家书〉四十六通辨伪》。

（五）

方浚颐《续纂扬州府志》卷九《人物志一》略云：郑銮“燮从孙”“咸丰三年……卒，年七十二”。据《谱》，郑銮“生于乾隆癸卯年九月廿四日寅时”，地方志所云卒年有错误。《谱》中记载郑銮家世，可补地方志之不足。

《续纂扬州府志》卷十三《人物志五·文苑》略云：郑鋐“工画兰竹石，得其伯祖板桥大令法。咸丰六年……死，年七十六”。与《谱》所云郑鋐“生于乾隆辛丑年二月十七日寅时”，相合。《谱》中记载郑鋐家世，可补地方志之不足。

还要说明一个重要的情况。《谱》云：郑重一、重二兄弟“名、号、配、出，俱不能详”。郑从宜“闻系重一公子”“生、卒、坟墓，俱不能详，无谱之故”。既然郑氏已经明言，从苏州“播迁”到兴化之前的家史，没有谱牒记载，只能是一片空白。今天我们研究郑板桥家世，知之为知之，不知为不知，才是科学的态度。明确了这个前提，才能正确对待以下问题：

（1）《后汉书》卷三十五《张、曹、郑列传》：“郑玄字康成，北海高密人也。”又《后汉书志》卷二十二《郡国志四·青州·东莱郡》刘昭注引晋伏琛《三齐记》：“郑玄教授不期山，山下生草大如薤，叶长一尺余，坚韧异常，土人名曰康成书带。”郑玄是东汉经学大师。其后姓郑的人，不论是不是郑玄的后裔，常用“书带”之典。清浙江省杭州府钱塘县人郑江，室名“书带草堂”，民国浙江省嵊县人郑昶，有“书带草堂”印，便是二例。兴化郑氏也称“书带草堂”，郑燮有“书带草”印。不能误认为钱塘、嵊县、兴化等郑氏都是高密（清属山东省胶州直隶州）郑玄后裔。南通博物馆藏板桥题黄慎画丁有煜像诗墨迹，有“嗟予不是康成裔”之句，已明言其与郑玄无血缘关系。

（2）郑思肖，字所南，南宋遗民，善画兰竹，板桥对他很崇敬。扬州博物馆藏板桥墨迹，题云“平生爱所南先生及陈古白画兰竹”，可以为证。板桥有一方“所南翁后”图章，用意在于表明艺术继承，不能误认为板桥真是郑思肖后裔。请看故宫博物院藏板桥墨迹上的题识：“郑所南先生墨竹一卷，题咏甚富，古岩王先生录而藏之有年矣。乾隆七年见板桥画竹，谬奖有所南家法，不愧其子孙，命作长卷。……扬州秀才板桥郑燮记。”郑思肖是连江人（清属福建省福州府），板桥特别标出“扬州”，表示不是其“子孙”，无血缘关系，印章不过“切姓”[③]而已。

（3）《板桥诗钞（潍县刻）·家兖州太守赠茶（讳方坤）》云：“头纲八饼建溪茶，万里山东道路赊。此是蔡、丁天上贡，何期分赐野人家!”郑方坤是清福建省建宁府建安县人。他从福建寄茶到山东，送给板桥品尝，板桥赋诗致谢，所谓“家”，指同姓郑，不能误认为板桥与郑方坤有血缘关系。

（4）唐白行简《李娃传》云：“有常州刺史荥阳公者，略其名氏，不书。”这篇传奇，在中国文学史上的影响很大，后人据以敷演为戏曲，并赋予《传》中女主人公李娃以李亚仙之名、男主人公荥阳生以郑元和之姓名。据《太平寰宇记》，“荥阳郡四姓：郑、毛、潘、杨”。既然有四大姓，一定说传奇的男主人公姓郑，是理由不足的；名元和，更是捏造的。鲁迅《中国小说史略》只说《李娃传》“言荥阳巨族之子溺于长安倡女李娃”，未说姓郑名元和，这是科学的态度。板桥《道情十首》的开场白：“我先世元和公公，流落人间，教歌度曲。”有“荥阳郑生”印。都不过是文艺作品中的虚构，不能误认为板桥是《李娃传》男主人公之后裔。

（5）郑燮有“都官”“谷口”印章，“切姓”而已，不能误解为郑谷、郑簠后裔。参阅拙作《郑板桥丛考·〈印册〉补》。

附：昭阳郑氏一世至十六世简历表

一世	重一	洪武年间，自苏州阊门播迁兴化，住居汪头。名、号、配、出，俱不能详
二世	从宜	闻系重一公子。元配徐氏妙德。生、卒、坟墓，俱不能详，无谱之故。生子廷秀、廷用
三世	从宜第一子廷秀	生于：未详　　娶徐氏大娘 殁于：未详 葬于：或云在塔西卧钟地上 生子以德
四世长门	廷秀子以德	生于：未详　　娶王氏 殁于：未详 葬于：卧钟地上 生子良玉
五世长门	以德子良玉	生于：未详　　娶钱氏 殁于：未详 葬于：东门外南河二里许钱家垛西蛇形地上，癸山丁向，迎合三水，可惜明堂西南被曹家庵堂、刘家花园逼压伤害，破了风水 生子轩

续表

六世长门寿官	良玉子水村，讳轩，号子昂	生于：未详　　娶吴氏 殁于：未详　　寿几百岁 葬于：城北二十五里刹院寺旁，壬山丙向，惜明堂西有抛剑水未浚沟流西北去，致令反跳，后人宜改 生子鹤龄、柏龄。女一，适朱于家舍朱
七世长门	水村第一子海汀，讳鹤龄	生于：未详　　娶魏氏 殁于：未详 葬于：刹院寺祖茔昭穴 生子大元、大科、大芳、大魁，女一，适徐龙津
八世长门封君	海汀第一子寅川，讳大元	生于：嘉靖壬寅年九月初二日 娶戎氏 殁于：天启辛酉年九月廿六日 寿八十岁 葬于：苏顾庄 生子毓瀛，女三：一适徐小浦，二适王振海，三适赵
九世长门文林郎	寅川子昆明，讳毓瀛，号淑才	生于：万历乙亥年三月廿一日寅时 娶吴氏 殁于：天启壬戌年正月初八日申时 寿四十七岁 葬于：苏顾庄 生子名驹，女二：一适高邮上舍夏翰卿，二适文庠李天汉
十世长门文庠	昆明子九逸，讳名驹	生于：万历丙申年正月二十日酉时 娶黎氏 殁于：顺治乙丑年十一月初九日未时　　寿五十四岁 葬于：苏顾庄 生子新万、新昌（天）、新瑞

续表

十一世长门文庠	九逸第一子长卿，讳新万	生于：万历丙辰年十一月十四日子时　娶吴氏、继陈氏 殁于：康熙庚戌年十一月廿八日辰时　寿五十四岁　十四岁进学 葬于：苏顾庄 生子湜、辂
十二世长门儒官	长卿第三子清之，讳湜	生于：顺治乙酉年七月初八日未时　娶蔡氏 殁于：康熙戊寅年七月初四日丑时　寿五十四岁 葬于：刹院寺 生子之本、之标
十三世长门廪生	清之第一子立庵，讳之本，号梦阳	生于：康熙癸丑年十月初四日未时　娶汪氏、郝氏 殁于：未详 葬于：刹院寺 生子燮
十四世长门进士	立庵子克柔，讳燮，号板桥	生于：康熙癸酉年十月廿五日子时　娶徐氏、郭氏，侧饶氏 殁于：乾隆乙酉年十二月十二日未时　寿七十三岁 葬于：管阮庄 雍正壬子举人，乾隆丙辰进士。历任山东潍县、范县知县。有《板桥诗钞》行世 生子犉（夭），嗣子田，女三：一适赵，二适袁，三适李
十五世长门	克柔嗣子砚耕，讳田	生于：乾隆甲戌年十二月十八日卯时　娶吴氏、王氏 殁于：道光壬辰年八月廿一日戌时　寿七十九岁 葬于：管阮庄 生子镕

续表

十六世长门	砚耕子范金，讳镕	生于：乾隆丁酉年十月初四日寅时 娶吕氏 殁于：道光三年闰三月十八日未时 葬于：管阮庄 嗣子国璋

（据《昭阳郑氏谱》）

注释：

①《明史》卷四〇《地理志·凤阳府》："太祖吴元年升为临濠府。"

②明代兴化县属扬州府高邮州，见《明史·地理志一》。

③阮元《广陵诗事》卷九。

附：郑板桥生平考

1961 年，傅抱石为新版《郑板桥集》撰《前言》，说："关于板桥的身世，我们尚缺乏资料加以论证。"这是老实话。几十年来，我辛苦收集资料，进行考证。今按时间顺序，介绍于下。大家都知道的事，从略。

童年曾寄养于姑母

郑燮《诗钞·乳母诗》序云："乳母费氏，先祖母蔡太孺人之侍婢也。燮四岁失母，育于费氏。时值岁饥……数年，费益不支，其夫谋去……不数日竟去矣。……后三年，来归侍太孺人，抚燮倍挚。"这一段历史，是大家所熟知的。但乳母费氏离开郑家以后，板桥是由谁来抚育呢？

郑燮雍正十二年书："罗帏空复绣鸳鸯，月淡灯寒夜正长。被底孤雏惟解睡，梦中双雁不成行。廿年婚嫁今才毕，百尺松筠老更强。惨淡自临楼上镜，不堪青鬓总苍苍。""忆昔相从□□年，外家池屋傍红莲。侄方凭虎矜神骏，姑正描鸾坐绣帘。晌眼风光归落叶，两家人物付奔川。惟余妙理谈无尽，羯末终输道韫贤。""小诗二章，恭颂徐母蔡二姑母。"（徐石桥藏墨迹）这两首颂诗，为我们解决了上述问题。诗中所说"外家"，指蔡家。"徐母蔡二姑母”，是板桥祖母蔡氏的内侄女。她嫁给徐家，夫死守寡，回娘家住，除了抚育“孤雏”之外，还一度抚育过无母的表侄郑燮。“忆昔相从”，正指此事。可惜残缺了两个字，不能多作分析。

或者有人说，郑燮《诗钞·七歌》之三云：“无端涕泗横阑干，思我后母心悲酸。十载持家足辛苦，使我不复忧饥寒。时缺一升半升米，儿怒饭少相触抵。伏地啼呼面垢污，母取衣衫为湔洗。”板桥有后母，他为什么不在家里而到蔡家去呢？请看《七歌》之四：“有叔有叔偏爱侄，护短论长潜覆匿。倦书逃药无事无，藏怀负背趋而逸。布衾单薄如空橐，败絮零星兼卧恶。纵横溲溺漫不省，就湿移干叔夜醒。”可见板桥稍长大，从蔡家回到自己家里，不是和父亲、后母一起睡，而是和叔父一起睡的。抚育板桥的是乳母、姑母、叔父。板桥的后母没有亲自抚育他。

微时曾在兴化竹泓、盐城沙沟设塾授徒

郑燮《诗钞·村塾示诸徒》云：“飘蓬几载困青毡，忽忽村居又一年。得句喜拈花叶写，看书倦当枕头眠。萧骚易惹穷途恨，放荡深惭学俸钱。欲买扁舟从钓叟，一竿春雨一蓑烟。”有人看见“村塾”二字，认为板桥二十六岁时设塾于真州（今仪征县）之江村，但郑燮《题画》仅云“余少时读书真州之毛家桥”，未云设塾授徒于真州。《家书·仪真县江村茶社寄舍弟》仅云：“是日许生既白买舟系阁下，邀看江景，并游一戗港。”未云江村是昔日设塾之地，许生是昔日在江村所授之徒。（此书作于雍正十三年，时板桥已四十三岁）颜希源等《仪征县续志》、王检心等《重修仪征县志》仅云郑燮“尝寓”江村（详下），未云设塾授徒。板桥是否二十六岁时在仪征县江村设塾授徒？尚需觅证。

牛应之《雨窗消意录》甲部卷一：“兴化郑板桥明府燮少贫，尝为蒙师。既达，作诗自嘲云：‘教馆原来是下流，傍人门户过春

秋。半饥半饱清闲客，无锁无枷自在囚。课少父兄嫌懒惰，功多子弟结冤仇。而今幸作青云客，遮却当年一半羞。'" 亦只言板桥“尝为蒙师”，而未指出设塾于仪征。

偶于人所不注意的书籍中，发现两条有关的记载，录如下：

柳诒徵《禺余轩存稿序》：“竹泓，故郑克柔授徒之地，文采风流，蝉嫣数百年不替，他邑乡镇弗能逮。”

谢元福等《盐城县志》卷十二《人物志》三《流寓附·国朝》：“郑燮……微时授徒沙沟。”此为郑燮微时授徒兴化县竹泓、盐城县沙沟之明证。板桥设塾之地，可能尚不止这两处。他日如续有发现，再作补充。

焦山避债，马曰琯资助二百金

李详《药裹慵谈》卷四《郑板桥先生轶事》云：“板桥先生以书画名世，其遗闻轶事多传之者，皆其罢官后乞食江湖所为。先生穷约居里中，宅近东门外宝塔湾。值岁俭，先生生徒尽散，举债偿急需，延至端午节，质剂子本，届时而畀。先生虑不得偿，先期避往焦山，觅同乡僧某，托名逭暑，实避债焉。至五月下旬，未得家中耗，不敢遽归。马秋玉曰琯，时住松寥阁，清晨雨霁，携一仆登山椒，微吟相属。板桥随其后，听之似重叠仅得一语云：‘山光扑面经宵雨。’板桥遽前揖曰：‘君得句颇佳，仆已窃听之。’马谓：‘诗思苦甚，先生能举其偶乎？’板桥曰：‘不才已得江水回头欲晚潮七字，不审足下谓何？’马喜极，谓较己语为自然。叩其所居，明日来拜，邀往对弈，为设一榻，请板桥移寓，共尽昔日谈。板桥欲归不得，而有忧色。马问：‘以君雅人，方谋行乐，何郁郁为？’板桥云：‘仆为避债而来，非能效公等作达。今将归矣，虑家中无耗，不敢遽行，故忧耳。’马唯唯。又历十数日，与马别，为饯行，举满为寿，板桥自落落也。抵里步近门巷，趦趄而进，见墁人墁墙扫除，大骇，以为宅已赁他人。入门，其孺人含笑相劳苦，更出望外。又呼仆具酒食，曰：‘老爷想饿矣，可速备。’板桥益踧踖不安，私叩孺人曰：‘端午节何如?’曰：‘在前数日，君寄家二百金，已为毕债。当节左右，豗突吾门者，皆改容谢罪去。今以其余修屋，防梅雨耳。’板桥自叹曰：‘吾怪马君固应不至如是，今果知贤者也。’是年赴扬州与马订交，后遂为马上客。罢官后，亦以马为主焉。此老友王松巢告余，诸家记载所未及也。”

今案：靳畲校《板桥题画·为马秋玉画扇》云：“缩写修篁小扇中，一般落落有清风。墙东便是行庵竹，长向君家学化工。”注：“时余客枝上村，隔壁即马氏行庵也。”郑燮与马曰琯之友谊，应追溯至郑避债焦山，马曰琯资助其家之时开始。

雍正十年中举，王兰生、吴大受为正、副考官

杨荫溥藏郑板桥《自叙》墨迹：“雍正壬子举人。”陈子良藏郑板桥《刘柳村册子》墨迹：“四十举于乡。”

《清世宗实录》卷一二一：“（雍正十年七月丙戌）提督安徽学政、内阁学士王兰生为江南乡试正考官，检讨吴大受为副考官。”郑板桥是王兰生、吴大受录取的举人。

乾隆元年中二甲第八十八名进士，受知于鄂尔泰

郑板桥《自叙》：“乾隆丙辰进士。”郑板桥《刘柳村册子》：“四十四岁成进士。”

乾隆元年会试，是爱新觉罗·弘历即位后第一次考进士，既隆重，又郑重。今从《清实录》中摘出有关记载，可以从一个侧面反映出郑板桥参加这次考试的情况。

（一）会试情况

《清高宗实录》卷十二：“（乾隆元年二月）庚午，以礼部侍郎励宗万为会试知贡举，大学士鄂尔泰、朱轼为正考官，吏部左侍郎邵基、刑部右侍郎张廷瑑为副考官。”郑板桥是励宗万、鄂尔泰、朱轼、邵基、张廷瑑录取的贡士。

又卷十三：“（乾隆元年二月戊子）礼部以会试中额请，得旨，这会试……江南取中三十八名……”郑板桥是“江南取中三十八名”之一。

（二）殿试情况

《清高宗实录》卷十六：“（乾隆元年四月乙丑）命大学士鄂尔泰、迈柱，尚书三泰、徐本、甘汝来，左都御史福敏、孙嘉淦，侍郎李绂、王士俊、励宗万，内阁学士吴家骐、姚三辰、王兰生为殿试读卷官。”

又：“（乾隆元年四月丙寅）策试天下贡士赵青藜等三百四十四人于太和殿前，制曰：朕惟治法莫尚于唐虞尧舜相传之心法，惟在允执厥中，当时致治之盛，至于黎民于变时雍，野无遗贤，万邦咸宁，休哉，何风之隆欤！朕缵承祖宗丕基，受世宗宪皇帝付托之重，践阼之初，孜孜求治，虽当重熙累洽之余，而措施无一日可懈，风俗非旦夕可淳，士习何以端，民生何以厚，不能无望于贤才之助。兹际元年首科，朕特临轩策问，冀尔多士，启予不逮。夫用中敷治，列圣相传，然中无定体，随时而用，因事而施。宜用仁，则仁即中，仁非宽也；宜用义，则义即中，义非严也。或用仁而失于宽，用义而失之严，则非中矣。何道而使之适协于中耶？《诗》称不竞不絿，《书》称无偏无党，果何道之从耶？政治行于上，风俗成于下，若桴鼓之相应，表影之相从，然夏尚忠，商尚质，周尚文，其后各有流弊，惟唐虞淳厚，后世莫能议焉，其悉由于允恭温恭之德，致之然耶？抑五典五礼之惇庸，五服五刑之命讨，亦与有助耶？朕欲令四海民俗，咸归淳厚，其何道而可？国家三年一大比士，宜乎得人，然所取者，明于章句，未必心解而神悟也；习于辞华，未必坐言而起行也。朕欲令士敦实学，明体达用，以劢相我国家，何以教之于平素，何以识拔于临时，科举之外，有更宜讲求者欤？意者衣食足而后礼义兴，凡厥庶民，既富方谷，足民即所以训士欤？《书》称土物爱厥心臧，又有谓沃土之民不材者，何欤？夫民为邦本，固当爱之，爱之则必思所以养之，养之必先求所以足之。朕欲爱养足民，以为教化之本，使士皆可用，户皆可封，以臻于唐虞之盛治，务使执中之传，不为空言，用中之道，见于实事。多士学有所得，则扬对先资，实在今日，其直言之，勿泛勿隐，朕将亲采择焉。”这是殿试的考题，作为三百四十四个“贡士”之一的郑板桥，回答了弘历提出的问题。

又：“（乾隆元年四月）己巳，赐一甲金德瑛、黄孙懋、秦蕙田三人进士及第，二甲蔡新等九十人进士出身，三甲兴泰等二百五十一人同进士出身。”郑板桥是二甲第八十八名。（据《国朝历科题名碑录初集》）郑板桥受知于鄂尔泰以及与同年金德瑛交游情况，参阅《〈诗钞〉人名选释》《〈诗钞〉与〈清实录〉互证》。

不愿就教职

《清高宗实录》卷十七：“（乾隆元年四月戊子）授一甲一名进士金德瑛为翰林院修撰，一甲二名进士黄孙懋、一甲三名进士秦蕙田为翰林院编修。”

又卷十八：“（乾隆元年五月丙申）内阁翰林院带领新进士引见，得旨，金德瑛、黄孙懋、秦蕙田已经授职；蔡新……等六十四员，着以翰林院庶吉士用；葛祖亮……等五十二员，着分派各部学习；屈成霖……等二十一员，着以知县即用；孙𡺸、刘文彦、王所抡、涂武升、王时临、侯纮等六员，着以教职即用；余俱照伊等甲第，交部候选，如有愿就教职者，具呈吏部，挨次补用。”郑板桥是“新进士”之一，参加了这次“引见”，但未得到一官半职。有些三甲进士，却授了官职。这是由于郑板桥是寒士，没有达官贵人帮他的忙。直到乾隆七年，从郑板桥于中进士后等待了六年才入仕，反映出他“不愿就教职”。

在扬州与饶五姑娘结婚

郑燮《家书·潍县署中与舍弟墨第二书》：“可将此书读与郭嫂、饶嫂听。”《潍县寄舍弟墨第三书》：“又有五言绝句四首，小儿顺口好读，令吾儿且读且唱，月下坐门槛上，唱与二太太、两母亲、叔叔、婶娘听。”板桥原配徐氏，卒于雍正九年。郭氏是继配，饶氏是侧室。板桥怎样与饶氏结婚？板桥云：

> 扬州二月，花时也。板桥居士晨起，由傍花村过虹桥，直抵雷塘，问玉勾斜遗迹，去城盖十里许矣。树木丛茂，居民渐少，遥望文杏一株，在围墙竹树之间。叩门径入，徘徊花下。有一老媪……食罢，其女艳妆出，再拜而谢曰：“久闻公名，读公词，甚爱慕，闻有《道情》十首，能为妾一书乎？”板桥许诺。即取淞江蜜色花笺，湖颖笔，紫端石砚，纤手磨墨，索板桥书。书毕，复题《西江月》一阕赠之，其词曰：“微雨晓风初歇，纱窗旭日才温；绣帏香梦半蒙腾，窗外鹦哥未醒。蟹眼茶声静悄，虾须慊影轻明；梅花老去杏花匀，夜夜胭脂怯冷。”母女皆笑领词意。问其姓，姓饶；问其年，十七岁矣……名五姑娘。又曰：“闻君失偶，何不纳此女为箕帚妾？亦不恶，且又慕君。”……板桥许诺，曰：“今年乙卯，来年丙辰计偕，后年丁巳，若成进士，必后年乃得归，能待我乎？”媪与女皆曰：“能。”即以所赠词为订。明年，板桥成进士，留京师。……有富贾者，发七百金，欲购五姑娘为妾。其母几动，

> 女曰："已与郑公约，背之不义。七百两亦有了时耳。不过一年，彼必归，请待之。"江西蓼洲人程羽宸，过真州江上茶肆，见一对联云："山光扑面因朝雨，江水回头为晚潮。"傍写"板桥郑燮题"。甚惊异……羽宸至扬州，问板桥，在京，且知饶氏事，即以五百金为板桥聘资授饶氏。明年，板桥归，复以五百金为板桥纳妇之费……

上海博物馆藏清乾隆十二年（丁卯）郑板桥在济南撰书的《偶记》墨迹，共四段文字。以上所引者，是第一段，说的是他与饶五姑娘结婚的经过，玉成其事者是程羽宸，要点如下：

（一）雍正十三年（乙卯）二月的一个早晨，板桥在扬州郊外散步，行至雷塘，到一个不相识的小户人家休息。这就是饶五姑娘的家。饶母招待板桥午餐。五姑娘请板桥书《道情》十首，板桥赠她一首《西江月》。这是他（她）俩的订婚词。这一年，板桥四十三岁，五姑娘十七岁。这首词，《板桥词钞》不载，我曾在《郑板桥集外词》中介绍。

（二）乾隆元年（丙辰），板桥考中进士，暂留北京。

（三）有富贾出银七百两"欲购五姑娘为妾"，她拒绝。一个陌生人程羽宸，以银五百两为板桥"聘资"，给饶家。

（四）乾隆二年（丁巳），板桥归，羽宸又以银五百两为板桥"纳"五姑娘之费。

这个自述是真实的。既与《昭阳郑氏谱》板桥"娶徐氏、郭氏，侧饶氏"以及板桥《家书》内容吻合，也与《板桥诗钞·怀程羽宸》小序"奉千金为寿，一洗穷愁"吻合。在中国封建社会中，板桥与五姑娘的结婚，颇具浪漫色彩。今人喜编板桥故事为电视剧，多庸俗，如采取这样的轶事，才是绝妙题材。

在扬州卖画，岁获数百金至一千金

郑燮《题画》：“索我画偏不画，不索我画偏要画……凡吾画兰画竹画石，用以慰天下之劳人，非以供天下之安享人也。”人们喜欢引用板桥这些话，来歌颂他的高尚，但似乎忘记了一件事，板桥靠卖画为生，当时的“劳人”是贫人，有钱来买他的画吗？

郑燮乾隆十二年于济南书：“王箬林澍；金寿门农；李复堂鱓；黄松石树谷，后名山；郑板桥燮；高西唐翔；高凤翰西园：皆以笔租墨税，岁获千金，少亦数百金，以此知吾扬之重士 也。”（上海博物馆藏墨迹）这应是板桥乾隆元年中进士以后，在扬州卖画情况的自我介绍。中进士之前，名声还不大，每年卖画的收入，未必能达到数百金至一千金之多。乾隆七年至十八年虽在山东做官，不妨碍他卖画，他可以把画送到扬州来卖。

当时扬州买画的人，绝大部分是“安享人”——盐商。板桥称赞“吾扬之重士”，实际上是称赞扬州盐商肯出高价买他的画。可见，蒋宝龄《墨林今话》卷一所说“（郑燮）时写丛兰瘦石于酒廊僧壁……豪贵家虽踵门请乞，寸笺尺幅，未易得也”不完全符合实际情况。因为：如果板桥都拒绝“豪贵家”——扬州盐商的“请乞”，每年数百金至一千金的卖画收入，从何而来？《题画》中提到的江颖长、马秋玉都是大盐商，人们不应回避这一事实。

至于乾隆十八年郑燮罢官以后，回到扬州卖画的情况，乾隆二十四年所书“笔榜”即润格可考，无需赘述。

做官“通达事理，作养人才”

郑板桥在山东先后做过三个县的知县。县志中对他的官品、官服、俸银、养廉银以及政绩，有简要的记载：

范　县

清周尚质等《曹州府志》卷十一《职官志·文职·国朝·知县》:“郑燮(兴化县人。进士)。”

清唐晟等《范县志》卷二《官师·国朝·知县》:“郑燮(兴化县人。进士。通达事理,作养人才)。”

朝城县

清杜子懋等《朝城县续志》卷一《官吏·守令》:“郑燮(兴化人,兼署)。”

潍　县

清张耀璧等《潍县志》卷三《官师志·秩官·秩官表》:“(乾隆十一年)郑燮(江南兴化人,进士)。”

又《国朝·知县》:“秩正七品。俸四十五两。养廉一千四百两。朝帽起花金顶。带用素银圆版。鸂鶒补服。敕授文林郎、宣德郎。”

为“乾隆东封书画史”,加一级

郑板桥《自叙》:“乾隆十三年,大驾东巡,燮为书画史,治顿所,卧泰山绝顶四十余日,亦足豪矣。”(杨荫溥藏墨迹)

《清高宗实录》卷三〇八:“(乾隆十三年二月戊午)奉皇太后东巡,车驾发京师。”

又卷三〇九:“(乾隆十三年二月)壬午,上至泰安府,诣岱岳庙,周览良久,还行幄。”“是日驻跸泰安府,至乙酉皆如之。”“癸未,上诣岱岳庙致祭,奉皇太后銮舆登岱。”

又卷三一〇:“(乾隆十三年三月乙酉)赐扈从及各省迎觐大

臣等宴。”“（丙戌）总理事务和硕履亲王允裪等具折请安，得旨……朕恭奉皇太后谒曲阜，登泰山，凡皇祖昔日往临之地，次第瞻仰，礼仪庆成，途次虽间有微风，凡届行礼之辰，俱晴明和煦，今于三月初二日，起銮前往济南，将此旨传谕在京王大臣等知之。……”

可见郑板桥为“乾隆东封书画史”，是乾隆十三年二、三月间事。

郑板桥为“乾隆东封书画史”，有什么收获呢？

《清高宗实录》卷三〇八：“（乾隆十三年二月丁卯）又谕：朕巡行直隶、山东，所有承办差务各官，宜一体加恩，著督、抚查明经过地方之办差文武员弁，凡有参处罚俸降级等案，俱准予开复，其无此等参罚案件者，咨部各加一级。”可见郑板桥除了照例“加一级”外，未有其他收获，弘历并不欣赏他的书画，所以他只以“卧泰山绝顶四十余日”而自豪。

在潍县倡修城墙，得到绅商支持

法坤宏《书事》记载潍县贾客评论郑燮：“喜事。丙寅丁卯间，岁连歉，人相食，斗粟值钱千百。令大兴工役，修城凿池，招徕远近饥民，就食赴工。”此文不尽可信，而颇有影响，如：《清史列传·郑燮传》即采其说，任乃赓《郑板桥先生年谱》即系于乾隆十一年。故不可不辨。

据常之英等《潍县志稿》卷八《营缮志·城坞表》：“清乾隆十三年，知县郑燮捐资倡众大修，不假胥役，修城一千八百余尺，垛齿城楼表里完整。合邑绅士州同郭峨等二百四十五人共计捐银八千七百八十六两。又各烟店公捐制钱一百二十千文。细册存案。（《乾隆志》）”

《乾隆修城记》：“潍县地界海滨，号称殷富，一旦有事，凡张牙利吻之徒，欲狼吞而虎噬者，潍其首也。……今之所修，不过百分中之二三分耳。量诸绅士，出之不难，举行甚乐。而本县先为之倡，首修城工六十尺，计钱三百六十千，即付诸荐绅，不徒以纸上空名，取其好看。其余各任各股〔段〕，各修各工，本县一钱一物概不经手，但聿睹厥成而已。乾隆戊辰九秋，郑燮题。”

《修城记》：“雍正八年六月二十四日，白狼河水涨齐城腰，一时倒坏千四百余尺。是后渐次倾圮千八百尺有余。板桥郑燮来莅兹土，顾而伤之，谋重修，诸绅士慨然乐从。遂于乾隆戊辰十月开工，明年三月讫工。燮以邑宰捐修八十尺，其代修者郭伟业、郭耀章也。”

《修城记》：“乾隆戊辰，郭峋修城工六十二尺。板桥书。”

《修城记》：“赐进士、文林郎、知潍县事兴化郑燮督修。

钦赐九品顶带陈尚志四十尺。

监生王　霖六尺。

候选州同陈世栋十五尺。

捐修　监生于宗召十尺。

监生陈　邃六尺。

监生高　岳十尺。

韩　崶监修。

泥水匠潘永喜。

李士林。

乾隆十三年仲冬告成立石。”

《修城记》：“乾隆十三年岁在戊辰，谭僖捐修城工六十尺。”

《修城记》：“文林郎、知潍县事、纪录五次郑燮督修。

监生田廷琳、贡生田颖捐修八十尺。

州同谭理捐修十三尺。

监工人于　渭

泥水匠□□□

乾隆十三年十二月吉旦。”

还有《潍县志稿》所漏载之郑燮《潍县永禁烟行经纪碑文》：“乾隆十四年三月，潍县城工修讫，谯楼、炮台垛齿，睥睨焕然新整，而土城犹多缺坏，水眼犹多渗漏未填塞者。五、六月间，大雨时行，水眼涨溢，土必崩，城必坏，非完策也。予方忧之。诸烟铺闻斯意，以义捐钱二百四十千，以筑土城。”

从上引资料中看出：（一）乾隆十三年板桥倡修潍县城墙，至十四年竣事。《书事》说乾隆十一、二年，误。（二）板桥修城，是为了保护城内居民的生命财产，免遭“狼吞”“虎噬”，这对于官僚、地主、商人是十分有利的，他们不会反对板桥做这件事。《书事》说潍县群贾骂板桥“喜事”，是可能的，但以修城为“喜事”的第一个例子，却未必符合事实。（三）板桥修城，未动用公帑，自己带头捐款，并发动官僚、地主、商人捐银捐钱，不经胥役之手，防止贪污中饱。这个做法，在当时是比较开明的。《书事》只说“招徕远近饥民，就食赴工”，没有完整地反映出修城的经过。

请郭奶奶到潍县来生儿子

乾隆十四年，郑燮之子病死于兴化。当时的封建道德是不孝有三，无后为大，板桥怎么办呢？

郑燮与四弟书：“郭奶奶不肯来，亦怪不得。但愚兄迩日年老近道，盖其心本平易协和。昨因有儿子，故凡事听听大概。今儿子又死，非郭奶奶不能为我生儿也。我已买得滚盘珠十二颗，虽颗头略小，亦可直百二十金；又买得古镜一百面，亦可直百金：都要付与郭奶奶收掌。将来卖出本钱，制市房一所，亦是二位奶奶养老之资也。若决意不来，我亦不怪，但成我平生之过，终古之罪人耳。此时先着人来，带裱背匠，俟我出场后，再着人来请二位奶奶。我因郭奶奶不肯来，故书中细细说明当来之故。饶奶奶无不来之说，故不必喋喋重言也。我历观书史，有儿无儿，自有大命，郭奶奶来，或可望，若再买丫头，作死作业，亦殊可笑尔。四弟将书中意，细讲与郭奶奶听。”（泰州博物馆藏墨迹）这封信，比板桥公开刻印出来的《与舍弟书十六通》，要坦率得多了。从这封信看出：（一）年已五十七岁的板桥，不肯买丫头。（二）不肯买丫头而又想生儿子，只有请郭、饶二氏从兴化来潍县。由于郭氏不肯来，所以板桥用利诱的方法。

附：郑板桥字、号、别称及庵、堂、寺、园等名一览表

<table>
<tr><td>克柔</td><td>《昭阳郑氏谱》。《板桥先生印册》：“贱字克柔。”《板桥诗钞》署：“兴化郑燮克柔氏著。”</td></tr>
<tr><td>理庵</td><td>《陆仲子遗稿》卷首</td></tr>
<tr><td>睢园</td><td>广州美术馆藏康熙六十二年郑燮楷书墨迹，署：“睢园郑燮书。”（《中国古代书画图目》十四）</td></tr>
<tr><td>板桥</td><td rowspan="3">《昭阳郑氏谱》《板桥先生印册》。郑燮《道情》十首：“自家板桥道人是也。”</td></tr>
<tr><td>板桥道人</td></tr>
<tr><td>板桥居士</td></tr>
<tr><td>风子</td><td>《板桥先生印册》</td></tr>
<tr><td>海滨民</td><td>《中国书画家印鉴款识》。郑燮《上江南大方伯晏老夫子》：“小县人居薄海陬。”</td></tr>
<tr><td>红雪山樵</td><td>《中国书画家印鉴款识》</td></tr>
<tr><td>橄榄轩</td><td rowspan="2">《板桥先生印册》。《续修兴化县志》卷十四之四《艺文志·诗类》周继华《题郑板桥先生遗像》自注：“自建橄榄亭。”</td></tr>
<tr><td>橄榄亭</td></tr>
<tr><td>病梨阁</td><td rowspan="2">《中国书画家印鉴款识》</td></tr>
<tr><td>北泉草堂</td></tr>
<tr><td>秋雨庵</td><td rowspan="3">荣宝斋藏《板桥先生行吟图》周榘题诗自注：“秋雨庵、竹林寺，先生行馆也。”“拥绿园，公之园名。”《重修兴化县志》卷一之七《古迹》</td></tr>
<tr><td>竹林寺</td></tr>
<tr><td>拥绿园</td></tr>
</table>

附：郑板桥交游考

郑燮交游很广，除了诗人、词客、书家、画士之外，还有王侯、官吏、商贾、布衣、和尚、道士、歌童、妓女等，其间关系深浅，交谊厚薄，接触疏密，趋向异同，存在着差别。考证板桥的交游，可以看出他的社会接触面。透过他与当时各种人物的往来，可以更加深入地探索他的思想。《交游考》大致以活动时间先后排列（相识年代不可考者，置于后）。这些人，都是不见于板桥《诗钞》《词钞》《家书》《小唱》《题画》《印册》的，但都是有直接证据的。我所引用的资料，主要是说明板桥与这些人交游的时间、地点、经过以及他们之间的某些共同之处。至于这些人的生平，不作详细介绍，以免枝蔓。

李长琨

郑燮《贺新郎·题友人藏李越石先生墨迹》："前辈风流尽，递年来，断纨零楮，化为灰烬。何幸故人藏妙墨，满幅龙蛇困蠢。恰又似飞花糁径，未敢披图容易看，拨云烟直上吴山顶，展玩处，青天近。"（北京庆云堂藏《孔庙碑》粘条）板桥对李越石书法之崇拜，溢于言表。又，王国栋《竹楼诗钞·绝句》有《题薛敛斋夫子所藏李越石先生暨先大人墨迹册子》诗。郑词、王诗所咏者为一人。郑称李为"前辈"，王称李为"先生"，故置于《交游考》

之首。

李越石何许人？梁园棣等《重修兴化县志》卷八《文苑附录·国朝》："李长琨：字越石，庠生。性孝友，旌奖善人。能诗善书，狂草尤妙。"郑板桥、王国栋所崇拜之书家，县志仅置于《文苑·附录》，以二十三字简单介绍其人，可见他不为本地人重视，更不为外地人所知了。幸有郑词、王诗，为之表彰，而郑词不载集中，王诗则遭禁毁，特为拈出，以免湮没。

徐镕章　李　恢

郑燮乾隆二十一年书："康熙间，吾邑有三诗人：徐公白斋，陆公种园，李公约社。徐诗颖秀，陆诗疏荡，李诗沉着。三君子相友善，又互为磋磨琢切，以底于成。徐则诗之外兼攻制艺，陆又以诗余擅场，惟约社先生专治诗，呕心吐肺，抉胆搜髓，不尽不休。燮以后辈，从徐、陆二公，谒约社于家。其时海棠盛放，命酒为欢。三公论诗，虽毫黍尺寸不相假也。"（《书谱》总第二十二期）徐、李二诗人，略考如下：

徐镕章　　梁园棣等《重修兴化县志》卷八之六《人物志·文苑·国朝》："徐镕章字白斋，一字海翁。方伯炟孙。有轶才，爱陶诗，兼出入苏、黄，著《四白堂稿》，不下三千首。书超逸，人得其零缣碎墨咸珍之。少负盛名，久困不遇。雍正四年，由郡庠贡。"

李恢　　《重修兴化县志·文苑·国朝》："李国宋……子恢，字少葛，一字约社。性豪迈，善书能诗，澹于荣进，以庠生终。著《约社诗集》。……恢直抒胸臆，不傍昔贤门户，天地之情，事物之变，悉以诗达之。（参府志、家传）"

陆震已见《诗钞》《词钞》《题画》，不列入《交游考》。

顾世永　顾世美

李福祚《昭阳述旧编》卷一载郑燮和汪芳藻咏顾世永代弟（顾世美）买妾诗，跋云："时雍正十二年七月九日也。"称顾世永（德远）为"老亲台老年翁"，称汪芳藻为"邑侯""中尊"。参阅《〈诗钞〉人名选释》。

汪芳藻已见《诗钞》，不入《交游考》。

吴宏谟　赵鱼　等

郑燮《李约社诗集序》："（陆）种园词，扬州吴雨山刻之。"（《书谱》总第二十二期）据吴宏谟《陆仲远先生词稿序·附录》："仲子遗稿，幸有好友藏弆，删复较讹，得成是帙，不敢忘所自也，附列诸公姓氏：

赵　鱼　　字跃千，同里人。
郑　燮　　字克柔，号理庵，同里人。
胡士敏　　字修来，号半庵，新安人。
任遐昌　　字开周，同里人。
周　煌　　字芾斯，东亭人。
夏　瑚　　字兼三，何阜人。
周志彤　　字秉庵，东亭人。
魏　煩　　字实夫，号补亭，同里人。
缪　函　　字函九，号濒海，何阜人。
杨必发　　字继周，同里人。
缪文炳　　字豹文，何阜人。
张舒甲　　字伸庵，同里人。
张　泌　　字宁庵，同里人。
许　冕　　字维周，同里人。"

郑燮是陆震弟子。赵鱼等十三人，既藏有陆震遗稿，则不仅是吴宏谟之好友，而且是陆震之弟子（或私淑弟子），亦即郑燮之同学，其中必有与板桥交游者。

李培源

《重修兴化县志·人物志·文苑·国朝》："李培源字道园，一字蕙亩。乾隆十九年贡，任霍山训导。工书，力追颜平原。尝言'作字须读书数日，方可落笔'。郑燮推为邑中三百年楷书第一。镌印章亦精妙。雍正辛亥，纂修《江南通志》，应当事聘，参订成编。生平多识前言往行，游四方，交贤士大夫，见闻益广。为人端严，嚬笑不苟，乡人望而生敬。学赡才优，能任艰巨事。终老广文。至今文辞书翰，人争宝藏。"

莲若和尚

李鱓自题竹菊石图："此画不知作于何时，雍正甲寅十一月十日，同板桥居士、莲若上人过登李世兄宅，乃泚笔足成之。懊道人记。"（扬州博物馆藏墨迹）甲寅是雍正十二年。莲若善书画。

李鱓已见《诗钞》《题画》，不列入《交游考》。

昆熔和尚

郑燮《为观音阁昆熔上人画竹（身后之赠）》："转眼人间变古今，同庚同志想知音。画成不负身前约，挂剑徐君墓上心。"（震华《兴化佛教通志》卷九）昆熔，兴化观音阁僧。一死一生，乃见交情。板桥与昆熔友善，故有身后之赠。

刘　楹　　刘　倬

谢元福等《盐城县志》卷十一《人物志》二《国朝》："（刘）

楹，诸生。母蓼多疾，恐为庸医误，遂精习岐黄术，汤药必亲尝以进。居丧庐墓三载。养寡嫂，抚孤侄，皆人所难。（案：楹字持正。沁区从子。与弟克承皆能诗。今沙沟人刘深藏郑燮与楹手书，极称其诗得水心先生之传。）（刘）倬，廪贡生。学术纯正。知县卫哲治式其庐。举考廉方正。”卷十二《人物志》三《流寓附（国朝）》：“郑燮……微时尝授徒沙沟，与刘楹、刘倬友善。今沙沟刘氏家藏燮墨迹甚多，皆与楹往返书牍也。（采访册）”

吕　奂

颜希源等《仪征县续志》卷六《名迹志·园》：“江村，在游击署前。里人张均阳筑，今废。兴化郑板桥燮尝寓此，与吕凉州辈倡和，有联云：‘山光扑面因新雨，江水回头为晚潮。’”卷三十九《人物志·侨寓》：“吕奂字凉州。歙诗人吕音子也。工诗，好弈。所居江村，占山水之胜，与兴化郑板桥诸名流歌饮其中。”

黄　鹤　　蔡　嘉

蒋宝龄《墨林今话》卷四《黄石屏画鱼》：“莲巢同里黄石屏鹤，工花卉翎毛，皆生动有致。严问樵尝为余述其先大父时，石屏与郑板桥、蔡松原诸公，尝主其家，遗墨甚夥，今尚存一册，画鱼数种，游泳如生，展卷者无不知鱼之乐也。《墨香画识》又载吴郡张石公跋其画册云：‘石屏为梦楼太守妹婿。梦楼故贫，南宫报捷，其妹脱银钗一股与报人去。梦楼既贵，官滇南，石屏夫妇能安贫，卖画自给，无所干求，时人尤高之。’”据贵中孚等《丹徒县志》卷二十四《人物》八《文苑（书画附）·国朝》：“黄鹤字石屏，善写生，生气盎然，笔端有前明林良、吴小仙之风。”“蔡嘉字岑州，号旅亭，又号松原。能分书，工画山水，巨幅仿王石谷，人物禽兽山水草木无不曲尽形似，虽神韵不超，可称能品。”①

王文治已见《诗钞》《题画》，不列入《交游考》。

周　椝

周椝题《板桥先生行吟图》："推倒时流入座惊，尝同秋雨竹林行。如箕眼大何劳醒，七品官耳颇自荣。""拥绿模糊难有梦，浮鸥迢递更无盟。今朝画里人犹在，仿佛沉吟未发声。"自注："秋雨庵、竹林寺，先生行馆也。""拥绿园，公之园名。园西为李公浮鸥馆。今俱颓圮。同学小弟幔亭周椝题于拱极台。""浮鸥，本属浮沤，予误书之，然'盟'字从鸥生处出，予又不能不遂其过而改其误，其说反碍予诗矣，姑存之。幔亭记。"（北京荣宝斋藏墨迹）周椝，字子平，号幔亭（一作慢亭），祖籍莆田，迁江宁。袁枚《小仓山房续文集》卷二十六《幔亭周君墓志铭》："绘《长江黄运图》，仅尺幅，而星经地维，罗缕毕具。穷六书源流，一波一磔不苟下。尝登泰岱，游黄山，镌名最高巅，手摩拓以归，古奥苍秀，宛然开母石阙、太室碑也。"

续雁峰　续名桥

郑燮乾隆十九年于潍县书："名桥续大哥，二十年前相好于京师，见予《道情》十首，嘱书小楷二纸，其一纸尤楷者，盖奉老伯雁峰先生也。老伯爱余书画诗词特甚，故敬书之。今几年事，名桥宦游，封公舍其禄，邮书复索重写。老不能漫楷，真行相杂，勿罪也。"（天津艺术博物馆藏墨迹）

王箴舆

王箴舆《孟亭诗集》卷二《山左吟（乙丑）·朝城却寄范县明府郑板桥》："六年不见徒劳梦，一日见君犹梦中。语短烛长随夜尽，酒酣剑拔为谁雄。置驿今传旧郑君（曾摄篆朝城），老来方识故交真。多怀行尽烟霞窟，有眼留看傲傥人。”乙丑是乾隆十年，逆推六年，乾隆四年王箴舆曾与板桥见面。王箴舆，字敬倚，宝应人。

《孟亭诗集》卷二《济南杂诗》也提到郑燮，诗云：“板桥为道夷门事，三四年间聚会难。哀痛山阳横笛后，依然屈宋唤衙官。”

方　辅

日本《书菀》第三卷第九号《金冬心十七札册》上款为“密庵”及“君任”。方辅，字君任，号密庵，歙县人。这十七封信都是金农写给方辅的。第一札云：“板桥先生近在邻曲，曷不访之?”据李斗《扬州画舫录》卷十四《冈东录》：“（金农）与徐氏往来，以其‘学圃’改名‘交翠林’。”方辅“工诗，书法苏、米，能擘窠大书，善制墨。来扬州，主徐氏”。可见金农、方辅都是盐商徐氏宾客。厉鹗《樊榭山房文集》卷二《方君任〈隶八分辨〉序》：“吾友金冬心处士最工八分，得汉人笔法。方子曾求其书《孝经》上石，以垂永久。”金农、郑燮的书法都有创造性，方辅既爱金农八分书，能不爱郑燮“六分半书”吗？故金农介绍他与板桥相识。

金农已见《诗钞》，不列入《交游考》。

沈　心　朱天门

沈心《孤石山房诗集》卷四《潍县郑板桥明府招同朱天门孝廉、椒园弟饮郭氏园，分韵得“之”字》：“频年斫璞心相思，相见各讶添霜髭。小于河畔挽墨绶，风流为政官潍夷。户静千村绝木皂，琴张百衲调冰丝。冲暑我来苦汗雨，尘途何处招凉飔。辟疆旧筑古堞下，映衣深碧苔痕滋。修篁斜影仿画手，老桧清气涵诗脾。琼浆乍酌青玉案，绮席旋傍红鹅池。火云晚阁光渐淡，酒酣话旧形骸遗。远迹秋蓬感海岱，宦情客绪皆天涯。江南乡树宛在眼，西湖梦沓明玻璃。异国山川洵多美，浮生合并如夙期。一尊此日足可惜，秘藏共赏神尤怡。（自注：时出秦、汉碑拓及佳砚名印见示）……今朝雅集极幽畅，爪泥应动人追惟。丹枫寒雁愁旅馆，班荆转忆邗沟时。吟成掷笔发高兴，亟寄髯金索和之。（自注：庚申岁，客扬州，与板桥订交于金寿门寓楼）”庚申是乾隆五年。此诗作于乾隆十四年，诗中叙述与板桥扬州订交及潍县重逢情况甚详。沈心，字房仲，本姓徐，仁和人，其生平详见杭世骏《道古堂文集》卷四十七《沈房仲墓碣》。弟廷芳，字椒园，其《隐拙斋集》卷十六《过潍县，郑令板桥进士招同朱天门孝廉、家房仲兄纳凉郭氏园》亦乾隆十四年作。

金农《冬心先生自写真题记》：“十年前，卧疾江乡，吾友郑进士板桥宰潍县，闻予捐世，服缌麻，设位而哭。沈上舍房仲道赴东莱，乃云冬心先生虽撄二竖，至今无恙也。板桥始破涕改容，千里致书慰问。”所云沈心“道赴东莱”，即乾隆十四年事。

《孤石山房诗集》卷四又有《留别郑板桥》七律一首，诗云：“小于河畔柳依依，沙际春归客亦归。八载清风飘墨绶，几回幽梦绕柴扉。惟君白首豪吟健，赠我青山逸兴飞。（自注：时见贻手画山水）明日相思今共饮，将离花落怅征衣。”此诗乾隆十五年作。板桥能画山水，仅见于此诗。沈心以擅画山水著名，[②]板桥的山水画，如无一定的水平，就不会送给沈心鉴赏，而是藏拙了。

沈廷芳已见《诗钞》，不列入《交游考》。

江秩文

郑燮乾隆十二年于济南书：“江秩文，小字五狗，人称为五狗江郎。甚美丽。家有梨园子弟十二人，奏十种番乐者，十二人皆少俊，主人一出，俱废矣。其园亭索板桥一联句，题曰：‘草因地暖春先翠，燕为花忙暮不归。’江郎喜曰：‘非惟切园亭，并切我。’

遂彻玉杯为寿。”（上海博物馆藏墨迹）这是板桥回忆在扬州事。乾隆七年板桥为范县令，他与江秩文交游，应在乾隆七年前，客居扬州之时。

常书民

郑燮乾隆十二年于济南书：“常二书民有园，索板桥题句，题曰：‘怜莺舌嫩由他骂，爱柳腰柔任尔狂。’常大喜，以所爱僮赠板桥，至今未去也。”（上海博物馆藏墨迹）这也是板桥回忆乾隆七年前，客居扬州时事。

郑燮乾隆十八年自题兰竹轴：“书民二哥，晚过寓斋，强索余画，且横甚。”（曲阜文物管理委员会藏墨迹）常书民对板桥有旧谊，所以能“强索”其画。

阮葵生

阮葵生《七录斋诗钞》卷二《十载删余集》下《海上戏柬郑板桥、李滋园》：“纵游忽到水云间，东望苍茫海上山。可惜眼前无画手，直将诗笔压荆关。”阮葵生，字宝诚，号唐山，山阳人。其生平详见阮元《揅经室二集》卷三《刑部侍郎唐山阮公传》、吴昆田等《淮安府志》卷二十九《人物·山阳县·国朝·阮葵生》。

王古岩

郑燮自题竹兰卷：“郑所南先生墨竹一卷，题咏甚富，古岩王先生录而藏之有年矣。乾隆七年，见板桥画竹，谬奖有所南家法，不愧其子孙，命作长卷。板桥羞汗，不敢当，又不敢辞，画成并录旧题于后，奉教命也。”“乾隆七年十月画竹，画后即录是跋，至八年三月，乃克录完。扬州秀才板桥郑燮记。”“纸不尽处，板桥画兰。”（故宫博物院藏墨迹）

易祖式　傅雯

徐平羽藏郑燮自叙墨迹："紫琼崖主人极爱惜板桥，尝折简相招，自作骈体五百字以通意，使易十六祖式、傅雯凯亭持以来。"今考铁保辑《白山诗介》卷十《七言绝句》有傅雯《寻郑板桥》诗："设醴贤王为见招，我来不惜马蹄遥。城南城北城东路，到处逢僧问板桥。"此诗即作于傅雯奉慎郡王允禧之命，招板桥见面之时。傅雯，字凯亭。汉军人。官骁骑校。指头画著名，允禧、敦敏、敦诚、永忠、永瓛、李锴等皆有诗赞之。

程　铎

《中国绘画总合图录》第一卷程铎题郑燮兰竹卷："壬戌载阳月吉，板桥老先生留宿光明寓斋，适值草兰盛开，小酌兴发，图此长卷，并题见赠，即席依韵称谢，兼祈教正。""仆本江干落拓人，金兰投契信天真。何当九畹传湘管，丽句清辞许结邻。偶生程铎草。"壬戌是乾隆七年。板桥《诗钞》有《宿光明殿赠娄真人（讳近垣）》诗。

十三郎

陈子良藏郑燮为刘柳村书册子墨迹："妙真正真人娄近垣与予善，令其侍者十三郎歌予诗词，飘飘有云外之响。予爱之，遂举以赠。董耻夫亦令其歌《竹枝》焉。后三年，求去，泣不可留，仍返于娄。想其仙骨，不乐久住人世俗尘嚣热耶?"

冒春荣

《东皋诗存》卷三十三冒春荣《怀友·兴化郑板桥燮》："破家何用苦思归，楚尾吴头空落晖。江上年年看花客，僧厨乞食妓缝衣。”今案：板桥《诗钞·落拓》“乞食山僧庙，缝衣歌妓家。年年江上客，只是为看花”，是冒诗末二句所本。冒春荣，字含山，号葚原，一号花源渔长。如皋人。庠生。著有《萦翠阁秋萍集》《纪游小草》。

汪 颀

《东皋诗存》卷四十六汪颀《题郑明府燮所寄画竹》：“故人远为范县宰，卒岁遗我青琅玕。胸中在昔有成竹，壁上于今增暮寒。南国报书随雁下，西山高节拂云看。调饥向晚苦岑寂，风雨对此还加餐。”汪颀，字维硕，号就研。歙人，客游如皋。

石 需

《东皋诗存》卷二十九石需《董竹枝自京师至范县口占奉送》二首之二：“寄语昭阳郑克柔，栽花范县阅三秋。怜予久滞燕山下，只恐云泥两白头。”石需，字待也，号退庵。如皋人。太学生。

成岳和尚

《东皋诗存》卷四十一成岳《舟泊广陵怀板桥郑明府、万峰顾明经二公时客广陵》：“良宵怀故人，迢递隔城闬。披衣坐不眠，霜钟来夜半。”成岳，字柱天，如皋太极庵僧，有《石根集》行世。

王体一

郑燮自题兰竹松石卷：“板桥居士为范县令，官事且不能办，何论家事。一应米盐琐屑，皆王君体一为予任其劳。暇日作画，亦以兰竹松石之琐琐者报之，藏此不废，他日相逢，犹记匆匆不暇给时也。”（四川博物馆藏墨迹）

王清孚　高肇晊　朱自澄

陈鹤侪等《潍县志》卷十九《秩官·职官·清潍县职官表》：

年代	知县	县丞	教谕	典史
（高宗乾隆）十一年	郑燮（字克柔，江南兴化人，进士）	王清孚（字续亨，江南山阳人，监生）	高肇晊（淄川人，举人）	朱自澄（浙江人，吏员）

王清孚、高肇晊、朱自澄三人，为郑板桥潍县同寅之可考者。

韩梦周

《重修兴化县志》卷八《人物志·仕迹·郑燮》："潍人戴德，为立祠。……尝夜出，闻书声出茅屋，询知韩生梦周，贫家子也。给薪水助之。韩成进士，有知己之感焉。"韩梦周，字公复，号理堂，潍县人。"生三岁而孤……壬申举于乡，丁丑成进士，丙戌令来安。"（《理堂文集·附录》徐侃《韩理堂先生传》）壬申是乾隆十七年，郑板桥在潍县。丁丑是乾隆二十二年，板桥已离潍。丙戌是乾隆三十一年，板桥已去世。韩梦周官来安后，曾访板桥后裔，见于《理堂诗集》卷三《小珠集（辛卯、壬辰）·板桥先生墨竹》诗。诗曰："晚风萧萧云堕地，湘妃独立野宫闷。苔花初冷透山根，老篁惨淡啸魑魅。板桥好奇爱画竹，一枝两枝压山麓。试携鸱夷读《离骚》，桂旗窈窕森在目。忆昔挝鼓初放衙，官斋开遍樱桃花。对客挥毫写屏幛，画成一缕日痕斜。我官淮南思一见，仙人已去凌霄殿。公子重逢面无光，一缣相赠愁思乱。时余种竹斋南北，对竹看画凌秋色。白发门生感旧事，楚江浪泣龙吟笛。"辛卯、壬辰是乾隆三十六年、三十七年，韩梦周忆旧伤今，抒发了"白发门生"对知己的深挚感情。又，《板桥题画》有《为黄陵庙女道士画竹》诗。《理堂诗集》卷四《程符集（乙未至辛丑）·和郑板桥为黄陵庙女道士画竹》云:“皇娥有恨泪成血,六月幽皇戛飞雪。九嶷明灭隔苍烟,洞庭浪泣君山裂。千枝万枝压宫墙,杜宇无声秋草黄。西风欲下行人绝,参差哀怨满三湘。貌作荒江悲帝子,老筠惨淡凌风起。婵娟太息空扬灵,一幅《离骚》照秋水。”乙未至辛丑是乾隆四十年至四十六年。韩梦周此诗作于晚年,犹念念不忘于知己。

陈青门

郑燮书:“青门陈兄,在余署中,诚笃无流俗气派。适出纸索书,遂摘古诗中有益身心者赠之,审能得力,终身长厚不薄也。唐六如云:‘闲来写幅青山卖,不使人间作孽钱。’君家父子之业,颇足可观不恶,当常守此意勿失哉!”(《中国名画》第十二集)陈青门,馥子。

陈尚志 田廷琳

陈尚志、田廷琳是潍县的两个商人,与板桥交往,考如下:

陈尚志 宋书升《旭斋文钞·陈公素贞家传》:“陈公讳尚志,素贞其字。……贸易辄盈其息……十余年,称素封矣。家既裕,不吝于施。邑中凡大工役,靡不慷慨纳资。前后修学宫及文昌祠,藉公之力尤多。邑令赖公光表、郑公燮最器重公。赖、郑,邑所祠二贤侯也,好奖善类,而不妄为虚誉。……郑公所兴修诸题名碑,必以公为冠。……卒于乾隆二十一年,春秋八十有四。例贡生,候选州同。”

田廷琳 常之英等《潍县志稿》卷二十九《人物志·义行·清》:“田廷琳字林玉。南屯庄人。家室素封,勇于为义。乾隆十五〔三〕年,邑城久失修,知县郑燮倡诸绅捐资,重为补筑。廷琳暨侄颖捐修八十尺。郑令素善隶法,为书其事以志之。”

郭峨　郭伟业　郭耀章　郭峋　王霖　陈世栋
于宗召　陈邃　高岳　韩荏　谭僊　田颖　于渭

据《潍县志稿》卷八《营缮志·城坞》，参阅板桥《生平考》。《潍县志稿》卷十一《营缮志·园亭》："南园……（饶州知府郭）一璐侄伟业字质亭，伟勣字芸亭，均能诗工书，与知县郑燮为文字交，时觞咏其中。"郭榆寿《榆园杂录》卷一载郑板桥南园画竹赠郭质亭诗："我辈为官困煞人，到君园馆长精神。请看一片萧萧竹，画里阶前总绝尘。"又载板桥借寓南园，值郭质亭母刘太宜人生辰，送土物代柬诗，不录。

郭伟勣已见《题画》《印册》，不列入《交游考》。

谭　信　陈　翠　王尔杰　谭　宏

乾隆十七年郑燮撰并书《新修城隍庙碑记》："董其事者：州同知陈尚志、田廷琳、谭信、郭耀章，诸生陈翠，监生王尔杰、谭宏。"

赵六吉

郑燮书："板桥居士作《城隍庙碑》草稿初就，赵君六吉即剪贴成册，可谓刻划无盐，唐突西子矣。是碑不足观，而作文之意，无非欲写人情所欲言而未能说者，实在眼前，实出意外，是千古作文第一诀。若抄经摘史，窃柳偷苏，成何笔手？乾隆十七年元日，板桥道人郑燮又记。"（《中国古代书画图目》七）

钟启明

郑燮诗："一堂五世古今稀，父祖曾高子姓依。漫道在官无好处，须知积德有光辉。乾隆壬申嘉平月，板桥老人题赠钟启明并留别。”（《支那墨迹大成》第八卷）乾隆十七年板桥在潍县作。

郎一鸣　王　俨

《潍县志稿·人物志·义行·清》：“郎一鸣字次生。赋性敦朴，乐施与。郑燮令潍时，修城垣，建桥梁，及邑中一切大工役，慨然出倍资为众倡，以是令重其为人，赠联曰：‘为善无不报，读书当及时。’（郎氏家乘）”

又：“王俨字畏之。流饭桥人。性刚直，人有过失，必面折之。顾好施予，遇义举，辄慷慨解囊，无吝色。乾隆初，知县郑燮与友善。每至乡，必造其庐，访问民间疾苦，俨直言不讳，以是郑深器之。及致仕归，书留别诗以赠。”

韩　镐

郑燮书：“删繁就简三秋树，领异标新二月花。与韩生镐论文。”（《板桥书画拓片集》）据《潍县志稿》卷三十《人物志·文学·清》：“韩镐字西京。为文豪宕有奇气。郑板桥燮令潍时，县试识拔冠其偶。寻游庠食饩，而乡举则屡蹶。乾隆甲午，母亓病殁。又连遭期功丧，坎坷潦倒二十年。胸次牢骚不平之气，一寄之于诗酒。酒酣，与诸友生谈史论文及古今奇士亮节伟行，非常功业，唏嘘感叹，勃勃有壮志。癸卯始登乡荐，而年已老矣。诗散失，多不存稿。年五十九卒。（郎泳《韩先生传》）”

朱若宾

《潍县志稿·人物志·文学·清》：“朱若宾字敬夫，号草亭。城北流河庄人。……康熙中，昆山徐仲章炯提学山左，取入邑庠，时年二十余。与同邑郭芸亭伟勣、裴仲芳善继齐名。宁夏李景隆令潍，延为课子师，不半载而李殁，自是漂泊四方二十余载。四十岁，北游太学，作《石鼓歌》，一时传诵。学使庐陵彭维新按临莱州，科岁试皆置第一。雍正改元，充选拔贡生。次年，中副车。常熟严有禧守莱州，聘为海山书院山长，多所成就。四十八岁，举顺天乡试。乾隆己未，礼闱报罢。主苑平令安邱曹巨源涵署，涵与约为兄弟，旋谢归。徙居固堤镇，以教授生徒终。一时贤令如赖光表、郑燮行部戾止，咸加礼下马。……若宾文宗欧阳，诗近苏、柳，偃蹇终身，有手订《蜩鸣诗集》一卷，未刊。”

朱士魁

《潍县志稿》卷三十二《人物志·艺术·清》：“朱士魁字斗占。流河庄人。工文翰，尤精画理。乾隆间，板桥郑公与友善，尝自谓画不如魁云。（采访册）”

谭云龙

谭云龙自题竹石轴：“江上人家翠竹光，竹屏竹几竹方床。儒生气味原谙竹，竹屋还须胜画梁。癸丑春之正月，摹板桥老人笔意，墨庄居士七一岁学写。”恒庆题：“当乾嘉年间，郑板桥公宰潍，潍人求书画者无弗应。一日，选匠作器皿，有谭木匠与焉。每遇板桥作画，则侍立傍观，心会其妙，缘身虽为匠，曾习儒有年也。板桥喜其聪慧，乐为教之，不数年，谭氏所作，酷似板桥，真伪几不能辨。板桥政务冗忙时，辄令其代笔，此亦一段嘉话也。谭遂在家日日仿为，借用板桥图章。至板桥仙去，一字一画，世人珍之。而谭氏所作，外来字画商人亦不能辨其真伪，每以重价购去，谭氏子孙因以小康。谭名云龙，字子猷。此仿板桥笔意，自书己名，唯不多得耳。生平兼精篆刻，著有印谱，贾文端公序之。高南阜赋诗赠之：‘考工攻木托生涯，擅美潍阳小隐家。智匠传来惟太古，应教山谷说龙华。’‘追抚古印汉时官，篆似蛟螭屈曲蟠。我有相如钤记在，随身佩带与君看。’此帧谭氏自署己款甚佳。”（青岛博物馆藏墨迹）

《潍县志稿·人物志·艺术·清》亦云："谭云龙一名化龙。东关木工。幼失学而姿性灵敏，戏摹郑邑令燮书画，几于乱真。又酷嗜金石，所著印谱若干卷，黄县贾文正［?］公极称之。曲阜桂未谷馥教授莱州时，惊其画神似板桥，因以子犹字之。（谭氏家乘）"

王允升

郑燮自题墨竹轴："乾隆癸酉，板桥居士郑燮画竹，留赠门生王允升字泰阶。"（南京博物院藏墨迹）癸酉是乾隆十八年。"留赠"指将离潍县。

张粹西

故宫博物院藏郑燮兰花图墨迹，题："乾隆癸酉十二月二十有五日，为粹西张道友写兰。板桥居士郑燮。"（《中国古代书画图目》二十三）

恒彻和尚

《潍县志稿》卷四十二《杂稽·清》："恒彻上人，县城东北濠外路北关帝庙住持，有戒行，与邑令郑燮善。其庙中盛栽萄葡，秋风起，萄葡既熟，郑恒往啖之，岁以为常。郑燮有《留别恒彻上人》诗咏其事，郭麟《潍县竹枝词》中亦记之……"郑、郭二诗不录。

李　苑

梁章钜《楹联丛话》卷十二《杂缀（谐语附）》："板桥解组归田日，有李啸村者，赠之以联。板桥方宴客，曰：'啸村韵士，必有佳语。'先观其出联云：'三绝诗书画。'板桥曰：'此难对。昔契丹使者以三才天地人属语，东坡对以四诗风雅颂，称为绝对。吾辈且共思之，限对就而后食。’久之不属，启视之，则‘一官归去来’也，咸叹其工妙。”李啸村，名葂，怀宁人，客居扬州，以诗画擅长，与李鱓同时称“二李”。[③]汪鋆《扬州画苑录》把他列为“扬州八怪”之一。

郑 松 陈 馥

郑燮乾隆十九年自题墨兰：“予作兰有年，大率以陈古白先生为法。及来扬州，见石涛和尚墨花，横绝一时，心善之而弗学，谓其过纵，与之自不同路。又见颜君尊五笔极活，墨极秀，不求异奇，自有一种新气。又有友人陈松亭秀劲拔俗，矫然自名其家，遂欲仿之。兹所飘撇，其在颜、陈之间乎，然要不知似不似也。”（中国美术研究所藏墨迹）

陈松亭，名馥。南京博物院藏郑燮、陈馥合作《苔石图》。故宫博物院藏陈馥画、郑燮题墨竹轴。扬州博物馆藏郑燮书匾额：“‘歌吹古扬州。’板桥郑燮三书此额。一与郭君方仪，一与常君西北，此则与松亭陈三哥也。略不如前，亦有别味。”（木刻）

又，郑燮题郑松、陈馥《艺园行乐图》：“秋风处处多，独到君家少。为让读书声，蕉梧夜悄悄。”（香港苏富比 1996 年《中国古玩行情博览》）郑松，字著岩，长洲人。善山水，工马、夏。见《历代画史汇传·附录》。

汪堂　缪湘　萧文蔚　张煦斋　陶韵亭　金麟洲
廖荣怀　沈璔　方和　徐麟趾　湛性和尚

汪堂《水香村墅诗》中有《甲戌杪秋小尽日，招同郑板桥、缪客船、黄北垞、萧邓林、张煦斋、陶韵亭、金麟洲、廖禹门、沈玉崖、方竹楼、方介亭、徐荔村、药根上人集百尺楼，以赵嘏“残星几点雁横塞，长笛一声人倚楼”句分韵，得“人”字》诗。这是乾隆十九年在仪征事。[4]

汪堂，字仲升，一字硗岩，仪征人，筑水香村墅。[5]阮元《淮海英灵集》丙集卷四说汪堂“与四方诗人交，一时称盛”。

缪客船，名湘，字楚南。萧邓林，名文蔚，字上占。廖禹门，名荣怀，字湘晴。沈玉崖，名璔。方介亭，名和。徐荔村，名麟趾，晚年居扬州康山草堂。阮元《广陵诗事》卷七：“团鹤笯升居真州时，与……汪硗岩堂……黄北垞裕……方介亭和、竹楼元鹿……李渔川少元……沈玉崖璔……等四十人前后倡和，萃刻为《真州倡和集》二卷。”团升、方元鹿已见《诗钞》，不列入《交游考》。黄裕、李少元见本文另条。

药根（一作药庵），名湛性（一作湛泛），俗姓徐，丹徒人，居扬州祇园庵，亦称江都人。工诗、书、篆刻，与名流交往甚广。

黄　裕

《广陵诗事》卷十：“黄北垞交游极广，每一友没，则录其诗句为《黄垆集》。自叙云：‘故友云亡，新诗犹在。感生存之片语，剩白首之老人。若不急为流传，恐至遂成泯没。丰干饶舌，请易当年《旧雨》之名（自注云：原名《旧雨集》，闻野蚕上人言改之。）；中散有知，定增此日黄垆之恸。’所载扬州人凡八十七，今录其小序云……‘郑燮字克柔，一字板桥。兴化人。乾隆丙辰进士，潍县知县。’……”黄北垞，名裕，歙县人，居扬州，移籍仪征。

李少元

沈廷芳《隐拙斋续集》卷一《题李渔川垂钓图》：“披图忽忆故人句（自注：郑板桥有题句），缥缈如对江边峰。”从郑燮题《垂钓图》，看出他与李渔川有交往。李渔川，名少元。

汪士慎

李佳《左庵一得续录·汪巢林乞水图轴》：“郑板桥、金冬心……陈对鸥、闵玉井……焦五斗……各题。”汪巢林，名士慎，字近人。安徽人，家于扬州。《瓯钵罗室书画过目考》认为汪士慎是“扬州八怪”之一。从板桥题汪士慎《乞水图》证明他们相识。

郑燮题自画竹：“扬州汪士慎字近人，妙写竹。”（故宫博物院藏墨迹）可见板桥对汪士慎画艺很佩服。

陈皋、闵华、焦士纪见本文另条。

焦士纪　汪从晋

上海图书馆藏郑燮《与焦五斗书》墨迹：“早间遣奴子送墨兰一幅……待雪晴后，更当谋一聚之欢也。弟板桥郑燮顿首五斗老长兄前。”焦五斗名士纪，江都（一作丹徒）人。

又云：“汪锡三兄家开吊，弟为治宾……”据《淮海英灵集》甲集卷三：“汪从晋字锡三，号澹人。先世由歙迁扬州，遂占籍仪征。父守仁，好施与，岁动以数万计……扬州亲旧，无不被其惠者……从晋承父志，踵行不辍。嗜学，耽吟咏，手不释卷……”

马曰璐

梁章钜《楹联续话》卷二《格言》：“扬州马氏小玲珑山馆中有郑板桥所撰楹帖云：‘咬定几句有用书，可忘饮食；养成数竿新生竹，直似儿孙。’以八分书之，极奇伟。”马曰琯，字秋玉，号嶰谷，祁门人，居扬州新城东关街。弟曰璐，字佩兮，号半查。兄弟齐名，称“扬州二马”。所居对门筑别墅，曰街南书屋，又曰小玲珑山馆。

马曰琯已见《题画》，不列入《交游考》。

方士庶

李梅阁藏郑燮跋《西畴诗稿》墨迹："其气深矣，其养邃矣。以香山温逸之笔，烹炼而入于王、孟。观其柬马半槎及崇川诸作，皆布帛菽粟之文，自然高淡，读之反复想见其人。"

西畴是谁？据《扬州画舫录》卷四《新城北录》中："方士庶字右将，士庶同母弟。业盐淮南，居扬州，于北郊寿安寺西筑西畴别业，因号蜀泉，又号西畴。士庶为绘《西畴莲塘图》。"

板桥为什么特别提到方士庶与马曰璐唱和？据《广陵诗事》卷七："马曰琯秋玉、曰璐半查兄弟并好客，主持风雅，勒其朋侣游宴之诗为《韩江雅集》十二卷，与斯集者，则有……方士庶……诸名宿。"又："马半查、方西畴同日生，皆在牡丹时，每有诗宴。"

板桥说方士庶诗宗白居易，说得对吗？据陈章《孟晋斋诗集》卷二十二《西畴手录旧诗，装潢成册，并写小像于后，属余题句》："不负风光真达者，能言情性是诗人。吟成老妪都能解，写向蛮笺更可珍。采摘定应图主客，功名别自画麒麟。传神未带推敲苦，羡尔逍遥自在身。"陈章说方士庶诗"老妪能解"，与板桥评语相合。

陶元藻

陶元藻《泊鸥山房集》卷十一《与郑板桥书》："数旬不接嵇、阮，怅何可言。伻来，知足下于今晨已卸装杏园旧寓，欢喜无量。亟欲走访，苦为雨阻，不能步屧而西。前月于金寿门斋头，见足下所画残荷一朵，败荷叶一片，插在缺口磁瓶内，墨汁模糊，如有烟光月晕，淡中自带野趣。夫画，枯不可，淡则所贵；俗宜避，野则弥佳。大似吾乡青藤居士醉后之笔，寿世何疑。迩日可又得数幅否？想携笈中，俟檐溜稍停，即当造谒畅观，先问起居不一。"板桥能画荷花，仅见于此文。

又卷二十一《诗》七《过郑板桥寓斋索句偶成》："萧萧竹色

映疏帘，沉水香清手自添。谁道粥鱼茶板外，有人闭户读《楞严》。”从此诗知板桥晚年信佛。

又卷二十四《诗》十《简郑板桥》：“出山多浊流，俗吏面可唾。荥阳耻卑官，言放迎候惰。白眼醒而狂，直夺次公座。既受五斗欺，能免一毫挫。归栖屋打头，烟萝补篱破。书画自忘疲，深巷慰寒饿。我亦懒散人，无由学新懦。卖文三十年，空簏无可驮。蛮花照吟笺，竞病谁与和。江南怀故人，天阔风雨大。将订竹西游，重理击钵课。”从此诗看出陶元藻对板桥的评价以及他们的交情。陶元藻，字龙溪，号篁村，会稽人，尝客两淮盐运使卢见曾所。

陈章　陈皋　蒋德　张士科　张世进　闵华

陶元藻《全浙诗话》卷四十九《国朝·陈章》：“乾隆戊寅客邗江，得遇授衣，欣然有针芥之投。维时秀水蒋秋泾亦痛𨷂铅华，力追古淡。授衣馆马氏玲珑山房，秋泾主张渔川家。余遂与郑板桥、金寿门、张铁青、闵莲峰、陈对鸥暨授衣、秋泾，每月联吟数次，以渔川为东道主，极觞咏流连之乐。数年后，授衣、秋泾相继云逝，诸君亦凋谢殆尽，不胜旧雨晨星之戚。”戊寅是乾隆二十三年。《泊鸥山房集》卷三十六《词》二《绮罗香·张喆士斋中食蟹，时闵莲峰、郑板桥、陈授衣、蒋秋泾各赋五言一章，余因填此阕》所咏即在扬州事。

陈章，字授衣，号竹町，杭州人，居扬州南柳巷。弟皋，字江皋，号对鸥。兄弟齐名，称“二陈”。《扬州画舫录·新城北录》中说陈章、陈皋“入马氏诗社，时人比之二应、二谢”。

蒋秋泾，名德，秀水人。《扬州画舫录》卷十五《冈西录》说蒋德“乾隆庚午来扬州，主张氏，多唱和”。

张渔川，名士科（一作四科），字喆士，临潼人，居扬州，筑让圃，为《韩江雅集》。张铁青，名世进，号啸斋，张士科之叔，居扬州王家园。《扬州画舫录·冈西录》说张世进“诗与二马齐名”。姚覲元《清代禁毁书目·外省移咨应毁各种书目》中有："《著老书堂集》一部二本：临潼张世进著……《宝贤堂集》一部三本：临潼张四科著。"理由是："查有违碍谬妄感愤语句，应请销毁。"

闵莲峰（廉风），名华，字玉井，江都人。

汪大经

《泊鸥山房集》卷二十一《诗》七有《题赵文敏所画采菱图，即用图中王汝玉诗韵，同郑板桥、金寿门赋于汪秋白春雨读书堂》诗，知板桥与汪秋白交游。汪秋白，名大经，字书年，秀水（一作嘉兴）人，贡生，能书，善诗文。赵怀玉《亦有生斋文集》卷十八《文学汪君墓志铭》："时秀水则诸赞善锦辈主鸡坛之盟；钱塘则杭编修世骏等具龙门之望。高轩频过，纻衣闲投。郑庄少年，及攀大父之行；李泌早慧，尝附小友之列。声誉籍甚，交游翕然。"⑥汪大经是郑燮"小友"之一。

华嵒

郑燮题华嵒画浣纱溪扇面："杨柳桃花几度春，隔溪歌舞认前身。吴宫滋味如纱薄，洗尽江山是美人。"（抄本）华嵒，字秋岳，号新罗山人、东园生、布衣生、离垢居士等，福建人，寓杭州，在扬州卖画甚久。葛嗣浵《爱日吟庐书画补录》认为华嵒是"扬州八怪"之一。

李方膺

郑燮乾隆二十年题《三友图》："复堂奇笔画老松，晴江干墨插梅兄。板桥学写风来竹，图成三友祝何翁。"（何乃扬藏墨迹）乾隆二十五年题李方膺墨梅卷："兰竹画，人人所为，不得好。梅花，举世所不为，更不得好。……晴江李四哥独为于举世不为之时，以难见奇，以孤见实，故其画梅，为天下先。日则凝视，夜则构思，身忘于衣，口忘于味，然后领梅之神，达梅之性，挹梅之韵，吐梅之情，梅亦俯首就范，入其剪裁刻划之中而不能出。夫所谓剪裁者，绝不剪裁，乃真剪裁也。所谓刻划者，绝不刻划，乃真刻划也。岂止神行入画，天复有莫知其然而然者，问之晴江，亦不自知，亦不能告人也。愚来通州，得睹此卷，精神濬发，兴致淋漓。此卷新枝古干，夹杂飞舞，令人莫得寻其起落。吾欲坐卧其下，作十日工课而后去耳。”（《百梅图》）乾隆二十九年又题李方膺花鸟册（沈华藏郑板桥题诗墨迹）。故宫博物院藏郑燮题李方膺画墨竹图。《扬州八怪全集》中有郑燮题李方膺画墨竹册。

李方膺，字虬仲，一字秋池，号晴江，南通州人。袁枚《小仓山房文集》卷五《李晴江墓志铭》：“性好画，画松竹兰菊，咸精其能，而尤长于梅，作大幅丈许，蟠塞夭矫，于古法未有，识者谓李公为自家写生，晴江微笑而已。”凌霞《天隐堂集》、李玉棻《瓯钵罗室书画过目考》都说李方膺是“扬州八怪”之一。

叶天赐

陈毅选辑《所知集二编》卷四载叶天赐《赠许衡州》诗，有句云“江淮韵士许衡州”，自注：“用板桥先生韵。”孝萱案：此句为《板桥诗钞·寄许衡山》之首句。

据李斗《扬州画舫录》卷十二《桥东录》：“叶天赐，字孔章，号韵亭，又号谁庄。仪真人。工诗。书运中锋，法钟、王，多逸趣。广交游，户外之履常满。居缺口门街路北鸿文、崇德二巷之间，题其门曰：‘高风崇德，大雅鸿文。’（江）方伯治事，多资之。”叶天赐是大盐商江春门下清客，对郑燮很尊敬，称为“板桥先生”。

汪 宏

郑燮书：“日落西南淡有星，暮山红影数堆青。故人访我荒寒寺，苦茗闲谈破草亭。应户更无官里仆，插花聊借酒家瓶。赠言落落清如许，直是疏梅老更馨。小诗奉和药溪社长兄先生。”（苏州文物商店藏墨迹）此诗是罢官以后，客居扬州口吻。据《淮海英灵集》戊集卷一：“汪宏字药溪，号青莲，江都人，太学生。”

蔡　器

郑燮题蔡器花卉册：“蔡晴江，丹徒人，名器，一作嚣，字琢成，一字卓臣。善画，尤工花卉。卢观察雅雨先生千金买妓，以三百金延之教画，则其声价可知也。晴江美丰仪，善谈笑，少予三十岁，予未尝不羡之。卓臣书法尤荟雅可爱，绝无俗韵。”（抄本）据《丹徒县志》卷二十四《人物》八《文苑（书画附）·国朝》：“蔡器字晴江，号晚亭。工花卉翎毛，极其工细。”

卢见曾已见《诗钞》，不列入《交游考》。

吴雨田

郑燮行书卷：“张长史十二笔意述，真卿颜鲁公著，板桥郑燮为雨田道友书。”（《中国书法全集》六十五）据《扬州画舫录·草河录》下：“郑燮……工隶书，后以隶楷相参，自成一派。关帝庙道士吴雨田从之学字，可以乱真。”

唐　棣

郑燮乾隆二十四年书：“唐君欣若，自能诗，而又好集唐诗。集之久，而己诗俱废。盖以专一而得神奇者也。夫唐人之诗，旧诗也，读之千古长新，得君之集而更新，满纸皆陆离斑驳；今人之诗，新诗也，但觉满纸皆陈饭土羹。与为彼之作，正不如君之集也。问序于愚，愚何能序唐君之甘苦阅历，约略言之。”（唐棣《集唐诗》卷首）唐欣若，名棣。

朱孝纯

朱孝纯《海愚诗钞》卷十一《为王晴崖题墨竹帐额》："古寺何年载酒瓢，竹林寒翠晚萧萧。相期禅榻听秋雨，只忆扬州郑板桥。"朱孝纯，字子颖，号思堂，又号海愚，汉军旗。《扬州画舫录》卷三《新城北录》上说朱孝纯"诗、字、画称三绝，以'一水涨喧人语外，万山青到马蹄前'句得名。转运两淮时，复梅花书院，修节孝、双忠诸祠，皆其举也"。

杨　禾　杨　法　方卓亭

陈毅选辑《所知集三编》卷五杨禾《杨已军邀郑板桥、方卓亭集慈云庵，予不果往却咏》："闻道丹青顾野王，开尊还在赞公房。波涛二客趋袁浦，风雨孤村泊野航。近岸白鹅闲唼食，侵湖绿草坐闻香。定知酩酊还相忆，疏磬一声云外长。"杨禾、杨法二人，略考如下：

杨禾，字稼轩，江南山阳人。韩梦周《理堂文集》卷九《杨君稼轩墓志铭》："乾隆辛卯，余游淮安，得交邱君兰成，问所与游之贤者，曰：'杨君禾，字稼轩，事继母孝，博学敏文词。'"又为杨禾撰《杨稼轩诗序》《易组序》。孙殿起《贩书偶记续编》卷十五著录："《邗江游草》一卷：清淮阴杨禾撰，乾隆壬辰精刊。"

杨法，字孝父，一字已军，江南上元人。李斗《扬州画舫录》卷二《草河录》下云："杨法，字已军，江宁人。工篆籀。黄园中'柳下风来，桐间月上'八字，是所书也。来扬州，寓地藏庵，与小山上人善。"卷一《草河录》上云："周太朴铜鬲，周器也。藏鹾商徐氏家。华秋岳绘图，杨已军法书。"卷九《小秦淮录》云："埂子上一为钞关街……其上两畔多名肆，如伍少西毡铺匾额'伍少西家'四字，为江宁杨纪〔已〕军名法者所书。"卷十三《桥西录》云："贺园始于雍正间贺君召创建。……园中题名……杨法。"

这四条记载，可以说明杨法与扬州关系之密切。凌霞《扬州八怪歌》评杨法为“扬州八怪”之一。

据卫哲治等《淮安府志》卷二十六《坛庙（附寺观）·山阳县》：“慈云寺：在清江浦。雍正十三年淮关年奉旨动帑兴修。乾隆四年颁赐龙藏全部供奉。”又《安东县志》：“慈云庵：南门内。”冒春荣《袁浦月夜观河》云：“万里发昆仑，东流赴澥门。无风声不息，有月气常昏。欹侧群帆渡，苍茫百道奔。疏河资庙算，耕凿自成村。”（《东皋诗存》卷三十三）冒诗所描绘的袁浦风光，与杨禾“波涛二客趋袁浦，风雨孤村泊野航”吻合，可知杨法、郑燮等所宴集之慈云庵（寺）在清江浦而非安东县南门内。

孙扩图　吴作樟　吴作哲　李　堂

郑燮与郑墨书：“初到杭，吴太守甚喜，请酒一次，请游湖一次，送下程一次，送绸缎礼物一次，送银四十两。……掖县教谕孙升任乌程知县，与我旧不相合，杭州太守为之和解，前憾尽释。而湖州太守李公讳堂者，壬戌进士，久知我名，硬夺杭州字画。孙乌程是其下属，欲逢迎之，强拉入湖州作一月游。其供给甚盛，姑且游诸名山以自适。第一是过钱塘江，探禹穴，游兰亭，往来山阴道上，是平生快举，而吼山尤妙。”（《明清画苑尺牍》）郑燮赠孙扩图诗二首之一：“吴兴山水几家诗，最好官闲弄笔时。寄取东坡与耘老，吾曹宾主略如斯。”署：“乾隆甲戌蕤宾之月，奉祝乌程使君灵汇老先生寿。板桥弟郑燮。”（李既匋藏墨迹）郑燮为刘柳村书册子：“游西湖，谒杭州太守吴公作哲，出纸二幅，索书画。一画竹，一写字。湖州太守李公堂见而讶之曰：‘公何得有此?’遂攫之而去。吴曰：‘是不难得，是人现在此，公至南屏静寺访之，吾先之作介绍可也。’次日，泛舟相访，置酒湖上为欢。醉后，即唱予《道情》以相娱乐，云：‘十年前得之临清王知州处，即爱慕至今，不知今日得会于此!’遂邀至湖，游苕溪、霅溪、卞山、白雀，而道场山尤胜也。”（陈子良藏墨迹）吴作哲、李堂、孙扩图三人任职时间，略考如下：

吴作哲　龚嘉儁等《杭州府志》卷一百一《职官三·府属三·国朝·杭州府知府》：“吴作哲：萧县人，（乾隆）十七年任。”

李堂　宗源瀚等《重修湖州府志》卷五《职官表·郡守·国朝》：“李堂：字也升，号肯庵，湖北沔阳州人。乾隆七年进士。十七年任。”

孙扩图　郭式昌等《乌程县志》卷九《职官·知县·大清》：“孙扩图：（乾隆）十八年任。”卷十一《名宦·大清》：“孙扩图，字充之，号适斋，山东济宁州人。乾隆元年举人，十年明通榜。十八年知乌程县。以儒雅饰吏治，风流文采，照映溪山。试童子，遴拔真才，训课不倦。（《吴兴诗话》）”徐宗干等《济宁直隶州志》卷八之四《人物志四·列传三·国朝二·孙扩图》：“少承家学，天姿颖异，读书过目不忘。乾隆元年入邑庠。是秋举乡榜，年甫弱冠。丁巳、乙丑两中明通进士……就掖县教谕。当路重其学行，略属礼。巡抚杨应琚，特疏保荐，授浙江乌程知县。发奸擿伏，人莫能欺。性素方梗……归田后，手一编，哦斗室中，遇文士至，纵谈不倦。好接引后进，尝主莱州北海书院、温州东山书院讲席，所成就多一时名士。为古文词，下笔泉涌，而法律一归谨严。诗于汉、魏、唐、宋诸家，皆得神解。博学而不近名，黄叔琳所刊丛书，多扩图手校……（据墓志、行状）”潘守廉等《济宁直隶州续志》卷十八《艺文志一·书目·集部·别集类》：“孙扩图《一松斋集》八卷。按：是集乃其曾孙毓汉同治辛未所校刊。卷一曰《毫素斋稿》，为杂文。卷二曰《陪香书屋稿》。卷三曰《燕游草》《莱游草》《绿荫亭稿》《东山吟草》。卷四曰《世说韵补编》《于京集》《待映轩稿》。卷五曰《钓雪集》《九梅书屋稿》，皆古体诗。卷六曰《染云轩稿》，为诗余。卷七为《试律》，附《乾隆乙丑会试明通硃卷》。卷八为《随笔》，多评论时文语，亦间及轶闻琐事。（新通志)”因郑板桥对孙扩图有微词，特介绍孙之生平稍详，以表明其并非不佳之士。郑、孙为何“不相合”呢？我从孙扩图的诗文中找到一些原因，请看《一松斋集》卷八《随笔》：

“郑板桥燮，扬州兴化人。罢官后，年余七十，好游，独与道士许衡州俱。妻若妾恐其浪死于外，常使人觅之，名曰‘招老荡’，盖板桥以荡子自负，比老而习气不衰云。自前年春，颇有传其已死者，不知果然与否。余生平不甚重其为人，然闻其死，颇怜之，始有收拾其书画之意，而素所有者，已尽为人持去，即乌程时渠为书童辈所作几巨稛，亦俱索者得之。已卯春，同陈生映千舟行金、焦道中，谈及慨然。质明将过维扬天宁寺访之。”

“郑板桥极能辨帖，或问其故，答曰：‘识得其性情，并各家用笔利病耳。’”

“予在东省，闻东阳何氏《兰亭》刻本之妙，殆廿年矣。甲戌孟春，乌程前辈吴青然先生惠予数本。及门陈子映千习赵文敏书者，见此刻，爱其骨气洞达，傥即文敏《十三跋》中所谓定武本者乎，玩之不释手，遂以一本赠之。……予惟老友郑板桥有言：‘古人作字，未有不神寒骨重，可以传后者，飘浮荡漾，虽盛行一时，必不能久。故学书当先炼骨。’板桥之论，其与映千兹之所见，何其不谋而合耶？予之转赠，信不虚矣，遂书以付映千。乙亥仲冬下旬，识于岳王庙北楼。”

今案：孙扩图这三条随笔，皆撰于郑板桥生前。两条是赞赏郑之书法理论与鉴别法帖之眼力，无贬郑之语。一条是误传郑已死，其实尚健在之时所撰，始流露出“余生平不甚重其为人”的内心感情。

郑板桥死后，孙扩图才说出“不甚重其为人”的原因。《一松斋集》卷五《钓雪集·吊故友郑板桥》云：“板桥调态有谁伦，小印‘扬州兴化人’。此日风流无觅处，鹧鸪何事更啼春。”“平生痼疾左风怀，翠被春寒亦复佳。却欠情人吊柳七，坟泥怕污踏青鞋。”

自注："古以男色为左风怀，故下用鄂君事，而以不如屯田狎妓吊之也。""以荡子自负"的郑板桥，与"性素方梗"的孙扩图，个性异，生活作风不同，故"不相合"，孙尤反对郑好男色。郑以为经过李堂"和解"，"前憾尽释"，其实不然，孙在吊郑诗中，还讥刺其"平生痼疾"不如柳永"狎妓"。扩图在"故友"死后，仍不原谅其"为人"，但板桥不讳"尤多余桃口齿及椒风弄儿之戏"，不过"未尝为所迷惑"。（杨荫溥藏郑燮自叙墨迹）

当乾隆十九年郑板桥游杭州、湖州时，以上三人，热情招待。其中孙扩图是旧识，吴作哲、李堂是新交。板桥墨迹称孙为"灵汇"，是其别号，可补志乘之缺漏。孙年龄小于郑，科第晚于郑，郑诗称孙为"老先生"，乃戏语，不能误解为孙是郑之前辈。板桥此行，又识吴作樟，虽未见于墨迹，地方志中有记载，请看：

潘熔等《萧县志》卷十三《人物志二·文苑·国朝》："吴作樟，字文洁。幼即工染翰，长益博涉诸家，皆能得其意。又善画。客从弟作哲杭州府署，与兴化郑燮遇。燮故傲睨，然独善作樟。尝醉后属书擘窠大字，燮甚钦服。"

施远恩

施远恩《环山房诗钞》卷末郑板桥跋云："是世外人，是世中人。一种淹雅秀泽之气，令人挹之不尽，吾弟侯夷门赏鉴不虚也。妙正真人为言'施家子道法与诗法并绝'，宜哉！板桥郑燮。"

施远恩，字鲁瞻，一字两山，道号冲暐。仁和小林村沙子桥人。据施镐《吴山施两山尊师小传》："甫十岁，即慕清净，出家吴山长生房。雍正壬子，年三十有四，龙虎山张真人闻师道行，选举入都。妙正娄真人一见水乳，尽传其法，命直季大光明殿。岁乙卯，授龙虎山提点司职，居上清宫十余年。……乾隆丁卯，决计告归故山。"孙震元《施两山尊师传》："幼超然有入道志。族父允文，住持吴山之长生山房，因往依焉。年三十，以选举入京师，直光明殿，妙正娄真人见而叹曰：‘施君器宇殊常，非侪辈所及。’……后四年，奏名授龙虎山提点，在江西十二年，归浙江，仍居吴山。”（以上《环山房诗钞·附录》）两《传》可互补，所记年龄稍有不同，以施《传》为准。两《传》皆云施远恩于乾隆三十二年（丁亥）卒，终年六十九岁。板桥已于乾隆三十年（乙酉）卒，终年七十三岁。郑板桥何时认识施远恩？先将郑、施行踪，列表对照如下：

年　　代	郑燮行踪	施远恩行踪
雍正十年壬子（1732 年）	四十岁。秋，游杭州	三十四岁。入京师
雍正十三年乙卯（1735 年）	四十三岁。在镇江焦山读书。秋，游杭州	三十七岁。授江西龙虎山提点司职
乾隆十二年丁卯（1747 年）	五十五岁。在潍县	四十九岁。回浙江，居吴山
乾隆十九年甲戌（1754 年）	六十二岁。春，游杭州	五十六岁。居吴山
乾隆三十年乙酉（1765 年）	七十三岁。卒于兴化	六十七岁。居吴山
乾隆三十一年丙戌（1766 年）		六十八岁。吴颖芳撰《环山房诗钞序》
乾隆三十二年丁亥（1767 年）		六十九岁。卒于吴山

从上表看出，雍正十年郑游杭时，施已入京师；雍正十三年郑游杭时，施由京师至江西任职，均无缘见面。而且此时郑尚未成名，不会引起施的注意。只有乾隆十九年郑游杭时，施居吴山，有机会相识。此时郑已有大名，故施请郑为《环山房诗钞》稿作跋。

郑板桥与施远恩结诗社否？施《传》云：“间作诗歌，绝去尘俗，一时如郑板桥、侯夷门、杭堇浦、吴西林诸名宿，咸称许之。”孙《传》云：“师嗜读书，工诗。……在京师，曾随妙正谒世庙，赋诗称旨。归吴山，与名流郑板桥、侯夷门、厉樊榭、杭大宗、吴西林、张涤岑辈结诗社。”二《传》记事不同：施《传》只云郑板桥“称许”施远恩诗，而孙《传》云郑与施“结诗社”，谁正确呢？

据《环山房诗钞》卷首吴树虚序：“余吟友万近蓬、施二樵熟与往来，以尊师所著《环山诗》一帙丐余序于首。余久企高风，渴欲一展颜色。七月望后，相挈谒师于环山房。……俟再谒，吾将叩之。”此《序》撰于“乾隆丙戌秋八月”，次年施即卒。吴颖芳（树虚）与施远恩同在杭州，只不过见了一次面，无“结诗社”之事。郑板桥仅于乾隆十九年偶游杭州，更不可能与施远恩有“结诗社”之事了。

板桥跋中所云“吾弟侯夷门”，即侯嘉璠。（参阅袁枚《小仓山房文集》卷五《侯夷门墓志铭》）郑、侯交谊，详见郑《赠国子学正侯嘉璠弟》《送陈坤秀才入都》等诗。又，跋中所云“妙正真人”，即娄近垣。郑、娄交谊，详见郑《诗钞·宿光明殿赠娄真人（讳近垣）》、《题画·为娄真人画兰》、乾隆二十五年为刘柳村所书册子（陈子良藏墨迹）等诗文。郑因侯、娄而识施远恩。

侯嘉璠、娄近垣已见《诗钞》，不列入《交游考》。

拙樵和尚

乾隆二十四年郑燮自书润格：“画竹多于买竹钱，纸高六尺价三千。任渠话旧论交接，只当秋风过耳边。乾隆己卯，拙公和尚属书谢客。板桥郑燮。”（石刻拓本）拙公是板桥对拙樵和尚之尊称。拙樵，俗姓吴。歙人。扬州平山堂僧。黄振、汪之珩等均有诗赠拙樵。

郝香山（女）　孙柳门（女）

乾隆二十五年郑燮题黄慎画丁有煜像：“郝香山，晴江李公之侍人也，宝其主之笔墨如拱璧，而索题跋于板桥老人。孙柳门，又个道人之侍人也，宝其主之笔墨与香山等，而又摹道人之照而秘藏之，以为千秋供奉，其义更深远矣。用题二十八字：嗟予不是康成裔，羡此真成颖士家。放眼乾坤臣主义，青衣往往胜乌纱。”（墨迹）

丁有煜已见《印册》，不列入《交游考》。

李 霁 费 轩

郑燮乾隆二十五年为刘柳村书册子：“南通州李瞻云，吾年家子也。曾于成都摩诃池上听人诵予《恨》字词，至‘蓬门秋草，年年破巷，疏窗细雨，夜夜孤灯’，皆有赍咨涕洟之意。后询其人，盖已家弦户诵有年。想是费二执御挟归耶?”（陈子良藏墨迹）李、费二人，考如下：

李霁　李濬之《清画家诗史》丁上：“李霁字瞻云，号岑村，南通州贡生。乾隆丁丑，迎銮献诗赋，被恩赉。工楷隶，善兰竹，铁笔与沈凡民齐名，时称‘沈李’。著有《古柏楼杂俎》《城南草堂印谱》《岑村集》。”《岑村集》有《喜晤郑板桥》诗：“手捧虬藤杖一条，追随几日伴松寮。为君小篆书田印，‘二十年前旧板桥’。”

费轩　《扬州画舫录》卷三《新城北录》上：“费家花园本费密故宅……密孙轩，字执御。有《扬州梦香词》，与董伟业《扬州竹枝词》并传于世。”

吴其相

郑燮为刘柳村书册子：“虎墩吴其相者，海上盐鳖户也。貌粗鄙。亦能诵《四时行乐歌》，制酒为寿。同人皆以为咄咄怪事。”（陈子良藏墨迹）

曹素功后裔

郑燮为刘柳村书册子："新安孝廉曹君，是墨人曹素功后裔。尝持藏墨三十二挺，谒予，易《词钞》一册。……"（墨迹）

李　艮（高丽人）

郑燮为刘柳村书册子："高丽国索拙书，其相李艮来投刺，高尺二寸，阔五寸，厚半寸，如金版玉片，可击扑人。今存枝上村文思上人家，盖天宁寺西院也。"（墨迹）

马履泰　马庆孙

梁恭辰《楹联四话》卷五《杂缀》："仁和马庆孙者，秋药太常之犹子也。襆被来粤，舟出豫章，夜泊生米潭，遂为盗劫，行李一空。时刘兰簃方建臬南昌，马趋控之，所呈失单，不过书画玩物，刘嗤之，马作色曰：'失单中有郑板桥楹联，先人性命宝也，务乞追偿，他则惟命是听。'刘悯其愚，檄县严缉。未三日，果于货担间得之。其联曰：'飘风作态来梳柳，细雨瞒人去润花。'刘流连观之，笑曰：'无怪此老之断断也。'"马秋药，名履泰，字叔安，仁和人，官至太常寺卿。张维屏《国朝诗人征略二编》卷四十三《马履泰》引《太常事略》云："工书画……所交皆一时名流。"

田云鹤

《广陵诗事》卷八："田云鹤爱耽山水，尝为仙霞、武夷之游。高西园凤翰为作《烟霞泉石图》。当时雅雨山人及黄彤章炜、郑克柔燮皆为之题。华阳史梧冈震林题云：'皓月心胸白雪才，敝裘难换岁寒杯。诗人愿化山头石，知是狂星堕地来。'""郑板桥明府燮答泰州田上舍云鹤云：'昨买一小园，在水中央。又得铜菩萨像五枚，意欲改此园为铜菩萨庵。'"田云鹤，字轮长，号云抱，别号蓬壶居士、金镵词客。

宫国苞

宫国苞《霄峥集》卷四选郑燮诗四首，诗题、评语如下：

（一）《偶成》评："风神流宕。"

（二）《赠方外梅鉴》（集作《别梅鉴上人》）评"澹然绝尘"。

（三）《真州》（集作《真州杂诗八首并及左右江县》第四首）评："关情者远。"

（四）《上方伯晏公（四首之一）》（集作《上江南大方伯晏老夫子》第三首）评："奇丽。"

据宫国苞《霄峥集》自序："凡于耆旧朋侪惠好之诗……爰简撮其尤者开雕，以公诸同好。"集中既选录郑燮诗，可见板桥是宫国苞之友。

宫国苞，字霜桥，泰州人。少年时，游兴化。工诗善画。其诗，自云："瓣香"李沂。其画，《清画家诗史》戊下说："兰竹杂卉，生趣可掬。"

翟 宣

王有庆等《泰州志》卷二十四《人物·文苑·国朝》："翟宣字日三，号应斋。少好驰射，中乾隆三年武举人，遂弃其业，刻意为诗，与浙西胡裘镎、兴化郑燮、同里仲鹤庆辈唱和，五言尤擅场，著有《乐清堂诗钞》（续志稿）。"

范大任一家

杨受廷等《如皋县志》卷二十二《古迹·园》："古澹园：即明佘元美所筑壶领园也，在洗钵池左，后归范氏，为范大任别墅。……郑燮诗：'隔水名园问范家，秋清雨过好烟霞。谁将玉笛三更弄，吹白葭芦一片花。'"卷十六《列传》一《人物·国朝》："范大任字敬承。生平多善举，经理本族义庄，条画井然，族人称其德焉。先是皋有育婴堂，资用苦不敷。大任益其数，足于用，又置田为婴儿冢。”

黄　振

郑燮题黄慎画黄漱石（一作瘦石）捧砚图小像：“铁砚犹穿况石头，知君心事欲千秋。文章吐纳烟霞外，入手先亲即墨侯。”（故宫博物院藏墨迹）据杨受廷等《如皋县志》卷十七《列传》二《文苑·国朝》：“黄振字瘦石，负奇气，所为文，宗工大匠莫不珍赏之。筑斜阳馆，集宾客，放情诗酒，慷慨悲歌似燕赵间士。”范仕义等《如皋县续志》卷十一《古迹·馆》：“斜阳馆：在柴湾，黄振别墅。振博综群籍，挥洒千言。赴京兆试，未售。既归，度地筑馆，流水小桥，茂林修竹，集联云：‘夕阳无限好，虚堂有余闲。’扬州罗雨〔两〕峰作馆图。四方名流，集课春堂、涵虚阁、受绿轩、寄生草堂、十砚千帙之居，刻烛分韵，击鼓催花，觞咏无虚日。……自著《瘦石集》及《日记》共十卷，二集十二卷。”

王国栋与黄振关系密切。《竹楼诗钞》中，如《五言古·题瘦石照》《五言律·今秋高雨船、汪璞庄集瘦石古春园共赋八诗嘱余续尾》及《次题瘦石斜阳馆》等，均为黄振作。考察郑板桥与黄振等的交游，必须联系到王国栋。

汪之珩　郭琅亭

徐平羽藏郑燮自叙墨迹：“乾隆庚辰，郑燮克柔甫自叙于汪氏之文园。”汪氏文园略考如下：

汪之珩，字楚白，号璞庄，一号瓮箫海客。秦大士《汪璞庄小传》云：“性喜友朋，凡名流之游于皋者，必招致文园。文园者，宅傍所构，以待四方之贤士者也。嘉葩美木，凉台燠馆，甲于皋邑，贮书万卷，其中弹棋闲设，丝竹并奏，人以比辟疆水绘园。璞庄与客唱酬觞咏无虚日。”（《东皋诗存》附录）汪之珩有《庚辰七夕同王竹楼、郑板桥、郭琅亭、黄瘦石》诗（《东皋诗存》卷四十七），郑叙、汪诗均作“庚辰”，时间吻合。王国栋《竹楼诗钞·七言律·汪璞庄文园二首》之一：“绝胜风光莫漫猜，仙源依约近蓬莱。山如淡墨千层染，水似挼蓝一鉴开。飞鸟乍停窥洞壑，流云初合护楼台。主人着意怜今雨，几点庭除净碧苔。”道光二十年汪承镛撰《文园绿净园图记》，镌季学耘所作《文园图》十帧、《绿净园图》四帧。诵诗观画，两园之风景可以略见。

据《清代禁毁书目·外省移咨应毁各种书目》中有《文园六子诗》。这是一部“为时传诵”的书（据乾隆三十一年丙戌秦大士《汪传》）。虽遭禁毁，道光二十年汪承镛说“至今犹称韵事”。

王国栋与汪之珩关系密切。《竹楼诗钞》与《文园六子诗》都遭清廷禁毁，命运亦相似。今案：《竹楼诗钞》中，如《七言古·题璞庄梅花图小照》《五言律·赠璞庄十六韵》《七言律·哭璞庄四首》等，均为汪之珩作。王又为汪校订《东皋诗存》。郑板桥通过王国栋与汪之珩、刘柳村等交游。

刘柳村　左　亭

徐平羽藏郑燮自叙墨迹：“乾隆庚辰，郑燮克柔甫自叙于汪氏之文园，与刘柳村册子合观之，亦足知其梗概。”陈子良藏郑燮为刘柳村书册子墨迹：“乾隆庚辰秋日，为柳村刘三兄书此十二页。”两件作品，都是乾隆二十五年所撰书，这个现象值得注意。

据王国栋《竹楼诗钞·七言律·同板桥、希斋、筠溪、瘦石集柳村荫深园》：“名园三载客重过，竹密桥横路未讹。几派清流孤艇入，千章秋树午阴多。听诗使我忘高枕，饱饭看人作擘窠。（看板桥作大字）一度逢迎一觞咏，风骚其奈主人何。”杨受廷等《如皋县志》卷二十二《古迹志·园》：“文园：在县东丰利场。汪之珩读书处。”从汪之珩诗，看出乾隆二十五年庚辰“七夕”板桥在文园；从板桥所书册子，看出此年“秋日”他在荫深园。文园、荫深园都在如皋，故板桥同时为汪、刘二氏之佳宾，并撰书两件自述生平之重要作品。

又，汪之珩辑《东皋诗存》卷首“校订姓氏”中有“兴化左亭筠溪”。王国栋、郑燮、左亭三位兴化人都是刘柳村之上客。

罗　聘　方婉仪（女）

李佐贤《书画鉴影》卷二十四《郑板桥石壁丛兰轴》：“纸本。高五尺五寸四分，宽二尺五寸。墨笔。左半石壁削成，石上丛兰，乱叶繁花，间以筱竹，不留余地，布景绝奇。题在石壁之左：‘板桥道人没分晓，满幅画兰画不了。兰子兰孙百辈多，累尔夫妻直到老。’乾隆辛巳，为两峰罗四兄尊嫂方夫人三十初度。郑燮草稿。”罗两峰，名聘，字遁夫，号花之寺僧。金农弟子。居扬州天宁门内弥陀巷，额其堂曰“朱草诗林”。妻方婉仪（一作畹仪），号白莲居士。夫妻均工诗、画。其生平详见吴锡麒《有正味斋骈体文》卷二十三《罗两峰墓志铭》（王广业笺、叶联芬注）。《瓯钵罗室书画过目考》称罗聘为“扬州八怪”之一。

罗聘《香叶草堂诗存·江上怀人绝句十五首》之一：“一官轻弃返初心，游戏人间岁月深。曾到蓬莱看东海，题诗笑付老龙吟。（郑板桥）”

赵九鼎

林苏门《邗江三百吟》卷七《趋时清赏·两峰九鼎竹兰工》：“罗君两峰聘，江都居士。赵君兰痴九鼎，兴化名家。一时齐噪都门，画称两绝。罗工画竹，而偏以鬼怪得名。赵本郑板桥先生门下士，兰竹俱佳，而兰更曾经御览，仰邀恩赉。收藏古画之家，或不以今人为可薄耳。”

汪元麟　李肇辅　费茗溪

江春《随月读书楼诗集》卷中有《辛巳谷雨日，招同杭堇浦、郑板桥、汪石恬、陈江皋、李于亭、费茗溪、常菜畦、黄北垞游铁佛寺，分赋得“筱”字》诗，证明他们交游。辛巳是乾隆二十六年。据《扬州画舫录》卷二《草河录》下、卷十二《桥东录》：

“李肇辅字相宜，号于亭，江都人，工诗。”

“汪元麟字石恬，休宁进士，山水法梅道人，以画《长堤春柳图》得名。”

江春、杭世骏、常执桓已见《诗钞》，不入《交游考》。

高　朋

高朋《小竹屋诗文集·题画兰为郑板桥作》：“芳菲香气动吟毫，疑是湘君下汉皋。争奈幽芳多惹怨，于今不忍读《离骚》。”据阮亨《淮海英灵续集》庚集卷三：“高朋字侣益，江都监生。”

丁　御

丁御《江上草堂集·郑板桥画兰见贻》：“两地关情臭味同，生绡一幅寄春风。美人哀怨才人笔，都在《离骚》一卷中。”据《淮海英灵续集》庚集卷三：“丁御字圣执，仪征布衣。”

六安和尚

《扬州画舫录·新城北录》中：“青莲斋在（天宁）街西，六安山僧茶叶馆也。僧有茶田，春夏入山，秋冬居肆。东城游人，皆于此买茶，供一日之用。郑板桥书联云：‘从来名士能评水，自古高僧爱斗茶。’”

偈船和尚

郑燮书："一到云堂画兴开，扫涂半幅主人来。幽兰细写还添石，淡墨重磨更点苔。入座凉风清欲绝，过门流水淡无猜。蒲团诗思和禅瘦，肯把蛮笺为我裁。小诗奉赠偈船大和尚兼政。"（南通博物馆藏墨迹）偈船，如皋菩提社僧。能诗。

碧崖和尚

郑燮书："洞曹之后，何得无人？敏修大德，公善其身。两住焦山，其道益纯。肩挑重担，脚踏危津。剖石见玉，选竹抽筠。俗僧劝舍，不舍便嗔。及其已舍，万告千贫。如割心肺，如刳齿唇。忽然祸至，一费千缗。求死不得，求活无因。何似我公，万境皆春。焦山杯水，点豉江莼。焦山抔土，首丘至仁。是僧之言，是我之邻。碧崖大和尚遗照。"（王骧抄本）碧崖，休宁（一作青阳）人。焦山僧。能诗。

慧如和尚

《书画鉴影》卷十六《名人翰墨集册》："兰芳叶劲，神柔笔硬。清品清材，此交可订。为慧如大师法正。板桥燮。"

程晋芳　复显和尚

复显《雪庐吟草》卷上《郑板桥大令、程鱼门中翰枉过避暑次韵》："避暑过郊寺，迎凉坐竹林。长髯惊座客，高论豁尘襟。久别颜如旧，重逢话更深。松风吹日暮，静听足清音。"程鱼门，先名志钥，又名廷璜，字蕺园，后名晋芳。《小仓山房续文集》卷二十六《翰林院编修程君鱼门墓志铭》："祖居新安，治盐于淮。……乾隆初，两淮殷富，程氏尤豪侈，多畜声色狗马，君独愔愔好儒……君交满海内。"

永 瑽

上海博物馆藏郑燮《芳劲介灵图》墨迹，题云：“乾隆二十七年花朝，写于扬州。”“红兰主人以后，有紫琼崖主人，今又有素鞠主人，皆天潢的派，词源大手笔也。恨不得见红兰，而得侍紫琼翰墨，已幸甚。今又见素鞠，亦生平之幸也。因以拙笔兰竹奉献，兰芳竹劲，石介芝灵，唯主人足当之。见主人则红兰、紫琼如在目前不远。橄榄轩记。”“板桥郑燮。”（《中国古代书画图目》五）

李放（充国）《八旗画录前编》卷首：“慎靖郡王允禧，别号紫琼道人，又号春浮居士。圣祖仁皇帝第二十一子。……《绘境轩读画记》云：‘王尝得端石砚山，名曰紫琼岩，因自号紫琼，薨后且用以为徇。所作山水、花卉，能合石谷、南田为一手，本朝宗藩第一。’”又：“固山贝子蕴端（一作岳端，又作袁端），字正子，号兼山，别号玉池生，一号红兰主人，行十八，又称十八郎。安和郡王岳乐子。初封多罗勤郡王。”又，《后编》卷首：“辅国公永瑽，字文玉，号益斋，别号素菊道人。理密亲王允礽孙。《绘境轩读画记》云：‘工书，善画兰石，尤精鉴别，收藏名迹甚富，今世流传书画，其上有“钦（《雅颂集》作清，误）训堂”藏印者，皆经其品定者也。著有《益斋集》，刊本甚精。其自跋画兰云：兰为香祖，画家多借此发抒其逸兴幽情。年来涉猎风诗，偶得画兰逸品形神交似者，辄仿一二，聊以自娱云云。又画兰绝句云：戏将飞白法，淡墨写芳兰。刚健杂流丽，天机到亦难。（双钩兰）不在山颠不水涯，托根便面度年华。子昂妙笔谁能见，且学青藤淡墨花。（题画兰扇）不备录。’”郑板桥与允禧有缘，详见板桥《诗钞》、《题画》、《随猎诗草、花间堂诗草》跋、乾隆庚辰自叙（徐平羽藏墨迹）及为刘柳村书册子（陈子良藏墨迹）；晚年与永瑽仅一见。

啸江和尚

郑燮乾隆二十八年书对联："秋老吴霜苍树色，春融巴雪洗山根。题为焦山啸江大师。乾隆癸未九月，板桥郑燮。"（徐笠樵藏墨迹）据《丹徒县志》卷三十七《人物》十一《方技·国朝》："释寂会姓邬氏，字心融，号啸江，住焦山。少颇任侠，虽剃染，豪气未除。中年乃折节持戒律，以苦行闻。里人延主竹林方丈。寺俭于田产，所入不足供大众十分之一。素善医术，尤神于喉科，岁获酬医之资，率数百金以上，悉以供众。有不赡，则称贷而益之。"

允禧已见《诗钞》，不列入《交游考》。

永公和尚

乾隆三十年郑燮画竹，题："一枝瘦竹何曾少，十亩丛篁未是多。勘破世间多寡数，水边沙石见恒河。乾隆乙酉，为永公大和尚正。板桥郑燮。"（《中国绘画总合图录》第二卷）

彼公和尚

郑燮书匾："十子成林。题为彼公和尚。板桥。"（南通狼山准提庵藏木刻）

潘呈雅

许瀚等《济宁直隶州志》卷八之三《人物志三·列传二·国朝一》："潘如……子呈雅，字雅三，号秣陵山人。工诗古文，善书，尤工汉隶篆刻。所与交游唱和，如郑板桥、高南阜、傅金樵、颜清谷辈，皆一时名流。著有《秣陵诗草》《秣陵小词》。（补辑）"

史　本

唐烜等《济宁直隶州续志》卷十五《人物志四·隐逸总传》：

“史本，字季屏。前志工部制造库郎中大伦子。性潇洒，工琴，善书，于诗学尤深。年八十余，仿前辈天长令潘公自志墓铭，作《自述》一篇，其略云‘予赋性迟钝，惟读书能记忆不忘。随宦京师时，德州孙子未先生曾以小艺二十篇授之。好临法帖，王虚舟夫子又以倪宽赞太清楼赠之。……著有《竹香斋稿》。……壮年与海内名宿笔墨酬应，若金寿门、蒋老人、郑板桥、沈蕉园、盛柚堂、牛空山、傅云樵、颜介子昆仲、陈无轩、张芑堂、朱郎斋、王菊庄、钱大培往来翰札，装为册页，倩黄小松题签，暇日对晤，如逢故人’云云。”

孙勷已见《诗钞》《题画》，不列入《交游考》。

朱 齐

赵定邦等《长兴县志》卷二十三下《人物传·国朝》：“朱齐，字云栽，号公放，又号蕙稗老农。邑诸生。书画有奇趣，诗才清隽。性恬淡，不事进取，以笔墨自娱，放浪于苕霅间，有志和之风。善度曲，能叠石为山，并精篆刻，尝镌朱柏庐《家训》全文图章，藏于家。客维扬，与金农、郑燮友善。游幕京师，卒于某藩邸。著有《蕙稗集》《倚声杂记》《旗亭集》。(《朱氏宗谱》)”

富森泰

《钦定熙朝雅颂集》卷八十二富森泰《夺画诗》：“山人画竹如画龙，渭川千亩收心胸。兴酣率尔弄笔墨，满堂何事苍烟封。秋浦嗜此世莫比，往往把玩入骨髓。只宜同作淇园人，莫矜独赏潇湘意。君不见，二有堂中声萧萧，孤高势欲凌青霄。凄凄风雨遥相忆，‘二十年前旧板桥’。”富森泰，字东岳，一字秋浦。八旗子弟。从此诗看出，富森泰极为赞赏郑板桥画竹。

沈宏远

《清画家诗史》庚上沈宏远《撚瓢诗钞·画兰》："每忆扬州郑板桥，纵横笔墨兴何饶。湘江春色骚人意，闲写幽思破寂寥。"

陈　毅

陈毅选辑《所知集初编》卷四选录郑燮《抚孤行》《真州道中晓行》《邺城》《追忆莫愁湖纳凉》《寄松风上人》《秋夜怀友》等诗。附诗话："板桥集中句，如：'山茗未赊将菊代，学钱无措唤儿回。'是能于口头语作新句者。生平亦好传人佳句，《集》载白驹场颜秋水云：……满洲常建极云：……淮安程风衣云：……"

陈毅，字古渔，江宁人。他所辑《所知集初编》卷首，载袁枚序，撰于"乾隆丙戌春正月廿有三日"，郑板桥已卒。

注释：

①李斗《扬州画舫录》卷二《草河录》下、李濬之《清画家诗史》丙上等书认为蔡嘉画居"逸品"，本文不讨论这个问题。

②参阅沈心《孤石山房诗集》卷六《浦光卿以宣纸乞画山水因题其上》《宝田兄属作画为仿一峰笔意》《丁钝丁属画龙泓洞图因系以诗》等。

③《扬州画舫录》卷二《草河录》下说李葂"来扬州，居贺园"。李葂所住，不仅此一处。

④颜希源等《仪征县续志》卷六《名迹志·园》："怡园：南城外三坛庙东项澹斋家园，内有嘉荣轩、群玉书堂、百尺楼。林壑位置，极其清雅。楼最高，附槛极目，则平楚苍然，风烟万状，隔江黛色，俱依依来就人矣。"有人以为百尺楼在兴化，误。

⑤《仪征县续志·名迹志·园》："水香村墅：东城内，邑人汪堂筑，即周栎园太史所题东城图画故址，内有春风草堂、冲澹池

馆、春醒阁、冬青书屋，多名人咏游倡和之作。”可见汪堂不在兴化。

⑥参阅陈章《孟晋斋诗集》卷二十一《过汪秋白宅即赠》：“访尔城阴宅，谁知是旧游。池浮花鸭晓，门掩古槐秋。题壁看名句，尝茶泛越瓯。园林应不俗，口主亦清流。”

附：《板桥集》版本考

郑燮自己没有用过“板桥集”这个名称。《扬州府志》、《兴化县志》、吴引孙《扬州吴氏测海楼书目》、甘鹏云《崇雅堂书录》中均云《板桥诗钞》《词钞》《道情》《家书》《题画》，共四本。《板桥集》是郑燮卒后出现的书名。本文为了叙述的方便，借用这个名称。

《板桥集》的刻本很多，今据个人所见，简介四种有代表性的刻本如下：

（一）家藏《板桥集》刻本，四册。第一册为《板桥诗钞》，第二册为《板桥诗钞》《板桥词钞》，第三册为《小唱》（《道情》十首）、《家书》（《与舍弟书十六通》），第四册为《板桥题画》。无书签，无目录。

据郑燮乾隆十四年自叙墨迹：“所刻《诗钞》、《词钞》、《道情》十首、《与舍弟书十六通》，行于世。”又据李斗《扬州画舫录》卷十《虹桥录》上：“（郑燮）著有《板桥诗、词钞》及《家书》《小唱》。”曾衍东《小豆棚》卷十六《杂记·郑板桥》：“其《诗钞》《词钞》《家书》《小唱》，皆手自书之，其门人司徒文膏镂板亦精。”杜瑞联《古芬阁书画记》卷八《郑板桥字册》：“板桥尝汇古近体诗及《道情》《家书》为一集，手自书之，付诸手民，迄今收藏家家有其书，固爱其才笔之清超，尤爱其字画之古拙也。”

都未提到《板桥题画》。《题画》是板桥卒后，靳畲所编、刻、印，参阅《〈板桥题画〉非郑燮编、刻考》。

（二）胡惟德藏《板桥集》刻本，二册。有书签："《板桥集》上：《诗钞》……《板桥集》下：《词钞》《小唱》《家书》《题画》。"无目录。此本将四册合并为二册，出现了"板桥集"的名称。

（三）《板桥集》清晖书屋翻刻本，无书签，扉页有"板桥集"三字，隶书。有目录，楷书，押"莫云春树"印。《板桥集》目录如下："一编：古今体诗一百八十八首；二编：古今体诗一百五十一首；三编：词七十七首；四编：道情十首；五编：题画六十五则；六编：家书一十六通。"翻刻者有说明，行书，钤"延陵""荼垞""惠常"三印。说明云："自古名人著述流传海内者夥矣，然欲汇平生之精构，手录成编，俾吟揽之余，即为临池之助者，致不多觏。板桥先生以风流倜傥之性，纵情翰墨间，其为诗词书画，酝酿古人，自开面目，海内争宝藏之，而衣钵真传，不逾是集。予偶购诸贾人，窃喜得窥全豹，又字画皆出其手，恐传刻无多，积久就湮，因重付剞劂，以供同好。岁昭阳单阏如月之望，延陵荼垞子识于清晖书屋。"

西山堂、善成堂又翻刻此本。

（四）《板桥集》玉书楼翻刻本，无书签，扉页有隶书"板桥集"三字，有楷书目录，有行书荼垞子序，皆与清晖书屋刻本相同。此本将《板桥诗钞》分为三卷：卷一《钜鹿之战》至《僧壁题张太史画松》，卷二《音布》至《江七姜七》，卷三《逃荒行》至《赠袁枚》。

附：《板桥诗钞》铲版考

《板桥诗钞》中的《前刻诗序》《后刻诗序》，楷书；《紫琼崖道人慎郡王题词》，行书。《钜鹿之战》至《僧壁题张太史画松》，楷书；《音布》至《江七姜七》，行书；《逃荒行》至《赠陈际青》，行书；《真州杂诗八首并及左右江县》至《赠袁枚》，楷书。各种刻本均同。

《板桥诗钞》的《后刻诗序》之后，《紫琼崖道人慎郡王题词》之前，清晖书屋、西山堂、善成堂、玉书楼等翻刻本有“板桥诗刻止于此矣，死后如有托名翻版，将平日无聊应酬之作，改窜阑入，吾必为厉鬼以击其脑”一段话，家藏及胡惟德藏刻本没有这一段话。

除原刻初印本外，现在流传的一般《板桥诗钞》刻本，几乎都有撤页、铲版情况，如：

（一）《七歌》第七首自注“王国栋”三字铲去。

（二）《绍兴》诗之后，《宿光明殿赠娄真人》诗之前，铲去《游白狼山》《客焦山袁梅府送兰》《宿野寺》《游焦山》《雪晴》《六朝》《题张宾鹤西湖送别图》《赠孝廉金兆燕》《焦山赠袁四梅府》《江晴》《罗隐》《文章》《李商隐》《金莲烛》《四皓》十五题十九首诗（图一）。

（三）《绝句二十三首》，只存高凤翰、图清格、李鱓、莲峰、

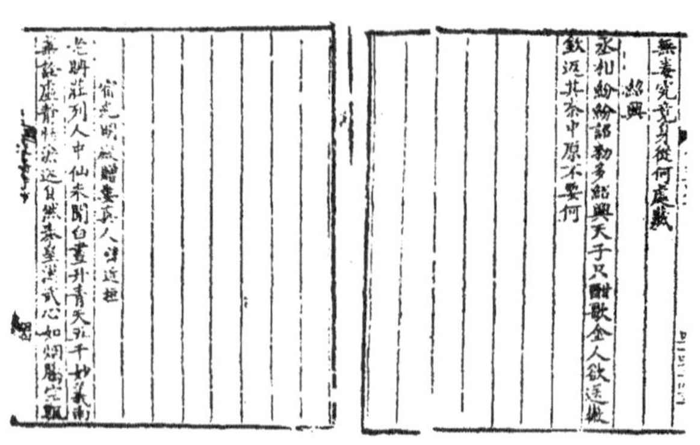
無恙究竟身從何處藏

紹興

丞相紛紛詔勅多紹興天子只酣歌金人欲送徽
欽返其奈中原不要何

图一　《板桥诗钞》中《绍兴》之后铲版之迹

傅雯、潘西凤、孙峨山前辈、黄慎、边维祺、李锴、郭沅、音布、沈凤、周景柱、董伟业、保禄、伊福纳、申甫、杭世骏、方超然、金司农二十一首。当是“李鱓”诗之后，“莲峰”诗之前，撤去一页，铲去两首诗。我是从“莲峰”诗的款式与其他二十一首诗不同，发现了这个秘密。为了论证这个问题，先以“高凤翰”诗为例，与“莲峰”诗对比如下：

高凤翰

号西园，胶州秀才，荐举为海陵督坝长。工诗画，尤善印篆，病废后，用左臂，书画更奇。

西园左笔寿门书，海内朋交索向余，短札长笺都去尽，老夫赝作亦无余。

莲峰　　杭州诗僧，雍正间赐紫。

铁索三条解上都，君王早为白冤诬，他年写入《高僧传》，一段风波好画图。

“高凤翰”诗的人名、小传、绝句，层次分明，“莲峰”诗为什么将小传移到人名之下呢？就是因为撤去了一页的缘故。“莲峰”诗的人名、小传原占三行（前一页的末二行，后一页的第一行），前一页被撤去了，只得把人名、小传合并为一行。请看“莲峰杭州诗僧，雍正间赐紫”这十一个字，与《板桥诗钞》中的一般字体不同，暴露出后人挖补的痕迹（图二）。

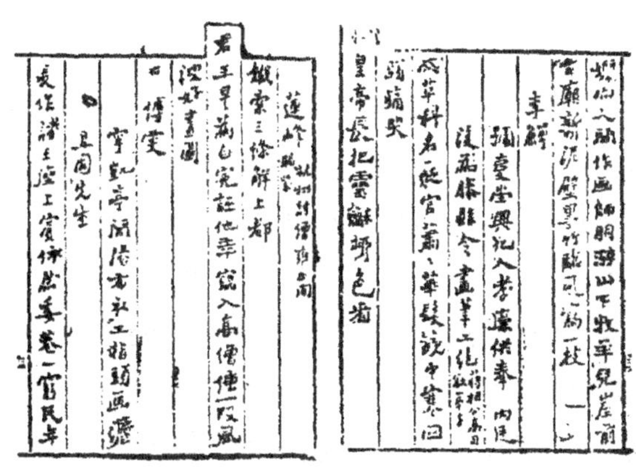

图二 《板桥诗钞》中《绝句二十三首》
“莲峰”前一页撤去之迹

《绝句二十三首》跋语的“故以二十八字标其梗概”之后，“峨山先生不应在是列”之前，铲去三十字左右。

（四）《断句》小序的“白驹场颜秋水前辈诗云”之后，铲去十四字。

（五）《题屈翁山诗札，石涛、石溪、八大山人山水小幅，并白丁墨兰共一卷》标题中“屈翁山”三字铲去。

我曾见过一部《板桥诗钞》刻本，补入《游白狼山》等十五题十九首诗。（这个刻本无书签，扉页无隶书“板桥集”三字，无目录，无茶坨子序；《板桥诗钞》有“板桥诗刻止于此矣……吾必为厉鬼以击其脑”一段话；有《游白狼山》等十五题十九首诗，从字体看，是补入的；《绝句二十三首》只存二十一首，跋语铲去三十字左右；缺《逃荒行》至《赠袁枚》一卷诗。）

《板桥诗钞》中撤去几页，又有几处铲版，要联系到乾隆焚书的时代背景来进行分析：

（一）为什么铲去“王国栋”“屈翁山”两个人名？

据姚觐元《清代禁毁书目（以下简称《书目》）·外省移咨应毁各种书目》：“《秋吟阁诗》：王国栋著。”“《甲戌春吟》：王国栋等订。”

《书目·军机处奏准全毁书目》：“《广东文集》：屈大均选。”“《屈翁山诗略》：屈大均撰。”“《道援堂集》：屈大均撰。”“《屈翁山词》：屈大均撰。”《应毁屈大均著作书目》：“《寅卯军中集》《翁山诗集》《翁山文外》《翁山诗外》《翁山易外》《四朝成仁录》《广东新语》《登华山记》。”（参阅《应缴违碍书籍各种名目》）

郑燮卒于乾隆三十年（1765 年）。从乾隆三十七年（1772 年）清政府开始纂修《四库全书》，接着命令各省督、抚查缴各种违碍书籍，送到北京销毁（分为抽毁、全毁）。[①]《板桥诗钞》中铲去“王国栋”“屈翁山”两个人名，即因这两个人的著作遭到禁毁，板桥后裔为了保全《板桥诗钞》而采取的办法。

（二）为什么铲去两首怀人《绝句》？

与郑燮同乡（都是清扬州府人），比郑燮晚生七十一年的阮元，在《广陵诗事》卷十说“郑板桥大令燮有怀人绝句二十三首”，证明《板桥诗钞》中《绝句二十三首》的标题不错。铲去两首诗，是因为板桥所“怀”的两个“人”出了问题，很可能是著作遭到禁毁的两个朋友。如果这个分析不错，就可以肯定两首《绝句》也是板桥后裔铲去的。

（三）为什么铲去《游白狼山》等十五题十九首诗？

我发现被铲去的十九首诗中，有三首诗，尚有郑燮墨迹流传。请看：

游焦山

日日江头数万山，诸山不及此山闲。买山百万金钱少，赊欠何曾定要还。

葛金烺《爱日吟庐书画录》卷四《国朝人·郑燮行书轴》(纸本，高三尺一寸六分，阔一尺三分):“‘日日江头数万山，诸山不及此山闲。买山百万金钱少，赊欠何曾定要还。《游焦山》二绝，今录其一。板桥燮。’印二:‘乾隆东封书画史’(白文方印)、‘七品官耳’(白文方印)。引首印一:‘六分半书’(朱文长方印)。收传印记:‘肃庭珍秘’(白文长方印)、‘肃庭所藏’(朱文方印)。”

老去依然一秀才，荥阳家世旧安排。乌纱不是游山具，携取教歌拍板来。

江西博物馆藏郑燮行书立轴录此首，署“七十二老人郑燮”。

镇江博物馆藏郑燮行书堂幅录此二首。“家世”作“公子”。落款:“《焦山》诗，慧通禅师正，板桥郑燮书于自然庵。”钤印二:“燮何力之有焉”“丙辰进士”。

江　晴

雾裹山疑失，雷鸣雨未休。夕阳开一半，吐出望江楼。

扬州博物馆藏郑燮行书扇面录此首。落款:“乾隆乙酉，书似蔚起年学兄正，板桥郑燮。”钤印一:“郑燮之印。”

郑燮享年七十三岁。他七十二岁时曾写《游焦山》诗赠人，七十三岁时曾写《江晴》诗赠人，可见在他死之前，没有认为这些诗不好；如认为这些诗不好，就不会写来赠人了。

郑燮既然能够写这些诗赠人，怎会从《板桥诗钞》的木版上把它们铲去呢!

这十五题十九首诗，当是板桥后裔在铲去“王国栋”“屈翁山”两个人名、《绝句》两首、《绝句》跋语的三十个字以及《断句》小序的十四个字的同时，一道铲去的。原因是在乾隆焚书的恐怖气氛下，怕有违碍之处。

板桥后裔所做的铲版工作并不彻底，如：

《板桥词钞·贺新郎》有《徐青藤草书卷》词，《与舍弟书十六通·潍县署中与弟第五书》中提到“徐天池《四声猿》”，《板桥题画》中多次提到“徐文长先生画雪”、文长“才横而笔豪”。

《板桥题画》中提到郑所南“善画雪竹”。

《板桥诗钞》有《李御、于文浚、张宾鹤、王文治会饮》诗，《板桥题画》中提到少年“丹徒李御萝村”。

据《书目》，徐渭《徐文长文集》《徐文长逸稿五本》，郑思肖《井中心史》，李御等《文园六子诗》也是属于销毁（抽毁或全毁）书籍之列，而郑燮后裔没有把他们的名字从“板桥集”中铲去，可能是不了解他们的著作遭到禁毁，或者是他们著作被毁的情况不太严重。

注释：

①姚覲元《清代禁毁书目四种》：“大学士、四库馆正总裁、管翰林院事臣英廉谨奏：为奏闻事，乾隆四十五年四月十三日，钦奉谕旨……将各省解送之明代以后各书，逐一覆加检阅，详细磨勘，务将诞妄字句，删毁净尽，不致稍有遗漏……”“兵部侍郎兼都察院右副都御史、巡抚浙江等处地方提督军务、加四级觉罗琅谨奏……臣查浙省查缴应禁各书，自乾隆三十九年奉旨查办以后……统计先后共奏缴过二十四次……”

附：《板桥诗钞》人名选释

《板桥诗钞》中提到很多人，这里只选择一部分人，进行考证，旨在说明板桥社会关系的真相。（例如：板桥《赠袁枚》是一首七言律诗，刻本只存两句，我据墨迹补全，并揭示袁、郑相轻，袁说“徐青藤门下走狗郑燮”，乃诬蔑之词。）至于这些人的生平，这里不作一般的介绍，而以揭示今已鲜为人知的隐事为重点。（例如：王国栋是郑燮交游中的一位重要人物，乾隆后期印刷的《板桥诗钞》中，铲去“王国栋”的名字，我着重揭示王国栋牵入《一柱楼诗》狱案的情况，使读者理解其名被铲去的原因。）

人名按在《诗钞》中出现的先后排列。

常执桓

《诗钞》中有《种菜歌（为常公延龄作）》《后种菜歌（仍为常公延龄作）》。邓永清藏郑燮《种菜歌》墨迹，署：“《种菜歌》为苍谷常老先生题照，乾隆三年十月，后学郑燮拜手。”墨迹与《诗钞》刻本文字稍异，列表对照如下：

墨　　迹	《诗钞》
怀宗皇帝震而怒， 练帛一条殪凶竖	烈皇帝起震而怒， 练帛一条殪凶孺
苍谷常公开平裔	苍谷先生开平嗣
特旨敕守朝阳门， 奉差又复辞丹陛	提将白刃守宫门， 散尽黄金酬死事
燕京陷没走南都	都城陷没走南邦
上方请剑头堪堕	上方请剑长号唾
赁田种菜作生涯	买田种菜作生涯
菜羹粝食何曾饱， 时供麦饭孝陵间	菜羹粝食随荒草， 时供麦饭孝陵前
内助贤媛魏国孙， 甘贫食贱旧豪门	家有贤媛魏国孙， 甘贫茹苦破柴门
时时汲水成春冻	时时汲水提春瓮
麦饭无资痛邻里， 天涯便有故人来， 挥金一夕棺衾具	麦饭无资乞邻里， 天涯有客独挥金， 棺衾画翣皆周视
招魂剪纸宗臣墓	招魂何处孤臣墓

墨迹是初稿，《诗钞》刻本是定稿。

板桥与常延龄不同时，显然是应常延龄后裔之请求而作，此人是谁？据阮元《广陵诗事》卷四：“常延龄，字乔若，前明开平王遇春十二世孙，明末袭封怀远侯，官南京锦衣卫指挥使。有贤行，曾疏劾马士英。鼎革后，与夫人徐氏——中山上公之爱女，种菜于金陵之湖墅。后迁于江都。其裔孙执桓，乞诗于词人。秀水蒋敬持德有《开平王孙种菜歌》，一时和者数十人。”可见是常执桓乞诗于板桥。板桥与常执桓的交往，见于记载者，还有如下四事：

（一）《板桥题画》有一则云：“此幅奉赠常君西北。西北善画不画，而以画之关纽，透入于书。燮又以书之关纽，透入于画。吾两人当相视而笑也。”李斗《扬州画舫录》卷二《草河录》下：“常执桓，字友伯。扬州人。书法《圣教序》。”卷十二《桥东录》：“（常执桓）善书法章草。”

（二）故宫博物院藏郑燮《题陈馥墨竹》墨迹：“松亭画，板桥题，天印山农挂看。”董伟业《扬州竹枝词》后有跋，署名“天印山农常执桓”。

（三）郑燮书：“‘歌吹古扬州’：板桥郑燮三书此额……一与常君西北……”（木刻）

（四）江春《随月读书楼诗集》卷中《辛巳谷雨日，招同……郑板桥……常莱畦……游铁佛寺，分赋得“筱”字》。辛巳是乾隆二十年。阮元《淮海英灵集》丁集卷三：“常执桓：字西北，一字莱畦。”

又，《竹楼诗钞·七言古》有《书常苍谷先生灌园图》诗，序云：“先生开平王十二世孙。嘉靖十一年诏封四王后，封王八世孙元振为怀远侯。传至曾孙延龄，忠诚守职，国亡后身自灌园，号苍谷。”王国栋所咏，与郑板桥所咏，是一件事。郑、王说常延龄号苍谷，可补《广陵诗事》之缺漏。

陆　震

《板桥诗钞·七歌》第七首：“种园先生是吾师，竹楼、桐峰文字奇。十载乡园共游憩，壮心磊落无不为。”《板桥词钞·自序》：“陆种园先生讳震，邑中前辈，燮幼从之学词，故刊刻二首，以见一斑。”《板桥题画》：“‘小院茅堂近郭门，科头竟日拥山尊。夜来叶上萧萧雨，窗外新栽竹数根。’燮常以此题画，而非我诗也。吾师陆种园先生好写此诗，而亦非先生之作也。想前贤有此，未考厥姓名耳。特注明于此，以为吾曹攘善之戒。”板桥对老师的敬佩爱慕之情，溢于言表。

据梁园棣等《重修兴化县志》卷八《人物志·文苑·国朝》："陆震，字仲子，一字种园。廷抡子。少负才气，傲睨狂放，不为龊龊小谨。……震澹于名利，厌制艺，攻古文辞及行草书……诗工截句，诗余妙绝等伦，郑燮从之学词焉。"陆震诗词集名《陆仲子遗稿》，世所罕见。由于郑板桥把陆种园的两首词刊入他的《板桥词钞》中，[①]陆的词才得到广泛的流传。板桥用这种方法来纪念老师对自己的教导，用意是深长的。

不仅《板桥词钞》中附刻陆种园的词，板桥还常手写陆种园的诗词，使老师的诗词得以与他的书法一同流传。我所见到的板桥所书陆种园诗词就有多种，其中尤为重要的，有两件：一是南京画家宋文治所藏郑板桥手书陆种园诗十二首墨迹，一是北京离休干部裴济民所藏郑板桥手书陆种园词十首墨迹。先录全文于下（词十首，有残缺，用《陆仲子遗稿》抄本填补，异文不作校勘，因郑板桥书写自己及别人作品，常常改字）：

郑板桥书陆种园诗（十二首）

海天雨过片帆开，月□前飞导客回。先为寄声诸酒伴，归舟已载一尊来。

万间无复羡华居，只有先人旧草庐。夜半雨声明又霁，一窗晴日照摊书。

故人短札问狂夫，拟买蓑衣作钓徒。肯到清秋来看我，大都船在鲫鱼湖。

昔年犹忆泛雷塘，画舫无心傍艳妆。同入荷池最深处，吹来不是藕花香。

风物荒乡也应时，贫家角黍故人遗。不求能益人间智，续命先教胜五丝。

闲看阶前弱女嬉，鬓边斜插小花枝。年时尔母心情好，多剪钗符艾虎儿。

少日豪情类祖生,雄谈起舞听鸡鸣。而今老去无心力,只搅予眠是恶声。

雁荡名山宇内奇,一披图画一神移。不知苍翠千峰里,可有扶筇我到时。

岁歉家贫强过年,膝前儿女漫凄然。明年许汝逢除夕,再补今宵压岁钱。

最畏闲窗暑日侵,绿萝烟径不嫌深。清晨自理新藤剪,补满东南一角阴。

那得絺衣匣底收,暑天满拟只披裘。谁知五月荒斋里,冷雨凉风略似秋。

说与里中新妇知,高堂姑舅鬓如丝。嗔时莫倚娇痴性,不比娘家作女儿。

陆种园夫子诗。门下郑燮书。

孝萱案:这十二首诗,《陆种子遗稿》未载。很珍贵。

郑板桥书陆种园词(十首)[②]

清明节,天意晓来和,正喜乍晴晴不定,愁□(他)欲雨雨偏多,佳节惜虚过。

清明节,春色满江城,沽酒楼边红杏放,游人头上柳□(枝)青,都道过清明。

清明节,忆上泛湖船,都是桃花都是柳,半含朝雨半含烟,人在画图□(边)。

清明节,记得在虹桥,随意水边看戏马,有时□(花)底听吹箫,那许不魂销。

清明节,不异峭寒时,燕子来从前日早,梨花开较去年迟,闭门雨丝丝。

清明节，布谷已先鸣，小县人饥思□（乐）岁，平畴雨足□（好）深耕，水旱莫相侵。

清明节，回首望先茔，合抱树皆经水拔，一抔土欲与田□（平），念此最怆神。

清明节，何用皱眉头，今□（日）有花兼有酒，此身无事便无愁，闲倚最高楼。

清明节，僻县也人忙，十里红裙山子庙，一船春酒郭家庄，两岸菜花黄。

清明节，有客在天涯，没个信音缘底事，如斯风雨宿谁家，愁坐剔灯花。

陆种园先生《江南春》十首，
书为钟仑老世侄，板桥居士郑燮。

陆种园诗中的"雷塘"、词中的"虹桥"是扬州郊区的名胜古迹。"忆上泛湖船"之"湖"，即今天的扬州风景区瘦西湖；"都是桃花都是柳"，正是湖堤的真实情况（扬州俗说"一棵杨柳一棵桃"）。"压岁钱""艾虎儿""续命缕"是旧时春节、端午节的风俗习惯；"游人头上柳□（枝）青"则是旧时扬州清明节的风光。一山一水，一草一木，一言一行，一举一动，陆种园皆可写入诗词，而且写得清新美妙，十分生动，诗境宽了，诗意活了，这是陆种园诗词的特色之一。

陆种园的诗词，具有浓厚的生活气息和乡土风味，深为郑板桥所喜爱，故一再书写。从一个方面说，郑板桥的诗词与陆种园的诗词，是一脉相承的，又是青出于蓝而胜于蓝的。郑板桥所创作的竹枝词、道情等，在清代俗文学史上呈放异彩，这当中就有陆种园对他的影响。

在《陆仲子遗稿》中还发现郑板桥与陆震（种园）之间的佚事两件：

《陆仲子遗稿·虞美人·郑克柔述梦》云："寻思百二河山壮，更陟莲峰上。那能牖下死句留，恨杀尘缘欲脱苦无由。 故人一觉荒唐甚，娓娓殊堪听。君还有梦到秦中，我并灞桥驴背梦俱空。"此词对研究郑板桥生平以及郑板桥与陆种园的交谊，具有重要的参考价值。

《陆仲子遗稿》卷首，有个说明："仲子遗稿，幸有好友藏弆，删复较讹，得成是帙，不敢忘所自也，附列诸公姓氏。"其一为："郑燮：字克柔，号理庵，同里人。"根据这个说明，不但使我们知道郑板桥曾协助吴宏谟编印《陆仲子遗稿》，还知道郑板桥早年曾号"理庵"。③

王国栋

《诗钞·七歌》第七首云："竹楼、桐峰文字奇。"自注："竹楼王国栋、桐峰顾于观。"据梁园棣等《重修兴化县志》卷八之六《人物志·文苑·国朝》："王国栋，字殿高，一字竹楼。熹孺从子。乾隆六年副榜。七岁失怙，即知力学。长而美丰仪，长身鹤立，髯垂及腹。工诗，尤善书。客郡城及通州、润州，索字者屡满户外。与黄慎、丁有昱〔煜〕辈往还。居宅邻李鱓浮沤馆，互相唱酬，诗句成帙。尝自题其门曰：'书宗王内史，画近李将军。'著《秋吟阁诗钞》。"

乾隆后期印的板桥《诗钞》，其中"王国栋"名字被铲掉。这是板桥死后的事。据姚觐元《清代禁毁书目·外省移咨应毁各种书目》："《秋吟阁诗》：王国栋著。"《补遗》三："《秋吟阁诗》：兴化王国栋著。有徐述夔弁语及为徐述夔题照诗。"《秋吟阁诗钞》受徐述夔《一柱楼诗》狱牵连而遭焚毁，有必要交代一下诗狱始末以及王国栋与徐述夔的关系：

叶文瀚《无咎誉斋文集·记徐氏一柱楼诗狱始末》，略云：

“（徐述夔）世居东台之栟茶场。徐为栟著姓。述夔先世，以商业起家，资雄一乡。”“乾隆戊午举于乡。是科制艺题为《君使臣以礼》。……述夔文有‘礼者君所自尽者也’句，‘自尽’不祥，以不敬论，罚停会试。”“其贾祸者，则为《一柱楼诗集》。集中如《鼠啮衣》云：‘毁我衣冠真恨事，捣除巢穴在明朝。’《咏宣德酒杯》云：‘大明天子重相见，且把壶儿搁半边。’《紫牡丹》云：‘夺朱非正色，胡乃亦称王。’《鹤立鸡群》云‘明朝期振翮，一举去清都’等句，皆隐示指斥，无所回护。然著作虽夥，皆藏于家。年六十一而逝。子念哉，名怀祖……梓行其诗，而覆族之祸，胚胎于此矣。……”仇人告发，乾隆四十三年，清廷戮徐述夔遗尸，禁毁其全部著作。

王国栋的诗集虽遭清廷禁毁，尚有传本。此书名《竹楼诗钞》，黑口题《秋吟阁诗》。卷首有序，作者之姓名铲去。书中“钱宗伯”（钱谦益）、“丁有昱”（丽中）等字铲去。《五言古》有《徐蘧堂孝廉六十》二首、《题亡友徐蘧堂遗照》四首，“徐蘧堂”等字铲去。《五言律·立春》自注：“时为徐蘧堂鉴定遗稿授梓。”徐述夔字蘧堂。

又，《竹楼诗钞》卷首王国栋自记：“余自揣无可刻之诗，亡友汪子璞庄窃掇其残稿，径为付梓，工未半而璞庄殁。管子萫臼起而继之，徐子念哉复佽之，集遂成。……丁亥午日，国栋自记于南梁官署之留香书屋。”丁亥是乾隆三十二年。

王国栋不仅与徐述夔唱和，还鉴定其遗稿授梓。徐述夔子徐怀祖资助王国栋刻印诗集。王、徐关系极为密切。《秋吟阁诗钞》既遭焚毁，板桥后裔以及书贾将《诗钞》木版中“王国栋”名字铲去，以免惹祸。

据震华《兴化佛教通志》卷十《纪事》：“乾隆五年庚申八月二十六日，般若正元律师寂，王国栋撰塔铭。”（孝萱案：《般若院本律师塔铭》撰于乾隆十四年）“乾隆三十五年庚寅，邑人王国栋撰《时思寺中兴碑记》。”“乾隆三十六年辛卯，邑人王国栋撰《中兴地藏寺天和律师大和尚塔铭》。”这些塔铭、碑记不涉及徐述夔，故未在乾隆四十三年一柱楼诗狱中遭殃。

《竹楼诗钞·七言律·上元板桥招竞日》：“巷分南北复西东，少小比邻类转蓬。漂泊半生无那老，升沉异路岂能同。宦归仍卖文为活，困久方知技未工。细雨满城灯火暗，衰颜都仗酒也红。”与板桥《诗钞·七歌》第七首“（竹楼、桐峰）十载乡园共游憩，壮心磊落无不为。二子辞家弄笔墨，片语干人气先塞”，可互相印证。王国栋“少小比邻”之句，比郑板桥“十载乡园”之句，更为真切。

顾于观

除了《诗钞·七歌》提到顾于观外，《词钞》还有《贺新郎·送顾万峰之山东常使君幕》。据《重修兴化县志·人物志·文苑·国朝》：“顾于观，字万峰，一字澥陆。父问，性孝友，工制艺，早殁……于观性嗜古，不屑攻举子业。书出入魏晋。杭太史世骏评其诗云：‘绵邈滂沛，清峭凄厉。’（杭世骏《道古堂文集》卷十五《赠顾澥陆序》）居乡惟与李鱓、郑燮友，目无余子。客游四方，公卿大夫及知名士莫不折服，简亲王亦怜其才而下交焉。乾隆七年，张宫詹鹏翀录其诗，进呈乙览。十六年，高庙南巡，于观献赋颂恩，赐大缎。数奇不偶，恬然无怨尤意。……少为庠生，俄弃去，以山人终。著《澥陆诗钞》。”徐兆丰《风月谈余录》卷二：“里谚云：‘楚阳有三高，复堂、澥陆、中板桥。’”顾于观《澥陆诗钞》中有五处涉及板桥：

卷四《七言古诗·寄潘桐冈》小序：“桐冈寻山中老竹根，刻书画印章特奇妙，余屡羡之。复堂命余诗寄桐冈以请，数月矣。昨夜忽梦板桥呼我云：‘桐冈亟索汝诗。’遽为惊醒，枕上遂成二篇。”潘桐冈，名西凤。李鱓，字复堂。从这首诗看出：顾于观经过李鱓的介绍，请潘西凤刻图章，未达到目的，又借用板桥的名义，再次恳求。

同卷《赠板桥郑大进士》：“遇我扬州风雪天，酒阑相向意茫然。”作于板桥中进士之后、为范县令之前。郑燮在《送顾万峰之山东常使君幕》词中勉励顾于观：“此去唱酬官阁里，酒在冰壶共把，须勖以仁风遍野。如此清时宜树立，况鲁邹旧俗非难化，休沉溺，篇章也!”顾于观在《赠板桥郑大进士》中期望郑燮：“世上颠连多鲜民，谁其收之惟邑宰。读尔文章天性真，他年可以亲吾民。”他们都关心民间疾苦，可谓志同道合。当然也都有局限性。

卷五《五言律诗·板桥移居口占以赠》：“见说移家室，萧然屋几间。有才终拓落，下笔绝斑斓。境与吾曹迮，天成大器艰。此生无乐事，所得是高闲。”作于板桥仕宦之前。

卷六《七言律诗·闻莪山先生凶信率成五首》自注：“时与板桥同客扬州。”孙勷，字子未，号峨山，德州人。

卷九《七言绝句·板桥》：“百年若个是知音？日观峰高渤海深。到处逢人推贱子，一生惭愧板桥心。”读此诗可见郑、顾交谊之深厚。

孙兆奎

《诗钞》有《送职方员外孙丈归田（讳兆奎）》，在北京作。据《重修兴化县志·人物志·文苑·国朝》：“孙兆奎，字斗文，一字鹤浦，康熙四十二年进士。学问渊博，衡文有卓识。知广西武缘县，桂林陈相国时为诸生，携文晋谒，目为大器，收之门下。其他甄别类此。行取入京，授兵部职方司主事，充吏、兵二部则例馆纂修官。从弟宗绪……骐……与两兄竞爽，邑人称‘三孙’，并著文稿。”孙兆奎是板桥同乡前辈，故尊称为“孙丈”。

许　湘

郑板桥《诗钞》有《寄许衡山》《窘况为许衡州赋》等诗。南京博物院藏郑板桥题许湘芭蕉轴："主人画笔最清幽，何苦芭蕉写作愁。"郭榆寿《榆园杂录》卷一载郑板桥题许湘双钩兰："东阑簇簇小山幽，有廓无填瘦笔钩。从此素心兼素叶，天涯传说许衡洲。"许湘，字衡州，歙人。郑板桥极赏许湘之诗与画，称为"江淮韵士许衡州"（《寄许衡山》首句）。

王国栋《竹楼诗钞·七言律·寄许衡州》："两湖秋水晚烟虚，重访伊人旧隐居。诗画别裁真大雅，琴书以外一空庐。尘中未免聪明累（自注：前嘱予书"聪明累人"四字），老去宁教故旧疏。十日居停费供给，又分弱女季钱余。（自注：君孑然一身，只余弱女，家贫甚，按季以笔墨赀相助）"叶天赐《赠许衡州》："江淮韵士许衡州（自注：用板桥先生韵），啸傲湖山不识愁。常伴白云眠草阁，闲临秋水放渔舟。风恬月皎琴三弄，花发诗成茗一瓯。写得雪晴新雨景，不因炊断不轻投。"（陈毅选辑《所知集二编》卷四）王、叶二诗，写出许湘之才能、个性及生活情况，可以加深对郑板桥《窘况为许衡州赋》等诗之理解。郑所谓"窘况"，指许湘，非自指。许湘后为道士，见孙扩图《一松斋集》卷八《随笔》。

梅鉴和尚

《诗钞》有《别梅鉴上人》一首，《郑板桥集·补遗》又有《赠梅鉴和尚》一首，跋云："此雍正十一年重九日奉别梅鉴和尚之作，时结交已十余载。"惜未注明此二首诗是同时所作，又未将板桥之跋全文刊出。

据李福祚《昭阳述旧编》卷一《桑梓述》下《国朝》："郑公

板桥燮……又手书二律云……跋云：‘此雍正十一年重九日奉别梅鉴和尚之作也，时结交已十余载。乾隆二十年，余自山左南归，重过海陵，师请再书，遂作一大幅，又一小幅，以供方丈，他日二徒可分守矣。’”读此始知板桥与梅鉴和尚交游之全过程。

汪芳藻

《诗钞·除夕前一日上中尊汪夫子》：“明年又值抡才会，愿向秋风借羽翰。”这位“汪夫子”名叫什么？他看了板桥诗后，有没有赠送银钱给板桥？

据《重修兴化县志》卷六之五《秩官志·宦绩·国朝》：“汪芳藻，字蓉洲，休宁贡生。雍正九年，由教习知县事。以经术润吏治，凡语言文字，皆足振励风俗，远近咸颂政声。莅任三载，士民爱之。工诗及骈体文，著《仰止吟》《春晖楼四六》，荐举博学鸿词。”

北京荣宝斋藏周椠题《板桥先生行吟图》墨迹：“当时邑宰贤无四，今日空闻作贩书。”自注：“汪邑宰芳藻，余之旧识也。曾于除夕见板桥诗，即大赠金，玉成其进士，邑中之美谈也。近闻取公诗词板，刷书，作归途计，同贩夫矣，可发一吲。幔仙。”这条资料，证明汪芳藻资助板桥应试。

板桥与汪芳藻之间的来往，还可举出一证。《昭阳述旧编·桑梓述》下《国朝》：“郑公板桥（燮）手书七律云：‘一夜花枝泣别离……莫打鸳鸯与鹭鸶。’跋云：‘德远老亲台老年翁（顾公世永）为其弟（世美）买妾，既成价矣，闻其有夫，即还之，不责其值，且赠以金，此义举也。中尊汪夫子（邑侯汪公芳藻）既旌其庐，复歌咏其事。燮不揣固陋，赋诗谨和，时雍正十二年七月九日也。’”

傅椿 王廷瀫

《诗钞》有《赠高邮傅明府，并示王君廷瀫》，自注：“傅讳椿。”据杨宜仑等《高邮州志》卷八《秩官志》上《文职·国朝·知州·（雍正）九年》：“傅椿：有传，见《宦迹》。”同卷《秩官志》下《宦迹》：“傅椿，号毅斋，满洲镶黄旗人。监生，任州事，廉明勤干。地方公务，如育婴堂、普济堂，经理井井。学宫尤极整饬，殿宇门棂，焕然一新。旧制：每届州试，本童自备几案。椿创立棹凳，以‘元、魁、杏、花、春、雨、桂、子、秋、风’十字为差，共一千号，与试者咸以为便。邮邑时苦水灾，椿悉心察访，著《筹淮八议》一册。又以城东地洼下，水溢则一望汪洋，乃沿城壕筑堤，蜿蜒数里，植柳百余株，邮人至今称‘傅公堤’云。后升太仓州知州，官至兵备道。”可见板桥说傅椿“安人龚渤海，执法况青天。琐细知幽奥，高明得静便”“昔守淮堤撼，曾忧暑雨溅。……生死同民命，崎岖犯世嫌。……”都是根据事实的。

《高邮州志》卷九《选举志·岁贡·国朝·（乾隆）十六年辛未》：“王廷瀫。”

团昇

《诗钞》有《题团冠霞画山楼》。据颜希源等《仪征县续志》卷七《列传》上《文学志》：“团昇，字冠霞，号鹤筱。康熙庚子副榜，官训导，知人善教……著有《画山楼诗》十卷、《文》四卷。”王有庆等《泰州志》卷二十七《人物·流寓·国朝》：“（团昇）著有《假年日录》……其弟子陈燮、姜凤喈拾其遗诗为一卷。”

程之鵕

从板桥方面看，《诗钞》中有《题程羽宸黄山诗卷》《怀程羽宸》两首诗。从程羽宸方面看，《练江诗钞》中有《晤郑板桥进士》《扬州五台送郑板桥入都》等诗，又从上海博物馆藏乾隆十二年郑板桥在济南撰书的《偶记》墨迹看出：程羽宸以一千两银子玉成了板桥与饶五姑娘的婚事。这个陌生人对板桥为什么如此厚爱？板桥对他有什么回报？考如下：

（一）据《练江诗钞》附录曹学诗《程采山先生传》，程之鵕，字羽宸。自东晋起，"家于歙"。羽宸"游邑西之颍源，喜其山水清远，复迁家于此焉"。羽宸是贡生，做过教谕小官。传又云："生平自处俭约，而推解无倦容，即未识其人，而以患难相闻者，必急于相拯。"这段话很重要，可以使人们理解羽宸未识板桥即解囊相助的侠义行为。

（二）乾隆元年，羽宸游仪征，在"江上茶肆"看见板桥撰书的对联，"甚惊异"。遂赴扬州，寻访板桥。板桥在北京，未得见。乾隆二年，板桥归。郑、程始相见。羽宸《晤郑板桥进士》诗作于此时。诗称板桥为"昭阳才子"。诗中所云"紫云（刘庄山寺）倾盖殷情愫，青翰联舟惬契盟"，说明二人见面的地点与情况；"况是救时怀素愿，出山那肯愧平生"，看出板桥才中进士，尚未做官的身份。这首诗反映出羽宸对板桥厚爱的缘故：钦佩其文艺才能与政治抱负。

（三）乾隆六年（辛酉），板桥入京求官，羽宸《扬州五台送郑板桥入都》三首作于此时。第一首云："为代闺中新妇语，翠眉待画在江南。"第三首云："人到神京书蚤至，妆台好自慰荆钗。"反映出郑、饶婚后恩爱，依依惜别之情愫。

羽宸有《黄山纪游诗》，在扬州送板桥入京时，求板桥题诗，板桥题五言古诗一首——《题羽宸三兄黄山纪游册子》,羽宸刻于卷首。《板桥诗钞》载此诗,改称《题程羽宸黄山诗卷》。文字有异,列表对照如下:

《黄山纪游诗》	《板桥诗钞》
题羽宸三兄黄山纪游册子	题程羽宸黄山诗卷
团结势郁纡	团结势绵迂
轩成藐末裔,炼丹儿伎俩	轩成末苗裔,炼丹破幽厂
鸾鹤鹍鸠鸪	鹘鹤鹍鸠鸪
异果垂累累,仙禽翩跣跣	岩果垂累累,仙禽翩晃晃
松毛密于网	风萝密于网
梦寐徒惚恍	攀寐徒怅怏
侧耳流琮琤	聒耳流琮琤
摘星披户牖	摘星揭户牖
骨重义坚挚,神清气英荡。刻划宠金石,铿锵压平上。朱砂入炉灶,天马受羁鞅	骨重义坚挚,神清气英荡。刻划宠金石,铿锵压平上。朱砂入炉灶,天马受羁鞅
作记尤密栗,尺寸绘幽赏 当境忻淋漓 万顾林壑最 当复从君游 乾隆六年夏五板桥弟郑燮拜手	作记数千言,琐细传幽赏 当境欣淋漓 万愿林壑最 当复邀同游

板桥自称:“为文须千斟万酌以求一是,再三更改,无伤也。”(见《板桥词钞·自序》)《题羽宸三兄黄山纪游册子》是初稿,《题程羽宸黄山诗卷》是定稿,定稿与初稿的文字异同,是板桥“千斟万酌”“再三更改”的物证。

《题程羽宸黄山诗卷》无写作年月。《题羽宸三兄黄山纪游册子》署“乾隆六年夏五板桥弟郑燮拜手”,提供了写作年月,时板桥四十九岁。诗是好诗,前人评为:“硬语盘空,是学昌黎者。”

（见扬州图书馆藏《板桥集》清晖书屋刻本批语）字是好字，是板桥中年书艺成熟时期的代表作。此诗此字，是板桥对羽宸“奉千金为寿”的一次回报，值得我们重视。

（四）板桥《怀程羽宸》二首之二云：“十载音书迴不通，蓼花洲上有西风。传来似有非常信，几夜酸辛屡梦公。”从这首诗看出：乾隆六年郑、程扬州分别后，未见过面，未通过信。

羽宸是歙县人，而板桥说他是“江西蓼洲人”，为什么有这个错误呢?《练江诗钞·己未西江除夕》有句云：“乡园尺素传梅信，羁旅屠苏把草庐。”己未是乾隆四年。又，《岁晚登滕王阁》有句云：“故乡归未得，回首蓼洲东。”可见乾隆时羽宸寓居于江西南昌蓼洲，所以板桥误以为他是“蓼洲人”。

《练江诗钞·祁阊归舟六首》第一首有句云：“五年遥别乡心切，千里频驰旅梦催。”《岁久初回山居二首》第一首有句云：“数载重归荒径开。”可见羽宸晚年回归故乡。他卒于歙县，而板桥与他“十载音书迴不通”，误以为他卒于“蓼花洲上”。但板桥对这个曾“奉千金为寿”的朋友，一直念念不忘，写下了情真意切的“几夜酸辛屡梦公”的感人泪下的诗句。

张　达

《诗钞》有《赠张蕉衫》。“衫”一作“杉”。据《仪征县续志》卷八《列传》中《侨寓志》：“张达，字蕉衫，芜湖人。性耿介，穷而工诗。《金陵怀古》诗中有‘野田凿破出宫井’之句，为时流所称。客真州十余年，与诸诗人唱酬，刻有诗集。”卷五《艺文·集类》：“《白沙风雅》八卷：芜湖张达辑。”

文思和尚

《诗钞·又赠牧山》："扬州老僧文思最念君，一纸寄之胜千镒。"陈子良藏郑燮为刘柳村书册子墨迹："高丽国索拙书，其相李艮来投刺……今存枝上村文思上人家，盖天宁寺西院也。"文思是个什么样的和尚？

据《扬州画舫录》卷四《新城北录》中："（弹指）阁后竹篱，篱外修竹参天，断绝人路，僧文思居之。文思字熙甫，工诗，善识人，有鉴虚、惠明之风，一时乡贤寓公皆与之友。又善为豆腐羹甜浆粥，至今效其法者，谓之'文思豆腐'。"可见文思是个工诗好客的和尚（参阅陈章《孟晋斋诗集》卷十一《过文思上人影堂》）。

文思喜爱书画。《淮海英灵集》乙集卷一之许天球《同吴莼野过枝上村，登弹指阁，观文思上人所藏黄瘿瓢画卷》诗即是一证。黄瘿瓢，名慎，字恭懋，工诗、书、画，是"扬州八怪"之一。从文思宝藏"扬州八怪"之一的黄慎画卷，可以说明他的鉴赏水平。图清格，号牧山，善画，学石涛和尚，这正合文思的口味，所以板桥说文思最希望得到图清格的画，"一纸寄之胜千镒"。

郑燮乾隆五年题图清格画兰石轴："牧山雅人，文公韵士，如兰如石，相得益章。往余在京师，遇牧山，极道文公不置；及来扬，遇文公，又道牧山不去口。余以非材谫陋，得二公雅爱，且喜且惭，亦如苔斑墨汁，乱点于幽兰怪石间也。"（墨迹）"文公"即文思（郑燮有《法海寺访仁公》诗，亦以"公"称和尚）。从此件看出，不仅文思钦佩图清格，图清格也尊重文思，郑燮是他们之间的介绍人。

王元蘅

《诗钞》有《平山宴集诗》，自注："为进士王元蘅作。"如郑燮不赞成王元蘅之为人，此诗就不会保留在《诗钞》中。据莫祥芝等《同治上江两县志》卷十四《科贡谱·进士·（国朝康熙）四十八年己丑科》："王元蘅：溧水籍，上元人，官新安县知县。"卷二十四《耆旧录》中："王元蘅，字敷功，号浔江。擅名场屋二十余年。壮游京师，好任侠。康熙己丑进士，知河南新安县，治行循卓。归金陵，僦屋上新河，足迹不入城市。卒年七十有二。"阿思哈、邱峨等《新安县志》卷三《秩官志》二《知县·国朝》："王元蘅：雍正二年任，详《儒林》。"卷四《惠政志》三《儒林·国朝》："王元蘅：据刘志云，上元进士，雍正二年任。果毅明敏，民皆感戴。按《城池》载：重修东南门，易'迎秀'故额曰'璧联'，又添建此门二月城，分东西出入，中以障蔽涧流。举行保甲，著《保甲册》一卷，甚有条理次第，上官颁行通省。奉文建先农坛，修建墩堡营房。并劝捐社谷若干石，分城乡六所立仓。又尝修葺文庙，并制两庑各木主如式。其平居尝游览海市，寻湖水名山，以太史公文章自命。初下车观风，以"乞免新安开垦永不升科议"命题，仍选其尤者进府志。每月课，锡赉甚厚。又举行宾兴大典，士林荣之。……君字符躬，著有《观风图》编诗古文集。致仕后，犹操选政，与修江淮间诸志乘。"卷二《营建志》一《城池·城门》："东南曰聚奎……国朝雍正二年知县王元蘅改建，易名'璧联'。又建月城两门，东曰'山晖'，西曰'川媚'。"卷八《祀典志》三《先农》："新之先农坛，在东门外小金水之滨，前令王元蘅奉文修建。"王元蘅科第、仕宦俱在郑燮之前。

梁魏今

《诗钞·赠梁魏金（国手）》："养生有大道，不独观弈棋。""金"一作"今"。据金天羽《天放楼文言》卷八《弈人传》："梁魏今，一字会京，山阳人。雍、乾朝，弈者多号'梁、程、施、范'。西屏、定安少与魏今弈，受西屏三子，其谱犹传于世。定安幼时交梁、程，受先数局，自云为益不细。然梁弈多奇巧，不如施、范之落落有风度。"

福国和尚

《诗钞·破衲》："衲衣何日破，四十有余年。"自注："为从祖福国上人作。"周尚质等《曹州府志》卷十九《艺文志·诗（近体）》载郑燮《扬州福国和尚至范赋二诗赠行》，有句云："本分钳锤公透脱，更何了悟教诸孙。"编者注："和尚为郑之祖行。"今案：震华《兴化佛教通志》卷三《法要·清·福国成传禅师》云："开炉上堂：炉鞴久停，须知寒灰发焰；钳锤乍举，直教死汉翻身。点铁成金，变河为酪。敲唱双行，锻凡炼圣。"（读此，始能理解板桥"本分钳锤公透脱"诗句。）又，卷二《僧彦》云："成传，字福国，兴化人。郑板桥从祖。年十六，投泰州如来庵雨文大师薙染。十九，诣华山受具。参济生和尚于扬之福缘。……晚岁，退休于邗上圆通庵。乾隆己巳春示寂，寿六十。有《语录》一卷。"己巳是乾隆十四年，郑板桥五十七岁。福国虽为板桥从祖，只长三岁。

招哥（女）

《诗钞·寄招哥》："十五娉婷娇可怜，怜渠尚少四三年。宦囊萧瑟音书薄，略寄招哥买粉钱。”在范县作。郑燮为什么要寄钱给招哥？据郑燮为刘柳村书册子墨迹：“《道情》十首，作于雍正七年，改削十四年，而后梓而问世。传至京师，幼女招哥首唱之。”由雍正七年下推十四年为乾隆八年，此年《道情》刻印出来（郑燮《道情十首》：“至乾隆八年，乃付诸梓。”）传至北京，与《寄招哥》诗之写作时间、地点正合。《寄招哥》说招哥十一二岁，《刘柳村册子》称招哥为“幼女”，年龄亦相符。招哥在北京唱郑燮之《道情》，郑燮从范县寄“买粉钱”给招哥，二人并未见面。

董伟业《扬州杂咏》“附赠招哥词调寄《虞美人》”云：“书廊一带斜阳寂，小女窗前立。双弯鸦鬓巧蟠头，刚是推帘欲进又含羞。荷包手制红绡滑，百褶团团掐。自言针线不成行，只合先生将就着槟榔。乾隆癸酉冬十一月。”（《扬州风土词萃》，抄本）癸酉是乾隆十八年，也是郑燮罢官，从潍县回扬州之年。当是郑燮对董伟业谈过招哥，而董伟业适有北京之行，见到招哥，作词赠之。将董词与郑诗合并观看，可以更清楚地知道招哥是个什么样的人。

汪希文

《诗钞·怀扬州旧居》自注：“即李氏小园，卖花翁汪髯所筑。”“汪髯”名叫什么？与板桥关系怎样？据《扬州画舫录》卷六《城北录》：“勺园：种花人汪氏宅也。汪氏行四，字希文，吴人。工歌。乾隆丙辰来扬州，卖茶枝上村。与李复堂、郑板桥、咏堂僧友善。后构是地种花。复堂为题‘勺园’额，刻石嵌水门上。中有板桥所书联云：‘移花得蝶，买石饶云。’”

王　凤

《诗钞·县中小皂隶有似故仆王凤者，每见之黯然》四首之三云："小印青田寸许长，抄书留得旧文章，纵然面上三分似，岂有胸中百卷藏!"此诗非泛泛而言。据郑燮《板桥先生印册》："'王凤'：吴于河刻。"所谓"小印"指此。又："王凤，字一鸣。板桥奴子也。能诵《北征》《琵琶行》《长恨歌》《连昌宫词》及《汉末焦仲卿妻作》。"所谓"胸中百卷藏"指此。又："（王凤）不幸早夭，李复堂、潘桐冈皆为堕泪。"

沈　凤

《诗钞·绝句二十三首·沈凤》小序："工篆刻。"据《板桥先生印册》："'所南翁后'：沈凤字凡民，盱眙、旌德、宣城三县知县，工篆刻，刻此。板桥藏印，称'四凤楼'，盖谓胶州高凤翰、扬州高凤冈、天台潘西凤、江阴沈凤也。"（《风月谈余录》卷六）从"四凤楼"的名称，可以看出板桥对沈凤刻印的赞赏。

沈凤，一字补萝。袁枚《小仓山房文集》卷五《补萝先生墓志铭》："以其余伎，刻划金石，古丽精峭，如斯、冰复生……自言生平篆刻第一，画次之，字又次之。晚年不肯刻石作画而肯书。"

附带说明，《广陵诗事》卷九云："郑板桥图章，皆出沈凡民凤、高西园凤翰之手。"据《印册》，沈凤所刻者仅"所南翁后"一印。阮元之言不确。

莲　峰

《诗钞·绝句二十三首·莲峰》小序："杭州诗僧，雍正间赐紫。"郑板桥怎样认识这位"杭州诗僧"的呢？震华《兴化佛教通志》卷十《纪事》："康熙六十年辛丑某月，杭州莲峰禅师受请于般若律院，讲《楞严经》。""康熙六十一年壬寅，莲峰禅师受卜荣之居士等请，住时思寺。""雍正二年甲辰，时思、莲峰禅师因不睦外护辞退进京，留书请具宜禅师接住。具师受卜荣之居士等敦聘，于七月十七日进院。”可见莲峰曾在兴化。

莲峰以诗、画、禅著名。张照撰《莲峰禅师语录序》。乾隆元年元信撰《未筛集序》，略云：“莲峰源禅师，杭人也。敕封大觉普济能仁国师之孙，敕封明道正觉禅师之子。法眼圆明，兼精翰墨。世宗宪皇帝召入内廷，赐紫衣杖钵，敕主姑苏怡贤禅寺。大人先生，乐与之游。”乾隆八年蔡寅斗又撰序，略云：“得见其《语录》一册，画数幅，诗数章，然后知莲公之超悟绝伦，非宋之秘演，而晋之远公也。”《未筛集》中有《舟中有怀顾万峰老友》等诗。顾于观，字万峰，与李鱓、郑燮合称“楚阳三高”。莲峰称顾于观为“老友”，可见相识于兴化。板桥与莲峰为诗友、画友、禅友，也只有康熙六十年至雍正二年二人同在兴化时。

“乾隆十年乙丑四月二十日，莲峰禅师寂，寿五十五，长洲沈德潜撰铭。”（《兴化佛教通志·纪事》）此年郑板桥在范县，五十三岁。板桥而立之年与莲峰相识。

宋　纬　刘连登

《诗钞》有《二生诗》，自注：“宋纬、刘连登，范县秀才。”据唐晟等《新修范县志》卷二《选举·举人·国朝》：“宋纬：乾隆丁卯科。见《人物》。”《人物志·文学·国朝》：“宋纬，字星周，乾隆丁卯举人。事亲孝，家贫并日而食，诵读不辍。性廉介，县令郑板桥深契之，赠以金，不受。”板桥说“也知贫病浑无措，不敢分钱恼二生”指此。

《新修范县志·人物志·文学·国朝》又云：“刘连登，字献璧，诸生。精易理。善画山水人物，作兰竹，尤为郑板桥所赏。著有《四书图考》《易经图》等书。”

李 沂

《诗钞》有《效李艾山前辈体》五绝一首。李艾山是什么人？板桥为什么要效法他的诗体？据《淮海英灵集》丁集卷一："李沂：字子化，一字艾山，号壶庵，兴化诸生。明太师春芳四世孙，沛之从弟。诗不喜晚唐，力辟竟陵一派，与中州张匏客兄弟相为佽助，于是兴化论诗者多宗之。性情和易而好神仙家言。著《鸾啸堂集》二卷。五言如'疾病聊称隐，干戈敢怨穷''波光摇阁影，莲气染僧衣''地卑愁夜雨，垣短聚春星''树密知村近，溪回指堞高''钓船同月系，萤火杂星飞''回飙惊独树，新月冷双扉''浪明川受月，岩黑雾吞林'，皆幽秀可诵。"这一段话，正好回答了上述问题。板桥不仅作诗效法李沂，作《道情》亦效之。

郑燮乾隆五年于扬州书："……吴野人诗。'汴水无情只向东，荒原万木起悲风。传闻铁骑坟前过，下马抠衣拜相公。'李艾山诗。二诗皆吊史阁部墓者。墓在梅花岭旁。观黄君画，因忆此二诗，遂书以系于画后。"（邵松年《古缘萃录》卷十四《国朝·黄瘿瓢山水册》）从"忆"字，可见板桥读李沂诗之熟。孝萱案：此诗在《鸾啸堂集·七言绝句》，题曰《史阁部墓》。

《鸾啸堂集》卷首，载李沂《自序》及从子李鱓撰《传》。

沈廷芳

《诗钞》有《御史沈椒园先生新修南池，建少陵书院，并作杂剧侑神，令岁时歌舞以祀（沈讳廷芳）》诗。沈廷芳，字椒园，本姓徐，仁和人，其生平详见汪中《述学别录·大清诰授通议大夫、山东提刑按察使司按察使、原品致仕、恩加一级沈公行状》。

沈廷芳《隐拙斋集》中有三处提到郑燮：

卷十六《过潍县，郑令板桥进士招同朱天门孝廉、家房仲兄纳凉郭氏园》：“乾隆己巳月夏五，郑君邀我过花圃。……请君图书发秘藏，少连康乐争摩拊。老砚名印钿匣罗，岐鼓秦碑墨香吐。最后触鼻还流胪，禹书神迹传岣嵝。……酒酣勿起商瞿悲，生子还应胜贾虎。”从此诗知乾隆十四年沈廷芳与板桥在潍县会面，欣赏板桥所藏之书籍、碑帖、砚台、图章。又知此年板桥丧子。所谓“郭氏园”，即郭伟业、伟勣家园。沈房仲与板桥的关系，详见《交游考》。

卷十七《怀郑板桥二首》：“寄讯潍夷长，秋来病若何？熊罴应早却，药石莫投讹。莱土寒暄杂，萧辰风雨多。几时诗骨健，同眺白浪河。”“邑雄北海郡，人说小苏州。估舶如云集，名园逭暑游。居民歌五袴，仙吏署三休。好答中丞意，维摩善散愁。”从此诗知板桥在潍县令任内曾患病。

卷四十《映碧研铭（并序）》：“高征士凤翰所制，形如半月出波，郑潍县燮以贻余。铭曰：南阜斫，板桥赠。勘我书，同月印。”据赵尔巽等《清史稿》卷五〇四《艺术传》三：“（高）凤翰，字西园，山东胶州人。……久寓江、淮间……藏砚千，手自镌铭，著《砚史》。”板桥把高凤翰所制名砚赠给沈廷芳，可见交情很深。

《隐拙斋续集》中又有两处提到板桥：

卷一《题李渔川垂钓图》：“披图忽忆故人句（自注：郑板桥有题句。），缥缈如对江边峰。”李渔川，名少元。

卷三《题郑板桥画》：“兰芬竹劲石崭岩，点缀幽姿总不凡。题赠王郎莫轻出，世多寒具漫开缄。”“二十年前旧板桥，相逢读画坐昏朝。笔床茶灶人何在？剩有图中逸兴飘。”

郑方坤

《诗钞·家兖州太守赠茶（讳方坤）》：“头纲八饼建溪茶，万里山东道路赊。”在潍县作。据《清史稿》卷四八四《文苑传》一：“郑方坤，字则厚，建安人。雍正元年进士。……屡擢至山东兖州知府。”陈顾滌等《兖州府志》卷十二《职官志·知府·皇清》：“郑方坤：进士。福建建安人。乾隆十三年任。”郑方坤把家乡所产名茶送给板桥，情意甚厚。

郑燮之名，两见于郑方坤著作：

郑方坤《本朝名家诗钞小传》下卷有《板桥诗钞小传》，对郑燮的诗、词、家书、写字、绘画以及政事、人品，均有很高评价，堪称为板桥之知己。

郑方坤《蔗尾诗集》卷十三《杞菊轩稿·寄家板桥大尹二首》：“廿载钦芳誉，披襟愿已盈。赋应征郑志，谊与笃周盟。肝胆轮囷露，诗歌跋扈鸣。匆匆一为别，又早岁峥嵘。”“瘦与俗均病，蠲除每未能。识君胸有竹，夸客肉如陵。（自注：潍产也，因戏及之）吏散琴鸣阁，官闲砚斫冰。囊沙吊遗烈，意气一飞腾。”可见郑方坤与郑燮在山东见过面。

金德瑛

《诗钞·小古镜为同年金殿元作（讳德瑛）》：“土花剥蚀蛟龙缺，秋水澄泓海月残。料得君心如此镜，玉堂高挂古清寒。”乾隆十七年在潍县作。金德瑛，字汝白，号慕斋，更号桧门。仁和人。据《国朝历科题名碑录初集·大清乾隆元年进士题名碑录（丙辰科）》，金德瑛一甲一名进士，郑燮二甲八十八名进士，故云“同年”。从金德瑛《金桧门诗存》卷三的三首诗，可以进一步看出他与板桥之间的交谊。诗如下：

《题郑板桥赠兰竹画》：“画兰不多三五茎，画竹不多三五干。纸宽墨润腕力余，更添古石三五片。微香馥馥清影摇，满堂观者增欣羡。齐东有竹却少兰，玉版尊师唯悟半。板桥家法所南翁，心花无根舒烂漫。平生妙墨懒收拾，偶欲追寻从友案。胸中事即对人言，与弟家书刊共看。吟颠字怪剧游嬉，叵耐折腰趋下县。西范东潍十载宽，自怜天鉴超忧患。同心知我称石交，为拂古瓦摅柔翰。别久争讶鬓霜盈，逢稀似类优昙现。径题长句画中间，如使两人长对面。”乾隆十七年四月，金德瑛提督山东学政。此诗即此年所作，上距乾隆元年同在北京应试，已十七年，故云“别久”。《板桥题画》云：“今日画石三幅，一幅寄胶州高凤翰西园氏，一幅寄燕京图清格牧山氏，一幅寄江南李鱓复堂氏。三人者，予石友也。”板桥亦称金德瑛为“石交”，可见他们交谊不浅。

《十月初八日宿潍县，板桥答诗过誉，复惠画二幅，因次来韵》：“白狼著霜流愈清，阴云酿雪如有情。未须见画画意得，开缄妙态修而横。诗书拄腹终何以，游戏博弈贤于已。尔我一笑共杼机，兔起鹘落乌能止。偶然侧厘吟几行，敢言斗石与古量。只容一宿毋多恋，且向官斋看硬黄。”自注：“板桥署中出示碑版数十种。”此诗乾隆十七年十月八日作。据蒋士铨《忠雅堂文集》卷七《左都御史桧门金公行状》：“同官奉敕修《西清古鉴》，其间鼎彝樽卣各铜器，公援据经史百家文集，订正为多。在山左，购求汉唐以下碑版石刻充露库考究精核，题跋高简，识者谓博奥古质，不减《金石》《集古》两录。”金德瑛和板桥都喜碑版石刻，所以板桥拿出藏品给金德瑛欣赏。金诗所谓“板桥答诗过誉”指郑燮所作之答金《题郑板桥赠兰竹画》诗，《诗钞》不载。

《板桥分赠古镜五奁，叠韵谢之》：“寒潭秋月涵空清，搜露毛骨酷无情。良工何名铸何代，篆文兽象徒纵横。等闲长物无所以，照胆照妖殊可已。藉将鉴戒白头心，漏尽钟鸣庶行止。一朝分赠拆联行，如人聚散难忖量。君言有故官当罢，不须更照眉间黄。”自注：“板桥顷以事干部议，有去志矣。”据板桥在潍县与四弟书云：“……买得古镜一百面，亦可直百金。”（泰州博物馆藏墨迹）他选五奁送给金德瑛。金诗所谓“分赠拆联行”指此。板桥《小古镜为同年金殿元作》应与金此诗对照起来读。

袁 枚

《诗钞·赠袁枚》“室藏美妇邻夸艳，君有奇才我不贫。”袁志祖《随园琐记》卷上《记翰墨》以为：“只此二句，并不成篇，或系楹帖耶?”今案：郑燮全诗为：“晨星断雁几文人，错落江河湖海滨。抹去春秋自花实，逼来霜雪更松筠。女称绝色邻夸艳，君有奇才我不贫。不买明珠买明镜，爱他光怪是先秦。奉赠简斋老先生并正，板桥弟郑燮。”（四川博物馆藏墨迹）可见原是七律一首，刻《诗钞》时只保存两句。袁枚，字子才，号简斋，钱塘人，其生平详见姚鼐《惜抱轩文集》卷十三《袁随园君墓志铭（并序）》。板桥与袁枚的交往，见于记载者，还有如下三事：

袁枚《随园诗话》卷九：“兴化郑板桥作宰山东，与余从未识面。有误传余死者，板桥大哭，以足蹋地，余闻而感焉。后廿年，与余相见于卢雅雨席间，板桥言：‘天下虽大，人才屈指不过数人。’余故赠诗云：‘闻死误抛千点泪，论才不觉九州宽。’（袁枚《小仓山房诗集》卷十四〔戊寅〕《投郑板桥明府》）板桥深于时文，工画，诗非所长。……”（钱振锽《诗话》卷上：“郑板桥……诗，虽学浅，而气清神爽。随园谓诗非其所长，殊不尽然。”）袁枚说郑燮“诗非所长”，郑燮说袁枚“君有奇才我不贫”，是有针对性的。

《随园琐记》卷上《记图册》：“郑板桥先生燮题《随园雅集图》既毕，复于诗后大书特书云：‘笔有余墨，乘兴画兰数枝。’想见名士风流，兴酣落笔之概。”（罗振常《随园雅集图题咏序》：“惟《琐记》又谓题者有郑板桥，此本无之，或卷有脱佚，或失名之七古一首，即为板桥作，殊不可知。”）

又《记翰墨》：“本朝则……郑板桥……大令诸公之词翰最

多。”

附带说明，《随园诗话》卷六：“郑板桥爱徐青藤诗，尝刻一印云：‘徐青藤门下走狗郑燮。’”《板桥先生印册》作“青藤门下牛马走”。所以《风月谈余录》卷六说：“又某书谓先生尝自署为‘青藤门下走狗’，今按册内乃‘牛马走’，可证前说之诬。”袁枚既讥板桥“诗非所长”，又“诬”板桥为徐渭之“门下走狗”，钱振锽、徐兆丰不平而为板桥辩护。

注释：

①《板桥词钞》附刻陆种园词二首，其中《贺新郎·吊史阁部墓》一首，见于《陆仲子遗稿》，题作《贺新郎·梅花岭拜明史阁部葬衣冠处用迦陵词韵》，多有异文；《满江红·赠王正子》一首，不见于《陆仲子遗稿》。

②《江南春》中，第一、二、三、四、八、十首，《陆仲子遗稿》题作《忆江南·清明六首》；第五、六、七、九首，《陆仲子遗稿》题作《忆江南·辛巳清明》。又，海外影印的郑板桥书“陆种园词十六首，右调《忆江南》”，其中“清明节”十首，与裴济民所藏墨迹，多有异文；“端阳节”六首，《陆仲子遗稿》多一首（七首），题作《忆江南·端阳词》，亦有异文。

③《重修兴化县志·人物志·文苑·国朝》：“（陆震）所填甚夥，身后无子，稿半佚，同里刘宗霈搜罗荟萃，属休宁程某锓版行世。”今《陆仲子遗稿》卷首所列“姓氏”中，无刘宗霈，可见是两个版本。

附：《板桥诗钞》与《清实录》互证

《清实录》是研究清史的第一手资料，虽然没有提到郑燮，但可以利用书中资料来考证郑诗。举例说明如下：

《大中丞尹年伯赠帛》

《清世宗实录》卷七十二："（雍正六年八月甲申）内阁侍读学士、协办河工事务尹继善署江苏巡抚。"

又卷七十八："（雍正七年二月丁丑）实授尹继善为江南江苏巡抚，署江南河道总督；以户部左侍郎王玑署江苏巡抚，仍兼管清查钱粮事。"

又卷八十三："（雍正七年七月丙午）署江南江苏巡抚、户部左侍郎王玑……俱缘事革职，以吏部右侍郎彭维新署江南江苏巡抚。"

又卷一〇八："（雍正九年七月丁卯）江苏巡抚尹继善署两江总督，刑部右侍郎王国栋署江苏巡抚。"

又卷一一三："（雍正九年十二月丙申）以两江总督尹继善协办江南江宁将军事务。"

又卷一二三："（雍正十年九月庚寅）命署两江总督尹继善来京陛见。"

可见郑板桥《大中丞尹年伯赠帛》作于雍正六年八月甲申后，雍正九年七月丁卯前。

《上江南大方伯晏老夫子（讳斯盛）》

《清高宗实录》卷十二：“（乾隆元年二月甲戌）以鸿胪寺少卿晏斯盛为安徽布政使。”

又卷八十八：“（乾隆四年三月丁巳）谕：江南地方，上年被旱，收成歉薄，米价高昂。……”“（戊午）又谕：上年直隶、江南地方，收成歉薄，此时青黄不接之际，米粮价贵，用度艰难。……”

又卷八十九：“（乾隆四年三月）戊辰，免直隶、江苏、安徽三省额赋。谕……江南旧年被旱尤甚。”

从上引资料中可以看出：（1）郑板桥《上江南大方伯晏老夫子》作于乾隆三、四年间。（2）弘历承认“江南旧年被旱尤甚”，《清史稿》卷三百九《晏斯盛传》云：“（乾隆）三年，疏言：‘安徽被灾州县，仓储不敷赈粜，请留未被灾州县漕米备赈。’……皆从之。”与郑板桥诗“赤旱于今忧不细”，正相符合。（3）晏斯盛曾为鸿胪寺少卿，故郑板桥尊称为“大鸿胪”（《诗钞》注）。

又，《清史稿》卷三百九《晏斯盛传》：“字虞际，江西新喻人。康熙五十九年，举乡试第一。六十年，成进士，改庶吉士。……（雍正）九年，督贵州学政。迁鸿胪寺少卿。乾隆元年，擢安徽布政使。”故宫博物院藏乾隆六年郑燮行书墨迹，题：“上老师晏一斋夫子四首。”（《中国古代书画图目》二十三）知晏斯盛又字“一斋”，可补《清史稿》之缺漏。墨迹与《诗钞》对照，墨迹中自注较详，如云：“公江西新喻人，由解元、翰林视学贵州。”与《清史稿》吻合。又云：“公由鸿胪卿、会试同考，出为江南藩宪。”不但可补《清史稿》之缺漏，而且可知晏斯盛为郑板桥会试同考官，故尊称为“老师”。当时安徽布政使驻南京，郑到南京献诗求助于晏。

《鄂公子左迁（讳容安）》

《清高宗实录》卷一八〇：“（乾隆七年十二月丙申）谕：仲永檀密奏留中之折，鄂容安如何问及，仲永檀如何告知，臣工密奏之事，岂容如此宣泄，仲永檀、鄂容安俱革职，拿交慎刑司，著庄亲王、履亲王、和亲王、平郡王、大学士张廷玉、徐本、尚书讷亲、来保、哈达哈审明具奏。”

又卷一八一：“（乾隆七年十二月辛丑）谕大学士等：朕细阅鄂容安、仲永檀供词，伊等往来亲密，于未奏以前，先行商谋，既奏以后，复行照会，二人俱已供出，明系结党营私，纠参不睦之人。尔等只拟以泄漏机密事务之律，不合。著会同三法司，另行严审定拟具奏。”“癸卯，谕曰：王大臣等审讯仲永檀、鄂容安一案，今日奏请刑讯仲永檀、鄂容安，并将大学士鄂尔泰革职拿问，此奏又属错误。……”

又卷一八二：“（乾隆八年正月丁巳）又谕：仲永檀漏泄密奏一案，由于仲永檀趋附鄂容安，而鄂容安因向伊询问，原属多事，理应惩治，但鄂容安从前在阿哥书房行走尚好，且伊父大学士鄂尔泰，年老有疾，鄂容安从宽免发台站，仍在阿哥书房行走。……”

又卷一八四：“（乾隆八年二月甲午）吏部议处大学士鄂尔泰，将行止不端之已革副都御史仲永檀，滥行奏荐，于伊子已革鄂容安，不能严加管束，致向仲永檀商量密奏之事，应照例降调。得旨，鄂尔泰所有加级纪录，俱著销去，抵降二级，从宽留任。”

又卷一八八：“（乾隆八年四月己丑）起革任詹事鄂容安为国子监祭酒。”

从上引资料中可以看出：（1）郑板桥《鄂公子左迁》作于乾

隆八年四月己丑后；（2）郑板桥所云“仲子空残呕血”，指仲永檀漏泄密奏一案。此案牵连到鄂容安。郑板桥所云“鄂君原不求名”，是为鄂容安遮羞；（3）弘历亲自定了鄂容安、仲永檀“结党营私，纠参不睦之人”的罪名，但看在鄂尔泰的面上，对鄂容安“从宽”处理。郑板桥所云“革去东宫詹事，来充国子先生”，是说鄂容安不幸中之大幸。

《逃荒行》《还家行》《思归行》

《逃荒行》《还家行》《思归行》是郑板桥在潍县所作的一组重要诗歌。今从《清实录》中摘出有关的记载，以说明郑板桥作诗的时代背景。

（一）“长桥浮水面，风号浪偏怒”

《清高宗实录》卷二七一：“（乾隆十一年七月丁巳）赈贷山东东平、鱼台、济宁、汶上、兰山、郯城、益都、博兴、高苑、乐安、寿光、安邱、诸城、昌邑、潍县、胶州、高密、宁海等十八州县，被水灾民，并予缓征。”

又卷二八四：“（乾隆十二年二月乙丑）大学士等议覆，署山东巡抚、直隶布政使方观承奏称，青州府属㳽河，上年六月内，山水暴涨，涌至寿光，将东岸冲开一百五十丈，寿、潍二县，村庄民田，多被淹没，盐场大道阻隔，请将决口处堵筑坚固，旧河沙埂，悉行挑平，咨河臣遴委熟谙厅员，会同地方官查办，务于桃汛前完竣……均应如所请。得旨，依议速行。”

从上引资料中可以看出：乾隆十一年六月“山水暴涨”，冲决堤岸，潍县被淹。郑板桥《逃荒行》“长桥浮水面，风号浪偏怒”等句，是描绘潍县一带水灾情况。

（二）“千里山海关，万里辽阳戍”

《清高宗实录》卷二八五：“（乾隆十二年二月）己丑，谕军机大臣等：前因东省被灾州县，上年喀尔吉善办理赈务未妥，以致流民出口。……曾传谕巡抚阿里衮，或亲身前往查勘，或特派大员往查……今该抚所奏，乃欲招徕流民于远离本境之后，其为计则已拙矣。看来东省上年被灾不轻，从前办赈，大率虚文了事。……”“山东巡抚阿里衮奏……得旨，览奏俱悉。东府被灾流民，由直隶出口谋食者甚众，已至此，则资送遮回，亦非所愿矣，但彼地方官何为者！且去年所赈，国家所费不赀，此必百姓未被实惠耳！近来州县官贪黩者屡见，而东省屡易巡抚，恐不无乘此作弊者，朕甚疑之。……”

从上引资料中可以看出：朝廷虽然对山东灾区采取了一些“赈恤”措施，但被办赈官吏贪污中饱，“百姓未被实惠”，只有逃荒了。逃到哪里去？直隶总督、山东巡抚等向弘历奏报“出口谋食”，与郑板桥《逃荒行》“千里山海关，万里辽阳戍”等句，正相符合。

郑板桥《思归行》“何以方赈时，冒滥兼遗忘”等句，是目击当时办赈舞弊情况而言。

（三）“东转辽海粟，西截湘汉粮；云帆下天津，艨艟竭太仓。”

《清高宗实录》卷二九一：“（乾隆十二年五月）丁巳，谕军机大臣等：朕前降旨，截留漕米十万石……可传谕那苏图、阿里衮商酌。……寻奏：直省仓储，现在尚可支持……似应仍运东省。准阿里衮咨称，德州派截漕米五万石……至东、沧二州县之五万石，查莱属上年歉收，应运至掖县、昌邑等处海口接济。天津与莱属海道相通，即令漕船由天津交兑运莱为便。……报闻。”

又卷二九九：“（乾隆十二年九月乙巳）谕军机大臣等……今据苏昌奏报，奉天各属得雨后，秋收丰稔，米价自应平减，而东省莱州等处，被灾较重，正须赈贷之用，可传谕达勒当阿、苏昌，令其就本处情形，或可得十万石，或数万石，由海道运往东省，于灾地甚属有益。……寻奏……现拟办十万石，即雇船先运三万三千石，赴莱州府交卸，余米咨明山东巡抚，令于来春拨船赴奉领运，下部知之。”

又卷三一五：“（乾隆十三年五月己酉）又谕……高斌、刘统勋及阿里衮等，日久未见奏报，可传旨询问，令其逐一详悉具奏，以慰朕怀。寻奏……惟青、莱一带，僻处海隅，去运河较远，难于挽运，故前请暂通奉天海运。……”

又卷三一六：“（乾隆十三年六月辛酉）户部议覆，大学士高斌奏称，山东登、莱、青三府，地无商贩，连年歉薄，米石不敷，请将奉天米石，听商民籴买，由海运东售卖等语，系酌盈剂虚，为一时补救起见，应如所请。仍令东抚，将运米若干之处，酌定数目，知会奉天，并禁运他省，其二省临口州县，验票稽查，令仍照旧例行。从之。”

从上引资料中可以看出：（1）乾隆十二年，奉天省“秋收丰稔”，能接济山东灾区。郑板桥《思归行》“东转辽海粟”等句。正指此。（2）莱州府（包括潍县）“去运河较远，难于挽运”，但与天津“海道相通”，海运“为便”。郑板桥《思归行》中“云帆下天津”等句，正指此。

郑板桥《逃荒行》《还家行》《思归行》这一组诗，作于乾隆十一年至十四年。

《挽老师鄂太傅五首》

《清高宗实录》卷二三八：“（乾隆十年四月乙卯）临奠大学士鄂尔泰。”“大学士鄂尔泰遗疏闻，谕曰：大学士鄂尔泰，公忠体国，直谅持躬。久任边疆，懋著惠绩。简与机务，思日赞襄。才裕经纶，学有根柢。不愧国家之柱石，允为文武之仪型。向用方殷，倚毗正切。去冬忽婴痰疾，朕心廑念，选医调治，存问日颁。今春病势有加，朕亲往视，加衔太傅，冀其渐次获痊，不意竟致不起，朕心深为震悼，亲临祭奠，特旨辍朝二日。披览遗疏，具见忠君爱国之悃忱，尤为追念不置。昔我皇考有配享太庙之遗诏，著该部遵奉举行，并入祀贤良祠，加祭二次。其他应得恤典，一并察例具奏。”“又谕：大学士鄂尔泰故，著赏银五千两，办理丧事。……”

从上引资料中可以看出：（1）郑板桥《挽老师鄂太傅五首》作于乾隆十年四月乙卯后；（2）弘历称鄂尔泰“允为文武之仪型”，郑板桥称鄂尔泰“武功万里兼文德”，评价相同；（3）鄂尔泰病中已“加衔太傅”，故郑板桥尊称为“鄂太傅”。

又，郭则沄《十朝诗乘》卷九云：“板桥于朝贵，少所许可，独心折鄂文端，其《挽文端》诗云：‘西华门外草萋萋，白塔金鳌树影迷。北斗有光清漏肃，三台无力晓云低。上方一夜调丹药，七校春风送紫泥。其奈巫阳下霄汉，钧天尺诏竟先赍。’文端晚年独肩国重，宿禁中恒经月不出。躬受顾命，嗣立高宗。诗中‘上方调药’语本此。末首又云：‘布衣屡卧平津阁，远泪难挥杜曲花。’是见受知之切。”鄂尔泰是乾隆元年会试正考官，殿试读卷官，所以郑板桥称之为“老师”。

《和高相公给赈山东道中喜雨并五日自寿之作（讳斌号东轩）》

《清高宗实录》卷二八八：“（乾隆十二年四月戊辰）吏部题请，新授大学士高斌，应兼殿阁及尚书衔。得旨，大学士高斌，著授为文渊阁大学士，兼吏部尚书。”“己巳，谕曰：大学士高斌，现在奉差江南，其直隶河道总督印务，交与那苏图暂行管理。”

又卷二九一：“（乾隆十二年五月）钦差大学士高斌奏报经过直隶、山东、河南、江南一带地方，得有雨泽，麦禾丰稔情形。得旨，卿去时此间雨旸时若，夏仲望雨甚殷，今于五月二十二日，甘霖优渥均沾，始谓麦收较胜去年，今则仍不及去年。……”

从上引资料中可以看出：（1）郑板桥《和高相公给赈山东，道中喜雨，并五日自寿之作（讳斌，号东轩）》作于乾隆十二年五月后；（2）高斌向弘历奏报山东一带“得有雨泽，麦禾丰稔”等情，与郑板桥诗中所云“顿教霖雨遍耕桑”“为报君王有瑞禾”，正相符合。

《和学使者于殿元枉赠之作（讳敏中）》

《清高宗实录》卷三〇一：“（乾隆十二年十月丙子）调山东学政于敏中为浙江学政，浙江学政陈其凝为山东学政。”可见郑板桥《和学使者于殿元枉赠之作》作于乾隆十二年十月丙子前。

又卷三〇三：“（乾隆十二年十一月）山东学政于敏中，以调任浙江奏谢，并恳进京聆训。得旨，不必来京。汝在东省，颇属安静，此则律己之道得矣。至于浙省，文气浮华，汝当挽其流而示之的。此外更何训汝之有。”弘历称于敏中“汝在东省，颇属安静”，与郑板桥称于敏中“山东锁院自清凉”，正相符合。

《济南试院奉和宫詹德大主师枉赠之作（讳保）》

《清高宗实录》卷二九四：“（乾隆十二年七月壬寅）以侍讲德保为山东乡试正考官，御史葛峻起为副考官。”可见郑板桥《济南试院奉和宫詹德大主师枉赠之作》作于乾隆十二年七月壬寅后。

《御史沈椒园先生新修南池建少陵书院并作杂剧侑神令岁时歌舞以祀（沈讳廷芳）》

《清高宗实录》卷三一一：“（乾隆十三年三月丁未）都察院开具科道名签，请派往山东办赈。得旨，给事中同宁、马宏琦、御史赵青藜，著随往山东查办赈务。御史沈廷芳现在济宁巡漕，亦著随同查办；其济宁巡漕事务，即著巡视淮安漕船之给事中钟衡一并接办。”

又卷三一七：“（乾隆十三年六月庚午）谕：前因山东赈务紧要，命同宁、马宏琦、赵青藜、沈廷芳等，随同大学士高斌、左都御史刘统勋，前往分派查办。今各属虽已得雨，秋禾亦经布种，而有无应行派查之事，尚未据高斌等奏闻，乃同宁等，辄具折恳请召回，甚属不合。且东省赈济河工诸务，朕现在有旨，仍留高斌等在彼查办，即无另须派委伊等之事，亦应告知高斌等，听其据实陈奏，何得如此冒昧，著该部传谕严行申饬。至伊等应否须留东省，或可令其来京之处，大学士高斌等酌量具奏请旨。寻奏：山东秋禾，在在丰茂，但地方千余里，收获不无盈绌，秋成时有此数员巡行体察，将丰歉不齐情形，飞告臣等，即当备悉上闻，豫筹早办。若通省丰稔，无劳措置，彼时奏令回京，于地方亦无劳费，报闻。”

又卷三二四：“（乾隆十三年九月辛酉）又谕：给事中同宁、马宏琦、御史沈廷芳、赵青藜等，由山东查察赈务，回京覆命，朕召见询以东省情形，伊等但称皇恩广沛，民庆乐生，岁获有秋，大有起色。及询以办赈事宜，则云稽查册籍，并无遗滥。至问所查察之处，地方官办理，孰为周到？孰为实心？竟未能一一举陈。山左因连年被灾，百姓饥馑，朕日夜苦心劳思，截漕数百万石，发帑数百万金，以苏沟壑之困。念被灾地方辽阔，恐巡抚一人，耳目不能周到，特命大臣及科道等，前往查看抚恤。该科道等亲行周历，亦已七八月之久，通省一百余州县，其中守令，才力自不能齐，纵奉公守法，无夺饥民之食而食者，而经理出众得宜者，必有其人，拮据疏漏、被胥役欺朦者，亦必有其人，即同一妥协，其中亦必有差等，而屡询漫无以应，岂不为言职愧哉！平时议论风生，任之以事，则毫无实际。设非上天恩佑，秋成丰稔，则伊等何以查办经画耶！夫膺此民生休戚要务，仅以稽校簿书，塞责了事，灾黎其何赖焉！使其在京，则将以东省之灾为奇货，摭拾入告，日事纷更，将不知何底矣，著传谕严行申饬。……”

从上引资料中可以看出：（1）郑板桥《御史沈椒园先生，新修南池，建少陵书院，并作杂剧侑神，令岁时歌舞以祀》作于乾隆十三年九月辛酉前；（2）郑板桥说沈廷芳“御史骢马行山东”，指沈廷芳来山东“巡漕”和“查办赈务”；（3）沈廷芳奏请早回北京，受到弘历的“申饬”；回北京后，对弘历的询问，“漫无以应”，又受到“申饬”。郑板桥赋诗歌颂沈廷芳在山东热心搞纪念杜甫的活动，未提“查办赈务”之事，这就从一个侧面反映出沈廷芳不关心人民疾苦，弘历“申饬”沈廷芳“塞责了事”，是不过分的。

附：郑板桥佚诗、佚文选释

《书法丛刊》总第65期、《书法》总第139期，影印了郑板桥的墨迹，经查考，是一首佚诗、一篇佚文。今录原作，并考释其文献价值。

郑板桥佚诗

国初书法尚圆媚，伪董、伪赵满街市。近人争学大唐书，钝皮凡骨非欧、虞。状如郑入晋小驷，血脉偾作中干枯。先生出入二王内，骨重神寒淡秋水。余沈犹能作永兴，残毫断不为《元（玄）秘》。肉中有骨骨有髓，远从崔、蔡探程、李。八分篆隶久沐浴，楷书笔笔藏根柢。诗陋元、白，文薄八家。汉之西京唐李、杜，迥然意气凌苍霞。燮复何人邀顾盼，刬绝庸顽策疏懒。平生文章患胶滞，迩来落笔雄心胆。秋风吹山秋鸟叫，树不藏云叶干燥。月明古殿气幽阴，泉流暗壁声悲悄。此时独坐心骨寒，想公笔墨青云端。洒然惠我一二纸，刻之幽崖深洞青琅玕。小诗奉呈小翁老先生，兼求诲定。扬州后学郑燮。（山西省博物馆藏）

这首诗的第一句至第六句，是郑板桥对“国初”（清初）及“近人”（乾隆期）书坛风气的总评价。“伪董、伪赵”“非欧、虞”俱是贬词。“董”指董其昌。在现存的郑板桥诗文中，尚未见其评董其昌书法，仅见其评董其昌八股文。《与舍弟书十六通·仪真县江村茶社寄舍弟》云：“先朝董思白……以鲜秀之笔，作为制艺，取重当时。”但赞赏董其昌的八股文，不意味着也赞赏董的书法。“赵”指赵孟頫。上海博物馆藏郑板桥论书墨迹：“赵孟頫，宋宗室，元宰相，书法秀绝一时，予未尝学，而海内尊之。”《郑板桥四子书真迹》影印本卷首《四书手读序》云：“板桥……又鄙松雪之滑熟。”又《潍县署中与舍弟第五书》云：“若……赵子昂辈，不过唐、宋间两画师耳！试看其平生诗文，可曾一句道着民间痛痒?”综合三段评语，郑板桥不仅鄙视赵孟頫的书法，还鄙视赵的诗文。爱新觉罗·玄烨喜董其昌书法，爱新觉罗·弘历爱赵孟頫书法，郑板桥不敢直斥董书、赵书，只能斥“伪董、伪赵”书。但“国初”有语病，乾隆朝不能云“国初”。“欧”指欧阳询。郑板桥《仪真县江村茶社寄舍弟》云：“……欧阳率更之书，非不孤峭，吾不愿子孙学之也。”他不是鄙视欧阳询书法，而是从子孙“富贵寿考”的迷信角度，“不愿子孙学之”的。“虞”指虞世南。郑板桥《潍县署中寄舍弟墨第一书》云：“惟虞世南……平生书不再读，迄无佳文。”他虽不满虞世南的文章，却高度评价虞的书法。（详下）

第七句至第十四句，是郑板桥对小翁先生书法的赞美。“二王”指王羲之、王献之父子。“永兴”是虞世南的封号。“元（玄）秘”指柳公权所书《玄秘塔碑》。“崔”指崔瑗。“蔡”指蔡邕。“程”指程邈。“李”指李斯。郑板桥《仪真县江村茶社寄舍弟》云：“王逸少、虞世南书，字字馨逸。”裴景福《壮陶阁书画录》卷二十二《宋拓虞永兴破邪论序册》郑板桥跋云：“今观其所书《庙堂碑》及《破邪论序》，介而和，温而栗，峭劲不迫，风雅有度，即其人品，于此见矣。昔有评右军书云：位重才高，调清词雅，声华未泯，翰牍仍存。吾于世南亦云。”又，《板桥诗钞（范县作）·署中示舍弟墨》云：“字学汉、魏，崔、蔡、钟繇，古碑断碣，刻意搜求。”可见“先生出入二王内”“余沈犹能作永兴”“远从崔、蔡探程、李”等句，是郑板桥以自己最崇拜的古代书家来歌颂小翁先生的书法，出于奉承，不能轻信。至于“残毫断不为《元（玄）秘》”，为了抬高小翁先生而否定柳公权过甚，亦与郑板桥“陶颜（真卿）、铸柳（公权）、近欧（阳询）、薛（稷）”（《音布》）的观点不合，不能为据。

第十五句至第十八句，是郑板桥介绍小翁先生的文学理论。“元”指元稹。“白”指白居易。“八家”指唐宋八大家，即韩愈、柳宗元、欧阳修、苏洵、苏轼、苏辙、王安石、曾巩。“西京”指西汉文章。“李”指李白。“杜”指杜甫。郑板桥论文，既推崇西汉文章，李白、杜甫诗歌，也推崇唐宋八大家散文。如上海博物馆藏郑板桥与江昱、江恂书墨迹：“《五经》、《左》、《史》、《庄》、《骚》、贾、董、匡、刘、诸葛武乡侯、韩、柳、欧、曾之文，曹操、陶潜、李、杜之诗，所谓大乘法也。理明词畅，以达天地万物之情，国家得失兴废之故。”“史”指司马迁《史记》。“贾”指贾谊。“董”指董仲舒。“匡”指匡衡。“刘”指刘向。均西汉人。郑板桥将韩、柳、欧、曾的散文，与西汉文章，李、杜诗歌合称为“大乘法”。又，《板桥诗钞·文章》有句云“翰苑青莲、苏长公”，将苏轼与李白相提并论。这都是郑板桥推崇唐宋八大家散文之证。不能看到郑板桥说小翁先生“文薄八家”而误认为郑自己菲薄唐宋八大家。

《书法丛刊》对郑板桥这首诗缺乏考证。今以郑证郑，考释此诗，以求正确理解。

郑板桥佚文

乾隆三十年岁在乙酉夏六月二十有五日，鹾使者立斋高公，至焦山洁清行在，薰检宸章，毕事后，谒海神祠，见笔墨狼藉几上，问曰："谁在此?"左右曰："板桥郑燮。"公曰："吾知是人久矣！何不邀之一见?"遂拜公于神祠中。

公又招之行馆，畅谈畴昔，快叙平生。公之先相国文定公，给赈山东，燮以县令谒道上，蒙垂青眼，以屡见拙书，称为故人。公之从兄水部尚书、今总制两江昭德先生，提刑山左时，遇燮最厚。独未见公耳。然其心慕神驰，盖亦久矣。凡公之眷眷于燮，与燮之眷眷于公，其情一也。

是日也，藏戟枝于山麓，隐旌旆于云端，携诗卷于松篁，挂酒瓢于林壑，万树将迎，群鸥欢喜。公则青鞋布袜，笠帽方袍，左携佳儿，右偕上客。燮亦得与于雅韵高标之末，以恬以愉，信可乐乎！

公典盐筴者凡八年，皆在吾扬州，燮未敢擅投一刺，固所以自爱，亦所以重公，且所以重公之先世也。公亦未尝招之使前，王事重，不暇接交致客也。今公且去矣，乃得相见于焦山，以畅其相钦相慕之怀，一日之内，定三世交，无滋后悔，人愿天从，信不诬矣。谨书其始末于松寥阁之南轩。　　世后学板桥郑燮拜手。(辽宁省博物馆藏)

《书法》总第139期14～16页有文章"向读者重点介绍"这件墨迹，但对郑板桥这篇佚文中所提到的人、地、事，毫无考证，今逐一考释如下：

"鹾使者立斋高公"

据《清史稿》卷三百三十九《高恒传》云："高恒，字立斋，满洲镶黄旗人，大学士高斌子也。……(乾隆)二十二年，授两淮盐政。……三十年，以从兄高晋为两江总督，当回避，召署户部侍郎。……高恒尝受盐商金，坐诛。"可见这位"鹾使者立斋高公"即高恒。高恒从乾隆二十二年至三十年任两淮盐政，与郑板桥墨迹所云"公典盐筴者凡八年，皆在吾扬州"吻合。但郑板桥歌颂高恒

"王事重，不暇接交致客"，有阿谀奉承之嫌，高恒的下场是贪污杀头，不是清官廉吏。

"焦山行在"

据吴云辑《焦山志》卷一《建置》云："行宫：恭建焦山。南面倚参天之峭壁，俯万里之长江。后山曰狮子岩，一曰海云岩。外罗京口诸峰，则象山当其前，左圌山而右北固，兼雄秀雅丽之观。考其基地，似即宋海云堂之旧址。……阮氏《焦山采略》云：乾隆辛未以来，高宗纯皇帝叠经临幸，至壬午南巡，大吏先一年请建行宫，有禅堂旧址名'天开胜境'，即其处恭建，有罨画窗、镜江楼、竹楼诸胜。……"可见"焦山行在"即乾隆二十六年辛巳所建之乾隆帝行宫。

"海神祠"

据《焦山志·建置》云："海若庵，旧名海神庙，乾隆二十六年，两淮盐政高恒建。……三十七年，分住自然庵僧光治号慧通，重修殿宇，起建僧寮。王文治书额，郑燮题联云：'楚尾吴头，一片青山入座；淮南江北，半潭秋水烹茶。'"可见"海神祠"即乾隆二十六年高恒所建之海神庙。郑板桥卒于乾隆三十年乙酉十二月十二日（1766年1月22日），他撰写这副对联的时间，最迟在乾隆三十年六月二十五日他与高恒海神祠见面之后，不能错误地认为是乾隆三十七年僧光治重修殿宇之后，此时郑板桥已卒。

"公之先相国文定公"

据《清史稿》卷三百十《高斌传》云："高斌，字右文，高佳氏，满洲镶黄旗人。……（乾隆）十二年三月，授文渊阁大学士。……十三年，命偕左都御史刘统勋如山东治赈。……二十年三月，卒……二十三年，赐谥文定。"可见"相国文定公"即高恒之父高斌。《板桥诗钞（潍县刻）》有《和高相公给赈山东，道中喜雨，并五日自寿之作（讳斌，号东轩）》二首。第一首云："相公捧诏视东方，百万陈因下太仓。天语播时人尽饫，好风吹处日俱长。村村布谷催新绿，树树斜阳送晚凉。多谢西南云一片，顿教霖雨遍耕桑。"第二首云："五日生辰道上过，山根云脚水罗罗。冲泥角黍蓑翁献，介寿蒲尊瓦盎多。马上旌旗迷渤海，柳边舆盖拂潍河。愚民攀拽无他嘱，为报君王有瑞禾。"可与佚文所云高斌"给赈山东，燮以县令谒道上"云云，相印证。

"公之从兄水部尚书、今总制两江昭德先生"

据《清史稿·高斌传》云："从子高晋。高晋，字昭德。……（乾隆）二十六年，迁江南河道总督。……三十年，迁两江总督，仍统理南河事务。"可见高恒的这位"从兄"即高晋。又据民国四年《山东通志》卷五十一《职官志四·国朝职官表一·按察使》："（乾隆）十五年：高晋。满洲镶黄旗，荫生。"《国朝职官表十五·莱州府潍县》："（乾隆）十一年：郑燮。江南兴化，进士。""十八年：韩光德。浙江海盐，进士。"当乾隆十五年时，高晋"提刑山左"，郑板桥知潍县事，是上下级关系，故云"遇燮最厚"云云。

"左携佳儿"

据《清史稿·高恒传》云："子高朴……（乾隆）四十一年，命往叶尔羌办事。……四十三年，阿奇木伯克色提巴勒底诉高朴役回民三千采玉，婪索金宝，并盗鬻官玉。乌什办事大臣永贵以闻……籍其家，得寄还金玉；永贵又言叶尔羌存银一万六千余、金五百余。高朴坐诛。"可见所谓"佳儿"即高恒之子高朴。高朴因贪污杀头，爱新觉罗·弘历谕曰："高朴贪婪无忌，罔顾法纪，较其父高恒尤甚。"怎能誉为"佳儿"呢？郑板桥看错了人！

“今公且去矣”

据《高宗纯皇帝实录》乾隆三十年乙酉秋七月癸未：“谕：巡视两淮盐政，著普福去……高恒交代事毕，即行来京供职。”可见乾隆三十年七月清廷才调动高恒的职务，郑板桥六月撰文时，怎能预知高恒“且去”呢？

据《清史稿》卷一百九十八《疆臣年表二·各省总督·两江》：“乾隆三十年乙酉：尹继善三月乙未迁。高晋两江总督。”按照清朝制度，高恒因“回避”而调职，是乾隆三十年三月就注定的，所以郑板桥在调令下达之前，就敢说“公且去矣”。

“松寥阁”

据《焦山志·建置》云：“自然庵：旧在半山观音崖右，明弘治间移置真武殿之右。……又郑燮书联云：‘山光扑面因新雨，江水回头为晚潮。’乾隆壬午重建。”“松寥阁：在自然庵西，明万历间释明湛建，用李白‘焦山望松寥’之意，因名松寥山房。后为松寥阁。”可见松寥阁与自然庵均是焦山景点。郑板桥在自然庵留下不少墨迹。如梁章钜辑《楹联丛话》卷六《胜迹》上：“郑板桥燮题焦山自然庵联云：‘山光扑面经新雨，江水回头为晚潮。’（与《焦山志》有一字不同）又云：‘汲来江水烹新茗，买尽青山当画屏。’（《焦山志》失载此联）”又据《焦山志》卷二十二《艺文·诗·国朝》载郑燮《题自然庵墨竹》诗：“静室焦山十五家，家家有竹有篱笆，画来出纸飞腾上，欲向天边扫暮霞。”今又发现郑板桥在松寥阁所撰佚文，弥可珍贵。

总之，从佚诗佚文中，反映出高雅的郑板桥亦有庸俗的一面，其文献价值正在于此。

附：《板桥词钞》与《郑板桥行书真迹》勘对

长期被人遗忘的一件郑板桥的重要文物《郑板桥行书真迹》，一册，八页，每页书词一首。上海艺苑真赏社影印。据郑板桥《刘柳村册子》："五十岁为范县令，乃刻拙集。是时乾隆七年也。""拙集诗词二种"（墨迹），可见《板桥词钞》初刻于乾隆七年（1742年）郑板桥五十岁时。今将《真迹》与郑板桥各个时期的书法对比，《真迹》字欠苍老，当是五十岁前所书。初步判断：《真迹》写在前，《词钞》刻在后。《真迹》中八首词是初稿而非定稿。

将《真迹》与《词钞》刻本比较研究，有如下几点发现：

（一）据郑板桥《词钞·自序》："为文须千斟万酌以求一是，再三更改，无伤也；然改而善者十之七，改而谬者亦十之三。……要不可以废改，是学人一片苦心也。燮作词四十年，屡改屡蹶者，不可胜数。"将《真迹》与《词钞》对照起来看，有几首词的标题、文字都有不同之处，这是郑板桥改词的实物证明。

（二）从《真迹》与《词钞》某些词的标题、文字的不同，看出郑板桥在刻《词钞》时，为了隐讳一些事情而进行删改。例如：不愿提许樗存对他的规劝，删去娈童裙郎的名字等。

（三）据《板桥诗钞·题陈孟周词后》："拙词近数百首，因愧陈作，遂不复存。"《真迹》中的《百字令·莫愁湖》，就是"不复存"的实物证明。

综上所述，《真迹》对研究郑板桥生平、词学很有用。下面是我所做的《真迹》八首词的详细校勘记。有些地方，还加了案语。为了便于读者检阅，按照《词钞》的先后次序排列。

第一首

《词钞》题作《蝶恋花·晚景》，《真迹》作《蝶恋花》。内容无不同。

第二首

《词钞》题作《浪淘沙·种花》，《真迹》作《卖花声·本意》。内容无不同。

孝萱案：《浪淘沙》即《卖花声》。

第三首

《词钞》题作《贺新郎·落花》，《真迹》同。

《词钞》"有多少游童陌上"之"童"，《真迹》作"人"。《词钞》"念海棠春老谁能嫁"之"念"，《真迹》作"问"。

第四首

《词钞》题作《贺新郎·答小徒许樗存》，《真迹》作"小徒许樗存见规，词以答之，调《贺新郎》"。

《词钞》"检点残诗寻旧句，步空廊古殿琉璃影，一个字，吟难定"四句，《真迹》作"回首故园心欲折，苦糟糠卧入泉台永，似与续，何堪问"。《词钞》"书来慰勉殷勤甚"之"慰"，《真迹》作"劝"。《词钞》"风长浪稳"句，《真迹》作"封侯事稳"。《词钞》"可晓金莲红烛赐"之"可晓"，《真迹》作"谁料"。

孝萱案：从《真迹》"见规""劝勉"等语，看出许樗存对郑板桥的某种行为不满，进行规劝。又从《真迹》"回首故园心欲折，苦糟糠卧入泉台永"等语，看出填词时郑板桥的原配徐氏已死，他在外地流浪。联系到《诗钞·落拓》："乞食山僧庙，缝衣歌妓家。年年江上客，只是为看花。"在徐氏死后，"我已无家不愿归”（《韬光》）的郑板桥，更靠山僧、歌妓消愁解闷了。许樗存对郑板桥的不满与规劝，不外这两件事。再看《词钞》“江上萧萧黄叶寺……”以及“对歌儿舞女闲消闷”等语，与“乞食”“缝衣”一联，正相印证。从《词钞》把“谁料金莲红烛赐，老了东坡两鬓，最辜负朝云一枕”之“谁料”改为“可晓”，加重语气，可见郑板桥不以许樗存的规劝为然，“再休说，清华省”，我行我素。后来刻《词钞》时干脆把标题中的“见规”删掉了。将《真迹》与《词钞》对照起来看，有助于我们搞清这首词的“本事”。

第五首

《词钞》题作《柳梢青·有赠》，《真迹》作“板桥居士赠裙郎，调寄《柳梢青》”。

《词钞》“韵远情亲”之“韵远”，《真迹》作“意暖”。《词钞》“把酒相偎”之“相偎”，《真迹》作“偎人”。《词钞》“温又重温”句，《真迹》作“斟又重斟”。《词钞》“柳条江上鲜新，有何限莺儿唤人。莺自多情，燕还多态，我只卿卿”五句，《真迹》作“江南二月青青，踏芳草王孙暗惊。走马燕台，攀花禁苑，壮志逡巡”。

孝萱案：据板桥《自叙》：“又好色，尤多余桃口齿，及椒风弄儿之戏。”这个“意暖情亲”的裙郎，就是娈童。《诗钞》中所怀念的“可怜三载浑无梦”的“故仆”王凤（《县中小皂隶有似故仆王凤者，每见之黯然》），也是这样的人。后来郑板桥不愿在自己的著作中留下裙郎的名字，所以《词钞》刻本的标题，只作《有赠》，而不说赠给谁了。

第六首

《词钞》题作《念奴娇·金陵怀古十二首·莫愁湖》，《真迹》作“《莫愁湖》，调寄《百字令》”。

《念奴娇》即《百字令》，但词的文字完全改写，今将《词钞》与《真迹》，列表对照如下：

《词　钞》	《真　迹》
鸳鸯二字，是红闺佳话，然乎否否？多少英雄儿女态，酿出祸胎冤薮。前殿金莲，《后庭玉树》，风雨催残骤。卢家何幸，一歌一曲长久。　　即今湖柳如烟，湖云似梦，湖浪浓于酒。山下藤萝飘翠带，隔水残霞舞袖。桃叶身微，莫愁家小，翻借词人口。风流何罪，无荣无辱无咎。	秋情何限，向秣陵关畔，典衣沽酒。提剑莫愁湖上饮，蓉菊霜前雨后。修竹人家，小桥篱落，映带吴山瘦。风光澹淡，少个丹青画手。 便道结绮楼新，灵和殿丽，成败难回首。何似卢家新娶妇，也有郁金堂构。海燕双栖，野鸳同宿，只此堪长久。休教近御，亡家亡国藉口。

第七首

《词钞》题作《念奴娇·金陵怀古十二首·台城》，《真迹》作“《台城》，调寄《百字令》”。

《词钞》“趺蹦竟逝”之“趺蹦”，《真迹》作“蹦趺”。

孝萱案：截至目前，共发现郑板桥《百字令》四首，即《真迹》中《莫愁湖》《台城》，《晨风阁丛书》第一集中《三宿崖》《凤皇台》。这四首词的遭遇是不同的：（1）未收入《词钞》者二首（《三宿崖》《凤皇台》）；（2）改写后收入《词钞》者一首（《莫愁湖》）；（3）收入《词钞》者一首（《台城》）。可以判断：郑板桥写过一组《百字令》词，收入《词钞》者仅《念奴娇·金陵怀古十二首》。

第八首

《词钞》题作《唐多令·寄怀刘道士，并示酒家徐郎》，《真迹》作“《寄刘道士》，调《唐多令》”。

《词钞》“一抹晚天霞，微红透碧纱”两句，《真迹》作“雁度晚天霞，香残鞠径花”。《词钞》“又惊鸦”之“惊”，《真迹》作“栖”。《词钞》“桃李别君家，霜凄菊已花”两句，《真迹》作“梦断自嗟呀，虚窗月影斜”。

附：郑板桥佚词选释

《板桥词钞》中有《念奴娇·金陵怀古十二首》，十二首词的题目是：《石头城》《周瑜宅》《桃叶渡》《劳劳亭》《莫愁湖》《长干里》《台城》《胭脂井》《高座寺》《孝陵》《方景两先生祠》《洪〔弘〕光》，都是吟咏南京古迹，并按照孙吴、东晋、南朝、明、南明顺序排列，是郑板桥精心写作的一组词。陈廷焯《词则》总评云："板桥《金陵怀古十二首》，圣哲、英豪、美人、名士，苍茫感喟，毕现毫端，惟不免稍涉叫嚣。"陈选了六首，载入《放歌集》，并逐一评论这六首词。如：《莫愁湖》评："前半嫌有腐语，后半洒脱自如。"《台城》评："景物凄凉，精于摹绘。""稍伤忠厚。""结振作。虽是人云亦云，然措语却老横。"《高座寺》评："写废寺惨淡可畏。"《胭脂井》评："此词精绝，为诸篇之冠。""妙语解颐。"《方景两先生祠》评："此阕未免粗野，然语极雄奇，足为毅魄忠魂生色，故终不忍置也。""'信心'十字刺骨。孔曰'成仁'，孟曰'取义'，原非勉强得来。""结更恣肆。"《孝陵》评："感慨不尽。""虎斗、龙争，读至结二语，正如冷水浇背，令我有遗世之想。"从上引评语看出，陈廷焯在赞扬郑板桥《金陵怀古》词的同时，也指出其不足之处，不像某些人把郑说得完美无缺。这种一分为二的态度，是可取的。匡亚明说得好："在中华民族的思想文化传统中，也是既有精华，又有糟粕，因而全盘肯定或全盘否定，不对。”（《〈中国思想家评传丛书〉序》）作为历史人物，郑板桥、陈廷焯各有其认识上的局限性。陈对郑词的评语，只是一家一言，并非定论，仅供研究郑板桥其人其词之参考。

郑板桥《金陵怀古十二首》作于何时?《郑板桥年表》记为雍正十年，误。据李佳《左庵一得续录·郑板桥小楷册》：“纸本。十四页。高约尺，印章不及载。”“《金陵怀古小令十二首》并跋。雍正辛亥秋七月旬有四日，扬州兴化县郑燮。”“辛亥”是雍正九年。根据鉴赏家李佳所珍藏的郑板桥墨迹，可证明“吊古摅怀”的《金陵怀古十二首》，雍正九年已经撰成了，也就是郑板桥已经来过南京了。任乃赓（《郑板桥年表》据任《郑板桥先生年谱》遗稿）只知郑于雍正十年赴南京乡试、中举而臆测《金陵怀古十二首》作于此年，误。

《念奴娇》，词牌名，双调一百字，又名《百字令》。《晨风阁丛书》第一集影印郑板桥词二首，题为《百字令·三宿崖、凤凰台》，原文如下：

百字令

三宿崖

巃嵸怪石，似狮蹲而怒，虎卧而起。又似深林藏古庙，四壁揶揄之鬼。凹者成盂，凸而为髻，缝裂香花媚。披麻斧劈，画家皴法都备。　　堪叹畴昔金人，兵残阵折，三宿悬崖蔽。半壁江山非正朔，也有神灵怪异。穴肯藏狐，鼠能依社，造化知何意。至今洞口，栝藤老蔓阴翳。

凤皇台

凤游台上，是昔年狂客，旧题诗处。黄鹤楼头能搁笔，那得虚心如许。戛玉锵金，倚声切韵，刻酷卿何苦。分明兀奡，不许前人独步。　　而今台变为池，鸱多于凤，往事波流去。一片夫容江岸上，败叶沙沙剪雨。梵院尘封，松关树秃，一望惟黄土。夜深老鹳，数声磔磔云里。

《板桥词钞》未载这两首词，何故？据《板桥诗钞·题陈孟周词后》小引："拙词近数百首，因愧陈作，遂不复存。"可见他对自己的严格要求，对未必优于他人之词，"遂不复存"。《百字令·凤皇台》就是郑板桥"不复存"（《板桥词钞》未载）之一例。《正德江宁县志》卷六《楼阁（亭台园池附）》云："（凤凰台）为金陵登临之胜，题咏最多。"郑觉得自己所写的《百字令·凤皇台》，未必优于昔贤之作，所以《板桥词钞》未载，"不复存"了。

《板桥词钞》未载《百字令·三宿崖》是另一原因。请看：

《同治上江两县志》卷二下《考（大事下）》："（绍兴）三十一年春，金人入犯，帝命元枢叶义问督视军马。冬十一月，义问至建康，虏骑已逼，人民惊扰。会中书舍人虞允文败金兵于采石江中，具捷以闻。"

同书卷三《考（山）》："（卢龙山）又有静海寺，在仪凤门外，明永乐中建，以海外平服赐额。静海寺中，有危石磊砢特起，崖穴相贯，虞允文尝三宿其下。上有宋人题名石刻，世相传为三宿岩矣。"

同书卷十二下《考（艺文下）》："（宋）三宿岩厉元范题名（行书。嘉定十年二月。仪凤门外静海寺）。三宿岩赵伯林、张元瑞、宋可行题名（行书。丁丑重阳。仪凤门外静海寺）。三宿岩坚濯浚题名（行书。重阳后三日。仪凤门外静海寺）。"

可见，三宿崖是虞允文抵抗金兵侵略、保卫南宋政权、有重要价值的古迹。南宋抗金将领岳飞、韩世忠等受到古今民众的尊敬，虞允文也应受到人们的尊敬。郑板桥《百字令·三宿崖》上片写景："㟅岅怪石，似狮蹲而怒，虎卧而起。又似深林藏古庙，四壁揶揄之鬼。凹者成盂，凸而为髻，缝裂香花媚。披麻斧劈，画家皴法都备。"他如未到过三宿崖，不可能形容得这样真实。此词定是郑游三宿崖后所作。下片吊古：说南宋是“半壁江山非正朔”。何谓“正朔”？正，一年的开始；朔，一月的开始。正朔原指一年的第一天。我国古时，改朝换代，新王朝表示“应天承运”，须重定正朔。如：夏正建寅，殷正建丑，周正建子，秦建亥，汉武帝改以建寅之月为岁首，历代沿用，迄于清末。正朔遂指帝王新颁之历法。满族来源于女真族。郑说南宋“非正朔”，与清朝统治者的政治立场一致。词中未提虞允文，对虞领导的轰轰烈烈的抵抗金兵侵略、保卫南宋政权的战争，只说“堪叹畴昔金人，兵残阵折”。

雍正朝是大搞文字狱的时期（如吕留良被剖棺戮尸），郑板桥怕诗词惹祸，虽然《百字令·三宿崖》下笔谨慎，仍恐得罪清朝统治者，干脆删掉为好。所以《词钞》中《念奴娇·金陵怀古》只保留十二首。

郑板桥在《将之范县拜辞紫琼崖主人》诗中说：“我朝开国于今烈，文、武、成、康四圣人。”他宣扬清朝为正统，歌颂顺治、康熙、雍正、乾隆四位皇帝为“圣人”。而在《念奴娇·金陵怀古·洪〔弘〕光》中称南明政权“只得东南半壁”，即“非正朔”。对比之下，明显体现了他的政治立场。他生于康熙三十二年（1693年），距明亡已近五十年。他中了进士，做了县知事，自云“已发达矣”（《与舍弟书十六通·潍县寄舍弟墨第四书》）。他生活在清朝的“盛世”，没有遭受明朝遗老、遗少那种国破家亡的痛苦。有人说他有反清的民族思想，不合实际。他关心民众疾苦，反对贪官污吏，但不反对清朝统治。

附：郑板桥所撰对联选释

杨荫溥藏乾隆十五年郑板桥自叙墨迹："板桥诗文，自出己意，理必归于圣贤，文必切于日用。"我曾在苏州园林中看到一副郑板桥写的对联，符合上述标准。联曰：

曾三颜四，
禹寸陶分。

上联"曾三"出于《论语·学而》。原文是："曾子曰：'吾日三省吾身：为人谋而不忠乎？与朋友交而不信乎？传不习乎？'"对这段话，有两种解释：一是每天从三个方面反省自己，另一是每天三次反省自己。"三省吾身"对后世的影响很大，人们常引用这个典故，自觉地检查自己的言行。

"颜四"出于《论语·颜渊》，原文是："颜渊问仁……子曰：'非礼勿视，非礼勿听，非礼勿言，非礼勿动。'颜渊曰：'回虽不敏，请事斯语矣。'"后人把孔丘教导颜渊的四句话，概括为"四勿"。宋代程朱学派非常重视"四勿"，认为"颜渊事斯语，所以进于圣人，后之学圣人者，宜服膺而勿失也"。

朱熹《斋居感兴诗》之十三"颜生躬四勿，曾子日三省"，把"四勿"与"三省"联系在一起。郑板桥又把朱熹的两句诗，浓缩为“曾三颜四”。

下联“禹寸陶分”出于《晋书·陶侃传》。原文是：“大禹圣者，乃惜寸阴，至于众人，当惜分阴，岂可逸游荒醉，生无益于时，死无闻于后，是自弃也。”意思是，时间极为宝贵，虽一寸一分极短的光阴也要爱惜，不能浪费。陶侃把《淮南子·原道训》中“圣人不贵尺之璧，而重寸之阴，时难得而易失也。禹之趋时也，履遗而弗取，冠挂而弗顾，非争其先也，而争其得时也”一段话，概括为“大禹圣者，乃惜寸阴”八个字。郑板桥又把陶侃“大禹圣者，乃惜寸阴，至于众人，当惜分阴”四句话，浓缩为“禹寸陶分”。

这副对联是一副封建社会的格言联。所谓“非礼勿视，非礼勿听，非礼勿言，非礼勿动”的“礼”，是儒家的礼教。郑板桥是“扬州八怪”之一，人们喜谈他的“怪”事，从这副对联看出，他也有不怪的一面。

※ ※ ※ ※

1997年9月24日，我由重庆市出发，25日至云阳县，参观张桓侯庙（俗称张飞庙）。庙始建于蜀汉末年，经历修葺。沿江依山，造形独特，素称巴蜀胜景。我在张桓侯庙书画廊之石碑、木刻中，观赏了郑燮作品，其中有两副对联，尚未有人述论。

近水短桥皆画意，
远峰晴雪有诗无？
板桥郑燮

今案：郑燮所撰对联，脍炙人口者不少。其中写景者，如：“山光扑面因朝雨，江水回头为晚潮”；“黄山云似海，天姥日为丸”；“云驶月晕，舟行岸移”；“江秋逼山翠，日瘦抱松寒”；“二三星斗胸前落，十万峰峦脚底青”等。又有融诗情画意于景色者，如："山随画活，云为诗留"；借景而论文者，如："删繁就简三秋树，领异标新二月花"，皆传诵人口。"近水短桥皆画意，远峰晴雪有诗无"一联也是由风景而联想到诗画的。

心清水浊，
山矮人高。
乾隆辛巳，板桥。

今案：辛巳是乾隆二十六年（1761 年），郑燮 69 岁。郑没有到过云阳县，此联也不是为张桓侯庙撰，但与张飞为人及张桓侯庙环境，却有巧合之处。据《三国志·蜀书·关张马黄赵传》记载：刘备与张飞"恩若兄弟"。张飞随刘备"周旋，不避艰险"。刘备称张飞"忠毅，侔踪召、虎，名宣遐迩"。《传》又云：张飞"爱敬君子"。可见"心清水浊"切合张桓侯庙下长江之水虽黄浊而张飞对刘备之忠心是清白的；"山矮人高"切合张桓侯庙所依之山虽矮而张飞为兴汉而奋斗一生之品格是高尚的。

附：《板桥题画》非郑燮编、刻考

人们评论郑燮的画时，常联系到画上的题跋。《板桥题画》是人们经常引用，作为重要依据的一本书。人们不怀疑它的准确性。

家藏《板桥题画》原刻本。经过长期研究，我发现如下几个问题：（1）郑燮生前没有提到他曾编、刻、印《板桥题画》的事；（2）《板桥题画》的款式，与郑燮的其他著作不同；（3）《板桥题画》中有几首诗，与《板桥诗钞》重复，但标题、诗句有歧异；（4）《板桥题画》的编排次序紊乱，有些标题重复，有些标题与题跋对不上号；（5）《板桥题画》中的题跋，与现存的郑燮墨迹、画录的记载，文字多有歧异；（6）《板桥题画》中的某些论点，与现存的郑燮墨迹相反。为什么出现这一系列的问题？逐一论证于后：

（一）

郑燮著作，现存《诗钞》《词钞》《小唱》《家书》《题画》五种。前四种刻、印时间可考，后一种刻、印时间不可考。

郑燮为刘柳村书册子墨迹：“五十岁为范县令，乃刻拙集。是时乾隆七年也。”这“集”包括哪些内容呢？他接着说：“拙集诗词二种。”这是最好的回答。

郑燮《道情十首》结尾：“是曲作于雍正七年，屡抹屡更。至乾隆八年，乃付诸梓。”（与郑燮为刘柳村书册子墨迹所说“《道情十首》作于雍正七年，改削十四年，而后梓而问世”吻合。）

郑燮《十六通家书小引》署：“乾隆己巳。”

综合以上，乾隆七年（1742年）《诗钞》《词钞》付梓，八年（1743年）《小唱》付梓，十四年（1749年）《家书》付梓。《板桥自叙》说：“所刻《诗钞》、《词钞》、《道情十首》（即《小唱》）、《与舍弟书十六通》（即《家书》），行于世。……乾隆己巳，时年五十有七。”是完全符合事实的。（《诗钞》后又补刻。）

郑燮乾隆十四年所撰书之自叙墨迹、乾隆二十五年（1760年）所撰书之自序墨迹、为刘柳村书册子墨迹以及现存的其他墨迹中，都没有提到过编、刻、印《板桥题画》的事。《板桥题画》上也没有编、刻、印的时间。

（二）

《板桥题画》的款式，与郑燮的其他著作不同。

《板桥诗钞》的封面，有郑燮手书“诗钞”二字；《板桥词钞》的封面，有郑燮手书“词钞”二字；《道情十首》的封面，有郑燮手书“小唱”二字；《与舍弟书十六通》的封面，有郑燮手书“家书”二字。独《板桥题画》的封面无字。是否《板桥题画》编、刻、印于郑燮卒后，所以没有他的亲笔题签呢？

《诗钞》《词钞》《小唱》《家书》中，摹刻了郑燮的许多图章，独《板桥题画》中没有摹刻郑燮的图章。

《板桥诗钞》的署名是“兴化郑燮克柔氏著”；《板桥词钞》的署名是“兴化县郑燮著，上元司徒文膏刻”；《道情十首》的署名是“板桥郑燮著”；《与舍弟书十六通》的署名是“兴化郑燮板桥氏著”。独《板桥题画》的署名是“郑燮克柔甫著，靳畬秋田甫校”。是否《板桥题画》的校者就是编者呢？

（三）

《板桥题画》中有几首诗，与《板桥诗钞》重复。如果这两本书都是郑燮所编，不会出现这种情况。为了便于研究，将《题画》《诗钞》两书中重复的几首诗，列表对照如下：

《板桥题画》	《板桥诗钞》
破盆兰花 春雨春风洗妙颜，一辞琼岛到人间。而今究竟无知己，打破乌盆更入山。	题破盆兰花图 春雨春风写妙颜，幽情逸韵落人间。而今究竟无知己，打破乌盆更入山。
半盆兰蕊 盆是半藏，花是半含，不求发泄，不畏凋残。	题半盆兰蕊图 盆画半藏，兰画半含，不求发泄，不畏凋残。
半开未开之兰 山上兰花向晓开，山腰乳箭尚含胎。画工刻意教停蓄，何苦东风好作媒！	题峤壁兰花图 山顶兰花早早开，山腰小箭尚含胎。画工立意教停蓄，何苦东风好作媒！
盆　兰 春兰未了夏兰开，万事催人莫要呆。阅尽荣枯是盆盎，几回拔去几回栽。	题盆兰倚蕙图 春兰未了夏兰开，画里分明唤阿呆。阅尽荣枯是盆盎，几回拔去几回栽。

从上表看出，这几首诗的标题、诗句都有歧异。如果《题画》《诗钞》都是郑燮所编，怎会出现这种情况呢？郑燮主张“为文须千斟万酌以求一是，再三更改，无伤也”。《前刻诗序》说：“余诗格卑卑……二三知己屡诟病之，好事者又促余付梓。自度后来亦未必能进，姑从谀而背直。”《后刻诗序》说：“姑更定前稿，复刻数十首于后，此后更不作矣。”可见现在流传的《诗钞》中的作品，

是经过郑燮“再三更改”的最后定稿。而《题画》中那几首与《诗钞》歧异的诗，显然是未定之稿了。

（四）

《板桥题画》中有三十七个标题，它们是：

（1）《竹》、（2）《为无方上人写竹》、（3）《一枝竹十五片叶呈七太守》、（4）《潍县署中画竹呈年伯包大中丞括》、（5）《予告归里，画竹别潍县绅士民》、（6）《笋竹》、（7）《初返扬州画竹第一幅》、（8）《为马秋玉画扇》、（9）《为黄陵庙女道士画竹》；

（10）《兰》、（11）《画兰寄呈紫琼崖道人》、（12）《破盆兰花》、（13）《半盆兰蕊》、（14）《半开未开之兰》、（15）《盆兰》、（16）《折枝兰》、（17）《峤壁兰》、（18）《画盆兰送大中丞孙丈予告归乡》、（19）《画盆兰劝无方上人南归》、（20）《为侣松上人画荆棘兰花》、（21）《折枝兰》、（22）《丛兰棘刺图》、（23）《为娄真人画兰》；

（24）《石》；

（25）《兰竹石》、（26）《靳秋田索画》、（27）《题兰竹石调寄一剪梅》、（28）《韬光庵为松岳上人作画》、（29）《乱兰乱竹乱石与汪希林》；

（30）《画菊与某官留别》；

（31）《竹石》、（32）《四竿竹》、（33）《篱竹》、（34）《出纸一竿》、（35）《竹石》、（36）《一笔石》、（37）《八畹兰》。

这三十七个标题，可以分为五类。第一类：画竹题跋（1）至（9）；第二类：画兰题跋（10）至（23）；第三类：画石题跋（24）；第四类：画兰竹石题跋（25）至（29）；第五类：画菊题跋（30）。（31）至（37）属于编排不当。例如：（32）、（33）、（34）都是画竹题跋，应放在（9）的后面；（36）是画石题跋，应放在

（24）的后面；（37）是画兰题跋，应放在（23）的后面。

这三十七个标题，又有重复者。如：（16）与（21）都是《折枝兰》，（31）与（35）都是《竹石》，应归并在一起。

再将这三十七个标题与题跋核对一下，便可发现有驴头不对马嘴的，例如：

〔例一〕在《为马秋玉画扇》这个标题下，有三段题跋：

缩写修篁小扇中，一般落落有清风。墙东便是行庵竹，长向君家学化工。（时余客枝上村，隔壁即马氏行庵也。）

小院茅堂近郭门，科头竟日拥山尊。夜来叶上萧萧雨，窗外新栽竹数根。燮常以此题画，而非我诗也。吾师陆种园先生好写此诗，而亦非先生之作也。想前贤有此，未考厥姓名耳。特注明于此，以为吾曹攘善之戒。

余画大幅竹好画水，水与竹，性相近也。少陵云："懒性从来水竹居。"又曰："映竹水穿沙。"此非明证乎！渭川千亩，淇泉绿竹。西北且然，况潇湘云梦之间，洞庭青草之外，何在非水，何在非竹也！余少时读书真州之毛家桥，日在竹中闲步。潮去则湿泥软沙，潮来则溶溶漾漾，水浅沙明，绿荫澄鲜可爱。时有鲦鱼数十头，自池中溢出，游戏于竹根短草之间，与余乐也。未赋一诗，心常痒痒。今乃补之曰：风晴日午千林竹，野水穿林入林腹。绝无波浪自生纹，时有轻鲦戏相逐。日影天光暂一开，青枝碧叶还遮覆。老夫爱此饮一掬，心肺寒僵变成绿。展纸挥毫为巨幅，十丈长笺三斗墨。日短夜长继以烛，夜半如闻风声、竹声、水声秋肃肃。

第二段题跋八十二字，第三段题跋二百四十字。一个小小的扇面上，已经画了竹子，还能再写八十二字或二百四十字吗？而且第三段题跋分明说是"十丈长笺"的"巨幅"，怎能放在《画扇》这个标题下面呢？

〔例二〕在《题兰竹石调寄一剪梅》这个标题下，有两段题跋：

几枝修竹几枝兰，不畏春残，不怕秋寒。飘飘远在碧云端，云里湘山，梦里巫山。画工老兴未全删，笔也清闲，墨也斓斑。借君莫作画图看，文里机闲，字里机关。

乾隆二十一年二月三日，予作一桌会，八人同席，各携百钱以为永日欢。座中三老人、五少年：白门程绵庄、七闽黄瘿瓢与燮为三老人，丹徒李御萝村、王文治梦楼、燕京于文濬石乡、全椒金北燕棕亭、杭州张宾鹤仲谋为五少年。午后，济南朱文震青雷又至，遂为九人会。因画九畹兰花以纪其盛。诗曰：天上文星与酒星，一时欢聚竹西亭。何劳芍药夸金带，自是千秋九畹青。座上以绵庄为最长，故奉上程先生携去。

第二段题跋，分明是七言绝句，不是词，怎能放在《调寄一剪梅》这个标题下面呢？

〔例三〕在《韬光庵为松岳上人作画》这个标题下，有三首诗：

天阴作图画，纸墨俱润泽。更爱嫩晴天，寥寥三五笔。

元日画兰竹，远寄郭芸亭。万水千山外，知余老更青。

缀玉含玑几箭兰，新篁叶叶翠琅玕。老夫本是琼林客，只画春风不画寒。

第二首诗，分明说是“远寄郭芸亭”，怎能放在《为松岳上人作画》这个标题下面呢？

从以上的分析中看出《板桥题画》有这么多破绽，怎会是郑燮所亲手厘定的呢？

（五）

《板桥题画》刻本中的题跋，与现存的郑燮墨迹（包括原件、拓本、影印本等）、画录的记载（也就是前人所见到的郑燮墨迹），文字多有歧异，举例说明于后。

〔例一〕

《板桥题画》	墨迹
昨自西湖烂醉归，沿山密筱乱牵衣。摇舟已下金沙港，回首清风在翠微。	昨在西湖，过六桥，入小有天园，上南屏山，丛篁密筱，嵌岩充谷，牵衣挽裾，满身皆湿翠也。归而绘其意，并题诗曰：昨自西湖烂醉归，满身细竹乱牵衣。回舟已下金沙港，翘首清风在翠微。乾隆丙子，澄轩年学兄雅鉴，板桥郑燮。（徐州博物馆藏郑燮竹石立轴）
	昨自西湖烂醉归，漫山密筱乱牵衣。摇舟已下金沙港，回首清风在翠微。乾隆己卯，板桥道人郑燮写。（浙江省博物馆藏郑燮竹石立轴）

从上表看出，徐州博物馆所印乾隆二十一年（1756 年）郑燮墨迹，比《题画》刻本好些，好在墨迹有小序，说出了绘画、赋诗的背景。浙江博物馆所藏乾隆二十四年（1759 年）郑燮墨迹，也比《题画》刻本好些，“漫山”与“沿山”虽是一字之差，却可看出郑燮修改的“一片苦心”。《题画》所刻者，只不过是郑燮修改过程中的一个未定稿罢了。

〔例二〕

《板桥题画》	墨迹
文与可墨竹诗云：“拟将一段鹅溪绢，扫取寒梢万尺长。”梅道人云：“我亦有亭深竹里，也思归去听秋声。”皆诗意清绝，不独以画传也。不独以画传而画益传。燮既不能诗，又不能画，然亦勉题数语：雷停雨止斜阳出，	文与可题墨竹诗云：“拟将一段鹅溪绢，扫取寒梢万尺长。”梅道人有云：“我亦有亭深竹里，也思归去听秋声。”皆诗意清绝，不独以画传也。不独以画传而画益传。余既不能诗，又不能画，然亦勉题数句曰：只道霜筠干已枯。谁知碧叶又扶疏。风雷昨夜清江上，拔出

续表

《板桥题画》	墨　迹
一片新篁旋剪裁。影落碧纱窗子上。便拈毫素写将来。言尽意穷，有惭前哲。	乱竹一万株。鄙夫之言，有愧前哲也。唯石兰同学老世长兄政之。乾隆丁丑，板桥郑燮画并题。（日本讲谈社《八大山人·扬州八怪》影印郑燮墨竹立轴）

从上表看出，日本所印郑燮墨迹与《板桥题画》刻本的小序，基本相同，而诗完全不同。可见郑燮绘画题跋是非常灵活的，一个命题，有多种多样的表述方法，同中有异，异中有同。应该并存，进行比较研究，由此及彼，由表及里。如果仅据《题画》刻本立论，未免孤陋寡闻了。

〔例三〕

《板桥题画》	墨　迹
与可画竹，鲁直不画竹，然观其书法，罔非竹也。瘦而腴，秀而拔，欹侧而有准绳，折转而多断续。吾师乎！吾师乎！其吾竹之清癯雅脱乎！……	文与可、吴仲圭善画竹，吾未尝取为竹谱也。东坡、鲁直作书非作竹，而吾画竹，往往学之。黄书飘洒而瘦，坡书短悍而肥，吾竹之肥瘦疏密，即从此出。以书法为画法，亦以画法为书法，岂拘拘一格所能□哉！板桥郑燮。（北京宝古斋文物店藏郑燮墨竹横幅）
	文与可、吴仲圭善画竹，吾未尝取为竹谱也。东坡、鲁直作书非作竹也，而吾之画竹，往往学之。黄书飘洒而瘦，吾竹中瘦叶学之，东坡书短悍而肥，吾竹中肥叶学之：此吾画之取法于书也。……要知书画一理，用以奉翔高老长兄一笑也。板桥郑燮。（南京文物商店藏郑燮墨竹立轴）

从上表看出,北京宝古斋文物店、南京文物商店所藏郑燮墨迹,比《板桥题画》刻本,内容丰富些。刻本只提到学黄庭坚书法画竹,而墨迹提到学苏轼、黄庭坚两家书法画竹,一肥一瘦。显然是墨迹比较全面些。如果只引用刻本而不参考墨迹,便是以偏盖全了。

(六)

将《板桥题画》刻本与现存的郑燮墨迹进行比较,还发现了一个尤为重要的问题,就是某些论点是相反的。例如:

《板桥题画》	墨 迹
郑所南、陈古白两先生善画兰竹,燮未尝学之。……彼陈、郑二公,仙肌仙骨,藐姑冰雪,燮何足以学之哉!	郑所南先生墨竹一卷,题咏甚富,古岩王先生录而藏之有年矣。乾隆七年见板桥画竹,谬奖有所南家法……扬州秀才板桥郑燮记。(故宫博物院藏郑燮临郑所南推蓬竹卷)
	予作兰有年,大率以陈古白先生为法。……乾隆甲戌十月板桥郑燮画并记。(《扬州八怪·郑燮·墨兰图轴》)
	平生爱所南先生及陈古白画兰竹。既又见大涤子画石……遂取其意,构成石势,然后以兰竹弥缝其间。虽学出两家,而笔墨则一气也。宏翁同学老长兄善品题书画,故就正焉。板桥郑燮。(扬州博物馆藏郑燮兰竹石立轴)

从上表看出,仅据《板桥题画》刻本,是不能全面、准确了解郑燮画论的。板桥学郑思肖画竹,见故宫博物院所藏郑燮墨迹;学

陈元素画兰，见《扬州八怪》影印郑燮墨迹；学郑思肖、陈元素画兰竹，见扬州博物馆所藏郑燮墨迹。白纸黑字，铁证如山。如果我们仅依据《板桥题画》刻本“燮未尝学之”一句话，大做文章，便不符合事实了。两种说法是相反相成的。郑燮说“未尝学之”，是指他画兰竹“有倔强不驯之气”，与郑思肖、陈元素两家的“仙肌仙骨”有所不同，这正是他主张“十分学七要抛三，各有灵苗各自探”的表现，不能误认他画兰竹与郑思肖、陈元素毫无渊源。

※ ※ ※ ※

根据以上的分析研究，结论是：

《板桥题画》是郑燮卒后，靳畲所编、刻、印。所以郑燮生前没有提到过这本书，书上也没有郑燮题签。

《板桥题画》是靳畲根据他所见到的郑燮绘画题跋，加以汇集，而不是郑燮亲自厘定的，表现在《题画》与《诗钞》重复的几首诗，标题、诗句都有歧异。

《板桥题画》的编排次序紊乱，有些标题重复，有些标题与题跋对不上号，说明靳畲水平不高。他不敢居编者之名。

《板桥题画》署名：“郑燮克柔甫著，靳畲秋田甫校”，是靳畲搞的鬼，给读者一个错觉，似乎是郑燮委托他办的，其实这本书中所载的题跋，不是郑燮的最后定稿。

由于《板桥题画》中的题跋，与现存的郑燮墨迹、画录的记载，文字多有歧异，甚至还有论点相反的。人们在引用《题画》时，应参考有关资料，去芜存菁。仅靠《题画》，是不能全面、准确了解郑燮画论的。

附：《板桥题画》刻本与墨迹勘对

将《板桥题画》刻本，与传世的郑燮题画墨迹，进行比较，便可发现，刻本所载，既不完全，又不准确。郑燮的画论和题画技巧是通过他全部绘画的题句表述出来的。人们仅引用《板桥题画》刻本，这是远远不够的。今将刻本与墨迹（包括原件、拓片、影印本以及画学书籍的记载）举例对照如下：

化 整 为 零

余家有茅屋二间，南面种竹。夏日新篁初放，绿阴照人，置一小榻其中，甚凉适也。秋冬之际，取围屏骨子，断去两头，横安以为窗棂，用匀薄洁白之纸糊之。风和日暖，冻蝇触窗纸上，冬冬作小鼓声。于时一片竹影零乱，岂非天然图画乎！凡吾画竹，无所师承，多得于纸窗粉壁日光月影中耳。（《竹》）

王瓘藏郑燮画竹拓片，只题“余家有茅屋二间”至“甚凉适也”一段，方浚颐《梦园书画录》卷二十三《郑板桥书画屏十二幅》之一，只题“余家有茅屋二间”至“岂非天然图画乎”一段（“于时”作“时聆”）。

余种兰数十盆，三春告莫，皆有憔悴思归之色。因移植于太湖石黄石之间，山之阴，石之缝，既已避日，又就燥，对吾堂亦不恶

也。来年忽发箭数十，挺然直上，香味坚厚而远。又一年更茂。乃知物亦各有本性。赠以诗曰：兰花本是山中草，还向山中种此花，尘世纷纷植盆盎，不如留与伴烟霞。又云：山中兰草乱如蓬，叶暖花酣气候浓，出谷送香非不远，那能送到俗尘中？此假山耳，尚如此，况真山乎！余画此幅，花皆出叶上，极肥而劲，盖山中之兰，非盆中之兰也。（《兰》）

潍坊市工艺美术研究所《板桥书画拓片集》兰花横幅只题"余种兰数十盆"至"不如留与伴烟霞"一段（"思归"作"思乡"）。

化零为整

江南鲜笋趁鲥鱼，烂煮春风三月初。分付厨人休斫尽，清光留此照摊书。（《笋竹》）

二十年前载酒瓶，春风倚醉竹西亭。而今再种扬州竹，依旧淮南一片青。（《初返扬州画竹第一幅》）

郑燮竹石轴题："'江南鲜笋趁鲥鱼，烂煮春风三月初。分付厨人休斫尽，清光留此照摊书。'此余墨竹诗也。既而薄宦南归，又有题画竹诗云：'二十年前载酒瓶，春风倚醉竹西亭。而今再种扬州竹，依旧江南一片青。'狂夫之言，要求无愧于夙志耳。"（影印本）

诗加序跋

昨自西湖烂醉归，沿山密筱乱牵衣。摇舟已下金沙港，回首清风在翠微。（《竹》）

徐州博物馆藏郑燮竹石立轴墨迹，题："昨在西湖，过六桥，入小有天园，上南屏山，丛篁密筱，嵌岩充谷，牵衣挽裾，满身皆湿翠也。归而绘其意，并题诗曰：‘昨自西湖烂醉归，满身细竹乱牵衣。回舟已下金沙港，翘首清风在翠微。’”

九畹兰花江上田，写来八畹未成全。世间万事何时足，留取栽培待后贤。（《八畹兰》）

中国美术家协会藏郑燮兰竹轴墨迹，题此诗，跋云：“板桥郑燮为笠矶大师作此画，题此诗，在家更可知矣。”

去文留诗

乾隆二十一年二月三日，予作一桌会，八人同席，各携百钱以为永日欢。座中三老人、五少年：白门程绵庄，七闽黄瘿瓢与燮为三老人；丹徒李御萝村、王文治梦楼、燕京于文濬石乡、全椒金北燕棕亭、杭州张宾鹤仲谋为五少年。午后，济南朱文震青雷又至，遂为九人会。因画九畹兰花以纪其盛。诗曰：天上文星与酒星，一时欢聚竹西亭。何劳芍药夸金带，自是千秋九畹青。座上以绵庄为最长，故奉上程先生携去。

《郑板桥书画选》影印兰竹轴，只题诗。

文与可墨竹诗云：“拟将一段鹅溪绢，扫取寒梢万尺长。”梅道人云：“我亦有亭深竹里，也思归去听秋声。”皆诗意清绝，不独以画传也。不独以画传而画益传。燮既不能诗，又不能画，然亦勉题数语：雷停雨止斜阳出，一片新篁旋剪裁。影落碧纱窗子上，便拈毫素写将来。言尽意穷，有惭前哲。（《竹》）

重庆博物馆藏郑燮竹石大幅墨迹，只题七言绝句。

文同诗异

文与可墨竹诗云：“拟将一段鹅溪绢，扫取寒梢万尺长。”梅道人云：“我亦有亭深竹里，也思归去听秋声。”皆诗意清绝，不独以

画传也。不独以画传而画益传。燮既不能诗，又不能画，然亦勉题数语：雷停雨止斜阳出，一片新篁旋剪裁。影落碧纱窗子上，便拈毫素写将来。言尽意穷，有惭前哲。（《竹》）

日本讲谈社《八大山人·扬州八怪》影印郑燮墨竹图轴，题为：“文与可题墨竹诗云……梅道人有云……皆诗意清绝，不独以画传也。不独以画传而画益传。余既不能诗，又不能画，然亦勉题数句曰：只道霜筠干已枯，谁知碧叶又扶疏。风雷昨夜清江上，拔出乱竹一万株。鄙夫之言，有愧前哲也。”

增 减 内 容

与可画竹，鲁直不画竹，然观其书法，罔非竹也。瘦而腴，秀而拔，欹侧而有准绳，折转而多断续。吾师乎！吾师乎！其吾竹之清癯雅脱乎！书法有行款，竹更要行款；书法有浓淡，竹更要浓淡；书法有疏密，竹更要疏密。此幅奉赠常君酉北。酉北善画不画，而以画之关纽，透入于书。燮又以书之关纽，透入于画。吾两人当相视而笑也。与可、山谷亦当首肯。（《竹》）

（1）北京宝古斋文物店藏郑燮墨竹横幅墨迹，题：“文与可、吴仲圭善画竹，吾未尝取为竹谱也。东坡、鲁直作书非作竹，而吾画竹，往往学之。黄书飘洒而瘦，坡书短悍而肥，吾竹之肥瘦疏密，即从此出。以书法为画法，亦以画法为书法，岂拘拘一格所能□哉！”

（2）南京市文物商店藏郑燮墨竹轴墨迹，题：“文与可、吴仲圭善画竹，吾未尝取为竹谱也。东坡、鲁直作书非作竹也，而吾之画竹，往往学之。黄书飘洒而瘦，吾竹中瘦叶学之；东坡书短悍而肥，吾竹中肥叶学之：此吾画之取法于书也。至吾作书，又往往取沈石田、徐文长、高其佩之画以为笔法。要知书画一理，用以奉翔高老长兄一笑也。”

文 字 变 化

江馆清秋，晨起看竹，烟光日影露气，皆浮动于疏枝密叶之间。胸中勃勃，遂有画意。其实胸中之竹，并不是眼中之竹也。因而磨墨展纸，落笔倏作变相，手中之竹，又不是胸中之竹也。总之，意在笔先者，定则也，趣在法外者，化机也。独画云乎哉！(《竹》)

(1) 刘九庵曾见郑燮墨竹轴墨迹，题为：“江馆新晴，晨起看竹，露华浮动于日光霞影之中。胸中勃勃……独画云乎哉！”(“倏作”作“忽作”)

(2)《中国画家丛书·郑板桥》影印郑燮露竹新晴图，题为：“客舍新晴，晨起看竹，露浮叶上，日在梢头，胸中勃勃，遂有画意，其实胸中之竹，并不是眼中之竹也，因而磨墨展纸运笔，又是一格，其实手中之竹，又不是意中之竹也。步步变相，莫可端倪，其天机流露，有莫知其然而然者，独画云乎哉！”

(3) 胡积堂《笔啸轩书画录》卷上《郑板桥墨竹》云：“清秋早起，小园看竹，日光初上，凉露未干，胸中勃勃，遂有画意。其实胸中之竹，并不是眼中之竹也。因而洗砚研墨，咀笔展纸，任意挥写，或离或合。其实手中之竹，又不是意中之竹也。东坡云：胸有成竹。板桥云：胸无成竹。惟其有之，是以无之；惟其无之，是以有之：古今来无二道也。”

文与可画竹，胸有成竹。郑板桥画竹，胸无成竹。浓淡疏密，短长肥瘦，随手写去，自尔成局，其神理具足也。藐兹后学，何敢妄拟前贤。然有成竹无成竹，其实只是一个道理。(《竹》)

故宫博物院藏郑燮竹石大幅墨迹，题：“文与可画竹，胸有成竹。郑板桥画竹，胸无成竹。与可之有成竹，所谓渭川千亩在胸中也。板桥之无成（竹），如雷霆霹雳，草木怒生，有莫知其然而然者，盖大化之流行，其道如是。与可之有，板桥之无，是一是二，解人会之”。

笋菜沿江二月新，家家厨爨剥春筠。此身愿劈千丝篾，织就湘帘护美人。（《笋竹》）

（1）北京西单文物商店藏郑燮墨竹条幅墨迹，题此诗，前两句为：“煮肉烹鱼切笋新，庖厨锅案损天真。”

（2）泰州博物馆藏郑燮竹石图轴墨迹，题此诗，前两句为：“斫鲙烧猪切笋新，家家厨爨损吾真。”

缀玉含巩几箭兰，新篁叶叶翠琅玕。老夫本是琼林客，只画春风不画寒。

天津杨柳青书画店影印郑燮兰竹石图墨迹，题云：“石畔青青竹数竿，傍添瑞草是幽兰。老夫卅载琼林客，只画春风不画寒。”

掀天揭地之文，震电惊雷之字，呵神骂鬼之谈，无古无今之画，原不在寻常眼孔中也。未画以前，不立一格，既画以后，不留一格。（《乱兰乱竹乱石与汪希林》）

《艺苑掇英》第八期影印郑燮兰竹图轴，题此九句，“原不在寻常眼孔中也”作“固不在寻常蹊径中也”。

咬定青山不放松，立根原在破岩中。千磨万击还坚劲，任尔东西南北风。（《竹石》）

（1）南京博物院藏郑燮竹石立轴墨迹，题此诗，“破岩”作“乱岩”，“坚劲”作“坚净”。

（2）商承祚藏郑燮竹石立轴墨迹，题此诗，“破岩”作“乱崖”，“万击”作“万折”，“东西南北风”作“颠狂四面风”。

（3）上海博物馆藏郑燮竹石轴墨迹，题此诗，“破岩”作“乱崖”，“东西南北风”作“东南西北风”。

不容荆棘不成兰，外道天魔冷眼看。门径有芳还有秽，始知佛法浩漫漫。（《为侣松上人画荆棘兰花》）

常州博物馆藏郑燮兰竹石大幅墨迹，题此诗，“门径有芳还有秽”作“看到鱼龙都混杂”，“始知”作“方知”。

几枝修竹几枝兰，不畏春残，不怕秋寒。飘飘远在碧云端，云里湘山，梦里巫山。画工老兴未全删，笔也清闲，墨也斓斑。借君莫作画图看，文里机闲，字里机关。（《题兰竹石调寄一剪梅》）

（1）兴化文化馆藏郑燮兰竹轴墨迹，题此词，上片第二、三句作“不怕春寒，不畏秋残”，下片第五、六句作“文里波澜，字里机关”。

（2）《中国画家丛书·郑板桥》影印郑燮丛兰竹石图横幅，题此词，上片第二、三句作“不怕春残，不畏秋寒”，下片第一句作“赠君莫作画图看”，第三句作“墨也清闲”，第四句作“画工酬应近来悭”。

山上兰花向晓开，山腰乳箭尚含胎。画工刻意教停蓄，何苦东风好作媒！（《半开未开之兰》）

潍坊市博物馆藏郑燮兰竹石横幅墨迹，题：“山上兰花早早开，山腰小竹又含胎。经霜历雪怀春久，多谢东风为作媒。”

以上是举例说明《板桥题画》刻本与墨迹的几种不同情况。从比较中看出，郑燮题画是非常灵活的。我们研究郑燮的画论和题画技巧，必须详细地占有材料。仅凭《板桥题画》刻本，是不能全面地了解郑燮的画论和题画技巧的。

附：郑板桥题画残稿笺释

常州博物馆藏郑燮题画残稿，其中大部分作品是从未见过的；小部分作品，虽在郑板桥的墨迹、拓片、画册中见过，但文字有异同。据郑板桥《词钞·自序》，他的创作原则是“再三更改”“以求一是”。他对题画诗的修改，可供比较研究，从而探讨郑板桥画论的发展过程。题画残稿中所钤“郑燮印”（白文）、“郑燮之印”（白文）、“克柔”（朱文）、“扬州兴化人”（白文）、“荥阳郑生”（白文）、“小字已卯”（朱文）、“行大”（白文）、“大尹山人”（白文）等章，其中有从未见过的。残稿的标题，如“兰花”“竹子”“石头”，比发表的《题画》用“兰”“竹”“石”，更接近口语。今移录郑燮题画残稿原文，并略加笺释如下：

天公好卖子琼瑶，挂在春风碧玉条。借问秋来谁拟得？楼头雨过望葡萄。　板桥题藤萝花一首。

一片梧桐一片蕉，雨中滴沥最魂消。而今画得窗前竹，也带秋淋助寂寥。

进又无能退又难，宦途局□□□看。吾家自有东篱菊，归去□□□知寒。　　此范县题诗也。家眷已□□返，匆焉而有濰水之调，乃另画□幅，更题数句：拟种秋花满碧岭，入山必密入林深。无端调我囊沙县，辜负东篱一片心。　板桥题菊花。

《板桥题画·画鞠与某官留别》："进又无能退又难，宦途局蹐不堪看。吾家颇有东篱鞠，归去秋风耐岁寒。"对照起来看，即知所谓"与某官留别"乃是与范县某官留别。残稿中"家眷已□□返"云云，有助人们了解郑板桥画菊与范县某官留别时的情况。又，从"无端调我囊沙县，辜负东篱一片心"看出当时郑燮希望还乡，不甚愿意赴任。"囊沙县"指潍县。郑燮《潍县竹枝词》"马思南北是山田，石块沙窝不殖钱"可证。

嶰谷风清，柯亭节古。随意写来，便是竹谱。板桥题竹。

拓片："嶰谷风秋，柯亭节古。偶然下笔，便是竹谱。板桥燮。"

只道霜筠干已枯，萧萧翠叶又扶疏。风雷昨夜滕王阁，发出龙孙十万株。　竹根小石无多子，毕竟相扶雨雪中。相摩相戛声如玉，日永天和爱好风。　板桥画竹二首。

烟台市博物馆藏郑燮墨竹轴墨迹："只道霜筠干欲枯，萧萧绿叶又扶疏。风雷昨夜江南岸，拔出龙孙一万株。　元勋年兄正画，板桥郑燮。"

《八大山人·扬州八怪》："只道霜筠干已枯，谁知碧叶又扶疏。风雷昨夜清江上，拔出龙竹一万株。"署："唯石兰同学老世兄政之，乾隆丁丑，板桥郑燮画并题。"

扫尽浮云洗尽烟，为君移置案头前。吃菸莫漫来敲火，峭角圆时最可嫌。　题石头。

茅斋十笏无多地，小竹安排小石头。何限世情都刷去，一杯香茗对清幽。　板桥题竹石。

江上人家翠竹光，竹屏竹几竹方床。儒生气味原谙竹，竹屋还须胜画梁。　题竹子。

题画竹诗“竹屋还须胜画梁”反映出郑安贫乐道的人格，题画兰诗“不靠青山却靠□（谁）”反映出郑蔑视权贵的正气，题画石诗“峭角圆时最可嫌”反映出郑厌恶圆滑的傲骨。

年年种竹广陵城，爱尔清光没变更。最是读书窗外，为予夜起秋声。　题竹子。

《郑板桥书画选》：“年年种竹广陵城，爱尔清光没变更。最是读书窗纸外，为争夜半起秋声。　板桥居士郑燮画并题。”

老干扶疏新叶放，龙孙原种复来枝。　板桥题竹子。

青山爱竹不相离，竹爱青山到处随。竹本无心山又静，千秋知己复何疑。　题竹。

一尺竹含千尺势，老夫胸中有灵奇。　板桥竹二句。

潍坊市博物馆藏郑燮墨竹拓片：“一尺竹含千尺势，老夫胸次有灵奇。　板桥。”

一竹一兰一石，有节有香有骨。满堂皆君子之风，万古对青苍之色。　石头竹子兰花。

何乃扬藏郑燮兰竹石墨迹：“一竹一兰一石，有节有香有骨。满堂君子之人，四时清风拂拂。”

昨夜风雷北海陬，经春草木尽抬头。岂知两干萧萧竹，直到青云未肯休。

写来骨节自玲珑，浓淡虽殊气味同。拔地撑天三百尺，欻然欲作大鹏风。

窗前一夜响秋声，晨起相看韵不清。我与竹枝差不远，萧疏岂有不平鸣。

城上更漏五更敲，不眠之客生寒宵。纸窗打破风无数，不是梅梢是竹梢。 砚头残墨醉中诗，和风和烟写几枝。若比江南红豆子，也应一叶一想思。 板桥题竹二首。

绕膝龙孙好节柯，居中柱石老嵯峨。春风夏雨清光满，历到秋冬翠更多。 石头竹子。

与可、东坡皆画竹，后生何敢步前贤。若说所南兼古白，纵难并架也随肩。

郑板桥评论古代画家，如："文与可画竹，胸有成竹"（《板桥题画》刻本），"东坡画竹如写字"（拓片）、"郑所南、陈古白两先生善画兰竹"（《板桥题画》刻本），等等，表明他推崇苏轼（东坡）、文同（与可）、郑思肖（所南）、陈元素（古白）。这首题画诗是郑燮对苏、文、郑、陈四家之综论兼自评。

记得西江罗饭牛，画来秋竹翠于油。老夫瘦干多枯涩，终愧前贤妙笔头。

罗牧，字饭牛，江西宁都人，侨居南昌，善画山水，江淮间祖之者称江西派。人们从未见过郑板桥评论罗牧画，这首诗表明他对罗的推崇，值得注意。

昨欲映窗窗与阴，疏疏密密隐深深。陵空复处高高节，到底能虚寸寸心。

知君心地有芝兰，带露含风湿未干。借问世间谁识得，写将图画与人看。

《梦园书画录·郑板桥兰石大轴》："唯君心地有芝兰，种得芝兰十顷宽。尘世纷纷谁识得，老夫拈出与人看。　乾隆辛巳，为瞻乔老长兄画并题。板桥郑燮。"

古人云，入芝兰之室，久而忘其香。室则美矣，我愿居深山绝谷中，见芝不采，有兰不缀，各全其天，各适其性，乃为诗曰：高山峻壁见芝兰，竹影萧疏几片寒。便以乾坤为巨室，百年洒落卧其间。

上海博物馆藏郑燮芝兰竹石轴墨迹："昔人云，入芝兰之室，久而忘其香。夫芝兰入室，室则美矣，芝兰勿乐也。吾愿居深山绝谷之间，有芝弗采，有兰弗掇，各适其天，各全其性。乃为诗曰：高山峻壁见芝兰，竹影遮斜几片寒。便以乾坤为巨室，老夫高枕卧其间。　乾隆辛巳三月，板桥道人郑燮。"

一枝卧竹一枝昂，石笋萧然与竹长。好事倪迂青密阁，皆前点缀不寻常。　板桥题竹石。

潍坊市博物馆藏郑燮竹石拓片："一枝卧竹一枝昂，石笋萧然与竹长。好是倪迂清闷阁，阶前点缀不寻常。　板桥郑燮。"

板桥居士窃虚名，一味便宜娇诈行。博得新诗如拱璧，反将顽石报先生。　板桥题石头。

郑燮以画酬诗，却说得如此风趣。

一种幽香贯四时，高风远度足相思。世间土壤根难立，不靠青山却靠□。

竹枝略与苇枝同，瘦瘦圆圆节节□。

潍坊市博物馆藏郑燮墨竹拓片：“竹枝略与苇枝同，瘦瘦圆圆节节重。他日江头作渔父，钓竿便在画图中。　　板桥。”

久别名山冯梦至，每思旧友取来看。

瑶池有香斗春烟，繁结兰孙倍增妍。雨露叠沾多富贵，还将松寿祝南山。　咏梅花牡丹兰花。

孝萱案：《中国古代书画图目》六影印郑燮题画残稿，刘九庵云：“此书出自谭云龙笔。”谭云龙不能捏造，也是据郑板桥题画稿移录的。

附：《板桥先生印册》注

《板桥先生印册》载于清徐兆丰《风月谈余录》卷六。徐氏云："程君乐亭出其先世所藏先生《印册》，系墨笔摹成，并有旁注。惟原册已失，今只抄本。"《印册》是研究郑板桥生平、思想以及清初篆刻艺术的珍贵资料，原注较简，今录原文并加考释如下：

板桥先生印册

扬州兴化人

潘西凤，天台人，①字桐冈，晚号老桐，刻此石。②

郑板桥，兴化县人，不必加"扬州"二字，但福建有兴化府，不得不以扬州别之。若江都、仪真，无同名，不必区别。

【注】

①《印册》云："天台人。"《板桥诗钞·绝句二十三首·潘西凤》序云："新昌人。"当有一误。案董伟业《扬州竹枝词》卷首，有潘西凤《金缕曲》题词，署款为"天台天姥闲人潘西凤"。高翔有《送潘悔桥归天台省墓》诗（潘西凤，一字悔桥）。顾于观《澥陆诗钞·寄潘桐冈》云："天台之人扬州住。"均可证明《印册》不

误。

汪启淑《飞鸿堂印人传》、叶铭《广印人传》、褚德彝《竹人续录》等书说潘西凤是“新昌人”，均误。

②《飞鸿堂印人传·潘西凤传》云：“曾受业于良常王虚舟（澍）之门。虚舟摹《十七帖》成，命桐冈书丹，以竹简勒之，名曰《竹简十七帖》。”《竹人续录·潘西凤》云：“曾见老桐所刻湘竹扇骨，板桥就竹斑，画梅二斜枝，上题一诗，老桐署款其下。”《澥陆诗钞·寄潘桐冈》序云：“桐冈寻山中老竹根，刻书画印章，特奇妙。”黄学圮《东皋印人传》卷下《潘西凤》云：“尝作竹琴……池旁各家铭言，各体篆刻，精美绝伦，传闻海内，是琴陪供已入大内矣。尤工竹印，姜退耕赠诗云：‘老桐手法天所倚，古学如线中流砥。’”所有这些，均指潘西凤刻竹艺术而言。《印册》云“刻此石”，可见潘西凤亦擅于刻石印。

所南翁后

沈凤，字凡民，盱眙、旌德、宣城三县知县。[①]工篆刻，[②]刻此。

板桥藏印，称“四凤楼”，盖谓胶州高凤翰、扬州高凤冈、天台潘西凤、江阴沈凤也。[③]

【注】

①袁枚《小仓山房文集》卷五《补萝先生墓志铭》云：“凡七摄县篆，宣城、灵璧、舒城、建德、盱眙、泾县，皆所历也。”据《印册》，知袁枚漏举“旌德”一县。

②沈凤有《谦斋印谱》，康熙五十三年甲午（1714年）汪士鋐序云：“江阴好友沈兄凡民，有志于书，先学篆刻之法。故于史籀秦相之书，说文字源及汉唐碑刻印章，无不通贯。顾其作之也，以刀而不以笔。而其得心应手之妙，亦如以笔成之。至其用中锋而不用侧笔，其往复起止，皆如其次第而不乱。其笔随宜变换，不复不

冗，皆真得书家三昧，而复正其缺烂讹舛。”雍正六年戊申（1728年）王澍序云：“吾友沈太学凡民，性耆古，酷喜篆刻。少时，辄坐卧延陵季子之碑。既长，游宦四方。东至齐鲁，搜秦汉之遗碣；北之燕，摩挲宣王石鼓；西适秦，抵酒泉，访求晋唐来金石刻，空昼登登，手拓以归。京师为万国之会，凡三代后钟、彝、尊、罍、卣、鼎、甗、鬲及一切奇古怪物，辇来自四方者，往往而有。凡民一见，辄抚弄不去手。遇有款识，虽一两字，亡不精心摹拓。客有以秦汉印三千来者，凡民开箧大喜跃，穷日夜悉谱之，篆法于是益上。公卿大夫，知凡民者，如麻列，索刻者，相属于道。……凡民无所用意，应手虚落，自然入古。盖凡民信可谓取精多而用物宏者。”乾隆十八年癸酉（1753年）高斌序云：“镌法遒劲，已臻神化，有古钗脚、屋漏痕之妙。”沈凤自叙云：“三十年来，凤所为人篆刻者，布满一世。”

袁枚《补萝先生墓志铭》云：“自言生平篆刻第一，画次之，字又次之。晚年不肯刻石、作画，而肯书。”

③黄学圯《东皋印人传》卷下《沈凤》云：“时有《四凤楼印谱》……竹木交错，石章亦少，晶玉皆无，不过十余页。圯幼时曾见之维扬市中。”《四凤楼印谱》即《板桥先生印册》。“四凤”是楼名，不能理解为篆刻流派。所谓流派，或指同一地人，或指艺术风格相同。高凤翰、高凤冈、潘西凤、沈凤既非同一地人，篆刻艺术风格亦不相同。

游好在六经

此晚村先生作也。先生自批点文章而外，尚有二十四种绝技，如医学、女工、驰射，皆精妙无比伦，刻印工绝。[①]故摹此以志先生之一斑。[②]

【注】

①吕留良，字庄生，一字用晦，号晚村，浙江石门人。吕留良是明遗民，卒于清康熙二十二年癸亥（1683 年），而郑板桥生于康熙三十二年癸酉（1693 年），吕留良不可能为郑板桥刻印。“此晚村先生作也”指吕留良刻过一方“游好在六经”的印章，不是吕留良代郑板桥刻过这方印章。郑板桥出于对吕留良的仰慕，摹刻了吕留良此印，故称“摹此以志先生之一斑”。我这样解释，是有理由、有根据的，请看《印册》中另一段话：

雪浪斋

雪浪石在栾城县，东坡移置斋中，名“雪浪斋”。元章为刻印，铜质螭纽。板桥乞司徒王（“王”字衍）文膏以枣木摹之。

宋米芾（元章）为苏轼（东坡）刻过一方“雪浪斋”的铜印，郑板桥出于对苏轼、米芾的仰慕，请司徒文膏用枣木摹刻之。郑板桥摹刻“雪浪斋”“游好在六经”二印，如出一辙。

郑板桥仰慕苏轼、米芾，是人人都可以理解的，而仰慕吕留良，则需要加以说明。从《印册》中，看出郑板桥仰慕吕留良有三个原因：

其一，批点文章。据《碑传集补》卷三十六《逸民》二所载张符骧《吕晚村先生事状》：“其议论，壹发之于四书时文评语。”孙静庵《明遗民录》卷七述之尤详：“（吕留良）又尝叹曰：‘道之不明久矣，今欲使斯道复明，舍目前几个识字秀才，无可与言者，而舍四子书之外，亦无可讲之学。’故晚年点勘八股文字，精详反覆，穷极根柢，每发前人之所未及，乐不为疲也。有疑时文恐不足以讲学者，留良曰：‘事理无大小，文义无精粗，莫不有圣人之道也，但能笃信深思，不失圣人本领，即择之狂夫，察之迩言，皆能有得，况圣贤经义乎？……所著有诗集几卷，制义一卷。所评有诸先辈稿及天盖楼偶评若干。”所谓“制艺”即“时文”即八股文。郑板桥仰慕吕留良“批点文章”即指批点八股文。

其二，二十四种绝技。据张《状》：“隐于医。”孙《录》：“博学多才，凡天文、谶纬、乐律、兵法、星卜、算术、灵兰、青鸟、丹经、梵志之书，莫不洞晓。善属文……工书法。少时能弯五石弧，射辄命中。余至握槊、投壶、弹琴、拨阮……斫研、技艺之事，皆精绝。”郑板桥对吕留良的“二十四种绝技”，只举出“医学、女工、驰射”，孙静庵所述，比郑板桥全面。郑板桥对吕留良的“二十四种绝技”的评价是“皆精妙无比伦”，与孙静庵所述“皆精绝”，口吻如一。

其三，刻印工绝。孙《录》称吕留良“摹印”“精绝”。叶铭《广印人传》卷一一《吕留良》云：“卖画及篆刻自给。”从吕留良卖画证明他善画，这也是郑板桥所说的“二十四种绝技”之一。

②郑板桥摹刻吕留良“游好在六经”印章，却不意味着郑深于经学。乾隆十四年己巳（1749年）郑板桥自叙：“平生不治经学……有时说经，亦爱其斑驳陆离，五色炫烂。以文章之法论经，非六经本根也。”（杨荫溥藏墨迹）郑板桥不是经学家，他与吕留良的共鸣在于八股文而非经学。

大家知道，吕留良是明遗民。章炳麟《书吕用晦事》称：“若吕用晦则以侠士报国者。”举事不成，易名光伦。张《状》说：“戊午岁（康熙十七年），有宏博之举，浙省屈指以先生名荐，先生自誓必死以免。其后三年，而郡守又欲以隐逸举，先生闻之，喷血满地，乃于枕上翦发袭僧伽服曰：‘如是，庶可以舍我矣。’”（孙《录》同）现在有人说郑板桥具有反清的思想，我提出郑板桥仰慕吕留良，可能被人用作郑板桥具有反清思想之证。为了避免误解，郑重表明我的观点如下：

吕留良是明遗民，而郑板桥出生于清朝建立五十年之后。明亡后，吕留良为拒绝清朝官吏的荐举，削发为僧；而郑板桥是清朝的官员，“乾隆十三年，大驾东巡，燮为书画史……亦足豪矣”（乾隆己巳墨迹）。雍正时，吕留良被戮尸；而郑板桥未受文字狱牵连。吕留良与郑板桥的政治立场、生活道路是不同的。如果说郑板桥具有反清的民族思想，怎样解释他“我朝开国于今烈，文、武、成、康四圣人”（《将之范县拜辞紫琼崖主人》）这样歌颂顺治、康熙、雍正、乾隆四个皇帝的诗句呢？

流传的《板桥诗钞》里铲去《游白狼山》至《四皓》十五题十九首诗，其中有一首《六朝》诗，诗中有“南人爱说长江水，此水从来不得长”两句，有人认为：“清”字水旁，这两句诗是咒骂清朝“不得长”。实属牵强。这两句诗，是从李商隐（义山）《南朝》诗“地险悠悠天险长”“休夸此地分天下”化出来的。“天险，指长江”（冯浩《玉溪生诗集笺注》）。郑板桥说长江“不得长”，与李商隐说休夸长江“天险长”“分天下”，意思相同。郑板桥崇拜李商隐，乾隆二十三年戊寅（1758 年）他写给江昱、江恂的信中说：“李义山，小乘也，而归于大乘，如《重有感》《随师东》《登安定城楼》《哭刘蕡》《痛甘露》之类，皆有人心世道之忧，而《韩碑》一篇，尤足以出奇而制胜。”（上海博物馆藏墨迹）崇拜之情，溢于言表。郑板桥《六朝》诗化用李商隐《南朝》诗，是无可怀疑的。

总之，郑板桥仰慕的是吕留良的“批点文章”“二十四种绝技”“刻印工绝”，而不是吕留良的遗民生活，郑板桥无反清的民族思想。即以八股文而论，据《晚村先生家训真迹》，吕留良指教外甥“细玩”金声（正希）、黄淳耀（陶庵）稿。《明史》卷二七七《金声传》云：“好学，工举子业，名倾一时。”明亡，抗清被执，不屈而死。卷二八二《儒林传一·黄淳耀传》云：“为诸生时，深疾科举文浮靡淫丽，乃原本六经，一出以典雅。”清兵破嘉定，自缢死。在众多的明代八股名家中，吕留良特别提出金声、黄淳耀二人，显然出于对二人节操的敬佩，而郑板桥津津乐道的是八股名家董其昌、韩菼享乐。郑板桥出生于清朝建立五十年之后的所谓“盛世”，其思想必然与明遗民吕留良有所不同。说郑板桥具反清的民族思想，不合历史实际。

郑板桥本是寒士，以擅长八股文而“发达”。在他学做八股文的过程中，受到吕留良“批点文章”即“点勘八股文字”的启迪，对吕产生仰慕之情。在当时政治环境下，他不能公开表示，只在《印册》中略有流露。

雪婆婆同日生

杭州身汝敬刻。

俗以十月廿五日为雪婆婆生日。燮与之同日生，故有是刻。

或以不典为诮。予应之曰：“古之谚语，今之典；今之谚语，后之典。‘宫中作高髻，四方高一尺。’真成俗语而今为典矣。”

海阔天空

南通州丁丽中①刻。

【注】

①梁悦馨等《通州直隶州志》卷十三《人物志》下《文苑传·静海乡·国朝》：“丁有煜，字丽中。扶风令腹松子也。诸生，入太学。少习举子业，沈鸷类章罗。既而弃去，肆力诗古文及篆刻水墨画，远近名流联吟无虚日。晚年自号个老人。居双薇园，幅巾宽袖，须眉如雪，望之若仙。其卒也，袁枚闻之，叹曰：‘个老亡，江北无名士矣。’”《清代禁毁书目·外省移咨应毁各种书目》中有“《双薇园集》：丁有煜著”“《与秋集》：丁有煜著”。

雪浪斋

雪浪石在栾城县，东坡移置斋中，名“雪浪斋”。元章为刻印，铜质螭纽。板桥乞司徒王文膏①以枣木摹之。

【注】

①“王”字系衍文。《板桥词钞》卷首有“上元司徒文膏刻”字样。《道情十首》跋云：“是曲作于雍正七年，屡抹屡更。至乾隆八年，乃付诸梓。刻者司徒文膏也。”曾衍东《小豆棚》卷十六《杂记·郑板桥》云：“其门人司徒文膏，镂板亦精。”

郑为东道主

朱青雷刻。

“舍郑以为东道主”，板桥割去“舍”字、“以”字，便是自作主张。凡作文者，当作主子文章，不可作奴才文章也。

充柔

高凤冈，名翔，字西塘，[①]刻此。[②]

贱字克柔，犀堂刻作“充柔”，真成错谬。余亦宝而藏之，人亦爱而玩之。若俗笔。虽字字六书，丝毫无舛，我正不取。

【注】

①高翔，号犀堂、樨堂、西堂、西唐、西塘，又号山林外臣，清扬州府甘泉县人。

②姚世钰《孱守斋遗稿》卷四《西唐山人书余说》云：“……工摹印，皆不肯蹈袭故常。”陈章《孟晋斋诗集》卷十七《题高青畴印谱后，即送归天津》云：“老友高西唐，铁笔追往轨。端庄乏煸扁，刚劲少骫骳。平生最矜慎，不轻炫其技。佳士与良朋，甫一镌姓氏。所贻仅数颗，宝若秦汉玺。”张庚《画征续录》卷上云：“（高翔）工缪篆，刀法师程穆倩。”

丙辰进士

河南僧人静山刻。

七品官耳[①]

高西园，名凤翰，号南阜，又自号老阜，胶州人。[②]泰州坝上亭长。[③]疾发，用左手刻。[④]

【注】

①查礼《铜鼓书堂遗稿》卷三十二《词话》云："（郑燮）画幅间常用一印曰：'七品官耳。'"

②高凤翰《南阜山人敩文存稿》卷五《南阜山人生圹志铭》云："胶之计斤里人。"

③高凤翰曾任歙县丞，署休宁县令、绩溪县令，最后为泰州坝上亭长。

④雍正以前，高凤翰喜收藏古印，而不常刻印。高凤翰于康熙五十年辛卯（1711年）所作《赠张亶安》诗注："亶安许以镌印，易余画笔。"康熙五十二年癸巳（1713年）所作《癸巳三月，省试东还，过安邱张卯君兄弟，留二十四日而别，共得篆刻三十颗，作小言二十八字谢之》云："为削芙蓉三十方，君家兄弟及诸郎。"雍正三年乙巳（1725年）所作《题画奉酬桐城张吾未遗我竹章》诗云："卖画今成换印方。"（均见《诗集类稿》〔抄本〕）……这是雍正三年以前高凤翰请人刻印的证明。

高凤翰何时自刻印的呢？《敩文存稿》卷十四《尺牍·与冷仲宸》云："余近学得篆印，一以印统及所收汉铜旧章为师。觉向来南北所见时贤名手，皆有习气。故近与刻家论印，每以洗去图书气为第一。……要当以直追本原，窥见太始，为第一义耳。"此文有"向在金陵时，曾晤一南中试用人"之语，"雍正癸丑，凤翰以保举试用来金陵"（《敩文存稿》卷三《黄夫人血影石新龛记》），可见他自刻印，是雍正十一年癸丑（1733年）以后的事。

高凤翰自刻印后不久，就残废了。《敩文存稿》卷十二《归云和尚碣》云："乾隆二年丁巳夏五月，顿患痹，右体废。七月，旋以无妄去官。"这对于他，是多么沉重的打击！高凤翰的表现是坚强的：既不向诬陷他的恶势力低头，带病对簿公堂，抗辩不屈；也不向侵害他的病魔屈服，学习运用左手写字、绘画、刻印。经过斗争，他所受的冤枉，得到平反；经过练习，他的左手，也能代替右手了。

《敩文存稿》卷四《与马保定书》云："至于右手之废，其苦尤不胜言。近试以左腕代之，殊大有味，其生拗涩拙，有万非右手滑软所及。昨为人跋一左手书画子，有'弄笔一生，不可不知此味'之语，皆于中间实有所得，非徒然作此吊诡不近人情之言也。"郑燮《绝句二十三首·高凤翰》序云："病废后，用左臂，书画更奇。"

高凤翰用左手写字、绘画，有遗迹可以证明，是否也能用左手刻印呢？《印册》云"疾发，用左手刻"，解决了我的疑问。

私心有所不尽鄙陋

朱青雷，名文震，能诗、词、书、画，尤工篆刻。[①]先为高西园门生，后为郑板桥门生。客潍县署中刻此。[②]

【注】

①《飞鸿堂印人传》卷四《朱文震传》云："号去羡。山东历城人也。……独游曲阜，偏观孔庙秦、汉碑刻，如欧阳率更之见索靖书，布毯坐卧其间者累月，由是篆隶益精。归，复就学于族祖冰壑先生家，更得指授用笔、用刀之法，技益进，名亦鹊起。慕太学石鼓，杖策来京师，为紫琼崖主人所赏识，而所见古人法书名画遂广，初学写意花卉、翎毛，继则擅长山水，几夺麓台、石谷之席。其卓荦不羁之才，一寓于诗。……著有《雪堂诗稿》若干卷。"民国《续修历城县志》卷四十一《列传》三《文苑》云："（朱文

震）受知成邸，诒晋斋印章，多出其手。尝宿随园，为袁简斋（枚）镌小印二十余方。……文震故工诗，其《红桥晚步》，尤脍炙人口云。”

②乾隆《潍县志》卷三《官师志·秩官》的知县表中，有“（乾隆）十一年：郑燮”“十八年：韩光德”等记载，可见郑燮为潍县令，是乾隆十一年丙寅（1746 年）至十八年癸酉（1753 年）间事。

直心道场

司徒文膏刻。

俗吏

如皋孝廉姜恭寿静宰[①]刻。

【注】

①《通州直隶州志》卷十三《人物志》下《文苑传·如皋县·国朝》：“姜任修……子恭寿，字静宰，举人。才气奔纵，诗文篆画洒笔立就，横绝一世。”杨受廷等《如皋县志》卷十七《列传》二《文苑·国朝》：“姜恭寿字静宰，号香岩。才气奔放，不可控抑，诗文横绝一世，工篆善画。补博士弟子，登辛酉贤书，五试春官不第。游广陵，赋诗为文自娱乐，洒笔数千言立就。时作梅花一两幅，识者争购致之。佐雷督学校士，公正无私。修邑志，体例谨严。晚年病耳，五十有二岁以疾终。”黄学圯《东皋印人传》卷上《姜恭寿》云：“游广陵，住蕃厘观，选《瓠尊集》，网罗天下名士，称一时之盛。尝摹汉铜印数百方，对之几有乱其真者，呜呼可谓工矣！生平不轻为人作印，有以百金求篆而不得者。”

郑兰

吴于河[①]刻。

【注】

①《淮海英灵集》丙集卷三：“吴家应，字于河，仪征人。”吴于河即吴雨禾。李斗《扬州画舫录》卷二《草河录》下云：“郑燮……关帝庙道士吴雨田从之学字，可以乱真。”雨禾与雨田，或是兄弟。郑燮与雨田有师生之谊，故雨禾为郑燮刻印甚多。

郑燮

高邮米先生刻。

鸡犬图书共一船

又山王涛[①]刻。

【注】

①《扬州画舫录·草河录》下云：“王涛字素行。江南人，移家扬州。画着色花卉、翎毛，有元人笔意。”阮元《淮海英灵集》戊集卷三《王涛小传》云：“字又山。江都人……善铁笔，工画。”

谷口人家

高攀龙[①]刻，凤翰孙也。

【注】

①高凤翰的孙辈中，没有名叫“攀龙”的。《南阜山人诗集类稿》（抄本）中，有“孙攀鳞存”字样。《南阜山人诗集类稿》（刻本）卷末，有“孙攀鳞、侄孙攀霞同校”字样。《印册》中“龙”字或是“鳞”字之讹。

《南阜山人敩文存稿》卷十四《尺牍·与家六安》云：“孤孙

攀鳞，是翰长男死后所遗。今年刚七岁，了了颇解人意。吾家若犹未艾，此子尚是接续人。”道光《重修胶州志》卷三〇《列传》一〇《艺术》云：“凤翰孙攀鳞，字雷鲤。早丧父，为凤翰所钟爱。才高资敏，为书画不守古人藩篱，神韵超逸，往往出人意表。”工书善画的高攀鳞，篆刻能承家学，殆无疑问。

《广印人传》卷十六：“高攀龙，南阜之孙，工治印。”寥寥十字，可能是抄自《印册》，也就沿袭了《印册》中的错字。

鹧鸪　朱文

高西园刻。

鹧鸪　白文

毕一庵刻。

克柔

徐柯亭[①]刻。

【注】

①咸丰《兴化县志》卷八《人物志·文苑附录》云：“徐朝栋字涧松，号柯亭。增生。工四体书，尤长于篆镌，竹石印章皆入古。”

板桥居士

潍县诸生[①]郭伟绩[②]芸亭[③]刻。

【注】

①民国《潍县志稿》卷二十三《教育志·征举科贡表》有“（乾隆）五十四年己酉恩科、举人郭伟绩（由增生）”以及“（乾

隆)五十五年庚戌恩科、检讨郭伟绩”等记载。《印册》称郭为“诸生”，表明郑燮撰《印册》时，郭尚未中举。

②《潍县志稿》卷三〇《人物志·文学》云:“(郭伟绩)工篆隶，嗜印章。”同书卷三十七《艺文志》云:“郭伟绩:《松筠桐荫馆集印》六卷、《印章初学须知》一卷。”

③《潍县志稿·文学》云:“郭伟绩字熙虞，号芝亭。”“芝”字是“芸”字之讹，《板桥题画》有云:“元日画兰竹，远寄郭芸亭。”与《印册》相同。

游思六经，结想五岳

徐寅[①]刻。字虎臣，[②]华亭人。[③]

【注】

①光绪《嘉兴县志》卷二十五《列传》五《文苑》云:“徐贞木字士白。自郡城迁居梅里……自号白榆山人。子寅，字虎侯……篆刻克继家学。”冯承辉《国朝印识》卷一引《篆学渊源》云:“虎侯，白榆之子。名重京师，过于乃翁。其所刻印，虽多斧凿痕，未造自然，然循循乎规矩，不失家学之传。”

②据上引资料，《印册》中“臣”字是“侯”字之讹。

③据上引资料，《印册》云“华亭人”，误。郑燮与徐寅交游不密，把徐寅的表字、籍贯记错。周亮工《印人传》、叶铭《广印人传》称徐寅为“秀水人”，明、清两代，秀水、嘉兴两县同城而治。

康熙秀才、雍正举人、乾隆进士[①]

济南朱青雷刻。

【注】

①《铜鼓书堂遗稿·词话》云："（郑燮）画幅间……又一印曰：'康熙秀才、雍正举人、乾隆进士。'"

二十年前旧板桥[①]

朱青雷镌。

【注】

①《扬州画舫录》卷一〇《虹桥录》上云："（郑燮）有'二十年前旧板桥'印章。"

橄榄轩　诗绝字绝画绝　青藤门下牛马走[①]　**十年县令　六分半书**[②]　**潍夷长　郑风子　畏人嫌我真　无数青山拜草庐　恃聋耳　恨不得填漫了普天饥债　动而得谤名亦随之　王凤**[③]

吴于河刻。

王凤，字一鸣，板桥奴子也。能诵《北征》《琵琶行》《长恨歌》《连昌宫词》及《汉末焦仲卿妻作》。不幸早夭，李复堂、潘桐冈皆为堕泪。

【注】

①袁枚《随园诗话》卷六云："郑板桥爱徐青藤诗。常刻一印云：'徐青藤门下走狗郑燮。'"误以"青藤门下牛马走"为"徐青藤门下走狗郑燮"。沿袭袁枚之误，以讹传讹者甚多，不一一列举。

②郑燮乾隆十四年（1749年）自叙云："善书法，自号'六分半书'。"（杨荫溥藏墨迹）

③《板桥诗钞·县中小皂隶，有似故仆王凤者，每见之黯然》四首之三云："小印青田寸许长，抄书留得旧文章。"

〔附记〕

（一）发现《印册》后，校对前人关于郑燮印章之记载，凡有错误者，皆可订正之。除上面已举出的例子之外，还有：

《广陵诗事》卷九云：“郑板桥图章，皆出沈凡民（凤）、高西园（凤翰）之手。如‘板桥道人’，如‘十年县令’，如‘雪浪斋’，如‘郑大’，如‘爽鸠氏之官’，如‘所南翁后’，如‘心血为炉镕铸今古’，如‘然藜阁’，如‘游好在六经’，如‘畏人嫌我真’，如‘恨不得填漫了普天饥债’，如‘直心道场’，如‘思贻父母令名’，如‘乾隆东封书画史’，如‘潍夷长’，如‘鹧鸪’，如‘无数青山拜草庐’，如‘私心有所不尽鄙陋’，如‘扬州兴化人’，如‘燮何力之有焉’，如‘樗散’，如‘以天得古’，如‘老画师’，如‘敢征兰乎’，如‘七品官耳’，皆切姓、切地、切官、切事。又有云‘康熙秀才、雍正举人、乾隆进士’。至有一印云‘麻丫头针线’，则太涉习气矣。”据《印册》，沈凤所刻者，仅“所南翁后”一印；高凤翰所刻者，仅“七品官耳”“鹧鸪”（朱文）二印。

《小豆棚·杂记·郑板桥》云：“郑有印章数十方，如‘橄榄轩’‘七品官耳’‘鹧鸪’‘二十年前旧板桥’，皆别致，大半吾乡朱文震所刻。”据《印册》，“二十年前旧板桥”一印，系朱文震刻；其他三印，别人所刻。

（二）潘西凤、沈凤、丁有煜、朱文震与“八怪”的关系，略考如下：

（1）潘西凤与“八怪”的关系：《飞鸿堂印人传·潘西凤传》云：“侨寓广陵……其同与游者，为费执玉、郑板桥、李复堂、杨吉人、顾于观、李啸村、吴重光诸君也。”其中郑、李、李都是“八怪”成员。潘西凤与高翔亦有交往。

（2）沈凤与“八怪”的关系：《板桥诗钞·绝句二十三首》中有“沈凤”。袁枚《小仓山房诗集》卷十一《送李晴江还通州》自注：“白下称余与晴江、补萝为三君。”可见沈与郑、李交游之密切。

（3）丁有煜与“八怪”的关系：《郑燮题高凤翰画香流幽谷图图轴》：“燮自兴化来通州，谒个老人，即窃取其墨梅四幅，皆藏弃不轻出者，老人笑而不责也。老人最重西园高先生笔墨，无以慰其意，遂令奴子往返千里，取高公赭墨菊花以献。至燮自呈所作诗画，各有数种，直是王恺珊瑚，不足当季伦铁如意一击也。”（南京博物院藏墨迹）丁有煜《个道人遗墨·答郑板桥柬》：“虫鱼蚊虱，各托以命。刻生刻杀，变态须臾。疾痛之忧，造物亦不顾也，而漠然视之，如人心何。君子以素位出之，儒者取譬，释氏普济，均小补焉。”《通州直隶州志》卷二《山川志·名迹》云：“双薇园，在州城南，丁有煜别业。兴化郑燮有‘秋风秋雨双薇树，江北江南个道人’句。”（黄学圯《东皋印人传》卷下《丁有煜》云：“先生殁后，宝应王孟亭箴舆挽联云：‘秋风秋雨双薇树，江北江南个道人。’”与《通州直隶州志》所说不同。）

王藻《崇川诗钞汇存》卷四丁有煜《双薇园诗钞》中，有《送李晴江谒选都门二首》《寄瘿瓢山人黄慎》《送李复堂返楚阳》等诗。李、黄、李都是“八怪”成员。

（4）朱文震与“八怪”的关系：朱文震是郑燮、高凤翰的弟子，亦与高翔、黄慎交游。朱文震《画中十哲歌，学梅村先生》云“广陵逸士高凤冈”；《板桥题画》云“乾隆二十一年二月三日……七闽黄瘿瓢……济南朱文震（青雷）……为九人会”。

附:《板桥先生印册》补

王季铨、孔达编《明清画家印鉴》（商务印书馆 1940 年版）载郑板桥印章二十七方。周光培重编《明清画家印鉴》（吉林文史出版社 1987 年版）增二方。上海博物馆编《中国书画家印鉴款识》（文物出版社 1987 年版）载郑板桥印章九十六方。今从《板桥先生印册》未载而见于《中国书画家印鉴款识》之印章中，选出较重要者，并略加考证于下：

印　章	来　源	备　考
痴绝	郑燮等九家画册	
书带草	黄慎《黄竹楼莓苔小坐图》卷题跋	参阅板桥《家世考》
臣燮	郑燮花卉册	
荥阳郑生	郑燮兰竹册	参阅板桥《家世考》
婴宁	郑燮墨竹图屏	
馀力学文	清人花卉集册	
俗吏之为之也	高凤翰山水册题跋	
瓜州	郑燮墨竹图屏	

续表

印　章	来　源	备　考
都官	郑燮兰竹图册	唐袁州宜春人郑谷，曾为都官郎中，诗家称“郑都官”。板桥仰慕郑谷诗名而有此印，不能误解为郑谷后裔
白笺	郑燮墨竹图屏	
谷口	郑燮书画册	清初江南上元人郑簠，号谷口，工书。板桥仰慕郑簠书名而有此印，不能误解为郑簠后裔。《小唱》所载“谷口”印，是另一人所刻
荥阳郑生	郑燮兰竹图册	参阅板桥《家世考》
饮人以和	郑燮墨竹图屏	
爽鸠氏之官	郑燮自叙卷	《词钞》《广陵诗事》载此印
吃饭穿衣	郑燮兰竹图册	
郑大	郑燮墨竹图屏	《词钞》载此印
老而作画	郑燮书画册	
借书传画	清人花卉集册	
饮露餐英，懒领何伤	郑燮竹石图册	
竹懒	郑燮行书轴	
海滨民	郑燮书画册	
横扫	郑燮书画册	

续表

印　章	来　源	备　考
麻丫头针线	郑燮墨竹图屏	《广陵诗事》载此印
风尘俗吏	郑燮兰竹图册	
以天得古	郑燮书画册	《家书》《广陵诗事》载此印
红雪山樵	郑燮行书轴	
樗散	郑燮书画册	《家书》载此印
北泉草堂	郑燮墨竹图屏	
恶竹	郑燮兰竹图册	
郑燮信印	郑燮行书论诗轴	
病梨阁	郑燮书画册	《词钞》载此印
歌吹古扬州	郑燮竹石图轴	

各种《板桥集》刻本，都摹刻了板桥所用印章。今将《板桥先生印册》以及两种《明清画家印鉴》《中国书画家印鉴款识》所未载而见于《板桥集》之印章，介绍于下：

印　章	来　源	备　考
板桥道人	《诗钞》	
心血为炉，镕铸今古	《词钞》	
古狂	《小唱》	
老画师	《家书》	《广陵诗事》载此印
敢征兰乎	《家书》	《广陵诗事》载此印

北京荣宝斋藏《板桥先生行吟图》，周榘题云：“‘如箕眼大’何劳醒，‘七品官耳’颇自荣。”又云：“仿佛丫头脸带麻。”自注：

"'麻丫头针线''眼大如箕''七品官耳'，皆公自用图书中语。"板桥"眼大如箕"印为《印册》、各种《板桥集》刻本、两种《明清画家印鉴》《中国书画家印鉴款识》等书所未载。

又，板桥题画残稿中"小字己卯""行大""大尹山人"等印，未见于各种记载。

附：秦祖永辑《（板桥）印跋》考辨

清人秦祖永（?）辑《七家印跋》之一的郑燮《（板桥）印跋》，是人们评论板桥篆刻艺术时所经常提到的一本书。此书共收郑板桥所刻印章十二方："留伴烟霞""砚田生计""修竹吾庐""活人一术""桃花潭""更一点销磨未尽爱花成癖""恬然自适""花萝绿映衫""大吉羊""明月前身""茶烟琴韵书声""思古"。经研究，发现此书绝大多数跋语存在问题，不能不使人怀疑这本书的来历。

今将《（板桥）印跋》中十二方印章的跋语，逐一考辨如下：

留伴烟霞

余种兰数十盆，三春告莫，皆有憔悴思归之色。因移植于太湖石、黄石之间，山之阴，石之缝，既已避日，又就燥，对吾堂亦不恶也。来年忽发箭数十，挺然直上，香味坚厚而远。又一年更茂。乃知物各有本性。赠以诗曰：兰花本是山中草，还向山中种此花，尘世纷纷植盆盎，不如留与伴烟霞。板桥燮。

这是摘录《板桥题画·兰》第四则的前段。"乃知物各有本性"原作“乃知物亦各有本性”，秦祖永（?）抄漏了一个字。

砚田生计

西园左笔寿门书，海内朋交索向余，短札长笺都未尽，老夫赝作亦无余。　　西园工诗画，尤善印篆，病废后，用左臂，书画更奇。

这是摘录《板桥诗钞·绝句二十三首·高凤翰》的诗和小序。“短札长笺都未尽”原作“短札长笺都去尽”，秦祖永（?）抄错了一个字。

余作此印赠之，竟忘其雷门也。郑燮并志。

《板桥题画》中称高凤翰（西园）为“石友”，可见二人交厚。高凤翰为郑燮刻“七品官耳”等印，《板桥先生印册》说：“板桥藏印，称‘四凤楼’，盖谓胶州高凤翰、扬州高凤冈、天台潘西凤、江阴沈凤也。”（徐兆丰《风月谈余录》卷六）可见郑燮对高凤翰篆刻的推崇。郑燮如为高凤翰刻印，应有一篇精彩的跋语，怎会将“怀人绝句”移作印跋，敷衍了事呢？这与他俩的深情厚谊不合。

修竹吾庐

余家有茅屋三间，南面种竹。夏日新篁初放，绿阴照人，置一榻其中，甚凉适也。秋冬之际，取围屏骨子，断去两头，横安以为窗棂，用匀薄洁白之纸糊之。风和日暖，冻蝇触窗纸上，冬冬作小鼓声。于时一片竹影零乱，岂非天然图画乎！凡吾画，无所师承，多得于红窗粉壁日光月影中耳。

一节复一节，千枝攒万叶，我自不开花，免撩蜂与蝶。板桥道人。

这是抄录《板桥题画·竹》第一、二两则。“余家有茅屋三间”原作“余家有茅屋二间”，“置一榻其中”原作“置一小榻其中”，“凡吾画”原作“凡吾画竹”，“多得于红窗粉壁日光月影中耳”原作“多得于纸窗粉壁日光月影中耳”。秦祖永（?）抄错、抄漏四处。

活人一术

诗书六艺，皆术也。生两间而为人者，莫不治一术以为生，然第赖此以生，而非活人之术。有术焉，疾痛困苦，濒亡在即，而以术治之，无不安者，斯真活人之术矣。吾友蕉衫，博学多艺，更精折肱之术，因为之作此印，并贻以颂曰：存菩提心，结众生缘，不是活佛，便是神仙。板桥道人。

此则不见于板桥集。《板桥诗钞·赠张蕉衫》云：“淮南又遇张公子，酒满青衫日已曛，携手玉勾斜畔去，西风同哭窈娘坟。”此人当即板桥赠印之人，唯诗未说张蕉衫精医术。梁启让、杨殿邦等《芜湖县志》卷十三《人物志·文学·国朝》云：“张达字蕉衫，洒落不羁，工吟咏。以布衣游邗江，有‘野田凿破得宫井’句传于时，称为宫井诗人，卿大夫皆倒屣迎之。晚年家居，日与里中诸名士以诗酒沉酣镜湖间。卒年八十余。”高凤翰《南阜山人诗集类稿》卷五《鸿雪集下（自戊午至庚申）·读张蕉衫“野田凿破出宫井”句，偶题二绝》云：“沧海微尘几度扬，金鸡夜夜叫空桑。含元赋手劳精思，何事干卿吊战场。”“宫井新开大业尘，群公句子赌清新。玉钩斜上沾衣土，谁识隋家旧美人！”亦均未言张达精医术。

桃 花 潭

世人竞说桃花源，桃花源中尽神仙。当年渔人已无门户觅，何况今去太元数千年。桑麻鸡犬随时有，桃花流水在人间。希林汪子多雅致，恰向古津结一庵。红树青溪相掩映，使人想象桃花潭。春来偏是桃花水，饮我春酒使我酣。克柔子篆。

此则不见于板桥集。《板桥题画》有《乱兰乱竹乱石与汪希林》，此人当即板桥赠印之人。

李白《赠汪伦》云："桃花潭水深千尺，不及汪伦送我情。"杨齐贤曰："白游泾县桃花潭，村人汪伦常酝美酒以待白。"（《李太白文集》卷十二）《印跋》说"使人想象桃花潭"，可见"桃花潭"印不是真指泾县桃花潭。

更一点销磨未尽爱花成癖

老至年来，心肠铁石；每逢佳日，常发春心。烧烛照红妆，只恐海棠睡去；小楼听雨夜，剧怜深巷花残。妒花上之狂蜂，独居香国；羡枝头之好鸟，占断春光。但愿王孙不去，四季皆春；怕看水面文章，空庭寂寞云尔。倚花词兄正，郑燮。

此则不见于板桥集。乾隆元年与郑燮一同考中进士的彭树葵，有弟名倚华[①]，"华"同"花"，或即板桥赠印之人。

姜恭寿《送夏邑彭孝廉（倚华）赴洪都》云："春山翠黛点云罗，十幅春帆染绿波。庐岫岚光迎櫂过，江南风信落梅多。花游冷上红脂酒，灯试烟团白苎歌。高阁若穷千里目，长天秋水意如何。"

（汪之珩《东皋诗存》卷三十四）姜恭寿曾为郑板桥刻图章[②]。从姜恭寿与彭倚华交游，说明郑板桥也可能与彭倚华交游。

恬 然 自 适

三间茅屋，十里春风，窗里幽兰，窗外修竹，此是何等雅趣，而安享之人不知也。懵懵懂懂，绝不知乐在何处。惟劳苦贫病之人，忽得十日五日之暇，闭柴扉，扫竹径，对芳兰，啜苦茗，时有微风细雨，润泽于疏篱仄径之间，俗客不来，良朋辄至，亦适然自惊，为此日之难得也。凡吾画兰画竹画石，用以慰天下之劳人，非以供天下之安享人也。希林老弟如何，燮记。

这是抄录《板桥题画·靳秋田索画》第二则。“懵懵懂懂”下原有“没没墨墨”四字，“亦适然自惊”原作“亦适适然自惊”，秦祖永（?）抄漏了五个字。

《印跋》明言“适然自惊”，与印文“恬然自适”不符，且郑板桥怎会将他为靳畲（秋田）作画的画跋，移作为汪希林刻印的印跋呢?

花萝绿映衫

掀天揭地之文，震电惊雷之字，呵神骂鬼之谈，无古无今之画，原不在寻常眼孔中也。未画以前，不立一格，既画以后，不留一格。

这是抄录《板桥题画·乱兰乱竹乱石与汪希林》。

昨自西湖烂醉归，沿山密筱乱牵衣，摇舟已下金沙港，回首清风在翠微。

这是抄录《板桥题画·竹》第三则。

希林老弟台正，郑燮篆。

兰、竹、石与“花萝”是不同的，《印跋》内容与印文不符。

大吉羊

晴雨总无凭，枉杀愁人，

这是摘录《板桥词钞·浪淘沙·种花》下半阕的第一、第二两句。“枉杀愁人”原作“诳杀愁人”，秦祖永（?）抄错了一个字。

留春不住送春行，

这是摘录《板桥词钞·浪淘沙·暮春》下半阕的第三句。

多未分眼下青青。

“眼下青青”是《种花》下半阕的最后一句，秦祖永（?）加添了“多未分”三字。

名利竟如何？岁月蹉跎，几番风雨晴和。愁水愁风愁不尽，总是南柯。

这是抄录《板桥词钞·浪淘沙·和洪觉范潇湘八景·远浦归帆》的下半阕。“几番风雨晴和”原作“几番风浪几晴和”，秦祖永（?）抄错了一个字，抄漏了一个字。

板桥作词记。

秦祖永（?）摘取郑板桥三首词中的句子，拼凑为一首，说是“板桥作”。

《印跋》言“愁”，与印文“大吉羊”对不上号。

明月前身

云淡风高，送鸿雁一声凄楚。最怕是打场天气，秋阴秋雨。霜穗未储终岁食，县符已索逃租户。更爪牙常例急于官，田家苦。 紫蟹熟，红菱剥，桄桔响，村歌作。听喧填社鼓，漫山动郭。挟瑟灵巫传吉兆，扶藜老子持康爵。祝年年似此惠丰穰，田家乐。

这是抄录《板桥词钞·田家四时苦乐歌》第二阕。“祝年年似此惠丰穰”原作“祝年年多似此丰穰”，秦祖永（?）抄错。

时丁卯春，同诸同年王文治、郭方仪游，见田家有感兴，作词二首。

据姚鼐《惜抱轩文后集》卷七《中宪大夫、云南临安府知府丹徒王君墓志铭（并序）》，王文治卒于嘉庆七年，七十三岁，逆推生于雍正八年，比郑板桥小三十七岁，所以《板桥题画》中称王文治为“少年”。郑板桥是乾隆元年进士，王文治是乾隆二十五年进士[③]，不是“同年”。王文治《梦楼诗集·丁香馆中集》卷五《为吴香亭题郑板桥画竹》云：“却忆板桥始识我，竹西古寺园池荒。便命深缸共斟酌，月移邻筱来破墙。”郑燮《板桥诗钞·李御、于文濬、张宾鹤、王文治会饮》云：“今日一杯明日别，订盟何得及沙鸥！”均可证明王文治是郑燮寓居扬州时的朋友。

《板桥词钞·满庭芳·赠郭方仪》云：“白菜腌菹，红盐煮豆，儒家风味孤清。破瓶残酒，乱插小桃英。莫负阳春十月，且竹西村落闲行。平山上，岁寒松柏，霜里更青青。　乘除天下事，围棋一局，胜负难评。看金樽檀板，豪辈纵横。便是输他一著，又何曾著著让他赢！寒窗里，烹茶扫雪，一碗读书灯。”从此词中提到的“竹西”“平山”[④]看，郭方仪是郑燮寓居扬州时的朋友。扬州博物馆藏郑燮所书“歌吹古扬州”木刻匾，有跋云：“板桥郑燮三书此额。一与郭君方仪……”词中、匾中均未称郭方仪为“同年”。

《板桥诗钞》中有《小古镜为同年金殿元作（讳德瑛）》，这与不称王文治、郭方仪为“同年”是明显的对照。

《印跋》云：“时丁卯春，同诸同年王文治、郭方仪游。”不但“同年”的称呼存在问题，而且丁卯是乾隆十二年，郑板桥正做潍县知县，怎会在扬州与王文治、郭方仪“游”呢？

郑板桥《田家四时苦乐歌》共四首。《印跋》云“见田家有感兴，作词二首”，亦与事实不合。

《印跋》言田家苦乐，与印文“明月前身”也不符合。

茶烟琴韵书声

江南二月花抬价，有多少游童陌上，春衫细马。十里香车红袖小，婉转翠眉如画，佯不解旁人觑咱。忽见柳花飞乱，念海棠春老谁能嫁？泪暗湿，香罗帕。

这是抄录《板桥词钞·贺新郎·落花》下半阕。“忽见柳花飞乱”原作“忽见柳花飞乱絮”，秦祖永（?）抄漏了一个字。

杏花深院红如许，一线画墙拦住。叹人间咫尺千山路，不见也相思苦，便见也相思苦。 分明背地人千缕，懊恼从教讶□。奈花间乍遇言辞阻，半句也何曾吐，一字也何曾吐。

这是抄录《板桥词钞·酷相思·本意》。“分明背地人千缕”原作“分明背地情千缕”，“懊恼从教讶□”原作“翻□恼从教诉”，秦祖永（?）抄错。

又镌词四首，板桥作。

以上只是一首半词，《印跋》云“镌词四首”，与事实不合。《印跋》内容与印文“茶烟琴韵书声”也不相符。

思　古

乙巳秋日，板桥道人燮。

傅抱石认为：秦祖永（?）辑《七家印跋》，“板桥的印跋才得流传下来”（《郑板桥集前言》）。根据以上的考证，十二方郑板桥的印拓中，“思古”一方无跋，“活人一术”“桃花潭”“更一点销磨未尽爱花成癖”三方之跋语真伪，需进一步考证。其他八方是从《板桥诗钞》《板桥词钞》《板桥题画》中摘取了一些句子，冒充跋语，拼凑而成。《（板桥）印跋》一书，由于水平不高，弄得印跋与印文不符。还抄错、抄漏了若干字，弄得文理不通。特别是加添的一些内容，与郑板桥的生平不合，露出了作伪的马脚。我怀疑是假托秦祖永之名，望读者引用《（板桥）印跋》时须加以鉴别（《印跋》见《艺林旬刊》62期至70期，《美术丛书》二集第三辑）。

注释：

①据黎德芬等《夏邑县志》卷六《人物志》、卷八《选举志》，彭嘉问四子：长植枋，雍正十三年举人，云南云南县、贵州天柱县知县；次寿朋，乾隆三年举人，拣选知县；三树葵，乾隆元年进士，历任都察院左副都御史、总督仓场户部右侍郎、湖北巡抚、礼部左侍郎等职；四倚华，乾隆三年举人，广西贺县知县、郁林直隶州知州。

②《板桥先生印册》云："俗吏：如皋孝廉姜恭寿静宰刻。"（徐兆丰《风月谈余录》卷六）

③此据《进士题名碑》。姚鼐《中宪大夫、云南临安府知府丹徒王君墓志铭（并序）》云"中乾隆三十五年一甲三名进士"，赵尔巽等《清史稿》卷五〇三《艺术传二·王文治传》云"乾隆三十五年，成一甲三名进士"，"三"是"二"之误。

④杜牧《樊川诗集》卷三《题扬州禅智寺》云："谁知竹西路，歌吹是扬州。"叶梦得《避暑录话》卷上云："欧阳文忠公在扬州作平山堂，壮丽为淮南第一……"

附:《郑板桥家书》四十六通辨伪

郑燮亲自编选的《与舍弟书十六通》,于乾隆十四年(1749年)刻、印。1936年,上海的一个私营小书店——中央书店——铅印了《郑板桥家书》,登载了六十二通书信(不都是家书),其中十六通是抄袭的,四十六通是从未发表过的。这个书店说:"兹在三山某藏书家,觅得先生家书一厚册,后有附志,云从先生后裔处借本抄录,则洵非赝鼎矣。"然而经过研究,这四十六通从未发表过的板桥书信,却是不折不扣的赝鼎。

上海人民美术出版社1980年出版的《郑板桥》一书中,《文艺研究》1981年第5期发表的《从八十方印章看郑板桥》文中,大量引用这些赝鼎,作为珍贵资料。谬种流传,误人不浅。今揭露"中央书店"的作伪如下:

(一)事实不符

伪家书中涉及郑燮乡里、家庭、生平、子女,颇与事实不符,例如:

(1)伪《焦山别峰庵覆四弟墨》云:"焦山与乡里,只隔一衣带水,苇杭可渡。"

据乾隆十四年郑燮自叙墨迹:"扬州兴化人。"焦山与兴化,中隔扬州、泰州、高邮，不能直达，看地图便知。

（2）伪《潍县署中寄四弟墨》云："彼七龄丧父母，由其母舅卖入余家。先母为之取名郑升，嗣后余为之改换郑迁。"

据郑燮回忆："燮四岁失母，育于费氏。时值岁饥，费自食于外，服劳于内。每晨起，负燮入市中，以一钱市一饼置燮手……数年，费益不支……不数日竟去矣。"（《乳母诗》小序）"无端涕泗横阑干，思我后母心悲酸……时缺一升半升米，儿怒饭少相触抵。"（《七歌》）这样贫穷的家庭，怎么可能买郑升来做奴仆呢？又据郑燮回忆："郑生三十无一营，学书学剑皆不成……爨下荒凉告绝薪，门前剥啄来催债。""我生二女复一儿，寒无絮络饥无糜……清晨那得饼饵持，诱以贪眠罢早起。"（《七歌》）穷得连亲生子女都难以养活的郑板桥，还能收留奴仆郑升吗？即使家中有这样一个奴仆，板桥也要把他遣散的。

（3）伪《范县署中覆郝表弟》云："我本不信风水，自先父母安葬后，阅三年即登贤书，成进士，出宰此邑，殊令人不能不信风水之得力也。"

今将郑板桥父、母、继母之卒年以及他中举人、中进士、做范县知县之年，列为简表如下：

时　　间	事　　实	备　　考
康熙三十五年（1696 年）	母汪氏卒	《乳母诗》序："燮四岁失母。"
康熙四十六年（1707 年）前后	继母郝氏卒	《七歌》之三："（后母）十载持家足辛苦。"
康熙六十一年（1722 年）	父郑之本卒	《七歌》之一："郑生三十无一营……今年父殁遗书卖。"
雍正十年（1732 年）	郑燮中举人	乾隆十四年郑燮自叙墨迹："雍正壬子举人。"

续表

时　　间	事　　实	备　　考
乾隆元年（1736 年）	郑燮中进士	乾隆十四年郑燮自叙墨迹："乾隆丙辰进士。"
乾隆七年（1742 年）	郑燮做范县知县	乾隆二十五年郑燮为刘柳村书册子墨迹："五十岁为范县令。"

从上表看出，汪氏卒后十一年郝氏卒，郝氏卒后十五年郑之本卒，郑之本卒后十年郑燮中举人，中举人后十四年中进士，中进士后六年做范县知县。汪氏、郝氏、郑之本之卒，相隔时间较长，当是先后埋葬。就拿死在最后的郑之本之葬来说，距离郑板桥"登贤书"即中举人，也有十年而不是"三年"！郑板桥中举人、中进士、做范县知县，相隔时间也不短，并非一帆风顺，伪家书所云"风水之得力"，尤属无稽之谈！

（4）伪《范县署中寄舍弟墨》云："曾记堪舆家耿仲南为余家相宅，谓门向偏东，远挹山光，近临水秀，不出显宦，必出名士……其时余仅一酸秀才，未及十年，果成进士。耿氏之言，洵有征也。"

据乾隆十四年郑燮自叙墨迹："板桥康熙秀才……乾隆丙辰进士。"康熙纪元六十一年，郑板桥中秀才，只能早于而不能晚于康熙六十一年（1722 年）。即以此年计算，距离乾隆元年中进士，也有十四年。伪家书说郑燮从中秀才到中进士"未及十年"，与事实不符。"相宅""有征"之说，更是荒唐了！

（5）伪《潍县署中寄四弟》云："我弟今年仅得四十二岁……余年五十有九。"

所谓"四弟"指郑墨。据郑板桥《怀舍弟墨》："我年四十一，我弟年十八。"可见郑板桥比郑墨大二十三岁。而伪家书说郑板桥只比郑墨年长十七岁，显然不符事实。

（6）伪《潍县署中寄四弟》云："今岁考绩，蒙中丞恩遇，忝列第一。奖语谓老成持重，才堪大用，保升知府，在任候补。"

查《清史列传》《清史稿》《山东通志》《潍县志》等书中，均无郑燮"保升知府，在任候补"之记载。按照当时的官场习惯，如郑燮有候补知府的资格，应写入官衔。据《潍县志稿》卷八《营缮志·城坞》所载《修城记》云：

"赐进士、文林郎、知潍县事兴化郑燮督修。

乾隆十三年仲冬告成立石。"

"文林郎、知潍县事、记录五次郑燮督修。

乾隆十三年十二月吉旦。"

又据《板桥书画拓片集》所载《新修城隍庙碑记》：

"乾隆十七年岁在横艾涒滩，月在蕤宾，知潍县事板桥郑燮撰并书。

上元司徒文膏镌。"

看，连"记录五次"，郑燮都写入官衔，岂有候补知府这样的资格，不写入官衔的呢？乾隆十七年（1752 年）是郑燮做潍县知县的第七年，他的官衔仍然是"知潍县事"，乾隆十八年就罢官了。事实证明郑燮没有候补知府之事。

（7）伪《潍县署中寄墨弟》云："作宰十数年。"伪《潍县署中寄四弟》云："但居东已阅二十余年，衙斋又极高爽。"

据乾隆二十五年郑燮为刘柳村书册子墨迹："五十岁为范县令……是时乾隆七年也。"《潍县志稿》卷二十郑燮《怀潍县二首赠郭伦升》跋："时乾隆二十八年岁在癸未夏四月，板桥郑燮去官十载，寿七十又一。"乾隆七年郑板桥开始做官，乾隆十八年去官，在山东不足十二年。（《重修扬州府志》卷四十八《人物志三·国朝·郑燮》云："官东省先后十二年。"《重修兴化县志》卷八《人物志·仕迹·郑燮》云："官东省先后十二载。"）伪家书所云"作宰十数年""居东已阅二十余年"，均误。

(8) 伪《潍县署中寄墨弟》云:"陆蓉镜司马是余之乡榜同年……彼有男子子一,与余家淑儿年相若,订结丝萝。"伪《潍县署中寄内子》云:"淑儿嫁期,本定去年四月初二日,旋因其生母疾病缠绵,未遑料理妆奁。"伪《潍县署中寄四弟》云:"淑儿嫁期已定二月十九日。"伪《潍县署中寄内子》云:"淑儿已出阁,陆婿温文尔雅。"

据《昭阳郑氏谱》,郑燮"女三:一适赵,二适袁,三适李"。三个女婿,没有一个姓陆。

又据文物出版社影印郑燮兰竹图,题云:"官罢囊空两袖寒,聊凭卖画佐朝餐。最惭吴隐奁钱薄,赠尔春风几笔兰。乾隆戊寅,板桥老人为二女适袁氏者作。"戊寅是乾隆二十三年,郑燮久已罢官离潍。如果有在潍县嫁女之事,应是长女,女婿姓赵。

伪家书所谓"淑儿",指饶氏所生之女。据乾隆十二年郑燮偶记墨迹:"板桥成进士,留京师。……(程)羽宸至扬州,问板桥,在京,且知饶氏事,即以五百金为板桥聘资授饶氏。明年,板桥归,复以五百金为板桥纳妇之费。"乾隆二年饶氏嫁给郑板桥,生女不能早于乾隆三年。

乾隆十八年郑燮已罢官离潍了。伪家书说"郑淑"嫁期,原订于四月二日,最晚应是乾隆十六年之四月二日,"郑淑"才十四岁(虚龄)。伪家书说"郑淑"嫁期,改定于二月十九日,最晚应是乾隆十七年之二月十九日,"郑淑"才十五岁(虚龄)。

从"郑淑"年龄、嫁期、"陆婿"等,看出伪家书之虚构。

(9) 伪《潍县署中寄舍弟墨》云:"余已得一子,无复他求。"伪《潍县署中寄四弟墨》云:"由是决计使内子挈麟儿南归。"伪《潍县署中寄四弟墨》云:"来书言吾儿体质虚弱。"伪《潍县署中谕麟儿》云:"寄来起讲四篇。"伪《潍县署中寄四弟》云:"未得李师时,麟儿不能握管草家信,而今已能作半篇清顺文章。"伪《潍县署中谕麟儿》云:"今年若能看完《史记》。"伪《再谕麟儿》云："尔资质钝，赖李师辛苦栽培之力，得以冠年入场。"伪《潍县署中寄四弟墨》云："李小芳欲为麟儿作伐……"

据《昭阳郑氏谱》，郑燮"生子犉，夭"。郑燮《七歌》之六云："我生二女复一儿。"《哭犉儿五首》云："歪角鬏儿好戴花，也随诸姊要盘鸦。"可见郑犉是郑燮原配徐氏所生，夭亡。

伪家书所谓"麟儿"，当指饶氏所生。郑燮《潍县署中与舍弟墨第二书》云："余五十二岁始得一子。"此子于乾隆十四年夭亡。沈廷芳《隐拙斋集》卷十六《过潍县，郑令板桥进士招同朱天门孝廉、家房仲兄纳凉郭氏园》云："乾隆己巳月夏五……酒酣忽起商瞿悲。"年才六岁（虚龄），家谱不载。伪家书所云"麟儿"作文，读《史记》，"冠年入场"等，均大误。

郑板桥于乾隆十八年罢官离潍。假设"郑麟"不死，此年也不过十岁。伪家书所说，也与事实不符。

（10）伪《潍县署中寄四弟墨》云："由是决计使内子挈麟儿南归，留饶氏在署照料。""现拟三月初四日登程，约初十前后抵家。"

伪家书所谓"内子"，指郭氏。据郑燮《潍县署中与舍弟墨第二书》："可将此书读与郭嫂、饶嫂听，使二妇人知爱子之道在此不在彼也。"《潍县寄舍弟墨第三书》："令吾儿且读且唱……唱与二太太、两母亲、叔叔、婶娘听。"可见郭氏、饶氏都在兴化。

又，乾隆时的交通条件，从潍县返兴化，不可能六天到达。

（二）思想不同

伪家书所反映的郑燮的思想，与《板桥诗钞》《板桥词钞》《与舍弟书十六通》以及墨迹中所表现的郑燮思想，颇不相同，例如：

（1）对堪舆家的态度

<table>
<tr><td>伪《范县署中寄舍弟墨》：“曾记堪舆家耿仲南为余家相宅……惟宅后交叉两路，旺气被行人踏破，丁口难期旺盛耳……耿氏之言，洵有征也。我昆季至今仅各有一女，欲卜添丁之兆，当徇耿氏之言……”</td><td rowspan="3">《焦山双峰阁寄舍弟墨》：“夫堪舆家言，亦何足信。吾辈存心，须刻刻去浇存厚，虽有恶风水，必变为善地，此理断可信也。”</td></tr>
<tr><td>伪《潍县署中寄舍弟墨》：“在我弟以为宅相不旺丁，特请堪舆家谈少岚相宅，主张更正门向。而余则根据耿堪舆之言……余已得一子。”</td></tr>
<tr><td>伪《又寄四弟墨》：“昨接堪舆家汪云荪来函……确为不可多得之牛眠佳地云云。”</td></tr>
</table>

对照之下，可以看出：郑燮不信堪舆家，而伪家书胡说郑燮相信堪舆家之言“有征”，与堪舆家来往密切。

（2）对古代诗人的评论

<table>
<tr><td rowspan="3">伪《焦山别峰庵覆四弟墨》：“例如少陵诗，圣品也；东坡诗，神品也；太白诗，仙品也；摩诘诗，贵品也；退之诗，逸品也。此五人均足为后学楷模，宜各选绝、律、古风若干首，抄录汇订，置诸案头，得闲吟诵，裨益非浅。”</td><td>《仪真县江村茶社寄舍弟》：“诗人李白，仙品也；王维，贵品也；杜牧，隽品也。”
乾隆十三年郑燮与江昱、江恂书墨迹：“曹操、陶潜、李、杜之诗，所谓大乘法也。”“青莲多放逸，而不切事情。”“虽李、杜齐名……未可并也。”
《范县署中寄舍弟墨第五书》：“少陵诗高绝千古。”</td></tr>
<tr><td>乾隆二十五年郑燮自叙墨迹：“少陵七律、五律、七古、五古、排律皆绝妙，一首可值千金。”</td></tr>
<tr><td>《焦山别峰庵雨中无事书寄舍弟墨》：“欲如韩文杜诗脍炙人口，岂可得哉！”《潍县署中与舍弟第五书》：“文章以沉着痛快为最……杜诗、韩文是也。”
《贺新郎·述诗二首》：“怪杀《韩碑》扬巨斧，学昌黎险语排生硬……”</td></tr>
</table>

对照之下，可以看出，伪家书与郑燮真迹内容颇有不同：①郑燮说过李白“仙品”、王维“贵品”、杜牧“隽品”，伪家书删除杜牧，增加杜甫“圣品”、苏轼“神品”、韩愈“逸品”，胡说郑燮认

为这五个人的诗是“楷模”，伪造者不知道郑燮评诗，最推崇的是曹操、陶潜、李白、杜甫。②伪家书将杜甫、苏轼、李白、王维、韩愈五人并举，不分轩轾，伪造者不知道郑燮评诗，以杜甫为最高，李白尚且不能与杜甫“并”，何况苏轼、王维、韩愈！③伪家书胡说郑燮称韩愈诗为“逸品”，伪造者不知道郑燮所尊崇的是韩文，也不知道郑燮评韩诗的特色是“险”而不是“逸”。④郑燮只说学习杜甫的律诗、古诗，未说学习杜甫的绝句，而伪家书胡说郑燮叫郑墨读杜甫等五个人的绝、律、古风，没有区别，违反了“板桥居士读书求精不求多”的原则。

伪《潍县署中寄墨弟》：“其富丽似王摩诘。”	《潍县署中与舍弟第五书》：“王、孟诗原有实落不可磨灭处，只因务为修洁，到不得李、杜沉雄。”“若王摩诘、赵子昂辈，不过唐、宋间两画师耳！试看其平生诗文，可曾一句道着民间痛痒?” 《贺新郎·述诗二首》：“王、孟高标清彻骨，未免规方略近，似顾步骅骝未骋。”《随猎诗草、花间堂诗草跋》：“□□清远之态，似王摩诘。”

对照之下，可以看出，郑燮对王维诗歌创作的思想性与艺术性都有过批评，而且郑燮认为王诗的特色是“清远”而不是“富丽”。

伪《潍县署中寄墨弟》：“……惟酬答之间，不择胜流，间有俗题。然此病古人中如杜牧之、李商隐辈，尚且难免。”	《范县署中寄舍弟墨第五书》：“近世诗家题目……满纸人名……皆市井流俗不堪之子。”
	《李商隐》：“不历崎岖不畅敷，怨炉鞴冶铸吾徒。义山逼出西昆体，多谢郎君小令狐。” 乾隆十三年郑燮与江昱、江恂书墨迹：“李义山，小乘也，而归于大乘，如《重有感》《随师东》《登安定城楼》《哭刘蕡》《痛甘露》之类，皆有人心世道之忧，而《韩碑》一篇，尤足以出奇而制胜。”

对照之下，可以看出：郑燮批评的是“近世”诗人的题目“满纸人名”，而伪家书胡说郑燮批评杜牧、李商隐有“此病”，伪造者不知道郑燮颇称赞李商隐的诗。

（三）语言不合

郑燮是康熙、雍正、乾隆时人，伪家书中却出现了许多现代汉语的词汇，例如：

（1）时代

伪《潍县署中寄四弟墨》云：“喂乳时代，儿体甚形肥胖。”伪《潍县署中寄墨弟》云：“但吾麟儿年幼，当此读书时代。”又：“升平时代，土匪竟敢如此猖獗。”伪《潍县署中寄四弟墨》云：“余少年时代，不知养生。”又：“但儿辈正值求学紧要时代，断不可以一日无师。”伪《潍县署中谕麟儿》云：“尔在少年时代，已积下许多嫌怨。”

《辞源》（修订本）无“时代”一词。据《辞海》（1979 年版），“时代”一词有三个义项：①“按照一定历史时期内的某个阶级在政治活动中所占据的地位以及依据各阶级的经济、政治、文化等状况来划分的社会各个发展阶段。如：封建时代；帝国主义和无产阶级革命时代。”②“依据某种特征划分的社会、国家或各人的各个发展阶段。如：新石器时代；五四时代；青年时代。”③“犹言时世。《宋书·礼志一》：‘况三国鼎峙，历晋至宋，时代移改，各随事立。’”第一、二两个义项属于现代汉语（参阅《现代汉语词典》，1978 年版），第三个义项属于古汉语。伪家书中的“喂乳时代”“读书时代”“升平时代”“少年时代”“求学时代”等，均相当于《辞海》“时代”一词的第二个义项，系现代汉语的用法，不可能出现在郑板桥的笔下。

（2）心理

伪《潍县署中寄内子》云：“唯儿童心理，都喜劳动。”

《辞源》（修订本）无“心理”一词。《辞海》（1979 年版）解释“心理”词义：“感觉、知觉、记忆、思维、情感、性格、能力等的总称。是客观事物在脑中的反映。”《现代汉语词典》（1978 年版）解释“心理”词义：①“人的头脑反映客观现实的过程，如感觉、知觉、思维、情绪等。”②“泛指人的思想、感情等内心活动。”伪家书中“儿童心理”云云，系现代汉语的用法。

（3）规定

伪《潍县署中谕麟儿》云：“现看《史记》……每日规定看十页。”

《辞源》（修订本）无“规定”一词。《辞海》（1979 年版）解释“规定”词义：“国家机关、社会团体、企事业单位处理某种事项所规定的办法。”《现代汉语词典》（1978 年版）解释“规定”词义：①“对某一事物做出关于方式、方法或数量、质量的决定。”②“所规定的内容。”伪家书中“规定看十页”云云，相当于《现代汉语词典》“规定”一词的第一个义项，系现代汉语的用法。

（4）实际

伪《再谕麟儿》云：“讵知实际非特不能胜人，反不如所骂之秀才、举人、进士远甚。”

《辞源》（修订本）解释“实际”的词义：“佛教语。实，佛家指最高的‘真如’，‘法性’境界；际，指境界的边缘。《大智度论》三二：‘实际者，如先说法性名为实，入处名为际。’北魏《中岳嵩阳寺碑》：‘化息双林，终归实际。’（《金石萃编》三〇）《文苑英华》七八一唐梁肃《释迦牟尼如来像赞》：‘上士得之，超诣实际。’今称客观存在的现实为实际。”《现代汉语词典》（1978 年版）解释“实际”词义：①“客观存在的事物或情况。”②“实有的；具体的。”③“合乎事实的。”（参阅《辞海》，1979 年版）伪家书中所云“讵知实际非特不能胜人”，显然不是古代的“佛教语”，而是“今称”即现代汉语的用法。

（5）建筑物

伪《寄墨弟自焦山发》云：“自建筑至今，已阅数千年。”伪《范县署中寄四弟墨》云：“缘署屋系前朝建筑物，低而狭。”伪《范县署中寄舍弟墨》云：“建筑费由余独任。”伪《潍县署中寄舍弟墨》云：“建筑高堂华厦。”

《辞源》（修订本）无“建筑”“建筑物”等词。《现代汉语词典》（1978年版）解释“建筑物”词义：“建筑而成的东西，如房屋、桥梁、隧道、水坝等。”（参阅《辞海》，1979年版），伪家书中出现的“建筑物”一词，是现代汉语的用法。

（6）界

伪《潍县署中覆四弟墨》云：“司马公本属小学界之泰斗。”伪《潍县署中寄四弟墨》云：“与学界隔膜已久。”

“界”是多义项的词。《辞源》（修订本）解释“界”的一个义项是：“一定范围或地位的划分。如佛家称境遇为界，有欲界、色界、无色界等。社会职业，分军界、学界、商界等。”《现代汉语词典》（1978年版）解释“界”的这个义项是：“职业、工作或性别等相同的一些社会成员的总体：文艺界科学界妇女界各界人士。”伪家书中所云“小学界”“学界”，显然不是指佛教语的“境遇”，而是指职业、工作相同的一些成员的“总体”，系现代汉语的用法。

以上是从事实不符、思想不同、语言不合三方面揭露“中央书店”铅印的《郑板桥家书》中四十六通出于伪造，其余十六通是抄袭《与舍弟书十六通》。

附：《板桥笔记小说》辨伪

上海大德书局石印《板桥笔记小说》四卷，托名“板桥郑燮”。卷首载郑板桥《贺新凉·七夕词》，不见于《板桥词钞》。由于此书乃伪书，对这首佚词，暂不肯定为郑板桥作品，仅录之以备读者参考。

灵鹊桥初就，忆迢迢重湖风景，去年时候。岁月不留人易老，万事茫茫宇宙，但独对西风搔首。巧拙岂关今夕事，笑痴儿呆女流传谬，添话柄，柳州柳。　　道人识破灰心久，但好风凉月佳时，疏狂如旧。休笑双星经岁别，人到中年以后，云雨梦可能长有。雪藕调冰花薰茗，趁梧桐雨过新凉透，且随分，一杯酒。七夕词，调寄《贺新凉》，板桥居士郑燮。（阳文方印“七品官耳”）

以下考证《板桥笔记小说》非郑板桥著作：

（一）姓氏不合　卷四《缢鬼》：“吾宗有张七先生者，忘其名。”郑板桥怎能称“张七先生”为“吾宗”？

（二）别号不合　卷一《银十字架》：“瓶庵曰。”同卷《水府仙姝》：“异史氏曰。”郑板桥没有“瓶庵”“异史氏”别号。

（三）籍贯不合　卷二《陈阿尖》：“游吾宜兴。”郑板桥不是

“宜兴”人。

（四）家世不合　卷四《毕正达》：“山东大侠士闵老在先生……至江苏宜兴居焉，从其游者，予祖父外，尚有八人，毕公正达其一也。……至光绪二十六年，毕公以病殁。”郑板桥的祖父与光绪二十六年病殁之毕正达，一先一后，非同时人，此为《板桥笔记小说》非郑板桥著作之铁证。《毕正达》篇中与郑板桥家世不合之处甚多，不一一列举。

卷三《陆秀才》：“先祖再春公，官山左。”郑板桥祖父郑湜，字清之，没有“再春”这个字、号，也未至“山左”做官。更与《毕正达》“（予祖父）役于某富翁家，越二年，渐有积蓄，挟资设米肆于市，久之得数万金，称小康焉”自相矛盾。一为官僚，一为商人，皆与郑板桥祖父生平不合。

卷四《镖师妇》：“辛亥冬，予随父居京师。”郑板桥生于康熙三十二年（癸酉），卒于乾隆三十年（乙酉），他一生中，只有雍正九年是辛亥，此年三十九岁。《板桥诗钞·七歌》之一云：“郑生三十无一营……今年父殁遗书卖。”既然郑板桥三十岁已丧父，怎能三十九岁“随父居京师”？何况郑板桥父郑之本未到过京师！《镖师妇》内容与郑板桥家世不合。

（五）与郑板桥生平不合　如：（1）卷二《齐林王氏》：“嘉庆元年三月。”同卷《幼丐》：“吾友李君露园谓咸丰间。”卷三《飞石和尚》：“红羊军兴。”同卷《月下舞剑》：“洪杨之役……迨会〔曾〕国藩用兵始平。”卷四《毕正达》：“及红羊军兴。”同卷《镖师》：“红羊乱后。”同卷《李氏子》：“咸丰初，太平军首领名王麻子者。”郑板桥卒于乾隆三十年，怎能记载嘉庆、咸丰、太平天国之事？（2）卷一《银十字架》：“因忆庚子拳匪之乱……相传当日徐桐、启秀与慈禧后密议废立，其计已决，就商于荣禄……当时刘坤一、李鸿章、张之洞辈联电抗议。”郑板桥怎能记载义和团之事？（3）卷一《谈鬼二则》之二：“予友叔型，谓其乡先辈方信扬先生……宦游皖省，政通人和，会革命事起。”郑板桥怎能记载辛亥革命之事？（4）卷一《婴宁第二》：“非科学世界所宜有。”卷二《黄山老人》：“亦伤心人之抱种族主义者。”同卷《陈阿兴》：“窃某富户洋二千元。”卷四《马如龙》：“如龙生子女各一，今皆已挟小书包，日往学校中读书去矣。”生活于康熙、雍正、乾隆三朝的郑板桥，怎能说“科学世界”“种族主义”？怎能预知“洋钱”“学校”？（5）卷二《镖师女》：“前清乾隆时。”卷四《镖师》《卖花翁》：“逊清中叶。”所谓“前清”“逊清”，皆是民国口吻，不可能出于郑板桥笔下。

综观《板桥笔记小说》全书，乃抄袭唐、宋、明、清至民国之笔记小说（包括翻译小说），拼凑成书。书商托名“板桥郑燮”，以求畅销。

附：板桥画派、书派考

画派考

板桥之画，最擅兰、竹。袁翼《书蒋矩亭兰册后》：“予往来吴门、维扬，所见白阳、石涛、板桥诸公墨迹甚多，各有宗派，伪者不能乱真。”杨鹿鸣《兰言四种·画兰琐言》：“吾乡画兰自郑板桥流风所被，煽及大江南、北。”马棪《论画兰》：“近今学者，多宗矩亭、板桥两家。”这几段话，反映出板桥画派的盛大。今将收集到的零散资料，整理如下：

郑铉 字景堂。兴化人。诸生。方浚颐等《续纂扬州府志·人物志·文苑》说他“工画兰、竹、石，得其伯祖板桥大令法”。

刘敬尹 号荔园。兴化人。道士。梁园棣等《重修兴化县志·杂类志·仙释》说他“学兰、竹于郑进士燮，颇得其秘”。李恭简等《续修兴化县志·杂类志·补遗·文艺》也说他“尤善书画，从学于郑板桥先生。颇得其秘”。又《补遗》引徐步云赠刘敬尹诗云：“雅有水墨缘，肯避丹青俗。妙韵倘天成，渊源定有属。板桥大弟子，秘授经一束。岂惟性逼真，字画肖亦酷。”

理昌凤 字南桥。兴化人。“忽然儒服，忽然黄冠。”是个儒生兼道士。冯金伯《墨香居画识》说他“为郑板桥弟子，善写兰、竹，诗词亦工，多于款题中见之”。

赵九鼎 字兰隐（一作兰痴）。兴化人（一作泰州人）。陈文述《画林》、蒋宝龄《墨林今话》都说他“工于画兰，深得板桥墨妙”。

僧篆彬 扬州人。汪鋆《扬州画苑录·方外》、冯金伯《墨香居画识》都说他“写竹得板桥法”。

僧能越 字荔村。兴化人。阮亨《淮海英灵续集·辛集》说他“工兰、竹，得郑大令之遗”。

刘连登 字献璧。范县人。诸生。唐晟等《范县志·人物志·文学》说他“作兰、竹，尤为郑板桥所赏”。刘连登画兰竹，属板桥一派，所以得到板桥的赏识。

谭云龙 一名化龙，字子犹。潍县人。木工。传说郑板桥在潍县时，“一日，选匠作器皿，有谭木匠与焉。每遇板桥作画，则侍立傍观，心会其妙，缘身虽为匠，曾习儒有年也。板桥喜其聪慧，乐为教之，不数年，谭氏所作，酷似板桥，真伪几不能辨。板桥政务冗忙时，辄令其代笔”。贾桢《谭子犹印谱序》说他“善板桥书画，得其骨髓，乃神似非形似也”。常之英等《潍县志稿·人物志·艺术》说：“曲阜桂未谷馥教授莱州时，惊其画神似板桥，因以‘子犹’字之。”谭云龙画竹墨迹，题云：“江上人家翠竹光，竹屏竹几竹方床，儒生气味原谙竹，竹屋还须胜画梁。癸丑春王正月，摹板桥老人笔意，墨口士九十二岁学写。”

朱文震 字去羡，号青雷，又号青蘁平陵外史。历城人。詹事府主簿。《板桥题画》《板桥先生印册》中称朱为“弟子”“门生”。朱文震题板桥为程铎所画兰竹图卷中称郑为“夫子”。

孟兴聚 字敬甫。济宁人。唐烜等《济宁直隶州续志·人物志·艺术总传》说他“工兰、竹，人以为继武板桥云”。

吴于宣 字浚明，号南屿。石门人。进士。扬州知府。李浚之《清画家诗史》说他“善写兰，得板桥神髓”。

招子庸 字铭山。南海人。举人。潍县知县。李玉棻《瓯钵罗室书画过目考》说他“工竹、兰，几步板桥后尘”。蒋宝龄《墨林今话》说他在潍县时，“尝于牍尾画竹，有板桥道人风。又扃试童子时，购扇数百柄，堆积案头，竟日挥洒，各分赠一握而去”。

徐观政 字宪南，号湘浦。如皋人。浙江盐运副使。蒋宝龄《墨林今话》说他“诗、画清逸，不下板桥道人”。

郑煜 字昼人。仁和人。李浚之《清画家诗史》说他“善画兰、竹，入板桥之室”。

黄颋 原名俊，字石咸，号雅林。汉军旗。庠生。昭梿《啸亭续录》说他“诗、画仿郑板桥”。

招光岐 字小铭。招子庸子。李玉棻《瓯钵罗室书画过目考》说他画兰、竹、石，“亦板桥派也”。

何绍基 字子贞，号东洲居士，又号蝯叟。道州人。进士。四川学政。李浚之《清画家诗史》说他“写兰、竹，天趣横溢，似板桥道人”。

李振先 字咏梅。丹徒人。李恩绶等《丹徒县志摭余·人物志·文苑》说他“晚岁于山水外，更写兰、竹，神似郑燮”。

屠倬 字孟昭，号琴坞。钱塘人。进士。九江知府。其《是程堂集·题画竹三首》引云：“郑板桥工画竹，余亦稍稍学之。”“顾余画竹不逮板桥，又甚愧。”诗云：“六十年来板桥死，真州风月太无聊。粗枝大叶依然好，一派秋声学板桥。”

文九苞 湘潭人。陈嘉榆等《湘潭县志·人物·列传·方技内传》说他“画兰、竹，法郑燮，或即题燮名，人不能辨也”。

吴凤喈 字霞轩。仁和人。举人。工部员外郎。李浚之《清画家诗史》说他“工兰、竹，神似板桥”。

徐退 初名宗勉，字进之。兴化人。诸生。许宗衡《玉井山馆笔记》说他“善画兰、竹，有郑板桥大令之风”。

高廪 字甘来。兴化人。杨鹿鸣《兰言四种·画兰琐言》说他

“用笔秀逸，气势沉雄，画花纯似橄榄轩主，盖得其真髓者”。

吴昌明 字小道。兴化人。马棪《论画兰》说：“如吴小道之学郑板桥……因人俯仰，无复发抒自家性灵处，千篇一律，画外无物。”

文献证明：以上二十四人，学板桥兰、竹画法，属板桥画派。吴昌明一味摹仿，毫无创新，是板桥画派中的庸才。

瞿应绍 字子冶。上海名士。贡生。玉环同知。画竹石图，题云：“萧散一格，板桥先生喜为之，此其小品也。丙午三月谷雨，子冶作于石瓯池馆。”

张焕棠 字棣香，号寿石山人。画兰石册，题云：“悬崖。时己酉夏午，模板桥意。寿石山人。”“临板桥法。棣香。”画竹册，题云：“淡处有烟痕如影。板桥先生笔意如此。棣香写。”

戴熙 字醇士，号榆庵，又号鹿床居士。翰林。兵部右侍郎。钱塘人。画竹石轴，题云：“道光甲申仲夏，同诗舲先生仿板桥道人竹石二帧。钱唐戴熙。”（《支那南画大成》第二卷）又，《赐砚斋题画偶录》云：“竹易于密而难于疏，惟板桥能密亦能疏，此专师其疏处。”《习苦斋画絮·册类》云：“闲窗瘦影。仿板桥。”《杂件类》云：“此仿板桥道人，力求其韵，转失其气，难学难学。”“篱根烟雨。拟板桥。”

陈豪 字蓝洲，晚号止庵。仁和人。优贡生。房县知县。画竹石图，题云：“拟板桥道人。”

吴淑娟（女） 号杏芬。歙县人。画竹石轴，题云：“节挺非沽直，虚心最好谦。庚申孟秋，杏芬女士仿板桥老人画意。”

墨迹证明：以上五人，也学板桥兰、竹画法，也属板桥画派。

杨嘉淦 原名朝钐，号吟溪，一号梦湘。卢龙人。由功臣馆议叙府经历。《墨林今话》说他“间写兰、竹，师石涛、板桥两家，亦有意趣”。

曹溶 字花尹。嘉兴人。《墨林今话》说他“作写意花卉，尤擅长者梅、兰、竹、菊，有李复堂、郑板桥逸趣”。

程燮 更名敦荣，字厚芝（一作厚之）。孝感人，寓南京。江西知县。

成启运 字兰荪。兴化人。

马棪 字鸥盟。湘潭人。杨鹿鸣《兰言四种·画兰琐言》说：“兰师板桥而兼法矩亭者，前有孝感程厚之，兴化成兰荪，后有高甘来、马鸥盟诸公皆是也。”

汤燮 字兰阶。南丰人。其《兰林百种》自序：“搜集郑板桥、郑所南、蒋矩亭诸先辈墨兰真迹，置之案头，穷日夜之力，描摹尽态，寒暑无间，第觉毫端所染，泼墨生辉，与年俱进。”

文献证明：以上六人，学板桥兼学其他人兰、竹画法，属板桥支派。

李炳铨 字少琳。宝山人。医生。杨逸《海上墨林·邑人》说他“善画梅”，“题画喜仿板桥”。

文献证明：以上一人，因不画兰、竹，自无从学板桥画法，但喜仿板桥题画，可见他与板桥在美学上仍有共同之处，也应列入板桥一派。

书派考

吴雨田 扬州人。道士。李斗《扬州画舫录·草河录》说：郑板桥“工隶书，后以隶楷相参，自成一派。关帝庙道士吴雨田从之学字，可以乱真”。

孟传昔 字君重，号云岩。章丘人。曹野坚等《章丘县志·人物志·艺术》说他“行草悉师郑燮”。

周封 字于郃，号太平里农。嘉兴人。蒋宝龄《墨林今话》、李浚之《清画家诗史》说他“书有板桥风格”。

张琴 字鹤泉。天津人。孙枟《余墨偶谈》说他“字仿板桥”。

郭文贞（女） 字恕宣。新乡人。恽珠《国朝闺秀正始集》说她“草书挥洒奇妙，殆可追仿板桥”。

方玉润 字友石，号洪蒙子。宝宁人。廪膳生。陇州长宁驿州同。其《星烈日记汇要·游艺·书法》说：郑板桥书“杂以篆隶，行草亦有似兰、竹者。人莫不赏其超逸狂纵，如羽士高人乘鹤往来于空山古寺间。而余独喜其沉着兀奡，如奇石苍虬，屈蟠偃蹇于大海风涛际”。《绘事》说：何春农“出所绘兰、竹索题，因仿板桥道人法书以畀之”。又《文学·韵语》说：“余书于板桥，尚未窥其藩篱。”

郑抡逵 字兰坡，号铁兰道人。昭文人。《墨林今话》《清画家诗史》都说他“书学郑板桥”。

陈还 字还之。杨逸《海上墨林·寓贤》说他“书体怪特，论者拟之郑板桥”。

文献证明：以上八人，学板桥书法，属板桥书派。

鲁璋 字近人，号半舫。吴门人。“隐于市廛”。《墨林今话》说他“书学郑谷口，间参板桥法”。

文献证明：以上一人，学板桥兼学其他人书法，属板桥支派。

综合以上，学板桥书画者，多系低级官吏、失意文人、和尚、道士、医生、工人、商人，这可算是板桥书派、画派的一个特点吧！

附：郑板桥杂考

（一）潘呈雅《七山人歌》以郑板桥为首

我发现了凌霞《扬州八怪歌》，又发现了潘呈雅《七山人歌》。潘《歌》全文如下：

板桥道人工兰花，破盆带土叶参差，横扫草隶如飞麻。（郑燮）

石屏老李画篱笆，柴门古树倒人家，时垂红颗枝头斜。（李鲜）

南阜山人写寒鸦，荒烟落寞木杈桠，月影昏黄鸣哑哑。（高凤翰）

苇间居士扫澄葭，绿天白雁栖晴沙，瑟瑟夜过江田赊。（边维祺）

闽中张二驰龙蛇，醉后涂抹无梳爬，不知头顶是乌纱。（张士英）

渔村杜十居河叉，指头戏落小鱼虾，近来卖画何如耶？（杜元音）

柳泉吟客烘粉葩，蝶走红霜压酒家，飘断翠袖弹琵琶。

（黄孙辐）

（潘守廉等《济宁直隶州续志》卷二十二《艺文志·诗录上·诗》）

据李斗《扬州画舫录》卷十《虹桥录》上：“卢见曾，字抱孙，号雅雨山人……历官至两淮转运使……（乾隆）丁丑修禊虹桥，作七言律诗四首云……其时和修禊韵者七千余人，编次得三百余卷。”郑板桥《诗钞》中有《和雅雨山人红桥修禊（卢讳见曾）》《再和卢雅雨四首》。从潘呈雅作《戊寅上巳奉和卢雅雨运使红桥修禊》诗，可知其与卢见曾、郑燮等为同时人。《七山人歌》之作，在凌霞《扬州八怪歌》之前。两《歌》皆咏画家，经过对照，有四人相同，并皆以郑燮为首，此非偶然巧合，而是当时公论。

（二）郑板桥的民本思想

作为“扬州八怪”的杰出代表，郑板桥诗、书、画“三绝”的高超成就，是其民本思想的真实流露。他留给后人一份丰富的文艺财富，也是一份丰富的精神财富。尽管其民本思想中不可避免地存在着时代的局限，但是，只要吸取其精华，剔除其糟粕，仍可作为借鉴。探讨郑板桥的民本思想，不仅有学术价值，而且有现实意义。

1. 郑板桥民本思想的来源

（1）家庭环境。据《昭阳郑氏谱》，郑重一、重二兄弟，“洪武年间，自苏州阊门播迁兴化”。郑重一是“长门”，传十四世为郑板桥。世代务农，也有读书的，但在郑板桥之前，他家没有中进士，做县令的。《清史列传》说郑板桥“家贫”。郑板桥为刘柳村书册子墨迹说“板桥最穷最苦”。事实怎样呢？“可怜我东门人，取鱼捞虾，撑船结网，破屋中吃秕糠，啜麦粥，搴取荇叶蕴头蒋角煮之，旁贴荞麦锅饼，便是美食。”（郑板桥《范县署中寄舍弟墨》）他父亲郑之本，“廪生”（《昭阳郑氏谱》），“教授生徒”（杨荫溥藏乾隆十四年郑板桥所书自叙墨迹），是个不发达的读书人。

（2）早年生活。郑板桥一生经历了三个阶段：早年读书，应举，授徒；中年为七品县令；晚年罢官卖画。乾隆二十五年郑板桥所书自叙云“初极贫”（徐平羽藏墨迹），即指早年生活。他所作《七歌》真实地吟咏了早年生活情况：

郑生三十无一营，学书学剑皆不成……爨下荒凉告绝薪，门前剥啄来催债。（其一）

我生三岁我母无，叮咛难割襁中孤。登床索乳抱母卧，不知母殁还相呼。（其二）

无端涕泗横阑干，思我后母心悲酸……时缺一升半升米，儿怒饭少相触抵。伏地啼呼面垢污，母取衣衫为湔洗。（其三）

布衾单薄如空橐，败絮零星兼卧恶。纵横溲溺漫不省，就湿移干叔夜醒。（其四）

几年落拓向江海，谋事十事九事殆……枯蓬吹断久无根，乡心未尽思田园。千里还家到反怯，入门忸怩妻无言。（其五）

我生二女复一儿，寒无絮络饥无糜。啼号触怒事鞭扑，心怜手软翻成悲。萧萧夜雨盈阶戺，空床破帐寒秋水。清晨那得饼饵持，诱以贪眠罢早起。（其六）

国家图书馆藏玉书楼刻《板桥集》有佚名批语：（《七歌》其二）“读至此，不泪下，铁石心肠”，（其六）“写来悲惨如见”。

（3）文化传统。中国古代杰出的政治家、思想家不同程度地认识到了民众的力量。民本思想在中国很早就出现了。如《尚书·夏书·五子之歌》：“民惟邦本，本固邦宁。”《黄石公三略·上略》：“庶民者，国之本。”《孟子·尽心下》：“民为贵，社稷次之，君为轻。”《荀子·王制》：“庶人安政，然后君子安位。传曰：君者，舟也。庶人者，水也。水则载舟，水则覆舟。此之谓也。”贾谊《新书·大政上》：“闻之于政也，民无不为本也。国以为本，君以为本，吏以为本。”《贞观政要·务农》引唐太宗云：“国以人为本。”这些都是精辟的见解。

综合以上，自身的家庭环境，早年的生活经历，优秀文化传统的继承，为郑板桥的民本思想奠定了基础。

2. 郑板桥民本思想的表现

与郑板桥的生活经历相对应，他的民本思想也可分为三个阶段：早年（读书、应举、授徒）是形成时期，中年（做官）是实践时期，晚年（罢官卖画）是皈依时期。今将郑板桥民本思想的表现，概述如下：

（1）忧国忧民。宋代著名的政治家、文学家范仲淹，乾兴元年（1022 年）“监泰州西溪镇盐仓”，天圣元年（1023 年）“除兴化令”（《范文正公年谱》）。据叶大发《高邮军兴化县重建范文正公祠堂记》：“昔文正公为士时，已有泽民之志，每谓士当先天下之忧而忧，后天下之乐而乐。初仕西溪镇官，即请于朝，筑捍海堰，为承楚泰三州民田无穷之利。作小官时，志虑力量已如此，异时勋名满宇宙，皆自此发之。”《范文正公年谱》说：“兴化之民，往往以范为姓。”范仲淹“遗德在民”，兴化人“永久弗忘”（叶大发《高邮军兴化县重建范文正公祠堂记》）。范仲淹是郑板桥所景仰的宋代四位名相之一（郑板桥《潍县署中与舍弟第五书》），其忧乐观对郑的影响，是显而易见的。

乾隆二十五年郑板桥所书自叙云：“叹老嗟卑，是一身一家之事。忧国忧民，是天地万物之事。”（徐平羽藏墨迹）显然，“天地万物之事”重于“一身一家之事”。“忧国忧民”思想是郑板桥民本思想的重要内容，而“叹老嗟卑”不过“偶一寓意”。可以说，郑的“忧国忧民”思想，与范仲淹“居庙堂之高，则忧其民；处江湖之远，则忧其君”（范仲淹《岳阳楼记》）的怀抱是一致的。

郑板桥的“忧国忧民”思想还表现在文学批评中。他将古代诗文分为大乘法与小乘法，赞扬大乘法“理明词畅，以达天地万物之情，国家得失兴废之故”，批判小乘法“究何与于圣贤天地之心、万物生民之命”（上海博物馆藏郑板桥与江昱、江恂书墨迹）。简言之，大乘法指具有“忧国忧民”思想者，小乘法指不具有“忧国忧民”思想者。杜甫诗是郑板桥所谓大乘法之代表作。

郑板桥在《范县署中寄舍弟墨第五书》中，赞扬“少陵诗高绝千古”。他举出《哀江头》《哀王孙》，“伤亡国也”；《新婚别》《无家别》《垂老别》《前出塞》《后出塞》诸篇，“悲戍役也”；《兵车行》《丽人行》，“乱之始也”；《达行在所》三首，“庆中兴也”；《北征》《洗兵马》，“喜复国，望太平也”。总而言之，“一种忧国忧民忽悲忽喜之情，以及宗庙邱墟，关山劳戍之苦，宛然在目”。“故其诗信当时，传后世，而必不可废。”他在《潍县署中与舍弟第五书》中，批判“若王摩诘、赵子昂辈，不过唐、宋间两画师耳！试看其平生诗文，可曾一句道着民间痛痒”。郑板桥以民本思想为标准来褒贬古代诗人，可称慧眼卓识。

（2）农夫第一。按照中国的传统，有所谓“四民”（士农工商）之说。郑板桥不以为然，他在《范县署中寄舍弟墨第四书》中说：“我想天地间第一等人，只有农夫，而士为四民之末。……愚兄平生最重农夫。”理由是：“农夫……皆苦其身，勤其力，耕种收获，以养天下之人。使天下无农夫，举世皆饿死矣。”“工人制器利用，贾人搬有运无，皆有便民之处。而士独于民大不便，无怪乎居四民之末也！且求居四民之末而亦不可得也！”郑板桥“农工商士”的观念，与中国旧民主主义革命时期“农工商学兵”口号相合。郑板桥在封建社会中有如此开明的见解，是多么难能而可贵！

（3）务本勤民。郑板桥之所以“最重”农夫，是因为农夫“养天下之人”。由此产生务本勤民思想。李鱓画了一幅稻菜图，郑板桥题云："稻穗黄，充饥肠。菜叶绿，作羹汤。味平淡，趣悠长。万人性命，二物耽当。"（方浚颐《梦园书画录》卷二十一）牵牛、织女是两个星座名。传说牛郎与织女分居在银河两侧，每年农历七月七日之夜，才得渡河一会。郑板桥对牛郎织女作出新的解释："尝笑唐人《七夕》诗，咏牛郎织女，皆作会别可怜之语，殊失命名本旨。织女，衣之源也。牵牛，食之本也。在天星为最贵。天顾重之，而人反不重乎！其务本勤民，呈象昭昭可鉴矣。"（郑板桥《范县署中寄舍弟墨第四书》）古人如唐太宗说过"人以衣食为本"（《贞观政要·务农》），明太祖说过"农桑，衣食之本"（余继登《典故纪闻》卷三）等语，都不如郑板桥说得鲜活动听。

（4）泽加于民。"忧国忧民"思想和"泽加于民"思想是郑板桥民本思想的两个主要内容，并互相联系。《孟子·尽心上》："古之人，得志泽加于民，不得志修身见于世。"熟读《四书》的郑板桥，自幼牢记在心，他在《范县署中寄舍弟墨第四书》中说：

> 吾辈读书人……守先待后，得志泽加于民，不得志修身见于世……今则不然，一捧书本，便想中举，中进士，作官，如何攫取金钱，造大房屋，置多田产。起手便错走了路头，后来越做越坏，总没有个好结果。

对照一下叶大发《高邮军兴化县重建范文正公祠堂记》中的话：

> 前辈谓士自一命以上，苟存心于泽物，皆可有济。吾侪学古入官，当志文正公之志。彼囊帛匮金，笑与秩终身，宠而载高位，家肥而食厚禄，止自为温饱计，念不及吾民者，盍少愧哉！

两文从正反两面发挥了孟轲“泽加于民”的思想。兴化修建范仲淹祠堂的用意是“使后之登斯堂者，景先哲之高风，以励壮志”（叶大发《高邮军兴化县重建范文正公祠堂记》）。范仲淹在兴化的政绩，对郑板桥有着直接的影响。郑板桥在范县、潍县做县令，是其“泽加于民”思想的实践时期。

在范县——郑板桥《范县呈姚太守》云：“布袜青鞋为长吏，白榆文杏种春城。几回大府来相问，陇上闲眠看耦耕。”这是郑向上级汇报的四句诗，可以证明郑方坤《本朝名家诗钞小传》说郑板桥“既得官，慈惠简易，与民休息，人亦习而安之”，《范县志》说郑板桥“通达事理”，确是事实。

在潍县——郑板桥《潍县署中画竹呈年伯包大中丞括》云：“衙斋卧听萧萧竹，疑是民间疾苦声。些小吾曹州县吏，一枝一叶总关情。”这也是郑向上级汇报的四句诗。他言行一致，确实“关情”民间疾苦。他在潍县做县令时，遇到严重的自然灾害，采取了一系列有效的救灾、抗灾措施，如《清史列传》云：郑板桥“官潍县时，岁歉，人相食。燮大兴修筑，招远近饥民赴工就食。籍邑中大户，令开厂煮粥轮饲之。有积粟，责其平粜，活者无算。时有循吏之目”。《重修兴化县志》云：郑板桥“调潍县，岁荒，人相食。燮开仓赈贷，或阻之，燮曰：‘此何时？俟辗转申报，民无孑遗矣。有谴，我任之。’发谷若干石，令民具领券借给，活万余人。上宪嘉其能。秋又歉，捐廉代输。去之日，悉取券焚之。潍人戴德，为立祠”。叶衍兰等《清代学者像传》云：郑板桥“去官日，百姓痛哭遮留，家家画像以祀”。所谓“大兴修筑”指修筑潍县城墙缺口。据乾隆十三年郑板桥所书《乾隆修城记》：“本县先为之倡，首修城工六十尺，计钱三百六十千，即付诸荐绅，不徒以纸上空名，取其好看。”（《潍县志稿》引《修城记》：“燮以邑宰捐修八十尺。”又增二十尺）上述救灾、抗灾措施，是郑板桥爱民、利民、惠民、安民的集中表现，“泽加于民”思想的实践。

郑板桥歌颂历史上的清官：“安人龚渤海，执法况青天。”（郑板桥《赠高邮傅明府并示王君廷槼》）“龚渤海”是汉渤海太守龚遂，其政绩见《汉书·循吏传》，序曰：龚遂“所居民富，所去民思，生有荣号，死见奉祀，此廪廪庶几德让君子之遗风矣”。“况青天”是明苏州知府况钟，其政绩见《明史·况钟传》，赞曰：况钟“能于其职”。昆曲《十五贯》就是演唱况钟的故事。

故宫博物院藏郑板桥画兰真迹，题云：“官罢囊空两袖寒，聊凭卖画佐朝餐。最惭吴隐奁钱薄，赠尔春风几笔兰。乾隆戊寅，板桥老人为二女适袁氏者作。”“吴隐”是晋广州刺史吴隐之，其政绩见《晋书·良吏传》，史臣曰：“吴隐酌水以厉清，晋代良能，此焉为最。”史书记载吴隐之“将嫁女”，“婢牵犬卖之，此外萧然无办”。郑板桥画兰嫁女，比吴隐之卖犬嫁女高雅多了。

郑板桥一方面赋诗歌颂龚遂、况钟等“循吏”，以“良吏”吴隐之自比，另一方面赋诗鞭挞那些“乌纱略戴心情变，黄阁旋登面目新”的佞臣贪官（郑板桥《历览三首》之一），其民本思想，显然可见。

（5）扶危济困。《范文正公年谱》记载范仲淹对子弟说：“吾吴中宗族甚众，于吾固有亲疏，然以吾祖宗视之，则均是子孙，固无亲疏也，吾安得不恤其饥寒哉！且自祖宗来，积德百余年，而始发于吾，得至大官，若独享富贵，而不恤宗族，异日何以见祖宗于地下，亦何以入家庙乎！”郑板桥受范仲淹抚恤宗族的影响，而言论更为悲痛。他在范县做县令时，对堂弟郑墨说：“刹院寺祖坟，是东门一枝大家公共的，我因葬父母无地，遂葬其傍，得风水力，成进士，作宦数年无恙。是众人之富贵福泽，我一人夺之也，于心安乎不安乎！”虽然范、郑的言论都有封建社会的烙印，但其扶危济困思想是可取的。郑板桥命郑墨“持俸钱南归”，做几件扶危济困的事：①“敦宗族”：“（东门）可挨家比户，逐一散给。南门六家，竹横港十八家，下佃一家，派虽远，亦是一脉，皆当有所分惠。骐驎小叔祖亦安在？无父无母孤儿，村中人最能欺负，宜访求而慰问之。”②“睦亲姻”：“自曾祖父至我兄弟四代亲戚，有久而不相识面者，各赠二金，以相连续，此后便好来往。”③“念故交”：“徐宗于、陆白义辈，是旧时同学……今皆落落未遇，亦当分俸以敦夙好。”④“其余邻里乡党，相赒相恤……务在金尽而止。”（郑板桥《范县署中寄舍弟墨》）扶危济困思想与泽加于民思想是一致的，都是郑板桥民本思想的表现。

杜甫有一首著名的《茅屋为秋风所破歌》。茅屋漏了，“雨脚如麻”，“长夜沾湿”。此时，杜甫所叹息的不是自己一身一家之事，而是“推开自家”（杨伦《杜诗镜铨》卷六），大声疾呼：“安得广厦千万间，大庇天下寒士俱欢颜，风雨不动安如山。呜呼！何时眼前突兀现此屋？吾庐独破受冻死亦足。”郑板桥嘱吴于河代他刻过一方“恨不得填漫了普天饥债”图章（《板桥先生印册》），与杜甫同一“襟抱”，洋溢着人道主义精神。

郑板桥在乾隆二十五年所书自叙中自评其诗：“如《孤儿行》，如《姑恶》，如《逃荒行》《还家行》，试取以与陋轩同读，或亦不甚相让。”（徐平羽藏墨迹）“陋轩”是明末清初诗人吴嘉纪，其诗反映民间疾苦，邓之诚《清诗纪事初编》称为“字字皆血泪”。郑板桥以吴嘉纪自比，可见他文学创作中贯彻民本思想。

（6）教子忠厚。在众多的中国古代家训中，郑板桥的教子言论有其特色。他说：“余五十二岁始得一子，岂有不爱之理！然爱之必以其道，虽嬉戏顽耍，务令忠厚悱恻，毋为刻急也。”他对郑墨说：“我不在家，儿子便是你管束。要须长其忠厚之情，驱其残忍之性，不得以为犹子而姑纵惜也。”举例来说：

家人儿女，总是天地间一般人，当一般爱惜，不可使吾儿凌虐他。凡鱼飧果饼，宜均分散给，大家欢嬉跳跃……（《潍县署中与舍弟墨第二书》）

吾儿六岁，年最小，其同学长者当称为某先生，次亦称为某兄，不得直呼其名。纸笔墨砚，吾家所有，宜不时散给诸众同学。每见贫家之子，寡妇之儿，求十数钱，买川连纸钉仿字簿，而十日不得者。当察其故而无意中与之。(《潍县寄舍弟墨第三书》)

这种“忠厚之情”，不但对人，而且对待动植物。郑板桥说：“平生最不喜笼中养鸟，我图娱悦，彼在囚牢，何情何理，而必屈物之性以适吾性乎！至于发系蜻蜓，线缚螃蟹，为小儿顽具，不过一时片刻便摺拉而死。”他主张“欲养鸟莫如多种树，使绕屋数百株，扶疏茂密，为鸟国鸟家。将旦时……听一片啁啾，如《云门》《咸池》之奏……见其扬翚振彩，倏往倏来，目不暇给，固非一笼一羽之乐而已”。由“笼鸟”推之于“盆鱼”（以上郑板桥《潍县署中与舍弟墨第二书》）“盆兰”。郑板桥反对盆中种兰。他认为：“夫芝兰入室，室则美矣，芝兰勿乐也。吾愿居深山绝谷之间，有芝弗采，有兰弗掇，各适其天，各全其性。”（上海博物馆藏郑板桥画兰墨迹）他的题画诗：“画兰切莫画盆罂，石缝山腰寄此生。总要完他天趣在，世间栽种枉多神。”（郑板桥画兰拓本）

郑板桥教其子读四首诗：“二月卖新丝，五月粜新谷。医得眼前疮，剜却心头肉。”“耘苗日正午，汗滴禾下土，谁知盘中餐，粒粒皆辛苦。”“昨日入城市，归来泪满巾。遍身罗绮者，不是养蚕人。”“九九八十一，穷汉受罪毕。才得放脚眠，蚊虫獦蚤出。”用意在于使其子知民间疾苦。

总之，郑板桥教子忠厚的言论中放射着民本思想的光辉。

（7）画慰劳人。郑板桥为官清廉。《予告归里画竹别潍县绅士民》云：“乌纱掷去不为官，囊橐萧萧两袖寒。”他“自赞又自嘲”云：“宦海归来两袖空，逢人卖竹画清风。”（《支那南画大成》第一卷）罢官卖画的艺术活动，是郑板桥民本思想的皈依时期。《板桥题画》云：“凡吾画兰画竹画石，用以慰天下之劳人，非以供天下之安享之人也。”可见绘画为郑板桥民本思想的实践，提供了更广阔的领域。

山水、人物、花鸟、草虫可绘者至多，郑板桥为什么独喜画兰竹石呢?《板桥题画》云：“介于石，臭如兰，坚多节，皆《易》之理也，君子以之。”“有兰有竹有石，有节有香有骨。”（南通博物馆藏郑板桥画兰竹石墨迹）“四时不谢之兰，百节长青之竹，万古不移之石，千秋不变之人，写三物与大君子为四美也。”（镇江金山寺文物馆藏郑板桥画兰竹石拓本）他认为：“四时花草最无穷，时到芬芳过便空。唯有山中兰与竹，经春历夏又秋冬。”（中国美术家协会藏郑板桥画兰竹墨迹）“竹枝石块两相宜，群卉群芳尽弃之。春夏秋时全不变，雪中风味更清奇。”（镇江博物馆藏郑板桥画竹石墨迹）一贯信奉《孟子》“得志泽加于民，不得志修身见于世”教导的郑板桥，以画寄情，托物言志，用兰、竹、石之香、节、骨及其经得起考验之坚贞，作为自己修身的追求，这是一方面。另一方面，他把在现实社会中不能完全实现的理想，借绘画表达出来。如：故宫博物院藏郑板桥画竹墨迹，画面上旧竹高，新竹矮，题云：“本是同根复同气，有何卑下有何高!”潍坊博物馆藏郑板桥画兰墨迹，画面上有峭壁之兰，有山根之兰，题云：“天公雨露无私意，分别高低世为何?”这两幅画和题句，明显批判世间的贵贱不平。又，《板桥题画·八畹兰》云：“九畹兰花江上田，写来八畹未成全。世间万事何时足，留取栽培待后贤。”已故画家秦裕曾藏郑板桥画兰墨迹，画的是在山头的兰叶短，在山腰的兰叶长，题云：“后来居上前贤让。”扬州博物馆藏郑板桥画竹墨迹，画面上旧竹矮，新竹高，题云：“新竹高于旧竹枝，全凭老干为扶持。”这三幅画和题句，反映出郑板桥对新生力量成长的关注、爱护之情。

最后，说一说宋代哲学家张载“民胞物与”思想对郑板桥的重要影响。张载在其名篇《西铭》中提出：“民吾同胞，物吾与也。”

宋代哲学家二程（程颢、程颐）、朱熹对此文推崇备至，赞语连篇。《河南程氏遗书》评《西铭》云："孟子以后，未有人及此。"朱熹著《西铭解义》。二程认为"民胞物与"思想是儒家"爱有等差"的体现。朱熹进一步阐释"亲亲为本"的等差与次序：第一等，"亲亲"，有血缘关系；第二等，"仁民"，无血缘关系；第三等，"爱物"，推广到动植物。郑板桥对《西铭》更是崇拜到无以复加的程度。他在《焦山别峰庵雨中无事书寄舍弟墨》云："张横渠《西铭》一篇，巍然接《六经》而作，呜呼休哉！"上述郑板桥命郑墨将俸钱分散给宗族、姻亲、故交、邻里乡党，以及反对笼中养鸟、盆中种兰，就是对"亲亲为本"的身体力行。郑板桥画竹枝荆棘，题云："莫漫锄荆棘，由他与竹高。《西铭》原有说，万物总同胞。"（《书苑》一卷三号）用绘画弘扬张载的"民胞物与"思想，是郑板桥民本思想的升华。

《板桥题画·题兰竹石调寄一剪梅》云："借君莫作画图看，文里机闲，字里机关。"他明白地告诉世人，他作画是有寓意的。

（三）郑板桥论八股文

八股文，又称制义、制艺、时艺、时文、八比文、四书文笔。郑板桥把八股文美化到无以复加的程度，他说：

> 先朝董思白，我朝韩慕庐，皆以鲜秀之笔，作为制艺，取重当时。思翁犹是庆、历规模，慕庐则一扫从前，横斜疏放，愈不整齐，愈觉妍妙。二公并以大宗伯归老于家，享江山儿女之乐。（《与舍弟书十六通·仪真县江村茶社寄舍弟》）
>
> 今人鄙薄时文，几欲摒诸笔墨之外，何太甚也？将毋丑其貌而不鉴其深乎！愚谓本朝文章，当以方百川制艺为第一，侯朝宗古文次之，其他歌诗辞赋，扯东补西，拖张拽李，皆拾古

人之唾余，不能贯串，以无真气故也。百川时文精粹湛深，抽心苗，发奥旨，绘物态，状人情，千回百折而卒造乎浅近。朝宗古文标新领异，指画目前，绝不受古人羁绁，然语不遒，气不深，终让百川一席。忆予幼时，行箧中惟徐天池《四声猿》、方百川制艺二种，读之数十年，未能得力，亦不撒手，相与终焉而已。(《潍县署中与舍弟第五书》)

此幅三石挤塞满纸，而其为绿、为赭、为墨，何清晰也！为高、为下、为内、为外，何径路分明也！又以苔草点缀，不粘不脱，使彼此交搭有情，何隽永也！西园老兄，秀才出身，故画法具有理解。

近日诗古家骂秀才，骂制艺，几至于不可耐。不知诗古不从制艺出，皆无伦杂凑。满口山川风月，满手桃柳杏花，张哥帽，李哥戴，直是不堪一笑耳。圣天子以制艺取士，士以此应之。明、清两朝士人，精神会聚，正在此处。试看西园兄画，绝无时文气，而却从时文制艺出来。(《高南阜画册》郑燮题)

这几段话，反映了郑板桥对八股文的态度。明、清的科举考试，考官主要摘录《四书》中的文句为题目，应试者要用古人的语气，依据经书上的说法，贯串成文，称为代圣贤立言。文章的结构、字数、句法，都有硬性的规定。每一篇都由破题、承题、起讲、入手、起股、中股、后股、束股八部分组成。破题，是用两句话，道破题目的要义。承题，是承接破题的要义，加以阐明。起讲，是议论的开始。入手，是起讲后的入手之处。起股至束股，是正式的议论，以中股为全篇的重心。在起股至束股的四段中，每一段都有两股排比对偶的文字，合计八股，故称八股文。这种内容空洞、形式呆板的八股文，严重束缚了应试者的思想和才能。

明、清两代的知识分子，为了应举、入仕，自幼学做八股文，依样画葫芦，空疏不学。有识之士，为之愤慨。明末有人大声疾呼："断送江山八股文。"清初有人画八个盲瞽，题为"八股图"。《红楼梦》第七十三回借贾宝玉之口说："更有时文八股一道，因平素深恶此道，原非圣贤之制撰，焉能阐发圣贤之微奥，不过作后人饵名钓禄之阶。"第八十二回又借贾宝玉之口说："更可笑的是八股文章，拿他诓功名混饭吃也罢了，还要说代圣贤立言。"《儒林外史》深刻揭露八股取士对"士林"的毒害，流毒所至，连闺中少女（如鲁编修的女儿）也如醉如痴地入了迷。戊戌变法的领导康有为在《请废八股试帖楷法试士改用策论折》中，痛陈八股文之害："令诸生荒弃群经，惟读四书，谢绝学问，惟事八股……翰苑清才，而竟有不知司马迁、范仲淹为何代人，汉祖、唐宗为何朝帝者！若问以亚非之舆地、欧美之政学，张口瞪目，不知何语矣……然则中国之割地败兵也，非他为之，而八股致之也！"

有比较才能鉴别。将郑板桥的话与明末人、清初人（郑之前）、曹霑、吴敬梓（与郑同时）、康有为（郑之后）的言论进行对照，郑板桥对八股文的美化，是十分明显的。如果郑板桥只说董其昌（思伯）、韩菼（慕庐）的八股文章做得好，不为大错，算是他独特的审美观念；他把方舟（百川）的八股文章捧为清朝文章第一，就大错了，不符合清朝文坛的真实情况；他认为诗、古文（散文）、画等，都要从八股文"出"，不从八股文"出"者不佳，更大错特错了。因为：明、清两代不做八股文的"布衣""高僧"中，颇有以诗、古文、画著名者，他所崇拜的大画家苦瓜和尚（姓朱，法名原济，字石涛，别号甚多），即是其一。值得注意的是，既然郑板桥对八股文如此偏爱，为什么他在刻集子时，只刻诗钞、词钞、家书、小唱，而不刻八股文呢？而且明、清以前，没有八股文体，明、清以前的诗、古文、画不从八股文"出"，郑板桥又怎能自圆其说呢？郑板桥对八股文的美化，只能暴露出他思想中庸俗的一面。

袁枚《随园诗话》卷九云："（郑）板桥深于时文，工画，诗非所长。”“工画”是人所共知的事，袁枚不能不肯定；“深于时文”“诗非所长”则是对郑板桥的贬低。因为：诗，是流传千古的；八股文，不过是应举、入仕的敲门砖，门敲开了，这块砖头就扔掉了。袁枚说郑板桥不长于诗而深于八股文，等于笑骂他只能诓功名、混饭吃，而不能流传千古。当然，袁枚批评郑板桥“诗非所长”是昧心话，但说郑板桥“深于时文”是无可争辩的。

至于高凤翰（西园）的画，属于文人画。文人画重视文学修养。高凤翰有诗文集传世。郑板桥不说高画从诗、古文“出来”，而说从八股文“出来”，不符合事实。郑用“清晰”“径路分明”“不粘不脱”“彼此交搭”“隽永”这些批点八股文的术语，来评高画，毕竟是偏见。暂不论明、清以前，明、清两代文人画家不少，谁承认其画是从八股文“出来”呢！

郑板桥一则曰“诗古不从制艺出，皆无伦杂凑”，再则曰“西园兄画……从时文制艺出来”，分明是对“近日诗古家……骂制艺”的反攻，乃有激而云。

“爨下荒凉告绝薪，门前剥啄来催债”（《板桥诗钞·七歌》），穷愁潦倒的郑板桥，靠了八股文做得好，是“康熙秀才、雍正举人、乾隆进士”（《板桥先生印册》），任山东范县、朝城、潍县知县。郑板桥羡慕八股名家董其昌、韩菼“享江山儿女之乐”，也为自己“愚兄而今已发达矣”（《潍县寄舍弟墨第四书》）高兴，“设我至今不第，又何处叫屈来”（《范县署中寄舍弟墨》）。郑板桥因擅长八股文而发达，自然对八股文有好感。

（四）郑板桥自评“七律尤多放翁习气”

郑板桥《前刻诗序》云：“余诗格卑卑，七律尤多放翁习气。”这是自卑还是自负？这是轻视陆游还是重视陆游？不能单从这两句话的字面上看。请大家先看郑板桥的两首七律：

《赠博也上人》

闭门何处不深山，蜗舍无多八九间。人迹到稀春草绿，燕巢营定画梁闲。黄泥小灶茶烹陆，白雨幽窗字学颜。独有老僧无一事，水禽沙鸟听关关。（国家图书馆藏清晖书屋刻本有批："神似放翁。"）

《瓮山示无方上人》

松梢雁影度清秋，云淡山空古寺幽。蟋蟀乱鸣黄叶径，瓜棚半倒夕阳楼。客来招饮欣同出，僧去烹茶又小留。寄语长安车马道，观鱼濠上是天游。（扬州图书馆藏清晖书屋刻本有批："全似剑南矣。"）

据郑板桥《家书·范县署中寄舍弟墨第五书》："少陵诗高绝千古，自不必言，即其命题，已早据百尺楼上矣……放翁诗则又不然，诗最多，题最少……岂放翁为诗与少陵有二道哉？……杜之历陈时事，寓谏诤也；陆之绝口不言，免罗织也。虽以放翁诗题与少陵并列，奚不可也！"郑板桥从"命题"的角度，将陆游诗与"诗圣"杜甫诗相提并论，可见他对陆游的崇拜。他说"七律尤多放翁习气"，不是轻视陆游，也不是低估自己的作品，而是用巧妙的语言，借陆诗以肯定自己的作品，两位没有留下姓名的批者，认为郑板桥的两首七律，"神似""全似"陆游，也是称赞郑板桥而不是批评他。

（五）从十种诗选看郑板桥的名篇

陈毅《所知集初编》卷四，彭廷梅《国朝诗选》卷四，宫国苞《霄峥集》卷四，张应昌《国朝诗铎》卷十、十八、二十三、二十五、二十六，阮元《淮海英灵集》丙集卷四，王豫《江苏诗征》卷一百五十，张维屏《国朝诗人征略》卷二十八，符葆森《国朝正雅集》卷五，徐世昌《晚晴簃诗汇》卷七十四，李濬之《清画家诗史》丙下，都选录郑燮诗。这十种诗选，选了哪些郑板桥的诗？统计如下：

五家选　　《郯城》《悍吏》

三家选　　《海陵刘烈妇歌》《抚孤行》《骨董》《贫士》

二家选　　《寄松风上人》《李氏小园》《广陵曲》《范县》《范县诗》《孤儿行》《怀扬州旧居》《自题画柱石图》

一家选　　《诗四言》《扬州》《晓行真州道中》《七歌》《追忆莫愁湖纳凉》《寄许衡山》《私刑恶》《别梅鉴上人》《除夕前一日上中尊汪夫子》《秋夜怀友》《莫为》《小廊》《偶成》《题游侠图》《上江南大方伯晏老夫子》《由兴化迂曲至高邮七截句》《送都转运卢公》《乳母诗》《绝句》《怀李三鱓》《破屋》《登范县东楼》《姑恶》《逃荒行》《还家行》《思归行》《题姚太守家藏恽南田梅菊二轴》《真州杂诗八首并及左右江县》《和雅雨山人红桥修禊》《画盆兰送大中丞孙丈予告归乡》《潍县署中画竹呈年伯包大中丞括》《竹石》《予告归里画竹别潍县绅士民》《焦山自然庵画竹》

五家选的作品，可以说是公认的好诗；一家选的作品，也不是没有可取之处的。因为十种选本，其选诗的标准，不尽相同。入选的诗，当然也不尽相同。把十种选本所选的作品，加以统计，也就是从不同角度检阅了一次郑板桥的诗。

（六）从四种词选看郑板桥词的名篇

王昶《国朝词综》卷二十七、姚阶《国朝词雅》卷十九、陈廷焯《词则·放歌集、别调集、闲情集》、叶恭绰《全清词钞》卷九，都选录郑板桥的词。这四种词选，选了哪些郑板桥的词？统计如下：

三家选　　《唐多令·寄怀刘道士并示酒家徐郎》

二家选　　《贺新郎·西村感旧》《满江红·思家》

一家选　　《唐多令·思归》、《贺新郎·徐青藤草书一卷》、《贺新郎·送顾万峰之山东常使君幕》（二首）、《贺新郎·赠王一姐》、《贺新郎·赠陈周京》、《贺新郎·有赠》、《满江红·金陵怀古》、《瑞鹤仙·渔家》、《浣溪沙·老兵》（二首）、《念奴娇·金陵怀古十二首·莫愁湖、台城、胭脂井、高座寺、孝陵、方景两先生祠》、《太常引·听噶将军说边外风景》、《浪淘沙·暮春》、《浪淘沙·和洪觉范潇湘八景·潇湘夜雨、平沙落雁》、《虞美人·无题》、《酷相思·本意》

《板桥词钞》收词七十首，四种词选共选二十六首，比重不小。

（七）郑板桥早期书法

世之评论郑燮书法者，多评其成家以后之作品，而阮元、林苏门、李详独具只眼，评论其成家以前之作品，迻录于下，供鉴赏家参考。

阮元《广陵诗事》卷八云："郑板桥少为楷书极工，自谓世人好奇，因以正书杂篆隶，又间以画法，故波磔之中，往往有石纹兰叶。"

林苏门《邗江三百吟》卷七《趋时清赏门·板桥题画》云："郑公行世之字，皆尚古怪。余闻其中年学欧，因不能取炫于世，改而自成一家。小斋现藏'竹疏烟补密，梅瘦雪添肥'一联，板桥楷书真迹，笔笔中锋，迥非行世一路，可以证矣。"

李详《药裹慵谈》卷三《拭觚下·郑板桥》云："吾乡郑板桥，以书画名海内，真迹渐少……板桥楹帖，乡中所见者，粉笺居多。板桥初学晋帖，余尝见板桥雍正九年书杜老《丹青引》横幅，体仿《黄庭》，对之磬折，后乃自为一体，蒋心馀指为'晚摹《瘗鹤》兼山谷’者。然余尝见李长衡书，板桥极似之，其渊源固有自也。”

（八）郑板桥画兰、竹、石之外

郑燮擅画兰、竹、石，为国内外所珍视。但他并不是只会画兰、竹、石，从前人的记载和现存的墨迹看，除兰、竹、石之外，他还画过以山水、松、梅、菊、荷、牡丹、秋葵、蒲草、灵芝、桃子、橘子、樱桃、莲蓬、菱角、佛手、香橼、蒜头、虾、蟹、花瓶、水盂、如意等为题材的作品。举例如下：

山水　沈心《孤石山房诗集》卷四《留别郑板桥》云：“八载清风飘墨绶，几回幽梦绕柴扉。惟君白首豪吟健，赠我青山逸兴飞。”夹注说：“时见贻手画山水。”沈心，字房仲，仁和人，雍正时诸生，早从查慎行游，其诗亦颇有查氏法。这首《留别郑板桥》诗写于乾隆十四年，郑燮为潍县知县时。沈心、沈廷芳兄弟同游潍县，郑燮画山水赠沈心，沈心赋《留别郑板桥》诗为谢。所谓“八载清风飘墨绶”，指郑燮做了八年县令。从乾隆七年至十四年，整“八载”。此年郑燮五十七岁。沈心擅画山水，郑燮的山水画，如无一定水平，是不会在沈心面前“班门弄斧”的。

荷花　陶元藻《泊鸥山房集》卷十一《与郑板桥书》云：“前月于金寿门斋头，见足下所画残荷一朵，败荷叶一片，插在缺口磁瓶内，墨汁模糊，如有烟光月晕，淡中自带野趣。夫画，枯不可，淡则所贵；俗宜避，野则弥佳。大似吾乡青藤居士醉后之笔，寿世何疑！”陶元藻，字龙溪，号篁村，会稽人，乾隆时诸生，诗文负重誉，曾为两淮盐运使卢见曾幕客。陶元藻与郑燮交游，主要是在乾隆十八年郑燮六十一岁罢官回乡之后。这封信中所提到的金寿门，就是“扬州八怪”之一的金农。郑燮所画荷花，如无一定水平，是不会赠给金农，自己献丑的，更不会得到陶元藻的赞赏。

以上两例说明，郑燮画山水、荷花，见于他的朋友的诗文，我们是完全可以相信的。

桃子　李玉棻《瓯钵罗室书画过目考》卷三《郑燮》云："心泉上人藏有绢本设色桃树直帧，笔雅色妍……款署'乾隆四年夏日，写祝师母大人五十千秋'。"此年郑燮四十七岁。"笔雅色妍"是李玉棻对郑燮所画桃子的恰当评价。

橘子　陈夔麟《宝迂阁书画录》卷四《名人十字十花卉扇册》云："六、设色橘菊。款曰：'橘皮香与鞠花香，都入陶家漉酒缸。醉后便饶春意味，不知天地有秋霜。板桥郑燮。''板桥'印。""郑板桥折枝花果，别具秋心，什袭藏之，亦铭心之品也。""别具秋心"是陈夔麟对郑燮所画橘子、菊花的恰当评价。

以上两例说明，郑燮画桃子、橘子，在清末还有真迹流传，见于鉴赏家的记载，我们也是可以相信的。

樱桃　光绪五年唐昆华所刻《蝴蝶秋斋所藏画册》中，有郑燮所画樱桃竹笋图，题"樱笋厨。乾隆八年，郑燮"。此年郑燮五十一岁。

虾　宣统元年世界名人书画社影印李石曾所藏《郑板桥书画合册》中，有郑燮所画虾图，题："踪迹混鱼龙。板桥题。"钤"二十年前旧板桥"朱文印。

莲蓬、菱角、蒜头、蟹　日本《支那名画集》第一辑《郑燮笔·写竹枝词意图》云："纸本水墨，纵三尺，横一尺八寸五分。'黄花盈瓮酒盈铛，扫径呼朋待月生。剥蒜捣姜同一嚼，看他螃蟹不横行。''午饭梳头倦不胜，棉衣须补补何曾，秋波未觉秋风冷，自向门外看老菱。'董爱江《竹枝词》二首，板桥居士郑燮写其意。"（又见日本《支那南画大成》续集四《补遗》郑燮《画董爱江词意》）董伟业，字耻夫，号爱江，沈阳人，流寓甘泉，作《扬州竹枝词》九十九首。郑燮为之作序，署："乾隆五年九月朔日，楚阳板桥居士郑燮题。"此年郑燮四十八岁。郑燮《写竹枝词意图》当画于四十八岁以后。

以上三例说明，郑燮画樱桃、莲蓬、菱角、蒜头、蟹、虾，见于画册，画册是根据真迹木刻、影印的。

佛手、香橼　　扬州博物馆藏郑燮所画佛手香橼兰花小轴，题："始则幽兰在谷，继则一手拿元，以是相望，即以此相贺矣。板桥居士郑燮。"

至于故宫博物院藏郑燮所画梅竹图，山东博物馆藏郑燮所画双松图，南京博物院藏郑燮所画松、菊、兰、石四屏条，上海博物馆藏郑燮所画芝兰竹石图等，世所共知，就不详细介绍了。

郑燮画山水、花果、草虫，是中晚年在兰、竹、石已达成熟境界以后的游戏之作，虽非专门，亦有其独特的风格，这从前人的记载和现存的墨迹可以看出来。

（九）钱泳论"难得糊涂"

《板桥书画拓片集》有郑燮书横额："难得糊涂：聪明难，糊涂难，由聪明而转入糊涂更难。放一着，退一步，当下心安，非图后来福报也。乾隆辛未秋九月十有九日，板桥。"辛未是乾隆十六年，板桥五十九岁，时在潍县。服官十年，阅历已深，乃有此语。当时传诵此语，有人极为信服，如钱泳《履园丛话·杂记下·难得糊涂》云："郑板桥尝书四字于座右，曰：'难得糊涂'，此极聪明人语也。余谓糊涂人难得聪明，聪明人又难得糊涂，须要于聪明中带一点糊涂，方为处世守身之道。若一味聪明，便生荆棘，必招怨尤，反不如糊涂之为妙用也。"

（十）陆钢自称"板桥门下牛马走"

李濬之《清画家诗史》壬上："陆钢，字紫英。萧山人，原籍山阴，为渭南伯放翁后裔。官河南知县。善山水，尤精临摹。兼工花卉。性通脱，慕郑板桥之为人，因镌‘板桥门下牛马走’小印。”今案：陆钢“板桥门下牛马走”印，显系模仿郑燮“青藤门下牛马走”印，更可以证明袁枚《随园诗话》所谓“徐青藤门下走狗郑燮”印为诬蔑。

（十一）朱祖谋集郑板桥等诗句为对联

据朱祖谋《梡鞠录》卷下，集郑燮与朱筠、顾九锡、胡天游诗句为三副对联：

若闻格磔钩辀语（朱筠），
相见温馨淡远人（郑燮）。

秋风白粉新泥壁（郑燮），
暮雨青山好著书（顾九锡）。

凉丝玉网千层结（胡天游），
砑粉宫笺五色裁（郑燮）。

虽是文字游戏，亦可见朱祖谋对郑板桥诗之熟悉。

边寿民——《迁淮边氏谱》考

“扬州八怪”指哪八位画家？说法不一。这里举两个权威性的说法：（1）凌霞《天隐堂集》以郑燮、金农、高凤翰、李鱓、李方膺、黄慎、边寿民、杨法为“扬州八怪”。（2）黄质（宾虹）《古画微》以李方膺、汪士慎、高翔、边寿民、郑燮、李鱓、陈撰、罗聘为“扬州八怪”。今案：凌霞、黄宾虹都是画家，又都于清末寓居扬州，了解扬州画坛情况，他们都将郑燮（板桥）、边寿民列入“扬州八怪”中。

我曾赴兴化，阅读郑燮家谱（抄本），撰成《孤本〈昭阳郑氏谱〉的学术价值》，在《文献》2002年第2期发表。又曾托淮安人丁志安访求边寿民家谱。丁君寓居镇江，转托汪澄伯、何辛丞，二老人辛苦访到边氏家谱，是稿本。当时无静电复印，只能摘录若干重要内容给我，稿本归还原主。我已珍藏近六十年。经过“文化大革命”，不知这个稿本尚在人间否？今撰小文，用意有二：（1）丁、汪、何皆已逝世，淮安人士如有知道边氏家谱之稿本尚存者，请与我联系。（2）汪、何从边氏家谱中摘录出来给我的，虽然是片段，其内容很重要，多为坊间流传之各种边寿民传记所缺载。我公之于世，为研究边寿民以及“扬州八怪”，提供古老的、又是崭新的第一手资料。

一

据边氏家谱编制“迁淮边氏世系简表”及“迁淮边氏一世至五世主要成员情况简表”如下：

表1 迁淮边氏世系简表

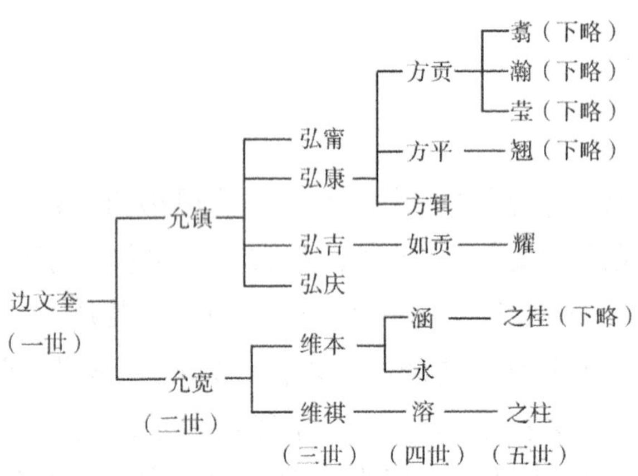

表2 迁淮边氏一世至五世主要成员情况简表

世次	姓　名	情　况
一世	边文奎	公以明崇祯末年兵乱，由直隶任邱迁至江苏山阳。生卒年月，无考。妣何氏，亦难稽。惟公墓在东门外七里塘花娃。生二子：允镇、允宽。公善纺织，由任邱带来工友，所纺所织专为驮载粮食之用，俗所谓口袋布也。口袋紧厚，一条能用20年，于是创设店号，收徒弟，主义会，订条约，店号日渐其多。吾淮有口袋店，自公创始。嗣后凡有口袋手艺人，咸称公为边祖。所供画像，即公像也。
二世	边允宽	生卒年月及妣何氏，均失考。生二子：维本、维祺；一女，适桃源薛馥，生三子：薛慎、薛恭、薛怀。

续表

世次	姓　名	情　况
三世	边维祺	字寿民，号颐公，以字行，又号墨仙，晚号苇间老人，又号绰绰老人。邑增贡生。娶□氏，副室□氏。生一子：溶。葬东乡石塘镇东。
四世	边　溶	字更生。邑庠生。生卒妣氏，均无考。生子一：之柱。
五世	边之柱	字玉擎。郡庠生。生卒妣氏，均无考。无嗣续。

依据以上两《表》，参考有关文献，进行分析研究，对边寿民家世，获得几点崭新的认识。

（一）明末，边寿民的祖父边文奎，由任邱迁居山阳，带来手工业工人，以纺织“口袋布”为生。这个家史，一切传记缺载，可见家谱之史料价值。

（二）边寿民一妻一妾一子。《泼墨图》王箴舆题云：“唤妇呼儿嫩草茵。”程晋芳《偶过东城感怀边苇间成七律句》云：“弱妾孤儿夜哭哀。”与家谱吻合。边寿民身后，程晋芳只言“妾”而不言“妇”，可见边寿民妻先卒。

（三）迁淮边氏，从边寿民起，才有功名（邑增贡生），其子溶为邑庠生，孙之柱为郡庠生，从纺织店号转变为读书人家，惜“无嗣续”。一切传记缺载寿民子孙情况，家谱保存了珍贵资料。

（四）民国《续纂山阳县志》卷十四《古迹（邱墓附）》：“边寿民墓：在石塘。”不如家谱“葬东乡石塘镇东”准确。

（五）边寿民有三个外甥，有文献可考者为长甥、幼甥。（1）薛慎、薛怀合考。阮葵生《岁朝怀人诗》云：“河东兄弟有奇气，画格诗材意态多。”自注：“薛敬伯慎、季思怀兄弟，别后曾以诗画见寄。”韩梦周《咏淮南友人小绝句》有句云：“缄情每殷勤，急友苦憔悴。”自注：“薛廉村慎。”又有句云：“大节不谐俗，小技且游戏。”自注：“薛小凤怀。”阮葵生、韩梦周皆当时名人，与薛慎、薛怀兄弟唱和，并赞美其才艺，二甥之成名，与舅氏教导是不可分的。(2)薛慎考。民国《续纂山阳县志》附《山阳艺文志》卷七《国朝·薛慎》:“字敬伯,号廉村。桃源人,居山阳。怀之兄。乾隆中岁贡。”薛慎《过舅氏苇间书屋感旧》有“别墅追陪犹昨日”句,可见舅甥之感情深挚。(3)薛怀考。史震林《华阳散稿》卷下《小凤别纪》:“桃源薛怀,号小凤,苇间居士边髯之甥也。才气清恬,诗词书画皆酷似其舅,而须则童然不如,乃为《乞须词》以自祷。”李玉棻《瓯钵罗室书画过目考》卷二《边寿民》:“甥薛怀,字竹君,号小凤,同邑人,传其法。心泉上人藏有芦雁大屏,边画三帧,薛画五帧,画意题识,如出一手,王甥之学赵舅,未必如此酷学也。”民国《续纂山阳县志》附《山阳艺文志叙目》卷四:“薛怀,字季思,号竹居。桃源籍,居山阳。乾隆中岁贡,举孝廉方正。”薛怀之“诗词书画皆酷似其舅”,当为边寿民所最爱。薛怀之别号,李玉棻误为“竹君”;薛氏桃源县籍,边寿民山阳县人,同府而不同县,李玉棻云“同邑”,误。

二

家谱载《维本公传》,迻录如下:

> 维本字复菴,亦字大复,号壶逸老人。生二子:涵、永。老人精于岐黄,洞见症结,经方药饵,与时俗汤剂迥殊,活人无算,至今犹称道之。其所居之地,所耕之田,在年登乡,名边家社。有田数百亩,耕已百年,其初系祝姓之产,延公治病,病瘥而酬报瘠田者也。老人善书,书法钟太傅,与寿民公每日同习百字,吾淮留有遗迹不少。只记县学明伦堂联云:“黄河水滚滚而来,文应如是;韩信兵多多益善,士亦如之。”淮人士多谓为大复公所撰书尔。

利用此《传》，结合二《表》，作深层的分析研究，对边寿民的家世，获得更清楚的认识，如：

（一）中国传统社会，以“士”居“四民”之首，“农”次之，“工商”为末。迁淮边氏原以纺织“口袋布”为业，社会地位不高，子孙企图改换门庭。边寿民善诗词书画，并有功名；其兄边维本，虽无功名而精医术。

（二）边维本、寿民兄弟一同练字，是早年之事，企图由“工商”转变为“士”的第一步。

（三）边维本“所居之地，所耕之田，在年登乡”，而边寿民“构屋于蒹葭秋水之间以自适，买田一区于东郭七里塘以自给”（据侯嘉缙《苇间老人传》），可见兄弟已分家。边寿民“买田”与祖父边文奎茔墓相近，孝思不匮，便于祭扫也。

三

家谱所载边寿民传，文词虽平凡而史料价值甚高。边寿民有《泼墨图》和《苇间书屋图》，名人题咏甚多，丁志安有抄本，我曾见之。二《图》辗转为淮安人何楚侯所得。何寓居北京，在大陆银行任职，退休后设真赏斋（书画商店），我曾向他借阅二《图》，颇有助于对边寿民之研究。今参考二《图》之名人题咏及有关文献，为边寿民家传作注，互补互证，俾可更清楚地了解寿民之生平。

公讳维祺，字寿民，号颐公。山阳县学生员。（见《寿民公传》，下同）

卞注：无锡市文物商店藏边寿民杂画册，第十二页钤“山阳人”朱文印。

少会文于程氏曲江楼，名振大江南北。

卞注：《苇间老人题画集》邱崧生跋："当日结社曲江楼，与周白民先生暨吾家浩亭、海方两公，号十子，名振大江南北……"史震林《华阳散稿》卷下《柳衣园记》："园之中，有曲江楼……左有云起阁，俯临珠湖，东望雉堞，烟柳映之。"阮钟瑗《曲江楼感旧》题下注："楼本张吏部故址，后归程氏，仍旧名。爽林昆仲构柳衣园于侧，集邑中知名士为会文之地，延王墙东诸老主坛坫。"乾隆《淮安府志》卷二十二《文苑·国朝》："程垲，字爽林。弟嗣立，字风衣。安东人。其先自歙迁于淮。……两人皆好读书，喜交游。垲尝得淮故家园亭，名曲江楼者，为别业，聚四方能文之士及里中诸彦，课业其中，磨砻浸润，文日益上。金坛王耘渠为评定曲江楼课艺，四方学者争购其文。"今案：王汝骧字云衢，一作耘渠，著有《墙东杂著》。

七度秋风，未离席帽，乃绝意进取，以增贡终。

卞注：清朝"童生"，经过县试、府试、院试，合格录取，称为"生员"，亦称"庠生"，俗称"秀才"。凡初入学的生员，都称"附生"，经过岁、科两试，成绩优秀者，递补为"增生""廪生"，食廪年深者、学行兼优者充贡，称为"贡生"。边寿民是增贡生，高于庠生。

公天才高迈，性疏放，不以俗事撄怀。

卞注：同治《山阳县志》卷十四《人物四·边维祺》："性疏放，不以俗事撄怀。"光绪《淮安府志》卷二十九《山阳县人物·

国朝·边维祺》同。

书法钟太傅，古劲绝俗。

卞注：可与《维本公传》所云“书法钟太傅，与寿民公每日同习百字”相印证。同治《县志》、光绪《府志》皆云：“书法钟太傅。”

天台侯夷门，谓公文清且远，人非有道不能文，画理亦然。

卞注：侯嘉缮（夷门）《苇间老人传》：“今之文，有能如先生之清且远乎？人非有道不能文，画理亦然。”

所著《墨癖说》，多名言至理，发前人未发之蕴。善泼墨。作大幅画，张绢于壁，磨墨数升，恣意泼之，墨渖倒射，斑驳满衫，及援袖奋笔，随物写形，风落电转，有不自知其所以然者。此公告友之语。

卞注：张庚《国朝画征续录》卷上《边寿民》：“善泼墨。”《泼墨图》顾同根题云：“君今泼墨复恢奇，元气淋漓生敝帚。”又程銮题云：“边子喜泼墨，意欲拯聋聩。”又沈德潜题云：“更须泼墨恣挥洒。”又车书题云：“掀髯泼墨势如神。”又李能哲题云：“墨妙如君世所稀，泼来满纸雁鸿飞。”又李苏题云：“思君泼墨时。”又李筌题云：“苇间泼墨老狂夫。”又沈荣成题云：“墨向苇间泼，苇从墨底生。”又程襄龙题云：“图开泼墨光四垂，阔幅长笺堆屋楣。”又卫哲治题云：“泼墨云无迹，含毫笔有神。”又阮学浩题云：“我爱泼墨人。”又丁一焘题云：“泼墨泼墨将为何。”《苇间书屋图》卢见曾题云："泼墨原来在苇间。"又顾于观题云："主人泼墨溪风秋。"又朱星渚题云："高吟复豪饮，泼墨留一斑。"

> 与张旭之草书时，科头脱帽，落纸云烟，有以异乎？旭推草圣，公号墨仙，其道一也。

卞注：《泼墨图》沈德潜题云："披图如见张旭醉后作草书，墨池濡首还狂走。"

> 公友王孟亭曰：以君之品学与才，乃仅以画传，而世之知公者，亦惟以画，大可悲也。公曰：人既我知，我何惜焉。夫性情所关，即以为勤生之具，奚不可者。综计生平，家居困守二十年，仆仆风尘二十年，养志林泉又二十年，而公老矣。公足迹半天下，凡风云之变幻，沙碛之崎岖，人情之险巇，皆藉画与诗以发之。公之画，不独以雁见长，而世人竟以"边雁"称，公亦以前身鸿雁，形诸歌咏。盖以公天性高洁，不为物诱，南北奔驰，不畏风雪，其性情踪迹，无一不与雁相等。

卞注：侯嘉缙《苇间老人传》："善画芦雁，人呼'边雁'。……当海天空阔，月色澄明，有孤雁横自云中，声嘹亮欲贴天去，先生睨之曰：'是弋人何慕耶。'"王澍《竹云题跋》："边芦雁者，字颐公，以善画雁，世因目之为'边芦雁'者也。"《泼墨图》徐葆光题云："头衔自署'边芦雁'。"又张若驹题云："今朝识得'边芦雁'。"又李能哲题云："芦雁边生黄鹤李。"自注："君见余《黄鹤诗》，呼为李鹤云。"又郭焌题云："外间只说'边芦雁'。"

又注：张庚《国朝画征续录》卷上《边寿民》："写芦雁，江淮间颇有声誉。"秦祖永《桐阴论画三编》卷上《边寿民（神品）》："泼墨芦雁，尤极著名。""泼墨芦雁，创前古所未有，颐公虽以此著名，而笔墨之妙，实不在此。”冯金伯《国朝画识》卷十一引《百幅庵画寄》：“边颐公以芦雁得名，而笔墨之妙不在此。……余有句云：‘颐公谱清具，书画烟云幻。相逢耳食人，只说边芦雁。’”李佳《左庵一得续录·边颐公瓶菊横幅》：“颐公专工芦雁，余独收其写意小品，欲避俗耳。”

所居城东北隅蒹葭秋水之区，名“苇间书屋”。旁建一亭，名“莲叶仙舟”，即当日泼墨处也。

卞注：《苇间书屋图》汪枚题：“居临东郭……依横塘而架屋……傍曲岸以编篱。”又朱卉题：“五架三间近水城。”又顾于观题：“苇间有屋如虚舟。”又史震林题：“人与室同舟。”《泼墨图》阮学浩题：“孤亭敞西偏，垂柳睹新沐。”今案：从这些诗文可见苇间书屋的建筑。

民国《续纂山阳县志》卷十四《古迹》：“苇间书屋、莲叶仙舟：在城东北梁陂桥南（边维祺作画处）。”今案：观方志可见苇间书屋之地点。

英廉《梦堂诗稿》卷七《怀人绝句十三首·边颐公》序：“所居苇间书屋，烟水满前。”诗：“牵舟就岸寄张融，渔火茶烟辨苇中。”史震林《华阳散稿》卷下《三民合记》：“三民者，山阳边寿民、陆竹民、周白民也。……淮之城，有渠贯其中，白民宅其西。每当风光月霁时，辄拿小舟，溯北关而东，过桥，叩柳下板扉，呼竹民同舟，刺篙入芦湾，行里许，南转，水澄碧而宽。有草亭，扁曰‘莲叶仙舟’，寿民画芦雁处也。土阶积苔，座无俗客。……三民者，非凡民也。”今案：读此诗此《记》可见苇间书屋之环境。陆竹民名立，周白民名振采。

闻诸父老云：公生时，雁常集于其地。殁后，雁竟过而不留。岂事或出于偶然乎？抑公之诚，能感物欤？公安贫乐道，和易近人，不以崖岸自高。当代名公巨卿，相与周旋，惟无以鸿博及经学荐者，知公久无心于荣利也。性爱客，宴集无虚日，酒资须以画易之。优游泮涣，自乐其天，此岂无得于中者而然欤！

卞注：方黎如《集虚斋学古文》卷五《赠边颐公叙》："夫岂独文而已，并其为人，吾亦况而知之。（徐）笠山曰：何如？余曰：是必且轩豁端直，胸中无柴棘斗许，遇公正则发愤，若决疣溃痈之不可以已，而机键杂发，谈笑有味，人人叹息绝倒，谓坐无车公不乐者也。笠山笑曰：然。"

赞曰：公少贫，授徒为业。

卞注：侯嘉缯《苇间老人传》："先生少贫困，以授徒为业。"

为诸生时，声名藉甚。金沙王墙东、桐城方朴山二老赏其文，并奇其才，有国士之目。

卞注：方黎如《赠边颐公叙》："始吾友徐笠山归自淮阴，手文以示余……于是余卒读之，率意远思，秋豪欲破，笔未到而气已吞，墨略施而意已具。余曰：'得非边子颐公笔乎？'何以知之？'以子贻我边子画知之。'今夫文者，画也。……夫边子之画，何如矣？涂藁醉墨，有谓无谓，活禽生卉，触豪（毫）而出，慎斯术也以往，虽其他奇奇怪怪，马牛其风，而自我心匠，当悉赡举；又况文者画也，关节通一，波澜莫二，边子独不能为之，余独不能知之乎！……遂访颐公如故知，益尽读所为文，大抵与画同关捩，而颐公顾不欲名其画，恐遂以盖其文者。"

顾数奇，屡试辄蹶。中年为饥所驱，游踪半天下。晚归淮阴，结茅于城畔荒垣，其胸中宜若有抑郁不平之气，其为诗必以穷愁而益工，而不料公之诗，独志和音雅，绝不作不平鸣也。

卞注：侯嘉缙《苇间老人传》：“烟云供养，以养其寿，年虽老而神明不衰，岂偶然哉。”

书法笔意，清超拔俗如其诗。画入逸品，干墨瓶罍器具，水墨花鸟鱼虫，皆超逸有理趣。泼墨画帧，随意象形，允称神品。

卞注：方棨如《赠边颐公序》云：“活禽生卉，触豪而出。”同治《县志》、光绪《府志》皆云边寿民“画入逸品。尤以芦雁著称，所题诗词，皆超逸有理趣”。秦祖永称为“神品”。

有大志，具经济才，其不遇，天也，人皆惜之，而公则淡于荣利，处一日悲愤之境，未尝困苦牢骚，遇不遇何与于公哉。世庙在潜邸时，藏其画四幅。高宗阅薛怀画雁，谓薛画必有所本，后以公画进，遂加赞赏。是两朝人君知公矣。

卞注：侯嘉缙《苇间老人传》：“世庙在潜邸时，有其画四幅，先生不以此时图功名，而甘老于马藻凫鹥之乡，此岂无得于中者而然欤。”

游踪所至，公卿倒屣。草堂酬唱，尽属应刘，是士大夫皆知公矣。得公画者，珍若拱璧。爱公画者，播及东瀛。是中外人莫不知公矣，公何尝不遇哉！公知足者也，所谓归真返璞，则终身不辱者也。

卞注：王箴舆《孟亭诗集》卷一《芸芸集（戊午）·边寿民苇间书屋图》："平生略识边居士，汲水担薪有古风。"可见边寿民之为人。

四

"扬州八怪"是以地域命名的画派，列入"八怪"的画家，均与扬州有关系，但情况不完全相同，可分为三类：1. 扬州府人，如高翔、罗聘、李鱓、郑燮；2. 旧属扬州府，行政区划改变后，为通州直隶州人，如李方膺；3. 外地人寓居扬州，或曾在扬州卖画，如李葂、金农、高凤翰、黄慎、杨法、汪士慎、华喦、陈撰。边寿民属于第三类，论证如下：

（一）边寿民常至扬州，有年代可考者如：

雍正五年。《泼墨图》汝旸题："今来邗江上，示我《泼墨图》。"邗江，邗沟，古运河名，这里指扬州。

雍正九年。高炳《送边颐公之汉上》："平山堂下一执手，遥指归鸿数还期。"平山堂为扬州名胜。

乾隆四年。《苇间书屋图》华喦题："己未冬十月，同客扬州……"又曹学诗题："乾隆己未仲冬月大雪后三日题于竹西客舍……"宋姜夔《扬州慢》："竹西佳处。"

乾隆十二年。《苇间书屋图》蔡嘉题："颐公先生一别十年余矣，丁卯秋于广陵重晤……"广陵，秦县名，汉国名、郡名，这里指扬州。

还有一年中到扬州两次的，如某年"清明前一日到邗……有事复回淮，四月初当再至扬，可盘桓月余"（见边寿民《与汪士慎书》)。雍正、乾隆时期，扬州是东南经济文化中心，边寿民至扬州卖画会友，这里的名胜、古迹、文艺、物产、风俗使他流连依恋，举一例：

扬州市博物馆藏边寿民《白描花果册·水仙》，题云："水仙，以广陵者为佳。他处花皆高尺许，早开香薄，过冬辄败。广陵人秋时于光福寺中，觅其根之最大者，立冬洗净，排列木盒内，以碎白石实其根之隙，移暴日影中，不见尺土，微润以水，茁其芽。芽长寸许，日晒而不沃之，常使欲花之意，盘桓郁怒而不发。故叶肥短而花迟，高出叶上。十月尽，犹作臃肿含胎态。然香心勃窣，玩之味乃更长。天不使才人早遇，而每置豪杰后时，或者广陵人养花之意也。苇间边寿民。乾隆二年，岁次丁巳闰九月既望。"从这个题跋反映出，边寿民对扬州人培养水仙花的独特技术，观察得非常细致，作为他绘画的标本，并引发出一段关于人才的议论。可见边寿民的扬州之行，收获是多方面的，是具有丰富内涵的文化之旅。

（二）从中国传统文化来看，齐名合称者，如魏晋间的"竹林七贤"、唐朝的"饮中八仙"、明末清初的"画中九友"，其人不是孤立的，而是有联系的。清朝的"扬州八怪"也应如此。现在用这个标准，看一看边寿民与名列"八怪"者之关系：

边寿民与李鱓、黄慎

苏州市博物馆藏边寿民、李鱓、黄慎等合作花果扇面，有己酉年题跋。

边寿民与陈撰

《泼墨图》陈撰题："我嗟世人乏兴寄，淹淹方幅无余地。惟君万事任天然，墨水三升恣游戏。长笺大卷劲且雄，淡抹深涂无一同。春生十指偶然耳，遂使江南屏幛空。始知事事有三昧，愈益离披愈豪气。对之如读古《诗》《骚》，美人香草良有以。君来从我觅新诗，焚砚肯同没字碑。顾君未示拈花意，我特知君搁笔时。"

边寿民与金农

厉鹗《樊榭山房集》卷七《金寿门有犬名曰小鹊，要予赋长歌》："绛缯不逐高门炎，边鸾为君拂新缣（边颐公）。下视李迪笔势纤，低头欲入衣褳襜。"

金农《边寿民月圜研铭》："何取乎规，有此圆相。三五不亏，作满月状。"

《泼墨图》金农题："墨是佛幌烟，纸是鄱阳白。一朝入君手，洒洒满瑶席。吾书理吾画，二者肯浪掷。翠蛾红靥人，当筵笑哑哑（音厄）。"

《苇间书屋图》金农题："三分水，一分屋。菰芦声，秋雨足。中有人，媚幽独。时高吟，沧浪曲。门常扃，客不速。头上巾，酒可漉。破毛禽，晚争浴。画出来，黛五斛。余交苇间先生逾二纪矣，每至淮阴，必访其波上之宅，心知其乐而不能去也。近始为之赋诗，仿魏人三字体有奉督教，可见余之倾倒，不必轻率执管，应其征索耳。嵇康之懒，岂藉口之言哉。乾隆十六年三月杭郡旧友金农拜手记。"

边寿民与汪士慎

边寿民《与汪士慎书》略云："册子售出四本，银四包（三两八钱）交尊嫂夫人收。……存册得售，即续上。"（潘博山旧藏）此为汪士慎托边寿民在淮安代卖画之证。

边寿民与高凤翰

高凤翰《南阜山人诗集类稿》卷四《鸿雪集上·答淮上边颐公寄画》："寄画兼双妙，边鸾老作家。一枝香梦影，我亦赠梅花。随意图官阁，因风到水涯。明春如有兴，河上扫荒衙。"

边寿民与华嵒

同治《县志》、光绪《府志》皆云："结屋城东北隅，擅水木之胜，程嗣立、华嵒争为绘图，一时名流题咏殆遍。"《苇间书屋图》华嵒题："己未冬十月，同客扬州，山人写意华嵒识。"

边寿民与郑燮

郑燮《板桥诗钞·淮阴边寿民苇间书屋》："边生结屋类蜗壳，忽开一窗洞寥廓。数枝芦荻撑烟霜，一水明霞静楼阁。夜寒星斗垂微茫，西风入帘摇烛光。隔岸微闻寒犬吠，几捻吟髭更漏长。"同书《绝句二十三首·边维祺》："画雁分明见雁鸣，缣缃飒飒荻芦声。笔头何限秋风冷，尽是关山离别情。"跋云："凡大人先生，载之国书，传之左右史。而星散落拓之辈，名位不高，各怀绝艺，深恐失传，故以二十八字标其梗概。"

从以上资料中看出，边寿民与李鱓、黄慎、陈撰、金农、汪士慎、高凤翰、华喦、郑燮等，或互相唱和，或互赠书画，或合作书画，或委托卖画，在扬州或淮阴进行交流，如此亲密的来往，说明边寿民已融入"扬州八怪"的队伍之中，并将"八怪"的活动地域，由扬州扩展到淮安。

据《清史稿》卷一百十六《职官志三·外官·总督》："总督漕运一人……驻淮安。"又："河道总督，江南一人……驻清江浦……（雍正）七年，改总河为总督江南河道，驻清江浦。"又《道员》："淮扬海道，兼盐法、漕务、海防……驻淮安。"同书卷五十八《地理志五·江苏》：淮安府清河县"淮扬道治所。江北提督、总兵驻。旧置总河，后省入总漕。自府城徙此……北：清江浦。"清朝的淮安，是漕运总督、河道总督、江北提督的驻地，淮扬海道的治所。当时南北交通主要靠水运，"淮郡为黄淮交汇入海之区，而运河又关东南漕挽咽喉"（乾隆《淮安府志·凡例》）。官商出入京师，必经淮安，市面繁华，所以金农"每至淮阴"，"必访"边寿民，除了叙友情之外，也与卖画有关；汪士慎不能亲自来，则托边寿民代为卖画。

凌霞、黄宾虹将边寿民列入"扬州八怪"是有理由的，但个别人有异议，如葛嗣浵《爱日吟庐书画补录·边寿民水墨花卉册》："清康熙朝，山水有娄东、虞山，花卉有毗陵，皆酝酿古人而自表正格。雍、乾诸家承之，不能不变，变而善者，皆高古超隽，以空灵代绵密，假题墨以足成之。于是金冬心、郑板桥、华新罗荟萃于扬州，至有‘八怪’之称。是时苇间亦在扬，故板桥集中引及焉。今观是册，笔致凝重，气味朴厚，犹守先正典型，似不得以扬州诸公例之，南沙、扶羲有同味也。”其言非是，驳之如下：

黄宾虹《古画微·扬州八怪之变体》云：“自僧石涛客居维扬，画法大变……时有‘扬州八怪’之目。要多宋元家法，纵横驰骋，不拘绳墨，得于天趣为多。”这是从总体上评论“扬州八怪”的共同画风。在这个共同的风格下，他们还有自己的特色，如凌霞《扬州八怪歌》所说，金农“清超”（“诗格画旨皆清超”）；高凤翰“诡异”（“涉笔诡异别趣饶”）；李鱓“粗豪”（“复堂作画真粗豪，大胆落墨气不挠，东涂西抹皆坚牢，砚池滚滚惊飞涛”）；李方膺“倔强”（“画梅倔强犹腾蛟，腕底飒飒风雨号”）。所谓“清超”“诡异”“粗豪”“倔强”都是“变体”“不拘绳墨，得于天趣为多”的精彩纷呈的表现。边寿民呢？凌霞说：“苇间居士寄兴遥，老笔气挟霜天高，平沙落雁秋萧骚。”《泼墨图》程銮题云：“试问环堵衣冠及粉黛，阿谁能识意所在，见之骇之吁诡怪。”又程嗣立题云：“东涂西抹日不停，怪怪奇奇发性灵。此中有歌亦有哭，谁能如此求其真。”程晋芳《偶过城东感怀边苇间七绝句》云：“老向蓬茅结净因，丹青萧瑟转通神。夕汀凫雁眠云冷，谁写荒寒付故人。”这些诗句，从不同的角度称赞边寿民画风的“诡怪”“萧瑟”“荒寒”，可见确与“扬州八怪”气味相同，为什么不能“以扬州诸公例之”呢？

大家知道，“扬州八怪”崇拜徐渭（天池、青藤）。如郑燮《贺新郎·徐青藤草书一卷》云：“只有文章书画笔，无古无今独逞，并无复自家门径。”可谓崇拜之至。据北京故宫博物院藏边寿民葡萄册页，题云：“用笔在白阳、青藤之间。苇间居士。”《泼墨图》施安题云：“眼中有数公，白阳、青藤辈。”又吴邦治题云：“于写生一道，自具一种天趣……即置之青藤、白阳间，不多让也。”又沈德潜题云：“边颐公，谁敌手？……白阳、天池差对偶。”边寿民以徐渭作为榜样。友人也以徐渭譬喻他，可见边寿民与“扬州八怪”的艺术追求是一致的，为什么不能“以扬州诸公例之”呢？

至于说边寿民的画与马元驭、蒋廷锡“有同味”，更与事实不合。据《清史稿》卷五百四《艺术传三・恽格》：“其弟子尤著者：马元驭，字扶曦，常熟人。家贫，好读书，幼即工画，王翚称之。后学于格，得其逸笔，颇称入室。……元驭尝以画法授同县蒋廷锡，后廷锡官禁近，以书招之，谢不往。”同书卷二百八十九《蒋廷锡传》：“字扬孙，江南常熟人……廷锡工诗善画，事圣祖内直二十余年。世宗朝累迁擢……被恩礼始终。”“谥文肃”。马元驭是恽格（寿平）弟子，蒋廷锡是恽格再传弟子，边寿民不是这个画派。葛嗣浵将隐居芦苇间的民间画师边寿民，与康熙、雍正两朝御用画家、官居一品的蒋廷锡（南沙）相提并论，未免不伦不类了。

再举一例，作为旁证。《瓯钵罗室书画过目考》卷二《陈撰》：“家西园主人藏有设色桃花睡鸟立帧，景剑泉阁学藏有墨笔竹篱秋影立帧，妙笔仙风，诚为空谷之音。”陈撰亦“扬州八怪”之一，画花卉有“仙风”，与上述金农“清超”，高凤翰“诡异”，李鱓“粗豪”，李方膺“倔强”之个性虽异，但“不拘绳墨，得于天趣为多”之共性相同，皆为“空谷之音”。对待边寿民之被列入“扬州八怪”亦当作如是观也。

附：扬州八怪六题

闵贞不应列入“扬州八怪”

1962年，俞剑华在北京《光明日报》发表文章，提出名列“扬州八怪”者，有十三人。1964年，我在北京《文物》发表文章，提出名列“扬州八怪”者，有十五人。我掌握的资料比俞氏多，所以多了二人。此后，我在《扬州八怪画集序》《扬州八怪研究资料丛书前言》等文章中，多次介绍十五人的资料。现在，有关“扬州八怪”的画册、书籍中，多采用十五人之说，未见反对的、怀疑的文章。今天，我对名列“扬州八怪”的闵贞，提出自己的看法。为了便于讨论，先将十三人、十五人两说的资料依据，列为简表如下：

资料来源	“八怪”姓名	备　考
汪鋆《扬州画苑录》	李鱓、李葂等	
凌霞《天隐堂集》	郑燮、金农、高凤翰、李鱓、李方膺、黄慎、边寿民、杨法	俞剑华未见此书，未将杨法列入“八怪”
李玉棻《瓯钵罗室书画过目考》	罗聘、李方膺、李鱓、金农、黄慎、郑燮、高翔、汪士慎	

续表

资料来源	“八怪”姓名	备 考
葛嗣浵《爱日吟庐书画补录》	金农、郑燮、华喦等	俞剑华未见此书，未将华喦列入“八怪”
黄质（宾虹）《古画微》	李方膺、汪士慎、高翔、边寿民、郑燮、李鱓、陈撰、罗聘	
陈衡恪《中国绘画史》	金农、罗聘、郑燮、闵贞、李方膺、汪士慎、黄慎、李鱓	

以上是“扬州八怪”六种有代表性的说法，求同存异，共有十五人。今分析如下：

汪鋆（砚山）《扬州画苑录》中，有“怪以八名”的话，是不是他始倡“扬州八怪”之称呢？不是。黄宾虹说：“扬州称有八怪，未详倡于何人。”（据《黄宾虹文集》）黄氏年长我五十九岁，他在写给我的信中说：“鄙人年二十余，侨居邗上近十载。读乡先哲汪砚山所著，心喜之。”他是清光绪十四年（1888 年）到扬州的。他在扬州读过《扬州画苑录》，而不认为汪鋆是始倡“八怪”之称者。

汪鋆虽说“怪以八名”，但未列举“八怪”之全部姓名，只说“如李复堂、啸村之类”。他不知道八人之姓名呢？还是有所顾忌呢？我分析是后者。因为他在“怪以八名”这句话之后，紧接着说“画非一体”。他如不知道八人之姓名，未见过八人之作品，怎能得出“画非一体”之评价呢？由于他是贬低“八怪”的，怕打击面过大，只举二人而已。

汪鋆是安徽歙县人，入扬州府仪征县籍。凌霞是浙江归安人，曾寓居扬州。汪、凌都熟悉扬州画坛情况，又是画友，《天隐堂集》中有《题汪砚山文学〈扬州景物图册〉》可证。“八怪”指哪八人，汪、凌意见不同。《扬州画苑录》中所举李鱓、李葂二人，一人之名不见于《天隐堂集·扬州八怪歌》。《扬州画苑录》开雕于光绪十一年（1885年），《扬州八怪歌》作于光绪二十二年（1896年）稍前，凌霞见过《扬州画苑录》而不将李葂列入“八怪”，反映出当时“八怪”无固定姓名，凌霞可以按己意评选。

黄宾虹的著作中，未提过凌霞《扬州八怪歌》，可见他未见过此《歌》，《古画微》中的“八怪”，也是他按己意评选的。至于李玉棻、葛嗣浵、陈衡恪未到过扬州，他们笔下的“八怪”，更都是按己意评选的。既然各按己意评选。当然不可能完全相同，这是列名“八怪”者竟有十五人之多的根本原因。

在“扬州八怪”六种有代表性的说法中，只有陈衡恪《中国绘画史》提出闵贞。陈氏距离“八怪”时代已远，他的说法，值得商榷。

（一）

历史上以地域命名之群体流派，绝对没有与该地毫无关系之人，加入其中。如：“会稽二清”为唐清江、清昼之合称，二释均工诗。“北京三杰”为唐富嘉谟、吴少微、谷倚之合称，三人同官于太原府（唐代北京），均以文词著名。“吴中四士”为唐包融、贺知章、张若虚、张旭之合称，四人皆以文艺扬名于上京（长安）。“新安四家”为明末清初渐江、汪之瑞、孙逸、查士标四位画家之合称，均徽州府人。“金陵八家”为明末清初龚贤、樊圻、高岑、邹哲、吴宏、叶欣、胡造、谢荪八位画家之合称，皆聚居金陵（据张庚《国朝画征录》）。余不多举。

“扬州八怪”是以地域命名的画派，其中十四人与扬州有关系：

（1）扬州府四人：高翔、罗聘、李鱓、郑燮。

（2）旧属扬州府一人：李方膺。据《清史稿·地理志五》，康熙十一年（1672年），扬州府“并通州”。雍正三年（1725年），“通州升直隶州”。李方膺在雍正三年前是扬州府人，雍正三年后是通州人。阮元《淮海英灵集》载李玉鋐（李方膺父）、李彩升（李方膺兄）、李秀（李方膺侄）之诗，这是扬州人仍以通州人为同乡之证。该书扉页："嘉庆三年仪征阮氏小琅嬛仙馆刊板，乡人通州胡长龄题签。"这是通州人仍以扬州人为同乡之证。扬州人与通州人有旧情，互认同乡，所以李方膺虽未流寓扬州，也未在扬州卖画，仍可列入"扬州八怪"。

（3）外地人寓居扬州或在扬州卖画者九人：李葂、金农、高凤翰、黄慎、边寿民、杨法、汪士慎、华嵒、陈撰。

按照传统的标准，以上十四人，均可列入"八怪"。闵贞则不然，其先世居江西南昌青石桥之东村，康熙二十二年（1683 年）迁居湖北广济之武穴。《清代扬州画家作品》说闵贞"乔寓汉口、扬州"，《扬州八怪画集》说闵贞"侨居汉口镇，曾流寓扬州"，侨居汉口尚有资料依据，流寓扬州则为臆测。《扬州画苑录·流寓》中无闵贞之名，闵贞之画无绘于扬州者。

（二）

历史上齐名合称之人，都是同时，有联系，绝对没有不同时又无联系的人加入其中。如："竹林七贤"为魏晋间嵇康、阮籍、山涛、向秀、阮咸、王戎、刘伶七位名士。"饮中八仙"为唐李白、贺知章、李琎、李适之、崔宗之、苏晋、张旭、焦遂八位嗜酒者，杜甫作《饮中八仙歌》。"明四家"为沈周、文徵明、唐寅、仇英四位有师友关系的画家。"画中九友"为明末清初董其昌、杨文骢、程嘉燧、张学曾、卞文瑜、邵弥、李流芳、王时敏、王鑑九人，吴伟业作《画中九友歌》。"清初四王"为王时敏、王鑑、王翚、王原祁四位有亲属或师友关系的画家。余不多举。

除闵贞外，列名"扬州八怪"者，皆有友谊。如：李鱓、李葂合称"二李"。金农《冬心先生杂著·画梅题记》："画梅之妙，在广陵得二友焉，江巢林画繁枝，高西唐画疏枝，皆是世上不食烟火人。"罗振玉旧藏金农画竹，别纸自题："予遂画竹……求之者酬值之数，倍于买竹。……板桥有诗云：‘画竹多于买竹钱’，予曾对人吟讽不去口，益征信吾两人画竹见重于人也。”可见金农对汪士慎、高翔画梅，郑燮画竹之崇拜。郑燮《板桥诗钞·绝句二十一首》有高凤翰、李鱓、黄慎、边维祺（寿民）、金司农五首，跋云：“名位不高，各怀绝艺，深恐失传，故以二十八字标其梗概。”可见其友情之笃。谢堃在《书画所见录》中，记载李鱓、郑燮、高凤翰、高翔、黄慎等结“江湖二十三友”“酬倡无虚日”。诸人常合作画，《扬州八怪画集》影印的边寿民、黄慎合作花果扇面，即为一例。李方膺虽不在扬州卖画，但与郑燮、李鱓等深交。《百梅集》影印李方膺画墨梅卷，郑燮题：“晴江李四哥……画梅为天下先。……愚来通州，得睹此卷。”旅顺博物馆藏李方膺《竹石图》，李鱓题：“余不晤晴江，十余年矣。见其所画梅竹，匪夷所思，笔笔精彩夺目，自写胸中逸气，如仲圭为百泉作竹自题有云：‘与可画竹不见竹，东坡赋诗忘此诗’是也。余最喜画梅，于今见晴江，从此搁笔。”可见郑燮、李鱓对李方膺画梅之倾倒。李鱓与李方膺亦合称“二李”。

十五人中，罗聘、闵贞二人年辈晚，这是大家都知道的，但罗聘是金农弟子，又与前辈交游，《香叶草堂诗存·江上怀人绝句十五首》有金冬心夫子、郑板桥、高犀堂三首，可以为证。按照阮籍、阮咸叔侄均列入“竹林七贤”，沈周、文徵明师生均列入“明四家”，王时敏、王原祁祖孙均列入“清初四王”之先例，罗聘列入“扬州八怪”，还是可以的。闵贞则不然，他未寓居扬州，未与“八怪”之十四人有来往，他所结识的人物，有姓名可考者，如：

唐蜗寄　据《画林新咏》。

钱陈群　旅顺博物馆藏钱陈群像，署“乾隆戊寅清和月正斋闵贞画”，隶书。有沈可培题字，裘曰修、吴锡麒、张廷济题句。

吕星垣　据《闵贞传》。

余　集　《管室学古录》有《广济闵氏墓碣》。

吴省钦　《白华前稿·朝天集》有《闵（贞）奉馔图》，《荆北集二》有《题闵贞画牛饮钟馗为王别驾（泰）》。

杨　揆　《桐华吟馆稿》有《题闵孝子贞奉馔图》。

朱　筠　《笥河文集》有《广济闵氏先墓碑（并诗）》。

汪启淑　据《飞鸿堂印人传》。

曹剑亭　旅顺博物馆藏闵贞绘《曹剑亭先生镜影卷》，有翁方纲、程晋芳等题跋。

翁方纲　《复初斋诗集》有《庚子春广济闵生为予写天际乌二句诗意，后十五年，始得装于坡公墨迹前，系以诗》《闵正斋白蓼图》，《复初斋文集》有《奉馔图后序》。

孙原湘　《天真阁集》有《为叔讷题陈郎渼碧小影（闵贞画）》《今昔辞》。

以上诸人，均非扬州人士。既未在扬州寓居或卖画，又与郑燮等十四人无交谊之闵贞，如列入“扬州八怪”中，违反了评定齐名合称人物之传统标准。

（三）

列名“扬州八怪”的十四人，不仅是画家，而且文学修养较高，这是该画派之共同点。其中有诗词文集者十一人：

李　葂：《李啸村近体诗选》

郑　燮：《板桥集》（《诗钞》《词钞》《小唱》《家书》《题画》）

金　农：《冬心先生集、续集、拾遗、三体诗》《冬心先生杂著》

高凤翰：《南阜山人诗集类稿、敩文存稿》《高凤翰手札》《高西园诗画录》

李文膺：《梅花楼诗钞》（佚，据《通州直隶志·艺文志》）

黄　慎：《瘿瓢山人蛟湖诗钞》

边寿民：《苇间老人题画集》

罗　聘：《香叶草堂诗存》

高　翔：《西唐诗钞》（佚，据《重修扬州府志·艺文志一》）

汪士慎：《巢林集》

华　喦：《新罗山人离垢集、补钞》

陈　撰：《玉几山房吟卷》《绣铗集》

李鱓、杨法虽无诗集传世，但其画上多有题诗，不过没有汇编成集。闵贞则不然，其画上绝无题诗，今列举其传世之作品及见于著录之作品为证（见下表）。

年　代	作　品	款　识	资料来源
1771年	《太白醉酒图轴》	"乾隆辛卯秋杪，正斋闵贞画"。	《艺苑掇英》
1771年	《婴戏图轴》	"乾隆辛卯冬至二日，正斋闵贞法天池山人画意"。	《艺苑掇英》
1779年	《纨扇仕女图轴》	"己亥初夏，正斋闵贞画"。	《艺苑掇英》
1783年	《人物横披》	"癸卯夏五，正斋闵贞画"。	《陶风楼藏书画目》
1784年	《山水图轴》	"乾隆甲辰菊秋，正斋闵贞法大涤子画意"。	《扬州八怪画集》
1787年	《写意人物轴》	"乾隆丁未冬至日，正斋闵贞画"。	《红豆树馆书画记》
	《芭蕉仕女图轴》	"仿唐六如居士画意，正斋闵贞"。	《清代扬州画家作品》
	《采桑图轴》	"正斋闵贞画"。	《清代扬州画家作品》
	《芙蓉鳜鱼图轴》	"法青藤道人画意，正斋闵贞"。	《清代扬州画家作品》
	《八子图轴》	"正斋闵贞画"。	《扬州八怪画集》

十幅作品，皆题识简陋，可见闵贞不工诗文，与"扬州八怪"

十四人题画诗文之妙趣横生，引人入胜，未免相形见绌。陈衡恪只看到闵贞画法与“八怪”相近，遂将他列名其中。如仅是这一点而不考虑地域、时代、行踪、交游、文学修养等条件，就将闵贞列入“扬州八怪”，那么，取法“八怪”的许多画家，不皆可以列入“扬州八怪”了吗？

综合以上理由，闵贞不应列入“扬州八怪”。

《海外藏中国历代名画》中的“扬州八怪”作品

江苏省文史研究馆馆员、南京艺术学院教授林树中，用了十三年的时间，寻访到流失于海外的中国名画二万三千余件，细选其中精品（约十分之一），编印《海外藏中国历代名画》八大册。今从第八册“扬州八怪画派”作品中，选择不仅有艺术价值而且有史料价值的几幅，略作考证。

李鱓《山水图》

李鱓《山水图》题云：“绿树森林蔽草亭，不知人在蓼花邨。分明一夜溪头雨，洗出青山数点痕。懊道人。”考如下：

李鱓传世之画，多为花鸟题材，山水画罕见。如《扬州八怪》（1981 年文物出版社出版）、《清代扬州画家作品》（1984 年香港中文大学文物馆出版）、《扬州八怪画集》（江苏美术出版社出版）等书中均无李鱓山水画。这幅山水画，纸本，水墨淡设色，是日本私家所藏，今《海外藏中国历代名画》将它影印，公之于世。

据清咸丰《重修兴化县志》卷十《杂类志·外纪》引李鱓《自叙》：“幼学子久山水。”跟谁学呢？清汪鋆《扬州画苑录》卷一：“（李）炳旦诗宗苏、陆，书类吴兴，作平远山水，直追摩诘，都人称‘三绝’。”李炳旦是李鱓之兄，耳濡目染，这位诗书画“三绝”的哥哥，应是李鱓的第一个山水画老师。四川博物馆藏李鱓《花卉蔬果册》郑燮题：“复堂之画凡三变：初从里中魏凌苍先生学山水，便尔明秀苍雄，过于所师。……”这位同乡前辈，应是李鱓的第二个山水画老师。

李鱓学而能“变”，这幅山水画，已“变”黄公望画法。画上未署年月，当为中年“变”法后之作。这与李鱓早年擅长工笔花卉，中年以后“变”为写意花卉的艺术历程，是一致的。

汪士慎等《萱花蝴蝶图》

汪士慎题《萱花蝴蝶图》云：“煦煦何知幻里胎，舞衣折叠化工裁。吴郎惯做庄生梦，飞到春风香国来。□城吴侃画蝶，甘泉管希宁写花，富溪汪士慎题小诗一截，以博大雅一笑。时辛酉五月，书于青杉书屋雨中。”考如下：

（1）这首题画诗，见于汪士慎《巢林集》卷三《吴侃画蝶》。“煦煦”作“脱茧”，“惯做”作“自入”，“飞到”作“只到”。吴侃字谓生，山东历城人，寓江苏常州，能诗画，善篆刻，惜早卒，作品流传少。这幅画极为珍贵。（《图》中“□城”应是历城）

（2）《巢林集》卷二有《张紫峰招同管幼孚、张楚涛由铁佛寺探梅，步至平山一粟庵四首》《咏幼孚斋中雪猫》诗，卷三有《幼孚、紫峰以梅花数本见赠四用前韵》《盆莲为幼孚作》《幼孚惠盆竹》诗，卷四有《秋日程振华招同西唐、幼孚步蜀冈》《春晚晚望同西唐、振华、幼孚》《过寒木山房喜幼孚携惠泉水至》诗，卷五有《幼孚斋中试泾县茶》《元日登文峰塔同幼孚、蔚洲作》诗。管希宁字幼孚，号平原生，又号金牛山人，江苏甘泉人。涉猎百家，旁及金石，于书画尤所究心，卒年七十。汪士慎与管希宁唱和甚多，汪称管为“良朋”，可见二人友善。

（3）汪士慎在画上钤“左盲生”印，他何年左目失明？《巢林集》卷二有《家援鹑弟招游浙中山水志别》《由梧桐乡至吴淡道中》等诗。姚世钰《孱守斋遗稿》卷二有《桐乡客舍喜晤汪近人即书其移居图后》《饮茶怀近人桐乡》等诗。互相参看，知汪士慎游浙时曾在桐乡逗留，并与姚世钰会晤。上述两首姚诗之前，有

《戊午八月初三日钱唐观潮有怀江上故人金寿门、陈授衣、江皋久客》等诗，戊午是乾隆三年。可见汪士慎《家援鹔弟招游浙中山水志别》“人随春水去”指乾隆四年春，《归自浙中寄诸友旧》“入秋拚卧老江干”指乾隆四年秋，《写梅畬可村》“笔研携游越，归来老病加，乱愁生白日，一目著寒花”，指乾隆四年秋游浙归来后左目失明。又，厉鹗《樊榭山房续集》卷一《题汪近人煎茶图》：“先生一目盲似杜子夏。”此诗作于乾隆四年，亦可证明此年汪士慎左目失明。

汪士慎等《萱花蝴蝶图》作于乾隆六年辛酉，汪左目失明已二年，故钤“左盲生”印。

李方膺《墨梅图》（一）

李方膺《墨梅图》（一）题云：“幽芳独秀在山林，密雪无端苦见侵。驿使不来羌管歇，与谁共话岁寒心。乾隆七年八月五日写于梅花楼，晴江李方膺。”考如下：

袁枚《小仓山房文集》卷五《李晴江墓志铭》：“今天子即位，乾隆元年……奉旨发安徽，以知县用。晴江乞养母家居。四年，服阕。补潜山令，调合肥，被劾去官。”按照这一记载，似乎乾隆四年李方膺已到潜山做官了。但这幅《墨梅图》所题“幽芳独秀在山林”句，是乾隆七年他作画时尚未出山之口吻。二者必有一误。

据杨廷撰《五山耆旧今集初刊》卷八转载陈兆仑所撰李玉鋐《行状》，雍正十年玉鋐因病回籍调理。十一年召见，复任福建按察使司。十三年告老还乡。《紫竹山房文集》未收此文。《紫竹山房诗集》有《暮春送李观察但山先生罢任归江南》诗，自注：“前二年移疾归，特起复任。”与《行状》吻合。李玉鋐于雍正十三年暮春罢任回南通州，是无疑的。袁枚不当云“晴江乞养母家居”，应云乞养父母家居。

又据《行状》，李玉鋐卒于乾隆四年十一月，方膺丁忧。袁枚云方膺“（乾隆）四年服阕”，大误。故宫博物院藏方膺《双鱼图》，题云："风翻雷吼动乾坤，直上天河到九阍。不是闲鳞争暖浪，纷纷凡骨过龙门。乾隆十一年四月公车北上，写于扬州杏园。"从题句反映出此年方膺"公车北上"谒选，路过扬州。

据清《滁州志》《潜山县志》《庐州府志》，李方膺于乾隆十二年任滁州知州，十三年任潜山知县，十四年任合肥知县。乾隆七年他尚无官职，与"幽芳独秀在山林"题句吻合。袁枚所记疏漏，不足为据。

金农《骅骝图》

金农《骅骝图》题云："秃笔扫骅骝，韦侯画马之妙也。其红鞯覆背图一轴，乾隆元年见之京师王侍郎宅，曾题诗左方。侍郎逝后，此画为厮养卒窃去，归之内城卖浆家矣。今拈豪追想其意，所谓头一点尾一抹者，乃于素缣中摹得之。每逢上巳湔裙之日，不无有斜阳芳草香轮渐远之感也。乾隆二十五年四月，百二砚田富翁金农画记。"考如下：

(1) 这篇题识见于金农《冬心先生画马题记》。文字全同，无"乾隆二十五年四月……"款识。

(2) 杭世骏《道古堂文集》卷三十八《刑部右侍郎王公行状》："公名兰生，字振声，一字坦斋。……爱士如子弟……故主三大省学政，兴贤育才，鼓舞淹滞，青衿组带之士，彬彬郁郁，莫不愿出门下，迄今诵说不衰。"全祖望《鲒埼亭集》卷十八《刑部侍郎管礼部侍郎事坦斋王公神道碑铭》："世宗宪皇帝嗣位……丙午……诏督学浙江。浙中素称多士，公未尝稍徇物望也，而高材生俱列甲选。……今上嗣位……是冬晋刑部侍郎，寻调管礼部。……卒于乾隆二年二月二十三日，得年五十有八。"可见，《骅骝图》所云"京师王侍郎"，名兰生，卒于乾隆二年，与金农题识吻合。

(3) 杭世骏又云："某与公先后入馆，悉公之蕴畜，重公之介特，哀公之卒然以死而血胤之无续也。"全祖望又云："予追随幕下，公所以陶铸疏野者甚至。及入京，又以邸舍相近，得时见，今而后叹撰杖之无从矣。”从杭世骏、全祖望为王兰生撰行状、神道碑，可见其关系密切。杭、全都是金农之友，王兰生又“爱士”，故金农能至王兰生家中观画。

金农《盛梅图》

金农《盛梅图》题云：“乾隆元年，应举至都门，与徐亮直翰林过张司寇宅。司寇出观赵王孙墨梅小立轴，冷香清艳，展视撩人，大似予缁尘涴素衣也。今二老仙去，予亦衰颓，追写寒葩，不觉黯然自失，恨不令二老见我横枝满幅，含豪作简斋诗句一题其上也，七十五叟农画记。”考如下：

（1）这篇题识见于金农《冬心先生画梅题记》。“小立轴”作“小立幅”，无“七十五叟农画记”款识。

（2）金农《冬心先生续集》自序：“乾隆元年，开博学鸿词科……遂到都门。”与《盛梅图》题识吻合。

（3）王鸣盛《西庄始存稿》卷三十《翰林院编修徐君象赞（并序）》：“君讳葆光，字亮直，长洲人。……遂以康熙壬辰进士第三人及第，授翰林院编修，才品为馆阁之冠。……君古文辞纯明峻洁，诗尤雄健排奡，出入眉山、剑南之间。”又，《义门弟子姓氏录》：“徐葆光亮直（文名最著）”，“金农香铁（钱唐）”。可见《盛梅图》题识所云“徐亮直翰林”，名葆光，与金农都是何焯（义门）的弟子。

（4）《清史稿》卷三百四《张照传》：“张照，字得天，江南娄县人。康熙四十八年进士，改庶吉士，授检讨，南书房行走。雍正初，累迁侍讲学士。……复三迁刑部侍郎。十一年，授左都御史，迁刑部尚书。”“照敏于学，富文藻，尤工书。”可见，《盛梅图》题识所云“张司寇”，名照。中国古代习惯，刑部尚书称大司寇，刑部侍郎称少司寇。又，金农《冬心先生续集》自序：“华亭张得天尚书，曾屏车骑，访予于樱桃斜街。”此为金农与张照相识之证。

（5）据《清史稿》卷五十八《地理志五》，清初，长洲县属苏州府，娄县属松江府，均属江南省。徐葆光与张照有同乡之谊。又，乾隆《苏州府志》卷五十七《人物十一（长洲县）》："徐葆光字亮直……诗文雅赡，兼工书法。喜交当世文人，名满一时。"徐葆光既喜交当世文人，又与张照都擅长书法，同官于京师，故相友好，与《盛梅图》题识吻合。

（6）据《清史稿·张照传》，乾隆十年卒。《盛梅图》绘于乾隆二十六年，正相吻合。金农云"二老仙去"，可见徐葆光亦已去世。此为画可补史之一例。

金农《梅花图》

金农《梅花图》题云："玉女窗中，有人同梦，梦在水边林下。此余五年前为华亭沈君沃田画梅花帐子题句也。时沈君方纳姬金屋，有诗纪事，朋侪多艳称之。今余又用胭脂螺黛画此小幅，复书前词，家有明珠十斛之人者，赠之何如。已卯嘉平月三日，奉寄鹤亭先生上卿大雅之赏。七十三翁杭郡金农记。"考如下：

（1）这篇题识见于金农《冬心先生画梅题记》。"余"作"予"，"题句"作"句"，"又用"作"用"，"画此"作"写此"，无"已卯嘉平月三日……"款识。

（2）阮元《淮海英灵集》戊集卷四《歙江氏诗·江讳春》："元撰传云：公讳春，字颖长，生时有白鹤之祥，故号鹤亭。姓江氏，徽州歙县人。祖演，侨居扬州。父承瑜。皆以盐荚起家。……公性警敏，为金坛王太史步青弟子，善属文，工诗，与程编修梦星齐名。……治鹾业，上官知其能，檄为总商。……（乾隆二十二年）授内务府奉宸苑卿。"可见，《梅花图》题识所云"鹤亭先生上卿"是江春，以盐商为内务府奉宸苑卿。

（3）《淮海英灵集》又云："（江春）广结纳，主持淮南风雅……一时文人学士，如……金寿门农……或结缟纻，或致馆餐，虚怀卑节，人乐与游，过客寓贤，皆见优礼，与玲珑山馆马氏相埒。"金农《画竹题记序》云："又至广陵，客谢司空寺，无日不为此君写照也。……每画毕，必有题记，一摅怅触之感。秋雨兀坐，编次成集。江君鹤亭见而叹赏不置，命傔人钞录付剞劂氏。江君早岁能文，交道矜慎，独取乎韦布寂寞之言，其贤谁得而测之耶！乾隆上章敦牂九月九日，钱塘金农自序。”可见江春与金农友善。

（4）沈大成《学福斋诗集》卷十二《百一诗钞》有《西方寺寻金寿门》《初冬至建隆寺访桐溪尊宿留同金寿门、史茗湄、张静思、懒云上人晚饭用崔珏道林寺韵》诗，卷二十一《竹西诗钞》有《冬心居士既化去弟子罗聘以蕉林午睡图乞诗为赋一篇哀亡友兼义罗君焉》诗。又，《学福斋集》卷六《金寿门遗集十种序》云：“金君同客淮南最久而习。”沈大成字学子，号沃田，清江苏华亭人。金农与沈大成友善，故金为沈绘梅花帐子。

金农《冻萼吐华图》

金农《冻萼吐华图》题云：“吾家有耻春亭，因自称耻春翁。亭左右前后种老梅三十本，每当天寒作雪，冻萼一枝，不待东风吹动而吐萼也。今侨居邗上，结想江头，为玲珑山馆主人写此横幅，未知亭中窥人明月比旧如何，须于清梦去时问之。乾隆二十二年岁次丁丑，杭郡金农时年七十有一笔记。”考如下：

（1）这篇题识见于金农《冬心先生画梅题记》。“自称”作“自称为”，“吐萼”作“吐花”，“为玲珑山馆主人写此横幅”作“漫写横斜小幅”。无“乾隆二十二年……”款识。

（2）阮元《淮海英灵集》乙集卷三《马曰琯》：“字秋玉，一字嶰谷，本籍祁门，业鹾扬州，遂家焉。……生平勤学好客，一时夙儒名士，造庐授馆无虚日。”《马曰璐》：“字佩兮，号半查，秋玉征君之弟，博学工诗，与兄齐名，称扬州二马。”马氏兄弟居扬州新城东关街，于所居对门筑别墅曰街南书屋，有十二景，小玲珑山馆是其中之一景。马曰琯卒于乾隆二十年，故知金农题识中之“玲珑山馆主人”只指马曰璐。

（3）金农《冬心先生集》卷二有《忆康山旧游寄怀余元甲、

高翔、马曰楚、曰琯、曰璐、汪士慎》诗，卷四有《马曰琯、曰璐兄弟招同王岐、余元甲、汪埙、厉鹗、闵華、汪沆、陈皋集小玲珑山馆》诗。又，金农《冬心斋研铭》有《马嶰谷蕉叶研铭》《马涉江铎研铭》。以上诗、铭均作于马曰琯生前。金农与马氏兄弟友善。

（4）杭世骏《道古堂诗集》卷六《赴召集》有《题画赠马员外曰琯》诗，卷十一《归耕集》有《新秋雨后马员外曰琯……送余还山……》《汉铜雁足灯歌为马曰璐赋》诗，卷十三《寄巢集》有与马曰琯、曰璐兄弟等《寒夜石壁庵联句》诗，卷二十一《闲居集》有《伤逝十二首》，其第四首是哭马曰琯的。卷二十三《韩江集下》有《立冬前一日雨中集街南书屋追悼马员外曰琯》《题马氏昆季云壑清吟图》《桃杯歌为马曰璐、方士庶作》《夏五集玲珑山馆奉怀卢运使》诗，卷二十四《韩江续集》有《奉酬南斋诸公中秋前一日山馆对月有怀》《过小玲珑山馆复酬诸公》《再过山馆》《马生振仲约身以礼能以诗绍其家学……》《马征君招集七峰草堂送别》诗。马氏兄弟与杭世骏唱和甚多。马振仲是马曰璐第三子。杭世骏为马氏兄弟撰《七峰草亭记》，为马曰琯撰墓志铭，为马曰璐撰《南斋集序》，均见《道古堂文集》，今不多引。

杭世骏与马氏兄弟友善，他为马氏兄弟题画，是可能的；但金农于乾隆二十二年绘《冻萼吐华图》，此时马曰琯已卒，故金农题识中无“马氏昆仲”之语；而杭世骏题跋云“马氏昆仲属予题二律”云云，与事实不合，此跋疑为赝作。

南京博物院看“扬州八怪”书画

2001 年 6 月，我参观了南京博物院主办的“扬州八怪书画展”，琳琅满目，美不胜收，其中八件作品，尤为宝贵，特撰此文，说明其艺术价值、文献价值。

陈撰《荷香十里图轴》

题云："甲戌秋中，玉几。"

孝萱按：康熙三十三年、乾隆十九年的干支，皆是甲戌。画上钤"玉几翁"白文印，是乾隆十九年陈撰晚年作品。

杭世骏《道古堂文集》卷三十四《玉几山人小传》云："玉几山人者，钱唐陈撰楞山也。自言鄞人，家世系出勾甬，居杭非一世矣。"以下叙述陈撰馆于项氏、江氏情况。李斗《扬州画舫录》卷十五《冈西录》云："杭堇浦太史为征君小传，中只述其主项、江二家而不及篆园，是未知之深也。"陈撰久寓扬州，黄宾虹《古画微》评为"扬州八怪"之一。

杭世骏又云：陈撰"诗有逸才，天然高澹，不琢自雕"。"灵秀钟于五指，书无师承，画绝摹仿，每一纸落，人间珍若珙璧"。陈撰书画作品流传至今者不多，这幅墨荷，画如其诗，"天然高澹"，足称逸品。

画上有王素题："金城南畔树如云，半笼桑麻半绕村。西风十里万泉寺，一路荷花香到门。小某借题。"王素，字小梅（某），号逊之，甘泉（今扬州市）人。经历乾隆、嘉庆、道光、咸丰、同治、光绪六朝，是一位高寿画家。

李鱓《石畔秋英图轴》

题云："康熙乙未七月，画请敬倚年长兄教。兴化弟李鱓。"

孝萱按：各种画学书籍均评李鱓为"扬州八怪"之一。

郑燮《板桥诗钞（范县作）·绝句二十一首·李鱓》小序："号复堂，兴化人。孝廉，供奉内廷，后为滕县令。画笔工绝。（蒋相公、高司寇弟子）。"又题李鱓花卉蔬果册："复堂之画凡三变，初从里中魏凌苍先生学山水，便尔明秀苍雄，过于所师。其后入都，谒仁皇帝马前，天颜霁悦，令从南沙蒋廷锡学画，乃为作色花卉如生。……后经崎岖患难，入都得侍高司寇其佩，又在扬州见石涛和尚画，因作破笔泼墨，画益奇。"（四川博物馆藏墨迹）传世的李鱓画，以"破笔泼墨"为多，工笔罕见。这幅菊花，工笔设色，作于康熙五十四年（乙未），是李鱓学习蒋廷锡工笔画法时期的作品。郑燮又云：李鱓“初入都一变，再入都又一变，变而愈上，盖规矩方圆尺度，颜色深浅离合，丝毫不乱，藏在其中，而外之挥洒脱落，皆妙谛也”。郑燮说明了李鱓之画从工笔到写意，从具象到抽象的经过，这幅《石畔秋英图轴》为我们提供了李鱓之画规矩、颜色“丝毫不乱”的实物。

李方膺《菊石图轴》

题云：“抑园李方膺。”

孝萱按：多数画学书籍所述“扬州八怪”中，有李方膺之名。

袁枚《小仓山房文集》卷五《李晴江墓志铭》云：“晴江讳方膺，字虬仲。……晴江有士气，能吏术……性好画，画松竹兰菊咸精其能，而尤长于梅，作大幅丈许，蟠塞天矫，于古法未有，识者谓李公自家写生，晴江微笑而已。”

凌霞《扬州八怪歌》云：“晴江五斗曾折腰，拜梅与梅为朋曹。画梅倔强犹腾蛟，腕底飒飒风雨号，‘金刚怒目’来献嘲。”（蒋苕生论晴江画诗有云：“怒目撑眉气力强，不成菩萨是金刚。”）这幅菊花，设色工笔，一丝不苟，是李方膺早年作品。郑燮主张：“必极工而后能写意，非不工而遂能写意也。”（《板桥题画》）南京博物院展出的李方膺《菊石图轴》与李鱓《石畔秋英图轴》都属罕见，都为我们提供了画家从工笔到写意的实物。

杨法篆籀册页

孝萱按：各种画学书籍所述“扬州八怪”中，无杨法之名，只有凌霞评杨法为“扬州八怪”之一。凌霞《扬州八怪歌》云：“已军篆法能兼包。”今南京博物院展出的杨法墨迹，大胆融合草、篆为一体，“兼包”之评甚确。汪士慎《巢林集》卷四《怀杨已军》云：“同为林下老，谁是眼中人！野服疏狂态，沙鸥远近邻。”杨法字怪人狂，凌霞评为“扬州八怪”之一，是有眼光的。

《扬州画舫录》卷二《草河录下》云：“杨法，字已军。江宁人。工篆籀。黄园中‘柳下风来，桐间月上’八字，是所书也。来扬州，寓地藏庵，与小山上人善。”卷一《草河录上》云：“周太仆铜鬲，周器也，藏鹾商徐氏家，华秋岳喦绘图，杨已军法书。”卷九《小秦淮录》云：“埂子上一为钞关街……其上两畔多名肆，如伍少西毡铺匾额‘伍少西家’四字，为江宁杨纪〔已〕军名法者所书。”卷十三《桥西录》云：“贺园始于雍正间贺君召创建。……园中题名……杨法。”这四条记载，足以说明杨法与扬州关系之密切。

金农七言诗联

对联云：“恶衣恶食诗更好。非佛非仙人出奇。集唐人诗句，以奉巢林先生有道之鉴。杭郡旧友金农书。”

孝萱按：多数画学书籍所述“扬州八怪”中，有金农、汪士慎之名。《扬州画舫录》卷十四《冈东录》云：“金农，字寿门，号冬心，浙江仁和人。……好古力学，工诗文，精鉴赏，善别古书画，书法汉隶。年五十，妻亡，侨居扬州，从事于画，涉古即古，脱尽画家之习。……著有《冬心诗钞》，其余诗文十种，皆其门人罗聘搜索而成。”阮元《淮海英灵集》乙集卷三云：“汪士慎，字近人，号巢林。祖居富溪，移籍扬州。善分书，工画梅，诗味清高，迥出尘壒。性嗜茶。著有《巢林集》七卷，卷端绘有啜茶小像。”下略考金农、汪士慎关系：

汪士慎比金农大一岁。李玉棻《瓯钵罗室书画过目考》卷三《汪士慎》云：“私淑金农。”震钧《国朝书人辑略》卷四汪士慎小传云：“寿门弟子。”均误。据金农《冬心先生杂著·画梅题记》：“画梅之妙，在广陵得二友焉，汪巢林画繁枝，高西唐画疏枝，皆是世上不食烟火人。”又《冬心集拾遗·近人先生为予篆刻姓氏私记，深得两京遗法，因追忆旧时所蓄汉印，作诗三首以寄》有句云：“刻来大雅异雕锼，老气峥嵘横九州。”又《冬心先生画竹题记》云：“此幅墨竹，为巢林先生作。……”又《冬心先生画梅题记》云："古笺一番，画江路野梅，题诗其上，装成小立轴，奉寄巢林先生……"金农称汪士慎为"友"、为"先生"，并表示钦佩其艺术造诣之高，怎能说汪士慎是金农之弟子呢？今南京博物院展出的金农墨迹，称汪士慎为"先生"，自称"旧友"，也可证明非师生关系。

这副对联，不但有艺术价值，还有文献价值。

《巢林集》卷首陈章题云："好梅而人清，嗜茶而诗苦。惟清与苦，实渍肺腑。故朴不外饰，俭不苟取，啬用其明，暗然环堵，优哉游哉，庶其近古欤！"陈撰序云："吾友巢林先生，亮体达心，涉冶群籍，意行自重，不屑世好，衡门两版，窅如空山，三四素心，时相过从，焚香瀹茗之余，他无所事。故其诗亭亭落落，迥然尘𡏖之外，深情孤诣，吐弃一切。韩江文采如林，若吾巢林，洵如所称寒琼独朵者矣。"陈章的题词、陈撰的序言，说明了汪士慎生活环境与诗歌创作二者之间的关系。《巢林集》卷二《移居二首》云："乞米难盈瓮，担书竟满车。"（其一）"从今得安稳，蔬食胜家丰。"（其二）《目有痼疾将成残废因作杂事诗四首以当解嘲·作书》云："茫茫难乞米，衰老独咨嗟。"《归自浙中寄诸友旧》云："怀人渺渺传书远，乞米悠悠举笔难。"卷三《老来五首》第四首云："煨芋抵餐饭，缝棉胜绮罗。"《除夕》云："今夕是除夕，家贫一例清。……稚女剥山果，老妻烹菜羹。"卷四《答许棠东》云："性定啖藜藿，美味早弃捐。坦然任终老，无意慕神仙。"《山芋羹》云："饱食抵餐饭。清斋胜大烹。"卷五《新岁遣兴》云："六十翻头又丙寅，多年况味得称贫。……蔬食元胜粱肉美，蓬窗能敌锦堂新。"诸诗反映出汪士慎安贫乐道，不慕富贵，不羡神仙的高尚情操。

可见，金农这副对联，既符合汪士慎的生活实际，又符合汪士慎的创作实际，是对汪士慎人品、诗品的很好概括，可谓知己。

金农《兰花图轴》

题云：“红兰花叶皆妙，惜无香泽，今年夏月见于奉宸院卿江君鹤亭水南别墅。越夕，费胭脂少许，画此小幅，以寄鹤亭品外之赏，若宋徐、黄诸贤却未曾画得也。荐举博学鸿词杭郡金农笔记，时年七十又五。”

孝萱按：这是金农赠送盐商江春的一幅画。这样的题材，金农不止一次画过，如故宫博物馆藏金农《红兰》绢本设色立轴，题云：“红兰花叶皆妙，惜无香泽，今夏见于奉宸院卿江君鹤亭水香别墅。越夕，费燕支少许，图此小幅，若宋徐、黄诸贤却未曾画得也。昔耶居士记。”《清代扬州画家作品》题句较南京博物院所藏的《兰花图轴》稍简。但两幅画均题为“今夏”，可见都是金农七十五岁所绘。

《淮海英灵集》戊集卷四阮元《江春传》云：“主持淮南风雅……一时文人学士如……金寿门农……或结缟纻，或致馆餐，虚怀卑节，人乐与游，过客寓贤，皆见优礼，与玲珑山馆马氏相埒。”据《冬心先生杂画题记》：“三载中得题记画竹诗文五十八篇，为广陵江鹤亭镂版行世。”可见江春对金农之“优礼”甚厚。

金农为江春作画不止一幅。（美）弗利尔美术馆藏金农《梅花图》题云：“己卯嘉平月三日，奉寄鹤亭先生上卿大雅之赏，七十三翁杭郡金农记。”可惜已流失到国外。

高翔隶书七言绝句轴

诗云：“竹映油窗日半曛，把君诗句惜离群。于今谁复狂于我，敢向中郎写八分。黄鞠三索书，依韵寄答，录请政老年先生，西唐高翔。”

孝萱按：李玉棻《瓯钵罗室书画过目考》、黄宾虹《古画微》评高翔为“扬州八怪”之一。

《淮海英灵集》戊集卷三云：“高翔，字凤冈，号犀堂，甘泉人。玉桂之子。善画，工八分书。”《扬州画舫录》卷三《新城北录上》云：“三清院在（官河）右岸砖路旁，高凤冈以八分书题其门额。”高翔以八分书著名，“敢向中郎写八分”可见其自负不浅。

据《重修扬州府志》卷六十二《艺文志一·集部·别集类》，高翔撰《西唐诗钞》，可惜没有流传下来。建国后，扬州发现陈章的文稿，其中有《西唐诗集序》，略云：“故友高西唐，死将期，其子增，丧葬既毕，一日踵吾门，跪而稽颡，起而泣曰：‘吾先人深于篆籀，精于绘画，所作虽多，皆随手应去，蔑有存者，仅诗一册，又搜罗于丛残败簏中。先生吾父执友，乞为我论次之。’予曰：‘西唐之诗，非其专者也，见识既高，且无俗韵，不必求合于古人，而自多合者，往往清妙之句，探玄珠于罔象，故尝传在人口，如神龙之露一鬐片甲，已足眩人，奚待窥其全体而始惊异之耶？然为人子者，自当宝守。’今增手抄净本，重若球璧，可不谓之贤矣乎！”此《序》对高翔的诗歌作了评价，并说明高翔的诗集，未能刻印。南京博物院展出的高翔墨迹，使我们得见其一首佚诗。

李葂书札

札云：“八日贱辰，荷蒙顾及。昨又承枉驾，尚未答谢，统容面趋台教也。前商馆地一事，遵谕笔墨之外，或有他务可司，足征厚爱。时当换季之顷，百端丛脞，仍祈早为留神，更感高谊。临楮祷切。吴村老先生，学教弟李葂拜呈，初十日。小刻早晚可以印就，即当请教耳。”

孝萱按：汪鋆《扬州画苑录》评李葂为“扬州八怪”之一。

这是李葂写给盐商贺君召的一封信。《扬州画舫录》中，多载李葂、贺君召佚事，今摘录重要者如下：

> 贺园始于雍正间贺君召创建。君召字吴邨，临汾人。建有翛然亭、春雨堂、品外第一泉、云山吕仙二阁、青川精舍。迨乾隆甲子，增建醉烟亭、凝翠轩、梓潼殿、驾鹤楼、杏轩、芙蓉沜、目𥉌台、对薇亭、偶寄山房、踏叶廊、子云亭、春山草外山亭、嘉莲亭。丙寅间，以园之醉烟亭、凝翠轩、梓潼殿、

驾鹤楼、杏轩、春雨亭、云山阁、品外第一泉、目𥄕台、偶寄山房、子云亭、嘉莲亭十二景，征画士袁耀凤绘图，以游人题壁诗词及园中扁联，汇之成帙，题曰《东园题咏》。

李葂《谷雨放船吟序》云："时逢谷雨，偶缘贺监之招；人比德星，不减陈门之聚（文学陈皋师席）。海空一棹，座满诸贤。将军则是主是宾（李元戎文攀、莲幕茂才缪毅斋），轻裘缓带；名士则难兄难弟，玉仲金昆（江松泉、蔗畦两秀才）。叔度征君，雅量波澄千顷（松石学博）；奎章学士，豪情竹写双钩（柯兰墀孝廉。用九思敬仲事）。高鹫岭之风，锡追独鹤（远村、药耕两上人）；阐龙潭之秘，亭玩群鸥（汪春泉书史。用彦章事）。古先生天竺依然（剩楼孝廉），李供奉开元再见（复堂明府）。香生玉局，花边围国手之棋（樊麟书郡丞、程懒予国手奕）；味忆莼羹，日下返步兵之驾（张又牧孝廉）。压倒何论元、白，旧价新声（杨希斋司马。用杨汝士事）；吟披直逼阳春，曲高和寡（宋愚者司马）。贱子叨居末座，技献雕虫；群公集仿西园，才方绣虎。敢云衔玉，窃效抛砖。"按是集中诗惟古斌、江昱、江恂三人，余俱散失，而桐城张裕荦字铁船有七律二首，亦载入《谷雨放船吟》之末，李《序》曾未之及。葂居扬州，以诗画擅长，与李鱓同时称'二李'，均与君召友善。葂为《东园题咏序》及凝翠轩联云："终古招邀山色远，几人爱惜月明多。"

李葂，字啸村。上江人。工花卉翎毛。来扬州，居贺园。

从南京博物院展出的李葂墨迹看出：（一）贺君召向李葂祝寿；（二）贺君召代李葂介绍工作；（三）李葂以著作向贺君召请教。为我们提供了李葂与贺君召"友善"的实物。

扬州博物馆看“扬州八怪”书画

2006年9月18日，我到扬州博物馆看了几幅“扬州八怪”的书画作品，今按照我一贯提倡的以书画印章证史的方法，撰此小文。

李鱓、李觯二名

清汪鋆《扬州画苑录》说：“怪以八名。”自注：“如李复堂、啸村之类。”文献记载李复堂名鱓，但从他流传下来的作品看，有署名李鱓者，也有署名李觯者。今以我在扬州博物馆所见的五幅有年代的李复堂作品为例：

竹菊坡石图轴

自在心情盖世狂，开迟开早说何妨。可怜习染东篱竹，不想凌云也傲霜。复堂李鱓。

此画不知作于何时，雍正甲寅十一月十日，同板桥居士、莲若上人过登李世兄宅，乃泚笔足成之。懊道人记。

芭蕉独鹅图轴

为爱鹅群去学书，丰神岂与右军殊。近来不买人间纸，种得芭蕉几万株。乾隆十五年清和月，懊道人李鱓。

三友图轴

苍松翠竹老梅清。乾隆十八年八月，复堂李鱓。

以上三幅，署名李鱓。

松风水月图轴

风入松林夜态生，横空老干舞秋声。任他狮吼摇龙象，水自无波月自明。乾隆十七年岁在壬申中春，作《松风水月图》。复堂懊道人李觯。

诗轴

官舍西偏待屮庐，便栽花树满庭除。他年县令携儿女，桃枣盈筐念老夫。结个茆亭凿箇池，一天消受也非痴，官衙便似僧寮淡，修整空门好住持。四郊美景是青黄，比户相看足稻粱，检点河阳旧花谱，当年曾否种甘棠。分定人间破处修，一年容易又中秋，四时之序成功去，只解为欢不解愁。修葺临淄官舍，作诗四章。乾隆十七年岁在壬申长至后一日，客崇川精舍，书请念翁学长先生教政。余字学粗浅，念翁爱忘其丑，乃索余书，迟至七年后，始得报命，可谓愆期，然亦践久要之言矣。复堂弟李觯。

以上二幅，署名李觯。

孝萱按："扬州八怪"能诗，大多数有诗集传世，李复堂能诗，但没有编成诗集，以上几首诗，很珍贵，读之可以了解李复堂诗之风格。五幅作品中，雍正十二年（甲寅）前，乾隆十五年（庚午）、十八年（癸酉）三幅署名李鱓，乾隆十七年（壬申）二幅署名李觯。这个现象，引起我思考几个问题：

（一）是不是乾隆十七年的作品，皆署名李觯呢？否。请看：

芙蓉杨柳图轴（故宫博物院藏）

白帝清光几卧游，老夫作画水边楼，十分宝艳归图内，反觉荒园冷淡秋。乾隆十七年八月，复堂懊道人李鱓。

（二）是不是只有乾隆十七年的作品，署名李觯呢？否。请看：

玉兰春色图轴（泰州市博物馆藏）

少年橐笔走蓬瀛，垂老甘棠种海滨，无复心情画姚魏，何如人索玉堂春。乾隆十八年新秋写，复堂懊道人李觯。

梧桐菊石图轴（烟台市博物馆藏）

满院秋红碧树阴，白头公隐凤皇林，高冠岌岌离离子，莫负丹青一片心。乾隆十九年春三月，写似明卿年兄，复堂懊道人李觯。

天中小景图轴（上海美术出版社藏）

一擗生红照乘珠，双禽如向老夫呼，事关小草论忠□，此是人间好画图。乾隆二十一年岁在丙子夏五写，复堂懊道人李觯。

以上四例，说明乾隆十八年（癸酉）、十九年（甲戌）、二十一年（丙子）的李复堂作品，也有署名李觯者；而且乾隆十七、十八两年的李复堂作品，既有署名李鱓者，也有署名李觯者。

还有一幅画上，两个名字并用者，请看：

花鸟册（《荣宝斋画谱》）

花有可观，根有可食，岂非两美之合。人生遭际，安能若此，但恐又有冯道一流，乡原一辈。乾隆十七年冬，李觯制。（“鱓印”，白文）

乾隆十七年谷雨，复堂李觯制。（“鱓印”，朱文）

雨过天清带晚霞，别开生面野人家，分明一片离离影，可是陶潜圃内花。乾隆十七年秋日写，复堂李觯。（“鱓印”，白文）

以上三例，皆觯、鱓二名并用。

最后，对李复堂的名、字、号，作几点分析：

（一）鱓音 shàn，觯音 zhì，音不同。鱓同鳝，鱼名；觯，古代酒器，义不同。李复堂以音、义不同的鱓、觯二字为名，还在一幅作品中并用，这是李复堂“怪”的表现之一。

（二）李复堂原名鱓，一作觯，因其形近。觯，与适古音相近，以觯为名，取义于自适。

（三）李复堂又有善夫、宗扬二字、号。古人取名对应，李复堂这两个字、号，是对应的，取扬善之意。

（四）鱓、善（shàn）音同，善夫之号，由鱓而来。（《荣宝斋画谱》李复堂《花鸟册》：“旅窗寒日，暮景苍凉，键户不出，时闻竹风鸟语，因忆旧句，有‘蹇驴过冻浦，斗雀堕寒林’一联，漫走笔为之。善夫。”钤“鱓印”，朱文。是善、鱓并用之证。）

李葂佚诗

诗笺

吹到西风奈客何，蕉声桐影傍秋多，梦醒燕子红楼雨，肠断吴儿白苧歌。花最难开宜早□，镜无好照敢轻磨，海陵一夜寒涛（原缺一字），又与离人作恶魔。《泰州夜坐》之一，书请云翁年先生教。李葂。

孝萱按："扬州八怪"大多数是诗、书、画、印兼擅。多有诗词文集流传。李葂《啸村近体诗选》共三卷。卷上七言律诗四十五首，卷中五言律诗四十五首，卷下七言绝句七十三首。卷首有卢见曾、秦大士两序。卢序作于乾隆十九年（甲戌），要点有三：（1）叙述相识相知情况；（2）评价李葂之诗；（3）叹息李葂之穷。秦序作于乾隆二十一年（丙子），着重描绘李葂之为人，并说明李葂卒后，卢见曾选辑其诗付梓。

卢见曾交游至广，为何独垂青于李葂，刊其遗诗呢？请看卢序："余闻啸村诗名于胶州高西园凤翰，时西园方以县丞试用于皖城。啸村，皖人也。余为六安州牧，每至省，必与两君盘桓。后五年，转运扬州，大会名士于平山堂，时啸村与西园俱在座，赋诗怀古，意气遒上。及余被逮，西园亦挂弹章，啸村留扬州不去，与予两人相依。后余徙塞外，啸村又时时以诗相问讯，盖啸村之笃于友谊如此。岁甲子，蒙恩起牧滦州。乙丑，迁永平守。啸村俱各有诗。甲戌，乃复来兹土，回忆平山之会，首尾逾十八年，而啸材犹傫然为诸生。……"《诗选》中《和雅雨夫子自江宁调治颍州原韵作》《题雅雨夫子〈出塞图〉》《汪履方道人陪雅雨夫子出塞暂归问讯无恙即候兴居》《雅雨夫子重莅淮南喜赋》（以上卷上），《题雅雨夫子〈借书图〉二首》《和雅雨夫子移桐种竹二首》《陪卢雅雨夫子邓尉山看梅》（以上卷下），皆李葂与卢见曾唱和之作。从卢序、李诗看出，卢见曾爱李葂之诗才，悯李葂之不遇，尤其是重李葂之情谊，故不惜重金，为之刊印《诗选》。

李葂有《拙草散佚诸同人广为搜罗拟合钱付梓未果》（《诗选》卷上），搜罗散佚，未必能全。这首《泰州夜坐》，即为佚诗。此诗作于《同朱象山归自泰州舟次即事》（卷下）之前。合而观之，可见李葂之游踪，亦可见其书法，具有艺术价值与文献价值。"啸村不为古诗"（卢序、秦序），《泰州夜坐》是七言律诗，也可作为李葂不为古诗之证。

郑燮、郑墨兄弟

书轴

……东坡居士题王定国所藏王晋卿画《烟江叠嶂图》诗，乾隆丙子夏五月，板桥兄燮书此付四弟墨，世人何苦索攫，使吾家无一字之遗也。

孝萱按：清凌霞《扬州八怪歌》指郑燮、高凤翰等八人。据《昭阳郑氏谱》，郑燮、郑墨为堂兄弟，郑燮生于康熙三十二年（癸酉），郑墨生于康熙五十六年（丁酉），郑燮比郑墨大二十四岁。

古人计算年龄，出生之年为一岁，次年二岁（俗称虚龄），与现在之实足年龄不同。杨荫溥旧藏郑燮自叙："乾隆己巳，时年五十有七。"即按虚龄计算。

《板桥诗钞·怀舍弟墨》云："我无亲弟兄，同堂仅二人，上推父与叔，岂不同一身。……年来父叔殁，移家僦他宅，幸有破茅茨，而无饱糠核。"郑燮与郑墨，共同度过一段贫穷生活，感情深挚。《家书》（《与舍弟书十六通》）都是写给"四弟墨"的。

这幅字，书于乾隆二十一年（丙子），郑燮虚龄六十四岁。

郑燮与董伟业

书《扬州竹枝词》卷

……昔人书法之妙，多以无意得之。逸少醉本《兰亭》，颜鲁国公《争坐位帖》，皆是也。偶有客觅董耻夫《扬州竹枝辞》，骤不可得，因记忆成稿（然后）眷清与之，然眷者不及此脱稿多矣。无意之妙，甚于有意，要须极老极熟之后，当知其放而遒，活而炼，草率者不得借口。板桥燮又记。

孝萱按：董伟业作《扬州竹枝词》，乾隆五年郑燮序云："盖广陵风俗之变，愈出愈奇；而董子调侃之文，如铭如偈也。……于嬉笑怒骂之中，具潇洒风流之致。"可见郑对董《竹枝词》之赞赏。董伟业《竹枝词》九十九首之一云："梦醒扬州一酒瓢，月明何处玉人箫，《竹枝词》好凭谁赏？绝世风流郑板桥。"可见董以郑赞赏其《竹枝词》为荣。

董伟业《扬州杂咏》称郑燮为"吾师"，可见董对郑之尊重。郑燮致董伟业函呼之为"良友"（《天咫偶闻》卷六），可见郑对董之亲密。《板桥诗钞·绝句二十一首·董伟业》云："字耻夫，号爱江。沈阳人，流寓甘泉。作《扬州竹枝词》九十九首。""百首新诗号《竹枝》，前明原有艳妖词，合来方许称完璧，小楷抄誊枕秘随。"正因郑燮秘藏董伟业《竹枝词》，所以"客"向他寻觅。

郑燮手书董伟业《竹枝词》后，发了一段议论："要须极老极熟之后，当知其放而遒，活而炼，草率者不得借口。"对照《板桥题画》所云："殊不知写意二字，误多少事。欺人瞒自己，再不求进，皆坐此病。必极工而后能写意，非不工而遂能写意也。""（一笔石）运笔之妙，却在平时打点，闲中试弄，非可率意为也。"郑燮论书法，强调"极老极熟之后"，才能"放""活"，反对"草率"；论绘画，强调"极工"之后，才能"写意"，反对"率意"，完全是一致的。他苦口婆心地奉劝世人："不奋苦而求速效，只落得少日浮夸，老来窘隘而已。"（《板桥题画》）

高凤翰与郑燮

行书卷

持赠松石卷，新诗托四章，好存今日意，永矢才无忘。乾隆戊辰秋七月，我板桥郑使君弟以勘水恙来胶西，相见病次，四诗将意，题此卷后充赠，使君其勿吐乎？即日今生同学愚弟高凤翰左手书。

松老则瘦，石古自贤，枝垂根润，托乎云泉。戏抹博南邨先生粲。壬子新秋，湖邨王蓍，时年八十又四。

孝萱按：高凤翰、郑燮合称"髯高风郑"（潍坊博物馆藏郑燮题高凤翰《荷花芦苇图》轴）。《南阜山人诗集类稿·鸿雪集下·

忆郑板桥》云："澹如我辈成胶漆，狂到狂奴有性情，便去故乡寻旧迹，断碑犹爱板桥名。"自注："胶州为唐之板桥镇，犹有遗刻。"《板桥诗钞·绝句二十一首·高凤翰》云："号西园，胶州秀才，荐举为海陵督灞长。工诗画，尤善印篆。病废后，用左臂，书画更奇。""西园左笔寿门书，海内朋交索向余，短札长笺都去尽，老夫赝作亦无余。"可见高、郑二人之友好。

高凤翰、郑燮互相赠画、题画。《国朝山左诗钞》有高凤翰《郑板桥画兰陈溉夫画松南阜山人题诗》："溉夫画松松支离，板桥画兰兰离披。兰离披，兰有香，松枝拂之松风长。披风坐，北窗凉，老奴消受太清狂。"《高南阜画册》有郑燮题："（一）睡龙醒后才伸爪，抓破青山一片青。聊题画境，其笔墨之妙，古人或不能到，予何言以知之。""（二）此幅已极神品逸品之妙，而虫蚀剥落处又足以助其空灵。""（三）此幅从何处飞来，其笔墨未尝著纸，然飞来又恐飞去……""（八）此幅三石挤塞满纸，而其为绿、为赭、为墨，何清晰也。为高、为下、为内、为外，何径路分明也。又以苔草点缀，不黏不脱，使彼此交搭有情，何隽永也。"可见高对郑画、郑对高画之高度评价。《高南阜画册》之尾，黄易跋："板桥幅幅题识，互相映带，精彩双妙，想见二老风流。"

《风月谈余录》载《板桥先生印册》云："板桥藏印，称'四凤楼'，盖谓胶州高凤翰、扬州高凤冈、天台潘西凤、江阴沈凤也。"以高凤翰为"四凤"之首。据《印册》，"七品官耳"印，为高凤翰"用左手刻"。

高、郑交情之厚，略如上述。此卷所云乾隆十三年（戊辰）郑燮"以勘水恙来胶西"，未见其他书籍记载，具有文献价值。此年郑燮知潍县事，故高凤翰称他为"郑使君"。

此卷有雍正十年（壬子）王蓍绘松石。王蓍，初名尸。字宓草，一字弟为，号湖村、八友、伏草。室名"瞰浙楼"。秀水人，江宁籍。王蓍赠画给高凤翰，是新发现，可为"八怪"交游增加一位。

罗聘、罗允绍父子

梅竹楹联

嘉庆三年九月既望，喜与茗庵姻契同寓于恩纶堂，将南归，出此纸索愚父子合作楹联，因命梅痴仿逃禅墨趣，予以息斋勾勒法成之，并题二十字，以博雪和。诗曰：“岁晚琅玕节，春风玉雪姿，别离形梦寐，澹月下帘帷。”诗成独酌三杯，醉矣，不知其诗不成。

“寒花岁宴倍精神，得似江南一段春，幸有长身君子在，海天相遇伴吟呻。”越日早起笔□，两峰道人。

诗字不成字也，余与茗庵最契，几欲毁去，姑留之，从俟明日看，或不肯忘此醉态耳！如真不可留，亦留此以俟他年以此劣迹换予得意作，何如？明日再题，竹叟罗聘。

孝萱按：清李玉棻《瓯钵罗室书画过目考》以罗聘、高翔、汪士慎等八人为“扬州八怪”。罗氏一门风雅，罗聘、方婉仪夫妇及子（罗允绍、允瓒）女，皆以画名。金楷《香叶草堂诗集跋》云：“先生诗文笔墨，啧啧宇宙间，梅痴、小峰两嗣君先生又能卓然自立，克承先志者。”蒋宝龄《墨林今话》卷四云：“两峰画人物山水花草梅竹，无不臻妙。”“配方夫人婉仪，号白莲居士，受诗于沈学子，亦善写梅竹兰石，两峰称其有出尘想。”“子允绍，字介人；允缵，字练塘，一字小峰；女某，俱善画。”梅痴为允绍之号。

罗聘有《香叶草堂诗存》传世。乾隆六十年翁方纲序云：“盖（金）冬心之高弟子，腹贮皆金石琳琅，深情远韵，不仅师冬心画梅者也。……其于画理，深入古作者之室，幽深夐邈之趣，悉寓之于诗。盖冬心之诗，以含蓄见味，而两峰能尽发其所欲言者。”嘉庆元年吴锡麒序云：“徒以绘事之精，用博名流之玩。活梅花于腕下，生竹树于胸中……莫不知野王无声之诗，而罕能知摩诘有声之画也。”翁序主要赞赏罗聘之诗，吴序则于赏诗之外，又详论罗聘之画。翁方纲、吴锡麒是一代名人，对罗聘如此倾倒，可见其诗画造诣之高。

一般为书法楹联。罗聘、罗允绍父子合作绘画楹联，别开生面，弥足珍贵。上联为墨梅双钩竹，下联为墨竹双钩梅，是罗氏父子最擅长者。罗聘所题五、七言绝句各一首，不载于《香叶草堂诗存》。因《诗存》刊于嘉庆元年，而梅竹楹联，绘于嘉庆三年，在《诗存》刊行之后。

罗聘题跋中有“将南归”之语，是自述行踪之第一手资料，具有文献价值。

高翔佚诗

八分书轴

□□迂回一径通，疲驴驼我过桥东，若教问信空山路，香处前头有放翁。司笔小吏春无主，挝鼓狂生酒兴穷，留取寒香归砚北，好和书味到胸中。《梅花八咏》之二，书为云老道长兄□之，西唐高翔。

孝萱按：据《重修扬州府志·艺文志一》，高翔著《西唐诗钞》，可惜未流传下来。我从各方面搜求高翔佚诗，《韩江雅集·十一月三十日集小玲珑山馆分咏》有“高翔得寒松”一首，《江苏诗征》选高翔《送潘悔桥归天台省墓》二首，《淮海英灵集》选高翔《冬日同老匏、陋夫、藏山、近人、雪门、容斋过古水上人铁佛禅院予冒雨先归用老匏止宿原韵》一首，《清画家诗史》选高翔《题吕半隐山水》《题〈夜话图〉》各一首，等等。

高翔墨迹中有不少佚诗。南京博物院藏高翔书轴，是一首七言绝句。扬州博物馆所见高翔书轴，是《梅花八咏》中二首七言绝句。2000年广西美术出版社影印《高翔行书诗》，今选录其中一首，并说明其文献价值。

梦老匏蟫巢作

春夜初成寐，风寒扑短檠。故人来入梦，杯酒尚同倾。诗好谁为诵，居幽姓屡更。难看邗水上（自注：谓二人墓在邗沟侧），草色与烟平。

孝萱按：高翔此诗，洋溢着对朱冕（老匏）的怀念之情，可歌可泣。诗中所云朱冕“墓在邗沟侧”，与汪士慎《拜老匏墓》“临流剪取溪毛荐”句互相印证。

汪士慎与朱冕

墨梅图轴

崩崖悬峭未全枯，门外青青长绿莩，昨夜雪深三尺许，一枝先插酒家胡。老匏句。溪东外史汪慎写。

孝萱按：《淮海英灵集·朱冕》云：“字老匏。江都布衣。素好苦吟，兼以穷老，故语多瘦削，寒韵逼人。其《病卧》诗云：‘卜葬凭诗友，书空作子孙。’亦可哀矣。所为诗六卷，既没，无复存者。其友人汪药溪宏收集刻为《卧秋草堂集》一卷。”

汪士慎与蔡嘉、高翔、朱冕为“诗画友”（《墨林今话》卷一）。《巢林集》卷一《迟朱老匏不至》云：“寂寂空庭清昼长，日移疏影到吟床，一声幽鸟下檐角，落尽桐花小院香。”“隐隐林端透暝烟，煮茶声里思悠然，柴门开到月斜后，清露滴凉琴上弦。”描绘出等候好友未来的寂寞心情。卷六《拜老匏墓》云：“往事牵情不复论，故人何处卧秋魂。西风草色碧无际，白日林深路有痕。赖得良珉书姓氏，空余抔土送寒暄。临流剪取溪毛荐，旧好飘零几辈存。”可见汪、朱交谊之高尚。

《冬心先生杂著·画梅题记》云：“画梅之妙，在广陵得二友焉，汪巢林画繁枝，高西唐画疏枝，皆是世上不食烟火人。”《香叶草堂诗存·雨中集小书画舫观巢林西唐遗墨》云：“风流不可见，妙墨尚人间。”可见金农、罗聘对汪士慎书画（尤其画梅）之推崇。汪士慎在自己精心创作的墨梅图上，题朱冕诗句，使朱诗与画并传于世，用心何等仁厚。

郑燮佚诗佚文考释

《南梁曹贞女诗》

嘉庆《东台县志》卷三十八《录三·艺文下》载郑燮（板桥）《南梁曹贞女诗》，全诗如下：

海岸春潮泛柏舟，两髦终古恨悠悠。一从镜破凝红泪，无复妆成上翠楼。少小虚教娴妇德，平生未解说闺愁。而今垂白空房里，绣得芙蓉不并头。

这是郑燮的一首佚诗。在郑诗之前，有李沂《南梁曹贞女诗》六首。李沂字子化，一字艾山，号壶庵，郑燮的同乡前辈，“兴化论诗者多宗之”（据阮元《淮海英灵集》丁集卷一《李沂》）。《板桥诗钞（潍县刻）》有《效李艾山前辈体》。题《黄瘿瓢山水册》引用李沂《史阁部墓》诗。举此二例，可见郑燮对李沂之景仰。郑燮作《道情》亦效法李沂。今又发现郑燮继李沂之后赋《南梁曹贞女诗》，郑与李关系不浅。

曹贞女何许人也？据《东台县志》卷三十二《传十三·列女上·贞女·国朝》：“曹贞女，名祥，梁垛人。父存中，在日许字孙继芳，未嫁，芳卒，女遂矢从一之志，依母兄三十余年。年五十，郇郡徐麟寿之以诗曰：‘已足传千古，身当五十春。冠裳谁苦节，巾帼有斯人。未觌夫君面，终甘处女身。异哉卑弱质，矫矫是松筠。’年七十余卒，张符骧为之传。（《江左壶仪录》）”从这篇小传看出当时曹祥有名，否则不会有名人为之赋诗撰传。但细味郑燮之诗，乃控诉望门寡陋俗之摧残妇女，其结尾“垂白空房”二句，更明显有怜悯之意。

扬州学派的代表人物汪中，著《女子许嫁而婿死从死及守志议》，援引《仪礼》《礼记》，强调“昏姻之礼，成于亲迎，后世不知，乃重受聘”。纳采、问名、纳吉、纳征、请期，“是礼之所由行也，非礼之所由成也”。请期之后，可以改嫁，合“礼”；不许改嫁，非“礼”。大声疾呼，抵制恶俗。他举例说，袁枚有妹“幼许嫁于高”，婿“不肖”，“袁嫁数年，备受棰楚，后竟卖之。其兄讼诸官，而迎以归，遂终于家”。“传曰：‘好仁不好学，其蔽也愚。’”袁枚之妹，“可谓愚矣。本不知礼，而自守礼”。结论是：“传曰：‘一与之齐，终身不二。’不谓一受其聘，终身不二也。又曰：‘烈女不事二夫。’不谓不聘二夫也。”汪中引经据典，针砭女子许嫁而婿死守志之非“礼”，其识见比郑燮更高。

《重修大悲庵碑记》

王璋《民国东台县志稿》卷四《艺文记》载郑燮《重修大悲庵碑记》，全文如下：

惟无乃能造天下之有，而有不能造有也。惟虚乃能受天下之实，而实不能受实也。大悲庵之建，即是道矣。顺治、康熙年间，有僧悟明，笃念佛，无尘事，舟中人延而供之，师弗乐，复买地于安丰之周家桥西，结茅编篱，仅蔽风雨，经声达户外，人愈敬之，致木数百头，砖瓦数十万，夜叩其门，转咒不应，破门入，师辞曰：“何处不可施舍，独此耶？”众皆赧去，遂以茅屋终厥身。是始开山，已了得一个空字。师病，人问所托，曰吾兄含珠可。珠来，重起佛殿，又造韦驮殿，缘木至，强为之，累债无算，圆寂时，无含饭也。其徒法树，克成师志。法树有徒禹平，又善成法树之志。相与忍饥寒，勤作苦，捐口食，积锱铢，几年尽完夙逋，更作西厢别殿，而此庵遂构成全局。乾隆十七年壬申，有歙县徐公肇成司马昆玉与法善，悉其清修，爰发大愿，谓佛殿湫隘，宜崇兴之，鸠工庀财，费钱六百金，群助者半，已捐者过半，更捐置田园田一顷，以供香火，而大悲庵遂巍然黝然矣。夫徐公之乐善喜施，皆法公之道行，有以感之也。法公之经营修造，皆其徒禹公之辛勤劳苦，克成厥志也。法公师弟之创修，又赖其先悟公暨含公之茅屋不葺，藜藿自甘，苦志以终，而乃食报于子孙之克振兴也。由今溯昔，大悲庵之自无而之有，自虚而之实，岂非无能造有，虚能受实之明效大验哉。岁二十一年丙子春，余罢官过安丰时，时法公已没，其徒禹公请以碑记，歙邑徐公司马为之勒石，备斯庵之始末焉。

据嘉庆《东台县志》卷三十五《录二·寺观》："大悲庵，在安丰场周家桥西。秦黉《过大悲庵诗》：'为道禅居好，同来野寺阿。短墙双户闭，环水小桥过。华鸟迎人静，茶瓜饷客多。了无尘俗虑，羡煞老维摩。'仲鹤庆《过大悲庵赠僧禹平诗》：'闻知老衲无相识，除是诗人只闭关。行过长溪桥一曲，来寻深树屋三间。纷纷败叶西风紧，黯黯黄花落照闲。题得数行出门去，空林鸦乱正归山。'"郑文只叙述大悲庵的"始末"，今查出县志所记大悲庵的景色，可作补充。

郑燮对佛教是什么态度？其《与舍弟书十六通·焦山读书寄四弟墨》云："僧人遍满天下，不是西域送来的。即吾中国之父兄子弟，穷而无归，入而难返者也。削去头发便是他，留起头发还是我。怒眉瞋目，叱为异端而深恶痛绝之，亦觉太过。"又云："况自昌黎辟佛以来，孔道大明，佛焰渐息……此时而犹言辟佛，亦如同嚼蜡而已。"可见他对佛教不迷信，也不反对，所以他与和尚交游，为佛寺撰文。他所深恶痛绝的，只是那种"杀盗淫妄，贪婪势利，无复明心见性之规"的和尚。

这篇碑记，避而不谈佛教教义，只在"无能造有，虚能受实"上做文章，这是郑燮文思巧妙之处。此记撰于乾隆二十一年春。郑燮罢官回乡，曾经过安丰，此事未见他书记载，可供研究板桥生平者参考。

李方膺考论

李方膺（1697—1756）的理想是“奋志为官，努力作画”。由于画名大，掩盖了他的政绩。

一、从政

李方膺字晴江，号虬仲，别署木田、木子、秋池、抑园、楔湖、仙李、桑苎翁、衣白山人等，出生于江苏南通州一个“半业农田半业儒”的家庭。先世李华，廪贡生，官至户部郎中；李贡，拔贡生，官至江西建昌知府；李敕、李延祥、李达生三代皆秀才。达生子玉鋐、玉镛都是廪生，杨廷撰《五山耆旧今集初刊》登载其诗各一首；玉鋐（贡南、但山），进士，官至福建按察使，著《退思录》《家诫》《滇闽吟》等。玉鋐四子：方曹，秀才；彩升（原名方韩），廪贡生，云南府同知，著《课鱼庄诗草》《西宁风土记》，善画，尤精兰、竹；方龙，举人；方膺。从方膺家庭成员看出，他是在政治、文化气氛都很浓厚的环境中成长起来的。

对李方膺影响最大的人，当然是他的父亲。光绪《通州直隶州志》将李玉鋐入《名臣传》。袁枚《李晴江墓志铭》说玉鋐“受知世宗”，未详述。据陈兆仑所撰《行状》，雍正四年爱新觉罗·胤禛召见玉鋐，特简福建通省粮储驿传道；七年又召见，特简贵州按察使，调福建按察使；十一年再召见，复任福建按察使。玉鋐被“严明”“研求治道”的皇帝三次召见，可见他是当时的好官。

方膺是秀才，举贤良方正。雍正七年陪同玉鋐入京。引见后，交总督田文镜，以知县用。父子一同出京，至涿州分路。方膺诗云：“父子衔恩遭际殊，涿州分路泪如珠。”方膺进入仕途，完全出于胤禛的特恩。他本“负经世之志”，以“葵有丹心菊有骨”自励，牢记“谆谆农事生灵本”的父训，誓做好官，效忠国家。

据袁枚《李晴江墓志铭》及清《乐安县志》《莒州志》《沂州府志》等书，简述李方膺雍正年间政绩如下：

雍正七年（一作八年），任乐安知县。“邑大水，晴江不上请，遽发仓为粥”。知府劾他“擅动官谷”，田文镜考虑到方膺是皇帝交给他的知县，未追究。

雍正十年（一作十一年），调莒州直隶州知州。“俗颇健讼，方膺谕之以理，动之以情，有顿首泣谢以去者。胥吏素狡猾，相戒莫敢玩法。”

雍正十二年，回乐安本任，调兰山知县。“豪强吞并田产，成大讼，膺力反旧案，冤抑昭雪。念兰地洼下，多水患，常相地势，开浚沟浍，躬自督率夫役，因民所愿，刻期成功，至今民蒙其利。”

值得大书特书的是，李方膺敢于抗拒总督王士俊，为民做主，被劾“阻挠开垦”而下狱，但也因此而获美誉。此事始末，袁枚在《李晴江墓志铭》中有十分生动的描述：

> 调兰山。当是时，总督王士俊喜言开垦，每一邑中，丈量弓尺承符手力之属麻集。晴江不为动，太守驰檄促之。晴江遂力陈开垦之弊，虚报无粮加派病民，不敢胁附粉饰，贻地方忧。王怒，劾以他事，狱系之。民哗然曰：“公为民故获罪。”请环流视狱，不得入，则担钱贝鸡黍，自墙外投入，瓦沟为满。
>
> 今天子即位，乾隆元年下诏罪状王士俊，凡为开垦罢官者，悉召见。诏入城，已二鼓，守者即夜出君于狱。入都，立军机房丹墀西槐树下。大学士朱轼指示诸王大臣曰：“此劝停开垦之知县李兰山也。”愿见者或挤不前，则额手睨曰：“彼颀而长，眼三角芒者是耶？”少宗伯赵国麟，君父同年进士也，直前握其手曰：“李贡南有子矣！”悲喜为之泣。

袁枚不愧为文章妙手，使李方膺一身正气、为民爱戴、受大臣尊重的高尚形象，活现在我们眼前。

爱新觉罗·弘历将李方膺发安徽，以知县用。乾隆十一年，方膺“公车北上”，路过扬州。十二年，任滁州知州。十三年，任潜山知县。十四年，任合肥知县。得罪了知府，被劾为贪赃。方膺《出合肥城别父老》二首云：“罢官对簿已三年。”说明他被审问了三年。又云：“停车郭外泪潸然，父老情多马不前。茅店劝尝新麦饭，桑堤留看小秧田。”说明民众眼睛是雪亮的，认为他不是赃官而是好官。

罢官后，方膺在金陵卖画：“我是无田常乞米，借园终日卖梅花。”画上常钤“换米糊口”印章。借园是项氏花园，方膺借住。

二、著作

作为知县、知州的李方膺，一贯重视文化教育事业。在莒州，他“捐俸重新学宫，规模增焕”。在兰山，“甫下车，即重修学宫”。他亲自主持县志、州志的编纂工作，殚精竭虑，惨淡经营。在乐安，主修县志，未竣，调莒州，在莒州完成，亲撰《重修乐安县志序》付梓。在莒州，主修州志，未竣，回乐安本任，调兰山，终于在南通州完成，千里邮寄，附书云：“志已修完，剞劂之事，幸与新刺史谋之。”作为知县、知州，虽有主修方志者，但方膺先后主修两部方志，而且都是在离任之后完成，这种高度负责尽职的精神，在封建社会的官员中是罕见的。

《通州直隶州志·艺文志》中记载着李方膺两部著作：（一）《山东水利略》四卷。据李琪跋，是方膺亲勘小清河而作，“指画六百里之形势，条陈七邑之利病”，共十四篇，议者采其说入《山东通志》。有乾隆五年刊本。（二）《梅花楼诗钞》二卷。未刊。王藻《崇川各家诗钞汇存补遗》登载方膺诗二十六首。

李方膺十余年的仕宦生涯，略如上述。袁枚说：“晴江有士气，能吏术，岸然露圭角，于民生休戚，国家利病，先臣遗老之嘉言善政，津津言之，若根于天性者。”然而这样一个好官，“率以不能事太守得罪”。在胤祯召见方膺之前，玉铉就对皇帝奏明，他儿子“性戆不宜官”，知子莫若父，可谓不幸而言中。

当方膺“风尘历遍”，离开官场时，他写下了“一腔热血来时满，两鬓寒霜去日悬”的诗句。《李晴江墓志铭》说：“罢官后，得噎疾，医者曰：‘此怀奇负气，郁而不舒之故，非药所能平也。’竟以此终。”

三、绘画

2001年6月，我参观了南京博物院主办的“扬州八怪书画展”，特别重视李方膺的《菊石图轴》。这幅画，工笔设色，一丝不苟，虽未署年月，当是方膺早年作品。郑燮（板桥）说得好：“必极工而后能写意，非不工而遂能写意也。”（《板桥题画》）这幅画提供了方膺从工笔到写意的实物，不仅有艺术价值，而且有史料价值。

方膺的工笔画罕见，流传于世者皆为写意之作，被评选为“扬州八怪”之一。

“扬州八怪”这个名称，始于何时？与“八怪”同时的蒋士铨，在《题郑板桥画兰，送陈望亭太守》诗中，虽有“常人尽笑板桥怪”之句，尚不能理解为当时已有“八怪”之名。稍后的谢堃，在《书画所见录》中，只记载李鱓、郑燮、高凤翰、高翔、黄慎等结“江湖二十三友”，“酬倡无虚日”，无“八怪”之说。直至光绪时，汪鋆《扬州画苑录》中才有“怪以八名”的话，凌霞才正式写了《扬州八怪歌》，载在《天隐堂集》。

“八怪”指哪八位画家？记载不一。《扬州画苑录》中只点了李鱓、李葂二人之名。《扬州八怪歌》中才完整地提出了郑燮、金农、高凤翰、李鱓、李方膺、黄慎、边寿民、杨法八人。稍后的黄质（宾虹），在《古画微》中，则以李方膺、汪士慎、高翔、边寿民、郑燮、李鱓、陈撰、罗聘为“扬州八怪”。汪鋆是安徽歙县人，入扬州府仪征县籍。凌霞是浙江归安人，寓居过扬州。黄宾虹也是歙县人，年长我59岁，他在写给我的信中说过：“鄙人年二十余，侨居邗上近十载。”汪、凌、黄都熟悉扬州画坛的情况，如果“八怪”有约定俗成的说法，三人所记人名，应该相同。凌霞认识汪鋆，《天隐堂集》中有《题汪砚山文学〈扬州景物图册〉》可证。他不会不知道《扬州画苑录》，但不采取汪鋆以李葂为“八怪”之一之说。黄宾虹信中说：“读乡先哲汪砚山所著，心喜之。”他虽“心喜”《扬州画苑录》而不采取汪鋆以李葂为“八怪”之一之说。凌、黄二人所提出的“八怪”之名，亦有差异。种种现象表明，“扬州八怪”本无固定的姓名，汪、凌、黄各以己意评选。

至于李玉棻《瓯钵罗室书画过目考》、葛嗣浵《爱日吟庐书画补录》中所列举的“扬州八怪”姓名，与汪、凌、黄之说，又有些不同。李是北通州人，葛是浙江平湖人，都与扬州无渊源，他们不可能比汪、凌、黄更了解扬州画坛情况，显然也是按照自己的见解评选。时代更后的陈衡恪的绘画史中，始将闵贞列入“扬州八怪”。我有《闵贞不应列入“扬州八怪”》一文。

分析一下这十四位画家，高翔原籍扬州府江都县，新籍扬州府甘泉县（从江都县析置）；李鱓、郑燮籍扬州府兴化县；汪士慎、罗聘原籍徽州府歙县，迁居扬州。其他画家是外地人来扬州卖画。来扬的时间，有先有后；在扬的时间，有长有短。“扬州八怪”不是一个组织，画家们时来时往，或聚或散，流动性较大，艺术水平高低不一。人们按照各自的角度，提出各自的名单，当然不可能完全相同了，但有一个最主要的共同之处，就是创新。

李方膺情况特殊。他既不是当时扬州府所领二州、六县人氏，也不像李葂、金农、黄慎、陈撰、高凤翰、杨法、华嵒在扬州卖画。李斗《扬州画舫录》、汪鋆《扬州画苑录》中详记雍、乾时期扬州画家（包括本地人和外地人来卖画者）姓名，无李方膺。方膺之所以被列入“扬州八怪”画派中，一是由于其绘画具有鲜明的创新个性；二是因为康熙十一年，扬州府“并通州”。雍正三年，“通州升直隶州”。

南通州曾属扬州府管辖，《淮海英灵集》丁集卷一登载李玉鋐、李彩升、李霱诗，是扬州人与南通州人认同乡之证。该书扉页：“嘉庆三年仪征阮氏小琅嬛仙馆刊版，乡人通州胡长龄题签。”是南通州人与扬州人认同乡之证。既然扬州人与南通州人互认同乡，不在扬州卖画的李方膺，被列入“扬州八怪”，是可以理解的。现在流行的李方膺常至扬州卖画而列入“扬州八怪”之说，是缺乏证据的。

方膺善画松、竹、兰、菊等。他画风松、风竹，题云：“画史从来不画风，我于难处夺天工。”可见其翻新创造的艺术追求。他画出了松、竹在狂风中坚定不动摇的姿态，“自笑一身浑是胆，挥毫依旧爱狂风”，又借笔下的风松、风竹，寄寓他自身的人格。

方膺画梅尤精。他自称“予性爱梅”。李霞说他父亲有两友，一是袁枚，一是梅花。袁枚记载：方膺“权知滁州时，入城未见客，问：‘欧公手植梅何在?’曰：‘在醉翁亭。’遽往，铺氍毹，再拜花下”。为什么如此爱梅?在方膺心目中，梅花最高洁，孤高自赏，与他的个性相同而引为知己。方膺画梅常钤“平生知己”印章可证。他自题云：“庭前老树是吾师”，“梅花有品格性情，必尽得其旨趣，然后可以传神”。他从对大自然的直接观察中得到感受而进行创作，李鱓钦佩其“纯乎天趣”，袁枚赞扬其“于古法未有”，郑燮评价尤高：“（方膺）画梅，为天下先。日则凝视，夜则构思，身忘于衣，口忘于味，然后领梅之神，达梅之性，挹梅之韵，吐梅之情，梅亦俯首就范，入其剪裁刻划之中而不能出。夫所谓剪裁者，绝不剪裁，乃真剪裁也；所谓刻划者，绝不刻划，乃真刻划也。”方膺巧夺天工的画梅成就，是他“苦心于斯，三十年矣”的收获。

方膺在画上的题诗，常借题发挥。如画松题：“万物贵其真”，

“直干壮川岳”；画菊题：“挺立霜天不寄篱”，“味苦谁能爱，含香只自珍”；画竹题：“虚心直节与云齐”；画牡丹题：“心情多强屈”；画梅题：“画家不解随时俗，直气横行翰墨端”，等等。表达了自己不事权贵，不同流俗的独立人格。他画兰题：“当户已愁锄欲尽，入山又恐负芳时。”上句借锄兰，讽刺妒贤嫉能者，下句表示自己虽在野，仍不能忘怀世事。总之，方膺诗与画一气呵成，境界高度统一，使人玩味无穷。袁枚说，方膺画梅，“识者谓李公为自家写生”。其实不仅画梅如此，画松、竹、兰、菊也是这样，他以画表现自己的思想感情。

最后说一下“扬州八怪”名称的褒贬变化。

“怪”，原是贬义。拿花鸟画来说，对“八怪”抱否定态度的汪鋆，批评“八怪”的花鸟画“偭徐、黄之遗规”，从反面说出了“八怪”花鸟画的创新。

凌霞仿吴伟业《画中九友歌》，写《扬州八怪歌》，开始变贬为褒。稍后，苏州“怡园画社”的陆恢、顾麟士等，也对“八怪”表示崇敬。陆说：“人皆以怪病，我独以怪敬。”顾为“八怪”抱不平，认为“之数人者，皆学问博雅，天资卓绝”，“顾‘怪’非美德，吾以为非称之，而诬之也”。余不多举。

从中国绘画的发展史看，梅、兰、竹、菊、松是历代画家反复描绘的题材，“八怪”在形象塑造和内容意义上大胆创新，扩大了人们审美的视野，促进了文人画的发展，直接影响了中国近现代的画风，意义深远。汪鋆曾讥笑“八怪”：“示崭新于一时，只盛行乎百里。”事实证明他全错了。

赵翼——《西盖赵氏宗谱》考

赵翼在清代文学史和史学史上的地位，早有定论。以文学言，他与袁枚、蒋士铨齐名，合称“江左三大家”。以史学言，他所著《廿二史札记》，与钱大昕所著《廿二史考异》、王鸣盛所著《十七史商榷》，被称为清代考史三大名著。《清史稿》卷四百八十五《文苑传二·赵翼》比较赵翼与袁枚、蒋士铨三人才能之后，认为“而翼有经世之略，未尽其用”。试问：这位诗人、史家并有“经世之略”的赵翼，是怎样成长起来的？阅《清史稿》以及姚鼐《瓯北先生家传》（简称《瓯北家传》）[①]、孙星衍《皇清诰授中宪大夫、赐进士及第、翰林院编修、贵州贵西兵备道、庚午科重赴鹿鸣筵宴、晋加三品顶戴赵瓯北府君墓志铭》（简称《瓯北墓志》）等重要文献，都不能回答这个问题。今从尚未被人们利用的《西盖赵氏宗谱》中，发掘出罕为人知的赵翼资料，进行整理，并与赵翼诗文互证，才明白了他的家庭、婚姻、早年的生活状况，才理解了他成功的由来。

常州西盖赵氏之谱，初修于明宣德六年辛亥（1431 年），二修于万历四十三年乙卯（1615 年），三修于清康熙五十九年庚子（1720 年），四修于乾隆四十二年丁酉（1777 年），五修于嘉庆七年壬戌（1802 年），六修于咸丰四年甲寅（1854 年），七修于光绪十二年丙戌（1886 年），八修于民国三十七年戊子（1948 年），九修于2003年。本文所依据者，是2003年九修之《西盖赵氏宗谱》（简称《赵谱》），铅印精装本。

赵翼是他家族中光宗耀祖的名人。赵翼、赵忠弼祖孙先后主持过修谱的工作，所以《赵谱》中记载赵翼一支的情况最详，并有赵翼集外文，我充分利用这些第一手资料，加以考证。为了叙述的方便，以赵翼为中心，编制《西盖赵氏远祖世系图》《赵孟堙至赵翼世系图》《赵廷伟至赵元任世系图》，在每个图表下面，展开论述。

一 西盖赵氏远祖世系图

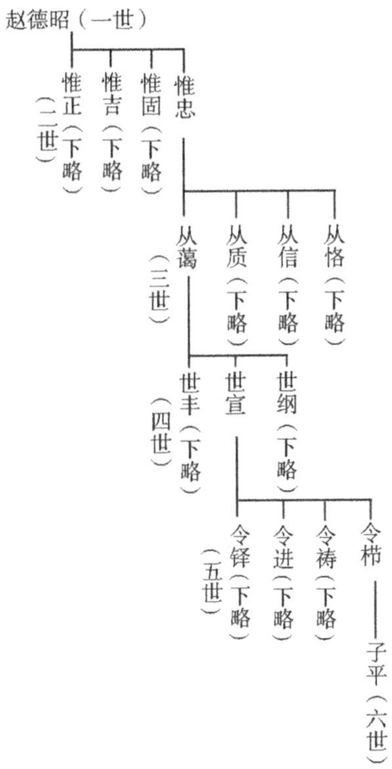

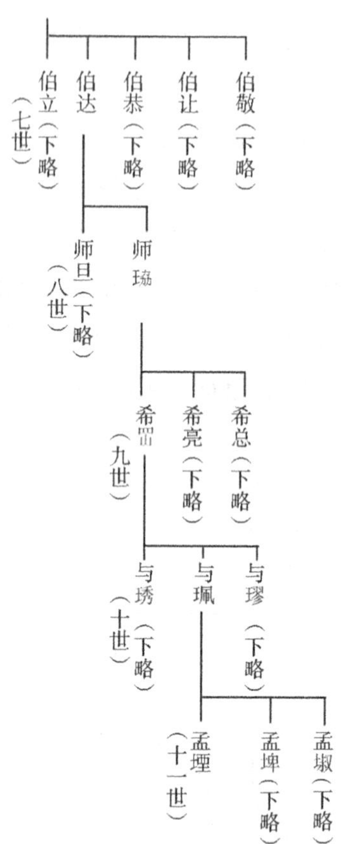

西盖赵氏八次修谱，都有名人撰序，如明宣德五年庚戌赵琬、陈循二序及孔彦缙跋，六年辛亥梁之本序，万历四十三年乙卯吴宗达序，清康熙五十九年庚子庄令舆序，乾隆四十二年丁酉程景伊序，嘉庆七年壬戌费淳序，咸丰四年甲寅何本清序，光绪十二年丙戌翁同龢序，民国三十七年吴敬恒序等，都提到西盖赵氏是宋太祖后裔。西盖赵氏以赵匡胤子赵德昭为远祖一世。今按：《宋史》卷二百四十四《宗室传一·燕王德昭》云："子五人：惟正，惟吉，惟固，惟忠，惟和。"《赵谱》缺惟和。《宋史》又云："（惟忠）子从恪、从蔼、从秉、从颖、从谨、从质、从信、从说。"《赵谱》缺从秉、从颖、从谨、从说，行第亦不同。《宋史》卷二百十七《宗室世系表三》云：从蔼子世丰、世宣、世准、世雄、世本、世纲、世岳。《赵谱》缺世准、世雄、世本、世岳。《宋史》又云：世宣子令铎、令祷、令栉、令愔、令变。《赵谱》有令进，缺令愔、令变。《宋史》又云：令栉子子平、子常、子㗊、子挚。《赵谱》缺子常、子㗊、子挚。《宋史》又云：子平子伯达、伯恭。《赵谱》多伯立、伯让、伯敬。《宋史》又云：伯达子师旦、师瑒。《赵谱》同。《宋史》又云：师瑒子希㗊、希亮、希衮、希总。《赵谱》缺希衮。《宋史》又云：希㗊子与璓、与珮、与璆。《赵谱》作与琇。宋代赵氏为皇族，子孙众多，本文仅考《赵谱》赵翼一支远祖与《宋史》之异同，其他各支暂不涉及。

二 赵孟堙至赵翼世系图

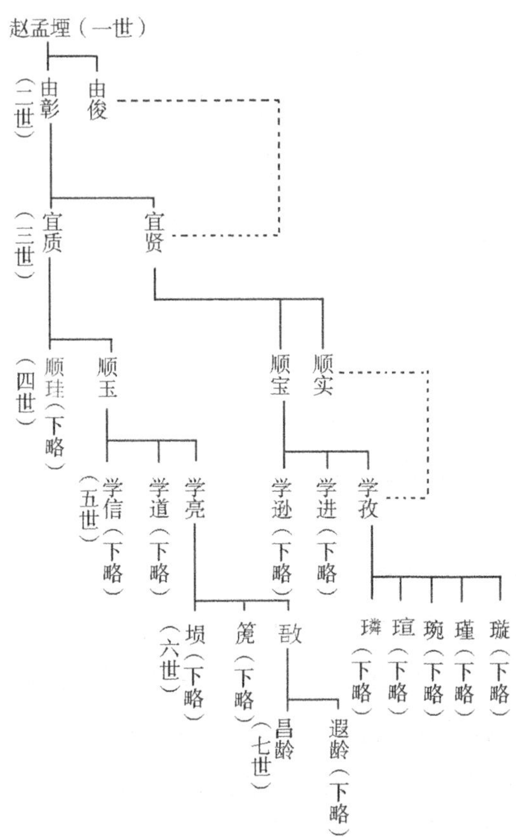

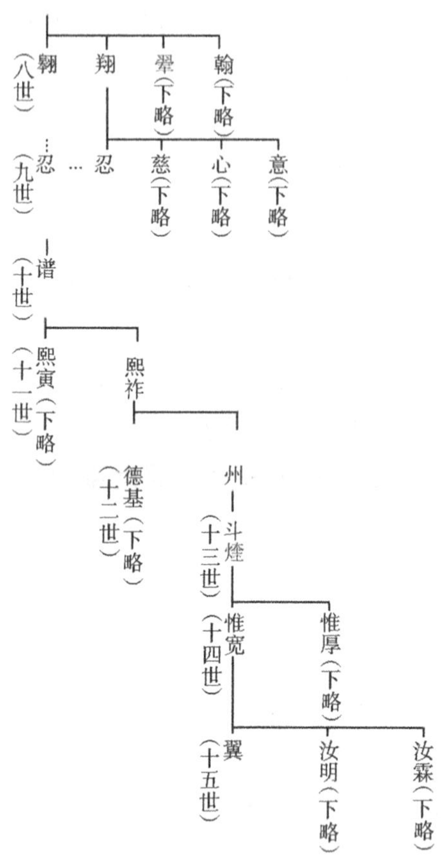

元赵孟堙由浙江迁居常州，西盖赵氏以他为始祖。传至赵翼为十五世。今利用《赵谱》中的资料，结合赵翼诗文，说明五个问题。

1. **赵孟堙迁常州之时间及住处。**

据《赵谱·始迁祖世表》：第一世赵孟堙“行一。字体坤。宋魏王十一世孙。元任扬州司户，再任高邮州录事，升徽州司法。……泰定间，自浙江徙居武进县政成乡东横林西盖村，为通族始祖”。孙星衍《瓯北墓志》云：“其始祖名孟堙，为宋宗室，元末官高邮州录事，因家常州。”未谛。《赵谱·艺文外编》载元陈思谦《元征仕郎、高邮州录事参军、赠奉政大夫体坤赵公墓志铭》，略云："……卜阴阳二宅。时由西还浙，故又号其阳居之地为西盖。以录事致仕，而新安之任，不果赴焉，盖泰定二年乙丑八月也。"又云："殁于元至顺二年辛未，享年六十有五。"今按：元惠宗于至正二十八年戊申（1368 年）退出北京回蒙古。赵孟埏迁居常州，在元亡之前四十三年；其卒，在元亡之前三十七年，而孙星衍云"元末官高邮州录事，因家常州"，时间差距太大了。

2. **在祖宗中，赵翼最敬佩赵敔、赵琬。**

据《赵谱·学亮公派世表》（简称《赵谱·学亮派表》）：第六世赵敔"行三。字叔成，号竹崖。正统丁卯经魁，景泰甲戌会魁。任江西道监察御史，以言事忤旨，谪山西介休县知县。是夜大雨雹，承天门灾，上感悟，召还复职。丁内艰，起补四川道监察御史，奉敕湖广清军巡按、河南江西专敕赈济，升江西按察使司按察使，调管山西按察使司按察使。……迁居城中前街特恩坊马头上"。《赵谱·艺文外编》载钱溥《明故山西按察使赵公神道碑》及传记三篇。清汤斌《潜庵先生拟明史稿》卷十六有《练纲、赵敔、周斌、盛颙、张宁、王徽、庄昶、黄孔昭、毛宏（弘）、魏元、邹智、李文祥列传》，赵翼迻录赵敔传于《赵谱·艺文外编》，并曰："右廉使公传一通，现刻汤潜庵先生《明史传稿》中，与练纲、周斌、盛颙、张宁、王徽、庄昶、黄孔昭、毛宏（弘）、魏元、邹智、李文祥合为一卷，今《明史》既从删去。盖康熙年间潜庵诸公初修明史时，皆考之有明《实录》及皇史宬奏疏，择其人品政绩风裁建白卓著不群者，特为立传。后来张文和诸公续修，第据从前纂成原本，以意为增删，而吾家又无官于朝者，遂被削去，然潜庵集具在，不可泯也。谨录出，刻入谱中，以示子孙。至谕德公宦绩，《明史》虽无专传，其忤巨珰王振，荷校于国子监门一事，附见《李时勉传》中，此则家乘并不载者，吾子孙亦当知之。第十世孙翼谨识。"今按：《李时勉传》在《明史》卷一百六十三。

赵翼所说的"谕德公"，是赵琬。《赵谱·艺文外编》载明商辂《明故谕德梅庵先生赵公行状》、许彬《明故左春坊左谕德赵公墓志铭》、高谷《明谕德梅庵先生赵公墓表》，均云：赵孟堙生由彰，由彰生宜贤，宜贤生顺宝，顺宝生学孜，学孜生琬。今按：《赵谱·始迁祖世表》云：第二世赵由彰“子二：长宜质；次宜贤，出嗣胞弟由俊为嗣”。第四世赵顺实“以胞兄顺宝三子学孜为嗣”。《赵谱》之赵琬父赵学孜出嗣赵顺实，曾祖赵宜贤出嗣赵由俊二事，可补行状、墓志铭、墓表之所未言。赵琬字叔琰，号梅庵。行状、墓志铭、墓表只记其科名、官职、政绩，讳言“忤巨珰王振，荷校于国子监门”事，故赵翼据《明史》揭示子孙。

附带说明，孙星衍《瓯北墓志》说赵敔“历山西山东按察使”，误。《赵谱》未言赵敔为山东按察使。

3. **赵翼的父母**。

孙星衍《瓯北墓志》云：“赵氏迁常久，家中落，父中宪公以授徒为生计。”简单的三句话，没有说出赵翼家庭“中落”到“赤贫”情况，需要补充。

《赵谱·艺文内编》载赵翼《重修奉先祠记》，略云：“吾族之分支于怀南乡者，旧有奉先祠，创自明正统间，谕德梅庵公仕宦三十载，仅克有成。虽名人榜额如林，而为屋不过六楹，盖其时居官之清贫可知也。”此为赵琬、赵敔皆“居官”时之经济状况。

赵敔一支，据《赵谱·学亮派表、学亮公派北岸分支世表》：第七世赵昌龄“邑庠生，弘治己未岁贡生。任浙江严州府推官”。第八世赵翱“正德戊辰恩贡生。任应天府江宁县丞”。皆小官。第九世赵忍“太学生”，十世赵谱“邑庠生”，十一世赵熙祚“郡庠生”，俱无官职；第十二世赵州，十三世赵斗煃，十四世赵惟宽，均无科名、官职。一代不如一代了。

“家中落”到什么程度呢？据《赵谱·学亮公派北岸分支世表》（简称《赵谱·北岸支表》）：赵惟宽“行二。字子容。康熙三十六年丁丑十一月二十七日酉时生，乾隆六年辛酉七月十二日辰时卒，年四十有五。……配丁氏，邑庠生允猷女。康熙三十七年戊寅三月初九日戌时生，乾隆四十二年丁酉六月二十三日戌时卒，寿八十。……子四：长翼；次汝明……三汝霖；四亭玉，殇”。赵惟宽卒时，赵翼十五岁，赵汝明十三岁，赵汝霖九岁（皆虚龄）。赵翼家庭经济状况，略见《赵谱·艺文外编》所载程景伊《赵母丁太恭人墓志铭》：“家故寒素，舅姑殁，析产仅薄田三十亩。会子容君之弟子重，为怨家速讼于官，破产不得解，子容君尽粥己产救之，太恭人无几微愠色，而家益赤贫。儿女多，子容君修羊所入，不能赡。太恭人昼夜织作，冬月无棉衣，剪敝絮熨背。一瓦缶宿火，纺木棉率至夜分，十指裂出血，弗辍也。无何，子容君又没，时云崧仅十五岁，诸弟更童稚，每晨起，不能具炊，待机上布易薪米。太恭人枵腹织，竟日肠中转辘轳，与机声相应，率以为常。盎中偶得一斗储于家，且惊诧为仅事也。孤姓孑处，旁无期功亲，老屋数椽，有强邻欲夺之，日寻衅肆虐。太恭人内抚诸孤，外撑门户，顾影啜泣，卒完所居而已。”再看佚名《瓯北先生年谱》（简称《瓯北年谱》）乾隆六年辛酉：“家贫甚，仅老屋七间、田一亩八分。上有三姊，其一尚未嫁。弟汝明、汝霖、亭玉俱幼。”七年壬戌：“家益贫。卖老屋三间，仅存四间，蔽风雨。馆饩岁不过六金，除买纸笔外，悉以养家，不敢用一钱，然食指嗷嗷，饘粥常不给，太恭人佐以织纴，犹至断炊。”可见赵翼父赵惟宽在世时，其授徒的收入，不足以养家，母丁氏织作以助。父卒后，十五岁孤儿赵翼授徒的收入，更不足以养家，母丁氏更为辛劳地织作。这一段贫苦的生活经历，锻炼了赵翼的意志。

4. **赵翼的婚姻**。

孙星衍《瓯北墓志》云：“配刘恭人，继配程恭人，皆温恭淑慎，治家勤俭，族鄙无间言，先后卒在先生前。”赵翼两次结婚的具体情况，需要补充，附带叙述侧室蒋氏。

刘氏 据《赵谱·北岸支表》：赵翼元配刘氏“康熙六十年辛

丑生，乾隆二十三年戊寅九月二十二日卒，年三十八”。刘氏比赵翼大六岁。乾隆十二年丁卯结婚时，赵翼二十一岁，刘氏二十七岁（皆虚龄）。综观清代婚俗，女子出嫁年龄，一般为十六岁至二十岁，妻比夫年龄小些，如妻比夫年龄大些，只大一、二、三岁。刘氏二十七岁出嫁，比赵翼大六岁，是违反常规的。《瓯北年谱》透露了一个情况：乾隆十二年丁卯“冬，娶刘恭人。先生为童子时，贫甚，莫有议婚者。既入泮，有才名，会荐举宏博、廪生刘皋闻公鹤鸣，托府教授赵公永孝择婿，教授公遂以先生应。是冬完姻”。刘家是书香门第，刘鹤鸣是廪生，在两江总督尹继善幕府，女二十七岁，还未嫁出去，只有嫁给“家赤贫”的赵翼。“家赤贫”的赵翼，娶不到妻子，只有娶比自己大六岁的刘氏。

《赵谱·艺文外编》载赵翼《亡室刘孺人传》：“孺人年二十七，归于余。余时为诸生，家赤贫，来归未逾月，奁具悉入质库。孺人与吾母纺织以佐日用，时或过午不举火，机声犹轧轧也。余客京师，一母两弟，皆倚孺人事育。孺人虽常居母家，而顾虑家计尤切。……时母家门第方盛，孺人弟钦，成进士，服官闽中，势隆隆起。孺人以贫家妇依栖其间，既内顾家累，而外又耻以寒陋作可怜状，左支右撑，甘苦自茹，有不堪为人道者。……统计孺人归于余垂十二年，所处无一非艰窘日。及来京邸……而遽以死，命也夫！余又累客于外，十二年中，夫妇相聚者，实不过一二年。其病也，余方扈从塞外，及请急归，已属纩，不得握手一诀矣。婢子语余曰：‘临殁之前一日，频问而主归未？’答以‘明日当至’。孺人不言神伤黯然泪下，盖自知不及待矣。呜呼！此意尤可悲也。”刘氏婚后没有享到幸福。

《瓯北集》卷六有《家母携贱累至京》三首，《悼亡》六首，张舟评曰：“沉痛入骨。”（见《瓯北诗钞》）均乾隆二十三年戊寅作。卷十有《梦亡内作》二首，二十九年甲申作，刘氏卒已七年，赵翼不忘“从我正当贫贱日”，叹息“絮酒难偿啖粥糜”，只有

“一语寄来聊慰藉，后妻前女少参商”，“后妻”谓程氏，“前女”谓刘氏所生之女。

程氏 《赵谱·北岸支表》：赵翼“继配程氏，本高氏。国子监生……讳希淮女。乾隆己未进士、文渊阁大学士兼吏部尚书、赐谥文恭讳景伊以甥女抚为己女。乾隆七年壬戌十月初五日寅时生，嘉庆十三年戊辰正月十九日未时[②]卒，寿六十七岁”。赵翼比程氏大十五岁。乾隆二十四年己卯结婚时，赵翼三十三岁，程氏十八岁（皆虚龄）。《赵谱·艺文外编》载赵翼《继室程恭人行略》：“其来归也，年甫十八。余虽已官内阁中书，而贫窘特甚。恭人既能清苦持家，奉吾母丁太恭人敬爱兼至，抚元配刘恭人所生女不啻己出，以是早有贤淑声。……待侧室蒋氏，恩意周至。抚廷俊、廷彦，爱均而惠一，无稍歧视。视侄廷贤、廷雄亦然。三十余年以来，合门百口，皆习于恭人之慈和，内外无间言……而竟以膈噎死，悲夫！统恭人生平所历，苦乐不同，然处顺适而不骄，处拂逆而不怯……惟是中岁既遂偕隐之愿，晚年亦当遂偕老之期……今剩余只身，形影相吊，不自知涕之无从也。”程氏为相国义女而无骄奢之习，难能可贵。

《瓯北集》卷五十有《悼亡》三首，嘉庆十三年戊辰作，诗有“生甘荆布无交谪”，“敝居常理屋牵萝”及“营奠遗言戒费钱”等句，均歌颂程氏之妇德。卷五十一有《正月十九日为亡室程恭人忌辰，脱缞辍泣，老泪已枯，孑然顾影，转觉神伤也》诗，嘉庆十四年己巳作。

蒋氏 《瓯北年谱》乾隆三十四年己丑：“是冬，先生娶妾蒋氏。”赵翼《继室程恭人行略》：“……回镇安任，而眷属已归，管钥亦无可托，乃置妾蒋氏。”据《赵谱·北岸支表》：赵翼侧室蒋氏“乾隆十九年甲戌七月二十六日未时生，道光十四年甲午十月三十日亥时卒，寿八十一”。赵翼比蒋氏大二十七岁。乾隆三十四年己卯娶妾时，赵翼四十三岁，蒋氏十六岁。

5. 赵翼的兄弟姊妹。

《赵谱·北岸支表》：赵惟宽"子四：……女三：长适杨楚云，次适张公俊，三适顾祥麟"。赵翼"初名嶙"，"始居北岸"。《清史稿》、姚鼐《瓯北家传》、孙星衍《瓯北墓志》均不言赵翼之初名。

赵汝明 《赵谱·北岸支表》：赵汝明"行二。字明玉。雍正八年庚戌五月初十日子时生，乾隆二十一年丙子九月初十日辰时卒，年二十七。配周氏，乾隆二十三年戊寅七月初五日卒"。《瓯北年谱》乾隆十九年甲戌："是冬，为弟汝明娶妇周氏。"二十二年丁丑："弟汝明病殁于家。"乾隆二十三年戊寅："迎太恭人及刘恭人至京，弟妇周亦偕来。……弟妇及刘恭人相继殁于京邸。"在赵翼的弟妹中，赵汝明受的苦最多，赵翼对赵汝明的感情最深。

《瓯北集》卷五有《哭舍弟汝明》诗，乾隆二十一年丙子作。诗云："于役在塞垣，池塘梦频噩。到京接家书，顿欲丧魂魄。初疑信未真，覆视耗已确。呜呼弟遂死，惨变良可愕。嗟我兄弟四，幼孤渺无托。弱冠我授徒，馆谷仅升龠。可怜叔与季，待哺似雏雀。惟汝年差长，劳瘁不得却。家贫难读书，去杂佣保作。宵眠独速衣，晨蹑不借屩。负担胛到背，奔波胝生脚。刍因牧羊供，鞭以叱犍著。没髁深淖旋，卷舌凄风嚼。悲哉同气中，荼苦汝尤剧。我时虽客授，近不越城郭。为携季弟偕，教读课研削。无何予季殇，已痛一个弱。爰赋远游篇，求禄向京洛。汝年正二十，奉母守寂寞。惜别势益孤，居穷境弥恶。虽寄卖文钱，迟速不可度。竛竮撑门户，黾勉措藜藿。身如一足夔，跉踸成独跃。客中每念及，汗浃颜面怍。浪游五六载，节缩持牡钥。笔润赵壹囊，铢积陆贾橐。前年始南归，团圞引康爵。薄田绕基买，矮屋连墙拓。兼为汝娶妇，合卺瓦盆酌。非曰聚富豪，庶救旧萧索。置酒老母前，相顾一笑噱。我也寻赴官，儤直入纶阁。还拟储薄俸，为汝生产扩。少游守墓怀，何点栖山约。庶几室苟完，足以老岩壑。熟知遽无禄，早掩一邱貉。回忆孤露时，飘摇燕巢幕。今幸比齐民，稍识有生乐。并此不获享，赋命抑何薄。身后况无儿，嫠妇奉烝礿。此亦未了事，不瞑目应矐。更愁倚闾人，鬓已霜雪皭。垂老翻哭子，精神益销铄。吁嗟乎我生，胡为罹此虐！悲来中夜起，百感乱纠错。兄弟廿余年，虚作常棣萼。生罕同枕被，死未视汤药。骨肉有如此，曾何异隔膜。旅馆一穗灯，严更数声柝。题诗写哀痛，笔与泪俱落。"赵翼用长诗泣诉赵汝明受苦的一生，手足情深，悲痛异于常人。卷五十二有《梦亡弟汝明》诗，嘉庆十五年庚午作，赵汝明卒已五十四年，赵翼对赵汝明的灵魂泣诉："惟将两行泪，滴与九泉知。"

赵汝霖 《赵谱·北岸支表》：赵汝霖"行三。字麟玉。国子监生。雍正十一年癸丑七月二十一日辰时生，乾隆五十一年丙午十月二十九日卒，年五十四岁。……配杭氏，旌表孝子世荣孙女。乾隆二年丁巳十二月二十一日生，乾隆四十一年丙申五月二十四日卒。……继配毛氏，乾隆十年乙丑六月初三日寅时生，嘉庆三年戊午卒"。《瓯北年谱》乾隆二十二年丁丑："为弟汝霖娶妇杭氏。"三十五年庚寅："乃迎太恭人就养官舍，程恭人并弟汝霖及其妇杭俱至。"三十六年辛卯："乃命汝霖夫妇奉太恭人归。先生是时已有归志，以家中老屋七间，不能容眷属，检历年宦橐，稍有余赀，付汝霖买村后地筑室以待。"四十八年癸卯："适城中有入官房一所，在顾塘桥……官价得之，先生乃移居入城，乡间田宅。听弟汝霖居守。"

《瓯北集》卷十六有《太恭人同舍弟夫妇及内子辈到官舍》二首，乾隆三十五年庚寅作。卷十八有《三水送舍弟奉太恭人北归》二首，乾隆三十六辛卯作。"舍弟夫妇"谓赵汝霖、杭氏。

赵亭玉 《瓯北年谱》乾隆十二年丁卯："六月，亭玉以痘殇。"

综合以上，赵翼初名嶙。在祖先中，他最崇敬为官清廉正直的赵敔、赵琬，训示子孙，勿坠家风。赵翼家中落，最后只剩薄田一亩八分，老屋四间。赵翼十五岁丧父，授徒所入，不足以养家，寡母织作，弟汝明打工累死。家赤贫的二十一岁的赵翼，娶不到妻子，遂与二十七岁的刘氏结婚，婚后，刘氏常住娘家。刘氏卒后，续娶程氏，能节俭持家。从《赵谱》中发掘出来的这些事实，看似琐碎，却大有助于了解赵翼早年的家庭环境和生活状况，他为了摆脱贫贱而艰苦奋进，获得成功，这是任何传记中都看不到的。

三 赵廷伟至赵元任世系图

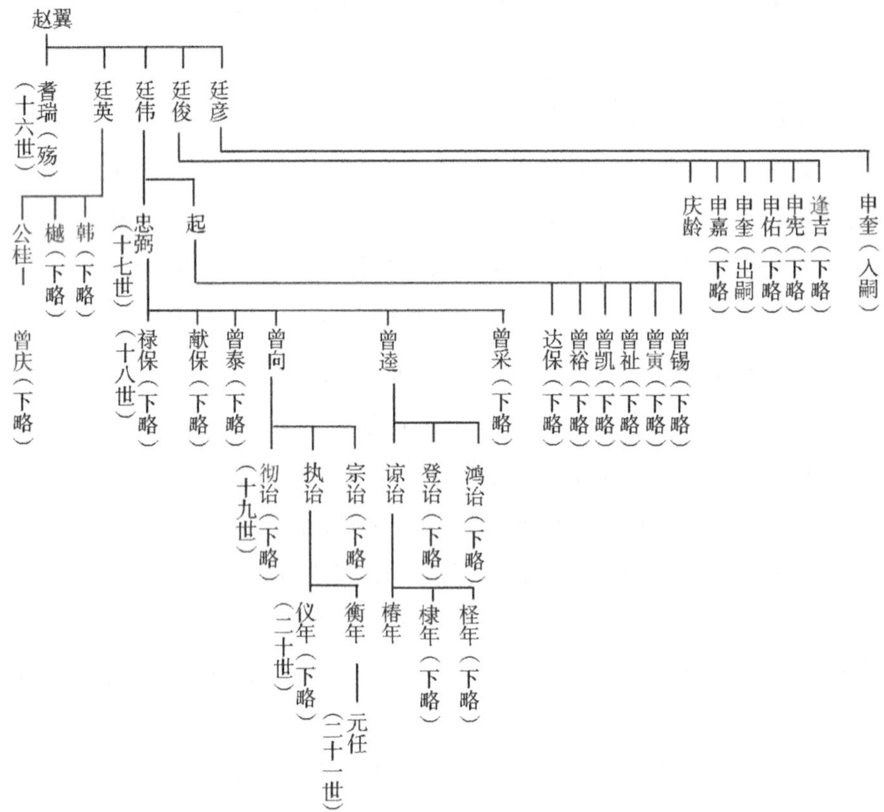

梅花香自苦寒来。赵翼中年以后，稍稍富贵，但他不忘记过去。他对胞弟赵汝明劳瘁而早逝，抱憾终生；他对元配刘氏在他家度过十二年的贫贱岁月，至老犹惭；他对继配程氏遗言勿为她的丧葬多费钱，感动泪下；他以奢侈告诫子孙，以读书训勉子孙。今利用《赵谱》中的资料，结合赵翼诗文，先述父子，后述祖孙。

《赵谱·北岸支表》：赵翼"子五：长耆瑞，殇，次廷英，三廷伟，俱程恭人出；四廷俊，五廷彦，俱侧蒋太安人出"。分述赵翼与五子的关系如下：

赵耆瑞 《赵谱》未记载赵耆瑞殇于何年。《瓯北集》卷十二有《哭亡儿耆瑞》八首，《暮夜醉归，入寝门似闻亡儿病中气息，知其魂尚为我候门也》四首，《中秋夕感亡儿作》一首，赵耆瑞殇于乾隆三十一年丙戌。

赵廷英 《赵谱·北岸支表》：赵廷英"行一。字鼎传。国子监生。同知衔。乾隆二十九年甲申四月二十九日亥时生，道光十四年甲午三月二十日丑时卒，寿七十一。配方氏，乾隆甲戌进士、山东馆陶县知县汝谦女。乾隆二十六年辛巳十月初九日戌时生，嘉庆二十四年己卯九月二十四日巳时卒，年五十九。……住北岸"。《瓯北集》卷二十七有《为长儿娶妇》诗，乾隆四十六年辛丑作。"长儿"谓赵廷英，长媳为方氏。赵翼对赵廷英满怀希望："门楣冀亢宗。"

赵廷伟 《赵谱·北岸支表》：赵廷伟"行五。初名廷良，字镇安。县学廪生。乾隆三十三年戊子十一月初八日亥时生，嘉庆二年丁巳闰六月十六日辰时卒，年三十。著有《镇安诗稿》一卷。配谢氏，乾隆丙午进士、河南固始县知县讳聘女。乾隆三十二年丁亥十月十二日巳时生，咸丰六年丙辰八月二十三日丑时卒，寿九十。……有《林下诗稿》一卷。合葬金坛游仙乡夏宵村中丑山未向"。《赵谱·艺文外编》载赵翼《亡儿廷伟小传》，略云："儿性勤学"，"颇聪悟"，"期以远大"。又载赵忠弼等《先妣谢太恭人行述》，略云："太恭人谢氏，世居武进之罗墅湾。晋太傅安四十七世女孙。外王父讳聘，乾隆丙戌进士，历任河南镇平固始县知县。……先大父瓯北先生，与外王父交莫逆，遂为先府君纳聘焉。丙午，府君就婚固始，太恭人时年二十。明年，偕回里第，婉娩爱敬，得先大父母欢。先大父有'家贫不免为齐赘，妇好原来是谢才'之句。……

先府君幼嗜学问，自丙午补弟子员，益刻苦奋发为文章，而体素羸，太恭人每闻府君读书声，不能喘缓，心窃忧之，至是六困乡举，常失意不复自聊，遂郁郁成疾，太恭人不解带，不安席者三载。疾革时，起谓太恭人曰：'堂上二老，膝下诸孤，今累汝矣。'言已目遂瞑。……（太恭人）幼秉外王父庭训，工吟咏，自先府君见背，即屏弃不为。既不孝等稍克自立，乃复为之，然未尝出以示人，亦不常作也。"

《瓯北集》卷三十有《扁舟到家，适次儿廷伟补弟子员，赋以勉之》诗，自注："余年十九补诸生，儿今年亦十九。"又有《儿伟就婚固始谢明府署中，已诹吉成礼，喜赋》诗，媳为谢聘女，诗中有"家贫""妇好"一联。二诗皆乾隆五十一年丙午作。卷三十八有《人参诗》，序云："伟儿久病，需用参剂。"嘉庆元年丙辰作。卷三十九有《哭伟儿》三首，《七月为伟儿三七之期》一首，《再哭伟儿》七律一首、七绝一首，均嘉庆二年丁巳作。卷四十有《去岁伟儿就医，寓舍在伍相国祠东，今来过此，泫然有作》诗，《昔岁曾与伟儿同登金山，扁舟重过，泫然有作》诗，《草塘河为伟儿觅葬地》诗，皆嘉庆三年戊午作。卷四十一有《为伟儿觅葬地》诗，嘉庆四年己未作。卷四十二有《为伟儿得葬地于金坛夏萧村感赋》诗，嘉庆五年庚申作。卷四十三有《伟儿葬金坛之夏萧村，哭以送之》五首，嘉庆六年辛酉作。卷五十二有《梦伟儿》诗，嘉庆十五年庚午作。卷五十三有《忽得伟儿遗扇，感赋》诗，嘉庆十八年癸酉作。赵廷伟为赵翼"爱子"[③]，"不忍将儿遽掩藏"[④]，嘉庆二年丁巳卒，至六年辛酉葬。赵翼为何最爱赵廷伟，因"诸子中惟汝（谓赵廷伟）肯堂，儒家本色陋膏粱"[⑤]。

赵廷俊　《赵谱·北岸支表》：赵廷俊"行六。字海珊。廪贡生。候选通判。乾隆三十五年庚寅九月初十日丑时生，道光十三年癸巳七月初七日未时卒，寿六十四。……著有《侍游草》一卷……配汤氏，候选郎中绍业女。乾隆三十九年甲午六月初九日丑时生，嘉庆四年己未五月十五日辰时卒，年二十六”。《赵谱·艺文外编》载赵申嘉等《先考海珊府君行述》，略云：“府君讳廷俊，字苕士，号海珊，姓赵氏……府君秉性渊粹，读书不屑为章句学，治举业，原本经训，一以先正为宗，受业自大令凤、吴赠公士模、杨太守清轮之门，于经史诗古文词外，尤笃嗜《人谱》《呻吟语》《四书反身录》等书，身体力践，言动必揆诸义。年十九，受知学使平湖尚书沈文恪公，初补常州府学生，后为学使长沙相国刘文恪公权之所赏，试高等，食饩。……中宪公主讲扬州安定书院，府君随侍，所著《札记》《丛考》诸书，悉府君手自缮写，书法颜鲁公，寝入松雪、香光两家，每日能作小楷万八千字，无一脱误。……扬州人文辐辏，乞中宪公诗文者踵相接，每脱稿，辄命府君书之，府君仿中宪公书法，人不能辨。……（程恭人殁后）奉（中宪公）往江阴杨舍寓斋，斋前有红白荷花池，池上杂植花木，中宪公藉以忘忧，六阅月得诗七十余首，每一诗成，辄命府君依韵和，遂成《侍游草》一卷。”今按：《瓯北集》卷五十之诗，嘉庆十三年戊辰赵翼作于江阴杨舍寓斋，附赵廷俊次韵二首，即《侍游草》中之诗。

《瓯北集》卷四十一有《五月望日，俊儿妇汤病殁，老年人频见此事，何以遣怀，感赋》诗，嘉庆四年己未作。卷四十七有《俊儿京闱报罢，入赀以别驾就选，即事》诗，嘉庆十年乙丑作。卷四十八有《俊儿供馔颇嘉，余以其有脾泄病，催令服药》诗，嘉庆十一年丙寅作。卷五十有《俊儿随侍久，诗学日进，喜赋》诗，《俊儿以我年迈，强进参剂，其价四百八十换，此岂吾辈所宜》诗，皆嘉庆十三年戊辰作。赵廷伟卒后，赵翼“喜”赵廷俊，因为“家学有传人”[⑥]，叹息：“满门纨绔习，吾更与谁亲!”[⑦]

赵廷彦 《赵谱·北岸支表》：赵廷彦“行九。字西亭，号笏山。廪贡生。历署常熟崇明县教谕、长芦候补盐运司经历，署沧州批验所大使。乾隆三十八年癸巳四月初一亥时生，道光十年庚寅七月初七日亥时卒于天津，年五十八。……著有《笏山诗稿》一卷。

配徐氏，福建福州府通判熊占女，乾隆三十八年癸巳十二月二十一日辰时生，嘉庆七年壬戌三月初七日未时卒，年三十”。《赵谱·艺文外编》载龚镗《笏山赵君传》，略曰：“君秉异资，申以庭诰，年未及冠，下笔有神，彬彬郁郁，已质有其文矣。补阳湖附学生，试高等，擢廪膳生。屡应本省乡试，辄为分校叹赏，顾厄于主文，自此虹彩之璞，莫彰其辉，知者惜之。川楚例开，纳授训导，摄常熟、崇明教谕。课士之暇，登虞山，泛沧江，揽潮汐之嘘吸，挹林岭之秀耸，发为诗歌文辞，瑰奇壮丽，日益遒上。嘉庆庚午年，兵备君再宴鹿鸣，恩加三品衔，君偕两兄率从子扶侍，时以为荣，而君仍被放。……”

《瓯北集》卷三十四有《彦儿完婚》诗，乾隆五十六年辛亥作，媳徐氏。卷四十五有《送彦儿赴崇明教谕任》二首，嘉庆八年癸亥作，勉励赵廷彦“此官多暇日，莫忘读书砌”。

赵翼有六女，皆嫁士族。《赵谱·北岸支表》：赵翼“女六：长适乾隆辛巳进士、万安县知县沈浚子国子监生景沧，刘恭人出；次适尤溪县知县金拱闻子庠生恭寿，三适宁海州知州汤康业子国子监生、候选州同贻宪，四适沅陵县县丞高桂子县丞德葆，五适乾隆壬申一甲三名进士、翰林院侍读学士虞文超子国子监生庆录，俱程恭人出；六适颍州府知府蒋维昌子直隶候补、从九品纯健，侧蒋太安人出”。今从赵翼诗中，选录四题，略见他对女儿的教育以及对外孙登科的喜悦。

长女　《瓯北集》卷十七有《倬其送子景沧来就婚》二首，自注：“女为余亡内刘恭人出。”诗云：“相期守儒素，不遣佩琼琚。”教育女儿勤俭。长女出嫁于乾隆三十五年庚寅。长婿为沈景沧。

次女　《瓯北集》卷四十六有《外孙金皋京闱发解，喜赋》二首，自注：“皋弱冠有才，余决其远到，妻以孙女。”又注：“余年二十四举京兆试，皋年籍俱同。”赵翼次女嫁金恭寿。他喜见外孙中举，有“敢诩传衣付”之句。嘉庆九年甲子作。

三女 《瓯北集》卷五十二有《外孙汤文卿中式举人，喜赋》诗，嘉庆十五年庚午作。赵翼第三女嫁汤贻宪。赵翼喜见外孙中举，有“我方重赋鹿鸣宴”，“外孙外祖叙同年”之句。

季女 《瓯北集》卷四十六有《季女出嫁》二首，季女出嫁于嘉庆九年甲子。婿为蒋纯健。赵翼教训季女：“勉旃修妇德，循我旧家规。”

八 孙

赵翼孙多，不一一介绍，只将其名见于《瓯北集》者，结合《赵谱》，略作考述，俾读赵翼诗者，不至于茫然。

《瓯北集》卷四十四有《今岁廷英、廷俊各举一子，老夫遂有八孙矣，志喜》诗，嘉庆七年壬戌作。所谓“八孙”，指赵廷英子赵公桂、赵樾、赵韩，赵廷伟子赵忠弼、赵起，赵廷俊子赵庆龄、赵申嘉、赵申佑。今据《赵谱·北岸支表》，简述“八孙”情况如下：

赵公桂 “行一。字馥轩。国子监生。直隶候补县丞。乾隆四十七年壬寅十一月初九日亥时生，道光十三年癸巳八月二十八日亥时卒于直隶省垣，年五十二。”

赵樾 “行二，又行七。初名络，字络生。嘉庆二年丁巳九月二十九日未时生，道光二十四年甲辰十二月二十六日巳时卒，年四十八。”

赵韩 “行三，又行九。初名景谟，字义生。国子监生。嘉庆七年壬戌六月二十日辰时生，道光二十九年己酉九月初十日辰时卒，年四十八。”

赵忠弼 “行一。初名和羹，字作梅。国子监生。嘉庆戊寅恩科顺天乡试挑取誊录，国史馆议叙授安徽徽州府婺源县知县。……乾隆五十四年己酉十月初七辰时生，咸丰六年丙辰十一月十六日酉时卒，寿六十八。……著有《山茶室诗稿》一卷。”

赵起 “行二。初名鸣盛，又名和鸣，字于冈，号约园。县学增生，道光己亥科副榜贡生，庚子恩科举人。……乾隆五十九年甲寅三月十七日午时生，咸丰十年庚申四月在籍守城，初六日城陷殉难，寿六十七。……著有《约园词稿》。”《赵谱·艺文外编》载赵寿仁《先祖考于冈府君行略》，略云：“为先高祖兵备公所钟爱……府君随侍，得其传，尤覃精经世之学。……（府君）为学，不拘守章句，而记闻该洽，诸经子史外，旁及阴阳医药堪舆之书，靡不通贯。书法米董，逸气纵横。绘事精严，有北宋人笔意。为文才思锋发，顷刻就千言，遭乱散轶，惟《约园词稿》十卷宗，仅仅得存。”

赵庆龄 “行一。初名发震，字孟符。国子监生。道光乙酉科副榜贡生，丙戌考取八旗官学教习。乾隆五十七年壬子七月初七日寅时生，道光九年己丑十一月二十日卯时卒于京邸，年三十八。”

赵申嘉 “行二。初名发科，字芸酉。嘉庆丙子科举人。截取引见，以教职用。乾隆五十九年甲寅二月初九日子时生，咸丰元年辛亥闰八月初五日申时卒于济宁幕舍，年五十八。……卒后选吴县教谕。……著有《芸酉室诗文遗稿》各一卷。”

赵申佑 “行三。初名览，字叔侯。嘉庆七年壬戌十二月二十七日辰时生，道光十九年己亥九月三十日卒。”

赵翼诗云“一岁添丁报两回”，指赵韩、赵申佑皆出生于嘉庆七年壬戌。又云“家声敢望荀龙并，或有书香起蛰雷”，表达了他希望“八孙”能延续“书香”之老怀。

五　男

《瓯北集》卷四十八有《从子廷镛、从孙公兰、孙作梅、阿发、阿科俱应童子试，喜赋》诗，嘉庆十一年丙寅作。“五男”俱应童子试。“廷镛”谓赵廷雄，“公兰”谓赵兰，“作梅”谓赵忠弼，“阿发”谓赵庆龄，“阿科”谓赵申嘉。赵廷雄父赵汝霖，已卒于乾隆五十一年丙午[8]，赵忠弼父赵廷伟，已卒于嘉庆二年丁巳[9]，故赵翼云：“从子廷镛孙作梅，两皆孤儿稍成材。”此年，赵廷雄二十二岁，赵兰二十一岁，赵忠弼十八岁，赵庆龄十五岁，赵申嘉十三岁（俱虚龄），诗中“从孙公兰较年长”之句，指赵兰比赵庆龄、赵申嘉年长。赵翼云：“老夫晚景百不营，只虑书香或中坠。”对“五男”寄予传承“书香”而不“中坠”的厚望。

赵公桂　《瓯北集》卷二十七有《第一孙生志喜》二首，乾隆四十七年壬寅作，“第一孙”指赵廷英子赵公桂。诗云“青箱端赖有传薪”，赵翼期望长孙赵公桂能继承家学。卷四十八有《桂孙南回，笼一驯鹊，朝出暮归，驱之不去，乃知物生得食皆可驯也，感赋》诗，《长孙媳查氏痨病甚剧，势将不起，悼之》诗，又有《查氏病殁》四首，第一首云：“于归六载惯钗荆，恰称儒门气味清。但问举家千食指，不曾听过勃溪声。”称赞长孙媳查氏勤俭持家，维护家庭和谐。第二首自注：“氏以十一月十五日殁。”据《赵谱·北岸支表》：赵公桂“配查氏，候选同知懋仁女。乾隆五十年乙巳三月十八日寅时生，嘉庆十一年丙寅十一月十四日寅时卒，年二十二。……子六：长曾庆，查孺人出。”（查氏去世之日，《赵谱》与赵翼诗相差一天）以上各诗，皆嘉庆十一年丙寅作。

赵忠弼　《瓯北集》卷四十六有《夜不寐，戏作时文示羹孙》诗，“羹孙”谓赵忠弼。嘉庆九年甲子作。《赵谱·艺文外编》载赵曾逵等《先考作梅府君行述》，略云：“为曾大父所爱。……府君自攻举业时，读诸经注疏，有所心得，辄录其要者，稿盈尺许。晚年尝笺注曾大父遗集，已十举其七八，尚未编次成帙。”赵翼“作时文”示赵忠弼，忠弼“攻举业”而能留心经学，笺注赵翼诗，故为赵翼所爱。卷四十九有《羹孙娶妇》诗。据《赵谱·北岸支表》：赵忠弼“配钱氏，乾隆壬午科举人、浙江鄞县知县维乔孙女，候选布政司理问中钒女。乾隆五十五年庚戌九月初三日申时生，嘉庆二十三年戊寅十月初二日辰时卒，年二十九”。嘉庆十二年丁卯赵忠弼与钱氏结婚。赵翼诗云：“满堂官样森冠帔，奕世儒风望子孙。”“谁知乃祖完姻日，盛酒都无老瓦盆！”赵翼把自己结婚时的窘况告诉赵忠弼，希望他保持儒素之家风。

赵申佑、赵韩　《瓯北集》卷四十五有《览孙以小除前一日生，元旦抱见已二岁矣，戏赋》诗，嘉庆八年癸亥作。“览孙”谓赵申佑。嘉庆七年壬戌十二月小（只二十九日），从十二月二十七日至八年正月初一日，共四天，故赵翼有“生甫四朝年两岁”之句。卷四十九有《谟、览二孙俱就塾识字喜赋》诗，嘉庆十二年丁卯作。“谟”谓赵韩，初名景谟。“览”谓赵申佑，初名览。俱嘉庆七年壬戌出生，十二年丁卯“就塾”，虚龄六岁。赵翼教导赵韩、赵申佑：“方名虽小学，九仞此初基。”

赵廷贤、赵廷雄、赵兰等　《瓯北集》卷四十六有《西干故里示侄亮采、宝士、侄孙公兰等》诗，嘉庆九年甲子作。“亮采”谓赵廷贤，“宝士”谓赵廷雄，“公兰等”谓赵兰、赵荪、赵荃。据《赵谱·学亮公派西干圻分支世表》：赵汝霖长子赵廷贤“行一。又名亮采，字苕溪。嘉庆戊寅岁贡生。候选训导。乾隆三十年乙酉八月十五日辰时生，道光十七年丁酉正月二十九日戌时卒，寿七十三”。次子赵廷雄“行二。又名廷镛，字保时。乾隆五十年乙巳二月十七日午时生，嘉庆十三年戊辰二月初四日卯时卒，年二十四”。赵廷贤长子赵兰“行一。字公兰。乾隆四十九年甲辰九月二十九日辰时生，嘉庆二十一年丙子三月十八日巳时卒，年三十三”。次子赵荪“行二。字公荪。乾隆五十四年己酉二月十八日辰时生，道光八年戊子九月初四午时卒，年四十”。三子赵荃“行三。字公荃，号茗峰。乾隆五十七年壬子闰四月二十四日寅时生，道光二十五年乙巳四月初六日卯时卒，年五十四”。赵翼诗云：“一经幸尚传家学”，“瓣香能不望兰、荪”，他不仅对子、孙进行教育，也对侄、侄孙训勉备至。

赵曾庆 《瓯北集》卷四十五有《长孙公桂举一子，老夫遂见曾孙，因名之曰曾庆，而记以诗》二首，嘉庆八年癸亥作。据《赵谱·北岸支表》：赵曾庆“行一。字荫榆。嘉庆八年癸亥九月初十日子时生，道光四年甲申七月十六日丑时卒，年二十二”。赵翼诗云：“百年世业青箱在，要续书香振祖风。”他不仅希望第二代、第三代“传家学”，还希望第四代“续书香，振祖风”。

综合以上，赵翼晚年，以“传家学”“续书香”“振祖风”而不能“中坠”，勖勉子、孙、曾孙；他所钟爱者，是用功读书尤其是有才学的子孙；他看到子、孙、外孙登科，喜悦之情，溢于言表；他常向子、孙说早年贫贱，希望后代保持“儒门气味”而反对“纨裤习”；他对于有文采的，生活节俭并维护家庭和谐的媳、孙媳，另眼看待。在古代文人官僚中，赵翼富贵而不忘本，中、晚年生活有所改善，尚不过分。赵翼后裔中，仕宦显达并有学术者为赵椿年，其生平见《赵谱·艺文外编》所载夏仁虎《赵公椿年暨元配吕夫人合葬墓志铭》。现代著名语言学家赵元任，是赵翼之后常州西盖赵氏的又一杰出人物，下面有文介绍。

注释：

①钱仪吉《碑传集》卷八十六题为《贵西兵备道赵先生翼家传》。

②《西盖赵氏宗谱·艺文外编》所载赵翼《继室程恭人行略》作“申时”。

③《瓯北集》卷四十《昔岁曾与伟儿同登金山，扁舟重过，泫然有作》。

④《瓯北集》卷四十三《伟儿葬金坛之夏萧村，哭以送之》。

⑤同上注。

⑥《瓯北集》卷五十《俊儿随侍久，诗学日进，喜赋》。

⑦同上注。

⑧据《赵谱·学亮公派北岸分支世表》。

⑨同上注。

附：《西盖赵氏宗谱》所见赵翼文

说　明

在清代文学史上，赵翼与袁枚、蒋士铨齐名，合称“江左三大家”。在清代史学史上，赵翼所著《廿二史札记》、钱大昕所著《廿二史考异》、王鸣盛所著《十七史商榷》，被称为考史三大名著。除《廿二史札记》外，赵翼之著作还有《陔余丛考》《檐曝杂记》《皇朝武功纪盛》《瓯北诗钞》《瓯北诗话》等。他曾于乾隆四十二年（1777 年）、嘉庆七年（1802 年）主修《赵氏宗谱》[①]，谱中有他所撰文二十二篇。赵翼无文集，谱中所保存的二十二篇文章，叙述了赵翼家世、生平以及当时社会情况，世所未见，特辑录发表，供读者参考利用。

赵翼论诗，推崇元、白。认为：“元、白尚坦易”，“坦易者，多触景生情，因事起意，眼前景，口头语，自能沁人心脾，耐人咀嚼”。白居易晚年之诗，“称心而出，随笔抒写，并无求工见好之意，而风趣横生，一喷一醒”（详见《瓯北诗话》卷四）。用赵翼评元、白诗的话语，来评价他自己创作的诗文，也是十分恰当的。这二十二篇佚文，值得一读。

《西盖赵氏宗谱·凡例》

前凡例十九条，系前次修谱时，先祖骈五公暨通族诸老人，悉心酌定，无可复议。是以此次一遵成法，不复另立条款。惟外姓入继者，旧不登谱。但念其父既以为嗣，则祭享是资。且聚族而居，于通族尊卑，久有名分。今既不便直接本人之下，而概从删削，情理殊有未安。爰与族兄闻六、九龄诸公共商，另汇一编，附之谱末。既不紊本宗之血脉相传，亦不没其人之享祀所托，似亦变通而不悖于理。余俱成宪是循。后世子孙，再有修辑，俱不得更改。翼谨识。

（《西盖赵氏宗谱》卷一）

（《故浩然处士赵公暨室王氏孺人墓志铭》）书后

此远祖浩然公墓志铭也。历年久远，冢尚巍然，而子孙不能记认。裔孙惠棠，将卜兆于冢旁隙地，开土得此石，始识别而加葺焉。岂公之灵虑后人失考，故出以示现耶？然则公生平聪明正直，其精爽久而不泯可知也。又以见古人埋文圹中，自有深意，其法固不可废云。嘉庆十二年月日，裔孙翼谨记。

（《西盖赵氏宗谱·艺文外编》）

（《明按察使赵敔传》）书后

右廉使公传一通，现刻汤潜庵先生《明史传稿》中，与练纲、周斌、盛颙、张宁、王徽、庄昶、黄孔昭、毛宏（弘）、魏元、邹智、李文祥合为一卷，今《明史》既从删去。盖康熙年间潜庵诸公初修明史时，皆考之有明《实录》及皇史宬奏疏，择其人品政绩风裁建白卓著不群者，特为立传。后来张文和诸公续修，第据从前纂成原本，以意为增删，而吾家又无官于朝者，遂被削去，然潜庵集具在，不可泯也。谨录出，刻入谱中，以示子孙。至谕德公宦绩，《明史》虽无专传，其忤巨珰王振，荷校于国子监门一事，附见《李时勉传》中，此则家乘并不载者，吾子孙亦当知之。第十世孙翼谨识。

（《西盖赵氏宗谱·艺文外编》）

（禹九公等）家传

先曾祖讳州，字禹九。先世本宋室后。元泰定中，高邮州录事体坤公讳孟堙，始徙居武进之西盖里，遂为武进人，今属阳湖县地。录事公五传至廉宪公讳敔，为明成化间名臣，事具郡邑志及汤潜庵先生《明史传稿》。廉宪公又五传为先高祖郡庠公讳熙祚，生二子，长曰质温公讳德基，次即公。先高祖早世，先高祖母蒋孺人携二孤，依于外家。公时仅四龄，即能识字。稍长，益嗜学。家世业儒，所积书颇多，蒋孺人力守之，虽薄田数亩尽粥去，而书故在。公以是得肆力于古，穿穴经史，学博而才雄，尤工举子业，顾数奇，年三十余，犹困童子试。邑令张公环生奇其材，擢县试第一。时功令犹宽，学使所未录者，令得荐其所拔士。拆卷时，张公为侦者所误，谓公已被录，遂以其次荐，及案发，无名，张公为之顿足。已秩满入铨曹，犹念公不已，嘱学使者物色之，而公以原名屡试不利，已易名就试，故又相左。公自是绝意进取，专务造就后进，经指授者，无不斐然可观。缙绅家争延致公，每户履恒满，至有除夕候门以待旦者。性疏旷，所得修羊，每客授归，则与族人轰饮连日夕，视袋中金垂尽，然后适馆。最后乡先达董先祥延公教其子佩笈，相得甚。会董公入都补官，邀与偕行，不数月，遂卒于京，年四十有六，康熙甲辰岁也。公殁而先祖骈五公始生。先祖讳福臻，后更名斗奎，骈五其字。初生时，先曾祖母朱孺人犹未知先曾祖凶问。以年四十余始得子也，喜甚。已而族中父老得京讣，虑孺人闻之必惊痛，或至捐生，则孤儿不可保，乃相戒弗使知。有某房仆妇者，弗喻也，见孺人犹衣彩，憨然曰：主母犹服此耶？孺人骇，问得其故，惨痛过甚，遂失乳，家贫不能畜乳母，赖董公家日馈牛乳半升以活。而先曾伯祖质温公故早世无子，先曾伯祖母樊孺人守节已二十余年，两寡母抚一遗腹孤，日呼天而泣曰：天若不绝赵氏者，幸佑此儿也。稍长，即教之学。贫益甚，至以纺线作灯炷，光幽然如青燐，两寡母纺车相对，而坐公于其中，就灯光读书。公虽幼，已有识知，朱孺人粗通训诂，为之字栉句疏，不数年，即能自涉经史。无何，两寡母相继殁，公年仅十六耳。生理益窘，去为童子师，端重如老成人，生徒莫敢有□□旁睨者。先外曾王父西干臧公允和器之，以爱女妻公为赘婿，遂家于西干里，稍立门户，而先曾祖授业弟子董生佩笈者，已贵显，亦有所赠遗，由是衣食粗足。公乃益务殖学，自《四子书》《五经》《左氏传》《史》《汉》八家之文，无不耽思旁讯，研极根柢，见有儒先讲说、名人评价，辄手自抄录，旁及方书星学算法，每肄一业，不穷其奥不止。生平手抄蝇头书，高三尺余，未有一笔行楷者，草书弗论也。为时文，务折衷程朱，不能趋时好，以故亦终其身不得一衿。自少时即方严不苟訾笑，晚年风规益峻，见者凛然如负秋霜，然非有意矫厉。与人言，必勖以敦伦纪，立品谊。乡里有争端，多就公质成，数十年未有搆讼者。节缩馆饩，为廉宪公□茔，置祭田，植松柏。又以族谱久不修，子孙各散处，将不可纪。积数十年辛勤，遍历各支，订成之，两足尽茧。卒于康熙戊戌，年五十有五。生子二，长即先考子容公讳惟宽，次先叔父讳惟厚。先叔父年二十九早卒，无嗣。先公性谨悫，笃于孝友。先祖晚年病膈噎，医者谓须鹰团可疗。鹰团者，鹰粪从口中出，累累成团云。公行求至锡邑之阳山，遇大雷雨，匿石穴中，眩栗甚，窅然魂离宅，若有人导之行，睹所谓鹰团者。已而天霁，如所向迹之，果得以归，人以为孝感也。先祖殁后，先叔父豪放工诗，好结纳，所分产不数年挥斥尽已。又为无赖子速讼于官，公尽粥己产，为之营救，事得直而家遂以贫，时或不能举火，然终无几微悔恨色。为塾师，训迪最有方，虽农家子，未尝不以诚诲，学将成，则令别从名师卒业，曰：过此非吾所能诲，不可相负也。与人必以诚，人以公无他肠，或转挟诈来，公终不与较，久之而其人自愧屈，乡里无不以公为长者。卒于乾隆辛酉，年四十。有五子，长即不肖翼；次汝明；次汝霖；次亭玉，殇，汝明亦早卒，无子。先公以不肖忝入仕，得赠儒林郎、翰林院编修，累赠中宪大夫、贵州分巡贵西兵备道，并貤赠先祖考妣亦如之，而先曾祖尚未及也。呜呼！寒家自先高祖以来，数世皆单传，中间几绝而仅续。又贫薄无生业，顾皆能孤行孑立，卒以儒自奋，而天又厄之，使累世蹭蹬，即学宫一门限地，亦望之如登天。至不肖轮林末学，曾未及先人之万一，乃独忝科第，登仕籍，此岂不肖所能自致，寔惟先人积学励行，郁积久而始偿。然先人刻苦而不得寸进荣，后人独安坐而食其报，言念及此，尤痛心也。不肖翼谨述。

（《西盖赵氏宗谱·艺文外编》）

节母钱孺人传

族母钱孺人，无锡曹村女也。年二十，归族叔上九□，五岁而寡。□男晋南，甫三龄。孺人茕茕孑立，无所庇赖□□以纺织度日。未几讹言有夺孺人志者，闻之愤不欲生。时严冬雨雪，负男冒雪归母家。母家亦故望族，询悉其故，乃谓胡不捐生殉节。孺人曰：吾非不欲舍生殉吾夫于地下，然奈此藐孤何！母死，则子亦死矣！母家为感动，送之还家，人愈加敬重。洎男稍长，即课之业农。孺人晚年家小康，寿至八十有三。子晋南，奉养孝谨。孙明益，亦克先意承志。天之报施苦节，岂有爽欤。呜呼！若孺人者，可以风矣。例符旌，尚未及请行。族子翼撰。

（《西盖赵氏宗谱·艺文外编》）

族弟妇周氏小传

族弟朝源妻周氏，有贤行。朝源早殁，氏年三十二。抚五岁孤显奇，极艰苦。有田数亩，乾隆三十三四年，连遇水旱荒，食不给，以纺织度日。至显奇能力耕，始稍宁。以乾隆五十四年卒，年五十有六。瓯北翼识。

（《西盖赵氏宗谱·艺文外编》）

亡室刘孺人传

孺人姓刘氏，吾邑人。父午岩先生，讳鸣鹤，故名宿，尝以诸生两膺博学宏词、经明行修之荐。孺人年二十七，归于余。余时为诸生，家赤贫，来归未逾月，奁具悉入质库。孺人与吾母纺织以佐日用，时或过午不举火，机声犹轧轧也。余客京师，一母两弟，皆倚孺人事育。孺人虽常居母家，而顾虑家计尤切。余修羊所入寄归，孺人常节缩以应家之有无，即吾女欲置一衣，亦靳不轻予，曰：而祖母及两叔，方需此度日也。时母家门第方盛，孺人弟钦，成进士，服官闽中，势隆隆起。孺人以贫家妇依栖其间，既内顾家累，而外又耻以寒陋作可怜状，左支右撑，甘苦自茹，有不堪为人道者。越五六年，余考授中书舍人以归，始稍有宁宇，而余弟汝明方娶妇，敝庐数椽就圮，复有事修葺，孺人则为余经纪帮助，虽炊灶之事，皆躬自任之。事甫竣，余复入京补官。会岁大祲，孺人减衣缩食，以庀食指。已而余弟汝明，不幸即世，孺人殡葬之。复为余季弟汝霖娶妇。一年间婚丧连举，劳瘁备至。戊寅春，始奉吾母来就养京师，薄俸所入，素食粗足自给，可无甚拮据为矣，而孺人旋病，浸寻遂不起，是岁九月二十二日也，年三十有八。统计孺人归于余，垂十二年，所处无一非艰窘日。及来京邸，稍可自佚，而遽以死，命也夫！余又累客于外，十二年中，夫妇相聚者，实不过一二年。其病也，余方扈从塞外，及请急归，已属纩，不得握手一诀矣。婢子语余曰："临殁之前一日，频问而主归未?"答以"明日当至"。孺人不言神伤黯然泪下，盖自知不及待矣。呜呼！此意尤可悲也。

（《西盖赵氏宗谱·艺文外编》）

继室程恭人行略

恭人姓高氏。封文林郎晚香公女；赠奉政大夫、掖县知县、捐升府同知晓东公，授文林郎、湖南沅陵县县丞冠林公妹；故相国程文恭公甥女也。恭人少丧母，文恭公抚为己女，归于余。由文恭公出嫁，故又从程姓。其来归也，年甫十八。余虽已官内阁中书，而贫窘特甚。恭人既能清苦持家，奉吾母丁太恭人敬爱兼至，抚元配刘恭人所生女不啻己出，以是早有贤淑声。余馆选后，蒙高宗纯皇帝屡命分校乡会试，并主顺天武乡试，门庭稍改旧观，而余自知书生命无受福之器，尝于恭人言及之，故恭人亦泊然自安，无华膴之慕。岁丙戌，奉命出守镇安，地与交趾连界，边郡太守，体制尊严，鸣鼓升堂，脑后接笔，京员一旦得此，如贫儿暴富，事出非望，而恭人仍不改其常。偶一日有镜在旁，余顾自见其面，笑谓恭人曰：穷措大能消受此耶？恭人亦愀然者久之。时方有征缅之役，余奉特旨赴滇从军，恭人曰：此固意中事也。兵凶战危，生死未卜，恭人设酒祖饯，方慷慨以立功名相勉，间出一语，似预筹身后事者，余不言神伤黯然而别。嘱恭人先挈眷属归，由浔梧漓水，下潇湘洞庭，出大江，滩峡之险，风浪之恶，有人生所未尝经历者。

恭人以一女子，间关万里，远返江南，其危苦自不待言。余既赴滇，随果毅云严两阿将军出边，历九关八隘南坎，剿顿拐，剿戛鸠，最后傅文忠公来滇经略，兵事将毕，始奏令回镇安任。而眷属已归，管钥亦无可托，乃置妾蒋氏。旋奉命调守广州，距家较近，恭人始奉太恭人南来。都会之地，百物繁盛，恭人惟增一洋灰鼠裘，犹恐招官谤，其他率无改于旧，澹泊如故也。又一年，恩擢贵州贵西兵备道。道署驻威宁州，极苦寒，不生五谷，六月犹下霜雪，恭人亦安之，不以荒陋介意。会有广州谳狱旧案，墨吏议当降调，先帝命送部引见，而太恭人年已七十有五，乃乞假归里，与恭人修子职。又六年而弃养，追服阕赴都，已十余年矣。行至壹庄，忽两臂中风，几不治。乃回舟。又年余，病始愈，亲友多劝再出山，恭人曰：退闲已久，更添一蛇足耶？余笑谓恭人，颇能道意中事，于是杜门之志遂决。余息机摧橦，铅椠之外，不问世事，恭人实有助焉。待侧室蒋氏，恩意周至。抚廷俊、廷彦，爱均而惠一，无稍歧视。视侄廷贤、廷雄亦然。三十余年以来，合门百口，皆习于恭人之慈和，内外无间言。亲族中无力者，辄量力存恤之。亲串往来，惟程氏嫂、高氏嫂、蒋氏妹，情谊真挚，久而不渝，其他虽女家，亦不一至。婚嫁粗完，不忧冻馁，子孙林立，四代一堂，人咸谓恭人厚福，正未有艾也，而竟以膈噎死，悲夫！统恭人生平所历，苦乐不同，然处顺适而不骄，处拂逆而不怯，盖深知余世味甚淡，志愿有限，故不强其所不能，而余亦免钟鸣漏尽，夜行不休之悔。惟是中岁既遂偕隐之愿，晚年亦当遂偕老之期，方倚为老伴，偶谈旧事，惟余两人，甘苦共尝，觉有味乎其言，而今剩余只身，形影相吊，不自知涕之无从也。恭人以嘉庆十三年正月十九日申时寿终内寝，距生于乾隆七年十月初五日寅时，享年六十有七岁。先敕封宜人，后诰封恭人。子四：长廷英，候选府同知；次廷伟，廪膳生，先卒，皆恭人出；廷俊，廪膳生，候选通判；廷彦，廪膳生，候选训导，署崇明县教谕，侧室蒋氏出。女六人：刘恭人出者一；恭人出者四；蒋氏出者一。孙九人：廷英出者三；廷伟出者二；廷俊出者四。孙女十二人：廷英出者四；廷伟出者二；廷俊出者四；廷彦出者二。曾孙一人。余蹇遭悼亡，心绪作恶，粗述梗概，惟当代仁人君子垂览焉。杖期夫翼挥泪谨述。

（《西盖赵氏宗谱·艺文外编》）

节妇张氏传

节妇姓张氏，阳湖人。父文懿。氏年二十二，归吾族兄文林。一岁而寡，阅数月，生遗腹子，无何，未周岁而殇。氏太息曰：向所以不死，冀有此呱呱者，延夫祀也，今复何望！遂慷慨欲自引决，顾念其舅玉珩翁老矣，媳死谁当养者，且舅无他子，赵氏一线绪已绝，乃斥奁具为翁纳室，而自啖糠核，持门户，一切不以累老人心。未几，舅果生一子学参，而舅旋殁，氏又以嫂兼母，鞠爱逾所生。甫髫龄，好具修脯，遣就学。稍长，为之授室。已而学参连举三子，氏以其一嗣夫后，而家事仍力任之，攻苦食淡，老而益励。今年七十有二矣，于令甲得请旌，以家贫，未能也。会吾族有事修谱，族兄九龄至其家，氏历叙其生平所以尽心于赵氏者，不觉泪承睫，冀一载之家乘，以示子孙也。九龄爰请予为其传。余惟守节难矣，然或有孤可抚，或无孤而夫之昆弟有能承宗祧者，吾以一身完节，以保令名，犹非能有大系于门户绝续之故也。如氏者，门祚已中断，乃独能识大义，达权变，为其舅若夫延已绝之绪于无穷，以视磨笄截发，仅仅以节著者，其用心更苦，而所为亦益难矣，余故不辞而为之传。瓯北翼撰。

（《西盖赵氏宗谱·艺文外编》）

族侄妇陈氏小传

族侄兆凤妻陈氏，以勤俭佐兆凤治生，兆凤痼疾三年，氏罄薄产为医药费。兆凤卒，氏抚九岁孤允嘉，以养以教，劳瘁备至。田尚存二亩，赀倩人代耕，农事急，则代者自治其田，稍缓始来兼顾，故所收常歉。氏惧无以为生，允嘉稍长，则课之力农，而躬自操作庀家事，锱铢节啬。晚年有田二十亩，汔小康矣，然刻苦如一日也。卒年八十有一。丧夫时，氏年二十九，例得旌，允嘉既业农，愿且朴，不能请于官，因乞余志其略。余哀氏抚孤之苦、允嘉念母之诚也，爰传之。允嘉及二子景兴、景新，亦俱能保家。瓯北翼撰。

（《西盖赵氏宗谱·艺文外编》）

节妇杨孺人传

节妇姓杨氏，阳湖人。父名永福。孺人年十九，归吾族侄元士。时元士之父西逸翁游粤久不归，孺人谓元士曰：吾夫妇家居，而老人萍梗数千里外，心能旦夕安乎？即具行李，趣元士往迎，盖合卺甫三月也。身自持门户，事姑尽孝，宵舂晨汲为婢仆先。西逸归，见家事井井，喜曰：是能兴吾家者已。元士攻举子业甚勤，尝一灯荧然，伊唔声达旦，孺人纺木棉佐之，鸡鸣风雨，含涕相慰劳。无何，元士连困于有司，竟郁郁病殁。孺人痛不欲生，以子敷庭方在抱，啜泣抚之，而持家益刻苦，不以寡妇人稍旁诿。凡诸姑叔婚嫁，皆悉力佐姑舅营办。舅姑殁，丧葬皆尽礼。其抚敷庭也，期望尤至，尝语之曰：而父赍志殁，吾所寝寐不忘，饮食必祝者，惟在汝，汝能读书自奋，则汝父为不亡矣。每自塾归，必覆按其所业，或不当，辄投箸起，然绝爱怜之，弗忍加鞭扑，则对之泣，敷庭亦泣，不能仰视。以是发愤绩学，工诗文。尝两游京师，入成均，应京兆试，虽连蹇无所遇，孺人第加勉焉，不以是而有戚戚也。性勤俭。自为妇以来，操作自力，数十年如一日。敝衣菲食，安之若素，以是晚境稍丰。乾隆癸酉，既以节旌于朝。今年七十有七，尚强健，而敷庭之子，亦已娶妇，孺人行且抱曾孙矣。佥以为孺人苦节，至是稍酬，而精诚所积，必更有焘后而衍庆者，正未艾也。瓯北翼撰。

（《西盖赵氏宗谱·艺文外编》）

族侄寻高小传

族侄攀龙，字宪英，号寻高，西逸兄次子也。幼颖敏，未弱冠，即能文，屡试不售，援例入太学，三赴省闱，辄报罢。遂绝意进取，杜门读书，终身不涉外事。为人坦易，胸中不设城府。家仅中人产，有以缓急告者，无不摒挡以应，宗党咸重之。生于康熙乙酉年九月二十九日，卒于乾隆戊辰年十一月二十一日，年四十有四。配徐氏，继陶氏。子骏烈，徐出；次青照，工举子业，惜早世；次孜孟，亦殇；次锡熊。孙同、拱、挺。瓯北翼撰。

（《西盖赵氏宗谱·艺文外编》）

亡儿廷伟小传

儿名廷伟，乾隆三十三年十一月八日生于镇安官舍，即以镇安为字。时余已奉旨赴滇省从军征缅，内子程恭人携以归。越二年，余调守广州，内子奉吾母丁太恭人来就养，余迎谒舟次。儿从未识父，初见，方怖而走，少顷即就余膝呼爹，盖天性也。余归里后，始令就学，颇聪悟。年十九，补弟子员。二十四，岁试列一等，例得食饩，为廪膳生。试乡闱不售。会有诏举贤良方正，儿意欲籍为进身地，以年少难入荐剡，遂郁郁不得志。未几成疾，沉绵岁余，百方治不效。余携往就医，亦不救，急买舟归。甫抵家，一夕而殁，嘉庆二年又六月十六日也。平时内子曾为余言：儿生时，官舍中异香满室。余方以为吉征，期以远大，而年仅三十，以一衿死，悲夫！儿性勤学，无膏粱习。娶谢氏妇，颇有奁赠，儿不以屑意，凡兄弟亲友有缓急勿靳助。既殁，负之者犹不下千金，其为人可知也。病革时，自知不起，见余，犹强作欢笑，而泪已渍眶，辄以衾覆面，惧余之见而伤怀也。呜呼！此意尤可痛已。有子二：和羹、和鸣。女二，皆字谢氏。嘉庆七年四月，瓯北老人撰。

（《西盖赵氏宗谱·艺文外编》）

族孙敷廷传

族孙炯辰，字敷廷，一字春圃。父作梅，早殁。敷廷才四岁。母杨孺人，矢志抚孤。六岁，就乡塾，颖悟异常儿。及长，工举业，每一篇出，人争传诵，顾试有司，辄不利。岁己巳，与余同入京，冀寸尺进。无何，得危疾，四阅月，几不起，杨孺人闻之，亲跋涉来视，幸已痊，遂母子相携归。归十余年，壬午复入京，援例以太学生将应京兆试，适余分校，以回避不得入场。迨乙酉，始就试，试复报罢。乃绝意进取，归而养亲课子，不问门以外事。然文誉素著，后生之执经请业者，趾相接也。杨孺人年高，敷廷孝养备至。尝侍疾，至尝粪以验增减。孺人殁，年八十一，敷廷亦将六十矣，犹哀毁几不胜丧，人咸以为难。平居恂恂寡言笑，出气惟恐伤人，然人无不知为端人正士。卒之日，数十里俱为叹息。呜呼！此可以得其为人矣。生于雍正甲辰七月十三日，卒于乾隆庚戌七月二十五日，年六十七岁。配刘氏，有贤德。子昆吾，孙洪畴、洪声，皆能以学行世其家。余与敷廷本族，以同入京，羁旅中相依为命，遂不啻骨肉之爱。当其卧病僧寺时，余方客授一大僚家，日有馆课，不能伴孤寂。惟每夕至寺中，一灯相对，救疗无术，家乡在数千里外，举目苍茫，偶商及身后事，各呜咽不能出声，此景至今犹历历在目也。族叔祖翼撰。

（《西盖赵氏宗谱·艺文外编》）

族再孙肖松传

族再孙肖松，族孙敷廷子也。敷廷与余总角交，长相随入都。洎余历官中外，而敷廷屡蹶场屋，连蹇不得志。余归田后十数年，复时相存问。见肖松禀气最薄，身不离病。既逾壮，犹赖贤父精神惊视铄，为料量家事，概弗使与闻。过其家，酒浆佩玉，必慎必周，方知理油盐，持门户，多赖内助贤。再后，子昂然成丈夫，胜任内外诸务，则又知其赖有贤子也。以故虽终鲜兄弟，得置身尘事外，琐屑略不撄心，非天以沉痾困之，即以贤父贤妻贤子厚之耶！然观其守先业，秉父训，持身粥粥如处子，偶与人交接，辄恐少忤。自奉尤俭约，衣冠朴质，乡里咸推长厚。素究岐黄术，惜未行于时。五旬外，体益病羸，旋以瘵疾终，年仅五十有九。昔昌黎慨论交北平三世，矧在吾族中，计与敷廷游，及其子若孙，亦三世矣。敷廷下世已久，今肖松又奄然物故，能无抚今追昔而低徊感逝也。瓯北翼撰。

（《西盖赵氏宗谱·艺文外编》）

惟衡暨配沈氏行略

惟衡名诚铨，居武进之村后里，吾族曾孙行也。性孝友。析产时，兄惟恭所分较多，惟衡绝弗较，待兄益恭。父九易，母杨氏，皆春秋高。两房迭供膳，惟衡与妻沈氏尤尽孝。烹饪必精腆，燥湿寒燠，所以体之者甚至。九易及杨氏至惟衡家，辄安之。杨氏尝病痢，惟衡夫妇昼夜侍汤药，中碗碟器手自浣濯，从不委仆婢，惟恐以不洁闻于人也。以故杨氏卧床第阅十四月，内外亲串但知其老病，无有知为痢者。待族党尤有恩谊。族叔萃一殁，遗孤秉斯无所依，惟衡抚之于家。既壮，为娶薛氏女，斥屋居之。秉斯卒，薛氏与一女，孤苦甚。时惟衡已殁，沈氏承夫志，益周恤之。已而薛氏又殁，沈氏复营办其葬事，人咸以为难。惟衡卒于乾隆乙丑，年五十三。沈氏后三十年卒，年八十。子企穆，孙凤颁，曾孙开泰、舒泰。曾叔祖翼撰。

（《西盖赵氏宗谱·艺文外编》）

族兄闻六小照

貌则癯，神则腴。训子义方，持身德隅。宗祠族谱，事不辞劬。固宜续书香而鲤庭斯起，享眉寿而鸠杖不扶。吾宗之瑞，视此画图。翼题。

（《西盖赵氏宗谱·艺文外编》）

九龄族兄小照

长不逾六尺而诗书满胸，年已逾七秩而手不扶筇。劬德砥行，睦族敬宗。祠宇既构，犹塈涂是庸；祀田既疆，勤终亩之功。萧然世味，咏歌黄农，布衣芒屩，研北墙东，盖庶几隐君子之风。瓯北翼题。

（《西盖赵氏宗谱·艺文外编》）

普免钱粮谢呈

具呈在籍等为恭谢天恩，敬祈详奏事：乾隆六十年　月　日，奉上谕：以丙辰元旦，举行归政典礼，将嘉庆元年各省地丁钱粮，普行蠲免。职等跪诵之下，感抃难名。伏以景运当郅治之世，钜典肇兴；洪禧有普被之庥，殊恩特沛。庆会既超于千古，隆施遂遍于九垓。何幸亲逢，岂胜欣戴。钦惟我皇上健行不息，纯嘏有常。久道化成，越羲轩之上寿；繁祉永锡，迈尧舜之博施。通免田赋者四番，普蠲漕粟者三度。固已湛恩汪濊，合万姓以腾欢；化日舒长，无一夫不被泽。兹以宝图久御，适符周甲之期；特教神器有归，创举绍庭之典。元良默选，寓传贤于传子之中；禅授亲行，看后圣接前圣之统。卜以龙辰上日，行大礼以光昭；乃于凤纪初元，降新禧而遍锡。比户丁钱胥免，何论中黄；九州壤赋悉蠲，无分高下。数至于百千万亿而不靳，广及于东西南朔以靡遗。无事输将，群安耕凿。扶杖而观明诏，归来其乐恬熙；酿酒而饮大脯，醉后惟余歌舞。盖国家有非常之庆，为开辟所未闻；故闾阎有非分之施，出意望所不及。职等曾叨仕宦，归享升平。盛事欣遭，观千载难逢之会；覃恩均被，颂万年有道之长。为此合词具呈，伏乞赐详代奏。

（《西盖赵氏宗谱·艺文内编》）

钦赏三品顶戴准重赴鹿鸣宴谢折

原任贵州贵西道臣赵翼、原任刑部郎中臣姚鼐为恭恳代为奏谢圣恩事：奉上谕：本年庚午科乡试，据广厚奏：江苏省原任贵州贵西道赵翼，现年八十四岁；安徽省原任刑部郎中姚鼐，现年八十岁。均系乾隆庚午科举人，循例恳请重赴鹿鸣宴等语。赵翼、姚鼐早年登第，耄齿康强。宾兴际周甲之期，寿考叶吉庚之岁。允宜加锡恩施，以光盛典。赵翼着赏给三品顶戴，姚鼐着赏给四品顶戴。俱准重赴鹿鸣筵宴，以示朕加惠耆儒至意，钦此。臣翼、臣鼐窃自思樗栎菲才，草茅陋质。昔年入仕，曾无补于涓埃；中岁归田，但专营于著述。猥以林居晚景，适逢乡举初程，蒙皇上宠加旧秩以赏衔，准随新班而赴宴。礼筵有座，听广乐于笙簧；章服增荣，耀阑衫于黼绣。与作人之化，弥知圣寿之无疆；游化日之舒，又及引年之优赐。恩施非望，感切难名。惟有咏歌太平，虔祝纯嘏。教儿孙经书奋绩，世笃忠贞；率乡里孝弟力田，各勤耕凿。以期仰报高厚洪慈于万一。所有感激下忱，伏乞代为陈奏，恭谢天恩。

（《西盖赵氏宗谱·艺文内编》）

重修奉先祠记

吾族之分支于怀南乡者，旧有奉先祠，创自明正统间。谕德梅庵公仕宦三十载，仅克有成。虽名人榜额如林，而为屋不过六楹，盖其时居官之清贫可知也。岁久日圮，康熙丁卯，族祖皓采公始倡捐修之。以形家言，迁于村之西，为屋亦如旧祠之数。又以其余买祠田数亩。顾以力仅止此，虑无以妥先灵称族望也。临殁戒其子玉文曰：是汝之责矣。玉文翁志之弗敢忘。则岁较田租之入，权子母，谨出纳，积三十余年，增祠田至四十余亩，曰祀事可不忧于俭矣。而祠犹仍旧，无以慰先志。乃复节缩数年，以乾隆戊寅，庀材鸠工，易腐为坚，升卑为崇。又增后寝三楹，以合前堂后室之制。凡数月落成。于是列馔有仪，合食有所。工既成，未有记。余归田后，令嗣九龄兄来请记之。余惟守家者，能铢积寸累，以恢大其先业，斯已为克家子矣。玉文翁乃能承父之志，以通族之事为家事，勤勤恳恳，久而弗懈，增祠田十之九、祠屋三之一，可不谓难欤！祖宗既往，其子孙之贤与否，能料理其先绪与否，力所不及，亦听之无可如何，然幽冥之中，未尝不望子孙之贤而料理之也。如翁者，固祖宗灵爽所式凭者矣。吾愿族之子姓，皆仿翁之治祠事一如家事，尤愿族之子姓，治家事一如翁之治祠事，庶各保其家，而因以共永其祠弗坠益昌焉。公讳应祯，玉文其字，为人诚笃有行，乡里咸推长德。九龄兄亦能以淳行世其家。

（《西盖赵氏宗谱·艺文内编》）

致费中堂书

去冬翼八旬贱降，远蒙中堂大人宠赐锦屏，重以珍裘文绮，随具芜函布谢。嗣闻揆席即真，兼管工部，又有缄恭贺，谅俱达典签。半年以来，有疏修候，实深歉仄。兹有启者：今岁江南雨泽稀少，时交夏至，正届插秧，惟运河未竭，两岸稍有翻犁，其余沟港皆干，束手无措。再及小暑，民心皇皇。忽于六月十三日得雨三四寸，皆赶紧添戽插莳。而雨过之后，仍复晴干。今已交大暑，并不能补种矣。看来今岁旱荒较乾隆五十年更甚。五十年麦收大熟，民有半年之粮，且插莳遍野，其中尚有一二分收成者，今麦已歉收，插秧不及十之三四，又因六月十三日之雨，竭力补种，转将歉收之麦，尽费在田功，而雨信仍复杳然，已种之禾，又将枯萎，须待明年麦熟，始可得生。而此一年中，待哺嗷嗷，鹿不择音，何事蔑有。昔人有云：佛出世，救不得，只有帝王救得。闻四川、湖南、湖北、江西早禾俱熟，且一水可通，非北省之艰于转运。若蒙皇上敕该四省督抚，发藩库银，每省各卖一百万石，转运来江，其卖价及水脚，由各省督抚核明，移咨江省，出示官粜，其价较之商贩牟利居奇者，必大减省，则一举而三善备焉。卖价即归还，帑项不致亏损，一也。官粜之米价较减贱，民间买商米一斗，即可买官米一斗几升，并可省赈荒之繁费，二也。地方有米可卖，奸宄自消，不至滋事，三也。恭逢皇上视民如伤，稍遇偏灾，补救不遗余力，所虑督抚大吏不肯直陈，九重之上无由洞悉。然地方有灾荒，不能不办，与其发赈而所费甚多，何如移粜而所费较少。况发赈但及下户，而不复收回；移粜则惠既均沾，而仍堪归本。俟明春即以卖价解还各该省，以归帑项，此则不必损上，而自能益下，尤善之善者也。中堂倘于召对时，将此说从容陈奏，幸邀俯允，实于国计民生，两有裨益，不特活百万生灵，阴功莫大而已。翼老朽蹲伏，本不敢为出位之谋，而目击灾荒，不忍塞默，素叨雅爱，用敢陈其迂愚，伏祈钧鉴。

（《西盖赵氏宗谱·艺文内编》）

注释：

①《西盖赵氏宗谱》卷首乾隆四十二年（1777 年）程景伊序云："吾婿云崧观察，适以养母家居，乃偕族之长老，协力再修。"嘉庆七年（1802 年）费淳序云："房师赵瓯北先生纠族人修谱成。"

附：《西盖赵氏宗谱》是研究赵翼的资料库

赵翼是西盖赵氏家族中的名人，《赵谱》以记载其事迹为荣。赵翼、赵忠弼祖孙先后主持过修谱工作，如赵起《重修宗谱引》所云："先大父瓯北公，凡两修辑宗谱，后谱成于嘉庆壬戌，距今五十七年矣。道光庚寅、辛卯间，先兄作梅先生，尝偕族人修辑之，已付梓，半成帙，而采访乃有未实者，遂命中止，自是迄先兄之亡，又二十余年。先兄悼前事之未成，辄重加删订，凡传志文辞之可据者……随手纂录……今年春，族人以谱事请，起目病已久，不复能校阅……而命禄保主其成，有疑辄就决焉，务悉心综理，使无滥无遗而后止，则庶几先兄之志，而先大父所以启后人者欤！咸丰戊午季冬谷旦，起谨识。"所以《赵谱》中记载这一分支的情况最详，可称为研究赵翼的资料宝库。今将《赵谱》所载这一分支重要人物的碑志传状，编制目录，为研究家族文化提供信息。由于资料繁多，涉及面太广，故次要人物一概从略。

《西盖赵氏宗谱》所载碑传目录（一）

碑传主名	碑传主字号	碑传标题	碑传作者	碑传撰写时间、作者署衔
赵孟堙	字体坤	《元征仕郎高邮州录事参军赠奉政大夫体坤赵公墓志铭》	陈思谦	元宁宗未改元仲冬撰，监察御史
赵由彰	字暗修，号潢阳	《元进士永兴主簿潢阳赵公墓志铭》	程徐	元至正二十年撰，秘书少监兼知太常院
赵由俊	字君彦	《元进士湖州教授君彦府君行述》	赵宜贤	元至正二十七年撰
赵学信（妻李氏）	字敏学，号林隐	《林隐处士赵公墓志铭》	赵琬	明宣德三年撰，金乡县儒学教谕
		《赵孺人李氏墓志铭》	赵琬	明正统九年撰，北京国子监司业
赵学道（妻王氏）	字敏政	传	赵奎晃	
		《故浩然处士赵公暨室王氏孺人墓志铭》	赵济川	
赵学亮（妻孟氏）	字敏生	《明礼部员外敏生赵公墓志铭》	贝泰	明正统二年撰，国子监祭酒
		《明诰封赵太君孟宜人墓志铭》	刘铉	明天顺二年撰，詹事府少詹

续表

碑传主名	碑传主字号	碑传标题	碑传作者	碑传撰写时间、作者署衔
赵学孜	字敏善，号清隐	传	金实	明正统三年撰，卫府长史
		《明赠承德郎国子司业清隐赵公墓表》	陈济	明正统四年撰，右春坊右赞善
赵埙（妻臧氏）	字叔谐，号望百	《明故承事郎赵公墓志铭》	罗璟	明弘治十年撰，江西监察御史
		《明故赵孺人臧氏墓志铭》	黄与	明成化元年撰，福建左布政
赵敔	字叔成，号竹崖	《明按察使赵敔传》	汤斌	
		《明故山西按察使赵公神道碑》	钱溥	明成化二十三年撰，南京吏部尚书
赵瑄	字叔器，号芝室	《芝室赵处士墓志铭》	贝泰	国子监祭酒

续表

碑传主名	碑传主字号	碑传标题	碑传作者	碑传撰写时间、作者署衔
赵琬（妻南氏）	字叔琰，号毅斋，晚号梅庵老人	《知非子传》	岳正	明景泰元年撰，翰林院编修
		《知非子续传》	陈淮	明景泰二年撰，国子监博士
		《明故谕德梅庵先生赵公行状》	商辂	明景泰二年撰，翰林院学士、知制诰兼经筵官
		《明故左春坊左谕德赵公墓志铭》	许彬	太常寺卿、前翰林院修撰、同修国史
		《明谕德梅庵先生赵公墓表》	高谷	工部尚书兼东阁大学士、知制诰、同知经筵事
		《明故赵母南宜人墓志铭》	杨镛	明成化八年撰，广东布政司参政
赵昌龄	字以期，号玉坡	《严州府推官赵公行状》	段金	户部主事
赵翚	字应瞻，号思轩	《明故通州卫经历赵君墓志铭》	胡统	大理寺评事

《西盖赵氏宗谱》所载碑传目录（二）

<table>
<tr><th>碑传主名</th><th>碑传主字号</th><th>碑传标题</th><th>碑传作者</th><th>碑传撰写时间、作者署衔</th></tr>
<tr><td rowspan="2">赵州（附赵斗奎、赵惟宽）</td><td rowspan="2">禹九</td><td>传</td><td>赵林玖</td><td></td></tr>
<tr><td>家传</td><td>赵翼</td><td></td></tr>
<tr><td>赵斗奎（初名福臻）</td><td>骈五</td><td>《骈五公传》</td><td>段晓</td><td></td></tr>
<tr><td>赵惟宽（妻丁氏）</td><td>子容</td><td>《赵母丁太恭人墓志铭》</td><td>程景伊</td><td></td></tr>
<tr><td rowspan="11">赵翼（妻刘氏、程氏）</td><td rowspan="11">字耘松，号瓯北</td><td>《瓯北老夫子七十寿序》</td><td>费淳</td><td>江苏巡抚</td></tr>
<tr><td>《瓯北先生八十寿序》</td><td>费淳</td><td>体仁阁大学士兼户部尚书事</td></tr>
<tr><td>《嘉庆元年欣逢瓯北恩师大人七旬荣诞霈以奉职霜台不克登堂鞠躬敬赋长律用展颂忱》</td><td>汪承霈</td><td></td></tr>
<tr><td rowspan="2">《瓯北先生八十寿诗》</td><td>范来宗</td><td>翰林院编修</td></tr>
<tr><td>冯培、舒位、张舟、裕瑞、李保泰、张云敖、刘权之、徐准安、赵怀玉</td><td></td></tr>
<tr><td>《恭和太老夫子大人重赴鹿鸣原韵》</td><td>吴孝铭</td><td></td></tr>
<tr><td>《恭和瓯北世伯大人重赴鹿鸣原韵》</td><td>李庆来</td><td></td></tr>
<tr><td>《恭和瓯北叔祖大人重赴鹿鸣筵宴原韵》</td><td>赵怀玉</td><td></td></tr>
<tr><td>《挽瓯北老前辈》</td><td>吴锡麒</td><td></td></tr>
<tr><td>《瓯北先生传》</td><td>姚鼐</td><td>翰林院庶吉士、刑部郎中</td></tr>
<tr><td>《赵瓯北府君墓志铭》</td><td>孙星衍</td><td>山东督粮道</td></tr>
</table>

续表

碑传主名	碑传主字号	碑传标题	碑传作者	碑传撰写时间、作者署衔
		《亡室刘孺人传》	赵翼	
		《继室程恭人行略》	赵翼	
赵廷伟（妻谢氏）	字镇安	《亡儿廷伟小传》	赵翼	嘉庆七年撰
		《先妣谢太恭人行述》	赵忠弼、赵起	
		《谢太恭人传》	谢应芝	
赵廷俊	字苕士，号海珊	《先考海珊府君行述》	赵申宪、赵申嘉、赵申佑、赵申善	
赵廷彦	字笏山	《笏山赵君传》	龚镗	
赵忠弼（妻钱氏、吕氏）	字和羹，号作梅	《先考作梅府君行述》	赵曾逵、赵禄保、赵曾向、赵曾采	
		《安徽婺源县知县赵作梅先生墓志铭》	杨传第	
		《先妣钱宜人行略》	赵禄保	
		《先继妣吕宜人行述》	赵曾逵、赵禄保、赵曾向、赵曾采	
赵起（妻叶氏）	字于冈，号约园	《先祖考于冈府君行略》	赵寿仁	
		《亡妻叶孺人墓志铭》	赵起	

续表

碑传主名	碑传主字号	碑传标题	碑传作者	碑传撰写时间、作者署衔
赵庆龄	字孟符	《赵君孟符墓志铭》	李兆洛	
赵申嘉	字芸酉	《从祖叔父芸酉先生行略》	赵曾向	
赵禄保	字纯甫	《赵君纯甫家传》	吕继午	
赵献保	字静甫	《内弟赵静甫传》	刘佑	
赵曾泰	字惺甫	《廪贡生员赵君墓志铭》	周腾虎	
赵曾向（妻丁氏）	字朗甫	《中议大夫盐运使衔浙江金华府知府赵公行状》	陈重威	
		《编修赵君妻丁孺人墓碣铭》	谢应芝	
赵曾逵	字厚甫	《浙江候补知县代理慈溪县知县赵府君墓表》	陈重威	光绪十一年撰
		《浙江候补知县代理慈溪县知县赵君墓志铭》	吕耀斗	
赵曾裕	字昆甫	《先叔父昆甫府君事略》	赵寿仁	
赵曾凯	字惠甫	《从子曾凯传》	赵申嘉	

姚鼐——《桐城麻溪姚氏宗谱》考

经方苞、刘大櫆至姚鼐始确立桐城派之名，姚鼐是桐城派的关键人物。谈姚鼐的文章很多，本文从新的视角，发掘别人未利用的资料，论述姚鼐之成功，除个人因素外，有其乡里背景及家族背景。

（一）

从自然环境说：中国历来认为“钟灵毓秀”，即美好的自然环境产生优秀的人物。姚鼐也持有这样的观点，其《刘海峰先生八十寿序》云：“夫黄、舒之间，天下奇山水也……浮屠之俊雄……岂山川奇杰之气，有蕴而属之耶？夫释氏衰歇，则儒士兴，今殆其时矣。”①

从文化氛围说：桐城是著名的历史文化名城，有深厚的文化底蕴。道光《桐城续修县志》卷三《学校志（附风俗）》云：“子弟无贫富，皆教之读，通衢曲巷，书声夜半不倦。”“士人晨夕以文字往来，相攻错。”

据《县志》卷七《选举表》，从清朝顺治至道光这一段时间，姚氏中进士者十四人。卷十二《人物志·宦迹》上、下载姚氏廿九人，卷十五《人物志·儒林》载姚氏六人，卷十六《人物志·文苑》载姚氏廿一人。从这四个数字看出，姚氏确实出了不少人物。仔细分析一下，这个家族以文学成就为最大。李大防《蜕私轩续集序》引乔损庵言：“国朝自康雍以来，父子祖孙踵为大儒，著书之多，赓续至二世三世者，或有其人。如桐城姚氏，代有著述，历三百年而未有已，则未之前闻。求之史籍，亦罕其匹。”说出了桐城姚氏的特色。要想了解桐城姚氏家族三百年学术传承的具体情况，只有从家谱中发掘资料。“桐城之姚氏有三，曰麻溪、曰苓涧、曰官庄。”②姚鼐出于麻溪，故本文只述麻溪姚氏。《桐城麻溪姚氏宗谱》民国十年姚联奎等刊印，卷首有姚棻、姚鼐、姚元之、姚莹等人的序。共十六册，记载了家族成员的世次、行第、字号、生卒、科名、仕宦、婚娅等情况，第十六册为《姚氏先德传》，七卷，分行义、仕绩、儒术、文艺、隐逸、贞节六门。姚鼐序云：“自五代至宋，故家残灭，及元明屡遭兵火，今日天下无复有千年相传之家谱矣。”姚家“初自余姚来居桐城大有乡之麻溪，人谓麻溪姚氏，逮明中叶，而始有谱”③。《宗谱》以姚胜三为麻溪姚氏始祖。自明至清，族繁人多。今以姚鼐为中心，编制姚氏主要成员世系简表如下：

（一）姚胜三至姚承虞、姚自虞世系简表

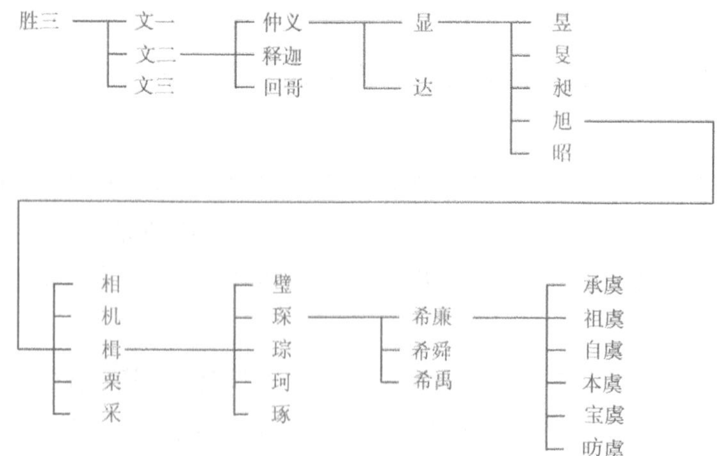

（二）姚自虞至姚永朴、姚永概世系简表

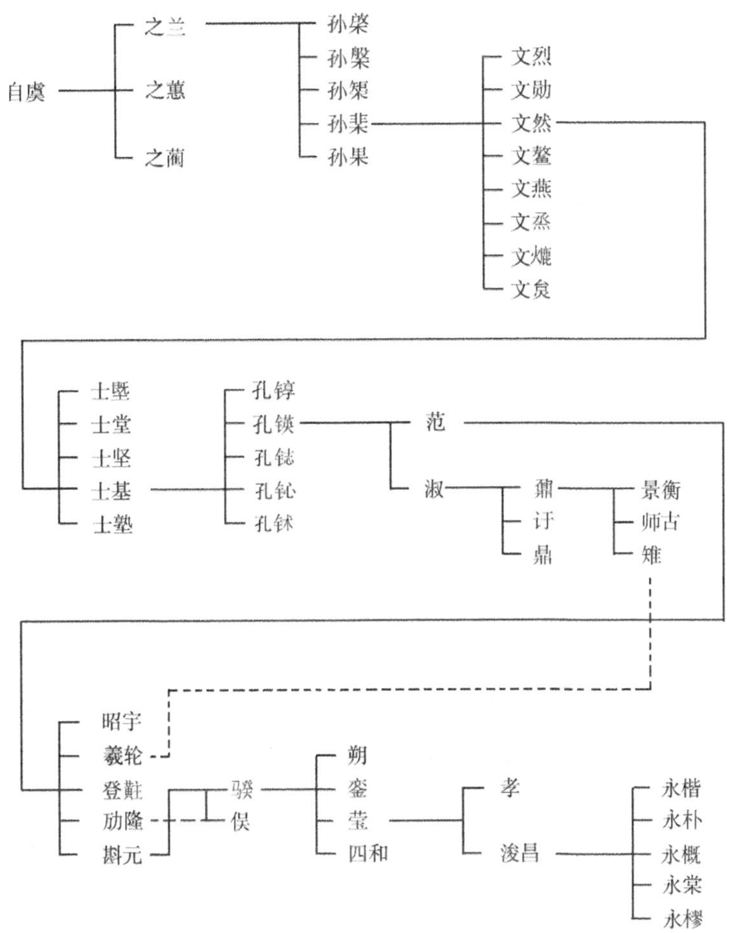

（今案，姚文然子姚士塾，马其昶《桐城耆旧传》同，《清史稿》作“姚士塈”。）

（三）姚承虞至姚柬之、姚元之世系简表

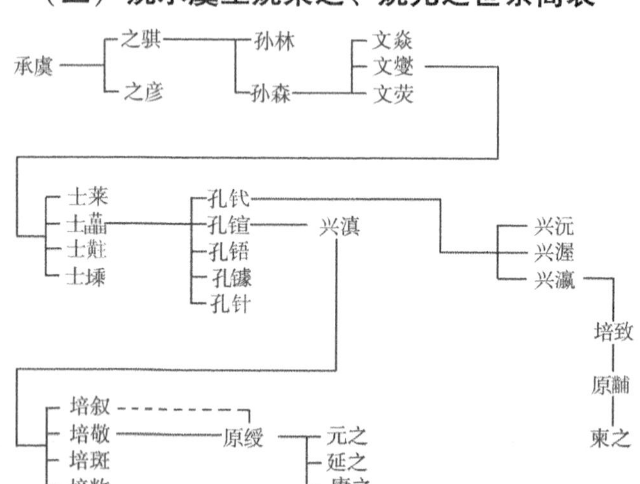

据《表》，并结合有关文献，作如下几点分析：

（1）姚胜三为一世，传至姚承虞、姚自虞为九世。姚承虞传至姚柬之、姚元之为十八世。姚自虞传至姚范为十五世，姚鼐为十六世，姚莹为十八世，姚浚昌为十九世，姚永朴、姚永概为廿世。这是姚氏文学著名的两支。

（2）十二世姚文烈、文然、文燕、文燚、文燮等皆入《县志·人物志·宦迹》。姚文勋等入《县志·人物志·文苑》。据《县志》姚文烈、文勋、文然兄弟“能文章”，有“江北三姚”之目。姚文然、文燚等“皆以诗名”，有“潜园十五子”之称。姚文燮“博通古今，工文辞书画。号称名家”④。马其昶《桐城耆旧传》卷七《姚文燮文熊文燚传》云：“阶州、峡江，同时并峙，姚氏人文，巍然盛矣。”今案，阶州知州姚文熊，峡江令姚文燚。他们虽未能在中国古典文学史上有一席之地，但这个创作群体为姚氏家族积累了深厚的文学底蕴。

（二）

再据《宗谱》将姚氏主要成员之世次、行第、字号、生卒、学术、科名、仕宦、姻娅情况，制表如后：

姚范、姚莹、姚浚昌、姚永朴、姚永概系

世次	姓名	行第、字号	生卒	学术	科名	仕宦	姻娅	备注
一世	姚胜三	某第三子	年九十六卒。					麻溪姚氏始祖。
二世	姚文二	胜三第二子。又名子华。						好学，寒暑不释卷，家殷而布衣蔬食自处。
三世	姚仲义	子华第一子。	年七十五卒。					
四世	姚显	仲义第一子。字宗显。	明洪武甲寅七月十一日生。宣德甲寅三月十日卒。					居家以友爱称，尝推田予弟，事载府志。
五世	姚旭	宗显第四子。字景旸，别号了心子。	永乐丁酉六月十三日生。成化丙午六月廿二日卒。	《书》	县学生。景泰庚午举人，辛未进士。	刑科给事中。南安知府。云南布政使司右参政。	有女适方隆。	有惠政。仕绩载《南安府志》《江南通志》《明史·循吏传》。（今案,《明史·循吏传》无姚旭传。）

续表

世次	姓名	行第、字号	生卒	学术	科名	仕宦	姻娅	备注
六世	姚楫	景旸第三子。字世用，号杏林。	天顺庚辰五月五日生。正德戊寅二月十四日卒。	《书》	邑庠生。		娶御史江宏济女。有女适方宿,夫死苦节,家贫室浅,至老邻有不见其容者。	精为医。
七世	姚琛	杏林第二子。字廷献，号石崖，另号味静。	弘治辛亥正月十五日生。嘉靖乙未二月四日卒。				娶方圭女。	
八世	姚希廉	味静第一子。字崇贤，号葵轩。	正德甲戌九月一日生。嘉靖壬戌十二月十六日卒。					为人忠厚慈祥。督子为学甚勤，至鬻田以延师。嘉靖丙寅年四子同时分入郡县学。
九世	姚自虞	葵轩第三子。字智思，号似葵。	嘉靖辛丑十月五日生。万历丙午六月十五日卒。	《易》	邑廪生。岁贡。		娶方仳女。长女适方启轫,三女适方大照。	善文艺，授徒以自给。

续表

世次	姓名	行第、字号	生卒	学术	科名	仕宦	姻娅	备注
十世	姚之兰	似葵第一子。字汝芳，号芳麓。	嘉靖壬戌四月二日生。天启甲子正月十五日卒。	《春秋》	邑廪生。万历戊子举人，辛丑进士。	福建海澄知县。丁父忧。服阕补博野知县。擢南京礼部祠祭司主事、精膳司郎中。杭州知府、汀州知府。请终养母，加副使衔予归。	娶方学闵女。	有惠政。事详《明史·循吏传》，福建、江南两《通志》，杭州、汀州、安庆三府《志》，海澄、桐城两县《志》。（今案，《明史·循吏传》无姚之兰传。）
十一世	姚孙棐	副使第四子。字纯甫，号戊生，别号樗道人。	明万历戊戌四月廿五日生。清康熙癸卯正月十四日卒。	《春秋》	监生。天启丁卯副榜。崇祯癸酉举人，庚辰进士。	兰溪知县。壬午科浙江乡试同考官。调东阳知县，许都反，招集乡勇，驱贼复城，叙功擢职方司主事。	娶明太仆寺卿倪应眷女。嫡出女适庠生方于宣，以贞节旌表。庶出次女适州同知方云旅。	仕绩详兰溪、东阳两县《志》，浙江、江南两《通志》。有诗集《亦园集》。

续表

世次	姓名	行第、字号	生卒	学术	科名	仕宦	姻娅	备注
十二世	姚文然	职方第三子。字若侯，号龙怀。	明万历庚申十二月廿一日生。清康熙戊午六月廿四日卒。	《春秋》	邑廪生。崇祯壬午举人，癸未进士。	明翰林院庶吉士。清顺治初改礼科给事中，戊子山东主考。历礼科、工科、兵科、吏科，户科掌印给事中，左副都御史、刑部侍郎，癸丑会试总裁。兵部督捕侍郎。官至左都御史、刑部尚书。赐谥端恪。	庶出第三女适清太保、保和殿大学士、谥文和张廷玉。	掌刑察狱一以诚恕，多所平反，具详《国史》。清世宗时入贤良祠。
十三世	姚士基	端恪第四子。字履若，号松岏。	顺治己丑七月十八日生。康熙壬午闰六月十八日卒。	《易》	郡庠生。例贡生。清康熙壬子顺天举人。	湖北罗田知县。	娶庠生方于宣女。继娶庠生张克位女。	仕绩载《罗田县志》。

续表

世次	姓名	行第、字号	生卒	学术	科名	仕宦	姻娅	备注
十四世	姚孔锳	罗田第二子。字琼修。	康熙癸亥七月三日生。康熙戊子七月十六日卒。	《易》	郡增生。		娶大理寺少卿怀宁任奕埊女。	
十五世	姚范	琼修第一子。原名兴涑，字南青，号巳铜。学者称姜坞先生。	康熙壬午八月十八日生。乾隆辛卯正月八日卒。	《易》	邑廪生。雍正乙卯拔贡，乾隆丙辰顺天南元，壬戌第三名进士。	翰林院庶吉士、编修。甲子顺天乡试同考官。三《礼》纂修官。	娶庠生张若霖女。有女适马应炜。	著有《援鹑堂文集》五卷、《诗集》六卷、《笔记》五十卷。事载《国史·文苑传》、省《志》、县《志》。
十六世	姚斟元	编修第五子。字仪匡，号春树。	乾隆戊午十二月十五日生。乾隆甲寅七月一日卒。		邑增生。		娶庠生张若驹女。	事载县《志》。
十七世	姚骙	春树第一子。字襄纬，号醒菴。	乾隆甲申八月十六日生。道光壬午十月廿八日卒。				娶云南寻甸州吏目张曾辙女。	事载县《志》。

续表

世次	姓名	行第、字号	生卒	学术	科名	仕宦	姻娅	备注
十八世	姚莹	襄纬第三子。字石甫，又字明叔，号后湘，晚号展和。	乾隆乙巳十月七日生。咸丰壬子十二月十六日卒。		郡庠生。嘉庆丁卯举人。戊辰进士。	历任福建平和、龙溪、台湾等县知县，署台湾府南路理番同知、噶玛兰通判。丁忧服阕，历署江苏武进、元和县知县，补金坛知县，擢高邮知州。再擢淮南监掣同知，护理两淮盐运使司。超擢福建台湾道兼衔按察使衔提督、台湾学政，二品顶戴花翎云骑尉世职。湖北盐法道武昌道，未赴任奉旨驰驿广西赞理军务，擢广西按察使，署湖南按察使。	娶监生方裕昆女。	著有《东溟文集》《外集》《文后集》《文外集》《后湘诗集》《二集》《续集》《东溟奏稿》《东槎纪略》《康輶纪行》《识小录》《寸阴丛录》《姚氏先德传》等，合名《中复堂全集》。事迹载《国史·文苑传》。

续表

世次	姓名	行第、字号	生卒	学术	科名	仕宦	姻娅	备注
十九世	姚浚昌	石甫第二子。字孟成，号慕庭，又号寒皋，晚号幸余。	道光癸巳二月五日生。光绪庚子二月廿九日卒。		监生。	军功授江西湖口知县。调安福知县加同知衔。丁忧服阕，授湖北竹山知县，署南漳知县、加运同衔。	娶嘉庆己巳进士、直隶布政使光聪谐女。长女适邑庠生、学部总务司案牍科主事马其昶。次女适南通州廪贡生、候选光禄寺署正范当世。	著有《读易推见》三卷，《叩瓴琐语》十四卷，《幸余诗稿》十二卷，《五瑞斋遗诗》九卷，《慎终举要》一卷，《乡俗纠谬》一卷。

续表

世次	姓名	行第、字号	生卒	学术	科名	仕宦	姻娅	备注
二十世	姚永朴	幸余第二子。字仲实，号展孙。	咸丰辛酉九月十六日生。		郡廪生。光绪甲午顺天乡试举人。	凤台县训导。安徽巡抚冯煦奏保耆儒硕彦，学部奏保博学鸿辞，又奏派二等咨议官。清史馆纂修。	娶议叙同知马起升女。次女适光绪壬寅举人、京师大学堂预科毕业举人、内阁中书方彦忱。	
	姚永概	幸余第三子。字叔节，号幸孙。	同治丙寅十月廿日生。		邑庠生。光绪戊子解元。	建平县训导。安徽巡抚冯煦奏保耆儒硕彦，学部奏保博学鸿辞。清史馆协修。	长女适马根蟠。	

姚鼐系（十五世以上与上表同）

世次	姓名	行第、字号	生卒	学术	科名	仕宦	姻娅	备注
十五世	姚淑	琮修第二子。字季和，号似楼。	康熙丁亥四月十三日生。乾隆庚辰八月廿三日卒。	《易》	监生。		娶甲辰进士临海知县陈鬻鉴女。长女适监生马嗣绰。次女适震泽县丞张元信。	
十六世	姚鼐	似楼第一子。字姬传，号梦谷。书室名惜抱轩，晚自号惜翁，学者称为惜抱先生。	雍正辛亥十二月廿日生。嘉庆乙亥九月十三日卒。	《书》	邑庠生。乾隆庚午举人，癸未进士。	翰林院庶吉士。礼部仪制司主事，戊子山东副考官，祠祭司员外郎，庚寅湖南恩科副考官，辛卯会试同考官。刑部广东司郎中，记名御史，《四库全书》修纂官。	娶黄州通判张曾翰女。继娶屏山知县张曾敏女。	事载《国史·文苑传》、省《志》、县《志》。

姚柬之、姚元之系（八世以上与上表同）

世次	姓名	行第、字号	生卒	学术	科名	仕宦	姻娅	备注
九世	姚承虞	葵轩第一子。字敬思，号南车。	嘉靖丙申四月廿日生。万历某年六月十八日卒。					葵轩殁，督诸弟就学甚严。
十世	姚之骐	南车第一子。字汝调，号渥源。	嘉靖壬戌三月廿四日生。万历己酉十一月一日卒。	《易》	县学生。万历癸卯举人，丁未进士。	湖广湘潭知县。万历乙酉科乡试同考官。		清洁爱民。仕绩详《湘潭县志》，湖广、江南两《通志》。
十一世	姚孙森	渥源第二子。字绳先，号珠树。	明万历辛丑五月十七日生。清顺治辛卯八月廿六日卒。	《易》	郡廪生，岁贡生。	浙江龙泉县训导。	娶方大夔女。第六女适太傅、文华殿大学士、谥文端张英。	善文词，兼学兵事。
十二世	姚文燮	珠树第二子。字经三，号羹湖，别号听翁，又号黄柏山樵。	明天启丁卯三月六日生。清康熙壬申六月三日卒。	《易》	县学生。顺治甲午举人，己亥进士。	建宁府推官，丙午福建同考官。改雄县知县，升云南开化府同知。		博通古今，工文辞书画。号称名家。仕绩、文艺载国史馆及县《志》。

续表

世次	姓名	行第、字号	生卒	学术	科名	仕宦	姻娅	备注
十三世	姚士藟	开化第二子。字绥仲，号华曾。	顺治戊子八月廿二日生。康熙戊子二月一日卒。	《书》	郡庠生。康熙丁巳举人，戊辰进士。	翰林院庶吉士，授编修。入直内廷。历左春坊、左赞善、东宫讲官，丙子湖广乡试正考官，乙酉顺天乡试副考官。	次女适附贡生张若霖，第三女适山西汾州知府张廷瑑，第四女适湖北督粮道张廷庆。	行实载《江南通志》。
十四世	姚孔钅	宫赞第一子。字升初，号恕斋。	康熙丙午十二月十一日生。康熙丁酉十一月廿六日卒。	《书》	郡廪生。康熙己卯举人。	候补内阁中书。	有女适张若霖，以贞节旌表崇祠。	以孝行上闻，钦旌孝子。
十五世	姚兴瀛	孝子第三子。字慕调，号芦村。	康熙己卯十一月十五日生。乾隆己巳五月十七日卒。		监生。		娶雍正癸卯进士、翰林院检讨张廷珩女。继娶监生马鸣鸾女。长女适顺天府治中张寓。次女适候选从九张曾龄。	

续表

世次	姓名	行第、字号	生卒	学术	科名	仕宦	姻娅	备注
十六世	姚培致	芦村第一子。字宁远，号木斋，一号静轩。	乾隆丙辰九月廿三日生。嘉庆丁卯十月十三日卒。		郡增生。		娶监生张若澍女。有女适庠生张奎。	
十七世	姚原黼	木斋第一子。字绣江，号竺幢。	乾隆乙酉四月廿一日生。乾隆乙巳十二月十一日卒。				娶顺天府治中张寓女，以贞节旌表崇祠。	
十八世	姚柬之	竺幢第一子。原名崇之，字右之，一作幼揩。一字伯山，一作檗山。号姜圃，别号且看山人。	乾隆乙巳八月廿二日生。道光丁未九月六日卒。		邑庠生。嘉庆癸酉顺天举人。道光壬午恩科进士。	河南临漳知县，兼署内黄。乙酉河南乡试同考官。丁母艰，服阕，补广东揭阳知县，擢连山绥猺军民同知，署肇庆知府。密保召见擢授贵州大定知府加道衔。	娶寿州学正张裕术女。有女适方之粲。	著有《漳水图经》《连山厅志》《易经兼义》，并诗文笔记，总题为《姚伯山先生全集》。（今案，《清史稿·循吏传》有传。）

姚元之系（十三世以上与姚柬之同）

世次	姓名	行第、字号	生卒	学术	科名	仕宦	姻娅	备注
十四世	姚孔鋹	宫赞第二子。字翰擢，号次耕。	康熙己酉七二月廿七日生。康熙壬寅五月一日卒。		监生。	云南永平知县，擢沧州知州。丁父艰，服阕，补陕西葭州知州。		所至有声，详《沧州志》。
十五世	姚兴滇	葭州第一子。字南召，号介石。	康熙乙亥正月廿二日生。乾隆己卯八月十六日卒。		监生。	荥阳县丞。迁山西太平知县。擢山东武定知府，调曹州知府。	娶直隶大名知府杭州俞品女。有女适福建汀州知府滕县张昌。	建立书院，振兴文教，详《武定府志》。

续表

世次	姓名	行第、字号	生卒	学术	科名	仕宦	姻娅	备注
十六世	姚培叙	曹州第一子。字禹畴。	康熙甲午正月廿八日生。乾隆丙戌八月八日卒。		荫监生。乾隆戊午举人。	贵州修文知县。历任龙里、永从知县，擢古州同知，署理黎平知府。升铜仁知府，病未赴任。		无子，以弟培敬子原绶兼嗣。
	姚培敬	曹州第二子。字樵西，号竹素。	雍正癸丑十一月十三日生。乾隆甲寅八月十五日卒。		监生。		娶山东莱州知府张桐女。有女适睢宁县丞张裕衢。	善书。
十七世	姚原绶	古州嗣子。字霞纡，号藕房。	乾隆甲戌正月廿九日生。嘉庆戊寅五月五日卒。	《诗》	廪贡生。	历任六安州、江苏宝山县训导。	娶乾隆戊子解元贵州贵西兵备道张曾扬女。长女适嘉庆庚午举人张聪咸。次女适监生张来仪。	掌教正谊书院。

续表

世次	姓名	行第、字号	生卒	学术	科名	仕宦	姻娅	备注
十八世	姚元之	宝山第一子。字伯昂，号荐青。	乾隆丙申四月十日生。咸丰壬子七月三日卒。		嘉庆庚申举人，乙丑进士。	翰林院编修。历官詹事府左右春坊中允庶子，司经局洗马，翰林院侍讲、侍读、侍讲学士，詹事府詹事，内阁学士，兵部左侍郎，工部右侍郎兼管钱法堂事务，户、刑二部左右侍朗，都察院左都御史，终内阁学士兼礼部侍郎衔。嘉庆戊辰陕甘乡试正考官，甲戌会试同考官，河南学政，甲午顺天乡试副考官，乙未江西乡试正考官，浙江学政等。		仕绩详见《国史·大臣传》。

据《表》，并结合有关文献，作几点分析：

(1) 一世至四世，无学术、科名、仕宦。姚鼐云："吾族先世，本于田农。"[⑤]姚莹云："（四世）孝友力田。"是真实情况。

(2) 麻溪姚氏"家殷"而"好学"，五世姚旭是姚氏家族中第一个进士，其后登科者不绝。十一世姚孙森，有女嫁大学士张英。十二世姚文然，明崇祯七年进士，仕清，累官至左都御史、刑部尚书，卒谥端恪。《清史稿》卷二百六十三有传，称"文然清介"，子士基、士塈（塈）"皆有治行"。文然有女嫁大学士张廷玉。可见桐城麻溪姚氏发迹之过程：先以科第起家，仕宦显赫；继与权贵联姻，扩大势力；后以文学著名，载入史册。

(3) 姚莹《姚氏先德传叙》云："自明季以来，读书仕宦，人物称盛者，皆葵轩公后也。"今案：八世姚希廉号葵轩，这一支十一世姚孙棐，明崇祯十三年进士，著有《亦园集》。十二世姚文然兄弟等，是麻溪姚氏最早的创作群体。十五世姚范，十六世姚鼐，十八世姚莹、姚柬之、元之，十九世姚浚昌；二十世姚永朴、永概，皆以文学著名，可谓群星璀璨。姚范对姚鼐起了领路的作用。姚鼐是群星中的一颗巨星，有了他才奠定了姚氏在中国古典文学史上的地位。

（三）

在《宗谱》《县志》之外，参考有关资料，说明姚氏家族内部文学传承的情况。

(1) 麻溪姚氏的家庭教育

姚莹以"姚族望桐城，前明至国朝代有巨人"[⑥]自豪。源远流长的家庭教育，是姚氏几百年"代有巨人"的主要原因。

姚氏注重对子弟的教育，举例言之：姚希廉"督子为学甚勤，至鬻田以延师。……公殁，甫释服，四子同时分入郡县学。时嘉靖丙寅年也”[7]。姚希廉死后，作为长子，姚承虞“督诸弟就学甚严”。姚孙森“教子至严肃，既壮，犹督课如少时，以故皆为名士，掇巍科”[8]。姚文然有《训子篇》，教导子弟：“心正则志立，志立则气奋……为学贵乎立志。”[9]姚孙森、姚文然还注重对女婿的教育。张英《姚珠树公传》云：“英为珠树公幼婿。公捐馆舍时，英年十有五，犹及侍公左右……古文词无不兼擅其美……此皆邑人之所矜式，海内之所流传，而英得于耳目之濡染者最多也。”

清世宗曾说：“桐城张、姚为江左世家，即古之陈朱氏。”[10]张指张英、张廷玉一族。姚氏以与张氏联姻为荣，如姚鼐《张逸园家传》云：“余家与君世姻好。”又，《原任少詹事张君权厝铭》云：“讳曾敞……桐城张太傅文端公之曾孙”，“君于余家世姻，少相知，又尝重余文”。又，《继室张宜人权厝铭并序》云：“宜人高祖为张太傅文端公……其母又鼐姑母也。”“余先娶亦张氏，同出文端之父。”姚氏家族中，以姚文然最为显赫。姚莹在《朝议大夫刑部郎中加四品衔从祖惜抱先生行状》中，叙述姚鼐家世，必曰“先刑部尚书端恪公之玄孙也”[11]，以显示姚鼐这位文学大家出于名门望族。

（2）姚范传姚鼐

《清史稿》卷四百八十五《文苑传二·姚鼐》：“鼐世父范与（刘）大櫆善，鼐本耳闻于家庭师友间者，益以自得……”姚莹《从祖惜抱先生行状》云：“（姚范）诸子中独爱先生。”钱基博《现代中国文学史》上编云：“（姚永概）五世祖范……学者称姜坞先生。姚鼐以从子受业焉；姚氏之学由起也。”又云：“姚氏自范以诗古文义授从子鼐，嗣是海内言古文者，必曰桐城姚氏。”

（3）姚鼐传姚莹

徐子苓《桐城姚先生墓志铭》云：“少学于其从大父姬传先生，与其乡方先生植之、刘太学孟途友善。博闻多通，议论岳岳，不少挫。”今案，马其昶《桐城耆旧传》卷十《姚鼐传》云：“海内著籍姚门，知名者甚众，其在乡里，植之、孟途、石甫三先生最著，因有小方、刘、姚之目。”小方为方东树（植之），小刘为刘开（孟途），小姚为姚莹（石甫）。《清史稿》卷三百八十四《姚莹传》云：“莹师事从祖鼐。”姚鼐是姚莹从高祖。钱基博《现代中国文学史》上编云：“莹既焯有祖风，又师事鼐久，诗文之美，颇亦兼擅……”

（4）姚鼐、姚莹传姚浚昌

《清史稿·姚莹传》云：“子浚昌，能继家学。”《现代中国文学史》上编云：“浚昌则一秉家法，属辞比事，蔚然与姜坞同风，而骨力之清遒，神情之俊朗，则鼐之遗也。”

（5）姚鼐、姚浚昌传姚永朴、姚永概（附：马其昶、范当世）

《桐城耆旧传》卷十《姚浚昌传》云：“其治身论学为诗，诸子及女婿等，各以所性，师而承传之。”姚墉《姚仲实行述》云：“曾王考自江右罢官归，买屋挂车山，以奉亲教子。府君兄弟三人随侍，祖姑父马抱润先生，亦时来山中，相与谈艺论学者七八年。”“再随曾王考官安福，适祖姑父南通范伯子先生来就婚。日相切劘，学益宏邃。”今案：吴汝纶介绍范当世娶姚倚云为妻。

徐昂《范师伯子先生文集后序》云：“后婿于姚氏，益得惜抱之遗绪，故夫异之、伯言而后，江苏传桐城学者，当巨擘先生焉。”管同（异之）、梅曾亮（伯言）均江苏上元（今南京）人，姚鼐弟子。

《现代中国文学史》上编云：“先是其昶甫逾冠，就婚姚氏，永概则十一岁耳。其兄长曰永楷、次永朴，每从其昶商论文史；以永概幼，未遽语也；永概则愠见辞色，谓：‘奈何轻我！’永概以其昶及范当世为姊婿，以永朴为兄，耳濡目染，神与古会。”又：“桐城姚永朴、姚永概兄弟为古文，亦兼能诗，禅其家学；为文淡宕而坦迤，每不欲尽，而其诗清刻而峭发，又不害尽，盖笃守姚鼐之教也，而永概名尤著。”姚永概《慎宜轩文目》云：“编中所载圈点，择录……马通伯、范肯堂姊夫之笔。”

（6）姚鼐传姚元之、姚柬之

《清史稿》卷三百七十五《姚元之传》：“元之学于族祖鼐，文章尔雅。”同书卷四百七十八《循史传三·姚柬之》：“从族祖鼐学。”方东树《贵州大定府知府姚君墓志铭》云：“族伯祖以诗古文词为海内所宗，世所称姬传先生者也。君早闻绪论，亦欲以著撰学问文章名世。”

（四）

吴敏树《与篠岑论文派书》云：“今之所以称桐城派者，始自乾隆年间姚郎中姬传称私淑于其乡先辈望溪方先生之门人刘海峰，又以望溪接续明人归震川，而为《古文辞类纂》一书。直到归、方续八家，刘氏嗣之，其意盖以古今文章之传，系之己也。”这一段话，揭出姚鼐创建桐城派之用心。

姚鼐《刘海峰先生八十寿序》云：“曩者，鼐在京师，歙程吏部、历城周编修语曰：‘为文章者，有所法而后能，有所变而后大。维盛清治迈逾前古千百，独士能为古文者未广。昔有方侍郎，今有刘先生，天下文章，其出于桐城乎？’”姚鼐在京师与程晋芳、周永年论文的这段话，是他构建桐城文派的主要依据。借程、周之口（刘大櫆是程晋芳的老师），赞誉方、刘，比姚鼐自己说有效；姚鼐把这段话写在祝刘大櫆八十大寿的文章中，以取得刘的支持。至于文中所云“士能为古文者未广”云云，则并不符合清初文坛的实况。据《清史稿》卷四百八十四《文苑传序》：“（钱）谦益归命，以诗文雄于时，足负起衰之责。而魏、侯、申、吴，山林遗逸，隐与推移，亦开风气之先。康、乾盛治，文教大昌。……师儒崛起，尤盛一时。自王、朱以及方、恽，各擅其胜。”姚鼐与程、周为了凸显桐城之方、刘，故意压低别人。

姚鼐为了建立桐城派，抬出了方、刘两位祖师。他与方苞无师生关系，他从两个方面向方苞靠拢。

（1）世有姻亲。姚鼐《方氏文忠房支谱序》云：“方氏与姚氏，自元来居桐城……其相交好为婚媾二三百年。”[12]《方恪敏公诗后集序》中又云：“鼐家与方氏世有姻亲。”

（2）拜方泽为师。姚鼐《方侍庐先生墓志铭有序》云：“先生（方泽）与鼐伯父编修府君少为交友。编修府君仕京师时，先生馆于鼐家，鼐兄弟皆受业。先生论学宗朱子，论文宗艾千子，恶世俗所奉讲章及乡会闱墨，禁其徒不得寓目。”[13]方泽“以文学名于时，蚤与同里姚范、叶酉……号龙眠十子”[14]。

姚范、方泽、叶酉、刘大櫆都是姚鼐的老师，姚对刘最崇拜。姚莹《从祖惜抱先生行状》云：姚鼐年幼时“尤喜亲海峰，客退，辄肖其衣冠，谈笑为戏。……（编修公）卒以经学授先生而别受古文法于海峰”。姚鼐《刘海峰先生八十寿序》也说：“鼐之幼也，尝侍先生……及长……学文于先生。”其《刘海峰先生传》又云：“先生少时，与鼐伯父姜坞先生及叶庶子酉最厚。鼐于乾隆四十年自京师归……屡见之于枞阳。……尝谓鼐：吾与汝再世交矣！”[15]姚鼐有诗《怀刘海峰先生》：“四海但知存父执，一鸣尝记值孙阳。”以伯乐比刘大櫆，而以千里马自喻。又《送朱子颍孝纯知泰安府》诗云：“文笔人间刘海峰，牢笼百代一时穷。”[16]

《清史稿·文苑传二·刘大櫆》云：“时方苞负海内重望，后生以文谒者不轻许与，独奇赏大櫆。”又云：“姚鼐继起，其学说盛行于时，尤推服大櫆。世遂称曰方、刘、姚。”虽然姚鼐捧刘大櫆，但是大櫆在桐城派中的实际地位，是不能与方、姚相提并论的。吴汝伦《答张廉卿书》云：“往时文正公言：‘……近世作者方、姚之徒，可谓能矣……’”黎庶昌《续古文辞类纂序》云：“本朝文章，其体实正自望溪方氏，至姚先生而辞始雅洁……”王树枬《桐城马通伯先生墓志铭》云：“桐城方、姚辟文轨。”马其昶《桐城耆旧传》卷十一云："吾县文章之传，自方、姚后，吴先生极其盛。"曾、吴、张、黎、王、马是桐城派后期重要作家，只称方、姚。为什么姚鼐一定要抬出刘大櫆呢？他把刘大櫆作为他与方苞之间的连接人，表示桐城文脉不中断。

曾国藩《欧阳生文集序》云："桐城姚姬传先生鼐，善为古文辞。……当时立派无助，传之五六十年，近世学子，稍稍诵其文，承用其说。"又，《圣哲画像记》云："国藩粗解文集，由姚先生启之也。"前一段话，从历史的事实说出了桐城派建立过程之不易，后一段话，从自身体会说出了姚鼐文章之魅力及其对曾国藩的影响。

综合以上所述桐城姚氏文学的传承关系，制为简表：

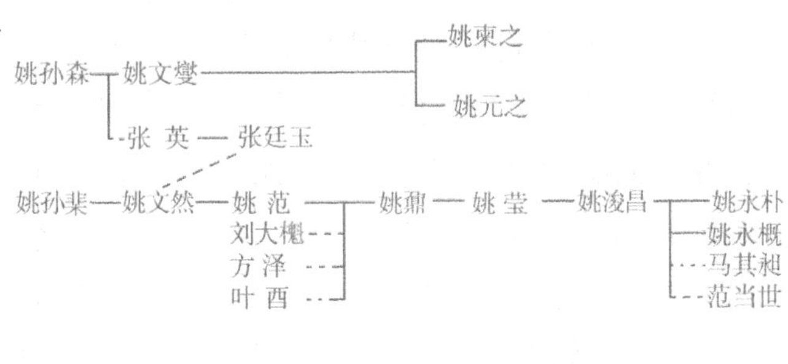

（五）

最后，发掘利用《桐城麻溪姚氏宗谱》中资料，探讨姚鼐与宋学的关系。

姚鼐号召"义理、考证、文章殆缺一不可"。所谓"义理"实际上专指宋学。其《复汪孟慈书》中云："今世天下相率为汉学者，搜求琐屑，征引猥杂，无研寻义理之味，多矜高自满之气。"[17]在清朝汉学、宋学对立中，姚鼐坚持宋学，除了自身的因素外，也有其乡里、家族的背景。

（1）家学渊源

姚鼐尊崇宋学、弃绝汉学之言论甚多，略举数例：他在《赠孔执约假归序》中说："言忠信、行笃敬，本也。博闻明辨，末也。"[18]斥汉学为"末"。在《述怀二首》中云："世有宋大儒，江海容百川。道学一旦废，乾坤其毁焉。寄语幼诵子，伪论乌足传?"[19]斥汉学为"伪论"。姚莹《从祖惜抱先生行状》也说："先生以为……先儒洛闽以来义理之学，尤为维持世道人心之大，不可诬也。"

在清朝汉学、宋学对立中，姚鼐坚持宋学，不仅要关注姚鼐与戴震在学术思想上的分歧，还要注意到姚鼐对于宋学的坚持，有其深刻的乡里、家族背景。据《续修桐城县志》之《学校志（附风俗）》：桐城"明以来多讲性理之学"。可见，安徽桐城有讲宋学的传统，而作为桐城世家的姚氏尤以宋学传家。

从学术上来看：范文澜《经学讲演录》三《宋学》云："宋代最重视的三部经书《春秋》《周易》《礼记》。"[20]据《宗谱》，仅在姚自虞、姚承虞两系家庭成员中，十世姚之兰、十一世姚孙棐、十二世姚文然等3人治《春秋》；九世姚自虞、十世姚之骐、十一世姚孙森、十二世姚文燮、十三世姚士基、十四世姚孔锳、十五世姚范等7人治《周易》。暂且不论他们治经的造诣如何，麻溪姚氏世代的宋学传承，是其特色。

姚鼐高祖父姚文然由明入清，累官至左都御史、刑部尚书，卒谥端恪，《清史稿》有传，这是麻溪姚氏最为显赫的人物。叙述姚鼐家世者，都要说他是姚文然的玄孙，《清史稿·姚文然传》云："晚益深研性命之学。"又，姚文然除治《春秋》学外，还著有《读四书》《读易》笔记，收入《姚端恪公外集》。姚文然对于姚氏家族的影响无疑是巨大的。

姚范是姚鼐的世父、恩师，姚范对于汉学、宋学之争的态度，也值得注意。据姚莹《援鹑堂集后叙》云："（姚范）生平论学，大旨以骏博为门户，以沉潜为堂奥……病近代诸公或竞谈考据以攻诋宋儒为能也，谓此人心之敝，充其说将使天下不复知有身心伦纪之事。……故说经虽不专主宋儒，尚平心以折中其义。”[21]又，马其昶《姚编修、叶庶子传》云：“编修精博，庶子颛笃，两人交相厚，顾所学异趣。当时望溪先生号专经，其治经多取心裁，不甚资佐证，庶子守师说不移，编修龂龂，时见驳正，亦由汉宋之分途也。要之敦行、立节，则三先生固有其大同者，后之学者可观其通焉。”[22]姚范的治学兴趣广泛，号称“精博”，著有《援鹑堂笔记》五十卷，他的治学路径虽接近汉学，但对于攻诋宋儒，姚范是反对的。马其昶特别强调姚范和方苞、叶酉都“敦行立节”，一由于桐城的宋学传承氛围，二则是姚氏的宋学家风使之然。

（2）崇尚力行

宋学的另一特征是提倡“反躬自省”，不尚空言而专主力行。姚鼐对于宋儒的崇拜，其重要原因是对宋儒修德力行精神的向慕。他说：“逮宋程朱出，实于古人精深之旨，所得为多，而其审求文辞往复之情，亦更为曲当。……而其生平修己立德，又实足以践行其所言，而为后世之所向慕。”[23]这也与姚氏家族的一贯信仰有关。

据《宗谱·先德传》，姚氏的第八世姚希颜“治经精研，传注多所发明”，“著有《四书醒义》”，“寡言笑，终日不见喜怒，所学以躬行自得为主”。第九世姚自虞“以孝弟百行之原，服膺践实，扩而充之……”第十二世姚文然“乞病数年，每日记所言行得失，以自考验，于一念之微不自宽假”[24]。第十三世姚士基（姚鼐的曾祖父）为官“力行实政”。第十五世姚范（姚鼐的伯父）“生平为学，考证与义理兼进，博极群书……而践履醇粹，一以程朱为宗，律己甚严，虽盛暑室中，未尝一日不冠带”。

又据《桐城耆旧传》，姚文然“尝宴居，诸子侍食，或掷箸微有声……公曰：……小失不箴，终取大戾，今于长者侧忽肆如此，忘恭甚矣，过以习增，骄由渐致，小子戒之”[25]。可见，姚氏家族中崇尚力行，是一脉相承的传统。在这种环境中成长起来的姚鼐，看到家庭中的楷模，自然心生敬佩，进而内化为信仰。

清代理学家，对于宋儒学说，少有发明，只提倡躬行实践而已。姚鼐也是如此。他曾对弟子陈用光说：“鼐所愧者，功不沉密，不能专治一经。”[26]姚莹则直截了当地说：“先从祖姬传先生，晚年深根于宋儒之书，少所发明。”[27]

（3）表彰节孝

姚鼐认为，女子守节和男子守义都是值得提倡和表彰的，他说：“贤者固不求名而名至，然世竟无称者亦有之。且女子尚能坚其持操，卓然自立，而顾谓天下之士，无独立不惧，守死服义其人者乎？”[28]

姚鼐表彰节孝也有其乡里、家族背景。桐城县在理学的笼罩下，《县志》大力表彰妇女守节，姚氏一族尤为突出，从清朝顺治至道光，姚氏妇女入《县志·节孝》者153人，《贞女》者2人，《烈妇》者2人，为“失节事大”树立了样板。范文澜《经学讲演录·宋学》又云：“（宋学）提倡死守贞节。”所谓“饿死事小，失节事大”。姚氏在宋学家风的传承下，寡居女性多立志守节，至死不渝。据《宗谱》，早在明代，六世姚楫“有女适方宿，夫死苦节，家贫室浅，至老邻有不见其容者”。可见姚氏女性自律之严。今据《宗谱·先德传·贞节》，将姚鼐直系亲属中入《传》者，制表如下。

姚鼐直系亲属中女性入《家谱·先德性·贞节》者表

世次	人物	事迹	表彰
十一世·姚孙棐	姚孙棐元配倪氏		贤孝，载《县志》
十二世·姚文然	姚文然元配夏氏		贤孝，载《县志》
	姚文然侧室张氏	年22守志，苦节62年	旌表节孝，载《县志》
	姚孙棐女适吴兆武	年25守志，苦节48年	旌表节孝，载《县志》
	姚孙棐女适方于宣	守志抚孤苦节	旌表节孝，载《县志》
十三世·姚士基	姚文然女适马方思	年25守志，苦节	旌表节孝，载《县志》
	姚文然女适张廷玉		贤孝，载《县志》
十四世·姚孔锳	姚孔锳元配任氏	年26守志，苦节37年	旌表节孝，载《县志》
	姚士基女适陈祖证	年26守志，苦节廿余年	旌表节孝，载《县志》
十五世·姚淑			
十六世·姚鼐			
十七世·姚雉	姚鼐女适张元辑	年25守志，苦节34年	旌表节孝，载《县志》
	姚鼐女适张通理	夫殁服金，逾年卒	旌表节烈，补载《县志》
十八世·姚声	姚雉女适张大经	苦节	旌表节孝

据表，自麻溪姚氏十一世至姚鼐孙辈，姚鼐的直系亲属中因节孝而载入《宗谱》的就有12人。其中9人受到旌表，11人载入《县志》。按，据《宗谱》姚文然卒于康熙戊午（1678年），姚鼐生于雍正辛亥（1731年）。则姚鼐出生时，姚文然的侧室，即姚鼐的高祖母，已经守志五十余年的张氏还在世。姚鼐的祖母任氏，乃是大理寺少卿怀宁任奕埜女，姚鼐祖父姚孔锳早卒，任氏守志苦节

37年。又据《桐城耆旧传》卷十《姚惜抱先生传》，姚鼐“母陈氏，雍正初进士、临海令讳曷鉴女，旌节孝”。先人死守贞节，对姚鼐一定起了重要的影响。姚鼐热心撰写《钟孝女传》《记江宁李氏五节妇事》《张贞女传》等文章，对于节孝进行表彰。从上表还可以看出，姚鼐不仅表彰节孝，同时也教育后人身体力行，他的一个女儿被旌表节烈，一个女儿和一个孙女被旌表节孝。

（4）结语：新的认识

姚鼐工于文辞，以文辞著称于世，应当理解姚鼐志不止于文辞。姚鼐自己说：“明道义，维风俗以诏世者，君子之志；而辞足以尽其志者，君子之文也。”㉙《清史稿·文苑传二·姚鼐》称他“论文根极于道德而探源于经训”。可见姚鼐注重文以载道，以文词承传义理。而治汉学者主张由训诂而明传注，由传注而明圣人性理，与姚鼐异趣。

姚鼐在《复姚木春书》中说：“足下乃以宋元以来学问文章之统相属。”㉚借他人之口表达自己接续文统的希望，而其接续文统的理论依据则是植根于宋学，他说：“夫道有是非，而技有美恶。诗文皆技也，技之精者必近道，故诗文美者命意必善。”㉛

通过以上论述，可以知道，姚鼐尊崇宋学思想的形成与执著，应追根溯源于其家风。认知姚鼐反汉学、崇宋学的问题，应当看到背后的复杂因素。

注释：

①姚鼐《惜抱轩文集》卷八。

②马其昶《桐城耆旧传》卷六《姚康传》。

③姚鼐《惜抱轩文集》卷三亦载此文，题为《族谱序》。

④姚联奎《桐城麻溪姚氏宗谱》卷五，姚文燮条。

⑤姚鼐《族谱序》。

⑥姚莹《东溟文集》卷二《姚氏先德传叙》。

⑦姚联奎《桐城麻溪姚氏宗谱》卷一，姚希廉条。
⑧张英《文端集》卷四十三《姚珠树公传》。
⑨姚文然《姚端恪公文集》卷一十六。
⑩《桐城续修县志》卷十六《人物志·文苑·国朝》。
⑪姚莹《东溟文集》卷六。
⑫姚鼐《惜抱轩文集后集》卷一。
⑬姚鼐《惜抱轩文集》卷十三。
⑭《桐城续修县志》卷十六《人物志·文苑·国朝》。
⑮姚鼐《惜抱轩文集后集》卷五。
⑯二诗并见姚鼐《惜抱轩诗集》卷七。
⑰参见曾国藩《曾文正公文集》卷三《欧阳生文集序》。
⑱姚鼐《惜抱轩文集》卷七。
⑲姚鼐《惜抱轩诗集》卷二。
⑳《范文澜历史论文选集》，中国社会科学出版社，1979。
㉑姚莹《东溟文集》卷二。
㉒马其昶《桐城耆旧传》卷九。
㉓姚鼐《惜抱轩文集》卷六《复蒋松如书》。
㉔《桐城麻溪姚氏宗谱》第十六册《先德传卷二·仕绩上》。
㉕马其昶《桐城耆旧传》卷八《姚罗田、朝邑传》。
㉖姚鼐《惜抱轩尺牍》卷六《与陈硕士》。
㉗夏炯《夏仲子集》卷首《序目》引姚莹语。
㉘姚鼐《惜抱轩文集》卷十四《记萧山汪氏两节妇事》。
㉙姚鼐《惜抱轩文集》卷六《复汪进士辉祖书》。
㉚姚鼐《惜抱轩文后集》卷三。
㉛姚鼐《惜抱轩文集》卷六《答翁学士书》。

厉恩官——《仪征厉氏支谱》考

卞、厉二姓为清代仪征的名门望族。民国《江都县新志》说："卞、厉籍仪征而皆居郡城，卞于先朝两世开府，厉亦簪缨华胄。"[①]所谓"两世开府"，指卞士云（署浙江巡抚）、卞宝第（闽浙总督）父子，"簪缨华胄"的代表人物，是厉恩官（署福建巡抚、护理闽浙总督）、厉云官（湖北布政使，行总督、巡抚事）兄弟。卞氏父子、厉氏兄弟登高科，为疆臣，不是偶然的，有其深厚的文化积淀。今利用《仪征厉氏支谱》，对清代厉氏家族文化进行个案研究。

《仪征厉氏支谱》扉页署："民国廿九年孟春扬州大成印刷局排印。"厉莱青云："佥以吾家族谱，向无刊本"，"公同议定，立付排印"，"装印七十部"，发给厉氏各房[②]。我目睹者，为第33部，是江苏省文史研究馆馆员厉鼎禹珍藏。

（一）

仪征厉氏，族大人多。拙文的重点是介绍厉氏代表人物厉恩官、厉云官。为节省篇幅，今据《厉谱·世系分图》编制恩官、云官两房世系简表如下：

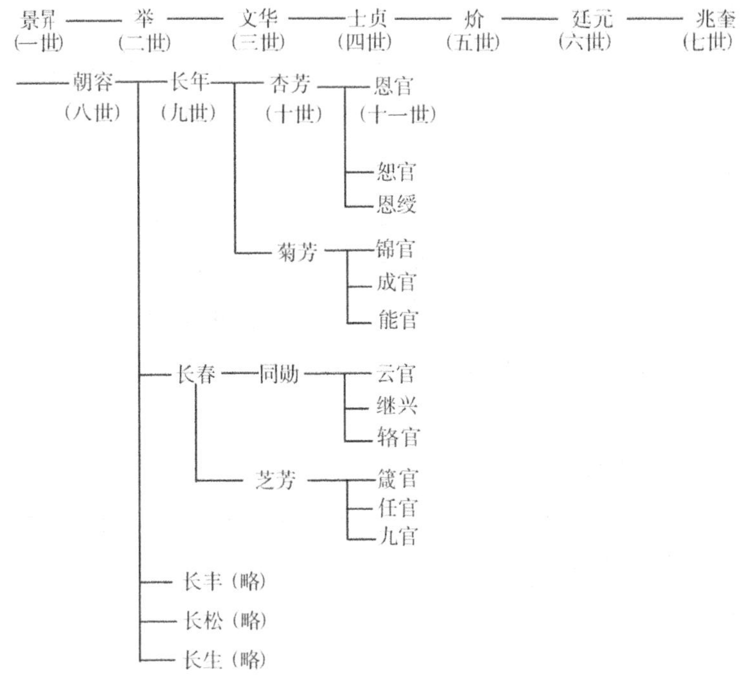

（二）

《续碑传集》卷四十四《守令五》程畹《厉先生（秀芳）家传》云："其四世祖士贞公，康熙庚戌进士，为仪征国朝科名之始。"厉士贞在厉氏家族中影响深远。厉氏子孙，以厉士贞为荣，言必称四世祖，效法其苦读成名。今据《厉谱·事略》卷上，略举从厉士贞到厉恩官、厉云官苦读情况如下：

厉士贞（四世）

烈士公顺治乙酉科登贤书，九上公车，康熙庚戌始成进士。

烈士公自序云：仆家长贫，不能远游，然以慧业文人，非生天上，大抵得诸深山习静者为多。十八九岁时，即逃入栖霞山中，昼夜苦读，奋不顾惜。……住金山者凡两载。……闻灵隐最幽胜，遂往寻踪。……

节录烈士公诫子书云：我髫年便知发愤，日夜诵读，不敢有负双亲期望之意。……时康熙七年八月十七日。

厉岕（五世）

节录天车公诫子书云：余家贫业儒……汝三人者，昼夜苦读，奋志成名，上策也。即不然，三人各图一馆，既可束身读书，又得馆谷资用，次策也。……上与祖父增光，下勉子孙勤学，如此，方成一个人，方可了读书一件事。时康熙二十八年十二月初四日。

厉廷元（六世）

节录荣湘公诫子书云：……苦创家业……且耕且读……时雍正三年四月初十日。

厉长年（九世）

绍彭公家居明大义……孙恩官髫龄读书，起居眠食，皆在公侧，年少成名，皆公之教也。

孝萱案：《厉谱》卷末方浚颐《诰授通奉大夫、湖北布政使司布政使、加三级厉公墓志铭（并序）》云："随廉州公官京师，攻苦弗懈。"厉同勋《幸存稿》有《儿子云官赴湖南清泉县任，诗以勗之》等作，可见厉氏家教之严。厉恩官为其叔父厉同勋《栖尘集》作《跋》，云"恩幼承（厉同勋）提命，少长勖以远大，数千里外，时以诗箴"云云，可见厉氏家族注重教育，不仅对自己的子孙，对侄辈亦如此。据《厉谱·事略》卷下记载："先祠，烈士公读书处也。""祠西壁上，晓楼公墨迹题云：'两间旧茅屋，七世读书堂。地僻客稀到，春深花自芳。'""祠楹帖有联云：'二百载青毡，蝉联九世；两三间白屋，鹤隐千秋。'冠卿公所撰，史望之尚书所书者也。"厉晓楼名炯，第八世。厉冠卿名同勋，第十世。可见厉氏家族恪守读书的传统。又《厉谱·事略续记》载："驭臣公配焦恭人……为其两子，延师教授，督责綦严，灯影机声，不殊欧、孟，皆能科第成名。”可见厉氏虽寡妇亦注重对后代的教育。

（三）

厉同勋《藕花小室诗钞》卷下《抵京书感十二首（并序）》有句云：“门第科名二百年。”自注：“自先七世祖烈士公至今，历代皆幸列科名。”《栖尘集·六十述怀八首》有句云：“九世香分八世芹。”自注：“余家自烈士公至子侄八世，皆补博士弟子，今孙辈亦能读书。”读书是为了科名，科名是为了仕宦。今据《厉谱》卷上、中、下编制厉氏四世至十一世主要成员科名、官职简表如下：

世系	名、号	科名	官职	附注
四世	厉士贞（字烈士）	顺治乙酉科举人，康熙庚戌科进士	候选知县	
五世	厉镗（字天声）	庠生		厉士贞四子
	厉镇（字藩英，号君安）	康熙戊午科举人		厉士贞五子
六世	厉廷英（字希藜）	庠生		厉炌长子
	厉廷魁（字宿八）	庠生		厉炌三子
	厉志超（字哲侯，号卓庵）	康熙庚午科江南武闱乡试中式第十一名举人		厉鳌长子
	厉廷治（字用乾）	庠生		厉镇子

续表

世系	名、号	科名	官职	附注
七世	厉秉仁（原名永霖，字乔林）	郡庠生		厉廷英长子
	厉光奎（字楚才）	庠生		厉廷元长子
	厉汝楫（字绍唐）	庠生		厉廷魁长子
	厉汝励（字紫峰）	郡庠生		厉廷魁次子
	厉时行（字庄临）	庠生		厉灏子
	厉宗伯（字怡庭）	庠生		厉济子
八世	厉朝仪（字虞卿）	庠生		厉光奎长子
	厉朝容（字孚若，号掌湖）	庠生		厉光奎次子
	厉 靖（字坤黄，号佐亭）	乾隆丙辰恩科江南武闱乡试举人		厉楷长子
	厉 端（字文桥）	庠生		厉楷四子
	厉本纯（字昌若）	庠生		厉柷嗣子
	厉 泰（字又良，号青雷）	廪膳生	候选儒学训导	厉柏子
	厉 照（字晓村）	庠生		厉棋次子
九世	厉长年（字绍彭，号鞠潭）	乾隆甲午科江南武闱乡试中式第十二名举人		厉朝容长子

续表

世系	名、号	科名	官职	附注
九世	厉长春（字鸣皋，号煦园）	庠生	浙江湖州白粮帮领运千总	厉朝容次子
	厉长丰（字登穀）	庠生		厉朝容四子
	厉长松（字茂如）	庠生		厉朝容五子
	厉长生（字立堂）	庠生		厉朝容六子
	厉元勋（字莘才，号旧生）	庠生		厉靖三子
	厉元麟（字中泠）	考取佾生		厉本茂长子
十世	厉杏芳（字春园）	庠生		厉长年长子
	厉同勋（原名联芳，字冠卿，号茶心）	嘉庆庚午科顺天乡试中式第七名副榜	兵部武选司郎中，总办武选司事，充本衙门则例馆提调，兼督催所、饭银处、户部坐粮厅监督，广东廉州府知府	厉长春长子
	厉芝芳（字瑞卿，号藕心）		江西铅山所领运千总，升河南嵩县营守备，随带军功加六级	厉长春次子
	厉桂芳（字步蟾）	庠生		厉长丰子
	厉秀芳（字实夫，号惕斋）	道光壬午科江南乡试中式第三十四名举人，癸未科会试挑取誊录	由国史馆誊录，选授山东武城县知县，加七级，钦加五品升衔	厉长松长子

续表

世系	名、号	科名	官职	附注
十世	厉晨芳（字曙光）	庠生	候补卫千总，历署江淮七帮、庐州二帮领运千总	厉长松五子
	厉兰芳（字畹香）	庠生		厉长生嗣子
	厉林芳（字镜人，号菱舫）	庠生	军功保举候选训导	厉长生次子
	厉 谟（字显周）	庠生		厉昌年长子
	厉瀛芳（字元卿）	庠生		厉长吉三子
	厉 和（字煦斋）	庠生		厉元炘长子
十一世	厉恩官	（见本文四）	（见本文四）	厉杏芳长子
	厉恩绶（原名必官，字慎恭，号小村）	附贡生	补授山西平鲁县知县，同知衔，历署襄陵、介休等县知县，调补荣河县知县	厉杏芳三子
	厉成官（字博泉）	庠生	军功六品	厉菊芳次子
	厉能官（字安之，号茗秋）	庠生，咸丰辛酉科拔贡，朝考二等	历署顺天密云、三河大城、宛平、宝坻等县知县，粮马通判，补授安肃县知县，调署蠡县知县、安州知州，运同衔，加二级	厉菊芳三子
	厉云官	（见本文四）	（见本文四）	厉同勋长子
	厉寅官（字惟清，号浣秋）	增贡生	工部营缮司主事，加员外郎衔	厉季芳子

续表

世系	名、号	科名	官职	附注
十一世	厉祥官（字吉人，号篔舫）	附监生，咸丰戊午科顺天乡试中式举人，复试一等第一名	补授内阁中书，本衙门撰文，充国史方略馆分校协办侍读，历署鹤峰州知州，武黄江防同知，题补荆州府同知，补授汉阳府同知，赏戴花翎，在任候补知府，三品衔，尽先补用道，随带加二级	厉信芳长子
	厉建官（字夔卿，号莲舫）	增贡生	候选训导	厉信芳四子
	厉在官（字佐言）	庠生	军功议叙五品衔，赏戴花翎	厉晨芳子
	厉浚官（字穆深，号采卿）	恩贡生	五品衔，候选直隶州州判	厉毓芳次子
	厉宷官（字虞卿，号桃笙）	庠生		厉毓芳四子
	厉缙官（原名恒官，字子云）	附贡生		厉谟子

从上表看出：仪征厉氏，子孙繁衍，人口众多，读书家风，恪守不坠，有科名者，逐年俱增。但到第九世，才有“正六品”（千总）的武官（厉长春）。到第十世，才有“从四品”（知府）、“正七品”（知县）的文官（厉同勋、厉秀芳）。到第十一世，才有以学政署抚、护督，以布政使代行督、抚事的大官（厉恩官、厉云官）③。可见这个家族的兴盛，有其漫长而艰难的历程，不是暴发户。

（四）

程畹《厉先生家传》云："先生族大，其达者：云官仕至湖北布政使，恩官仕至宗人府府丞。"拙文即以介绍厉恩官、厉云官兄弟为重点。

恩官："春园公长子。字锡功，号研秋。增监生。道光壬辰恩科顺天乡试中式举人。戊戌科考取教习，补咸安宫官学教习，记名国子监学正学录。庚子科会试中式进士，复试一等，殿试二甲，朝考一等，钦点翰林院庶吉士。散馆一等，授职编修，记名御史，补授山东道监察御史，掌江西道，转京畿道监察御史，管理工部街道厅。京察一等，记名道府，简放山东兖沂曹济道，洊升山东按察使，山东布政使。军功赏戴花翎。内擢太常寺卿，转宗人府丞。提督福建全省学政。历署刑部右侍郎、兵部左侍郎、福建巡抚，护理浙闽总督。历充国史馆协修，武英殿协修，道光癸卯科顺天乡试同考官，甲辰科会试磨勘官、殿试内收掌官，甲辰恩科河南乡试正考官。抽查西仓漕粮，稽察右翼宗学，内阁协同批本。诰授资政大夫，晋授荣禄大夫。生于嘉庆十三年戊辰十一月初一日□时，殁于同治二年癸亥十一月初四日午时，享年五十六岁。……"（《厉谱》卷中）

孝萱案：据《清史稿》卷二百四《疆臣年表八·各省巡抚·同治元年壬戌·福建》："瑞瑸正月丙午罢。徐宗幹福建巡抚。厉恩官署。"《清实录·穆宗毅皇帝实录》卷十七："（同治元年壬戌正月丙午）以前任浙江布政使徐宗幹为福建巡抚，未到任前，以学政厉恩官暂署。"二书所记厉恩官署福建巡抚之时间、原因及本职，可作《厉谱》之补充。又据《厉谱·事略》卷上，厉恩官署刑部右侍郎及兵部左侍郎，在放福建学政之前[④]。

云官："冠卿公长子。字伯符，号凫龛，亦号小樵。国学生。

道光己亥恩科顺天乡试挑取誊录。癸卯科江南乡试中式举人。拣选知县。国史馆誊录。选授湖南清泉县知县，署衡阳县知县、衡州府通判，保升直隶州、湖南补用知府。赏戴蓝翎，换花翎。两湖记名道，加盐运使衔。奉特旨交军机处存记。遇有两湖道员缺出，请旨简放。署湖北盐法武昌道，简放湖南岳常澧道，调补湖北荆宜施道，监督荆州钞关，擢湖北布政使，署湖北按察使。历充湖北乡试内提调官，甲子科湖北文武闱乡试外提调官，总办湖北水陆粮台，奏办湖北巡抚、湖广总督事务。加三级，给予正一品封典。诰授通奉大夫，晋授光禄大夫。生于嘉庆十三年戊辰十月廿三日亥时，殁于光绪二年丙子正月廿八日申时，享年六十九岁。……”（《厉谱》卷中）

孝萱案：《厉谱》卷末方浚颐《厉公墓志铭（并序）》云：“署湖北按察使，兼摄布政使，旋即真除。文恭有事于黄州，奏以公办理总督事务；巡抚严树森率师出省，复奏以公办理巡抚事务，骎骎将大用矣。”道光戊申、己卯间，浚颐、云官二人在都，“一见即相契，订金石交”。光绪时，二人在扬州，“朝夕过从”，“踪迹弥密”。“最莫逆”的方浚颐所述厉云官以湖北布政使办理湖广总督、湖北巡抚事务情况，比《厉谱》详，是《厉谱》最好的注解。据官文《重订厉廉州先生诗集序》：“犹幸我友厉君，体燕翼之良规，肤鸿渐之丕绩，与余共事十余年，寅恭辰猷，昕夕罔倦，今已洊历屏藩，仗节麾旄指顾也。”可见他与厉云官关系甚好，评价甚高，所以信任厉云官，奏以厉云官办理湖广总督事务[5]。

厉恩官、厉云官兄弟皆宦达，除了由于恪守读书—科名—仕宦的家教外，还有社会原因。请看厉恩官是什么情况下署抚护督的吧！《清实录·穆宗毅皇帝实录》卷十七云：“（同治元年壬戌正月丙午）……福建巡抚瑞瑸老病昏庸，难期振作，均著勒令休致。该二员各有牵涉被参之款，仍均著听候查办……又谕：本日因京察届期，福建巡抚瑞瑸老病昏庸……已降旨将徐宗幹补授福建巡抚，饬令迅赴新任，毋庸来京请训。现在福建逼近贼氛，关系紧要，若由部行文，为日较迟，著寄谕徐宗幹即行迅速起程，驰赴闽省，接印任事，傥因道路梗阻，或由海道驰往，更为迅捷，毋得稍涉迟缓，将此由五百里谕令知之。……以前任浙江布政使徐宗幹为福建巡抚，未到任前，以学政厉恩官暂署。”再看厉云官是在什么情况下由知县升至布政使的吧！方浚颐《厉公墓志铭（并序）》云：“丁外艰，直湘乡曾文正公以侍郎督办乡团，闻公名，奏请夺情，俾参戎幕。……湖广总督官文恭公，偕湖北巡抚胡文忠公，檄公办理水师馈饷及军装局务，二公交相倚畀。……丁内艰，复为二公奏留。……公有为而能有守，爨主饷糈，综核周至，侵蚀浮冒之弊，一扫而空，故文忠、文正皆深信之。”可见，清廷为了消灭太平军，亟需人材，而当时官员中，满人多腐败无能，只得提拔汉人。这是厉恩官、厉云官兄弟的共同机遇。厉云官得到曾国藩、胡林翼等名人的信任，故仕途顺遂，这是厉云官的特殊机遇。

（五）

既然厉氏家族以“二百载”诗书相传，“蝉联”不断而自豪，拙文应介绍一下厉氏著述情况。先述有刻本传世者：

厉同勋（十世）

《重订厉廉州先生诗全集》：厉同勋著，官文撰序。包括《藉花小室诗钞》《寄蠡诗钞》《还珠堂和陶百诗钞》《断梗吟》《栖尘集》《幸存稿》《衡游草（附补刻诗）》，通共古近体诗九百九十首。各集均有亲友撰序、跋，题词。南京图书馆藏此书。

《断梗吟》有沈岐题词，注云：“君与卞竹辰方伯最契厚，诗中累及之。”《还珠堂和陶百诗钞》有卞士云（竹辰）序，读之可见仪征卞、厉二族友好情况。

厉秀芳（十世）

《武城县志续编》十四卷，首一卷。厉秀芳知武城县事期间所纂。道光十一年厉秀芳《序》云："手自编录。"《凡例》云："捐俸刊版。"

《梦谭随录》二卷。咸丰五年张安保《序》云："君乡居无聊，乃追述治武轶事，积久成帙，颜曰《梦谭随录》。"

《真州竹枝词》四卷，包括所记者(《真州竹枝词引》)，所吟者(《真州竹枝词》)，及亲友题词。厉秀芳《自叙》云："旅窗无事，聊以平生所亲历者，缀为小品一篇万二千六百余言，又从而系之以诗四百余首。"附忆旧庐十二首。咸丰七年作于"东亭客舍"。咸丰十年刻。其后，《真州竹枝词引》收入《小方壶斋舆地丛钞》，改名《真州风土记》。

南京图书馆藏以上三书。此外，厉秀芳还著《臆说》三卷，据张安保云："观其所纪，听讼折狱之明慎，催科抚字之贤劳，亲贤礼士之敬且恭，事上官接同僚之诚且笃，而知所以得民者，有由然矣。"(《梦谭随录序》)此书"毁于兵火"(《梦谭随录》卷下)。

次述《厉谱·事略》卷上所载：

厉士贞（四世）

烈士公……读书罢，未尝不歌，取快我意而已。……文集以《独快》名者以此。

烈士公有手订《易经》上下二卷，七易其稿而成。

烈士公生平所为诗，随手散佚，不自收拾，惟《杂录》数篇，从焚余而得者，有《舟南吟》一帙。

孝萱案：厉恩官云："烈士公以文章品节显著，有《杂录》一卷、《淡言》一卷。"(《栖尘集跋》)《淮海英灵集》甲集卷一载厉士贞《野望》《西湖》二诗。

厉炯（八世）

启明公性倜傥，诗宗老杜，声名藉甚。京朝人士，群慕其风。南游于楚，汉水诗人，倒屣迎之。晚年归里，与张南坨、方可村、汪南溪、刘书筠、吴非箫、臧南园、尤水邨诸先辈倡和，有《真州倡和诗钞》传世。公有集曰《晓楼初稿》，太傅阮文达公采入《淮海英灵集》。

孝萱案：《淮海英灵集》丁集卷三载厉炯《方可村待诏招同于清涟学士、伍受轩郎中、汪曲江广文集陶然亭》《李义门寄小照索题》二诗。厉恩官叹息："烈士公以文章品节显著……厥后代有作者，遗稿率皆散佚，惟族曾祖晓楼公尚余断简，良可慨也。"（《栖尘集跋》）他所云"断简"，指《淮海英灵集》所载厉炯二诗。

厉靖（八世）

《真州倡和集》中盛称厉晓楼、在亭两先生诗。晓楼，启明公别字；在亭，坤黄公别字也。

厉朝容（八世）

孚若公自制《凤栖亭》院本，外间乐部，盛传其词。

《厉谱·事略后续记》卷上又载：

厉祥官（十一世）

吉人公……兼工诗文，所著多散佚，惟《虚白室诗赋钞》已刊行世。

厉言官（十一世）

蓉舫公工吟咏……著有《研雨集》《田居集》《栖云集》《江山集》《忍冬集》《依刘集》《韬光集》《啖蔗集》《汉皋游草》各一卷，《舟身集》二卷，《海瓯馆试帖》二卷，《味兰阁赋钞》一卷，《味辛草堂集唐诗》二卷，均散佚。惟《碧城仙馆诗钞》一卷，手录待梓。

厉蓉青（十二世）

芙初……生平著作，多不存稿，辄随手散失。著有《骈体文》一卷、《诗文杂钞》二卷，家藏待梓。

孝萱案：《真州倡和集》等书未见。

《仪征厉氏支谱》给我的深刻印象是：南宋时，厉氏从浙江余姚迁江苏仪征，本是平民。从南宋至清初，没有一个著名人物。清康熙时厉士贞中进士，露头角，激励了后裔，代代读书求科名，逐渐进入仕途。至同治时，厉恩官、厉云官兄弟才做大官，成为望族。这是清代家族中一个注重教育，长期努力，终于由寒门跻入名门的典型。厉氏家族兴旺发达的过程，史书、地方志中缺乏详细记载，只有家谱保存了完整而鲜活的资料，值得发掘、利用，可作为知人论世之参考。

注释：

①［民国］《江都县新志》卷十二《人物传第七·列女·卞树年母厉》。

②《仪征厉氏支谱》卷首厉莱青《世德堂续修宗谱序》。

③《清史稿》卷一百十四《职官志一·宗人府》云：“府丞，汉一人。正三品。”这是厉恩官的品级。卷一百十六《职官志三·外官》云：“提督学政，省各一人。……各带原衔品级。”可见厉恩官提督福建全省学政时，仍为正三品。同卷又云：“承宣布政使司布政使，省各一人。从二品。”这是厉云官的品级。又云：“知府一人。……从四品。”这是厉同勋的品级。又云：“知县一人。正七品。”这是厉秀芳的品级。卷一百十七《职官志四·武职》云：“千总……正六品。”这是厉长春的品级。

④参阅［民国］《福建通志》卷三十二《福建职官志》二十二《清一·总辖·巡抚》：“瑞瑸：满洲镶白旗人。官学生。（咸丰）九年以布政使署任。见《南安县志》。”“厉恩官：以提督学政兼署。见《三山叶氏祠录》。”同卷《提督学政》：“厉恩官，江苏仪征人。道光庚子进士。（咸丰）十一年任。未终任召回。”

⑤参阅［民国］《湖北通志》卷一百十五《职官志九·职官表九》：“（咸丰十年）厉云官：江苏举人，盐法武昌道，二月署。”“（同治元年）厉云官：再见。九月署分巡荆施道。十一月署布政使，旋实授。”“（同治三年）厉云官：再见。三月由湖北布政使兼署（湖北按察使）。”

卞宝第——《江都卞氏族谱》考

在《黄侃日记》中，除了记载学术活动外，还记国事、家事。对国事的评论，反映出他的政治态度；对家事的叙述，反映出他的人生态度。这些都是研究黄侃的重要资料。在家事部分，除了记其父、生母、慈母外，以记“九姊”的最多，而且感情深挚，今择录八条如下：

《癸丑日记》七月廿二日（新八月廿三日，土曜）记：

> 晚至姊处，送彼四十寿礼百元。

又七月廿五日（新八月廿六日，火曜）记：

> 九姊生日，以病未往。

孝萱案：以上是1913年事。黄侃与九姊皆寓上海。此年黄侃二十八岁，九姊四十岁。黄侃所记九姊年岁、生日，与《卞氏族谱》相合。详见本文（二）所考。

《六祝斋日记》卷一民国十一年一月廿六日（辛酉十二月廿九日，木曜）记：

得九姊扬州书，云目疾略瘥，患气喘，身体消瘦。

《感鞠庐日记》壬戌七月廿一日（西洋历九月十二号）附《母太夫人田氏事略》：

……夫人所生四女……季适扬子卞氏，皆有礼法……卞氏姊守节，抚成嗣子，号为女宗，由夫人教也。

孝萱案：以上是1922年事。黄侃居武昌，九姊居扬州。卞氏籍仪征（扬子）县而世居扬州府城（民国后废府，民间仍称扬州）。

《阅严辑全文日记》卷三戊辰六月三日庚申（七月十九日，礼拜四）记：

七时半过安庆，凭栏望迎江寺塔。十九年前省九姊于安徽巡警道署中，尝登此塔绝顶，据地趺坐久之。其时家国衰微，一身蓬转，思欲为浮屠以迁忧。然慈母在堂，义不得舍供养，遂浮沉世间，功业不建，天长丧乱，旧里难归。慈亲背违，忽已七载；九姊之没，未达再期。触感思亲，不禁凄叹已。

《戊辰十一月日记》十日乙丑（十二月廿一日，礼拜五）记：

燕侯甥自芜湖返上海，经此来省，相见悲戚……

《戊辰十二月日记》十日乙丑（一月廿日，礼拜）记：

燕侯甥来自九江，谈竟日。此月十五日卞氏九姊葬，未能往送，甚怅恨也。二十二日为其再期，日月逾迈，遂将祥祭，痛哉！燕侯夜去……又求九姊遗像。

孝萱案：以上是1928年事。黄侃居南京，九姊逝世。九姊终年五十五岁，守节三十三年。详见本文（二）所考。

《乙巳治事记》二月廿八日壬午（四月七日，礼拜）记：

午前十一点八分，亦陶举一女……九姊字静仪，行为女师，冀此女能效法，爰名之曰念仪。

孝萱案：以上是1929年事。黄侃居南京。

黄侃父黄云鹄（字翔云），嫡母吴氏，慈母田氏，生母周氏。黄静仪是田氏所生小女。吴氏、田氏所生子女合并计算，静仪排行第九，故黄侃称她为九姊。静仪夫死无子，守节，抚教嗣子成立。黄侃对九姊极为崇敬，尊为“女宗”“女师”，希望自己的女儿能效法姑母而取名念仪。

请问湖北蕲春黄家怎样与江苏仪征（扬子）卞家联姻？九姊夫是什么样人？过继的外甥是什么样人？九姊与安徽巡警道有什么关系？读《黄侃日记》者虽多，无人能回答上述问题。黄焯《黄季刚先生年谱》中，称黄侃“孝友淳深”，而误“扬子卞氏”为扬州，[①]更不知卞氏具体情况，又避开1910年（清宣统二年）黄侃过安庆，省九姊于安徽巡警道署一事不谈。殊不知事关黄、卞两家族。特撰此文，略作考论，供研究黄侃以及家族文化者参考（临文不讳，族长姻长一律称名）。

（一）

咸丰、同治间，黄云鹄做京官时，有两位最知心的友人：许宗衡与卞宝第。宗衡字海秋，上元人，1811年（嘉庆十六年）生。

宝第字颂臣，号幼竹，又号娱园，仪征人，1826年（道光六年）生。云鹄1820年（嘉庆二十五年）生。宗衡比云鹄长九岁，比宝第长十五岁。云鹄比宝第长六岁。宗衡虽是上元人，自称“余方髫龀，居金陵。年二十四，移家扬州”[②]。又云：“余居扬州二十年。”[③]可见宝第从九岁至二十九岁期间，宗衡皆住扬州。无论在年龄上，还是在文章上，宗衡都是宝第的前辈。

在云鹄《实其文斋文钞》和宗衡《玉井山馆文略、文续、诗、诗余》中，除了与宝第唱和之什外，有两篇同时为宝第撰写的文章，今对照如下：

> 许宗衡《卞颂臣愚园觞月图记》：“卞君来居，独以愚名。卞君不为巧宦，遂若拙工。斯园斯名，盖即柳子厚愚溪、愚谷之意也。……秦君谊亭因为作图，属同人赋诗，而余为之记。”（《玉井山馆文略》卷五）
>
> 黄云鹄《愚园觞月图书后》：“自上圣之兢兢业业，栖栖皇皇，及贤人君子之先忧后乐，先民后身，履丰不慆，穷约不悔，由当世智巧之士观之，皆所谓大愚也。……故常人患愚，学士大夫患不愚；不患大愚，患大不愚。知此意者，旦暮遇之。卞子以直谏为时所庸，树立方未有艾，遇与子厚殊，其命斯园也，亦犹子厚之意欤？则园之不愚也，有时如不在彼而在此也，则卞子所到之处，愚与之偕，当世所倚赖，后世所瞻仰，与吾侪所责望于卞子之愚者，俱无已时矣。”（《实其文斋文钞·初集》卷四）

孝萱案：卞宝第先后任顺天府府丞、府尹。府署有园，宝第名之曰“愚园”。同治三年二月，许宗衡撰《愚园觞月图记》；五年九月，黄云鹄撰《愚园觞月图书后》。宗衡撰文在云鹄之前，意味着这时卞、许关系较卞、黄关系为近。

黄云鹄《送卞颂臣方伯之官河南序》："卞子素寡交，有宿友曰黄云鹄，楚迂生。卞子过辞，征言焉。黄云鹄乃称曰：卞子，天为斯世生贤人君子，非将安乐之，盖危苦之，俾不得一日享庸人之福，自古以然。卞子知之乎？中州吏治，号最难……得刚正廉明如吾卞子者往藩之，事必集。虽然，刚者多任己，正者常不达物情，廉者或苦操切，明者往往小察自务……权经异施，刚柔异用，期于事有济，于君民之疾苦有瘳而已，愿卞子垂意焉。"（《实其文斋文钞·初集》卷七）

许宗衡《送卞颂臣方伯之河南序》："（同治丙寅秋九月）宗衡病初起，不能以言勉卞君，黄君言之，固无异乎宗衡之言之也。"（《玉井山馆文续》卷一）

孝萱案：同治五年九月，卞宝第任河南布政使，许宗衡、黄云鹄皆撰文送行，云鹄撰文在宗衡之前，意味着这时卞、黄关系较卞、许关系为亲。后二十六年云鹄补述曰："已而公以直言亟谏，出藩汴。京宦得此，亦异数，顾屡上疏，乞留都拾遗补阙。人咸以为怪，云鹄滋敬爱之。既不获请，则走别云鹄与许海秋先生，索文以行，曰：'宁规毋颂。'阅日，云鹄持文往，公大喜。海老见之曰：'予所言，黄某已言之。'但跋数语于文后。公属重书为一横卷，出自藩汴、抚闽、抚湘、督两楚、督闽浙，暨乞养家居，廿余年，日张之座右，外此无只字悬壁。嗟乎！恶规喜颂，亘古人情类然，虽贤者不免，而颂臣顾喜规如是之久且挚，岂独今人所无，宜建树卓卓如此。"[④]综观许宗衡、黄云鹄、卞宝第三人异同：许长于文学，"澹于仕进"[⑤]；卞以政事气节著称，[⑥]不多作诗文；黄则政治文学皆有建树。黄与卞，比许与卞，有更多的共同语言，所以黄、卞关系日益亲密。

光绪十八年九月三日，卞宝第卒，黄云鹄撰《诰授光禄大夫闽浙总督兵部尚书都察院右都御史卞公颂臣传》，传中对宝第作了崇高的评价，并总结"京门交旧"："黄云鹄曰：世动谓今人不古若，思上交古之人。予年垂耄，回忆京门交旧，达者若公与黎简堂，达而未甚达者若桂德山、许海秋、冯鲁川诸君，先后俱成古人，其学行政事气节文章，亦实足追踪古人，非阿也。公与云鹄交尤挚，重以婚姻。顾临文嗟叹无已不在此，而在乐受规箴，终身服膺无斁也。天容后死，为故人作传，穆然若重对古贤，容非大幸，何暇自悲哉！”

孝萱案：黄云鹄说出他与卞宝第以政事气节相“敬爱”，故“交尤挚”，而成为儿女亲家。卞宝第“子三”：“长绪昌”，“次纶昌”，“季绥昌”，“季，予（云鹄）婿也”。卞绥昌是今存《黄侃日记》中未出现的九姊夫。

（二）

黄云鹄女婿卞绥昌的生平，需要查考。《黄侃日记》中多次提到卞喜孙、卞燕侯、喜甥、燕侯甥，这是黄静仪的嗣子；《日记》中还提到卞家的许多人，这些人的生平以及卞绥昌、黄静仪的婚姻情况，也都需要查考。今据光绪二十五年己亥（1899 年）重修《江都卞氏族谱》，先编制仪征卞氏四世主要成员简表如下：

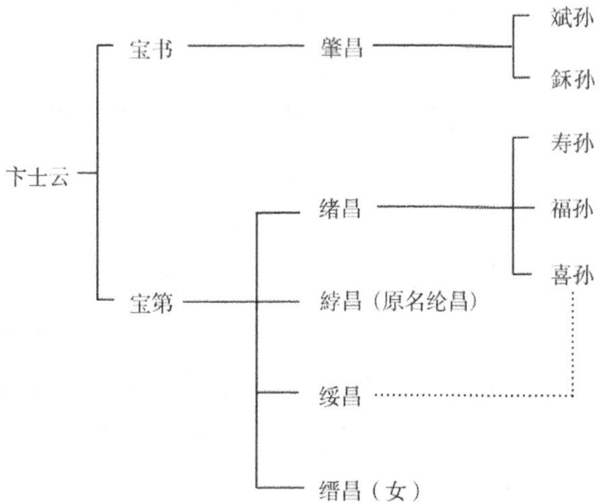

卞士云，原名荣贤，字光河，号竹辰，又号季青。“生于乾隆戊申年五月十三日未时。”（《族谱》）士云“少孤贫”[7]，以进士起家，官至署理浙江巡抚、浙江布政使。著《退思斋诗存》《省斋试帖偶存》。“卒道光癸卯年五月初四日未时。”（《族谱》）子宝书、宝第，皆宦达。宝第“生于道光甲申年十一月初九日午时”（《族谱》），官至署理湖广总督、闽浙总督。著《方岳采风录》《闽峤輶轩录》《抚湘公牍》《卞制军奏议》。“卒于光绪壬辰年九月初三日子时。”（《族谱》）士云、宝第“两世开府”[8]，海内推为“甲族”[9]。

又据《族谱》：

卞绥昌，字缉甫，号桃山。“生于同治甲戌年九月十八日酉时。太学生。赏戴花翎，三品封典，盐运使运同衔，随带加二级，诰授朝议大夫，晋封中议大夫。卒于光绪乙未年十二月二十七日丑时。”

“配黄。咸丰癸丑科进士、二品顶戴、四川永宁道黄名云鹄公女。生于同治甲戌年七月二十五日□时。”

“嗣子喜孙，继绪昌三子为嗣。”

可见宝第子绥昌、媳黄静仪同岁，皆生于同治十三年甲戌（1874年）。比黄侃大十二岁。绥昌卒于光绪二十一年乙未（1895年），仅二十二岁。静仪二十二岁夫死，守节。至于绥昌、静仪是哪一年结婚的，静仪是怎样抚养喜孙，《族谱》不详，民国《江都县新志》卷十二《人物传第七·列女·卞喜孙母黄》有记载：“卞喜孙母黄，名德昭。”“黄幼习诗礼，明大义。年二十二，归仪征运同衔、国学生卞绥昌。”“绥昌体素羸，劬于学，结缡未三月而遘疾遽卒。黄以青年丧夫，处纨绮之中，而励冰霜之操，前后逾三十年。方绥昌殁时，夫兄绪昌季子喜孙生甫百日，黄抚以为子，以养以教，由襁褓迄成人，为授室，并令之游学泰西，爱如所生。喜孙视黄，亦与所生母同也。以丙寅年卒，年五十有三。”

《江都县新志》所记黄德昭（字静仪）、卞喜孙母子事，可补

《族谱》及《黄侃日记》之不足（《志》所记黄之卒年错误，以《黄侃日记》为是）。黄之命运，比《红楼梦》中的贾珠妻李纨更为不幸。黄侃称赞九姊“有礼法”，“号为女宗”，“行为女师”，以传统礼教衡量，黄静仪是当之无愧的。

卞喜孙，字赞侯，一字燕侯。《族谱》：“生于光绪乙未年九月二十四日戌时。”比黄侃小九岁。据我所知，喜孙曾任天津中央银行经理；新中国成立后，任天津人民银行副行长。当时只有声誉好的旧人员被留用为领导。黄侃生前，虽没有见到此事，他称赞九姊“抚成嗣子”，是有眼光的。喜孙未辜负黄侃之期望。

（三）

黄侃是国学大师。读《黄侃日记》者，绝大多数是研治国学的，对于《日记》中频繁出现而不研治国学的卞家人物，感到陌生，这些人是什么身份？与黄侃姊夫是什么关系？无人能解释。今据《卞氏族谱》，并参考有关记载，逐一考述如下：

卞绪昌

卞绪昌，字缵甫，号柳门，又号味莲。《族谱》：“生于咸丰辛酉八月十六日戌时。”是黄侃姊夫之长兄。比黄侃大二十五岁。从《日记》表面看，没有提到卞绪昌之名；但从内容分析，黄侃与卞绪昌见过面。《阅严辑全文日记》所回忆的“省九姊于安徽巡警道署中”，留下了可供我们查考的线索。据《族谱》：卞绪昌“优廪生，光绪乙酉科拔贡，户部浙江司七品小京官，会典馆校对官，赏戴花翎，分省补用道”。《族谱》修于光绪二十五年，所记为绪昌光绪二十五年前事。二十六年，绪昌分到安徽试用。二十七年，四川总督奎俊以绪昌是新式人才给予保荐，其奏疏云：“该员伏居里闬，志切匡时，外而交往之宜，内而吏治之要，思虑深远，识见明通，自少随父之任，遇事留心，于各省吏事民情利弊得失，洞若观火，才华发越，议论和平。”[10]今据董玉书《芜城怀旧录》卷三，卞绪昌“署凤颍六泗道”。又，宣统元年己酉夏季荣禄堂梓《大清搢绅全书·安徽省》：“署安徽巡警道、管理全省巡警消防户籍营缮卫生事务卞绪昌，江苏仪征人，拔贡。”又，沈曾植（子培）《海日楼日记》宣统二年庚戌正月四、五、六日记：“卞柳门来言……”（《同声月刊》第四卷第二号）又，缪荃孙《艺风老人年谱》宣统二年庚戌“五月，沈子培方伯招游皖城……巡警道卞柳门（绪昌）……为旧友”（刻本）。《艺风老人日记·庚戌日记》五月三日辛巳、四日壬午、八日丙戌、十五日癸巳均记在皖与卞绪昌交往宴游等事（影印本）。缪之《日记》较《年谱》为详。黄侃于民国十七年戊辰（1928年）回忆“十九年前”即宣统二年（1910年）之事，此时卞绪昌正任安徽巡警道。黄侃姊夫卞绥昌已卒于光绪二十一年，九姊无子，以卞绪昌幼子卞喜孙为嗣子。她随卞绪昌眷属住在安徽巡警道署中，是为了便于照顾嗣子。考出以上情况，才能明了此年黄侃从日本回国，经过安庆，“省九姊于安徽巡警道署中”之真相。黄侃早年之事，虽其子侄亦无所知，故黄焯《黄季刚先生年谱》缺载。“清宣统二年十月，绪昌卒于任。”[11]

卞綍昌

卞綍昌，原名纶昌，字经甫，号薇阁，晚号狷盦。《族谱》：“生于同治癸酉年四月十一日辰时。”是黄侃姊夫之二兄。比黄侃大十三岁。《日记》中多次提到“卞薇阁”。黄侃慈母逝世“送祭帐者题名”及“来书唁者题名”中均有“卞薇阁”，见《感鞠庐日记（壬戌七月）》。据《芜城怀旧录》卷二：“（卞綍昌）仪征优行廪贡生。南菁书院高材生。日本横滨领事，湖北道员。辛亥改国后，即归隐不出，优游林下。工八分书，乞书者户限为穿。喜吟咏，尝与里中诸老酬唱。善饮，而性义和谐，有五柳之风。”董玉书记载简略，今补充如下：

綍昌有印曰“少年随宦，饮君山茶，食武昌鱼，啖福州荔”。

这是说，宝第任湖南巡抚、湖广总督、闽浙总督时，他均随侍学习。

綍昌又有印曰“南菁学人”。据《南菁历年学友·（一）书院时代》，光绪二十六年庚子，綍昌在南菁书院肄业。

綍昌又有印曰“曾任横滨长崎领事官”。光绪二十七年九月，出使日本大臣蔡钧奏调卞綍昌为随员，任参赞、领事官。三十年，差满，出使日本大臣杨枢奏保綍昌为随员，仍留原差。三十三年，二次差满，杨枢以綍昌“保护华侨异常出力”保奏。“十月，销差内渡。”[⑫]其间，光绪二十九年癸卯缪荃孙“赴日本考察各学”（《艺风老人年谱》）。他在《艺风老人日记·癸卯日记》二月十日乙未记：“蔡星使招饮……卞薇阁（綍昌）……同席。”十一日丙申记：“晚偕（徐）积馀附火车至横滨，张赓三招饮也……卞薇阁……同席。”十五日庚子记：“晚，汪伯唐招饮……薇阁同席。”廿四日乙酉记：“晚约……卞薇阁……小饮偕乐园。”可见光绪二十九年綍昌在横滨。

光绪三十四年二月，农工商部调綍昌在商务司行走。四月，督办津浦铁路大臣吕海寰调綍昌为铁路南段总稽查。[⑬]綍昌在清朝的最后官职是“湖北候补道”[⑭]。

綍昌交游甚广，兹举一例。宁乡程颂万（子大）《十发居士全集·鹿川诗集》卷四、五、六、七、九、十三均有与綍昌唱和之作，如“八分书好衬吴绫”（《卞狷盦元夕招饮》），“长句寄余湘上来”（《寄狷盦》），以及回忆“武昌南楼清宴续，抱冰相向人如玉（自注：君张文襄公婿）”（《画松寄卞狷盦五十》）等，可见二人交情不浅。尤为重要者为“己未”所作《卞狷盦王父竹辰中丞夜灯图二首》，其序曰：“中丞为颂臣制军之父，少孤贫，母陈太夫人祷于庭榴曰：‘儿为儒耶？若榴其华。’已而榴华且实，时则冬矣。乃读书杨城南楼，其后通籍，作二图：一《夜灯图》，述母训；一《南楼读书图》也。辛亥国变，狷盦所奉《夜灯图》亡于武昌兵间。七年，陈仙洲购得之，因四峰致狷盦沪上，且订交焉。征同人咏其事。”宣统三年綍昌在武昌为道员，辛亥革命后隐居上海，后返扬州，此序可以为证。

当时大诗人沈曾植、陈三立等均为綍昌题《夜灯图》。沈、陈二诗之佳，无需我言，今述其文献价值。沈《卞中丞夜灯课读图为卞薇阁观察题》所云“安石榴花冬复荣，昔闻异瑞谈贤兄”，“贤兄”谓綍昌兄绪昌，曾与沈同仕于安徽。“中丞持节临浙水，我祖祠林申馆谊”，谓綍昌祖士云与沈维鐈往事。“尚书秋冷白云司，我府君游同臭味”，谓綍昌父宝第与沈宗涵往事。“两家三世通缟纻，家乘分明四朝具”，“四朝”谓道光、咸丰、同治、光绪。诗载钱仲联校注《海日楼诗注》卷十（五十余年前，注者曾问我家族事，见今注中“卞君敬堂曰”云云。中华书局排印本误“綍昌”为“竹昌”，再版时应改正）。陈三立《散原精舍诗续集》卷下《卞薇阁索题先大父光河中丞夜灯课读图》云：“夙分通孔李，世乱余皂帽。”亦述卞、陈家族往事。

綍昌晚年仍请诗人题《夜灯图》，如江都陈懋森《休盦集》卷上《卞薇阁观察（綍昌）出先世光河中丞所绘夜灯图属题》：“榴花红映灯花紫，瑞兆之奇有如此。”自注：“中丞幼孤，以家贫，将辍学，太夫人指庭前榴树祝之曰：‘儿如读书成名，榴当花。’时隆冬风雪，次日竟发二花，遂为两世开府之兆。”程、陈所述榴瑞故事，各有侧重，可以互补，皆录存之，供研究家族文化者参考。

卞缙昌（女）

《己巳治事记》二月廿七日辛巳（四月六日，礼拜六）记：“祁孳敏夫人（卞十五小姐，名缙昌，号静嘉）书来（欲见访）。”是黄侃姊夫之妹。《族谱》：“（卞宝第女）一字咸丰庚申进士、翰林院编修、工部尚书祁讳世长公子名友蒙。”据《芜城怀旧录》卷二：“祁孳敏名友蒙，山西文端公孙，文恪公次子，卞颂臣制军之婿。由南河堰盱同知，改官湖北知府。民国后，来扬购东圈门何氏楼，以栖遁焉。性敏悟，喜隐语，与孔小山诸同社，常悬文虎，互相猜测为乐。”所谓“同社”，指孔庆镕（小山）所主持的隐社。谢定（闲轩）《隐中八仙歌》云：“甘荼刻画尤玲珑，雕虫不啻如雕龙，钩心斗角妙嵌空，果然鬼斧兼神工。”（自注：祁甘荼，名友蒙，祁文端孙，所著之谜，传诵一时。）《族谱》重男轻女，未记载祁友蒙妻卞缙昌之名、号、行第，《黄侃日记》可补《卞氏族谱》之不足。

卞斌孙

卞斌孙，原名延祺，字受兹，号梦韬，又作孟弢，晚号公饕，又作公弢。《族谱》：“生于同治壬申年九月初四日子时。”是黄侃姊夫之堂侄。比黄侃大十四岁。《日记》中多次提到“孟弢”“卞孟弢”。民国二年癸丑（1913 年）黄侃与卞斌孙皆寓上海，多有往还，见《癸丑日记》（五月至十二月）。据陈懋森《休盦集》卷下《卞公弢传》：“年二十余，即以知县分发湖北……累保知府，加三品衔，改发湖南。……而辛亥变作，君避地海上者数年，久之归里。故工书，入晋唐人之室。所作行草，说者谓其似明季诸老。君以先业既破，乃思鬻书自给。时海上书人，多仿效北碑，以投俗好……君独大与时左。”可见卞斌孙丢官后，寓上海鬻书，其书法不合时尚，难以维持生活，遂归扬州。

卞鉌孙

卞鉌孙，原名延祎，字叔彦，号铁生，一作铁笙。《族谱》：“生于光绪癸未年三月初二日午时。”是黄侃姊夫之堂侄。比黄侃大三岁。《癸丑日记》七月十五日（新八月十六日，土曜）记：“卞铁生来，寓华格涅路荼禄里一弄三号。”据江苏省文史研究馆《历任馆员简介·（二）一九五八年聘任》：“（卞铁笙）曾去日本文部省学习政治。解放前曾任武汉特税总处视察、秘书。”

卞寿孙

卞寿孙，字伯糜，一作白眉，号鄂生。《族谱》：“生于光绪甲申年九月十三日申时。”是黄侃姊夫之侄。比黄侃大二岁。《日记》

中多次提到“白眉”“卞白眉”。在祖、父两代的影响下，[15]寿孙于光绪三十二年“赴美，考入白朗大学攻读政治经济学，得文学士学位。民国元年（1912 年）回国，参加大清银行的善后和筹建中国银行。翌年起任中国银行佐理、副总稽核、总稽核……民国七年出任中国银行天津分行副经理，不久升为经理”（1994 年修《仪征市志・人物・传记》）。“十三年起，该行成为华北地区管辖行，统管六省二市”（1997 年修《扬州市志・人物・经济科技文艺界人物》）。后任中国银行副总经理，为银行界著名人物。

辛亥革命推翻了清王朝的统治，改变了仪征卞氏家族的命运。卞士云、卞宝第“两世开府”的荣耀消失了，卞綍昌、卞斌孙叔侄丢了官，回乡鬻书，过了几十年淡泊的遗老生活而终。陈懋森在《卞公弢传》中慨叹：“卞氏为吾郡巨室，沧桑以还，朱门依旧，而寥落殊甚，每过君家，辄不胜今昔之感。”而卞寿孙、卞福孙、卞喜孙兄弟皆留学美国，回国后担任银行界要职。卞寿孙的儿子都留学美国，其中卞彭年以物理学著名，[16]卞松年以化学著名，卞美年在云南发现禄丰龙化石（卞氏兽 Bienotherium）。1994 年修《仪征市志》为卞士云、卞宝第、卞白眉（名寿孙）、卞彭（原名彭年）四个代表人物立传，反映出卞氏家族从清朝官员转型为现代银行家、科学家的真实情况。黄侃没有看到卞彭年这一代成长，本文之所以作必要的补充，是使读《黄侃日记》者，能对卞氏家族之转型，有完整的理解，有助于知人论世。

注释：

①据《清史稿》卷五十八《地理志五・江苏・扬州府・扬子》：“明为仪真。雍正二年，改‘真’为‘征’。宣统元年，复曰扬子。”今案：因避胤禛嫌名，改“真”为“征”。又因避溥仪讳，改仪征为扬子。

②许宗衡：《玉井山馆文续》卷二《旧游日记序》，家刻本。

③许宗衡：《玉井山馆文略》卷三《程乂庭传》、卷五《杨季子传》，家刻本。

④黄云鹄：《诰授光禄大夫闽浙总督兵部尚书都察院右都御史卞公颂臣传》，载《卞制军奏议》卷首，家刻本。

⑤闵尔昌辑：《碑传集补》卷十一《许宗衡传》引《江宁府志》，排印本。

⑥《清史稿》卷四百四十八《卞宝第传》，中华书局点校本。

⑦《续纂扬州府志》卷九《人物志一·卞士云》，同治十三年刊；《重修仪征县志》卷三十一《人物志·宦绩中·文治下·卞士云》，光绪十六年刊。

⑧陈懋森：《休盦集》卷下《卞公弢传》，排印本。

⑨瞿宣颖（瞿鸿禨子）赠我的诗中有“真州之卞推甲族”句，墨迹。

⑩《清代官员履历档案全编·光绪朝》。

⑪据民国《江都县新志》卷十二《列传第七·列女·卞绪昌妾汪》，刻本。

⑫《清代官员履历档案全编·光绪朝》。中华书局出版的《清季中外使领年表·清朝驻长崎领事年表》：“卞綍昌（理事官）：原广东试用知府，曾任驻日二等参赞。光绪卅三年八月至卅四年五月。”今案：据《清史稿》卷二百十二《交聘年表一·日本》：“（光绪二十七年辛丑）蔡钧：五月癸未，自候补四品京堂、前江苏苏松太道为出使日本大臣。”“（光绪二十九年癸卯）蔡钧：召回。杨枢：五月壬午，自候补四品京堂为出使日本大臣。”“（光绪三十三年丁未）杨枢：回国。李家驹：六月壬戌，自学部右丞为出使日本大臣。”卞綍昌已于光绪三十三年十月回国，《清季中外使领年表》误。

⑬《清朝官员履历档案全编·光绪朝》。

⑭据民国《江都县续志》卷二十七《列传第九·寓贤·卞宝

第》，刻本。

⑮卞宝第为闽浙总督时，适值洋务运动兴起，他投入这一事业。卞绪昌为安徽巡警道，是新政；卞綍昌在外为使馆人员，在内承办新式事业，兄弟俩都是当时的新式人才。

⑯据1994年修《仪征市志·人物·传记》，卞彭（原名彭年）早年留学美国白朗大学、麻省理工学院，获科学博士学位。曾任华中大学物理系教授、系主任、理学院院长、代理校长，以及中国科学院电子研究所研究员等职。1947年到白朗大学作热电子放射的学术报告，又到麻省理工学院进行电子放射的实验。“卞彭是我国最早从事电子物理理论研究的学者之一”，“他家族中有多名银行家和著名教授居住国外，而他自身则长期在国内工作”。

附：解读卞宝第致雨生手札——与《清实录》《清史稿》印证

上海图书馆藏卞宝第致“雨生”手札一通，共三页，全文如下：

雨生仁兄大公祖大人阁下：去冬两致手书，谅先后均邀伟詧矣。献岁以后，气象一新，为想勋履勤施，荩猷焕发，至为颂祷。前于邸抄中读大疏云云，极为记念。昨见所致双坡书，知前者之事，均属子虚乌有，诪张为幻，愈出愈奇，不禁代为发指。现在报死之三人，既经缉获，正可跟究造意之人，从重惩办。想日内已讯有确据，其中主谋倾害之由，务望详细示知，俾得先睹为快。此等险诐之习，最足痛恨，而得此确音，下怀差为欣慰。已嘱人密询纫臣司马，知世兄并未来此。又闻曾赴宁波数日，现在想已访有确踪，早为寻归，俾慰伯母悬望，是所代为跂盼者也。我辈不合时宜，愠于群小，含沙射影，竟有出于意念之所不能防者，幸得朝廷清明，宵小无所施其伎俩，仍当尽心做去，不改其常。公论在舆情，官场是非，不足为定论，愿吾兄勿撄心于多口之憎也。手此布臆，衹请勋安，统希垂詧不一。 治愚弟卞宝第顿首今案：卞宝第字颂臣，清江苏仪征人，历官河南布政使、福建巡抚、湖南巡抚、湖广总督、闽浙总督。《清史稿》卷四百四十八有传。

“雨生”是谁？考为丁日昌之字，清广东丰顺人，历官苏松太道、两淮盐运使、江苏巡抚、福建巡抚。《清史稿》卷四百四十八亦有传。丁日昌为苏松太道、两淮盐运使时，卞宝第不可能自称“治愚弟”，此札必作于丁日昌为江苏巡抚时。

据《清史稿》卷二百四《疆臣年表八·各省巡抚》：

> 同治六年丁卯十二月丁酉　丁日昌江苏巡抚。
> 十一月乙亥　卞宝第福建巡抚。
> 同治九年庚午闰十月丙子　丁日昌罢。
> 七月丙戌　卞宝第告养，免。

此札云“献岁以后，气象一新”云云，当作于岁初。同治七年岁初，丁日昌始任苏抚，尚未施政，此时不会遭受“倾害”，卞札非作于同治七年岁初。我考为同治九年岁初，理由如下：

丁日昌为什么遭受“倾害”？《清史稿·丁日昌传》云：“江南戎烬后，庶政不缉，日昌集流亡，除豪猾，设月报词讼册，定钱漕科则，下其法各省……”他“除豪猾”，豪猾必对他仇恨，卞札所谓“主谋倾害”“造意之人”，正是地方豪猾。

《清实录》中有两条资料，可与卞札比较研究。《穆宗实录》卷二六九同治八年己巳十月甲寅：

> 又谕：丁日昌奏，访查营弁勇丁人等，滋事酿命，请分别革职审办一折。丁日昌无服族人都司丁炳，因销差回籍，经过苏州，辄因丁日昌出省查勘水灾，带同家人，闲游妓馆，与水师勇丁争闹，游击薛荫榜带兵巡夜，查拿滋事人等，棍责勇丁

殒命。请将薛荫樽、丁炳，先行斥革，并自请议处等语。都司丁炳，在妓馆争闹，游击薛荫樽，责打勇丁，以致酿命，均属藐法妄为。薛荫樽、丁炳，均著先行革职，交马新贻亲提全案人证，严行审讯，按律惩办。丁日昌虽事前公出，事后访闻，究属疏于防范，并著交部议处。寻议，丁日昌应照防范不严例降一级留任。得旨，准其抵销。

同书卷二七一同治八年己巳十一月……己丑：

又谕：前因丁日昌奏，访查营弁人等，滋事酿命。当经降旨，将游击薛荫樽、都司丁炳，先行革职，交马新贻亲提研审，按律惩办，并将丁日昌交部议处。兹据该抚奏称，续查案内有伊侄监生丁继祖同往，闻闹先回，并风闻伊子分发知府丁惠衡一并在内，经署臬司杜文澜督审，均称伊子并未在场，请将丁惠衡、丁继祖，分别斥革，彻底根究，并自请革职治罪各等语。此案营弁人等滋事酿命，丁日昌之侄监生丁继祖，既经同往，著即斥革，交马新贻归案审讯，伊子丁惠衡，是否同往，著于到案时，一并交马新贻审明虚实，分别办理。丁日昌咎止失察，前已交部议处，所有自请治罪之处，著无庸议。

卞札与《清实录》可以互相补充：

（一）卞札只云丁日昌受到“倾害”，未说具体事实，《清实录》载丁炳在苏州妓馆争闹，薛荫樽打死勇丁之事。卞札云报死之三人，已缉获云云，为《清实录》所不载，此为“倾害”丁日昌之证。“主谋”谎报三人被打死，用意在于扩大事态。三人逃匿而被缉获，丁日昌占了上风。

（二）卞札所云世兄赴宁波，指丁日昌子丁惠衡。丁惠衡隐藏外地，《清实录》所谓交两江总督马新贻审问，不过是说说罢了。

卞札与《清实录》对照之下，清楚地看出晚清官场腐败情况。

卞宝第写信给丁日昌，对他遭受“倾害”表示关注，并鼓励其继续“尽心做去”“不改其常”。《清史稿·卞宝第传》云：“所至诛锄奸猾，扶植良愿，民尤感之。”可见“所至诛锄奸猾”的卞宝第，与在江苏“除豪猾”的丁日昌，是志同道合的。《清史稿》以丁日昌、卞宝第二传，同置一卷，是有见识的。

卞札云：“公论在舆情，官场是非，不足为定论。”反映出卞宝第的民本思想，可与《清史稿·卞宝第传》“扶植良愿，民尤感之”的记载相印证。

名人家谱丛考

卞孝萱　著　　武黎嵩　编

下　册

辽 海 出 版 社

谱牒文献扬州史事辑考
——以《江都卞氏族谱》为中心

武黎嵩

传统社会，国有史、地方有志、家有谱牒、人有传记，形成一个历史文献记录保存的完整体系。而又各有侧重，互为补充。正史、方志现在利用的比较多，但家谱文献尚少被人利用。清代章学诚撰《湖北通志·凡例》即主张方志之中应采入谱牒文献，认为“谱牒自以科甲为主……须进士二人以上乃得谱列。此就湖北一省约言之也，大省、小省准是以为宽约，亦可备谱学矣。”章学诚修《永清县志》，将凡有府县学生员科名者皆列入《士族表》，并认为“世系之牒，重于户口之书”。此后阮元撰《扬州府志·士族表》（书未传），缪荃孙修《江阴续志》立《氏族志》，均主张借助谱牒完善方志。入民国后，中央大学教授柳诒徵先生特倡谱牒之学，主张于《江苏通志·社会志》中增创《氏族》一子目，其所主持之国学图书馆也开始征求族谱文献。此均是传统学术体系之中，以谱牒之学补充方志之学的例证。本文即为以家谱文献补证地方史事做一尝试。

柳诒徵先生尝撰有《族谱研究举例》一文，开示谱牒研究的方法。柳先生认为“举凡文艺相承，经术继美，里称望族，世擅高赀者，竟委穷原，奚为最录。”[①]“所贵于览一族之谱牒者，由世次而得其增加之级数，与其由盛而衰、或繁或绝之迹，倘可得一公例，为马尔萨斯《人口论》之确证或反证。”[②]主张以现代统计学的方法，对谱牒文献进行分析研究。社会学家潘光旦先生，也曾大力倡导谱牒学的研究。故笔者尝试以谱牒文献为基础，考察一地（扬州）一族（卞氏）的繁衍情形，藉以考镜一时一地之史事。而其方法，则为最基础之统计学方法。

先师卞孝萱教授晚年曾倡谱牒之学，以谱牒中的历史名人为中心，研究其家世身世、学术传习等，著有《家谱中的名人身影：家谱丛考》一书。今笔者即以卞师之家谱——《江都卞氏族谱》为中心，补证扬州史事，期为治地方历史之一助。先师尝云：“其他历史文献，以早出者为善，而家谱愈晚出，则内容愈完备。故家谱应以晚出者为善。而建国以来修谱传统既坏，则所修家谱多不在可用之列。”谨按，《江都卞氏族谱》初辑于明正德年间，至清乾隆五十八年凡十修，此后又有道光十年、同治十三年、光绪廿五年三次递修。本文即利用上海图书馆藏光绪廿五年最后一次修订的《江都卞氏族谱》，该谱世表部分为活字印刷（聚珍版），其余部分沿用前谱的木雕版，凡线装42册。其翻拍之照相版，由清署理浙江巡抚卞士云之后人卞世传先生提供，并经认可。

一、江都卞氏

江都卞氏相传为东晋卞壸之后，其说世系荒邈，难以确证。始祖卞伦，南宋初著籍江都，初居基沙里。其后子孙繁衍，以居扬州府城者为多。扬州旧城南门内，本有忠贞祠（卞壸祠），民国年间尚存，《扬州府志》《江都县志》《甘泉县志》均有记载。此即卞氏家族在扬之祖庙。

卞氏自第三世卞京起，“数世同居”[③]。至明正统年间“四十六房，食指日繁。始因信字祖行同堂兄弟七人，析为七处。……嘉靖纪元，以五世同居闻于朝，旌之”④。据《族谱》明代扬州旧城府治前太平桥西忠贞祠义门南，建有“五世同居”牌坊。乾隆间牌坊门头斗拱失火被焚，至光绪末石柱尚存。

清代江都卞氏最为显达者为卞士云、卞宝第父子。卞士云道光三年（1823 年）癸未科进士，官至浙江布政使、署理浙江巡抚。卞宝第，士云子，咸丰元年恩科顺天乡试举人出身，官至署理湖广总督、闽浙总督。卞宝第在闽兼摄福建巡抚、船政大臣、福州将军、陆路提督、福建盐政、福建学政，合本差闽浙总督凡握七印。《清史列传》《清史稿》均有传。查卞士云乡试朱卷履历，云“住扬州旧城太平桥西”。与《族谱》所叙，卞氏义门在旧城太平桥西相合。

由于卞氏在明清两代均有显著人物与显著之事迹，故其《族谱》繁复而详尽，可资借证的史料也较多。

二、卞氏人口之繁衍

族谱作为记录一族人口繁衍的重要记录，其关于本族人物的生卒记录，看似枯燥无味，却是关于一个宗族数百年人口繁衍的最重要、最客观的资料。

《江都卞氏族谱》自第十三卷（第 18 册）开始至第二十六卷（第 42 册）为世表，详细记录每一代的生卒年月及科名、荣典、姻娅、子嗣、葬地等。今据该《谱》制统计表⑤如下。

世代	行第	总人数	增减人数	增减率	每代第一人姓名	每代第一人出生年	间隔	每代第一人死亡年	年龄
一		1	0	0	卞伦	不详	/	不详	/
二		1	0	0	卞祐	淳祐丙午（1246）	/	不详	/
三	贞	1	0	0	卞京	不详	/	不详	/
四	忠	6	+5	+500%	卞克恭	至元己卯（1339）	/	永乐辛卯（1411）	72

续表

世代	行第	总人数	增减人数	增减率	每代第一人姓名	每代第一人出生年	间隔	每代第一人死亡年	年龄
五	信	7	+1	+17%	卞庸	洪武壬子（1372）	33	正统癸亥（1443）	71
六	良	18	+11	+157%	卞文侦	洪武庚午（1390）	18	天顺甲申（1464）	74
七	福	46	+28	+156%	卞福	永乐甲午（1414）	24	弘治癸丑（1493）	79
八	缘	113	+67	+146%	卞琳	宣德乙卯（1435）	21	弘治丙辰（1496）	63
九	善	238	+125	+111%	卞权	天顺戊寅（1458）	23	弘治癸亥（1503）	45
十	庆	386	+148	+62%	卞潮	成化辛丑（1471）	19	嘉靖癸丑（1553）	82
十一	端	605	+219	+57%	卞蕃	正德丁卯（1507）	36	嘉靖癸卯（1543）	36
十二	明	807	+202	+33%	卞日宣	嘉靖甲午（1534）	27	万历癸未（1583）	49
十三	恺	881	+74	+9%	卞时中	嘉靖戊午（1558）	24	崇祯辛未（1631）	73
十四	节	（745）	-136	-15%	卞恭锡	万历丁亥（1587）	29	顺治乙酉（1645）*	58
十五	孝	（711）	-34	-4%	卞汝馘	万历戊午（1618）	31	不详	/
十六	义	（742）	+31	+4%	卞懋芳	崇祯壬午（1642）	24	不详	/
十七	文	（912）	+170	+23%	卞文辉	康熙丁亥（1707）	65	乾隆乙酉（1765）	58
十八	贤	（1045）	+133	+15%	卞宗基	雍正己酉（1729）	22	乾隆己酉（1789）	70
十九	尊	（874）	-171	-16%	卞恒锌	乾隆己巳（1749）	20	不详	/
二十	宗	（852）	-22	-2%	卞宏源	乾隆甲午（1774）	25	道光乙巳（1845）	71
廿一	敬				卞佐	嘉庆壬戌（1802）	28	卒葬失考	/
廿二	祖				卞祖华	道光辛卯（1831）	29	光绪甲申（1884）	53
廿三	正				卞正康	咸丰甲寅（1854）	23	光绪庚辰（1880）	26
廿四	大				卞大涛	光绪丙戌（1886）	32		/

据上《表》可做如下分析：

（一）以顺治丁酉《谱》为下限，此前江都卞氏共有族谱登记男性人口 3470 人。自第五代卞庸入明，至顺治丁酉《谱》“义”字辈出生 7 人为止。整个明代卞氏总计出生男性人口 3461 人。此段区间，由于社会较为稳定，族谱资料保存好，其人口出生的情况最为可信，未受到其他因素干扰。在此段时间内，卞氏家族人口在第六、七、八、九世，男性人口增长均校前一世在100%以上。

（二）据上表所记，以每一代第一人出生年计算，两代之间间隔最短为18年，为明代早期洪武年间。两代之间间隔最长为65年，为清代早期，应是受到“扬州十日”的影响。平均两代人之间的间隔为27.65年。剔除“扬州十日”的影响因素，则平均两代人之间间隔25.68年，其中明代平均间隔25.75年，清代平均25.57，三者之间数值基本相同。即卞氏家族，两代人之间的间隔平均为26年。这个数值与我们过去主观具有的传统社会早婚早育的认知不同。细读宗谱可以发现，这种现象是由于卞氏家族存在高出生率、高死亡率，每一世之间人口繁衍间隔相对较长的原因。

（三）据上表所记，每一代第一人的在世年龄：70岁以上的8人，50~69岁的4人，30~49岁3人，未满30岁的1人。平均在世年龄61.25岁。由于此数据抽样较少，不具有代表性。族谱中有不少夭折和早逝的男性。

（四）据上表，卞氏家族在第十四、十五世和十九、二十世时男性人口出现负增长。前者的负增长率为15%、4%，后者的负增长率为15%、2%。考察扬州历史我们可以发现，前者是由于顺治二年清兵对于扬州平民的屠杀造成的，后者是由于咸丰三年癸丑太平天国战乱导致扬州大量平民死亡造成的。而两者对于卞氏家族人口繁衍的影响，迹近相同。过去我们谈“扬州十日”较多，而谈太平天国之乱较少。这一数据，有利于我们加深对于历史事件的认识。

三、“扬州十日”旁证

据黄宗羲《弘光实录钞》清顺治二年乙酉（明弘光元年，1645）“丁丑，北兵破扬州，大学士史可法、知府任民育、诸生高孝缵、王士秀死之。北兵遂屠其城”[⑥]。清军在豫亲王多铎的统帅

下，于是年四月二十五日攻破扬州，至五月五日，进行了前后十天的屠杀。王秀楚《扬州十日记》记载，

（五月）初二日，传府道州县已置官吏，执安民牌遍谕百姓，毋得惊惧。又谕各寺院僧人焚化积尸，而寺院中藏匿妇女亦复不少，亦有惊饿死者。查焚尸簿，载数共八十余万。其落井投河、闭门焚缢者不与焉。

王秀楚根据焚尸簿认定"扬州十日"的死难人数约在80万上下。计六奇《明季南略》记录的数字有两个，其一云：

扬州初被高杰屠害二次，杀人无算。及豫王至，复尽屠之。总计前后杀人凡八十万，诚生民一大劫也。

认为扬州经过闯逆高杰的两次蹂躏和清军屠城，前后杀人80万。而关于清军屠城给出的死难者数字，略不同，云：

忆顺治六年己丑仲冬十八日长至，予入城应试。有浙之嘉兴人同舟，自言久居于扬；予问清师破城事，彼云："我在城逃出者，稔知颠末。初，扬人畏高杰淫掠，乡民悉避入城；后以水土不服，欲出城，江都令不许，遂居于城。……"或云扬城破，清帅发令箭，一门杀人一百，以未破城时发炮伤兵也。既而传箭，一门杀人一千。杀讫，随出一箭，又杀一千，连续传箭，直杀至数十万。扬城烟爨四十八万，至是遂空。⑦

盖计六奇得之亲历者口述，仅清军四五月间的屠城杀人即在数十万之众，"烟爨四十八万"虽未必是确指，仍可见一斑。据《明史·地理志》载，扬州府领三州、七县。万历六年，户147116，口

817856。按，明代计口只记丁男。故知万历81万余口乃是丁男的数目。又据万历《扬州府志·序》“土著较游寓二十之一。”扬州为明代中期以来最为繁华奢靡的城市之一，其一府三州、七县男女人口虽不至有千万之众，亦必在数百万之巨。则王秀楚、计六奇所列80万人遇难，或有可信之处[⑧]。而扬州屠城之惨，在江都卞氏家族具体的历史之中有所印证。

从宏观上我们可以看到，卞氏男性第十三世的881人、十四世745人、十五世711人出现了负增长。从微观上，我们也能在《江都卞氏族谱》中找到“扬州十日”期间卞氏的情形。

顺治丁酉（1857年）秋，在“扬州十日”发生过的十二年之后，迁居江宁的卞氏族人卞汝淳（号素庵）整理了一份可考的卞氏遇难者名单，其中男性51人，女性38人，幼子1人，失散者9人，总计99人。遇难者主要集中在恺（十三世）、节（十四世）两辈人及个别明（十二世）、孝（十五世）字辈人和他们的配偶子女。由于卞家祖居扬州旧城太平桥西，故而扬州城破之日首当其冲。查遇难者《世表》，其遇难时间多在四月二十五日、四月二十六日。这与扬州旧城先被攻破的情形相吻合。亦即清军破城之日，也是屠杀开始之时。

遇难者中多数为被杀，少数为自杀。如：卞时骏妻朱氏，城破自缢。卞时清及妻吴氏，城破夫妻闭门自焚。清初诗人蒋士铨在《焚楼行》里所述当时扬州情形云：“明日还家拨余烬，十三人骨相依引。楼前一足乃焚馀，菊花左股看奚忍！”也是描绘一家十三口阖门自焚的，与上举卞时清例相似。卞汝淳在顺治乙酉遇难者名单的《识语》中写道：

> 扬城罹顺治乙酉之难，吾宗人有子卫父而捐躯者，有妇殉夫而死节者，甚至父子、夫妻、女媳，阖门蹀血而舍生取义者，至于自焚、坠井、投缳更不胜屈矣。[⑨]

考《谱序》可知，以上99人系由各宗开列而得悉。实际上还有小的宗支因全体遇难，而堙没无闻。卞汝淳在顺治丁酉《江都卞氏族谱序》中写道：

鼎革之际，故乡陆沉，宗族罹此，身膏锋刃，妻子散失流离者不知凡几？更兼破城之日，吾家捐躯殉义者独众，甚至有尽室无存者，可胜痛心。⑩

为了表达自己对于“扬州十日”的哀恸和愤慨，卞汝淳在《谱序》结衔时题写为：“前明中顺大夫中书科中书舍人加正四品服俸禄素庵汝淳识。”此时入清已经十二年。对于卞氏家族在扬州十日中悲惨的遭遇，还有更为惨烈的描述，

语云：积德者昌，天之所以报善人也。今乃有不然者，古人岂我欺哉？或曰，在劫在数，圣贤不免。何生者罹屠城之祸，十仅存一二。死者遭开棺之惨，骸骨付诸灰烬。报施之乖违，一至此乎？⑪

描绘卞氏家族不仅大量人口死亡，而且连已死者的坟墓也遭到盗掘。《卞凤锜传》记载道，

（凤锜）终之年八十有八，齿德兼隆……盖棺不卒岁，忽遭鼎革之变，孙曾妇女家破人亡。剖棺暴尸，不忍罄言。今之孑遗，寥寥三四人，幼稚伶仃……

由此可见，“扬州十日”给与卞氏家族带来的巨大伤害。

“扬州十日”对于卞氏家族的破坏，还体现在文化渊源的隔断。

随着大量族众的死于非命，流离失所。家族文化也遭到破坏。《江都卞氏族谱》六修于明天启丙寅（1626 年），主修者晋垣、五云、素庵；七修于顺治丁酉（1657 年），主修者素庵。两者间隔 31 年，卞汝淳均参与修撰。而《江都卞氏族谱》第八次续修，则是在乾隆庚戌（1790 年），主修者茂章。其间间隔 133 年，而卞氏子孙已有流寓他处者。

四、太平天国扬州之役

“扬州十日”之后，卞氏由繁盛逐渐衰落。而其复振的契机，源自于清高宗对于卞壸的表彰。乾隆帝在意识形态上，大力表彰忠臣孝子，追谥史可法“忠正”，并建立专祠祭祀。同时将投降清朝钱谦益等人打入“贰臣”序列，予以贬斥。晋代的卞壸父子，作为忠臣孝子的楷模，得到乾隆帝的褒扬。江宁府冶城山卞壸祠墓，乾隆下令修葺，乾隆十六年钦赐御书匾额“典午孤忠”四字。道光年间，礼部侍郎杜堮受卞士云之请为《江都卞氏族谱》作《序》，称：

> 我朝表扬前哲，帝（高宗）四巡江南，遣官撰文赐祭忠贞公之墓。而宗祠之在扬之郡城者，亦以守土涖祀，海内荣之。[12]

忠贞即晋卞壸谥号，今所见光绪廿五年《江都卞氏族谱》卷首即刊有乾隆十六年钦赐匾额和乾隆十六年、二十二年钦赐祭文两道。从杜《序》我们可以得悉，乾隆帝不仅四次遣官至江宁冶城山祭祀卞壸祠墓，扬州知府（守土）也曾亲自到扬州城内的卞氏祠堂祭祀卞壸。随着社会的安定和国家对于卞氏家族始祖的特别褒扬，卞氏家族在清代中期人口繁衍，宗族复聚。故而我们从家族人口的繁衍，也可看出。

卞氏家族的第二次劫难，缘于咸丰三年（1853 年）癸丑的太平军之乱。是年三月，太平军攻克扬州，十一月末退出扬州，前后近十个月的时间。期间清兵围城，城中粮尽，加以瘟疫流行，死者甚多。清廷派琦善收复扬州，随即纵兵焚掠。十二月初四至十二月十六日，琦善又下令封闭扬州城十二日，城中饥民多被饿死。据佚名人著《咸同广陵史稿》所载：

> 八月初旬后，城内除荒荆蔓草外，凡诸葛菜、马狼头俱撅作甘旨。香麻油告罄，代以梳头杂油，久之，杂油亦无。两湖贼兵暨江左王命之徒，食狗食猫，猫尽食鼠，鸦雀亦枪毙无孑遗。……况尸水灌井，疫气满空，受之者，摇头辄死。……凡庵观、寺院、衙署、市廛，骼胔积如丘林，骸骨埋于风雨，嗣后填街塞巷……

又云：

> （十二月）二十日外，乐善者入城，设局六所，掩埋遗尸。……凡寺观、衙署等处，每遗一尸，束一芦席埋之。六局共用去十三万五千余张芦席。亦何劫数之大也？吾友熊灌芝与其事。[13]

与“扬州十日”不同，此次太平天国扬州之役，平民多因困饿瘟疫而死。从《咸同广陵史稿》所述来看，死者亦在十余万以上。从《江都卞氏族谱》所载卞氏家族“尊”“宗”两辈人口都出现负增长。

除了人口非正常死亡，扬州城也遭到了严重的破坏。《史稿》称：“城之中央多子、新盛、左卫、辕门桥街，璇室琳房，铜墙铁壁，两淮精气，楚炬一空。”卞士云故居本在太平桥西，至其子卞宝书、卞宝第兄弟乃于同治间迁居左卫街，重建房舍。位于南门内的忠贞祠，也被焚毁。十三年后，卞宝书、卞宝第兄弟乃筹款重建忠贞祠。据《江都卞氏族谱》之《乙未重修族谱公纪》云："同治五年（1866 年），子城（卞宝书）暨颂臣（卞宝第）两公出都祭扫，见祠宇荒凉，触目兴悲。因……重建享殿，前后两楹。……基地二十余间。"

2009 年清明笔者再访扬州，扬州古建筑专家赵立昌先生，导笔者游扬州旧城，并指出扬州民居建筑有所谓"乱砖墙"，即取前代建筑之旧砖，不拘规格，粹于一壁，自外观之，大小薄厚不一，杂乱无纹理，故曰"乱砖墙"。此亦扬州被祸之一证也。

五、扬州风气之奢靡

扬州位于长江与运河交汇之处，南北漕运之隘口，商旅交通，市井繁华，是为"淮左名都，竹西佳处"。明、清两代，盖为扬州系江南、江北之咽喉，财税重地，两淮盐运使驻扬州，同时也是四战之地。北宋末、南宋末、元末和明末，扬州均遭兵祸。南宋时姜夔说："自胡马窥江去后，废池乔木，犹厌言兵。"清计六奇《明季南略》卷三云："自宋元以迄于今，扬民已三罹兵劫矣。岂繁华过盛，造化亦忌之耶！"⑭此是言扬州历次遭到的破坏。另一层，计六奇也提到，扬州"繁华过盛"故而"造化忌之"。扬州是明代中期以来随着商品经济的繁荣而崛起的大都会，其社会风气也奢靡豪侈。

顺治二年六月初八日，清军至无锡"舟中俱有妇人，自扬州掠来者，装饰俱罗绮珠翠，粉白黛绿"⑮。此时是扬州被屠之后，而被劫掠之妇女仍保持原有之生活装束，在计六奇看来，"罗绮珠翠"显然有别于一般人家的生活。计六奇提到的扬州"繁华过盛"与扬州的社会风气奢靡，在《江都卞氏族谱》的人物传记中也有体现。

《卞素庵公传》记载：

> （卞汝淳）及致仕归里，见扬城奢侈太甚，非可久居。……遂携子孙，移居（卞忠贞公）墓侧。……孰料公即以是得免故邑屠城之惨。

据《族谱》：卞汝淳，扬州诸生，由国子监生征荐授文华殿中书，加太仆寺少卿。自北京南归扬州后，迁居金陵。以卞汝淳遍历南、北二京，官至四品，不可谓无见识，而“见扬城奢侈太甚，非可久居”，足见当时扬州在商品经济发达之后，社会生活之奢靡，超愈当时的政治中心——南北二京，此是明代的风尚。

随着清代的建立，社会逐渐稳定，扬州恢复了往日的繁华，家给人足。一般的市井生活也随之凸显安逸的一面。这从《江都卞氏族谱》展示的一些从事商业的人物生活，可以看出。卞士云之父卞铭，早年丧父，“遂舍儒而贾”，“凡持筹管算之术，得其大意。以垄断逐末为戒。故终其身无大绌，亦无甚赢”。可见作为一般商人的卞铭，生活仅可谓小康。而《传记》中称他“市舍日手一编，韦带布衣……饮酒称大户，举杯一笑，议论风生。尤嗜茶，爱植花竹”。过着平静安逸的生活，不甚清苦。卞铭之孙，卞士云之子卞宝第，官至闽浙总督。《清史稿》称其“宝第有威重，不为小谨，趋从甚盛”。从史臣“趋从甚盛”遣词可知，卞宝第之生活作风亦绝非节俭清苦一类，此固然有其个人主观因素。亦是家居扬州，自幼耳濡目染，生活风尚之所致。

结　语

本文由《江都卞氏族谱》考见扬州卞氏一族，在明清时代繁衍轨迹。卞氏于扬州虽声名高，而人口不为大族，而其间有多读书明理之人，故《族谱》详尽而可征。明清扬州为财税重地，商品经济发达，社会生活富足，故其风尚奢靡，由《族谱》可窥得一斑。

“扬州十日”为清初异族入主中原之暴行，清代以来讳莫如深。王秀楚《扬州十日记》清末在日本发现，回流中国，刊布流传。有学者认为其乃革命党为排满而伪造之宣传品，燕石莫辨。今据《江都卞氏族谱》考见“扬州十日”为祸之惨。太平天国癸丑之乱，扬州再受荼毒，记此事者甚少。而由卞氏家族人口之锐减，可证其涂炭生民，祸亦不轻。

管中窥豹，可见一斑。由卞氏一族五六百年间之繁衍生息，藉证扬州一郡之兴替与夫民生之荣瘁，补史乘之缺如，可知旧时家谱非无用之物也。

注释：

①柳曾符、柳定生选编《柳诒徵史学论文续集》第575、586页，上海：上海古籍出版社，1991。

②柳曾符、柳定生选编《柳诒徵史学论文续集》第588页，上海：上海古籍出版社，1991。

③《贞五公传》，见光绪廿五年《江都卞氏族谱》卷七《世德录》。

④《玉山公传》，见光绪廿五年《江都卞氏族谱》卷七《世德录》。

⑤关于该表，需做以下说明：

A. 本表关于卞氏家族人口的统计始于南宋，讫于光绪末，中间无间断。

B. 传统社会以男性为中心，族谱记载亦仅记载男性的信息。故本统计表每一世总人数，实际为男性总人数。明末卞氏修谱最后一次为清顺治丁酉（1657年）卞汝淳主持，此前《谱》中《世表》每人均标有行第。卞氏从第三世起，以“贞忠信良，福缘善庆。端明恺节，孝义文贤。尊宗敬祖，正大直方”排行第。如："卞山，行庆十九”即“庆”字辈第十九人。顺治丁酉《谱》成时，“节”字辈至二百九十四止，“孝”字辈至五十九止，“义”字辈至七止。

C. 至清代中叶，卞氏“宗”字辈最年长与最年幼者出生相差已有二百余年。本谱成于光绪二十五年（1899年），谱成时，“宗”字辈尚有不少人未达到生育年龄。故总人数统计至“宗”字辈为止。

D. 本表选取每一世最年长一人为代表，统计其生卒年。

⑥黄宗羲《弘光实录钞》卷四，孟昭庚、李昌宪等校点《南明史料八种》第77页，南京：江苏古籍出版社，1999。

⑦计六奇《明季南略》卷三《史可法扬州殉节》条第204—205页，北京：中华书局，1984。

⑧据戴名世《弘光乙酉扬州城守纪略》载：“初，高杰兵之至扬州也，士民皆迁湖潴避之，多为贼所害，有举室沦丧者。及北警戒严，郊外人谓城可恃，皆相扶携入城；不得入者，稽首长号，哀声震地。公辄令开城纳之。至是城破，豫王下令屠之，凡七日乃止。”按，可见扬州屠城时，除城内居民，尚有由城外入城避祸的难民。王秀楚、计六奇合高杰两次杀戮及清军屠城而言80万，非专指“扬州十日”期间城内有80万死难者。其说可信。又，清初诗人吴嘉纪《李家娘》诗云：“城中山白死人骨，城外水赤死人血。杀人一百四十万，新城旧城内有几人活?”言杀人一百四十万，似嫌夸张，缺乏佐证。

⑨见光绪廿五年《江都卞氏族谱》卷六《显著录》。

⑩见光绪廿五年《江都卞氏族谱》卷五《继美录》。

⑪《凤筠传》，见光绪廿五年《江都卞氏族谱》卷七《世德录》。

⑫见光绪廿五年《江都卞氏族谱》卷首《序》。

⑬佚名《咸同广陵史稿》第20页、第31页，《扬州地方文献丛刊》第七册，扬州：广陵书社，2004。

⑭计六奇《明季南略》卷三《史可法扬州殉节》条第206页，北京：中华书局，1984。

⑮计六奇《明季南略》卷四《六月新志》条第232页，北京：中华书局，1984。

附图一：江都卞氏家族人口增减率变化曲线图

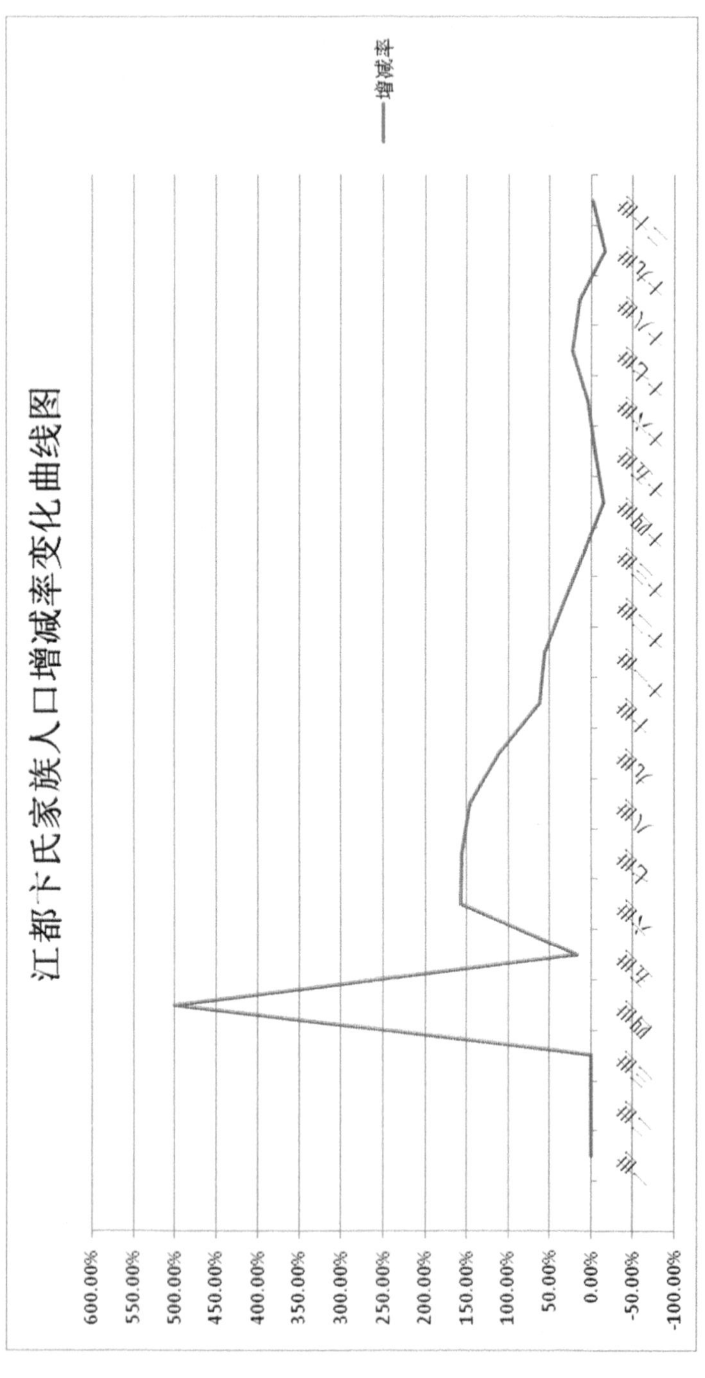

附图二：江都卞氏家族人口繁衍曲线图

董祐诚——《宜兴胥井、武进前街董氏合修家乘》考

《宜兴胥井、武进前街董氏合修家乘》[①]共二十卷，董康监修，董志清总纂，民国十六年（1927 年）木活字本。共印九十九部，编号发给祠堂及裔孙。本文所据者，是“第四十四号发二十二世孙（董）开琦领”。

据《家乘》卷四《世表一・总表》，董氏世系有三大支、三小支：

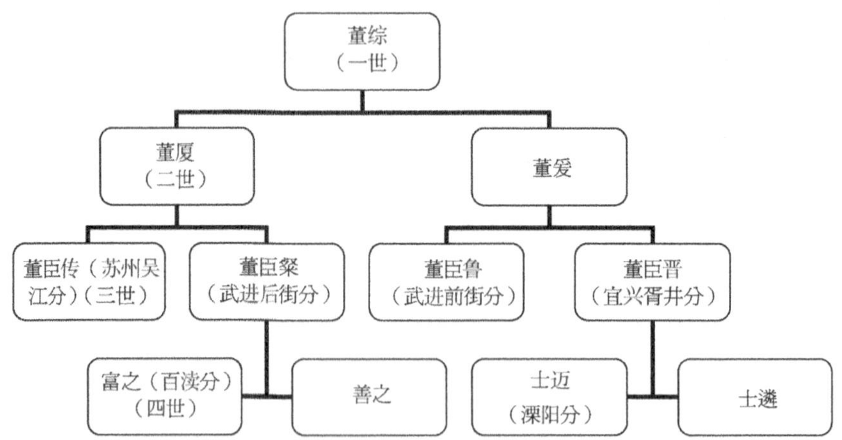

宜兴胥井分、武进前街分、后街分为三大支，苏州吴江分、溧阳分、百渎分为三小支。武进为什么分为二支？有两种说法：（1）“一居城中之青果巷曰前街，一居城之东大井里曰后街。”（《家乘》卷首董元凯《增修宗谱序》）（2）明初，董臣鲁为民籍，董臣粲之

子善之、富之“各以明初功令谪戍”，“由此军民籍分，而有前后街之别矣”。(同卷董汝孝《董氏族谱序》)

清代以后，武进前街董氏中，又有“董赵氏”一支，其由来如清道光十七年丁酉（1837 年）董基诚《前街支谱序》所云：

明季臣鲁九世孙贯，无子，以妻兄赵守信子中兑为后，更名承献。承献既后董氏，别居河间，有子四人：伯遂登、仲遂成、叔遂棻、季遂升，并着籍焉。卒皆归葬武进，子孙仍为武进人。后析武进地置阳湖，又为阳湖人。遂登、遂成皆无后，今惟叔、季后存而已。遂棻当顺治、康熙间为锦衣卫镇抚兼东宫侍卫，生之炎。之炎生洛。洛生威。威生熙，甘肃岷州知州。熙生云锦，陕西朝邑县主簿。云锦生基诚，今为户部员外郎。自承献以下九世，实出于赵，兹仍旧系诸谱，别之曰董赵氏云。

今统称武进前街董氏。

明、清两代，宜兴胥井、武进前街、后街三大支，几次分修过合修过族谱，兹不详述。本文只述民国十六年所修《家乘》。这部《家乘》，内容之丰富，远非一般族谱所能比拟。

《家乘》除《世系》《世表》《恩荣志》《祠墓志》《里居志》《艺文志》外，有《小传》三卷（附载亲友所撰行状志铭等），记载了董氏家族中著名人物（包括女性）的事迹，并涉及当时社会情况，是正史、方志之外的又一数据宝库，有助于知人论世。

《家乘》卷首董康《重修董氏胥井前街合谱序》云：

吾董氏自谏议公著节南宋，后人不仕胡元，长孙维周公迁居宜兴胥井，隐于农；次孙思齐公迁居武进前街，隐于商。创业垂统，绵延勿替，历明、清六百余年，虽屡经兵火，而依然为两邑著姓。

宜兴胥井董氏与武进前街董氏，是古代乡村、城市两种家族之典型，《家乘》所提供的鲜活数据，比董康所概括的，要全面些，生动些。

乡居的宜兴胥井董氏，以经营农、林、矿业为主，也兼营商业，虽有读书者，未出现名人，明清两代，一个中举的都没有，更无中进士的了。城居的武进前街董氏经商致富之后，改换门庭，子孙读书，明清两代中举者二十七人，中举后中进士者十六人，在仕宦、文学两个领域齐头并进。由于处境不同，宜兴胥井董氏与武进前街董氏，虽是同族，其人生观、价值观却有区别。以耕读传家的胥井董氏，子孙中之贫者则舍读而耕。（《家乘》卷末《赠序》蒋型周《永和董翁序》："是翁也，少贫，舍读而耕，及长，农且贾。"又《永忠董翁序》："翁曰：服贾力田，得资衣食足矣。"其例甚多。）而前街董氏热衷于仕宦，虽贫亦不甘心弃儒业贾。（《家乘》卷十四第二十世董本仁"家窭甚，（父）命公习贾，非所愿也。旋幞被游鲁，习申韩，纳馆粟，得微秩"，后"授观城，治理称最……著《观邑纪事》一册"。便是一例。）明、清两代常州董氏名人，集中于武进前街分，宜兴胥井分望尘莫及。

清代著名文学家赵翼、李兆洛都歌颂武进董氏是一个诗人群体。赵翼在《半野草堂诗集序》中说：

> 国朝自顺治以来，吾乡诗人辈出，而要莫盛于董氏。其初，则有玉虬侍御文骥、文友文学以宁，与阮亭、竹垞并驾齐驱。继之者舜民孝廉元恺，亦极一时之誉望。迨其后出吾门者，为东亭庶常潮，沉博绝丽，直匹梅村、迦陵、西堂。辞章之盛，萃于一门，可谓难矣。近者复得一人曰定园。定园为诗，苦志毅力，勤删勇改，过其同侪诸子，蒋用庵、袁子才前

辈，皆称之不去口。余二十年前，曾见而异之。今……再阅定园之诗，而不觉终日不忍去也。其才之纵横恣肆，笔之雄俊矫逸，意之惨淡经营，气之磅礴郁积，春可使秋，冬可使夏，加以学识皆出入经史，非仅雕云镂月之观，荟萃唐宋以来大家，不专师法而自成一副性情面目，较之东亭为胜，且骎骎乎欲驾文友、舜民而上之。乌虖！其何以得于此耶。

李兆洛在《红豆诗人集序》中说：

盖先生之为诗，言必称情，藻必当物，凡辛苦愉乐之词，一视乎其境之所遭而不矫饰也。我朝诗人体之最正者，首推新城尚书，惟先生得其意。吾邑董氏文章之盛，自微泉、正谊两公擅名国初，梅坪继之，其风雅气谊，固与先生有合，及先生复起，三公之绪断而复续。

赵翼、李兆洛异口同声，赞扬武进董氏辞章之盛，他们所列举者，仅是代表人物，读者细阅本文，便知武进董氏诗人之众多。

在这个诗人群体中，有许多位兼词人，如第十四世董以宁早年有《国仪集》，不传；今存《蓉渡词》[②]。第十七世董达章有《半野草堂词》（兼擅曲，有《琵琶侠曲》《花月屏曲》），子董士锡有《齐物论斋词》。第十八世董潮有《漱花词》[③]。第十九世董基诚、祐诚兄弟有《玉椒词》[④]《兰石词》[⑤]，董基诚子董亮贻有《思无邪斋词》。董毅（思诚）有《蜕学斋词》（辑《续词选》[⑥]）。第二十一世董介寿再继配唐韫贞有《雨窗轩词》《秋瘦词》，子董祺有《吮雪词》《铸铁词》《碧云词》等（参《家乘》卷十九《艺文志》），次子董康有《课花盦词》。董康晚年尝汇刻其先人词集，附以己作，为《广川词集》，“亦可以觇其渊源所自矣”[⑦]。大量事实说明，词也是董氏家学，薪火相传。

在诗人、词人群体中，还有两位对天文历算舆地之学有杰出成就。前为董以宁，后为董祐诚。罗士琳续补《畴人传》卷五十《国朝·董祐诚》：

> 论曰：方立沉默精敏，所著书洵足以超迈古人，尤所撰之《历术序》，探本穷源，不独指摘其三蔽所在，且可使后学知因造之端，书虽未成，而其志实与元和李尚之秀才（锐）拟撰《司天通志》大略相同，皆有功于象纬者也。

梁启超《清代学术概论》十五："经学家十九兼活天算，尤专门者……董祐诚。"杨守敬《水经注疏·凡例》："董方立之遗稿，脉水事密，亦善长忠臣。"祐诚所著《割圜连比例术图解》《撱圜求周术》《斜弧三边求角补术》《堆垛求积术》《三统术衍补》《水经注图说残稿》及诗词文集等，汇为《董方立遗书》。武进前街董氏堪称清代文化家族之典型。

下面分"宜兴胥井董氏：耕读传家""武进前街董氏：文学仕宦并进""才女的悲剧人生""社会万象"四部分，介绍《家乘》独具的文献价值。正文采自《家乘》，文后之注释，采自其他典籍，供读者比较研究。

宜兴胥井董氏：耕读传家

据《宜兴胥井、武进前街董氏合修家乘》，庐陵董氏，南宋孝宗隆兴时迁居吴江。数传至董综（子绪），度宗咸淳时仕至左谏议大夫。董综长子董爰（亟行），有民族意识，不乐仕元。董爰长子董臣晋（维周）奉父隐居于宜兴之胥井。

在当时，胥井如世外桃源。"其地去县治百十余里，竹树参天，烟岚蔽日。"（张毅撰《董氏三世合传略》）"桃溪之南，万山拥抱，

复岭重冈，绵亘数百里，其间土厚水深……绝去城市嚣尘之习。”（《家乘》卷十三）

至于胥井之得名，传说“则由伍相避楚，策马饮井泉而著。地在县治西，故邑乘亦曰西井云”[8]（《董氏三世合传略》）。嘉庆《宜兴县旧志》卷一《疆域志·附考》：“胥井在县西南八十里，泉涌则溢，俗名西井（今仅存村名，实无井也）。”至明末，“董氏子姓繁衍，除胥井里聚居外，若王店、若前王、若东官路、官庄，远近散处，几及千丁。支有支长，分有分长，房有房长，事无巨细，一切禀之于族长”（徐坚撰《（董其方）传略》）。清乾隆时，第十六世董世辉“以胥井疆域有限，而子孙繁衍靡穷”，乃于十数里外之旷地“冈下园”，别营新居，“后嗣弥兴盛焉”（卷十三）。今统称胥井董氏。

今据《家乘》卷十三，选择胥井董氏第三世至二十二世中比较重要的人物，介绍其耕读情况如下：

【第二世】

董爰

隐士公讳爰，字亟行，谏议公冢子，家世为南宋盛族。生逢鼎革，不乐仕元。长子臣晋，奉公避地宜兴之胥井，林密山深，不闻理乱。（《家乘》卷十三，下同）

【第三世】

董臣晋

公讳臣晋，字维周，隐士亟行公长子。元初，奉父避地宜兴之胥井。竹树参天，有山可樵，其田可耕，不啻世外桃源。公披荆棘，辟草莱，成山中著姓。

【第十世】

董廷佩

大宾公讳廷佩，字东山。自维周公迁胥井，阅八世矣。公勤于治生，既饶竹木，复开煤矿，所得不赀，财雄一乡，悉推沃产与弟……西京孝弟力田之风，于是再见。

桃溪张毅撰《（董廷佩）传略》：胥井固处深山，而埌错长兴、广德之交，又沃土也，不徒饶竹树之利，而穴地开煤，所得不赀，等于金穴。公以此雄于财而未尝屑屑也。

【第十二世】

董秉钧

公讳秉钧，字存吾，大宾东山公之孙。席祖荫，称素封。

同里史宗训撰《（董秉钧）行略》：传至东山公，精计然筴，以财雄邑里。……自仲仁公操家政，慨然思恢复祖业……胥井界长兴、广德之交，饶煤竹枣栗之利，公相其土宜，以化居有无，赀日益裕，产日益拓，其创垂规画，与东山公埒。

董秉鉴

桃溪张翼祖撰《（董秉鉴）传略》：于是耕获菑畲，仿佛南阳风采，庄住惟三：一盂圩，一大田舍，一天井潭。凡佃者悉叨其祉。

【第十三世】

董志达

文学公讳志达，字显之，号霖寰。幼英敏好学，联姻广德王氏，甫弱冠，祝外舅寿，宗亲绅衿列坐，内兄养俊进士，戏之曰："王门无白衣婿。"公奋激下帷，不三载，游群庠，文名藉甚，屡试优等，补增广生员。

董志完

侄孙绍邦撰《（董志完）传略》：公少时颇颖慧，好读书，为文章，语多心得，然数奇，屡不得志于有司。

董志超

公讳志超，字君静。勇干豁达，家饶于财……因倾产开煤矿，费万金而煤不得，资竭矣，家仅存珠膝裤一双，典数金，雇工再开，煤涌出。不三载，获资数十万金，及今犹称“膝裤井”云。

【第十四世】

董其贵

公讳其贵，字以良。……公务农习商，勤俭起家，不二十年，高资巨缗，甲于乡里。

董其立

公讳其立，字意玉。君静公长子……旋随父开矿，获煤丰富，家累钜万，公赞助之力为多。

同里徐坚撰《（董其立）传略》：金泉五图地方，议开煤矿，非大有力者不能。君静公……愿破产为之，惟公亦竭力赞勷其事。开三年而煤利大获，月可致数千金，自是而富甲乡里。……延名师，日夕训子，五男两籍于庠，为邑高才生，而董氏之英奇，亦从此辈出矣。

董其章

公讳其章，字云表。……综理家政，资产丰厚。

同邑何联撰《（董其章）传略》：董氏本吾邑望族，世居邑之西南凡百里，负山以居，其地曰胥井。远山拱翠，隐若屏围，碧涧流泉，悠然琴韵，其中秀竹千竿，古柏苍松参错交映，凡高人逸士履其地，往往流连不能去。以故董氏虽代有文人，工诗赋，能文章，然卒多隐居以自乐，不屑以仕宦争名。其章公，又其癖于隐者也。

【第十五世】

董启毅

同邑潘宗洛撰《（董启毅）传略》：处士姓董氏，讳启毅，字仲章，世居宜兴胥井里。……处士卜居于文山之阳。文山去胥井数里，其初一荒埌也。处士剪荆棘，构数十楹，绕以筼筜，树之榛栗，倏焉长林葱郁，致利十倍。处士用能赤手成家，尽复祖宗故业，于此服其才略焉。

董启禄

公讳启禄，字子叙。幼孤家贫，辍学务农……家业亦渐振兴。

董启云

桃溪张建撰《（董启云）传略》：少读书聪颖，以少孤，遂弃举子业而勤家事。……公少年时，家业虽赢，犹以克俭勤，乃隆隆而起。洎晚桐川千亩竹，濑南千亩粟，金泉五百亩稻秫，一门手指数百余，比于封君。

【第十六世】

董佩瓒

文学公讳佩瓒，字书瀛。仲章公长子。年十七，补博士弟子员。擅文誉，工书法，不汲汲于功名利禄，纵游闽粤江浙，以开拓心胸，结交豪俊。

男南纪撰《（董佩瓒）行状》：年十七，与弟镨补邑庠生。

董世璧

公讳世璧，字天球。……于书无所不窥，会课常冠其军，而试于有司终不利。

同里徐坚撰《（董世璧）传略》：先生年七十余，应童子试，改名不懈，人以其功名念切，至老不衰也，孰知先生之于大义，一息尚存，惓惓悬悬如是乎？自名不懈，信不诬矣。

董世泽

文学公讳世泽，庠名怀书，字邃学。……年十一，即熟《左》《国》《史》《汉》。……朝耕夕读，文名益振。年垂三十，县试冠军，始籍于学。

董世辉

太学公讳世辉，监名仪廷，字宣哲。颖悟嗜学，应京兆试，以额满见遗，房师李太史倬深惜之。

董世坤

公讳世坤，字广含。少颖异，喜读书，家贫无以延师，攻苦益坚，学则大进而不利有司。

董兆升

太学公讳兆升，监名一鹏，字念勋。九叙公次子。……才艺为侪辈所宗，而顾困于场屋者数十年。……孙晋培，有声庠序，实公教成之也。

【第十七世】

董南纪

文学公讳南纪，字宗少。文学书瀛公长子。家世读书，公能继其业，六籍无所不窥，早岁列于庠，名益振。

董南梅

公讳南梅，文学书瀛公子。幼读书，过目成诵。及长，文思隽异，气魄恬雅，酷似归熙甫、胡思泉一派，识者咸谓有名家风度。郡县试辄列前茅，卒以额溢见遗。

董凝章

公讳凝章，字金度。生有远志，举业孟晋，乃屡摈于有司，而一生精神，专注读书，家业中落……犹晨夕课子不辍。或有风以务农为本，奚必骛文士名，公笑不答。子焕墀，果籍于学，名重当时，公之志于是稍慰矣。

【第十八世】

董西园

公讳西园，字东和。性颖悟，好读书，手录诗古文辞及名家著述，无虑数百卷，终日孳孳，至老不倦，数奇下第。

董性良

吴穗堂撰《（董性良）传略》：家道日蹙，遂辍学务农……以至立业成家。

董焕墀

文学公讳焕墀，字补台。……未壮，列于学官，文采斐然，蜚声庠序。

董晋培

文学公讳晋培，字曾裕，号心屋。幼读书，过目成诵。弱冠游庠。秋风屡踬，竟困鹏抟。

【第十九世】

董斗才

公讳斗才，字魁元。少时贫寒，辍学业农，力耕疾作，家乃渐起。

董士宏

公讳士宏，字应元。生而颖敏，于书无所不读，作文有兀奡气，屡试有司，未青一衿。

【第二十世】

董福珍

公讳福珍。少聪颖，读书一目十行下。及长，浏览四库，贯通大义，为诗古文辞，咸有家法，书法制艺不为苟同，历试偃蹇。……公遇益穷，学益进。

【第二十一世】

董德林

公讳德林，字运才。幼慧敏好学，不规规于寻章摘句……遭洪杨乱，辍学，时平，家业荡然，勤于操作，旋规复旧观。公才堪用世，有劝之仕者，公曰：业农吾本务，他非所愿也。卒高隐以没世云。

董信魁

公讳信魁，字性奎。早失怙恃……时时以未能读书上进为憾，延师课子，极致忠敬。次子其良，果早岁游庠，文名籍甚……

孙董承康撰《（董信魁）行述》：先大父志向，复与众异，目睹百家之村，知书者极少，斯文一脉之传，惧将失堕，乃令吾父出外求学，伯叔父在家理产。……逮吾父入泮后，里中学风大开，至今而寖盛矣。

董新复

公讳新复，字兆和。……常憾山居独学寡闻，闻文士足音跫然而喜，必殷勤延接，曲致其情。

综合以上，可以看出，作为乡村大家族典型的宜兴胥井董氏，有几个特点：（1）因地制宜，从事农、林（竹、果）、矿（采煤）业，兼营商业，自产自销，发家致富，久盛不衰。（2）第十二世之前，没有功名，第十三世董志达是胥井董氏的第一个秀才。而同辈董志完“屡不得志于有司”，第十六世董世璧“试于有司终不利”、董世坤“不利有司”、董兆升“困于场屋者数十年”，第十七世董南梅“以额溢见遗”、董凝章“屡摈于有司”，第十八世董西园“数奇下第”，第十九世董士宏“未青一衿”，第二十世董福珍“历试偃蹇”，可见乡村知识分子中秀才之不易。在这种形势下，董氏子孙“多隐居以自乐”，放弃功名（何联撰《（董其章）传略》）；个别人如董世璧，改名不懈，年七十余还“应童子试”。胥井董氏中秀才者寥寥无几，没有中举、中进士、仕宦者。（3）明、清两代以八股文取士，乡村中缺乏精于八股文的塾师，使胥井董氏子孙在接受教育方面有局限，也就在科场竞争中处于劣势。第二十一世董信魁有鉴于此，命其子董其良“出外求学”，“果早岁游庠”，家族中这样的例子太少。（4）既然科举这条路大多数人走不通，董氏子孙中孤贫者，只有“弃举子业”而“辍学务农”了。

武进前街董氏：文学、仕宦并进

董综二子：长子董爰，次子董厦（观澜）。董爰二子：长子董臣晋，次子董臣鲁（思齐）。董厦二子：长子董臣檠（博古），次子董臣传。张毅《董氏三世合传略》云：

> 维周公曲体父志，乃与从昆季博古公同行异情焉。博古公讳臣檠，亟行公侄也，仕元为常州路儒学教授。其教一宗许鲁斋，负笈请业者，不远千里，遂卜居于武进，今后街派之祖也。维周公曰："弟为庠序师，以嗣吾祖。予为山林士，以慰吾亲。不两得乎?"因率弟奉父亟行公避地之宜兴胥井，其地去县治百十余里……

这就是说：董臣晋、董臣鲁兄弟奉父隐居于宜兴胥井；而董臣檠出仕于元，居于武进。许鲁斋名衡（1209—1281），字仲平，河内（今河南沁阳）人，宋元之际学者，讲程朱理学，为元朝统治者策划"立国规模"，官至集贤大学士兼国子祭酒。许衡曾于关中大兴学校，故张毅云董臣檠"其教一宗许鲁斋"。

董臣檠要求董臣鲁留在武进，但臣鲁不做官而经商。董氏兄弟的不同志向，张毅描写得很生动，

> 维时博古公谋于维周公曰："兄山居而素封，弟郡处而孤寂，兄之志不可强，思齐弟之居，或可偕处乎?"公曰："诺。"思齐公乃留武进，与博古公接埌而居，号为前街，以别于后街也。博古公宗许鲁斋以教人，思齐公宗许鲁斋以治生，俯取仰拾，富甲闾里。厥后二惠竞爽，前街之科目凡若干人，后街之科目凡若干人，蝉联正未有艾。

本文所据为《宜兴胥井、武进前街董氏合修家乘》，故对武进后街董氏情况略而不谈。

武进前街董氏二十二世孙董康说：“吾董氏自谏议公著节南宋，后人不仕胡元。……次孙思齐公迁居武进前街，隐于商。”（《重修董氏胥井前街合谱序》）他所说“隐于商”，是元朝情况，至明、清两代，前街董氏子孙已不热衷于经商，而是以登科、仕宦为荣，以文学为美的书香门第了。宋荦称赞董以宁子董大伦“能读父书，思缵先绪”。曾燠称赞董达章子董士锡“所学之有本”（均见《家乘》卷十九《艺文志》）。光绪《武阳志余》称赞董祐诚子董贻清“承其家学”。这都是符合历史事实的。我们衡量董氏家族仕宦、文学两方面的成就，以文学为高。

今据《家乘》卷十四，选择前街董氏自第三世至二十二世中比较重要的人物，介绍其文学、仕宦情况如下：

【第三世】

董臣鲁

处士公讳臣鲁，字思齐。从兄臣粲，字博古，元至治间官常州路儒学教授，公从至常州，遂卜居焉。教授公教士，以鲁斋许衡为宗。衡尝谓学者治生为先务。公则雅意立业，俯拾卬取，其营理纤啬物无所弃，课役僮隶，各得其宜，故高资巨缗，甲于乡里。（《家乘》卷十四，下同）

进士

【第九世】

董绍

新昌公讳绍，字宗远，号退斋。明正德癸酉举于乡，嘉靖癸未登进士第。公少勤于读，恒夜分不寐，或至达旦。父承事公怜其弱也，力止之。夜则纳膏火于甓中，弗令承事公见，人定而后起，以为常。卒成进士，授江西新昌县知县。

注：董绍事迹，载《江西通志·名宦传》《常州府志·人物传》《武进县志·宦绩传》。唐琁撰《（董绍）行状》："三试礼闱不第。"董绍中举之后十年始成进士。

【第十世】

董士弘

副使公讳士弘，字体仁，号后峰。明嘉靖辛卯举于乡，辛丑成进士。……授（户）部主事，历员外郎、郎中，迁兴化府知府，转浙江按察司副使。

注：董士弘事迹，载《常州府志·人物传》《武进县志·宦绩传》。唐鹤征撰《（董士弘）行状》："盖公一生精力，独注于莆，而风采亦独著于莆也。""民为之谣曰：'一代颠，一代贤。董太府，万万年。断公事，心不偏。入私衙，不要钱。董太府，万万年。'"

【第十二世】

董应誉

石城公讳应誉，字圣褒，号碧涵。少受业于张清惠公之门，中明崇祯壬午举人。入国朝，登顺治己丑进士，授江西石城县知县。……督、抚最其能，为七十一州县之首。

【第十三世】

董上治

工部公讳上治，字智甫，号巽峰。中顺治丙戌举人，丁亥进士。初任襄阳县知县……迁工部都水司主事，掌郎中印。会通惠分司请代，朝廷以通惠重任，非公不可。

注：孙自式撰《（董上治）墓志铭》："始公令襄时，得疾，唾血有紫色……及督于河，益甚。历寒暑昼夜，未尝稍休息，以至于终。"

【第十五世】

董大翮

天台公讳大翮，字清怡，号武峰。崇祯壬午，举于乡。国朝顺治丁亥，成进士，授浙江鄞县知县……起补浙江天台县知县……公所著有《西湖吟》《天姥吟》《菜根颂》诸诗，《春秋考异》《史汉参疑》《毛诗博物志》。

注：董大翮事迹，载《阳湖县志·宦绩传》。吕宫撰《（董大翮）墓志铭》："余旧位少冢宰，所诠次县令，未有如公者；而数奇不偶，未竟其用，亦莫如公。"

董巽祥

兵部公讳巽祥，字志洁。号缙风。年十四，补邑诸生。十九，举于乡。二十，成进士，授陕西紫阳县知县。……补凤翔。……迁平凉府同知。……寻擢兵部职方司员外郎。……降级，调光禄寺署正。

注：董巽祥事迹，载《常州府志·人物传》《阳湖县志·宦绩传》。孙自式撰《（董巽祥）墓志铭》："君生未期而孤，太安人抚之成立，由是发愤攻苦，非夜分不卧，黎明则又诵声琅琅矣。""顺治戊子举人，己丑进士。"

【第十六世】

董佩笈

川东公讳佩笈，字特瀛，号岵瞻。九岁通《左氏春秋》。……

康熙乙卯，举顺天乡荐。壬戌，登进士，授海盐知县，调天台。……擢吏部主事，历员外郎，中督学江右，补川东道。

注：董佩笈事迹，载《阳湖县志·宦绩传》。同县邹光涛撰《传》。董仲述《（董佩笈）行状》："府君资性颖悟。九岁喜读《左氏春秋》，十岁善属文。"

【第十七世】

董熙

岷州公讳熙，字厘采，号春台。乾隆戊子举人，候选直隶州州司。乙未，成进士，授甘肃肃州直隶州州同。权敦煌县知县，肃州知州。……擢岷州知州。

注：周景益撰《（董熙）墓志》："君生颖异，甫成童，执经侍大父右，伛偻听讲，终日无倦容。比长，能文章，出必冠其曹。"

【第十八世】

董潮

庶常公讳潮，字晓沧，号东亭。少孤，育外家陈氏，占籍海盐……幼读书卓荦有识。稍长益肆力诗古文词，工为骈俪文，诗得六朝气体。乾隆丙子，举浙江乡荐。辛巳以礼闱备卷，补内阁中书，充《通鉴辑览》纂修官，群以三长推服。尝与同人宴集钱牧斋宗伯旧宅，作《红豆诗》，稿脱，名公巨卿无不倾倒，一时传诵遍都下。癸未成进士，改庶吉士，假归，群人延修武阳两邑志书，博雅详赡，垂成卒。著诗文十余卷[⑨]，已梓者见《嘉禾八子集》。

注：董潮事迹，见《阳湖县志·文学传》。朱琰《书红豆诗人〈金台集〉后》："右《金台集》，东亭公交车所作也。自初发至归，月十四回圆，得诗百又八首，联句一首。……东亭每于古人踪迹所在，流连慨慷，以发抒其平日读书之志。其他则良朋唱和，花晨月夕，旅馆陶写，往往寄其乡思。至随南兰先生校艺燕都，往来道

中，所遇名胜日多，所作日富。又以余闲习射，夜灯之下，题句紫微之堂，风流辉映，逸情云上，岂笨车蹇驴之客，所可同日语哉！……其《重入都有感》云：‘剩有新诗题岁月，原无故刺到公卿。’此何如人耶？宜其诗之进而不止矣。戊寅夏五，砚弟朱琰跋。”《家乘》卷二十《附录》：“庶常东亭公，以海盐籍登第，诗才沉博绝丽，为嘉禾八子之冠。……袁子才《随园诗话》云：‘丁丑春，陈古愚袖诗一册，来告予曰：“得一诗人矣！”适黄星岩在山中，三人披读，乃常州董潮字东亭者所作也。其《京口渡江》云：“轻帆如叶下吴头，晚景苍茫动客愁。云净芜城山过雨，江空瓜步雁横秋。铃音几处烟中寺，灯影谁家水上楼。最是二分明月好，玉箫声里宿扬州。”想见其人倜傥。癸未，阅邸抄，知与香亭同中进士，入词馆。予方喜相交之日正长，不料丁艰后竟卒。余因思未见其人，先吟其诗而相慕者，一为蒋君士铨，一为陶君元藻，皆隔十余年欣然握手，惟董君则始终隔面，渠未必知冥冥中有此一知己也，呜呼！’(王昶)《蒲褐山房诗话》云：‘东亭绮岁能诗，与沈文恪初有十子之刻，金春玉应，为世所称。既而赘婿海盐，兼以饥驱奔走，故其词句凄锵。如《感事》云：“已悲阅世同刘峻，莫更逢人说项斯。”《芙蓉池》云：“豆泣釜中知有恨，蒲生塘下更堪悲。”《姑苏怀古》云：“歌残白苎春方醉，采得黄丝夏已销。”《料敌塔》云：“戍卷寒沙腾枥马，城荒晚角下鞲鹰。”《中山杂感》云：“郡控三关雄臣鹿，峰连千里走飞狐。”《刘去华词》云：“青史几人高谏议，白麻当日哭延英。”皆名句也。一入词垣，即登鬼录，玉树生埋，殊堪霣涕。’”

董思駉

浔州公讳思駉，字惠畴，号心牧。幼颖悟，七岁解吟咏，为从兄东亭公所称赏。弱冠补博士弟子员，文名籍甚，名公卿争延致之。困棘闱垂二十年。乾隆丙午，举顺天乡荐。己酉，成进士，授户部主事，补山西司兼福建司及井田科事。……在户曹十年，度支出入，务为国家存大体，不肯毛举细故，同官无不以公为长者。嘉庆戊午，授广西浔州知府，语人曰："吾少时读《汉书·循吏传》，辄慕其所为，今可以古人治行，见诸实事矣。"

注：左辅撰《（董思駉）墓志铭》："赠公卒，君甫九岁。""甫成童，即见赏于秦涧泉先生。陈太宜人卒，家计日窘，往往断炊，而君益自刻厉。"《家乘》卷二十《附录》："浔州公少慧，七岁即解吟咏。尝口占三字韵云：'春光融，燕燕语。桃花风，梨花雨。'从兄东亭公为之击节，赠诗有'燕语桃花绝妙辞，爱君总角解吟诗'之句。甫成童，即见赏于秦涧泉先生。时先生主龙城书院，试辄首列。尝携公游城北青山庄，脱屧以赠，曰：'他日定当踵步。'其期许如此。"又引汤大奎《炙研琐谈》："（董潮）其从弟惠畴，亦少有隽才，如'黄鹂几个树依涧，蛱蝶一双人闭门'，咏春草句也。"

董大醇

汝州公讳大醇，字映珊，号后江。少好读书，不事生产，家日落，因北游，占籍顺天府学生。……嘉庆戊午，举于顺天。己未，联捷进士，点庶常。散馆，改知事。历官山东邹平、日照县知县，河南淇县、孟县知县，洊升郑州知州、汝州直隶州知州，所至有政声。

【第十八世】

董基诚

开封公讳基诚，字子诜，号玉椒。嘉庆癸酉顺天副贡，丙子举人，丁丑联捷进士。官户部浙江司主事，贵州司员外郎，改刑部，洊升郎中，以知府发河南，署怀庆知府，授南阳知府，调开封府知府。……著有《古文》《骈体文》《玉椒词》《螟巢集》《应世文稿》《粤东记录》。

注：董基诚事迹，载《武进阳湖合志·宦绩传》。董亮贻等述《（董基诚）行略》："幼即好学，无书不读，读不厌数百遍，终身不忘……由是通经史百家言，叔父方立公亦沉敏笃学，友爱靡间，时人称元方季方云。""少时与叔父同学为骈体文。稍长与洪幼怀符孙、张彦惟成孙、方彦闻履篯、杨劭吉士昕、潘念谖准诸先生友善，商榷文字，往来无虚日。府君为文，由齐梁上溯魏晋，不事琢镂，不披检典籍而文成，辄沉博雅丽，诵者叹绝。""其《移华馆文集》[10]二卷，与叔父所著合梓行。"

【第二十世】

董似谷

粮储公讳似谷，字蓉初。中牟公讳敏善三子。累世科第，中牟公……及见公举道光辛卯京兆解首，戊戌成进士，入翰林，则大慰。公回翔清秘十余稔，奉命充乡会试房考……咸丰中，升司经局洗马，授江西南安府知府。……稍迁简用道，需次派官书局总办。光绪初，再权粮储盐法道，年已七十矣。戊寅解组旋里，作留别诗四章云："追维先德济时艰，治谱流传愧未娴。早岁登科叨上第，中年作宦历清班。因人碌碌终何补，笑我皤皤始得闲。壮志已消休恋栈，倦飞恰似鸟知还。""旧是先皇侍从臣，几回优渥荷恩纶。曾持玉尺勤求士，敢说金针巧度人。身住蓬莱经小谪，心依堂陛感深仁。江州司马怜同调，两鬓频添白发新。""天涯沦落几寒暄，遣兴惟消酒一尊。温饱原来非我志，穷愁那肯向人言。幸蒙大府襟怀契，更得同僚气谊敦。惜别匆匆增怅惘，江干回首暮云屯。""廿载西江忝备员，升沉不问但凭天。粟刍再掌勤飞挽，桑海回头任变迁。心系枌榆驰远道，质同蒲柳感衰年。者番喜逢莼鲈愿，啸傲林泉学散仙。"淡泊明志，可见一斑。

【第二十一世】

董若洵

柳城公讳若洵，字景苏。……幼承家学，有声庠序。贡授如皋县教谕，抑郁不自得。光绪癸巳举于乡，戊戌成进士，点庶常，……癸卯散馆，改授广西柳城县知县。……调权崇善。

【第二十二世】

董康

府学生。光绪戊子举人，己丑进士。（《家乘》卷十六《恩荣志·进士》）刑部江西司主事，免补员外郎，以郎中升用候选道，补授大理院刑庭推事，简任大理院推丞，特任大理院院长，兼全国捕获厅厅长，司法总长，财政总长……勋二位。（《家乘·恩荣志·职官》）

董秉清

廪贡生。光绪壬寅补行庚子、辛丑并科举人，癸卯补行辛丑、壬寅并科进士。（《家乘·进士》）四品衔浙江即用知县、知事试验考取，签分福建，任命永泰县知事，调署平潭县知事，兼任警察所所长……在任存记简任职。（《家乘·职官》）

举人

【第十一世】

董言诗

孝廉公讳言诗，字用兴，号震峰。万历癸酉举顺天乡荐。……工于文，有玄解，出入议论，必倾其座。

注：唐鹤征撰《（董言诗）墓志铭》：“公入棘闱，辄不利。久之……万历癸酉，余忝分试北畿，公始入彀。……自是凡七上春

官，有从臾赴选人者，公辄谢之。”

【第十二世】

董应扬

参政公讳应扬，字于廷，号寅谷。……万历己酉乡举礼经第一人。己未谒选，得池州铜陵县广文。……甲子升翰林院待诏。乙丑转兵部司务。丙寅调吏部。丁卯晋兵部武选司员外郎。己巳升广西布政司参议，适边关纳属国贡使，公信义所孚，肃然成礼，具载公所撰《款关记》。……所著有《礼经衷说》《黉中草》《燕中草》《粤中草》《黔中草》[11]《陪巡新城诗》，刻版行世。

注：董应扬事迹，载《常州府志·人物传》《武进县志·宦绩传》。钱春撰《（董应扬）墓志铭》：“为孝廉十年……三上公交车，以数奇厄一第。”“著述甚富，如……《批阅易解》……皆手自汇成帙。”

【第十三世】

董复

通政公讳复，字顺行，号天来。崇祯癸酉举于乡。癸未中副榜第三人。起家保定府推官。入国朝，授兵部职方司主事，改云南道御史……外调山东按察司经历，署济南府推官，内升大理寺副，转左寺正……晋通政司右参议。

注：庄绛撰《（董复）行状》：“癸未会试，为本房梁公兆旸所赏，以策语触时相忌，抑置副榜第三人。”吴正治《旅吟序》：“吾师董天来夫子，身履艰虞，养深动忍，其容恂恂，其言蔼蔼，故于诗不涉纵横，而归于蕴藉，所为温柔敦厚者，已于五七言中遇之矣。”

【第十九世】

董祐诚

孝廉公讳祐诚，字方立，号兰石。由廪贡生中嘉庆戊寅恩科顺天乡试举人。初名曾臣，乡举后乃更今名。幼有夙慧，五岁晓九九数，稍长博极群书。始工为汉魏六朝之文，继复肆力于舆地名物之学。……所著书曰《割圜连比例术图解》三卷、《撱圜求周术》一卷、《斜弧三边求角补术》一卷、《堆垛求积术》一卷、《三统术衍补》一卷、《水经注图说残稿》四卷[12]、《文甲集》二卷、《文乙集》二卷[13]、《兰石词》一卷，殁后五年，兄基诚始序而刻之。《五十三家历术》十卷，其稿尽亡，仅存序目。道光二年，舆地图四十有一，同县李兆洛合为一图，刊板行世。

注：董祐诚事迹，载《国史馆儒林天算家传》《武进阳湖合志·文学传》。同县李兆洛撰《董方立（祐诚）传》："方力负经世才，衣食奔走，足迹半天下。凡夫山川形势，政治利弊，采览所及，历历识之不忘。少时喜为沉博绝丽之文，稍长更肆力于律历数理舆地名物之学，涉猎益广，撰述亦益富。平居于世俗事，绝无所嗜，特善深沉之思，书之号钩棘难读者，一览无不通晓。复为出新意，阐隐曲，补罅漏，专门名家殚数十年之力而探索之者，方立晨夕间已突过之。……又自念才可用世，思以功名见，而屡进屡蹶，仅一得解，三试礼部，辄见摈，意不能无拂郁。又所治书，皆隐颐深微之书，读之疲神，而方立乐之不厌，虽精慧倍人，然用之无节，耗竭不觉，以明自销，以香自烧，此尤父老所为痛哭于龚生者也。"

【第二十世】

董贻清

朝议公讳贻清，字叔纯，祐诚公次子。中道光癸卯顺天举人。……选授四川青神县知县，历署成都、华阳、郫县知县，巴州知州，资州、绵州、酉阳直隶州知州，候补知府。[14]

注：董贻清事迹，载《武进阳湖县合志·宦绩传》。著有《偶存集》，附于《移华馆骈体文》后。

【第二十一世】

董介寿

赠中宪教谕公讳介寿，字子敬，号酿春。……幼慧绝伦，九龄通五经。弱冠游郡庠。举咸丰己未乡榜。……历署太仓州学正，崇明县教谕，元和县训导。同治辛未应大挑……授如皋县教谕……再选泰兴县教谕。

注：董秉清述《（董介寿）行略》："累世积学，潜德不彰。"

董承桂

孝廉公讳承桂，字济美，号馥堂。垂髫列府庠，旋登咸丰辛亥乡试恩榜，年未冠也。……庚申突经离乱，莫诉穷愁，遽投井卒。陆太史尔熙哭以诗云："醇醴周公瑾，文章刘孝标。"可想见其为人。

【第二十二世】

董祺

少将公讳祺，字绶紫。赠资政文学介贵公长子。……弱冠游庠。……己丑捷京兆试。……为乌库科唐镇抚使陈毅辟充军法科科长。……公佐军政暇，以诗词自遣。其《陈宫杂咏》句云："妃子丽华亲写勅，胭脂痕衬墨痕斜。"争传诵之。生平著作甚富，有《风风雨雨轩骈散文集》《吮雪词集》《铸铁词集》，均散佚。弟康，检遗箧，仅存《碧云词》一帙，校刊行世。

注：董康撰《（董祺）传略》，云董祺"原名受祺"，祺著《碧云词》之《自序》云："信笔为词，于抑郁无聊之乡，以自秽而自放弃，吁！亦足悲矣。"黄丽中《序》云："视前《吮雪》《铸铁》

二刻，辞意愈婉，法律亦较精严。”王式通《序》云：“君自序抑塞不平，词之佳处，雅近北宋。”董康《序》云：“此卷皆罢官丧耦后作，回曲隐轸，恒假物以宣滞，声情激宕，往往肖其为人。顾性不习拘检，时或率易出之，兹不敢有所去取，以存其真。”

其他

【第十四世】

董以宁

文学公讳以宁，字文友，号宛斋。少敏慧，七八龄，辄善属文。既长，能诗歌古文词，日数千言，操管立就，名噪海内，倾其曹，四方知名之士，无不慕与之交。……公才名虽籍籍，而不利于主司，终以诸生卒。所著有《正谊堂文集、诗集》[15]《蓉渡词》，皆刻板行世。

注：董以宁事迹，载《常州府志·人物传》，略云：“喜为歌词及排偶文，越数年弃去。专意于诗，数年又弃去。专肆力于古文词天文历象乐律方舆之旨，多所发明。后益穷治经学，弟子恒数百人。”《正谊堂文集》姜宸英《序》：“余读董子之文，涵泳乎三代，泛滥乎百氏，其于吾之所欲为者，夫既已优为之矣。”叶方蔼《序》：“凡为序记书论传赞铭表杂著若干卷，乐府古诗近体又若干卷，渊乎其靡穷极，浩乎其靡涯涘，政如秦之咸阳，楚之鄢郢，齐之临淄、即墨，大国之都会，无所不有，虽辨博洽闻之士，犹将望洋而叹。”宋荦《序》：“予未弱冠，即笃好古文辞，思遍交天下奇士。于同邑交侯子朝宗最先，其后渡江而南，则交董子文友于毗陵，爱其古文与朝宗等。盖朝宗之文，奋迅振耀，如疾雷破山，电光穿屋，骇人心目，其文得雄气为多；而文友之文，英气秀发，如三伏日凉风徐引，甘雨忽来，无不爽然于心，快然于目。……朝宗古文独为之举世不为之时，以创于北，而其后古学大兴于南方，则

自文友开其先。……乃文友英气，得之于天，一往骏爽，可称有笔，其文较穆伯长、苏子美之伦，诚不愧，诗亦清雅可诵，要与朝宗并传于世，无疑也。”《正谊堂诗集》谢良琦《序》：“董生天才英发，自其少时，书已无所不读……尤笃学嗜古不倦，上综黄虞，下迤昭代，事无巨细，莫不推原所以兴衰得失之故……作为文章，以申先王所以立言垂训之意，不负于学者之心，而又以其宜于诗者，出而为诗，呜呼！是岂仅以诗称名南北者哉。”

【第十五世】

董大伦

文学公讳大伦。以第五伦字伯鱼，因以叔鱼号。四岁，父文友公卒。长，偕兄汉求，受业湘灵钱先生之门，工诗文。补县学生。悉读正谊堂所藏书。……姜西溟云：“叔鱼诗，新颖沉郁，突过乃翁。”王阮亭云：“不愧名父之子。”宋漫堂云：“恐不永年。”已而果以呕心血死。所著《梅坪集》，县令孙君椒圃梓之，与恽南田、胡芋庄、陈西林等合刻《毗陵六逸诗》[16]。

注：董大伦事迹，载《阳湖县志·文学传》。徐永宣《梅坪集序》：“吾友董子叔鱼，吾党之诗人而通于《易》者也。……见其怀人咏物凭吊赠投，绵丽恻怆幽秀深稳，盖原本于少陵昌黎，而渐渍于长庆，出入义山、致光、牧之、庭筠之间，深有得乎《三百篇》温柔敦厚之旨趣，而菁葱茂美，神味曲包，则阳气之发生也。”[17]

董大儒

汉求讳大儒，一名相。著《楸巢集》，与梅坪才名相埒，惜全稿已佚。

董洛

文学公讳洛，字丹书，武进县学生。著作为士林所重……出其门者，多以文行称于时。

【第十六世】

董时鸣

文学公讳时鸣。天台公第四子也……卒，公甫八岁，叔大集抚教之，学大进。工诗文。赘金陵，补上元县学生……著有《闻妙斋诗词稿》。

董子位

教谕公讳子位，号俟庵。博学有识，补县学生第一，试辄冠军。丁卯秋，以额溢中副榜。……著《居易斋稿》。

董子音

相安公讳子音，号天闲。国子监生。授主簿，降补江西相安巡检……哦松咏菊，有古仙尉风。

董子式

教谕公讳子式，字直方。少与兄子翼勤砥砺，尽读父书，工诗文。中康熙辛卯副榜。

董宁鲁

太学公讳宁鲁，字御万。……族承焻为鹤庆守，公襄理幕务，多所裨益，黔民德之，去时有《骊歌志别诗》纪其事。

【第十七世】

董履福

文学公讳履福，字坦孙，号泰安。少颖悟。父立正公多手录书，凡所授，悉通贯。补县学生，试辄高等。博参经史，尤邃于《春秋左氏传》。……著有《经史参》《春秋传属比》《省克录》《旋吉斋诗文稿》。

董达章

太学公讳达章。……十应棘闱试不第，遂绝意仕进。居京师，蔗林相国为侍郎，欲举公日下旧闻馆眷录，力谢之，后不复往见。为学综博，尤工于诗……著有《诗文词》《制义》《定园随笔》《游记》《琵琶侠曲》《花月屏曲》，凡三十三卷。

注：吴育撰《（董达章）墓表》："君讳达章，字超然，号定园。""入赀为国子监生。""独喜为诗，今所传《半野草堂集》是也。""凡所至燕豫齐晋楚粤之地，风云变色，人物异态，凉燠迁换，事会乘除，一用之于诗，其巉刻感愤之志，雄厉凄清之气，足以造其冥，穷其致，而加之以山步屺之思，既可感又可悲也。"董达章《半野草堂诗集》曾燠《序》："毗陵古多诗人，近日黄仲则尤著。……（定园）是尝与仲则交，仲则推为畏友者。于是益信毗陵之多诗人……矣。定园负才不遇，以鬻文为衣食计，尝北走燕晋，南逾荆衡，留滞于交广间，舟辕之劳瘁，风波之惊沮，名山大川之奇，虫鱼花鸟之趣，与其一切牢骚侘傺不平之气，一寄之于诗，所谓穷而后工者，殆其然欤?"杨炜《序》："吾友董定园，亦悲歌慷慨士也。……余督防高、廉，定园偕林晓岑太守来，赠余以诗，余始与之迭相酬唱，韵至八九迭不为疲，始叹余之与定园，三十年来，交臂失之，今乃知定园之工诗也。定园更出其《琵琶侠》填词三十二折示余，读之令人悲壮淋漓，有拔剑欲鸣之势，其为悲歌慷慨之士益信。……至定园之诗，风发泉涌，复如水银泻地，百孔千窍，无所不入。"

【第十八世】

董士锡

州佐公讳士锡。少颖敏好学，未弱冠，斐然有声。长益综博典籍。张皋文编修，以经术名世，为公舅氏，公从游，尽传其学，淹通经史，而于《易》虞氏、《礼》郑氏、《春秋》何氏为尤精。工诗古文词，渊渊乎文质均剂，所诣深粹，非一时名流所及。晚更笃嗜阴阳五行之说，覃思殚力，自成一家言。……生平足迹半天下，所至教授生徒，主讲书院，纂修官书，名公巨卿敬礼之。凡十应乡试，中嘉庆癸酉科顺天副榜。……著有《齐物论斋集》二十二卷、《遁甲因是录》二卷、《制义》一卷，《遁甲通变录》《形气正宗》皆未成，赋、家谱、词已刊，余未刊。

注：吴德旋撰《（董士锡）传》："君讳士锡，字晋卿，一字损甫。""君好治阴阳五行家言，殚心者数十年。"胡思敬《齐物论斋文集跋》："近世言古文者，分桐城、阳湖为二派。晋卿师皋文而友祁生，观其与林仲骞书，赠沈文起、魏赞卿序，深湛之思，以绵眇出之，令人咀嚼不尽，信乎其能衍阳湖之绪矣。必欲画乡井而限以宗派，不但同时如子居、申耆，各分坛坫，即晋卿笃守师说，轨辙亦不尽同。""编为五卷，刊之南昌。"

【第十九世】

董昕（附：董光远）

太学公讳昕，字念鞠，号晓堂。岁贡生。……笃学不倦，数奇艰于一第……著有《经义诠微》《周礼、仪礼汇要》《晓堂诗文稿》。子光远，亦能诗，早卒。

董良史

貤封公讳良史，原名熊祥，字太占。父奂望公卒后三月而生。……弱冠即博览典籍，肆志于古文辞，兼工吟咏，著有《古桐轩诗草》。《偶题》句云："雨酣山骨洗，风急树头忙。"又有"荒村半夕阳”之句，皆得诗中三昧。

董敏善

中牟公字裕来，号蔼如，幼习举业，屡试不售，援例补河南浚县县丞……后升中牟知县。

注：董敏善事迹见《武进阳湖县合志·宦绩传》。翁心存撰《（董敏善）墓志铭》：“君讳敏善”，“其后尝奉檄摄滑县事，道出浚县，浚、滑两县民闻君至，扶老携幼，迎拜车下者数千人。会九日两邑绅士燕君于大伾山，酒酣赋诗，念曩昔患难相依，时坐中皆感喟泣下，君亦欷歔不自胜，因罢去”。

【第二十世】

董亮贻

通守公讳亮贻，字仲明，号俪青，开封公基诚长子也。国子监生，屡试不售，援例分发浙江通判。

注：董亮贻事迹载《武进阳湖县合志·忠节传》。程兆和撰《（董亮贻）死事纪略》。

【第二十一世】

董澄

乐昌公讳澄，字秋江。……补江阴县学生……援例得巡检，分粤充省城总巡。……补援乐昌县巡检，保升县丞……

注：江阴孙晋诒撰《传赞》。子董寅亮述《行略》：“处乡著《治河策》一卷，在粤著《客中偶笔》一卷，均待搜访残佚付梓。”

综合以上，可以看出，作为城市大家族典型的武进前街董氏，有几个特点：（1）第八世之前，没有功名，第九世董绍，是前街董氏第一个进士。明、清两代，前街董氏共有十六个进士，分析如下：一、明代进士二人，清代进士十四人，可见前街董氏盛于清代。二、清顺治朝进士四人，康熙朝进士一人，乾隆朝进士三人，嘉庆朝进士二人，道光朝进士一人，光绪朝进士三人，以顺治朝进士为最多。三、董上治、董大翮是顺治四年丁亥（1647 年）榜进士，董应誉、董巽祥是顺治六年己丑（1649 年）榜进士，短短两年中，前街董氏四个人得中进士，这是历史的机遇。顺治元年甲申（1644 年）爱新觉罗·福临于北京即皇帝位，当时南方尚未平定。二年乙酉（1645 年）清兵下南京，南明福王朱由崧弘光政权覆灭，但抗清力量此伏彼起，屡挫屡战。《清史稿》卷五百《遗逸传序》感叹说："天命既定，遗臣义士犹不惜九死一生以图再造，及事不成，虽浮海入山，而回天之志终不少衰……何其壮欤!"清王朝为了网罗汉族士大夫，迫不及待地举行乡试、会试。顺治三年丙戌、四年丁亥、六年己丑，接连三次开科取士。当时尚未安定的南方，汉人北上应试者较少，录取较易。这是前街董氏有四个子孙能在两年间得中进士的特殊历史条件。（2）明崇祯六年癸酉（1633 年）举人、十六年癸未（1643 年）副榜进士第十三世董复，仕于清，著《旅吟》，是前街董氏第一个有诗集者。清代前街董氏是一个诗人群体，其中除进士、举人外，董以宁（秀才）、董大伦（秀才）父子，董达章（监生）、董士锡（乡试副榜）父子，都未中举。前街董氏文学之盛，不完全表现在功名上。董基诚、祐诚是兄弟，兄为进士，弟是举人，论行第和功名，董基诚皆在董祐诚之上，但《清史稿》卷四百八十六《文艺传三》董祐诚传附董基诚，可见以成就高低论定。（3）前街董氏诗文集之序跋，多出于名人之手，《家乘·艺文志》汇集了一些，虽不完全，还是有助于读者参考的。

才女的悲剧人生

《家乘·艺文志》著录了三部女性著作：（一）《苔窗拾稿》，

董之璜继配吴文璧撰；（二）《晚翠轩遗稿》，董人蜀妻庄德芬撰；（三）《雨窗词》《秋瘦词》，董介贵再继配唐韫贞撰。这是董氏家族中三位才女，都是寡妇，悲剧人生，可歌可泣。在传世文献中，有关妇女文化者，相对地少。《家乘》卷十五所提供的吴、庄、唐三氏家世、生平及文学活动的资料，弥足珍贵，今择要介绍如下：

吴文璧

吴孺人，恩荫官生州佐公讳之璜继室也。讳文璧，字永和。淑慎能诗……守节四十余年。（《家乘》卷十五，下同）

注：吴文璧事迹，载《武进县志·列女传》。《志》指出吴氏"抚前室子以守"，较一般节母尤难。但有二误：(1) 误以"永和"为名；(2) 误云"守节六十三年"。潘耒撰《（吴文璧）传》："节母，毗陵方伯吴南谷公之女孙，文学敬承之女，庄澹庵宫詹之甥女也。生而淑慧，舅父母爱之，抚以为女。……勤习女红，读诵经史，悉通大义，宫詹器重之。……董生祖寅谷，官大参。父天来，官通政。以清节闻，遗产无几。生少孤，连遭内外丧，贫甚，至鬻所居之半，人多非笑之。生内自伤，发愤力学，思振家声，连试不售，郁郁不得志。成婚一月，即出游，抵大梁而病，扶归，卧数月，竟卒。"吴氏著《苔窗拾稿》徐永宣《序》云："吾邑董节母吴孺人，名高钟琰，品媲惠班，弱即闻诗，长而习礼。……集署《苔窗》，见赏于小人之母；题惭芜句，敢推为众女之师。"孙谠《序》云："今又得董母《苔窗稿》一帙，清真秀逸，合庾、鲍而一之，才綦美矣。"邵坡《序》云："兹吴孺人以冰雪自矢之志，发为词章，温雅而不流于软媚，其凄婉处正如辟纑夜月之味，字字酸辛，才可珍，节尤足重哉！"沈德潜《序》云："予受而读之竟帙，喟然兴曰：是非寻常诗格，藉为吟风雪弄，花草之具，节母四十余年苦心，于是见焉，可以风世而厉俗也。"[18]

庄德芬

庄太宜人讳德芬，字端人。……归赠户部念川公……公殁，家益贫，往往白昼断炊，严冬不能具纩絮，督课子思駉，凡《四子书》及经史诗词，皆宜人口授。……前学士卢文弨撰《常州府志稿》，已编入《贤母传》。宜人秉性慈厚，生平无疾言遽色，工吟咏，著《晚翠轩稿》。其《甲戌归毗陵》句云："荆扉寥落斜桥畔，独燕归来觅旧巢。"

注：赵怀玉撰《（庄德芬）传》："太宜人姓庄氏，世为武进望族。康熙间，徙居吴县，遂为吴县人。祖讳朝生，河南提学道。父讳定嘉，考授州同知。母荆孺人，故有才。太宜人生而端慧，又禀母教，针黹之外，颇娴吟咏，兼熟史事。……其归例赠朝议大夫董府君讳人蜀也，惟赠君生母陈太宜人在堂。……赠君早世，子思駉仅九龄。……守节垂二十年，荼苦备尝，里中翕然以为贤母。……著有《晚翠轩遗稿》诗赋遗珠共若干首。其诗不名一格，要能自道所得，不屑屑以藻缋为工，然多散弃。今所存者，大抵掇拾之余耳。"庄氏所著《晚翠轩遗稿》管世铭《序》云："（董思駉）积年于母氏奁帙掇拾所制五七言古近体诗，及古赋、连珠、诗余共若干首，卷不盈寸，而一生苦节略备。……今受遗稿读之，始知……以慈母为良师，以列女备士大夫之志事，根于至性，发于毫端，如是其纯粹而光明，和平而恺恻也。集中五言如'修名不早立，妻子寒无衾。人生知尽分，岂敢希不朽。白日忽已中，夏绿陨其黄。六翮苟不齐，何以凌长风'，七言如'雪重窗寒剪声小，官河水干日一尺'等句，于感逝受遗，衔辛茹蘖，触绪纷来，而音节苍凉，词意凄恻，古人何以过。尤可异者，惨沮之中，绝无衰飒气，如《辛卯感怀》'白头织屦怜衰病，紫禁含香恐后时。仰首青云数行泪，从来天道佑孤儿'，盖闻心牧乡试报罢，寄诗慰安之也。"洪亮吉《序》云："太恭人遗稿一卷，诗及杂著若干首，上者无愧汉魏间人，次者亦不作寻常闺阁语。虽一编寥寥，其传于复已无疑义。"

董恒善、董敏善《跋》云："先大母毕生茹苦艰辛之况，往往形诸笔墨，然脱稿辄弃去，曰：'此非吾事也。'零章碎简，先君子掇拾所存仅此。……仰承先志，锓诸梨枣，尚有遗句数联，先君子尝举示恒善辈。五言如'朱光驰素节，白露肃清秋''姜桂中年味，琴书太古情'，七言如'檐头蛛网银丝密，墙角蜗涎玉篆明''天边燕翦裁云锦，池面鱼梭织浪花''石蹲似虎心先怯，树暗如人马易惊''六朝人物归诗卷，三郡吴山列画屏'。全诗不可得见。附识于此，庶先大母吉光片羽，与先君子掇拾苦心，均不没于世云。"⑲

唐韫贞

唐太夫人讳韫贞，字佩蘅。候选布政使理问与忠女。年二十四，归赠资政大夫文学介贵公为再继室。逾年，生子康。……时舅观城公挈家在任，赠公应科举，留里中……迨秋闱报罢，愁病交侵，遂不起。……康于已丑成进士，官刑曹……（唐氏）惟勖康洁廉详慎，勿隳清白吏家声。

注：费念慈撰《（唐韫贞）墓志铭》："赠君（董介贵）善病，至是闻弟卒，惊悼成疾，竟不起。康生甫八月。……卜居于古村，老屋两间，日纺织以为存活，天寒雨雪，十指皆皲裂，生人之境，盖以是为穷焉，而卒抚孤以至于成立。……嫠居二十七年。"缪荃孙撰《(唐韫贞）传略》："太淑人自幼工长短句，有《雨窗词》三卷及《秋瘦轩词》若干卷。论曰：吾常世家，曰唐、曰杨、曰董，自前明至国朝，代有达人，称为诗礼望族。太淑人杨之自出，生于唐，归于董，其谨守礼法，垂裕后昆也固宜。"

综合以上，吴、庄、唐三氏家世、生平共同之处为：（1）三氏皆生长于名门望族，幼承学教，能诗擅词。（2）三氏皆青年守节。（如：吴文璧嫁后数月而夫亡，孀居四十余年。）（3）孤儿皆幼小。唐韫贞夫亡时，董康生才八月。三氏都"以慈母为良师"，抚教孤儿成名。其中董康中进士，为高官，是著名法学家、藏书家，但辜负了母教，抗日战争期间，北平沦陷后，堕落为汉奸，不齿于士林。

社会万象

《宜兴胥井、武进前街董氏合修家乘》第十三、十四卷总传、胥井分传、前街分传中，在叙述先人事迹时，常涉及当时的政治、经济、军事、文化等方面的情况，这都是根据当事人亲身经历写的，具有珍贵的史料价值。是这部《家乘》的特色，弥足珍贵，一般族谱中没有这些内容。今选择记载比较具体者二十八条，分门别类，按事实的年代先后，排列于下，略加标题，以便于读者参考利用。

【明“富籍”差重】

博古公（董臣粲）仕元为常州路儒学教授，思齐公（董臣鲁）则不乐仕进，雅意立业。洪武间均隶富籍。……而思齐公苦富籍差重，幸大司徒某垂盼，改民籍焉。（《家乘》卷首董汝孝《董氏族谱序》）

【明漕运之弊】

大宾公讳秉彝……敢于任事。明制：漕运白粮，责民间解送京仓，承运者往往赔累倾家。公独奋然请行，斛兑无绌，同侪赖以保全。

王养俊撰《（董秉彝）传略》：明万历间，漕运有白粮解之例，民间苦赔累，中人辄至倾家。公身任其事，解送京师，无所困惫，同侪赖以保全者数人。（以上《家乘》卷十三）

【明莆田官夫之苦】

唐鹤征撰《（董士弘）行状》：莆当两广、漳、泉陆道，往时过客役官夫赍商货以受僦劳货不赀，莆民苦之。公既为设养膳夫以济急，而客有挟货如前者，痛裁其夫，不徇所请。由是过莆中贵人，罔敢以法挠公者。（《家乘》卷十四）

【明宜兴山田租】

其时祠田不满念亩，山租合大小年不过六七金。（《家乘》卷十三徐坚撰《（董其方）传略》）

【明末宜兴旱饥】

董绍邦撰《（董志完）传略》：当崇祯庚午之际，连岁荒旱，饥殍相望于道。……（董志完，字裕如）乃设粥里门，里人之就食者，日以百计。而复计口给以升斗，公手为给发，多寡缓急，各当其家，赖以存活者，不可指数。时为之歌曰："裕如米，闾里苏。裕如粥，老稚育。"

【明末宜兴盗贼蜂起】

徐坚撰《（董其立）传略》：明末山中盗贼蜂起，从父避盗，播迁流寓，备极艰苦。

杜毅撰《（董启宏）传略》：生于明崇祯庚午，时值季世，盗贼蜂起。

潘宗洛撰《（董启毅）传略》：当明季时，吾邑盗贼蜂起，胥井僻处万山中，与长兴、广德界，绵亘数百里，尽为贼窟，群不轨聚众数千，斩木揭竿，所过村落鸡犬一空，被系而死者不可指数。（以上《家乘》卷十三）

【清兵南下】

维之公讳作楫。明季避兵徙居宜兴之菱溪里。国初大兵下宜兴，宣巷吴氏庄颇完固，民以避兵，故匿者万计。主兵者疑其不利，欲引军袭之，会御史刘公光斗在行间，公与有旧，恳之乃免。（《家乘》卷十四）

【清初缉盗】

张人望撰《（董志洸）传略》：国朝定鼎之初，贼氛未靖，往往率其丑类，依山为巢，日杀不幸辜，草窃蹂躏，窃自喜负嵎之势，以为众莫之撄也。

徐坚撰《（董志超）传略》：明末寇盗蜂起……国朝兴缉盗，盗匿穷山，行踪莫测。（以上《家乘》卷十三）

【张献忠余众踞郧阳西山与清兵对抗】

孙自式撰《（董上治）墓志铭》：国初拨乱，略定楚地。楚故献贼巢也，而襄阳当楚蜀上游，尤险害，故破于闯，踞于献。当公令襄之日，余孽未熄，犹聚郧阳西山，朝廷驻兵数万备之。自兵兴以来，襄之民，十不存一。近者地方军饷乏，益扰民，民皆逃徙之远乡，其不肖者，则奔西山为贼。……诏蠲租十之七，于是远近之民闻之，逃者悉复，兵亦以安。值丈量令下，公因劝民开垦荒地，得新垦田二十一万有奇。

【顺治朝鄞县、天台不靖】

天台公讳大翮……国朝顺治丁亥成进士，授浙江鄞县知县。县濒海，海寇窟宅舟山，去鄞咫尺，一日乘楼船闯定海关，公侦知之，率摽枪以摽其舟，寇惊，易小舟遁去。……天台在万山中，贼首周钦贵、倪良许踞罗城严为险，民不聊生。公至，练乡勇，习鸟枪，发必命中，诛周钦贵，余贼惧，请降。

【顺治朝石城重建】

石城公讳应誉……入国朝，登顺治己丑进士，授江西石城县知县。当兵燹后，城郭邱墟。公至辟榛莽，缮城隍，修筑新旧垣墙千余丈，楼橹屹然。为民正岁额，蠲芜粮，又以其暇营建学宫……

【顺治朝紫阳、平凉荒瘠】

孙自式撰《（董巽祥）墓志铭》：以例授县令，得秦之紫阳。其地荒远残瘠，空城如斗，民不满百。君至则招徕抚绥，完城郭，备战守，遂成下邑。……迁平凉郡丞。平凉为边徼，地荒粮累民岁至二千八百石……力请督抚上闻，乃得蠲免。

【顺治朝律例未定之弊】

庄绛撰《（董复）行状》：世祖章皇帝登极，下诏求人材，……内升大理寺寺副，转左寺正。时律例未定，法司以意比例，多未合，公驳减甚力，佐廷尉三年，全活者数百人。

【顺治朝官场恶习】

庄绛撰《（董复）行状》：世祖亲政……时奉使皆卿贰，驺从赫奕，乘传多逾额，又往往迂道为交关。

【顺治朝白河筑堤通漕】

孙自式撰《（董上治）墓志铭》：我国家岁运东南粟正耗四百八十余万石，历江淮河济，以达卫河，而卫河至天津直沽尽入海，距京师尚远三百余里，止赖白河以漕。白河由密云出顺天之背，流至通州，更纳大通河、榆河、浑河三水，合流而出香河漷县间势最大，溜沙深浅无常，以暴涨乘之辄决，不利于漕。议塞议挑，岁费水衡钱无算。方顺治十有二年决刘家口要儿渡，旁浸稽天，而正河之由天津者，反细缓不济运。……遂鸠工，以是年九月至十月，刘家口五里之堤成。明年正月至七月，要儿渡十里之堤成。以余工筑铁牛口、棉花寨之堤悉成。高各三丈，底各广十丈，中各广七丈，上各广五丈。自是而白河之漕遂通，云帆蔽天，邪许直达，官俸军粮，得以时支给无所缺。(以上《家乘》卷十四)

【清初小户寄田之制】

潘宗洛撰《(董启毅)传略》：国初税法，小户不能自纳，凡寄田处士户者，不下百余家。(以上《家乘》卷十三)

【康熙朝天台清丈山田】

董仲撰《(董佩笈)行状》：调天台。台多山田，田塍参错，奸民虚作文契相讦告，而纳税时，豪绅蠹胥，相结为奸利。府君按亩清丈编审推收，无毫发蒙混。设柜堂上，令民自封投纳，民甚便之。

【康熙朝工部纳贿】

董仲撰《(董佩笈)行状》：工部吏领银采买，司官挟短长取其赢。云南运铜至，勒不收，运官贿入，始交割，几成故事。自府君为部曹，一时苞苴绝不行。

【康熙朝重庆船户及抗船行】

邹光涛撰《(董佩笈)传》：其分巡川东也，有请于重庆马头设船行以罔利者，制府从之，公力争不能得，于是船户为之罢市八月有余，商贾不通，奸民相煽至数万人聚昭化，不戢且乱。……公反复慰谕，船户且泣且拜，仰天誓曰：公实生我，其敢有贰！遂相与毁巢屋，投器械于公。公令各归本业，无一人逆命者。

董仲撰《(董佩笈)行状》：重庆舟楫所萃，旧无船行，或欲创立……许之。于是舟往来者，必纳重赀于行首，乃得载客。舟人既失赀，复苦官府役使，不敢过重庆。数万人集昭化，将为变。

……府君命尽投器械于江，各归业。（以上《家乘》卷十四）

【康熙末宜兴蝗灾】

张建撰《（董启云）传略》：康熙六十一年旱蝗荐饥，里党间竟日无爨烟起者，十有八九。

【雍正朝保书之苦】

路应凤撰《（董启禄）传略》：长兄曾充保书。雍正年间，凡图中逋欠，悉勒保书偿纳，官吏追呼，十余年无宁日。

【乾隆朝宜兴山田升科之争】

储研璘撰《（董怀书）传略》：荆溪之南，万山环迭，居民杂植竹木梨栗，樵苏采茶，以供衣食，厥赋最轻。邑宰班听胥吏簧鼓，抑勒升科，山民狂骇，聚众嚣哓，浸成大变，先生喻止之。（以上《家乘》卷十三）

注：《家乘》载乾隆五年七月董怀书《上荆溪县班令书》，略云："且以高山之花息而论，间岁而笋一生，两载而竹一伐，其存而在上者，或五六年，或七八年，或十余年，方得茂密可观。非如平地之息，一岁而一登，或一岁而两登者。且其价值，每担不过钱许，而运河脚费去其半，樵山工费去其半，存者几何。又况乎雪霜之克压无时，蛟洪之冲崛无时，虎狼之聚集无时，野火之纵发无时，美盛茂林，倏而不毛白地，百十年培养之功，一旦化为乌有。古先王深悉于此弊此情，因而酌为定制，令民止辨山丝者也。今者承平日久，圣天子休养生息，民生安于勤苦衣食，因乐于荆棘豺狼之处，斩刈驱除，收其微息，要亦以厥赋维轻之故。今以高山而改办山地，顿加四十余倍，将所入不偿所出，谁肯于豺狼荆棘之中，而为此勤劳无益之举者。"

【乾隆朝肃州凿渠引黑河溉田】

周景益撰《（董熙）墓志》：肃州向苦旱，君阅州志，凉州迤西有黑河之水，自酒泉绕出玉门关外。即单骑往视，曰：是可潴而堰也。乃审度要害，率丁壮凿渠引之，畚锸云集，匝月渠成，筑堤四周而时其启闭。边塞天气早寒，渠水皆冰，当春和时，冰融而水溢，灌溉咸足。三农额手称贺，榜曰董公渠，至今便之。

【清中牟民困于计田出车】

（中牟）县当冲衢，民间计田出车，徭役不息。

翁心存撰《（董敏善）墓志铭》：（中牟）县当孔道，徭役烦重，民率计田出车。君廉民困，岁减十之四五。（以上《家乘》卷十四）

【嘉庆朝民工筑芙蓉圩】

汝州公讳大醇……先是吾邑北乡芙蓉圩滨江地势最洼，频年水潦为患，几成泽国。公以为非筑圩岸，不能防汛滥，因独力捐资八千千，鸠工兴筑，期年集事，从此江潮不致冲击，周围圩田数万顷，顿成膏腴。事成，圩民以“惠周桑梓”额答其恩。

【嘉道间河南讼棍】

董亮贻撰《（董基诚）行略》：豫省刁民，动辄京控，积谳累累，久不得决。府君严治诬告，如睢州劣生潘金泰，邓州劣生杨恒泰等，皆拟褫革遣戍。又于光山许文明、淮宁方鼐鼎等京控各案内，究出朱曰富、张永锡等唆讼，并访知湖北讼棍何敬等，潜迹省会，数兴讼，代人草词。即日捕治，具服论罪，讼徒慑息。

【清末广东“贩猪仔”】

董寅亮撰《（董澄）行略》：光绪二年，府君以附贡循例报捐巡检到粤，金方伯委以全省巡官，驻南关要隘。间有倭奸，密出资，诱骗无知，出洋工作，实则雇买华工，终身不得生还，粤人称为“贩猪仔”。……府君查觉倭人暗赁华房，日中蔽户，夜间开门者，竟有数所……破获三所，释出被诱华工六十余人，封其房屋，倭奸悉逸。旋省之西关，亦有此事，一律查封。

【清末民工浚桃花港河】

董寅亮撰《（董澄）行略》：迩时乡民议浚桃花港河……河贯前周、利城、桃花三乡，岁久淤塞，旧制难于悉循，新章颇不易立。府君……悉心规画，爰采先民旧册，召集三乡会议，丈河道，计坝工，算方土，举河董，派河头，逐段列册，要者笔之，报县开浚，三月而成，用力省而程功速。（以上《家乘》卷十四）

《家乘》中所反映出来的这些复杂的社会现象，有的可与正史、方志进行印证，有的可补充正史、方志记载之缺漏，其史料价值是显而易见的。

注释：

①明、清两代，宜兴、武进二县属常州府。清雍正二年，析宜兴置荆溪，析武进置阳湖。（见《清史稿》卷五十八《地理志五·江苏》）

②光绪《武阳志余》卷七之二《经籍中·集部下》：“《蓉渡词》三卷：国朝董以宁撰。分小令、中调、长调为卷。王士祯、邹祗谟、陈维崧、黄永、陈玉璂、季振宜诸人所选。巧艳而微伤佻达。”邓之诚《清诗纪事初编》卷四《甲编中·江南·董以宁》：“《蓉渡词》语过狎媟。”

③丁绍仪《听秋声馆词话》卷四：“（董潮）少受业于赵瓯北观察，而诗体独宗温、李，以赋《红豆诗》得名，人以红豆诗人目

之。所著《漱花词》虽止数十阕，然如《谒金门》云：‘东风早。吹绿一庭芳草。寒拥香篝深阁悄。梦和烟缥缈。昨夜雨声催晓。试问乱红多少。二十四番花信了。蝶痴莺易老。’《相见欢》云：‘灯残夜雨重门。近黄昏。拨尽沉檀金鸭，火难温。东风紧。梨花冷。总销魂。依旧一川烟草，怨王孙。’《踏莎行》云：‘桂影侵帘，蕉阴成幕。黄花零落如残箨。西风又共旧时愁，重来同赴清秋约。闷饮清于，慵拈紫脚。《南华》半部医愁药。晚来登眺独潸然，栖鸦归尽寒烟薄。’凄清遒逸，迥殊凡响。”

④光绪《武阳志余》卷七之二《经籍中·集部下》：“《玉椒词》二卷：国朝董基诚撰。见长白玉麟《移华馆全集序》。”

⑤光绪《武阳志余》卷七之二《经籍中·集部下》：“《兰石词》一卷：国朝董佑诚撰。为《方立遗书》之九。其词守张氏家法，不失为毗陵词派。”

⑥林葆恒编、张璋整理《词综补遗》卷六十九《董毅》：有《蜕学斋词》。董贻清《跋》：“徐子楞丈云：‘游丝丽空，落花无主，可以方斯文境。’洵知言也。”

张琦《续词选序》：“《词选》之刻，多有病其太严者，拟续选而未果。今夏外孙董毅子远来署，携有录本，适惬我心，爰序而刊之，亦先兄之志也。道光十年七月，张琦。”光绪《武阳志余》卷七之二《经籍中·集部下》：“《续词选》二卷：国朝举人董思诚（原名毅）子远辑。子远，张出也……一宗张氏之例。”

⑦《词综补遗》卷六十九《董康》：有《课花盦词》，“所为词，风华妩媚，不类其人”。

⑧光绪《宜兴荆溪县新志》卷九《古迹·遗址》：“胥井：按子胥由溧阳经阳羡入吴，无因迂道南山，且夜行昼伏，岂更有马也。此与子游读书言村，同一傅会。《旧志·山川》：胥井又名西井者，乡音讹转也。盖言村、胥井，皆以居人姓氏得名，如邑之胥村、胥塘、胥家渡皆是，不当以晋陵胥城、姑苏胥门之例求之。”

⑨李兆洛《红豆诗人集序》（见董潮《红豆诗人集》卷首）："今年春，往郡中，蔼如大令出先生《红豆诗人集》，俾兆洛校雠，将付之梓，携归暨阳讲院，潜心读之，去先生七十年矣，而声情若揭，如侍謦咳焉，如闻啸歌咏叹焉，抑如见其性情焉。盖先生之为诗，言必称情，藻必当物，凡辛苦愉乐之词，一视乎其境之所遭而不矫饰也。我朝诗人体之最正者，首推新城尚书，惟先生得其意。吾邑董氏文章之盛，自微泉、正谊两公，擅名国初，梅坪继之，其风雅气谊，固与先生有合。及先生复起，三公之绪断而复续。其别裁之意，绪言具在，亦如其修葺邑志，必参酌义例，归于至当，而后笔之于书。闻之蔼如先生，志书尚有原稿，他日过郡，当再请而读之，以校今之所刻，而审取同异，俾续志者有考，是所愿耳。雠校卒业，谨书简端，窃附范传正叙《谪仙集》之义云。"

⑩光绪《武阳志余》卷七《经籍中·集部》："《移华馆骈体文》四卷：'国朝开封知府董基诚子诜及其弟祐诚撰。前二卷为子诜作，后二卷为《方立遗书》之八，题为乙集者也。二董文沉博绝丽。方立《西岳华山神庙赋》《武功县后稷庙碑》尤脍炙人口云。'"

⑪《四库全书总目》卷一百八十《集部·别集类存目七》："《黉中草》一卷、《蜀中草》一卷：明董应扬撰。……《黉中草》乃其司铎铜陵时所作，《蜀中草》乃其蜀闱分校时所作。自序谓'五载署铜，一朝聘蜀'是也。"

⑫光绪《武阳志余》卷七《经籍中》："《水经注图说残稿》四卷：国朝举人董祐诚方立撰。兄基诚序略曰：'方立年二十五，始究心地理之学。尝节取《水经注》证以今之水道，分图系说，自成一书。为之累年，仅得四卷。卷中图说俱备，惟河水自采桑津以下，有图而无说。图大者径数尺，小亦径尺许，当别为一册。今录入《遗书》者，仅其说也。'"

⑬光绪《武阳志余》卷十之二《经籍中·集部》："《董方立遗

文甲集》二卷：国朝董祐诚撰，兄基诚序曰：文甲集二卷，为《方立遗书》之七。方立负用世才，不欲以文字自见。间为古文，存者亦绝少。初无所为集也。殁后，乃从友人集录得文一十五首，定为二卷。集中诸文，多作于戊寅留居京师以后，惟《霸产考》为丁丑客西安时所作。至《夏小正释天》《辨正沈彤周官禄田考》《古今度法》，则癸酉冬客青浦以两夕成之者也。噫！使世之人读是文，而谓方立所学即在是也，亦重诬逝者矣。道光三年冬十有一月十日基诚序。”“文乙集二卷，为《方立遗书》之八。嘉庆庚午，方立年二十，初学为汉魏六朝之文。明年辛未，客游陕西，首成《西岳华山神庙赋》，名大著。居西安二年，得文二十余首。自后稍稍弃去，或阅数年不一作，即作亦鲜有存者。呜呼！是固方立所谓无用之学也。舍无用之学，进而求有用之学，卒亦无所成，徒赍盛志以殁，其命也夫。道光三年冬十有二月二日基诚序。”

梁启超《清代学术概论》十七：“诸经师中……能为骈体文者，有……董祐诚，其文仍力洗浮艳，如其学风。”

⑭光绪《武阳志余》卷七《经籍中》：“《偶存集》一卷：国朝四川知府董贻清叔纯撰。叔纯原名孝贻，举人祐诚子。叔纯承其家学。是编题曰《余事偶存》，吴郡顾复初有《序》。”

⑮光绪《武阳志余》卷七之二《经籍中·集部》：“《正谊堂文集》二十卷、《诗集》二十卷：国朝诸生董以宁文友撰。宋荦序曰……计东、叶方蔼、姜宸英并有序。”又：“《正谊堂文选》《正谊堂诗集》二十卷，董以宁撰。文友少驰逐于声色玩好，稍长折节励学，精天文律历。文雄骏不及朝宗，纯正不及子湘，而隽爽亦二子所莫逮，视椒峰则过之。此编为宋牧仲所选，不分卷。凡序记书论辨议解说传碑志铭墓表祭文，都九十篇。诗则汤文正斌、陆丽京圻所选，凡二十卷。疑即原文芟定，仍其卷数。谢良琦序之。诗多艳体，不逮其文。”邓之诚《清诗纪事初编》卷四《甲编中·江南·董以宁》：“以宁才大如海，着意为文，甚有笔舌，誉者以为可与侯

方域并步，则非公论。乐府诸篇，皆有为而作，其他投赠，大都有事足征。”

⑯光绪《武阳志余》卷七之二《经籍中·集部下》：“《毗陵六逸诗钞》二十三卷：国朝翰林院编修庄令舆、举人徐永宣，选辑恽正叔格、杨起文宗发、胡芋庄昊、陈西林炼、唐靖元惮宸、董叔鱼大伦六布衣之诗，取《汉书·艺文志》学诗之士逸在布衣，名曰《六逸诗钞》，各冠以小传，附以诗话。武进令山阴孙诜序而刊之。郡守贵阳王嗣衍并有《序》。”

⑰郑方坤《国朝名家诗钞小传·董大伦》：“昔人称王献之善隶草，骨势不及父，而媚趣过之。若梅坪之过正谊堂，乃正在骨势也。”邓之诚《清诗纪事初编》卷四《甲编中·江南·董大伦》：“诗学宋人，在毗陵六逸中，年最少，才最高，辞句不免衰飒，则境遇为之。”

⑱光绪《武阳志余》卷七之二《经籍中·集部下》：“《苔窗拾稿》：国朝太学生董之璜玉仓妻吴永和文璧撰。文璧……能诗辞，尝著《苔窗赋》以自见，因以名集。”

⑲光绪《武阳志余》卷七之二《经籍中·集部下》：“《晚翠轩遗稿》：国朝州同知庄定嘉女德芬端人撰。端人适州判董人蜀。广西浔州知府思駉母。诗不名一格，要能道其所得，不屑屑以藻缋为工。”

丁　丙——《丁氏宗谱》考

晚清藏书，丁氏八千卷楼与杨氏海源阁、瞿氏铁琴铜剑楼、陆氏皕宋楼，合称“南北四大家”。丁国典开始藏书，筑“八千卷楼”。至孙丁申、丁丙，藏书更多，增筑“后八千卷楼”“小八千卷楼”，总名“嘉惠堂”（因“八千卷楼”之称最为人知，故本文用此名）。这是大家都知道的。但还有大家不知道的事：作为大藏书家，必有雄厚的财力。丁氏非大官僚大地主，这钱从何而来？近承丁氏后裔丁利年惠赠《丁氏宗谱》（据钞本影印）及《钱塘丁氏宗谱杭派丁轼支系》（排印本）等珍贵的第一手资料，仔细阅读之后，解决了疑问。今撰成此文，奉献给读者。

为了叙述的方便，先编制丁氏世系及丁氏主要成员简历二表：

一、丁氏世系及主要成员简历表

丁氏族大人众，今仅将丁国典至丁仁友（仁、辅之）与藏书有关的五世人物，编表如下：

（一）丁氏世系表

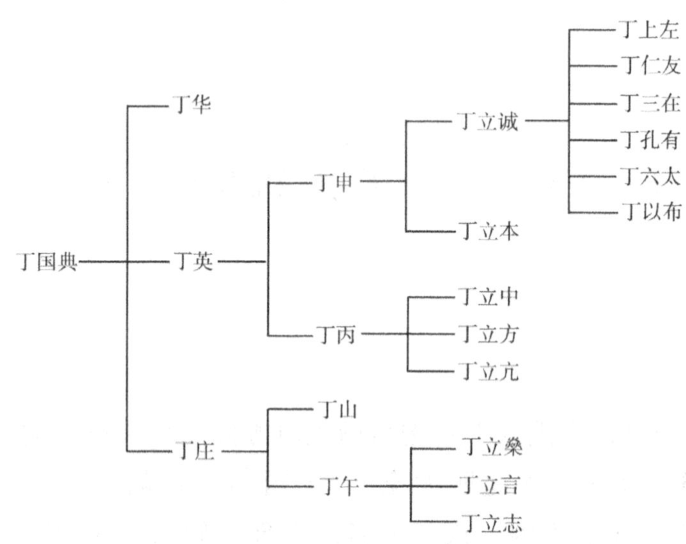

（二）丁氏主要成员简历表

再从“丁氏世系表”中，选出文化水平较高的成员，编制简历表如下：

姓名	字、号	生年	卒年	享年	科名	仕宦	备考
丁国典	掌六	乾隆三十五年五月初一日亥时生	道光五年六月初八日酉时卒	五十六岁	国学生	候选布政司理问	
丁英	洛耆、箓淇	嘉庆九年六月十二日申时生	咸丰五年九月廿二日辰时卒	五十二岁	贡生	候选府同知，道衔	

续表

姓名	字、号	生年	卒年	享年	科名	仕宦	备考
丁庄	蒞堂、蝶身	嘉庆十四年十一月十三日丑时生	咸丰五年七月廿一日申时卒	四十七岁		江苏即补典史，历署苏州府知事、吴江同里司巡检	
丁午（原名正）	颐生、奚生	咸丰二年七月十五日辰时生	光绪六年七月十六日巳时卒	二十九岁	增生		
丁申（原名壬）	竹舟、礼林	道光九年十月廿六日午时生	光绪十三年十月初十日亥时卒	五十九岁	庠生	五品衔候选主事、特赏四品顶戴	
丁丙	嘉鱼、松生、松存	道光十二年七月廿日卯时生	光绪廿五年三月初九日戌时卒	六十八岁	庠生	江苏补用知县，同知衔	
丁立诚	修甫、慕清	道光三十年六月初五日寅时生	宣统三年卒	六十二岁	光绪乙亥恩科举人	内阁中书，员外郎衔	
丁立本	道甫	同治二年八月十二日午时生	光绪三十一年卒	四十二岁	庠生	光禄寺署丞	
丁立中（原名立诚）	和甫、慕陆、禾庐	同治五年十二月廿二日巳时生	1920 年卒	五十五岁	光绪辛卯科举人		

续表

姓名	字、号	生年	卒年	享年	科名	仕宦	备考
丁立燊	棪甫	同治十一年十一月廿五日卯时生	光绪廿九年卒	三十二岁	庠生		
丁立言	昌甫	同治十三年九月廿六日卯时生	1924年卒	五十一岁	庠生		
丁立志	张甫	光绪五年正月初九日未时生	光绪廿一年二月十一日寅时卒	十七岁	国学生		
丁上左	宜之、竹孙、白丁	光绪四年五月初三日戌时生	1929年卒	五十二岁	贡生		南社社员
丁仁（原名仁友）	辅之（1924年后以字行）、子修、鹤庐、簠盦	光绪五年六月廿七日亥时生	1949年卒	七十一岁	庠生		西泠印社创始人
丁三在	善之、不识	光绪六年七月廿六日寅时生	1918年卒	三十九岁	贡生		南社社员
丁以布	宣之、展庵	光绪十七年二月廿七日巳时生					南社社员

二、从丁氏的慈善活动窥测其财力

丁氏以慈善家闻名于时。从丁国典至丁立诚、丁立本四世，做过很多救灾、捐赈的义举。今将《丁氏宗谱》中所载有具体捐赈数字的四次，简介于下：

光绪七年五月十二日直隶总督李鸿章片奏："候选主事丁申、江苏补用知县丁丙，浙江杭州人。其故父道衔丁英、故母四品命妇姚氏，生平好善，乡里咸知。该员等恪守遗言，诚心济世，凡有义举，无不乐从。前因晋豫旱荒，迭次捐赈，坚辞议叙。上年直境水灾，又倡捐银三千两，并会商官绅，劝集巨款，源源解济，全活穷黎甚多。实能善承先志，力救灾区，深堪嘉尚。"

光绪十五年二月十八日浙江巡抚卫荣光片奏："河南郑州决口，黄流泛滥，小民荡析离居，嗷嗷待哺。……兹据筹办河南赈捐局司道详称，据举人丁立诚、生员丁立本禀称，故父四品顶戴、候选主事丁申，系杭州府钱塘县人，捐助赈银一千两，交局解豫助赈，旋即病故。"

光绪十六年十二月初四日浙江巡抚崧骏片奏："浙江省上年水灾较重，赈抚极繁，当经设局劝捐，以赈灾黎。……兹据筹赈核奖局司道详称，杭州府学附生丁立中，浙江钱塘县人，遵故母丁陆氏遗命，捐助棉衣一千件，先后解局，分给灾民……以棉衣千件，作银千两。"

丁立诚《先考竹舟府君行述》："督师左公、方伯蒋公方设赈抚局，令叔父襄其役，凡招流亡，恤难遗，掩忠骨，清河渠，浚湖葑诸务，叔父每日具书达，府君即一一筹画答复，且助三千金为之创。"

以上四次捐赈，共计银八千两。在十年中，丁氏能以银八千两为善举，毫不吝惜，可见其财力之雄厚。这雄厚财力的来源是什么呢？

三、溯江沿黄，“营业燕、齐”：丁氏财力的来源

人们仅知丁氏为藏书家，不知丁氏首先是商人。今从《丁氏宗谱》中钩稽出丁氏从事商业活动的资料如下：

丁申《显考洛耆府君行述》：“掌六公恒附粮艘，溯江淮，沿黄河，以达都门，所至贸迁。岁甲申，以府君从，命曰：‘挈若往，其具识之。’府君谨受命。凡关塞山川市镇风土物产，罔不究其原委。又精于句股，臆度多中，虽老于贾者谢不及。”“（府君）于是弃举业，锐意经营，南楫北轮，垂二十载。胸坦夷，不设城府，同业有受教者，于物理盈缩消长，剖示无吝。”

丁申《先叔父蓝堂公行述》：“既而先府君偕以贸迁。一日向都中某邸索南紬之直，阍人诡辞谢客，且称之曰‘先生’。叔父直前批其颊而叱曰：‘若奴也，若何时具贽吾门而有是称耶？’主人闻之出，叱奴以谢，且具金偿所负。人咸藉称叔父豪侠。”

丁立诚《先考竹舟府君行述》：“先王父营业燕、齐，岁晚一归。”“府君既得甬资，一时出难之故人，相与就（留下）镇上设米行，沪贩间通，因而籴于沪，粜于杭，不十日，俨然巨集焉。友亲之罹难而出者，或谋栖止，或代寻访，或为资送，何止数十百家。”“沪上旅寓维艰，饥寒困苦，府君商之同人，设机房以织绸，冶坊以铸镬，烟作以刨叶，得以糊口者不下千人，而乡人藉之而寓而食，有宾至如归之状。”“溯府君自难后经营三十余载……”

顾浩《外舅丁松生先生行状》：“时竹舟公已于留下镇设米肆以救亲戚之遇难者。”“先生复转史村，而甬而沪。竹舟公亦由内河达上海，相与设机房、冶坊、烟肆，乡人藉以糊口者不下千人。”

从上引资料看出：从丁国典开始经商，至丁英、丁庄兄弟而兴旺发达。所谓“南楫北轮”“所至贸迁”，指行商；所谓“营业燕、

齐，岁晚一归”，是坐贾。丁氏将南方物产（如丝织品）运至北方出卖，获利甚厚。丁申、丁丙兄弟亦善于经营，在清军与太平军交战时期，他们于兵荒马乱中，在留下镇设米行，在上海设机房、冶坊、烟作，可见其应变才能。经商致富，是丁氏成为慈善家与藏书家的财力保证。

四、丁氏一门对文化事业的贡献

丁氏一门，富而好学，代有名人，著书刻书，热心文教事业，“八千卷楼”声誉大著。《丁氏宗谱》中有这方面的记载，如：

（一）丁申、丁丙于兵乱中掇拾文澜阁书

《四库全书》分贮七阁，“东南三阁”：文宗、文汇、文澜。经过清军与太平军的战争，文宗、文汇两阁之书一册不存，而文澜阁书幸得丁申、丁丙兄弟的苦心掇拾、钞补。此事以《丁氏宗谱》记载最详：

> 光绪七年九月二十六日浙江巡抚谭钟麟片奏：“咸丰庚申、辛酉，省城再陷，（四库）全书散佚。时有五品衔主事丁申，与其弟江苏候补知县丁丙，不避艰危，潜拾残编，深藏僻地。适省城克复，缴存杭州府学，编集书目，尚存一万余册。臣前守杭州时，深嘉其志。己卯冬，奉旨调抚浙江，到任后，访闻该绅兄弟频年留心收缴，又增百数十册，并照四库全书目录，遍觅底本，冀陆续补抄，以复旧观，统计将及九成，其苦心孤诣，实为人所难能，而费资竭力，固无论矣。”

俞樾《丁君松生家传》：“留下市中卖物，率以字纸包裹，取视皆四库书也。惊曰：‘文澜阁书得无零落在此乎？’随地检拾，得

数十大册。君之搜辑文澜遗书，实始此矣。于其间偕竹舟君至福岩村拜扫祖墓，因自绍兴至定海，而上海，而如皋，仓皇奔走，犹托书贾周姓者间道至杭州，购求书籍，其装钉成本者十之一，余则束以巨缏，每束高二尺许，共得八百束，皆载之至沪。”① “君既于灰烬中掇拾得文澜遗书，乃奉归，庋之尊经阁，请陆君Ⓧ珊绘《书库抱残图》纪之。其时文澜阁毁于兵，未复也。光绪六年，巡抚谭公建复文澜阁，爰有钞补阁书之议。君悉出其家藏书，集人迻写。又于天一阁、抱经楼、振绮堂、寿松堂诸藏书家，按籍征求，历七年之久，得三千二百九十六种。求而未得者，仅九十余种。谭公疏陈其事……”

丁立诚《先考竹舟府君行述》：“先是府君见留下市卖食物，率裂四库书纸包裹，乃集胆壮数人，乘夜检拾，络续藏西溪，至数千册。至是偕叔父再往，收其散帙，至书尽而止。”“运回四库书万余册，呈大府，权储于府学尊经阁。”“谭公专疏入告……府君益自感奋，复请发经费，觅底本，依式缮补，延王主事同、张举人大昌、孙教谕树礼董理校对，越五年而写毕，仅缺二百余种。”

顾浩《外舅丁松生先生行状》：“（竹舟公）瞥见（留下）市肆裹食物皆文澜阁书，乃乘夜往收，藏之西溪僧舍。先生至，则又偕往收其残帙，至书尽而止。”

以上说明丁氏兄弟掇拾、钞补文澜阁书的全过程：（一）在留下镇发现文澜阁书残页，遂苦心掇拾，至收尽而止，暂贮于西溪佛寺。又托书贾在杭州购求，运贮于上海。最后皆运回杭州，贮于尊经阁。（二）复建文澜阁后，丁氏兄弟从家藏及藏书家中，觅《四库全书》底本，依式钞补，请文士校对。俞樾说“两丁君之名，赫然闻于天下”，是当之无愧的。

（二）丁氏著书，刻书，以藏书支持文化教育事业

从丁英开始，到丁上左、丁仁友、丁三在兄弟，四代人多有功

名。可以说既是商人之家，又是书香门第。今仅从《丁氏宗谱》中摘录丁英、丁庄兄弟及丁申、丁丙、丁午兄弟著作，其他成员从略，以省篇幅。

丁英　丁申《显考洛耆府君行述》："锐意经营，南楫北轮……行箧中以书史自随，鉴古今治乱以衡世务……"

丁庄　丁申《先叔父菘堂公行述》："叔父少嗜古，先世藏书画碑版甚富，尝发而读之。文嗜汉魏，书喜隶篆籀，且好绘墨兰竹。星命杂家之术，罔不通晓。""著有《吴间袖中草》五卷。"

丁午　袁昶《奚生丁君墓志铭》："既乃知其殚心册素"，"君著录极勤，而美志不竟，所校辑可存者，有《重文》二卷，出入于朱谋㙔《骈雅》之流；《通鉴校疑》四卷，有出于严衍《补辑》、谢山《答问》之外者，是皆可传也"。李鹏飞《母舅颐生丁公传》："凡诗古文之属，无不颖妙。工草隶，楷法率更令。兼通音律，善鼓琴。郡中方兵燹后，文庙礼乐废坠不举。浙抚杨公昌浚奏请复之。……公多识旧典，按律寻声，清浊高下，咸当其理，论者以为王、范诸公之流亚焉。尤精经学，少从同里枌园杨先生游……公秉承师训，一扫汉、宋门户习见，存是去非，时有心得，在乡如曲园俞先生，来仕者如黄宗师倬、张宗师沄卿，皆以国士待之。"

丁申　丁立诚《先考竹舟府君行述》："壬寅，从杨枌园太夫子学为文，朝夕研诵，不以浅义时调取悦干进。""自撰（天后宫）碑记，更辑志略。""府君以掌故之书单零孤本易于散，非汇成巨帙难以传久，爰检沪上所获数十种，次第校刊，颜曰《武林掌故丛编》。更因杭州文献，首推吴退龛学博所编之《国朝杭郡诗辑》及其孙仲云制府之《续辑》……府君与叔父既补刊初、续两编，复广录遗诗，仍其凡例，以诗存人，以人存诗，竭十载之心力，甄录四千余家，编成《三辑》百卷。嗣后续纂《杭州府志》、潘学使《两浙輶轩续录》皆取资于是焉。""暇辑《武林藏书录》二卷，备载源流焉。"

丁丙　顾浩《外舅丁松生先生行状》："与竹舟公自相师友，结集益斋诗文社于天后宫，偕夏子松、吴小愚、蔡午寅、高茶盦诸丈角文艺。""先生又以余力学文，若《读礼私记》《礼经集解》《松梦寮诗初集》，稿毁于燹；若《九思居经说》《说文部目详考》《说文篆韵谱集注》《廿四史刻本同异考》《杭府仁钱三学志》《杭城坊巷志》《皋亭山志》《乐善录》《于忠肃祠墓录》《善本书室藏书志》《武林金石志》《宜堂小记》《松梦寮集》《先人老屋记》《西溪诗集》，皆成稿待刊；已刊者《西泠四家印存》八卷、《师让盦汉铜印存》二卷、《北郭赘续二录》四卷、《续东河櫂歌》一卷、《三塘渔唱》三卷、《菊边吟》一卷、《北郭诗帐》二卷，皆先生所手著也。先生又以杭州文献首推吴退盦学博《国朝杭郡诗辑》及其孙仲云制府《续辑》，兵燹后板毁于火，既与竹舟公重刊之，复广录遗诗，编成《三辑》百卷。……惟吴氏之凡例，断自国朝，复编成《历朝杭郡诗辑》，上自李唐，下迄前明，兼收并蓄，征录无遗。又得吴志上先生《武林文献》残本，先生重加增补，分内、外编。又以庚申之劫，幸得脱险，安不忘危，爰集诸家撰述，删订纂修为《庚辛泣杭录》十六卷。""校刊前贤著述以惠后学，积至数千卷，若《武林掌故丛编》《武林往哲遗著》《当归草堂丛书》《医学丛书》《西泠五布衣遗著》《于忠肃集》，其大者也。"

从以上记载看出，在丁氏一门中，以丁申、丁丙兄弟的学术造诣最高，成就最大，故"有'双丁'之目"，与杭州小山堂赵氏"二林"（赵昱号谷林，赵信号意林）媲美。丁申、丁丙兄弟除著书、刻书外，还以藏书支持文化教育事业，据《丁氏宗谱》所载：

丁立诚《先考竹舟府君行述》："府君复举藏书之副本，并购经史有用之籍，置之郡学，备庠生阅读。"

顾浩《外舅丁松生先生行状》："龚幼安太守知先生熟杭郡掌故，延请纂修杭府志。先生固学而后知不足者，举贤能任其事，而以八千卷楼书为续纂之资。"

余不多举。

丁氏以经商致富而八千卷楼兴，以经商失败而八千卷楼废。缪荃孙《丁修甫中书传》云："自遭家难，君拼档所藏，悉还公债……至于书籍，全归江南图书馆，价虽稍贬，而无少逸，易一地耳。书固可按目而稽。在江南，犹在杭。君筹之熟，计之决，识者尤知其苦心矣。"②缪氏"家难"云云，丁辅之《八千卷楼书目跋》中说得较明白："宣统初，余家贿晦为司管者不慎，负公私帑至五亿之多，因举所藏以归江南图书馆。"以丁立诚为代表的丁氏家族，愿以较低价格，售书给国家的图书馆（江南图书馆是我国最早的公共图书馆），与吴兴陆心源后裔将皕宋楼藏书全部售给日本的行为相比较，表现出爱国胸怀。

丁氏数世藏书，培养出一门重视文化的良好氛围。丁申孙、丁立诚子丁辅之，以创建西泠印社和创制聚珍仿宋活字二事，闻名于世。详见朱龙湛《西泠印社创始人丁辅之先生墓表》及拙著《高时显与丁辅之——〈四部备要〉辑校、监造人考》（载《我与中华书局》，2002 年版）。

我国文献资料极为丰富。"正史"为一国之史，地方志为一地（省、府、县、镇）之史，家谱为一家之史。对于"正史"、地方志，学者们普遍利用；而对于家谱，尚少利用。即以研究丁氏八千卷楼而言，人们大多以丁丙《善本书室藏书志·附录》为主要依据，我从《丁氏宗谱》中发掘出来的资料，可补充目前流行的有关著作之不足。至于《丁氏宗谱》中未涉及之事，本文概不议论。

注释：

①对于俞樾这段文字，今有人误解，如：《浙江藏书家藏书楼》238 页："丁氏兄弟'不避艰险，每夕往返数十里，摭拾文澜阁残编运至西溪'。经他俩努力，竟搜得高二尺许的《四库全书》八百余捆。"（浙江人民出版社 1987 年版）误将丁氏兄弟在留下检拾与

托书贾周某在上海购书两事，混为一谈。

《近三百年古籍目录举要》166页："同治三年，丁氏昆仲避居上海。那时的上海已成为东南藏书流通交易的集散中心。他们在沪收罗到各种残籍以捆束计，约高二尺一束者，达八百束之多。"（华东师范大学出版社1994年版）将丁氏兄弟托书贾周某在杭州购文澜阁书误为丁氏兄弟在上海为八千卷楼购书。

《中国藏书楼》1611页："（丁氏兄弟）便借为父亲修墓的机会，深更半夜潜身西湖之滨的文澜阁中，把尚残留的1万多册《四库全书》用绳子捆成了800多捆，每捆2尺来高，用马车运出城外。此后，人与书辗转逃躲，历尽艰险，终于运到了上海，妥善保存了起来。"（辽宁人民出版社2001年版）既将丁氏兄弟托书贾周某在杭州购书误为丁氏兄弟自己在杭州抢救，又将1万多册（丁氏掇拾者）与800多捆（丁氏托周某购求者）两个数字，混为一谈，而且将丁氏兄弟"拜扫祖墓"误为"为父亲修墓"。

②据柳诒徵《盋山丁书检校记》，八千卷楼藏书未全归江南图书馆。梁子涵有《八千卷楼藏书未归江苏省立国学图书馆书目》。江南图书馆是江苏省立国学图书馆之前身。

翁同龢——《海虞翁氏族谱》考

卞孝萱　武黎嵩

《海虞翁氏族谱》一册，翁心存初辑，翁同龢等辑定，刊于同治十三年，有翁同龢所作之《族谱后序》，略云："龢与仲兄乃克展先公手定之编补辑完备。"南京图书馆之藏本，卷末有隶书"老大房十八世之善藏"，钤朱文"吴国翁之缮印"。据《谱》，之缮原名之善，乃同爵曾孙、曾纯孙、奎孙子。《清史列传·翁同爵传》："曾纯，荫生，浙江候补知府。奎孙，举人，工部主事。"《谱》中同治以后之史事，皆由翁之缮以墨、朱笔工楷补录，与《谱》有同等珍贵的史料价值。本文引用《谱》，包括翁之缮所补。

据统计，自1904年至2003年，关于翁同龢研究的著作有11部、研究论文有195篇①。本文乃利用翁同龢本人所定稿的《海虞翁氏族谱》，对翁同龢及其家族，作一些深入的分析。先据《谱》编制海虞翁氏始祖翁景阳至翁同龢世系图及主要成员情况简表如下：

翁景阳至翁同龢世系图

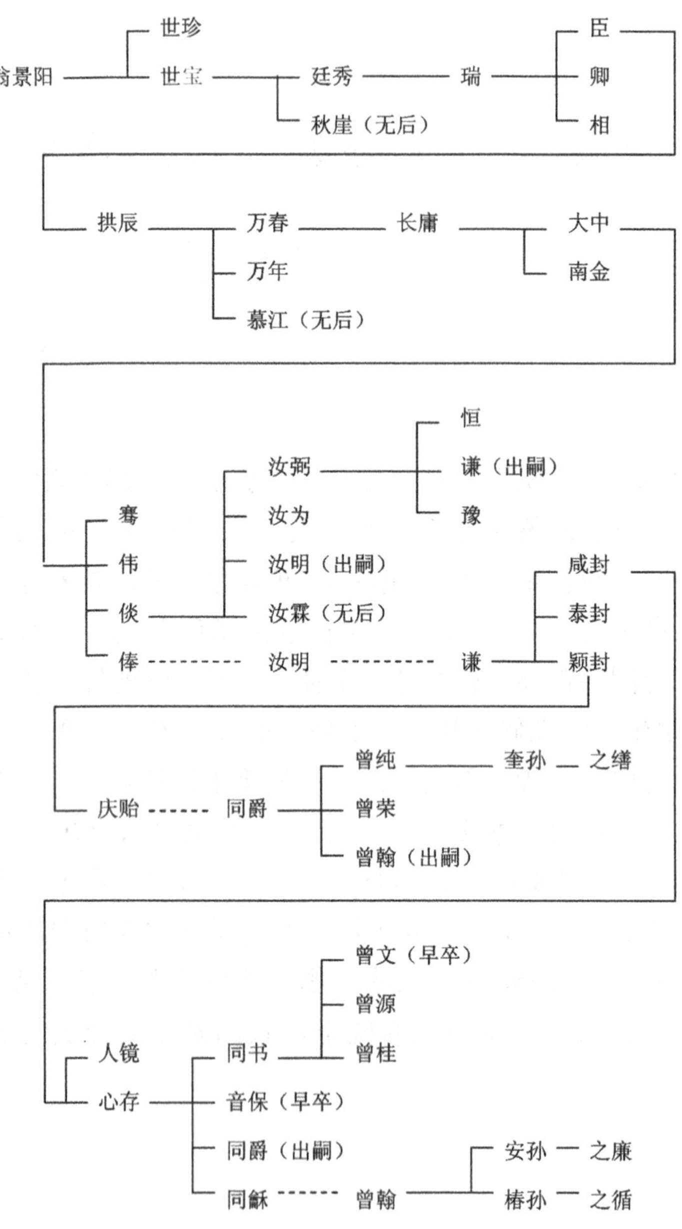

翁景阳
世珍
世宝
廷秀
秋崖（无后）
瑞
臣
卿
相
拱辰
万春
万年
慕江（无后）
长庸
大中
南金
骞
伟
倓
倴
汝弼
汝为
汝明（出嗣）
汝霖（无后）
汝明
恒
谦（出嗣）
豫
谦
咸封
泰封
颖封
庆贻
同爵
曾纯
曾荣
曾翰（出嗣）
奎孙
之缮
人镜
心存
同书
音保（早卒）
同爵（出嗣）
同龢
曾文（早卒）
曾源
曾桂
曾翰
安孙
之廉
椿孙
之循

翁景阳至翁同龢主要成员情况简表

（凡翁之缮所用墨笔、朱笔所补均注明）

世次	姓名	行第、字号	生殁	科名	仕宦	姻娅	备注
一世	翁景阳						自长洲县相城里，迁居常熟之西南乡四十九都庙桥璇洲村。是为海虞翁氏始祖。
二世	翁世宝						居村西洞泾桥，子孙务农，世次不可纪。
三世	翁廷秀						力田，读书。自公以上配氏、葬地皆不可考。
四世	翁瑞	字思隐。				配周氏。继配杨氏。	倜傥好义，尝以里民疾苦抗论于抚军之廷，得省里中徭役之半。以下分三支，曰老大房、老二房、老三房。
五世	翁臣	字西江。思隐长子。					
六世	翁拱辰	字小江。	万历十年卒。			配戴氏。	性戆直，喜清谈，不治生计。赠中大夫、河南布政使司参政。
七世	翁万春	字伯生，号芳庵。	嘉靖乙卯八月廿七日生。天启丙寅九月五日卒。年七十二。			配庞氏，贡生泰峰女。继配王氏，长洲翟扁里怡萱公女。	攻苦积学，垂老不遇，好为山泽之游。东涧老人铭公墓，称为孝友笃诚光明倜傥之君子。赠中大夫、河南布政使司参政。

续表

世次	姓名	行第、字号	生殁	科名	仕宦	姻娅	备注
八世	翁长庸	字玉于，号山愚。	万历丙辰七月廿二日生。康熙癸亥六月十六日卒。年六十八。	顺治丙戌举人，丁亥进士。	户部山东司主事，奉敕督榷芜湖钞关，出为山东滨乐分司运同，充丁酉山东乡试同考官，迁长芦转运使司运使，擢河南布政使司参政，分守河南道，诰授中大夫，以裁缺告归。	配杨氏，文学恒所女。	本姓邹氏。父讳孟孝，字达所。生七日而芳庵抱以为子。幼孤，奉母至孝，监榷芜关有溢额税银四万尽入之官。又尝蠲复卢氏县石田数百顷，中州人民呼为翁佛子。 有《宏农告夜录》《春秋宝筏》及诗文集。
九世	翁大中	字林一，号静庵。山愚长子。	崇祯戊寅九月七日生。康熙丙戌二月廿四日卒。年六十九。	康熙巳酉顺天举人。丁丑进士，二甲赐出身。	初考授内阁中书。后赐会试，选授福建上杭县知县。充壬午福建乡试同考官。敕授文林郎。	配钱氏，户部郎中三峰女。	为政洁清自矢，除加派，实仓谷，立义学，禁溺女。卒于官，邑民醵金归柩。请祀名宦祠。古文、诗皆有集。
十世	翁俸	字天申。	康熙乙亥十二月五日生。壬辰六月廿五日卒。年十八。			配钱氏，遵王孙女。 继配王氏，州同知佑商女。	王氏，既聘而天申卒，闻讣绝粒衰绖奔丧……与从子妇钱夫人嫠居相亲爱……吾宗不绝惟两母之力……乾隆五年旌表贞节，给银建坊，祀节孝祠，载郡邑志。

续表

世次	姓名	行第、字号	生殁	科名	仕宦	姻娅	备注
十一世	翁汝明	字文安。	康熙辛巳正月廿二日生。雍正乙巳三月五日卒。年二十五。			未娶	工书法。累赠光禄大夫、大学士。
十二世	翁谦	字尊光，号赘庵。	康熙甲午十一月十三日生。乾隆辛亥十二月六日卒。年七十八。			配王氏，太学生谦吉女。	四岁丧父……忍饥味道，不求闻达。累赠光禄大夫、大学士。
十三世	翁咸封	字子晋，号紫书，晚号潜虚。赘庵长子。	乾隆庚午四月五日生，嘉庆庚午四月十四日卒。年六十一。	乾隆癸卯举人。	选授海州学正。敕授修职郎。	配许氏，赠知县建平女。继配张氏，梅里庠生仲孺女。女适陆廷鉽。	以经义教士，风气为开，学者日进，黉舍至不能容。祀名宦。研精经训，熟于注疏，有古文四卷、诗三卷、制艺一卷。累赠光禄大夫、体仁阁大学士。
十四世	翁心存	字二铭，号遂盦。	乾隆辛亥五月十四日生。同治壬戌十一月初七日薨。年七十二。	嘉庆丙子举人。道光壬午进士。	翰林院庶吉士，散馆第一，授编修，大考升中允。充乙酉福建乡试正考官，广东学政。直上书房，授惠郡王读，擢侍讲。充辛卯顺天乡	配许氏，高安知县秋涛女。一女适孝廉方正俞大文。一女适国子司业归安钱振伦。	事迹具国史列传。有《知止斋诗文集》。

续表

世次	姓名	行第、字号	生殁	科名	仕宦	姻娅	备注
					试同考官，壬辰四川乡试正考官，江西学政。历左、右庶子，国子监祭酒，奉天府丞兼学正，大理寺少卿，再直上书房，授恭亲王读。以母老乞终养回籍。母卒，起复，仍直上书房，授钟郡王读。复补国子监祭酒，历内阁学士，工部、户部侍郎，充辛亥顺天乡试副考官，工部、刑部尚书，兼管顺天府尹事务，以失察通州捕役抢劫罢职。起吏部、户部侍郎，兵部、吏部尚书，调户部尚书、协办大学士，授体仁阁大学士、管理户		

续表

世次	姓名	行第、字号	生殁	科名	仕宦	姻娅	备注
					部事务，充翰林院掌院学士，经筵日讲起居注官，上书房总师傅，诰授光禄大夫。咸丰九年以疾致仕。同治元年召起，以大学士管理工部，命在弘德殿行走，进授今上皇帝（穆宗）读，薨，晋赠太保，入祀贤良祠，赐祭葬，予谥文端。		
十五世	翁同书	字祖庚，号药房。	嘉庆庚午六月九日生。同治乙丑十月廿七日卒。年五十六。	道光壬辰顺天举人。庚子进士。	翰林院庶吉士，授编修，充癸卯广东乡试正考官，贵州学政。历左、右春坊中允，特旨赴扬州军营，擢侍讲学士，转侍读学士，詹事府少詹事，赏戴花翎。命帮办江北军务，升詹	配钱氏，庠生云襄女。	于书无所不通，强识善悟，精声音训诂之学，积书数千卷，皆经手勘，古文简劲，诗宗宋人，有集若干卷，《槃斋杂识》八卷。

续表

世次	姓名	行第、字号	生殁	科名	仕宦	姻娅	备注
					事，攻克瓜洲，赏穿黄马褂，以侍郎候补。授安徽巡抚，在任二年，有旨来京，另候简用。既交卸，坐苗沛霖入寿州事罢职，遣戍新疆，旋命赴甘肃军营剿办回匪，赐五品顶带，晋四品顶带，积劳成疾，卒于花马地，特旨开复原官，追赠右都御史，予谥文勤，诰授光禄大夫，振威将军。		
十五世	翁同爵	字侠君，号玉甫。	嘉庆甲戌八月十五日生。[补]光绪丁丑八月初一日卒。	邑庠生。	候选训导。由二品荫生，授兵部主事，补职方司主事，武选司员外郎。京察一等，授湖南盐法长宝道，加盐运使衔，署湖南按察使、	配杨氏，惠州府知府研芬女。	

续表

世次	姓名	行第、字号	生殁	科名	仕宦	姻娅	备注
					布政使，升四川按察使，陕西布政使。赏戴花翎，擢陕西巡抚。［补］调湖北巡抚，兼署湖广总督。		
十五世	翁同龢	字声甫，号叔平。	道光庚寅四月廿七日生。［补］光绪甲辰五月廿一日卒。	道光己酉拔贡。咸丰壬子顺天举人。丙辰一甲一名进士。	朝考一等，刑部七品小京官，候补主事。授翰林院修撰，充戊午陕西乡试副考官，留任陕甘学政，引疾回京。充壬戌会试同考官，是年山西乡试正考官，历左、右春坊赞善、中允，同治四年命在弘德殿行走，擢侍讲，右庶子，国子监祭酒，太仆寺卿，内阁学士兼礼部侍郎衔，赏加头品顶戴。	汤氏，太常寺卿敏斋女。	

续表

世次	姓名	行第、字号	生殁	科名	仕宦	姻娅	备注
					[补]擢户部侍郎、左都御史，刑、工、户三部尚书，入毓庆宫授今上（德宗）读，军机大臣，协办大学士，赏用紫缰，双眼花翎，光绪戊戌罢归。		
十六世	翁曾源	字仲渊，号实斋。同书次子。	道光甲午五月廿二日生。[补]光绪丁亥十月十三日卒。	恩赐举人、恩赐进士。同治癸亥殿试赐一甲第一名及第。	国子监学正、学录、补正义堂学录。授翰林院修撰，充国史馆纂修。	配蔡氏，翰林劬莽女。	

续表

世次	姓名	行第、字号	生殁	科名	仕宦	姻娅	备注
十六世	翁曾桂	字子馨，号小山。同书三子。	道光丁酉七月卅日生。[补]光绪三十二年八月卒。	太学生。	刑部湖广司郎中。[补]授湖南衡州府知府，调长沙府，擢辰沅永靖道，调岳常澧道，署湖南按察司、布政司。擢江西按察司、布政司，浙江布政使护巡抚。	配徐氏，嘉定郎中李侯女。[补]继配张氏，华亭工部尚书诗舲女。	
十六世	翁曾翰	字季才，号海珊。同爵三子，同龢嗣子。	道光丁酉十一月廿七日生。[补]光绪戊寅卒。	咸丰戊午顺天举人。	恩赐内阁中书，升典籍，赏加五品衔，协办侍读。[补]赏戴花翎，候选知府，内阁侍读。	配张氏，华亭工部尚书诗舲女。	
十七世	翁安孙	字定夫。曾翰长子。	咸丰戊午十一月五日生。		[补]正二品荫生，光禄寺署正。	[补]聘阳湖恽氏。	
十七世	翁椿孙	曾翰次子。	咸丰庚申十二月十七日生。		[补]一品荫生。	[补]配同邑庞氏。	

针对图、表，结合有关文献，作如下分析：

（一）钱谦益《明滨州刺史具茨翁公（懋祥）墓志铭》云："其先大梁人，徙长洲之相城，再徙常熟。"（《牧斋外集》卷十五）孙衣言《体仁阁大学士赠太保文端翁公（心存）墓志铭》云："明永乐中，有自长洲迁常熟者，遂为常熟人。"（《续碑传集》卷四）都未说明翁氏自长洲相城迁徙常熟的真相。据《谱》，翁寿一"生三子，其伯仲皆居相城，少子赘常熟之庙桥璇洲里，是为我景阳府君"。大家知道，在旧社会，生活艰难的男子，才做赘婿，在妻家中，地位低下，身份卑微。作为赘婿的翁景阳，是常熟翁氏的始祖。《谱》云："断自景阳公始，以谓不敢远有所摭取，以疑误后人。"这就是说翁寿一、景阳父子以前的世系，已不可考，修谱的翁心存、同龢父子，不做冒认名人为祖宗的蠢事。

（二）翁景阳（第一世）长子翁世珍，《谱》云："子孙务农，世次不可纪。"次子翁世宝，为翁心存、同龢之二世祖。

（三）翁世宝次子翁秋崖，《谱》云："无后。"长子翁廷秀，为翁心存、同龢之三世祖。《谱》云："力田、读书。"是常熟翁氏由农民逐渐向士人转化之始。

（四）翁廷秀子翁瑞（第四世），生三子：臣、卿、相。据《谱》：

翁臣是翁心存、同龢之五世祖。"是为老大房。"是本文叙述之重点。

翁卿"是为老二房。在明之季，太常公兄弟五人，并著于时。入国朝，尚书公又贵盛，厥后渐衰矣"[②]。今案："太常公兄弟五人"，指第七世翁薫祥、懋祥、宪祥、应祥、愈祥。薫祥，邑庠生；懋祥，明万历乙卯举人；宪祥，万历辛卯举人、壬辰进士；应祥，万历庚子举人；愈祥，万历戊子举人、戊戌进士。兄弟五人：一个秀才，两个举人，两个进士，故称"并著于时"。"尚书公"指刑部尚书翁叔元（第九世）。

翁相“是为老三房。子孙多务农”。

（五）翁臣子翁拱辰（第六世），孙翁万春（第七世）。《谱》云：翁瑞（思隐）“倜傥好义”，翁拱辰“善清谈”，翁万春“好为山泽之游”，皆无科名、官职。翁万春是常熟翁氏老大房与名流交游之始，《谱》云：“东涧老人铭公墓，称为孝友笃诚光明倜傥之君子。”“东涧老人”指钱谦益，当时文坛领袖。据钱氏《翁芳庵合葬墓志铭》：“翁自思隐公始大，诸孙鹊起，青紫映望。府君少负渊敏，思奋臂出其间。梦肠刻肾，攻苦绩学，屡阨童子科，垂老罢去。于是乎望尘息心，束身修行。横经籍史，以峙老学。作苦食淡，以治生产。夙夜曙戒，以教子姓。……宗有贵人，窭人子辄鲜衣危帽，矫尾厉角。府君每唾之曰：吾翮下有翼，不能垂天，肯窃他人羽毛吓腐鼠耶?”（《牧斋外集》卷十六）当老二房已经是“青紫映望”，老大房连一个秀才都没有，这对翁万春是莫大的刺激!他无子，不以侄继承，而抱邹氏之子为儿。翁心存、同龢等名人，实际上是邹氏的后裔。据《谱》，翁汝明（第十一世）“未娶无子”，“葬陈家山门邹氏祖茔之左傍”。翁庆贻（第十四世）“未娶无子”、翁音保（第十五世）“早卒”，皆“葬陈家山门邹氏祖茔下”，可见邹、翁如同一家。

（六）翁长庸是第八世，《谱》云：“本姓邹氏。父讳孟孝，字达所。生七日而芳庵抱以为子。”长庸，清顺治丙戌举人、丁亥进士。仕至河南布政使司参政，分守河南道，是老大房第一个有科名、官职的人。翁长庸连登两科的政治背景，需要说明。据《清史稿》卷四《世祖本纪一》：

顺治元年十月乙卯即皇帝位。

元年十月己卯以豫亲王多铎为定国大将军，率师征江南。

二年四月丁丑克扬州，故明阁部史可法不屈，杀之。

二年五月丙申多铎师至南京，故明福王朱由崧遁走太平，钱谦益等三十一人以城迎降。

二年六月辛酉追故明福王朱由崧于芜湖。执福王来献。

二年闰六月癸巳命大学士洪承畴招抚江南各省。

二年十月辛未命江南于十月行乡试。

三年四月乙酉命今年八月再行乡试，明年二月再行会试。

三年八月丁亥浙江平。

三年九月己酉故明瑞昌王朱谊汸谋攻江宁，官兵讨斩之。

当时清王朝虽已在北京建立政权，但南方尚未平定，南明抗清力量此伏彼起，屡挫屡战。《清史稿》卷五百《遗逸传序》云："天命既定，遗臣逸士犹不惜九死一生以图再造，及事不成，虽浮海入山，而回天之志终不少衰。迄于国亡已数十年，呼号奔走，逐坠日以终其身，至老死不变，何其壮欤。"站在清王朝立场上的史臣，也不得不叹服明之"遗臣逸士""皆大节凛然，足风后世者也。"清王朝为了网罗汉族士大夫，迫不及待地举行乡试、会试。"幼孤"的翁长庸，正急于求仕，遂于顺治三年（丙戌）乡试中举，次年（丁亥）会试中进士。

（七）翁长庸长子大中（第九世），康熙丁巳举人，丁丑进士，任上杭知县。《谱》云："大参府君以进士起家，上杭府君继之。""大参"指翁长庸，"上杭"指翁大中，两世进士，老大房引以为荣。翁同龢《族谱后序》云："吾大房支自参政公父子仍世清宦。""参政公父子"指翁长庸、大中父子。长庸被"中州人民呼为翁佛子"，翁大中被上杭民众"请祀名宦祠"，故曰两世"清宦"，更是老大房引以为荣的事。

（八）翁大中四子。第三子翁倓，第四子翁俸。翁倓四子：长子汝弼，第三子汝明。汝弼三子，次子翁谦（赘庵）。翁俸（第十世）无子，侄汝明承嗣。汝明（第十一世）无子，侄翁谦（第十二世）承嗣。翁俸卒年十八岁（虚岁），汝明未娶而卒，年二十五岁（虚龄）。翁俸、翁汝明、翁谦三世无科名、官职，老大房中落。翁同龢《族谱后序》云："其后不绝如发，两世贞节母延之。""两世贞节母”指翁俸妻王氏、汝弼妻钱氏，其节操详见翁咸封《潜虚文钞》卷一《王太孺人行略》、《钱太孺人行略》。

（九）翁谦三子。长子咸封（潜虚），第三子颖封。咸封（第十三世）乾隆癸卯举人，任海州学正。咸封二子。次子心存（第十四世）嘉庆丙子举人，道光壬午进士，官至大学士。其生平详见陈沣《体仁阁大学士赠太保翁文端公神道碑铭》、杨彝珍《体仁阁大学士翁文端公神道碑铭》、孙衣言《体仁阁大学士赠太保文端翁公墓志铭》（《续碑传集》卷四）老大房至翁心存而大盛。翁同龢在《族谱后序》中得意地说：“重以赘庵府君之纯孝，潜虚府君之阴德，蓄极而光。”

（十）翁心存四子：长子同书，道光壬辰举人，庚子进士，历任安徽巡抚，罢职遣戍，特旨开复。次子音保，早卒。第三子同爵，邑庠生，仕至湖北巡抚、兼署湖广总督，出嗣翁颖封之子庆贻。第四子同龢，咸丰壬子举人，丙辰状元[③]，仕至协办大学士、军机大臣、兼总理各国事务。翁心存、同龢两世宰辅；翁心存曾授穆宗读，翁同龢曾授穆宗、德宗二帝读，两世为帝师。需要说明的是，翁同书获罪，未影响翁氏家族仕进。据《清史稿》卷三百八十五《翁心存传》：心存卒后，“赐其孙曾源进士，曾荣举人，曾纯、曾桂并以原官即用，曾翰赐内阁中书”。翁同爵于同治十三年九月为湖北巡抚，光绪元年五月兼署湖广总督，光绪三年八月卒于湖南巡抚任。（见《清史稿》卷二百、二百四《疆臣年表四、八》）仕途通达，未受同书牵连。

《谱》云：翁同龢“光绪戊戌罢归”，应补：“宣统元年，吴中士大夫追念忠清，合词请为湔雪，恩准开复原官，旋予谥文恭。”（《碑传集补》卷一《翁同龢传》引《常昭合志》）光绪二十四年（戊戌）四月廿七日翁同龢“开缺回籍”是中国近代史上一件大事，谈者已多，本文不赘述，只据同龢本人的《日记》，以见他当时之心态；并据同时人张荫桓《戊戌日记手稿》[④]，以见当时人对此事之观感。

《翁同龢日记》、张荫桓《戊戌日记》对照表

时间	《翁同龢日记》	张荫桓《戊戌日记》
四月廿一日癸卯（6月9日）	是日宣麻：荣禄授大学士管户部，刚毅协办大学士调兵部，以崇礼为刑部尚书。	
四月廿三日乙巳（6月11日）	是日上奉慈谕，以前日御史杨深秀、学士徐致靖言国是未定，良是，今宜专讲西学，明白宣示等因，并御书某某官应准入学，圣意坚定。臣对西法不可不讲，圣贤义理之学尤不可忘。退拟旨一道……久跪膝痛，乏极。	昨日邸抄：荣仲华正拜兼总户部，刚子良参知调兵部，崇受之补刑部兼大金吾，政令一新矣。午后访常熟，适自园寓回，疲惫不支。……赴署阅邸报：讲求时务，变法自强。有或托于老成忧国，以旧章必应墨守，新法必当摈除，众喙哓哓，空言无补之谕。钦佩圣明。今日常熟所谓跪对数刻者，当系承旨逾时也。
四月廿七日己酉（6月15日）	今日生朝……起下，中官传翁某勿入，同人入，余独坐看雨，检点官事五匣，交苏拉英海。一时许同人退，恭读朱谕："协办大学士翁同龢近来办事多不允协，以致众论不服，屡经有人参奏。且每于召对时咨询事件，任意可否，喜怒见于词色，渐露揽权狂悖情状，断难胜枢机之任。本应察明究办，予以重惩，姑念其毓庆宫行走有年，不忍遽加严谴，翁同龢着即开缺回籍，以示保全。钦此。"臣感激涕零，自省罪状如此，而圣恩矜全，所谓生死而肉白骨也。随即趋出，至公所小憩。……张樵野来。……明日须磕头，姑留一宿。	得常熟书……函末言归期甚近，容再趋辞，殊不解也……润台、仲山先后来，乃知常熟有开缺回籍之谕，骇甚。夔石调京，仲华权直督，北洋之局一换也。……余亦往晤常熟。

续表

时间	《翁同龢日记》	张荫桓《戊戌日记》
四月廿八日庚戌（6月16日）	午正二驾出，余急趋赴宫门，在道右磕头。上回顾无言，臣亦黯然如梦，遂行。……未正三抵家，敬告先祠。……南书房王监赍到端阳例赏纱葛，余告以已出军机不敢领。对曰：奉旨仍赏。	今日上办事后还宫，常熟道旁叩谢。
五月二十日壬申（7月8日）	六刻抵墓次。伏哭毕，默省获保首领从先人于地下幸矣，又省所以靖献吾君者皆尧舜之道，无骫骳之辞，尚不致贻羞先人也。	
十月廿四日（12月7日）	鹿侄、景子以新闻报传廿一日严旨，臣种种罪状，革职永不叙用，并交地方官严加管束，不准滋生事端等因⑤，伏读感涕而已。	

从两部日记看出：(1）光绪二十四年四月廿三日，翁同龢向光绪帝长时间跪奏的内容是“变法自强”，反对“墨守旧章”。(2）正是在光绪帝、翁同龢讲求变法之时，那拉氏已安排好驱逐翁同龢出朝的人事：荣禄以大学士兼管户部；刚毅为协办大学士，调任兵部尚书；崇礼任刑部尚书，兼“大金吾”。(3）四月廿七日，翁同龢“开缺回籍”，张荫桓闻之“骇甚”，可见这个突变，出人意料之外。(4）翁同龢获罪之后，光绪帝仍照例赏纱葛，这是光绪帝对那拉氏的无声抗议。廿八日，翁同龢叩辞光绪帝时，帝“回顾无言”，翁“黯然如梦”，可见君臣内心之悲愤。(5）翁同龢返里后，在先人墓前反省，“所以靖献吾君者皆尧舜之道”，这等于是他向那拉氏抗议，种种罪状，皆强加于他的不实之词。

（十一）翁同书三子：长子曾文，早卒。次子曾源，咸丰乙卯恩赐举人，壬戌恩赐进士，癸亥殿试状元。老大房出了两个状元，一时传为佳话。郭则澐《十朝诗乘》卷二十："（翁）仲渊迭赐举人、进士，不由常格进，尤为殊遇。先是仲渊父药房中丞抚皖，以封疆失陷，为曾文正疏劾，系狱论死。文端公以痛子致疾，旋卒。上悯之，许中丞出狱治丧。事竣入狱，从宽遣戍。仲渊于其时擢列高第，亦出特恩。"今案，同治元年二月翁同书"落职论死"（《重修常昭合志》），十一月翁心存卒，二年翁曾源（仲渊）擢状元。可见翁曾源未受其父翁同书牵连，反而因祸得福。

（十二）翁同书第三子曾桂，太学生，仕至浙江布政使。据《清史稿》卷二百四《疆臣年表八·各省巡抚·浙江》：

光绪二十八年壬寅免聂缉规浙江巡抚。诚勋暂护。

光绪二十九年癸卯诚勋四月庚寅卸。翁曾桂护浙江巡抚。八月己巳，聂缉规任。

翁同龢于光绪二十四年十月"革职，永不叙用，交地方官严加管束"。翁曾桂于光绪二十九年以布政使护理浙江巡抚，仕宦顺遂，未受叔父翁同龢牵连。

注释：

①据翁同龢纪念馆编：《二十世纪翁同龢研究》，苏州大学出版社，2004 年。

②参阅翁同龢《族谱后序》："昔太常公兄弟五人，著于前朝，再传而司寇公陟登三事，公少遭闵凶，既贵不忘艰窭，故族谱之序，推言先世力耕勤俭之积，其言绝可悲，乃不数传而子孙陵夷，衰微极矣。"

③胡思敬《戊戌履霜录》卷四："（翁同龢）前大学士心存之季子，而今上授读师也。心存长子曰同书，巡抚安徽时，以纵匪为曾国藩奏劾，至革职拿问，文宗眷心存未衰，愍其老，恐以子故悲

伤，丙辰廷试，擢同龢一甲第一以安慰之。”考辨如下：据《清史列传·翁同书传》：“咸丰十一年，召来京。寻以寿州绅练仇杀未能速办，部议镌职留任。”“同治元年正月，两江总督曾国藩奏劾同书于定远失守时，弃城奔寿州，复不能妥办，致绅练有仇杀之事。迨寿州城陷，奏报情形前后矛盾。命褫职逮问，经王大臣等定拟罪名。奏入，上以同书遗误地方厥罪甚重，即照所拟斩监候。……”翁同书获咎在同治元年正月，翁同龢擢状元在咸丰六年，事在先。前后相隔五年。可见胡思敬所谓文宗因翁同书“革职拿问”，恐翁心存“悲伤”而“擢同龢一甲第一以安慰之”，其说大误。

④澳门尚志书社影印本，1999 年 11 月。

⑤《清史稿》卷四百三十六《翁同龢传》：“（光绪二十四年）八月，政变作，太后复训政。十月，又奉朱谕：‘翁同龢授读以来，辅导无方，往往巧籍事端，刺探朕意。至甲午年中东之役，信口侈陈，任意怂恿。办理诸务，种种乖谬，以致不可收拾。今春力陈变法，滥保非人，罪无可逭。事后追维，深堪痛恨！前令其开缺回籍，实不足以蔽辜，翁同龢着革职，永不叙用，交地方官严加管束。’”

附：《海虞翁氏族谱》补

《海虞翁氏族谱》，翁心存辑，翁同龢等补，清同治十三年（1874 年）刊。翁心存、翁同龢父子宰相，此谱是一部重要的族谱，但缺光绪、宣统两朝资料。翁氏后裔翁之缮（善）虽有补录，尚不完全。本文据《清史稿》之《大学士年表二》《部院大臣年表九（上、下）》《军机大臣年表二》《疆臣年表四、八》，编制咸丰、同治、光绪三朝翁心存、翁同书、翁同爵、翁同龢父子兄弟官职简表，并进行分析。

常熟翁氏父子兄弟官职简表

年代	翁心存	翁同书	翁同爵	翁同龢
咸丰八年戊午	九月壬午，任大学士，管户部。癸巳，为体仁阁大学士。	六月丁巳，任安徽巡抚。		
咸丰九年己未	五月辛卯，病免。			
咸丰十一年辛酉		正月丙申，来京。		

续表

年代	翁心存	翁同书	翁同爵	翁同龢
同治十年辛未			十一月戊申，任陕西巡抚。 十二月庚辰，罢。	
同治十三年甲戌			九月癸酉，任湖北巡抚。	
光绪元年乙亥			五月壬子，兼署湖广总督。	
光绪二年丙子			湖南巡抚。	正月乙卯，任户部右侍郎。
光绪三年丁丑			卒于湖南巡抚任。	
光绪四年戊寅				五月戊辰，任左都御史。
光绪五年己卯				正月庚午，任刑部尚书。四月壬申，任工部尚书。
光绪八年壬午				十一月丁亥，以毓庆宫行走、太子少保、工部尚书在军机大臣上行走。
光绪十年甲申				三月戊子，免直，仍在毓庆宫行走。
光绪十一年乙酉				十一月癸亥，任户部尚书。
光绪二十年甲午				十月己酉，复以太子少保、户部尚书在军机大臣上行走，并会办军务。

续表

年代	翁心存	翁同书	翁同爵	翁同龢
光绪二十一年乙未				六月，兼在总理各国通商事务衙门行走。
光绪二十三年丁酉				八月，协办大学士。
光绪二十四年戊戌				四月己酉，罢。

从上表看出，咸丰、同治、光绪三朝，常熟翁氏父子兄弟四人中，两个是宰相，两个是巡抚。仕宦之盛，确实少见。据《翁谱》，翁同书生于嘉庆十五年庚午（1810 年），翁同爵生于嘉庆十九年甲戌（1814 年），翁同龢生于道光十年庚寅（1830 年）。翁同龢比翁同书小 20 岁，比翁同爵小 16 岁。同治四年乙丑（1865 年）、光绪三年丁丑（1877 年）翁同书、同爵虽先后卒，翁同龢正仕宦得意，兄弟年龄的差距大，却使翁氏仕宦盛况延长了 20 年。戊戌政变后，翁氏渐衰。

罗振玉——《上虞罗氏枝分谱》考

罗振玉是中国近代的的著名学者。董作宾《罗雪堂先生传略》云："先生毕生殚力治学，著述等身，其于学术贡献最大者，厥有五事。"其一曰内阁大库明清史料之保存，其二曰甲骨文字之考订与传播，其三曰敦煌文卷之整理，其四曰汉晋木简之研究，其五曰古明器研究之倡导。张舜徽在《中国文献学》中总结罗振玉对整理文献的重大贡献为：（甲）殷墟甲骨文字的整理，（乙）金石刻辞的整理，（丙）熹平石经和汉晋木简的整理，（丁）敦煌石室佚书和西陲石刻的整理，（戊）内阁大库档案的保存和整理。所见略同。

大连图书馆馆长张本义主编罗振玉之全部著作为《罗雪堂合集》，饶宗颐题："承先启后，百学湛深。"王元化题："国故瑰宝，新知膏壤。"肯定了罗振玉在中国近代学术史上具有稽古拓新，连接传统朴学与现代人文学术之桥梁地位。

我阅读罗振玉"述记"的《上虞罗氏枝分谱》，明白了他的成功，并非有家学渊源，而是靠自我奋斗，白手起家。特撰此文，以显现中国旧社会文人学士成长的一种类型。

《上虞罗氏枝分谱》卷首载罗振玉自撰之序。此序有三个重要内容：

（一）说明罗氏族谱编修的历史情况。"予族由慈溪迁上虞，盖始于宋南渡以后。逮明永乐，始有谱牒。由永乐至我朝同治庚午，已屡修；及宣统纪元，又增修。”

（二）说明罗氏旧谱不可尽信的情况。“近者所及见及闻；远者所传闻，其信与否，不可知也。旧谱之首，录豫章谱，由一世祝融，至四十一世珠，一一具载无阙。又录慈溪谱，记第一世甫、第二世隐，至八世元，咸具名字事实妃匹葬地。考吾族得姓之始，若《世本》《广韵》诸书所载，但云：罗，熊姓也；一云：祝融之后妘姓，及本自颛顼末胤受封于罗，为楚所灭，子孙以为氏。如是而已。而豫章谱乃世次井井，宁非虚诞。至昭谏祖知微，父修古，前籍所记甚明。慈溪谱乃云隐父甫，并载其传状年谱，其言不雅驯，其愚且诬又可知也。”指出豫章、慈溪二旧谱“虚诞”“愚且诬”之处，不稍隐讳。

（三）说明《上虞罗氏枝分谱》编纂情况。“今叙曾祖以降为之谱，以志侨淮安以后之系统。又纪迁上虞以来十九叶本支之所自出，别为谱冠焉，所以识木本水源也。于近则详之，远则略之。”

下面对《上虞罗氏枝分谱》的内容，做一些具体的介绍。

《上虞罗氏枝分谱》分为两部分：（一）《第一谱》：“由慈溪迁上虞十九世本支所自出者为第一谱。”（二）《第二谱》：“由上虞迁淮安为第二谱。”先将《第一谱》所载十九世，列为简表如下：

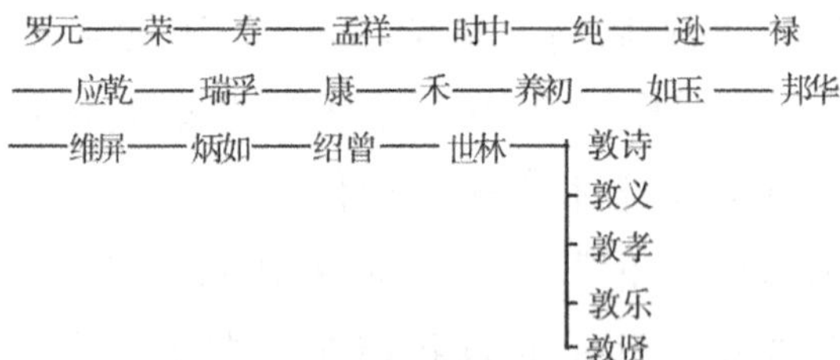

孝萱案：《谱》云：“吾宗自南宋时有曰元者，始由慈溪迁居上虞三都之永丰乡，是为迁上虞始祖。”据《第一谱》所载，自罗元至罗世林十九世中，仅第八世罗禄“恩贡生，历官桃源、新繁、天长三县”，第十一世罗康“嘉靖己酉举人，官直隶武清县知县”，其余十七世均无科名、官职，是农民。罗振玉举例说明“旧谱既有漏略，亦安保其无疏误耶？姑据旧谱录之云尔”。然则罗禄、罗康二人之可信与否，难于断定也。

再将《第二谱》所载四世，列为简表如下：

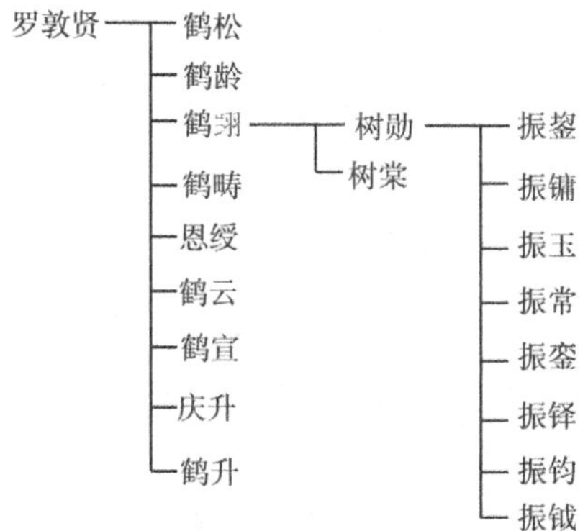

孝萱案：罗振玉云：“及我曾祖，始侨寓江苏淮安之清河，至先祖妣方淑人，乃卜居淮安郡城。我曾祖府君为迁淮安第一世，于上虞为第二十世。”《第二谱》中对罗敦贤、罗鹤翀、罗树勋三人，有较详细的介绍，使我们对罗振玉的家世，有较清楚的了解。

罗敦贤：“先曾祖奉政公，昆季五人，生齿繁衍，资产不给，乃旅食四方。芜湖缪公镕，与予家有戚谊，官南河里河同知，家居扬州，乃携挈往依焉。缪公为之介绍，历佐盐河幕……晚岁积数十年俸入，从事懋迁，利辄数倍，遂致产数十万金。以先王考高邮公服官江苏，遂侨居淮安之清河。”罗敦贤是庶出幼子（据《第一谱》，罗世林侧室高氏所生），在家乡受歧视，故出外谋生，先为幕，后经商，无科名、官职。

罗鹤翀：“先王考高邮公，初随先曾祖寄食缪氏，缪公赏其才，留佐家政而家政理，缪公益器之，为纳粟得布政司理问，候补江苏……历署牧令。道光二十二年，英师犯长江，以防海劳保知州衔。冬，署淮安军捕通判。二十三年，以催漕获盗功保知州。二十五年，署泰兴县知县……二十六年，知赣榆。二十七年，知盐城。二十八年，知高淳……三十年，权知江宁。咸丰元年，牧高邮……二年夏，河决徐州，漕督调公佐办丰北大工。”罗鹤翀是捐官，无科名。

罗树勋：“先府君以咸丰八年纳粟得县丞，指省江苏……年甫十七，仍家居读书养亲。嗣以生齿繁，乃以光绪初元，与同乡于清河醵资设质库，顾司其事者不得人，再逾岁亏耗二万金。先叔父遂安公适选遂昌教谕，乃析产赴任，家事乃日棘。七年辛巳，得江苏藩司檄委署江宁县丞……时先府君年四十，予年十六耳。自是先府君遂未尝家食。十三年，署海州州判。二十年，署徐府经历。二十六年，署清河县丞。……留江苏垂五十年，未尝补官进秩。”罗树勋开当铺，捐官入仕，无科名。

罗振玉之曾祖父、祖父、父均无科名。他兄弟八人，《谱》中述长兄罗振鋆事稍详：“予同母兄弟五人。弱弟振銮早夭。仲兄出嗣。家道中否。时季弟尚幼，惟与伯兄佩南先生实同患难。光绪辛巳，兄与予同受知于学使者太和张公沄卿，为县学弟子员。兄意非致身科第，不能兴门阼，故习制举之文甚力。予谓科名得失，操之于人，惟学问则操之己，劝兄同治经史小学，兄韪之。尝佐兄辑碑别字及六朝防戍城镇考，卒以为妨举业弃置之。两应乡举，铩羽归。……逮丙戌仲秋，遽染疾不禄。”罗振鋆、振玉兄弟是秀才。振鋆热衷科名，未中举而逝。振玉认为“惟学问则操之己”，具此信念，终身奉行，成为著名学者，并非有家学渊源，而是靠自我奋斗，白手起家，《上虞罗氏枝分谱》可以为证。至于振玉生平及伪满事，谈者已多，兹不复赘。

柳诒澂——《京江柳氏宗谱》考

柳诒徵（字翼谋，号劬堂）是最早注意收集家谱和进行研究的前辈学者之一。1931 年 8 月，柳氏发表《族谱研究举例》宏文，文中说：拟为《江苏通志》增创《氏族志》[①]，“举凡文艺相承，经术继美，里称望族，世擅高赀者，竟委穷原，悉为最录”。又云：“姓氏时地，相为经纬，虽不能尽陈吾国民族孳乳蟠互，迁流交错之状，殆亦可得其大凡。”他指出家谱不是其他文献所能代替的：“所贵于览一族之谱牒者，由世次而得其增加之级数，与其由盛而衰或繁或绝之迹”“则非但载名人支系所可同日语矣。”他建议今后修谱，编制统计表，“可省浪费之楮墨，而于历史统计为大有助焉。”他为图书馆征求家谱，便于保存，而免散佚，柳氏所虑者深远。

《京江柳氏宗谱》初辑在清康熙年间，乾隆、道光两次增修，重修于光绪，清末民初、民国两次续修，最后一次续修由柳诒徵主持，即民国三十七年之谱。此谱由柳氏亲撰序言，序中引用《孝经》，阐明天人关系，谓“事之易袭者迹，道之难推者本。谱系传状，迹也；由天性之爱其亲，致力以续祖考之为者，本也。本祖本天，乃贵乃大，是虽吾一族数册之谱，即可以推明人类共具之性天。”柳氏所见者宏阔。

此谱具有两大特色：一、继承前谱登载名人所撰柳氏先德“家传”“铭纪”之优点，凡前谱漏录者，“详加采访，补入艺文门”。二、与时俱进，增加内容，“族人中凡在民国得有学位及曾任职官者，均查明分载学籍、公职两门”。“妇女之有学籍及曾任公职者”亦“分别列入”。是笔者所见众多家谱中之完善者。

柳诒徵又撰《读赵氏宗谱》[②]论文，以为族谱研究之示范。今按照他的倡导，充分发掘、利用三部《京江柳氏宗谱》中的资料，并参考有关文献，对京江柳氏家族之学术文艺传承及其对柳诒徵之影响，进行论述。本文所据之三部《柳谱》，乃光绪庚寅重修本，十二册，柳预生主修；民国壬子续修本，六册，柳预生、柳甡春主修；民国戊子续修本，四册，柳诒徵主修。三种《柳谱》行款相类，均为思成堂活字本，由柳氏哲嗣提供照相本。

（一）柳诒徵成长的家族背景

柳诒徵出生于镇江的士族。周伯义《京江柳氏宗谱序》云：“郡中世族，张氏以名宦显，柳氏以名儒显，邑志儒林列传名最多，他姓莫及。”高觐昌《润州柳氏续修宗谱序》云：“柳氏为润州望族，文章、经术代有闻人。”光绪《丹徒县志·人物·儒林传》有柳可法、柳加长、柳蓁、柳尹、柳棽、柳荣宗六人，《文苑》有柳谊、柳大年二人。《丹徒县志摭余·人物·儒林文苑》有柳兴恩、柳钟二人。今据《京江柳氏宗谱》及光绪《丹徒县志》卷十《选举》、民国《丹徒县志摭余》卷五《选举》、《续丹徒县志》卷十一《科目》所载，将清代柳氏在科举上所得之成就，制表如下：

科目	世次	姓名	科举时间	科名/名次	备注
会试	八世	柳　蓁	乾隆乙丑科	第一百十七名进士	
乡试	五世	柳映奎	顺治辛卯乡试(顺天)	第二十五名举人	
	六世	柳可法	康熙己酉乡试	第二十名举人	《县志》未载

续表

科目	世次	姓名	科举时间	科名/名次	备注
	八世	柳　蓁	乾隆丙子乡试	第一名解元	
	七世	柳加长	乾隆己卯乡试	第二十四名举人	
	八世	柳　谊	乾隆己卯乡试	第五名副榜	
	九世	柳仙根	乾隆戊子乡试	第二十二名举人	
	十世	柳克家	乾隆己亥恩科乡试	第十四名副榜	
	十世	柳　渤	嘉庆甲子乡试	第一百三名举人	
	十世	柳希直	嘉庆庚午乡试	第十六名经魁	
	十世	柳兴恩	道光庚午乡试	第七名经魁	
	十二世	柳堃元	同治庚午补壬戌恩科乡试	第二十名副榜	
	十四世	柳肇嘉	宣统三年辛亥	师范科举人	两江师范学堂优级选科毕业生
出贡	七世	柳加恂		岁贡	
	七世	柳加蔚		恩贡	
	七世	柳加敏		岁贡	据《县志》补
	八世	柳　谊		岁贡	
	八世	柳　棽		恩贡	
	九世	柳　尹		岁贡	
	十世	柳丞宗		恩贡	
	十一世	柳焱煃		岁贡	
	十二世	柳诒徵		优贡	

考取府县学生员者很多，不一一列举。在旧时代，科举是衡量一个家族之文化层次高低的重要标准。从这个角度来看柳氏，虽无达官贵人，却是书香门第。柳氏先人除以八股文应试外，或钻研经

史，或创作诗词文章，著述斐然。今据《柳谱》《县志》所载，将柳氏先人创作之别集，编为目录如下：

<table>
<tr><th>世次</th><th>姓名</th><th>诗文集</th><th>著录</th></tr>
<tr><td rowspan="2">六世</td><td>柳可荫</td><td>《蓉轩集》</td><td>光绪《丹徒县志》卷四十六《艺文·书目》</td></tr>
<tr><td>柳可法</td><td>《飞羽轩诗集》</td><td>光绪庚寅《京江柳氏宗谱·先文学公赎书记》</td></tr>
<tr><td rowspan="3">七世</td><td>柳加蔚</td><td>《清华斋偶吟》</td><td>光绪庚寅《京江柳氏宗谱·学博浣亭公传》</td></tr>
<tr><td>柳加长</td><td>《易安轩诗文集》</td><td>光绪《丹徒县志》卷四十六《艺文·书目》</td></tr>
<tr><td>柳加恂</td><td>《风远堂诗集》</td><td>光绪庚寅《京江柳氏宗谱·明府民借先生风远堂诗集序》</td></tr>
<tr><td rowspan="4">八世</td><td rowspan="2">柳　谊</td><td>《对山集》</td><td>民国《续丹徒县志》卷十八《艺文·书目》</td></tr>
<tr><td>《对山楼文集》</td><td>光绪《京江柳氏宗谱·乙榜樗岩公传》</td></tr>
<tr><td rowspan="2">柳　蓁</td><td>《舌耕斋稿》</td><td>光绪《丹徒县志》卷四十六《艺文·书目》</td></tr>
<tr><td>《舌耕斋存稿》</td><td>光绪庚寅《京江柳氏宗谱·明府春亭公传》</td></tr>
<tr><td rowspan="2">九世</td><td rowspan="2">柳守原</td><td>《回澜集》
《黄山游记》《黄山游草》</td><td>光绪《丹徒县志》卷四十六《艺文·书目》</td></tr>
<tr><td>《阴陟文题咏》</td><td>民国《续丹徒县志》卷十八《艺文·书目》</td></tr>
<tr><td>十世</td><td>柳兴恩</td><td>《达心斋诗文集》
《宿壹斋诗文集》</td><td>光绪《丹徒县志》卷四十六《艺文·书目》</td></tr>
<tr><td>十一世</td><td>柳　淦</td><td>《咏秋轩词》</td><td>民国《丹徒县志摭余》卷十三《艺文·书目》</td></tr>
<tr><td>十二世</td><td>柳堃元</td><td>《晤言室文钞初编》
《晤言室试帖续编》</td><td>民国《丹徒县志摭余》卷十三《艺文·书目》</td></tr>
</table>

以上略述柳诒徵成长的家族背景，使人们理解他自幼便能树立远大的志向。

(二)柳诒徵主张“学行兼崇,不分汉、宋”的家学渊源

柳诒徵《我的自述》开头就说：“要晓得我的历史，必须明瞭我家族的遗传，师友的薰习。”在柳氏的先人中，对柳诒徵学问、人品影响最大的，是他的高祖父柳棽和族祖父柳兴恩、柳荣宗。今利用三部《京江柳氏宗谱》中的资料，以柳棽、柳兴恩两支为主线，编制系列图表。在每一图表下面，参考有关文献，对柳诒徵“学行兼崇，不分汉、宋”思想的形成，寻根探源，进行论证。

壹、京江柳氏世系简图

甲、柳鲲至柳诒徵世系简图：

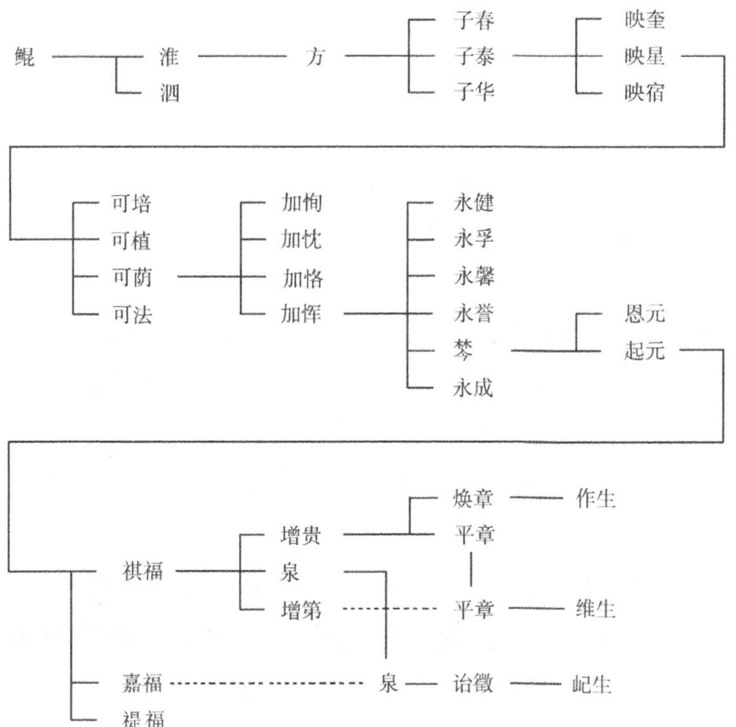

乙、柳映星至柳兴恩、柳荣宗世系简图：

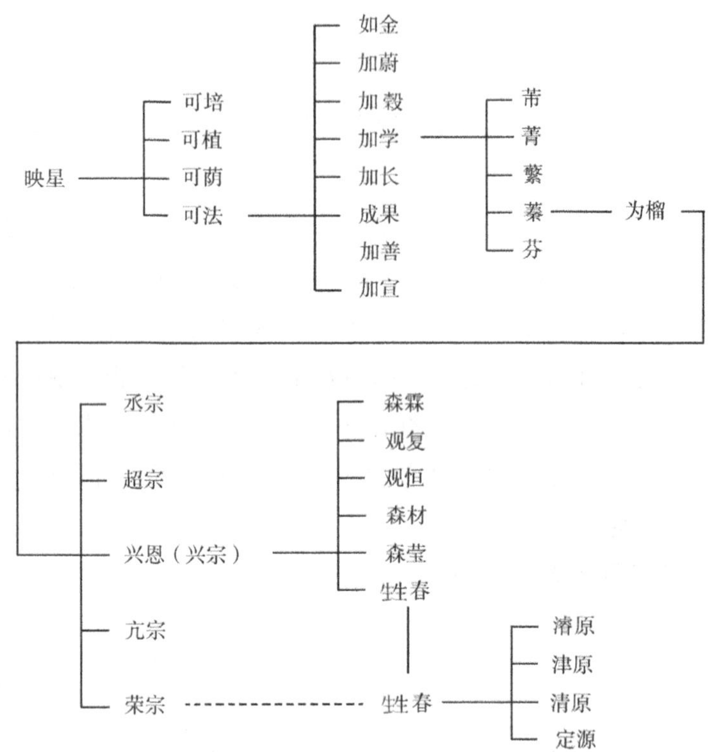

针对上图，结合有关文献，分析如下：

一、京江柳氏修谱，首先批评世俗冒认祖宗之陋习，如第六世柳可荫所撰《谱序》云："六朝以来，风靡俗薄，为人后者，不知发奋以自雄，惟夸门第以相尚。有经乱离而失其谱系者，则择一前代爵隆誉重之人，而冒认以为后。如李唐远祖老聃，吴越托始彭祖，或二三十世而系一人，或十五六世而系一人，不亦荒邈之甚耶！"本文所据之三部《柳谱》，皆以世系秩然可考之明人柳鲲为第一世。

二、柳鲲六传为柳可荫、柳可法。柳可荫传至柳棨为第八世，传至柳诒徵为第十二世。柳可法传至柳兴恩、柳荣宗兄弟为第十世。柳诒徵说"我家高祖春林公讳棨，是讲理学的，著有《性理汇解附参》一书，我曾经将原稿影印。""我有一族祖宾叔公（柳兴恩)，是我父亲的业师，他的年龄八十六岁，我生的第二年，他才去世。他是专门讲经学的，所著《穀梁大义述》，经王先谦刊在《续经解》中。……我听我外祖、我母亲以及家里的人讲起他那种古道，真是一个醇儒。他的兄弟翼南公（柳荣宗），也讲经学，著有《说文引经考异》，也有刻本。另外著的《尚书解诂》及骈散文，我曾得其手稿，印在图书馆年刊内，并抽印单行本。……和宾叔公两人均在《清史·儒林传》内。我自幼就想学春林、宾叔、翼南三公的学问品行。”（《我的自述》）[③]在众多先人中，柳诒徵特别想学习柳棻、柳兴恩、柳荣宗三人，可见柳棻理学，柳兴恩、柳荣宗兄弟经学对他的重要影响。

贰、京江柳氏主要成员情况简表

丙、柳鲲至柳诒徵情况简表：

世次	姓名	字号、行第	生卒	科名	仕宦	姻娅	荣典
一世	柳 鲲	字化鹏。	明景泰六年乙亥生，嘉靖十年辛卯卒。			配何氏。	明武宗微行临京口，曾幸其宅，亲承温旨，蠲其徭役。乡饮大宾。
二世	柳 淮	字脉枝，号月溪，化鹏长子。	弘治十五年壬戌五月十一日生，万历十三年乙酉九月廿四日卒。			原配梁氏。继配郭氏。	恩授迪功郎。
三世	柳 方	字小溪，月溪子。	嘉靖七年戊子闰十月初四日生，万历十六年五月廿三日卒。			配陈氏。	以次子子泰职，敕赠承德郎、盐运司分司。

续表

世次	姓名	字号、行第	生卒	科名	仕宦	姻娅	荣典
四世	柳子泰	字承溪，小溪次子。	明隆庆元年丁卯五月廿二日生。清顺治元年甲申十月初九日卒。		敕授承德郎，除山东清平县丞、署县令事。升浙江盐运司分司。钦擢监督熹庙陵工。	正室徐氏，国学生敬椿女。侧室刘氏。	两举乡饮大宾。
五世	柳映星	字薇垣，承溪嫡子，行二。	明万历三十五年丁未十二月初二日生。清康熙十八年己未二月十四日卒。			原配钱氏，武肃王裔孙女。继配王氏，勋卫世袭指挥仲德公女。	以次子可植职，例赠儒林郎候选州同知。以少子可法职，诰赠武略将军、候推卫千总。
六世	柳可荫	字来止，行三，薇垣三子。	顺治元年甲申七月初八日生，康熙三十七年戊寅九月初十日卒。	年十七入泮，补增生。		配杨氏，乡饮大宾例赠修职郎贞吉女，恩贡生候选教谕凝九胞妹。	以长子加恂职，例封修职郎高淳县儒学教谕，敕赠文林郎候补知县。以次子加忱职、少子加恽职，俱晋儒林郎、候选州同知。

续表

世次	姓名	字号、行第	生卒	科名	仕宦	姻娅	荣典
七世	柳加恽	字备十，行十五，来止少子。	康熙廿三年甲子七月初九日生，雍正十年壬子十月廿二日卒。	年十五入泮郡庠，附贡生。	例授儒林郎，候选州同知。	原配李氏。继配张氏，康熙丙辰科进士甘肃抚标守府汉乙女。侧室秦氏。	
八世	柳棽	原名永醇，字春林，号怀朴，又号碧溪。行五，备十五子。	雍正二年甲辰十一月二十日生，乾隆五十四年乙酉正月初二日卒。	邑廪生。乾隆庚子科恩贡。	例授修职郎，候选教谕。	配钱氏，邑廪生名潜女。	
九世	柳恩元	字芸荣，春林长子。	乾隆廿五年庚辰六月廿六日生，道光五年乙酉十二月十三日卒。			配顾氏，国学生徂徕女。	

续表

世次	姓名	字号、行第	生卒	科名	仕宦	姻娅	荣典
十世	柳祺福	字介之，芸荣长子。	乾隆五十四年己酉四月初十日生，咸丰六年戊午四月初二日卒。	邑庠生。		原配张氏，隽声女。继配吴氏，春林女。	
	柳嘉福	字绥之，芸荣次子。	乾隆五十七年壬子三月初一日生，道光四年甲申二月初十日卒。			配唐氏，牧原女。	
十一世	柳泉	字逢原，绥之嗣子，介之次子。	道光十四年甲午四月廿六日生，光绪十一年乙酉五月初五日卯时卒。	邑庠生。		配鲍氏，邑庠生仲铭女。	
十二世	柳诒徵	字翼谋，逢原子。	光绪五年己卯十二月廿五日卯时生。	邑增生，宣统己酉科优贡。	候选教谕。	配吴氏，岁贡生、候选训导、例封修职郎姨丈子攸女。	
十三世	柳屺生	翼谋子。	宣统二年庚戌十一月廿八日辰时生。				

丁、柳映星至柳兴恩、柳荣宗情况简表：

世次	姓名	字号、行第	生卒	科名	仕宦	姻娅	荣典
五世	柳映星	字薇垣，承溪嫡子，行二。	明万历三十五年丁未十二月初二日生。清康熙十八年己未二月十四日卒。			原配钱氏，武肃王裔孙女。继配王氏，勋卫世袭指挥仲德女。	以次子可植职，例赠儒林郎候选州同知。以少子可法职，诰赠武略将军、候推卫千总。
六世	柳可法	字楷人，行四，薇垣少子。	顺治三年丙戌六月初一日生，康熙四十八年己丑二月初八日卒。	年十七入泮，康熙己酉科举人。	诰授武略将军、候推卫千总。	正室张氏，陕西布政使司经历见华女孙，邑庠生毓仪女。侧室程氏。	
七世	柳加学	字粲思，号达庵，行十六，楷人四子。	康熙二十八年己巳七月廿四日生，乾隆卅年乙酉四月十六日卒。	国学生。	例授儒林郎。候选州同知。	配童氏，国学生会生女。	

续表

世次	姓名	字号、行第	生卒	科名	仕宦	姻娅	荣典
八世	柳蓁	字蟠若，号春亭，又号芳三，行八，达庵四子。	雍正元年癸卯九月十二日生，嘉庆五年庚申正月初八日卒。	年十四入泮。乾隆丙子科南闱解元，已丑科进士。	敕授文林郎。广东和平县知县。乾隆癸卯科同考试官。	配汤氏，国学生焕章女。	
九世	柳为榴	字凤伯，春亭子。	乾隆三十一年丙戌十月廿六日生，道光十八年戊戌四月廿七日卒。	邑庠生。		配蒋氏，国学生堂姑婿尧卿女。	以三子兴恩职，例封文林郎，拣选知县。
十世	柳兴恩	字宾叔，号润江，凤伯三子。	乾隆六十年乙卯五月十六日戊时生，光绪六年庚辰十一月廿三日辰时卒。	郡廪生。道光壬辰科经魁。	敕授文林郎。拣选知县。甲辰大挑二等。特授句容县教谕。	配凌氏，雨文女。	
	柳荣宗	字德斋，号翼南，凤伯少子。	嘉庆七年壬戌三月十三日辰时生，同治四年乙丑九月初二日巳时卒。	邑庠生。		配宋氏，邑庠生佳士女。	例赠儒林郎。

续表

世次	姓名	字号、行第	生卒	科名	仕宦	姻娅	荣典
十一世	柳甡春	字秄青。翼南嗣子。	道光三年癸卯十二月十八日卯时生。	郡廪贡生。	五品衔，候选布政司经历。	正室顾氏，苏人女。侧室李氏，海州人。	

针对上表，结合有关文献分析如下：

一、第一世柳鲲："生二子……幼令读书，通晓大义，旋命服贾，不干仕进。"（鲁铎《郡大宾化鹏公传》）第四世柳子泰，为下层官吏。第五世柳映奎"年十三应童子试……补博士弟子员，及长博通经史，善属文，落笔千言立就……登辛卯闱经魁。"（金录《中翰五纬公传》）这是柳氏参加科举考试并取得功名之开始，从此由商贾家庭转为书香门第。

二、第六世柳可荫、柳可法兄弟均有科名。柳可荫"肆力为文章……虽屡困棘闱，亦未辍其学也"（陈灯《皇清邑增生敕封文林郎晋赠儒林郎来止柳公墓志铭》）。柳可法"少与叔兄来止公力学，同怀切劘，自为师友，年未壮即举于乡，再赴公车"（彭定求《孝廉楷人公传》）。"熟于《左氏春秋》，变编年为列传，举二百四十二年之事，折衷而上下之，羽翼经传，得未曾有"（裴之先《皇清诰授武略将军己酉经魁楷人柳君墓表》）。在参加科举考试的同时，柳可法开始研究经学，著有《春秋左氏列传》。光绪《丹徒县志》卷四十六《艺术·书目》著录柳加长《春秋补疏》三十卷。柳氏先人，虽从事科举，其志趣却在经学。

三、自第六世柳可荫、柳可法兄弟开始至第十世柳兴恩、柳荣宗兄弟，第十二世柳诒徵等，多有科名，皆少年进学。第七世柳加蔚"下帷力学，搜讨程朱精义，为文一宗先正"（顾楝高《学博浣亭公传》）。柳诒徵的高祖父柳棽"愿苦学以绍书香""早岁入泮，试辄冠军"。且"潜心经学，尤邃《尚书》，百家传注，靡不博览而折衷之，又通于选学，特为详注”（王文治《明经春林公传》）。在柳氏先人中，柳棽继柳加蔚之后，讲求理学。其玄孙柳诒徵得其嫡传。柳棽又“通于选学”，对柳诒徵亦有重要影响。据《先府君翼谋公行状》云：柳诒徵“弱冠工六朝俪体，堪与蕃施阁、仪郑堂相颉颃，乡思耆宿如李词龕（恩绶）、茅子贞（谦）、赵森甫（勋禾）、崇质堂（朴）、丁暗公（传靖），皆倾折以交。陈横山（庆年）征君见所为，叹曰：‘今世词章欲出人头地，戛乎难矣。盍致力经史根柢乎？’横山母柳氏，其学原本外家。府君至是益绍隆先业，发愤治经史。”④柳诒徵原善词章之学，因陈庆年之劝说而改治经史之学，乃成大名，特为之表出。

四、柳兴恩、柳荣宗兄弟以经学名家，《清史稿·儒林传》有传。柳兴恩“以《穀梁春秋》千古绝学，纂《穀梁春秋大义述》”（缪荃孙《国史馆儒林柳兴恩传》）。周伯义《京江柳氏宗谱序》云：“宾叔先生亦馆阮氏，为太傅所钦崇。后曾文正嘱运宪聘先生入养贤馆。”阮元称赞柳兴恩之著作为“扶翼孤经”（民国《续丹徒县志》卷十二下《人物·儒林·柳兴恩》），认为该书“补学海之缺文”（阮元《穀梁大义述序》）。其弟荣宗著有《说文引经考异》，荣宗“质短而貌癯，言呐呐如不出诸口，目光且不及寸”，却“好经古不喜时趋”（柳森霖《说文引经考异跋》）。柳氏经学，经几代人的积累，至柳兴恩、柳荣宗兄弟而大有成就，今二书皆收入《续修四库全书》。

综合以上情况，京江柳氏学术氛围浓厚，如：柳可法（六世）、柳加长（七世）治《左氏春秋》学；柳加蔚（七世）、柳棽（八世）讲理学；柳兴恩（十二世）治《穀梁春秋》学，柳荣宗（十二世）治《说文》小学。不愧“经术代有传人”之誉，这是柳诒徵以学术安身立命的家族背景。柳可法、柳加长治左氏学之成就不算大，对柳诒徵的影响就不大，他所念念不忘的是柳棽之理学，柳兴恩、柳荣宗兄弟之经学。（训诂、字书、音韵为小学，属于经学。)

《中国文化史》是柳诒徵的名著，最能反映其学术思想，书中推崇："宋儒真知灼见，人之心性，与天地同流。故所言所行，多彻上彻下，不以事功为止境，亦不以禅寂为指归。此其所以独成为中国唐、五代以后勃兴之学术也。"他向往："清初诸大儒，学行兼崇，固不分所谓汉、宋。"学行兼崇，不分汉、宋，是柳诒徵一生所追求的目标，本文从《柳谱》中揭示其家学渊源所自。

读者必有疑问，为什么尊崇经学的柳诒徵，却以史学著名呢?

今案，《中国文化史》第十章云："世尊乾、嘉诸儒者，以其以汉儒之家法治经学也。然吾谓乾、嘉诸儒所独到者，实非经学，而为考史之学。……诸儒治经，实皆考史，或辑一代之学说(如惠栋《易汉学》之类)，或明一师之家法(如张惠言《周易虞氏义》之类)，于经义亦未有大发明，特区分畛域，可以使学者知此时代此经师之学若此耳。其于《三礼》，尤属古史之制度，诸儒反复研究，或著通例(如江永《仪礼释例》、凌廷堪《礼经释例》之类)，或著专例(如任大椿《弁服释例》之类)，或为总图(如张惠言《仪礼图》之类)，或为专图(如戴震《考工记图》、阮元《车制图考》之类)，或专释一事(如沈彤《周官禄田考》、王鸣盛《周礼军赋说》、胡匡衷《仪礼释宫》之类)，或博考诸制(如金鹗《求古录礼说》、程瑶田《通艺录》之类)，皆可谓研究古史之专书，即今文学家标举《公羊》义例(如刘逢禄《公羊何氏释例》、凌曙《公羊礼说》之类)，亦不过说明孔子之史法，与公羊家所讲明孔子之史法耳。其他之治古音、治六书、治舆地、治金石，皆为古史学尤不待言。"[5]柳诒徵这一段话，给人们的启迪是：清儒以治史之法治经。他也赞成以治经之法治史。他为陈汉章《史通补释》撰序，指出"伯弢先生治经，兼用今古文二家家法，以之治史，亦洪纤毕举。是编句稽事实，疏通证明，古文家治经之法也。以唐事证《疑古篇》之说，使子玄文外微旨昭然若揭，此今文家治经之法也”。合而观之，柳诒徵是主张兼用今、古文治经之法治史，进而贯通经史的。

这里举一件重要的事实。柳诒徵的弟子盛成，在《仰止劬堂老师》中，记载清末老师讲课的情景：“（翼谋先生）以《穀梁》治史学，得司马父子西汉学之精华。”“师在两江师范时，曾继刘申叔讲座。二先生一治《左传》，一治《穀梁》。申叔不用今文及西汉刘向微言大义，而用古文与郑玄家法，‘宁详勿略’，终于‘实精详而不平’，势难平易近人。先生则以‘指约易操，事少功多’，此‘《穀梁》隐而短’，且胜过‘《公羊》显而详’，‘《左氏》之艳而富，其失也诬’。”[⑥]这是柳诒徵早年即以《穀梁》学治史学之明证。（至于盛成比较刘、柳二氏讲学之得失，本文暂不讨论。）

五、值得大书特书的，是柳诒徵母鲍氏兼父、师之职，对孤儿柳诒徵督教之劬劳。缪荃孙撰《鲍孺人墓志铭》，述鲍氏之门第曰：“乾隆中，举鸿博，世称海门先生，孺人之高祖也。”“柳、鲍清门世族，著声京口，才质德行，皆有仪法。”述鲍氏之德才曰：“幼读四子书，强记异常童，间制小诗，不出海门先生家法。”“无骄贵习。”述鲍氏对诒徵之督教曰：“诒徵生七岁而孤。遗命诒徵必读书，依外氏以居。孺人流涕如命。”“孺人自课之，进则色喜，荒则色忧。有以学贾劝，辄流涕以言却之。”诒徵自述寡母督教情形尤详：“我自幼从母亲读四书、五经、《孝经》、《尔雅》、《周礼》，以及古文、《古诗源》、唐诗，天天要背诵。自七岁至十五六岁，逐日念生书，背熟书，止有腊月廿日以后，正月半前放学，可以自由看书、抄书、游戏。其余读书之日，自天明起即背书，各书不背完，不能吃早粥。”“予六七龄时，先妣口授唐人五、七言绝，约二百首；次授唐人五律，约四百首；次授《古诗源》全部；次授《唐诗别裁》，不克竟读，仅读七言律一类。其五、七言古诗，则听予姊读《三百首》中诸篇，亦略能上口。”（以上见《我的自述》）[⑦]鲍氏督教孤儿如此劬劳，所以缪荃孙以诒徵之母，媲美清儒汪中之母，“宜诒徵笃志向学，读书能自立也”。

柳诒徵还说：“（鲍氏）最著名的有海门公讳皋、论山公讳之钟、野云公讳文逵，都有诗集行世。”“我外祖……和我母亲及两个舅舅谈话，总是叙述海门、论山、野云诸公及凌秋公的诗文道德，以及地方许多名人的掌故，我自幼坐外祖旁边听他谈话，就得到不少的知识，一心只想做一个人才，不愧我柳、鲍二家的先德。”诒徵将柳、鲍二家并举，可见外家的学术熏陶，对柳诒徵的影响也很大。

六、柳诒徵专攻史学，放弃骈文，但诗还是写的，而且写出了一定水平。除了他本人的才华和努力外，不能不述及柳、鲍二氏的诗学遗传与师友熏习。柳氏先人多有诗名，上面已经介绍其诗集目录。柳诒徵之父柳泉，虽无诗集传世，民国《续丹徒县志》卷十八《艺文二》载有柳泉《义仆行》长诗。鲍氏先人，以诗名者，多于柳氏。1939 年《劬堂日记钞》有一则云：“外家先世稿草，多藏于小楼椟笥……闻外大父述海门先生与余江干、张石帆、李小花诸先生之文采风流，遂一一手录其诗。……外大父又时时举诸家名章隽句，叩其能背诵否，解否，或窃效其法为五、七言诗呈外大父，外大父辄掀髯大乐，谓是儿可教。”⑧《行状》云：“母鲍孺人，海门征君讳皋玄孙女。”“鲍氏自海门征君以诗名海内，后昆闺秀，有声坛坫。”柳诒徵“从浚卿（心铨）、煦斋（恩暄）两舅氏学诗古文辞”。

柳氏一生中在南京工作时间为多。他与陈三立、范当世、李详、梁焱、王瀣等著名诗人交游唱和，多有所得，即所谓“师友熏习”。笔者拟另文介绍，本文暂不涉及，以免多占篇幅。

下面举汪国垣、胡先骕、吴宓对柳诒徵诗之评价：

汪国垣《光宣诗坛点将录》（合校本）：“马军小彪将兼远探出哨头领一十六员：地雄星井木犴郝思文：柯劭忞，一作柳诒徵。”评云：“莫吟辛苦贼中来，且进丝桐近酒杯。乞与南徐好风月，鹤林同看杜鹃开。”又云：“劬堂精研乙部，久典守藏，以一身系东南文献之重。余力为诗，渊雅可味。晚年流转西南，诗益奇肆。长篇短韵，皆诗史也。”⑨

胡先骕《忏庵丛话·柳翼谋先生》云：“其为诗宗杜韩，并出入汉赋，雄篇巨制，不仅压倒元白也。其《圆明园遗石歌》，奇崛奥衍，非王湘绮《圆明园歌》所能企及。”又评柳诒徵《柏溪杂诗》云：“其诗意境宏廓，声韵铿锵，已摩少陵之垒，非仅平视放翁也。”又评柳诒徵《霞坳》云：“沉痛之情，溢于言表，非笃于伤离念乱之情者，不能道也。”胡氏之评，可与汪国垣所云柳“晚年流转西南，诗益奇肆”互证。

吴宓《空轩诗话·柳翼谋》评柳诒徵《登泰山作》诗云：“雄浑圆健，充实光辉。”又评柳诒徵《青岛海水浴场》诗云：“论其文，则具‘史诗之庄严’；究其意，则是史笔之定谳。宓之所以极推崇此诗者以此。”吴氏之评，可与汪国垣所云柳之“长篇短韵，皆诗史也”⑩互证。

七、据《柳谱》：柳加恂“嗜学不倦，工诗文，尤精书法”（汤震《明府民借公传》）。又，柳谊“以其余力为诗古文词，并工篆隶真行，刚劲拔俗，片椟尺缣，人以为宝”（吕兆安《乙榜樗严公传》）。又，柳荣宗“工书法，性尤近钟太傅，自小楷以及寻丈，莫不古雅绝伦。摩钟鼎书，端重浑朴，绝似三代法物，间为骈文”（陈庆年《翼南公传》）。在柳诒徵自幼便立志学习的三位先人中，他钦佩柳棽的“书法，也可见得他气象的醇和，修养的深厚了”。又称赞柳荣宗的“书法，尤为古雅”（《我的自述》）。可见书法也是柳氏家学。柳诒徵生活在这个环境中，自幼耳濡目染，于书法一道颇有体悟：书法可以反映出人的气象，即书如其人。

柳诒徵从学写篆隶，临钟鼎、汉碑、魏碑入手，功力深厚，早擅书名。茅以升《记柳翼谋师》云：“当时文化界人士所用的折扇，以能得到柳先生的字，梁（公约）先生的画，便称‘双璧’，向人夸耀，亦可见两先生才名之盛。”清末柳、梁都在南京思益小学任教。诒徵认识李瑞清、欧阳渐后，书法大进。胡先骕《忏庵丛话·柳翼谋先生》云：柳氏“擅书法，与李梅庵接席”。《行状》云：“书法汉、魏，尤擅平原。”俱非夸张，当之无愧。

吴宓总论柳诒徵曰：“近今吾国学者人师，可与梁任公先生联镳并驾，而其治学方法亦相类似者，厥惟丹徒（今改镇江县）柳翼谋先生诒徵。两先生皆宏通博雅，皆兼包考据义理词章，以综合通贯之法治国学，皆萃其精力于中国文化史。皆并识西学西理西俗西政，能为融合古今折衷中外之精言名论。皆归宿于儒学，而以论道经邦内圣外王为立身之最后鹄的。皆缘行道爱国之心，而不能忘情于政治事功。皆富于热诚及刚果之勇气，皆能以浅显犀利之笔，为家喻众晓之文。皆视诗词等为余事，而偶作必具精彩。此皆两先生根本大端之相同处。若其出处行事之迹以及声名之大小显晦有异，则时世与境遇为之。……比而论之，梁先生名较大，柳生先则有为梁先生所不能及之处。”（《空轩诗话·柳翼谋》）吴宓对柳、梁所做的比较和评论，是别人没有想过、说过的，值得重视和品味。

（三）

最后，发掘利用三部《柳谱》及有关文献，说明两点：

一、《京江柳氏宗谱》是研究家族文化的资料宝库

三部《柳谱》有一个共同的特色，皆登载先人之碑、传、集序等，具有史料价值，今编为简表如下：

《京江柳氏宗谱》所载碑、传、集序等艺文目录

世次	传主	作者	作者署衔	传、序名	出处
一世	柳　鲲	鲁铎	国子监祭酒	《郡大宾化鹏公传》	庚寅《谱》卷七《家传》
		杨一清	大学士	《化鹏公逸事纪》	庚寅《谱》卷九《艺文》

续表

世次	传主	作者	作者署衔	传、序名	出处
二世	柳　淮	王锡爵	内阁侍读学士	《月溪公八十寿序》	庚寅《谱》卷九《艺文》
四世	柳子泰	笪重光	江西巡按、监察御史年愚侄	《浙江盐运使分司承溪公传》	庚寅《谱》卷七《家传》
五世	柳映奎	金录	翰林院检讨年愚弟	《中翰五纬公传》	庚寅《谱》卷七《家传》
		柳映奎		《顺治辛卯科顺天乡试朱卷·第廿五名柳映奎习易经》	庚寅《谱》卷九《艺文》
	柳映星	程梦简	辛丑进士、知河源县事姻愚侄	《赠君薇垣公传》	庚寅《谱》卷七《家传》
		张玉书	赐进士出身、诰授奉政大夫、经筵日讲官、起居注、左春坊左庶子、翰林院侍讲、充《明史》总裁、前国子监司业、翰林院编修、丙午典试浙闱姻晚生	《皇清诰赠武略将军薇垣公墓志铭》	庚寅《谱》卷八《铭纪》
	柳映宿	张鹏	吏部左侍郎、山东巡抚眷侄	《景垣公传》	庚寅《谱》卷七《家传》

续表

世次	传主	作者	作者署衔	传、序名	出处
六世	柳可培	万一薡	知永清县事姻愚弟	《坤荣公传》	庚寅《谱》卷七《家传》
	柳可植	贺宽	壬辰进士、大理寺评事云阳愚弟	《州倅育生公传》	庚寅《谱》卷七《家传》
	柳可荫	王之瑚	壬辰进士、监察御史愚弟	《赠君来止公传》	庚寅《谱》卷七《家传》
		陈灯	赐进士出身、诰授奉直大夫、云南候补布政使司参政、前知昆阳州事世愚弟	《皇清邑增生敕封文林郎晋赠儒林郎来止柳公墓志铭》	庚寅《谱》卷八《铭纪》
		柳可荫		《书正堂论史序》	庚寅《谱》卷九《艺文》
		柳可荫		《集蓉轩历代咏史诗序》	庚寅《谱》卷九《艺文》
	柳可法	彭定求	翰林院侍读学士长洲侍弟	《孝廉楷人公传》	庚寅《谱》卷七《家传》
		裴之仙	赐进士出身、敕授文林郎、翰林院编修、前庶吉士、甲戌会元姻世愚弟	《皇清诰授武略将军己酉经魁楷人柳君墓表》	庚寅《谱》卷八《铭纪》
		张鸣皋	赐进士出身、敕授文林郎、内阁中书通家愚弟	《皇清诰授武略将军己酉经魁楷人柳公暨元配封宜人张太君合葬墓志铭》	庚寅《谱》卷八《铭纪》
		笪重光	巡按江西、监察御史年世弟	《孝廉楷人公〈春秋左氏列传〉序》	庚寅《谱》卷九《艺文》
		欧阳旭	提督云南学政同里愚弟	《孝廉楷人公〈春秋左氏列传〉序》	庚寅《谱》卷九《艺文》
		王际有	提督河南学政同里愚弟	《孝廉楷人公〈春秋左氏列传〉序》	庚寅《谱》卷九《艺文》

续表

世次	传主	作者	作者署衔	传、序名	出处
七世	柳加恂	汤　震	知邵武府事寅愚弟	《明府民借公传》	庚寅《谱》卷七《家传》
		陈　灯	乙未进士、云南布政司参议同里	《学博民借公〈圣庙备考〉序》	庚寅《谱》卷九《艺文》
		吴会暲	诰授奉直大夫、知广西梧州府郁林州事、前知山西太原府定襄县事愚弟	《高淳教谕民借公去思碑记》	庚寅《谱》卷九《艺文》
		游禄宜	知高淳县事寅愚弟	《广文民借先生惠绩入县志记》	庚寅《谱》卷九《艺文》
		蒋之佩	受业	《送民借夫子升县令序》	庚寅《谱》卷九《艺文》
		程斅绣	同里后学	《明府民借先生〈风远堂诗集〉序》	庚寅《谱》卷九《艺文》
	柳加忱	张光裕	知湖北归州事姻愚侄	《州倅潜庵公传》	庚寅《谱》卷七《家传》
		钱志睦	同里古民	《勖亶公痴庵序》	庚寅《谱》卷九《艺文》
	柳加蔚	顾栋高	内阁撰文中书锡山愚弟	《学博浣亭公传》	庚寅《谱》卷七《家传》
	柳加恪	何如栻	丙戌进士、知鄗县事姻愚弟	《赠君宗侨公传》	庚寅《谱》卷七《家传》
	柳加长	蒋宗海	壬申进士、内阁中书姻愚弟	《孝廉兼三公传》	庚寅《谱》卷七《家传》
		柳兴恩		《兼三公〈春秋补疏〉三十卷记》	庚寅《谱》卷九《艺文》
八世	柳永祜	吴嘉善	知祁门县事愚弟	《明经德承公传》	庚寅《谱》卷七《家传》
	柳　谊	吕兆安	吴江县学教谕姻愚弟丹阳	《乙榜樗岩公传》	庚寅《谱》卷七《家传》
	柳　蓁	鲍之锺	己丑进士、户部正郎年愚弟	《明府春亭公传》	庚寅《谱》卷七《家传》

续表

世次	传主	作者	作者署衔	传、序名	出处
八世	柳　埁	王文治	旧史官砚愚弟	《明经春林公传》	庚寅《谱》卷七《家传》
		柳　埁		《春林公〈性理汇解附参〉序》	壬子《谱》卷四《补遗》
九世	柳　尹	李兆洛	旧史官武进年愚侄	《明经毅轩公传》	庚寅《谱》卷七《家传》
	柳为榴	柳兴恩		《述德记》	庚寅《谱》卷七《家传》
		柳兴恩		《先文学公赎书记》	庚寅《谱》卷九《艺文》
	柳仙根	张明谦	旧史官愚弟	《孝廉芝田先生制艺序》	庚寅《谱》卷九《艺文》
十世	柳　渤	陈庆年	外曾孙	《紫溟公传》	庚寅《谱》卷七《家传》
		柳　渤		《求是斋制艺序》	庚寅《谱》卷九《艺文》
	柳丞宗	柳兴恩		《胞兄念斋先生传》	庚寅《谱》卷七《家传》
	柳兴恩	缪荃孙	翰林院编修	《国史馆儒林柳兴恩传》	庚寅《谱》卷七《家传》
		陈庆年		《宾叔公传》	庚寅《谱》卷七《艺文》
		阮　元	扬州	《〈縠梁大义述〉序》	庚寅《谱》卷九《艺文》
		柳兴恩		《宾叔公〈刘向縠梁春秋持义补〉序》	壬子《谱》卷四《补遗》
		曹元忠		《柳宾叔〈縠梁大义述〉跋》	戊子《谱》卷七《艺文》
		陈庆镛		《柳宾叔〈春秋縠梁传学〉序》	戊子《谱》卷七《艺文》
		顾镇生		《乡贤公八十寿序》	戊子《谱》卷七《艺文》
				《清史稿·儒林·柳兴恩传》	戊子《谱》卷七《艺文》

续表

世次	传主	作者	作者署衔	传、序名	出处
十世	柳亢宗			《南海桂文灿〈经学博采录〉关于向仙公〈穀梁〉学说》	戊子《谱》卷七《艺文》
		陈宗起		《子能公传》	庚寅《谱》卷七《家传》
		路应廷	赐进士出身、镇江府学教授友生	《〈托素轩时文〉序》	庚寅《谱》卷九《艺文》
		陈宗起	外甥	《〈托素轩时文〉序》	庚寅《谱》卷九《艺文》
	柳荣宗	陈庆年		《翼南公传》	庚寅《谱》卷七《家传》
		柳兴恩		《胞弟翼南公传》	庚寅《谱》卷七《家传》
		李玉贵	同里愚弟	《〈说文引经考异〉序》	庚寅《谱》卷九《艺文》
		柳荣宗		《〈说文引经考异〉序》	庚寅《谱》卷九《艺文》
		柳森霖	侄	《〈说文引经考异〉跋》	庚寅《谱》卷九《艺文》
		柳诒徵		《翼南公遗稿跋》	戊子《谱》卷七《艺文》
十一世	柳甡春	鲍鼎		《秄青公传》	戊子《谱》卷七《艺文》
		柳诒徵		《秄青公七十寿序》	戊子《谱》卷七《艺文》
	柳观晋	柳兴恩		《胞弟子能犹子观晋传》	庚寅《谱》卷七《家传》
	柳　淦	包世臣		《式如公〈咏秋轩词〉序》	戊子《谱》卷七《艺文》
	柳　泉妻鲍氏	缪荃孙		《鲍孺人墓志铭》	戊子《谱》卷七《艺文》

续表

世次	传主	作者	作者署衔	传、序名	出处
十二世	柳　旭	陈庆年	外甥	《宾嵎公传》	庚寅《谱》卷七《家传》
	柳棻元	杨履泰	同里愚弟	《〈晤言室文钞〉序》	庚寅《谱》卷九《艺文》
		柳棻元		《〈晤言室文钞〉序》	庚寅《谱》卷九《艺文》
	柳　锐	柳诒徵		《进廷公传》	戊子《谱》卷七《艺文》
	柳　时	柳诒徵		《泰占公传》	戊子《谱》卷七《艺文》
十三世	柳预生	王孝煃		《立凡公传》	戊子《谱》卷七《艺文》
	柳继生	柳肇嘉		《铭之公传》	戊子《谱》卷七《艺文》
	柳　昕	柳诒徵		《少云翁墓表》	戊子《谱》卷七《艺文》
		刘嘉斌		《柳善人传》	戊子《谱》卷七《艺文》
	柳　昕 柳　恂	刘锺琳		《丹徒二柳先生传》	戊子《谱》卷七《艺文》
		柳诒徵		《宗像跋》	戊子《谱》卷七《艺文》
		柳肇嘉		《宗像跋》	戊子《谱》卷七《艺文》

针对上表，分析如下：

这八十篇左右文章的作者，有达官（如张玉书）、名儒（如缪荃孙）、学者文豪（如包世臣）、书画大家（如笪重光），也有一般文人。他们有的无文集传世（如鲍鼎），有的仅有诗集而无文集（如王文治），有的虽有文集而未载为柳氏所撰之传记（如李兆洛《养一斋文集》未载《明经毅轩公传》），《柳谱》保存了这些人的文章，不仅对研究柳氏家族有用，也丰富了人们对这些作者的认识。有的文集中虽载为柳氏先人所撰之传记，仍可与《柳谱》校勘文字异同。如陈庆年《横山乡人类稿》卷九载《柳兴恩传》《柳荣宗传》《母舅柳宾嵎先生传》，可与《柳谱》中《宾叔公传》《翼南公传》《宾嵎公传》对勘。总之，《柳谱》所载柳氏先人的碑、传、集序之多而全，非一般家谱所能比拟，这是它的特色，可称为家族文化的资料宝库。

二、柳诒徵著作目录

据《先府君翼谋公行状》，柳诒徵“病中复清理平生著作，凡四十余种，无论已刊未刊，付子孙什袭珍藏，世传家学，而殿以《劬堂文录》《诗录》及《青衿周甲述》焉”。今录柳诒徵著作全目如下：

《国学图书馆总目》四十四卷[11]

《国学图书馆现存目》二十卷[12]

《国学图书馆小史》一册[13]

《国学图书馆年刊》十册[14]

《中国文化史》二册[15]

《国史要义》十卷[16]

《版本略说》一册

《中国教育史》五卷（代）[17]

《中国商业史》三卷[18]

《历代史略》八册[19]

《首都志》二卷

《江苏礼俗、书院、钱币志》三册

《里乘》五卷[20]

《满清年表》十二册

《盋山书影》宋一册、元一册

《盋山牍存》一册

《杨文襄公事辑》一册

《日游汇编》一册

《礼俗史发凡》一册

《卢抱经年谱》一册

《大错和尚集补》一册。

以上已刊。

《东亚各国史（朝鲜史、日本史、印度史、南方三国史、南洋群岛史、北亚史）》六种[21]

《清实录类钞》三册

《明外史目》一册

《宋元儒学类钞》一册

《泰州学案资料》一册

《导引集粹》一册

《人形资料》一册

《江苏明代倭寇事略》一册

《三国志裴注义例》一册

《奴隶史资料》二十册（存文管会）[22]

《人民生活史资料》一册（存文管会）[23]

《师锡录》一册

《伦理口义》一册

《商业道德》一册

《劬堂文录》三册

《劬堂诗录》三册

《劬堂读书录》一册

《劬堂随笔》一册

《劬堂杂俎》一册

《青衿周甲述》一册

以上未刊。

今将以上著作成书之先后，及写作之背景，写入注释中，供读者参考。

注释：

①柳曾符、柳定生编《柳诒徵史学论文续集》第543页，上海：上海古籍出版社，1991。

②该文发表于1930年《史学杂志》第二卷第四期，收入《柳诒徵史学论文续集》。

③柳曾符、柳佳编《劬堂学记》第10页，上海：上海书店出版社，2002。

④笔者藏抄稿，署“不孝柳屺生、定生述，族孙柳肇嘉代撰”。以下简称《行状》。

⑤柳诒徵《中国文化史》第747—748页，上海：东方出版中心，1988。

⑥《劬堂学记》第107页。

⑦《劬堂学记》第11、18页。

⑧《劬堂学记》第26页。

⑨汪辟疆《汪辟疆说近代诗》第72页，上海：上海古籍出版社，2001。

⑩吴学昭整理《吴宓诗话》第202、203页，北京：商务印书馆，2005。

⑪《行状》：“受聘长龙蟠里盋山图书馆，更名国学图书馆。馆创始于缪太史、陈徵君。初庋丁氏八千卷楼藏书、范氏木犀香馆藏书，继又裁并淮南书局、江南书局、江楚编译局所有版片书籍及通志局档册，均归图书馆接管，故藏书日富，蔚为江南文物渊薮。府君喜承师友衣钵，不辞重任，专心力而为之。十年中著《馆史》，编《总目》四十四卷，布《馆刊》十巨册。”

⑫《行状》：“一九四五年乙酉，寇降国复，袱被东还，日以访书为务，发之复壁，返诸萧寺，或搜伪官之家，或出估客之手，持后较前，损毁者四之一，而善本所阙不及十之一。于是编《现存目录》二十卷，以告当世。”

⑬同《国学图书馆总目》条下注。

⑭同《国学图书馆总目》条下注。

⑮《行状》:“一九一六年丙辰……南京高等师范成立，聘府君主讲文史地部。旋改东南大学。皋比十稔，著《中国文化史》。”

⑯《行状》:“府君在渝，任教育部部聘教授，整理三年未成之《国史要义》，盖府君毕生精力所萃也。”

⑰《行状》:“一九〇三年癸卯，府君随（缪）艺风东渡，考察学校，著《日游汇编》。归就珂通士《支那通史》，加以芟削，蕲合课程之用，成《历代史略》。继编《满清年表》。更就黄仲弢（绍箕）提学手订序目，成《中国教育史》，为自来言教育史之先河。”

⑱《行状》:“府君已教授江南高等学堂、商业学堂、两江师范有年，著《中国商业史》《东亚各国史》，取材宏富，思想崭新，张季直（謇）、李梅庵（瑞清）诸老激赏之，目为良史。”

⑲见《中国教育史》条下注。

⑳《行状》:“典盋山图书馆越二十年……府君从旧档及逸史中，搜集成《里乘》五卷，庶与陈氏《京口掌故丛编》相辉映。”

㉑见《中国商业史》条下注。

㉒《行状》:“（上海）市人民政府组织文物管理委员会，聘任府君为委员，赞襄之余，属稿《人民生活史资料》《奴隶史资料》，备采择。”

㉓见《奴隶史资料》条下注。

附：柳诒澂改编《太仓太原王氏宗谱》考

柳诒徵是最早提倡研究家谱者之一，曾撰《族谱研究举例》论文，刊于《国学图书馆第四年刊》（收入《柳诒徵史学论文续集》）。在这篇论文中，他将王祖畬所辑《太仓太原王氏宗谱》（写本），改编为图表。（以下简称“柳编《王谱》”）①我对照了其他文献，发现七个问题，特撰此文，进行澄清。“柳编《王谱》”篇幅较大，今将需要澄清的内容，摘录如下：

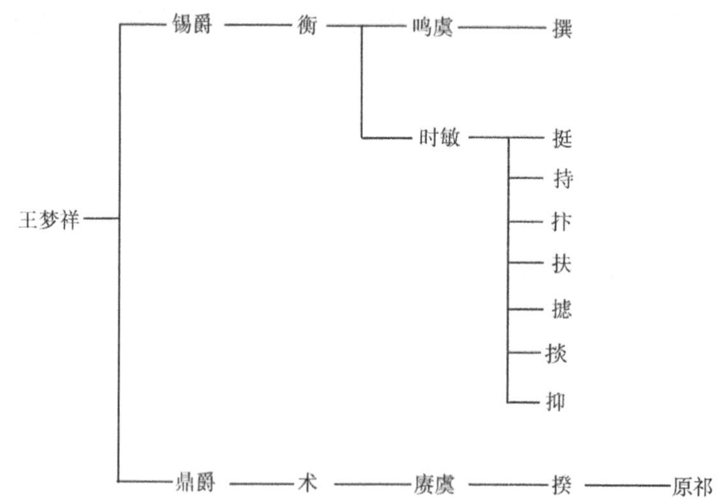

我将“柳编《王谱》”与其他文献对照之后所发现的七个问题是：

（一）据王时敏《王烟客先生集·遗训·自述》："余为先太史府君第三子（太史指王衡）。"而"柳编《王谱》"作第二子。

（二）据《自述》："初名赞虞。"而"柳编《王谱》"无此名。

（三）据《自述》："四岁，次兄赓虞痘殇，出继叔祖学宪公为嗣孙。"（学宪公指王鼎爵）而"柳编《王谱》"只有长兄鸣虞，赓虞与时敏为堂兄弟，又无时敏出继王鼎爵为嗣孙事。

（四）据《自述》："十二岁，长兄鸣虞夭，仍归宗，改名时敏。"而"柳编《王谱》"既无王时敏出继事，更无归宗后改名事。

（五）据《自述》："长兄长余五岁，友爱最笃。殁后思念不忘，祭必流涕。未婚者礼不当置后，余谓礼以义起，为文告庙，以三男撰继其蒸尝。"而"柳编《王谱》"中王时敏之子无王撰，作王鸣虞子王撰。

（六）据《遗训·分田完赋志》："九子各受馀田二百。"而"柳编《王谱》"中王时敏只七子。

（七）据程穆衡《娄东耆旧传》卷五《太原》：王时敏子九人：挺、揆、撰、持、抃、扶、摅、掞、抑。《清史稿》卷五百四《艺术传三·王时敏》："孙原祁"，而"柳编《王谱》"中王时敏之子无王揆，作王赓虞子王揆，孙原祁。

王梦祥之子、孙、曾孙三代，继承关系错综复杂。柳诒徵将《王谱》改编为图表时，简化了这种关系，又未作必要的说明，就产生了问题。为了澄清这个问题，今据"（王时敏）七世孙宝仁"所编的《奉常公年谱》，并参考《娄东耆旧传》等文献，以王时敏为中心，排列其祖孙、父子、兄弟之继承关系及生卒年如下：

明万历十三年乙酉（1585）

王鼎爵卒，终年五十岁。

万历二十年壬辰（1592） 王时敏生，一岁。

原名赞虞。祖父王锡爵；父王衡。叔祖父王鼎爵；堂叔父王术，殇。

弟兄三人：长兄王鸣虞；次兄王赓虞，出继王鼎爵为嗣孙。

万历二十三年乙未（1595）　　四岁。

王赓虞疹殇，终年五岁。王赞虞出继王鼎爵为嗣孙。

万历三十一年癸卯（1603）　　十二岁。

王鸣虞夭，终年十七岁。王赞虞归宗，改名时敏。

万历三十七年己酉（1609）　　十八岁。

王衡卒，终年四十八岁。（一作四十九岁）

万历三十八年庚戌（1610）　　十九岁。

王锡爵卒，终年七十七岁。

万历四十七年己未（1619）　　二十八岁。

长子王挺生。

万历四十八年
泰昌元年 庚申（1620）　　二十九岁。

次子王揆生，出继王鼎爵为嗣曾孙。

天启三年癸亥（1623）　　三十二岁。

三子王撰生，出继王鸣虞为嗣子。

天启七年丁卯（1627）　　三十六岁。

四子王持生。

崇祯元年戊辰（1628）　　三十七岁。

五子王抃生。

崇祯七年甲戌（1634）　　四十三岁。

六子王扶生。

崇祯八年乙亥（1635）　　四十四岁。

七子王摅生。

崇祯十五年壬午（1642） 五十一岁。

长孙王原祁生。王揆所出。

清顺治二年乙酉（1645） 五十四岁。

八子王掞生。

顺治三年丙戌（1646） 五十五岁。

九子王抑生。

顺治十五年戊戌（1658） 六十七岁。

王持卒。

康熙十六年丁巳（1677） 八十六岁。

王挺卒。

康熙十九年庚申（1680） 王时敏卒，终年八十九岁。

王扶卒。王时敏子存者六人：揆、撰、抃、摅、掞、抑。

显而易见，“柳编《王谱》”的问题是：（1）使读者误以为王衡只二子、王赓虞是王术所生子；（2）未反映出王时敏（原名赞虞）出嗣又归宗；（3）使读者误以为王时敏只七子、王撰是王鸣虞所生子、王揆是王赓虞所生子；（4）使读者误以为王原祁是王赓虞之嫡孙，这个问题最严重。因为：王时敏、王鉴、王翚、王原祁合称“四王”，是有清一代画坛领袖。王时敏与王原祁究竟是祖孙关系，还是伯祖侄孙关系呢？王原祁在《麓台画跋》中，一再强调他得到王时敏的传授，如《题仿大痴手卷》云：“余少侍先大父得闻绪论。”《题仿董巨笔》云：“余少侍先奉常。”《仿大痴设色秋山》云：“追忆祖训。”他所谓“先大父”“祖”“先奉常”，即王时敏。完全不是侄孙的口吻。

本文将“柳编《王谱》”增订如下：

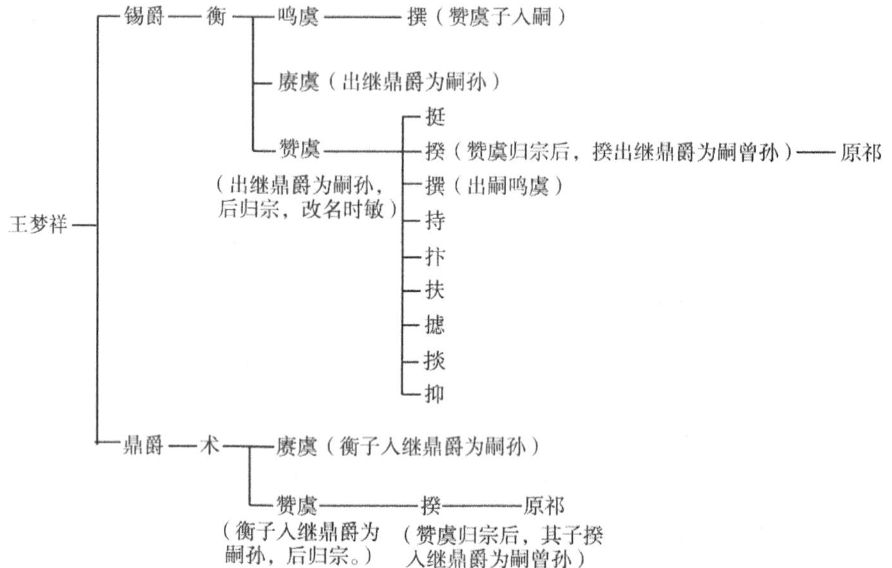

综合以上，王术、王鼎爵、王赓虞、王鸣虞、王衡先后死去，剩下王锡爵、王时敏祖孙二人，所以时敏常说："某以孤孙，承先文肃公之后。"（《族劝》）"文肃公"指王锡爵。《奉常公年谱》说："公自幼依王父文肃公，同寝息，偶或园居，亦必相随，至成婚后，始居别室。"孝萱案：《清史稿·艺术传三·王时敏》云："（王）锡爵晚而抱孙，弥钟爱……"不知锡爵仅时敏一孙，岂能不钟爱乎？

王揆在王氏家族中是"一身而二任"的地位。一方面，他"奉太常公命，为其曾叔祖学宪和石公后，四时祭享备物致诚，罔敢或懈"（《娄东耆旧传·太原》）；另一方面，他"顺治乙未成进士，需次司李，念父年衰，而母李太安人先卒，兄中翰公病目，不能省晨昏，亟归侍养，遂矢终焉之志"（同上书）。也就是王时敏《友恭训》中所说："现在九子，长者不幸酷婴废疾，次者虽叨一第，遇实坎坷，然支持门户，责自莫辞，故凡家务世事，经理应酬，悉以委之。"（《王烟客先生集·遗训》）"太常公"指王时敏，"学宪和石公"指王鼎爵，"中翰公"指王挺即"长者"，"次者"

即王撰。可见王撰虽出继王鼎爵为嗣曾孙，实际上未离开王时敏家庭。澄清王时敏与王原祁（王撰子）的双重关系——在血统上是祖孙关系，在宗法上是伯祖侄孙关系，才符合历史的本来面目，治清代绘画史者不可不知也。

注释：

①《太仓太原王氏支谱》（油印本）卷首序："旧谱未有刊本。乾隆中，始修而刊之。嘉庆时，尝闻议及续修而未果。"

今案：《太仓太原王氏宗谱》乾隆本不传，所以王祖畬重辑（写本），重辑本亦不传，唯柳诒徵之改编本传世。我对照油印本《支谱》与"柳编《王谱》"，前者"依旧谱，荣公为始。荣公居河南开封府汴梁"，以王荣为一世，求一、求二为二世；后者以由河南迁太仓之王求一为一世。油印本《支谱》"以烟客公以下支分为九，未遽能详"，只记载王抃一支。

附：柳诒徵三书

一

柳诒徵（1880—1956），字翼谋，号劬堂，又号盋山髯。江苏省丹徒县（今镇江市）人。父柳泉，授徒为业，每月收入五千铜钱。母鲍氏。1885 年，柳泉病故，鲍氏带着一子一女，寄居娘家。亲友和慈善机关每月接济他们银元两块，铜钱二千文。鲍氏为人缝纫，贴补家用，生活艰苦，经常只有一块红酱豆腐，三口人赖以下饭。

柳氏回忆幼年学习的情景说："我自幼从母亲读四书、五经、《孝经》、《尔雅》、《周礼》，以及古文、《古诗源》、唐诗，天天要背诵。自七岁至十五六岁，逐日念生书，背熟书，止有腊月廿日以后，正月半前放学，可以自由看书、抄书、游戏。其余读书之日，自天明起即背书，各书不背完，不能吃早粥。"（柳诒徵《我的自述》，载《镇江文史资料》第十一辑《柳翼谋先生纪念文集》；以下凡引此书，不一一注出）

柳氏考中秀才，当了教师以后，家庭经济情况转好，辞去亲友和慈善机关的津贴，并分别归还。

1900 年，柳氏到南京的江楚编译局编纂教科书。当时缪荃孙主持局务，在缪荃孙的教诲下，柳氏学业大为精进，尤其在版本目录学方面打下坚实的基础，为他后来的学术发展开拓了道路。

1902 年，柳氏随缪荃孙等赴日本考察教育，虽只两个月，但使他大开眼界，亲身感受到明治维新后日本社会的巨大变化，认识到开发民智的重要，知道了如何兴办新式学校。

回国后，柳氏一面编纂教科书，一面创办中小学校，还曾在江南高等学堂、两江优级师范兼课。1911 年，任镇江中学校长。1912 至 1926 年，先后任北京明德大学、南京高等师范学校、河海工程学校、东南大学、东北大学、北京女子大学、北京高等师范学校教员、教授。1927 至 1937 年，任第四中山大学国学图书馆（后改名江苏省立国学图书馆）馆长。二十几年中，著作甚多。

1937 年，日本侵略军逼近南京，柳氏选择了安全地带，储存好图书馆的善本、丛书、方志后，漂泊异乡。1938 年，他辗转至江西泰和，在浙江大学讲学，猝然中风。病后，赴兴化竹泓港暂住。1942 年，赴重庆，任中央大学历史研究导师。嗣为教育部部聘教授、中国史学会会长。年过花甲，著述不倦。

抗日战争胜利后，柳氏返南京，复任国学图书馆馆长，奔走收回散失的旧藏。1947 年，兼任国史馆纂修。1948 年，当选为中央研究院第一届院士。年近古稀，申请退休获准，迁居上海，迎接解放。1949 年 8 月，任上海市文物管理委员会委员。柳氏工作积极，与几位青年一同劳动，从各方接收捐赠之书中，检寻出许多珍稀古籍，为抢救祖国文化遗产做出了贡献。1951 年，又任上海市图书馆筹备委员会委员。柳氏以其丰富的知识和经验，参加策划，共同商讨，该馆迅速成立，有他一份功劳。今上海图书馆藏书已驰名中外，“可以慰先生于九泉”（顾廷龙《柳诒徵先生与国学图书馆》）。

二

柳氏著作等身，其中《历代史略》《中国文化史》《国史要义》三书最为重要。

（一）开创未来的历史教本：《历代史略》

清末，新式学校普遍设立，急需新的历史教科书，以供课堂教学之用。但把旧式史书改编为新式教材，并非一蹴而就的易事，当时大多“借用外国成书，以资诵习”（张百熙《学务纲要》）。如日本人编写的《支那史要》《最近支那史》《东洋史要》《西洋史要》等，都译成中文。偌大中国，怎能没有自己编写的本国历史教材呢？柳氏的治史生涯，就是从编写教科书开始的。他编写了多种历史教材（如《中国教育史》《中国商业史》等），其中第一部，也是最重要的一部为《历代史略》。

柳氏认为：“断代为史，不能贯串古今，观其会通。”“宋司马光作《通鉴》，袁枢作《纪事本末》，郑樵作《通志》，始足萃诸史之精，酌因革之道。然三书卷册浩繁，未易卒读，后之续者或且倍之，盖专门之学，非教科之用。”为了使学生能把握中国历史发展的大要，他反复思考，决定“本《通鉴》《通志》之意，仿纪事本末之体，略采正史，析其条理，以为历史初级”（柳诒徵《历代史略·总论》）。这就是，以时间先后为顺序，以历史事件为本位，分卷、篇、章、节叙述。《历代史略》不采用中国传统的纪传体、编年体、纪事本末体，而采用近代西方盛行的新的章节体，编排合理，脉络清晰，适于表现历史发展过程中纵横交叉的因果关系，便于初学。

柳氏所说“本《通志》之意”，还有更深的考虑。《通志》精华是礼、职官……昆虫草木等二十略，“总天下之大学术而条其纲目”（郑樵《通志·总序》）。柳氏深知《通志》的会通原则以及注重历代学术思想、科技发展、社会生活、典章制度的精神，在《历代史略》中开辟“礼俗及文事”“教育与学派”“文学、宗教”“制度之沿革”等篇章，专题叙述，突出要点，将其源流变化讲得十分清楚。

中国历史上，朝代更迭频繁，分封立国众多，学术流派纷呈，典章制度复杂，如何以较少的文字表述这些现象呢？柳氏在《历代史略》中，编制了“历代兴亡禅代图”“五代列国世系”“宋儒传授图”“宋、辽、金职官沿革表”“元、明官制沿革表”……以及各朝世系、诸帝在位年数等图、表，附于有关的章节之后，并在各图、表中，运用不同符号（如回、□、○、━、═、—……）说明不同情况，一目了然，适合教学，便于学生把握历史线索。《历代史略》在重要史事之后，常有一段评论，以启发学生。柳氏既尊重中国史家的优良传统，又摒弃了旧式史书“赞曰”的手法，将评论与叙述史事有机地结合起来，符合近代修史标准。

《历代史略》的上述特色，足以说明该书继往开来、推陈出新的贡献。它虽以日人那珂通世所编《支那通史》为蓝本，但绝非简单的因袭，而是有所修订，有所增补，有所创造。《支那通史》起上古，迄南宋；而《历代史略》延至明末，内容较为完整。（香港青年学者区志坚撰《历史教科书与民族国家形象的营造：柳诒徵〈历代史略〉去取那珂通世〈支那通史〉的内容》，载《庆祝卞孝萱先生八十华诞：文史论集》，可参考。）《历代史略》着手于1902年1月，至9月编成，由江楚书局印行。次年，湖广督署重刊。这时，柳氏才是二十多岁的青年，历史观还不成熟。《历代史略》中既有西方文化的影响，又有封建的保守观点，这是时代的局限。《历代史略》是一部由近代中国人编写的最早的新式历史教科书，柳氏做出了成功的尝试，为后人提供了有益的借鉴，推动了历史教学的开展，促进了中国历史编纂学的前进。诚如张舜徽所说：“它采用了新的编书体式，是对旧纲鉴体例一次大的革命。而这种体例，从清末传到现在，除写作上由文言变为语体，观点上由旧变新外，大体上还是保存了这种编写形式。柳诒徵开创之功，是不可磨灭的。”（张舜徽《中国史学家传·柳诒徵》）

（二）把握中国文化的精髓：《中国文化史》

“五四”前后，学术界掀起了一场中国文化命运的激烈论争。柳先生认为：“凭短期之观察，遽以概全部之历史，客感所淆，矜馁皆失。欲知中国历史之真相及其文化之得失，首宜虚心探索，勿遽为之判断。”（柳诒徵《中国文化史》，下同）从 1919 年起，他即下大工夫研究中国文化史，编写讲义，在南京高等师范学校开课讲授。一有新的收获，立即进行增补。从 1925 年起，《中国文化史》讲稿在《学衡》杂志上逐期发表。至 1926 年，《学衡》印了合订本。1928 年，中央大学再次排印。1932 年，南京钟山书局正式印行。1935 年再版。此后，不断翻印，流传甚广，影响很大。

《中国文化史》分为三编。第一编，“自邃古以迄两汉，是为吾国民族本其创造之力，由部落而建设国家，构成独立之文化之时期”。第二编，“自东汉以迄明季，是为印度文化输入吾国，与吾国固有文化由抵牾而融合之时期”。第三编，“自明季迄今日，是为中印两种文化均已就衰，而远西之学术、思想、宗教、政法以次输入，相激相荡而卒相合之时期”。柳氏所说“今日”的下限在哪年？在 1926 年前的北洋军阀统治时期。要想了解《中国文化史》的精义，必须先了解柳氏撰写该书的时代背景以及他当时的思想状况。

当时，从政治上看，“虽悬一中华民国之帜，而实则仅造成武人专制，强藩割据之局”。从文化上看，“晚清以来，积腐襮著，综他人所诟病，与吾国人自省其阙失，几若无文化可言”。在“全盘西化”论甚嚣尘上之时，柳氏怀着爱国主义的热情，有针对性地撰写了弘扬祖国文化、体大思精的《中国文化史》。

柳氏在《中国文化史》中说："凡所标举，函有二义：一以求人类演进之通则，一以明吾民独造之真际。"他从"人类演进之通则"中，显现"吾民独造之真际"，回答"中国文化为何？中国文化何在？中国文化异于印、欧者何在？"等重大问题。

柳氏认为，中国文化的特点是"富于弹性"。他在《中国文化史》中说："吾民族创造之文化，富于弹性，自古迄今，绵绵相属，虽间有盛衰之判，固未尝有中绝之时。苟从多方诊察，自知其于此见为堕落者，于彼仍见其进行。"中国文化由于"富于弹性"，也就富有"吸收"能力。柳氏指出："印度之文化输入于吾国，而使吾国社会思想以及文艺、美术、建筑等，皆生种种之变化，且吾民吸收之力，能使印度文化，变为中国文化，传播发扬，且盛于其发源之地，是亦不可谓非吾民族之精神也。"过去吸收印度文化，取得丰硕成果，"今日"吸收"远西"文化，亦应具备这样的信心。闭关自守与全盘西化，都是错误的。正确的态度应该是，使富有吸收能力的中国，"崛起而与世界日新焉"。

柳氏用提问题的方式来启发读者，他在《中国文化史》中提出三个问题：一、中国"幅员之广袤，世罕其匹也"，"试问前人所以开拓此天下，抟结此天下者，果何术乎"？二、中国"种族之复杂，至可惊异也"，"试问吾国所以容纳此诸族，沟通此诸族者，果何道乎"？三、中国"年祀之久远，相承勿替也"，"试问吾国所以开化甚早、历久犹存者，果何故乎"？作为中国人，不应从这三个问题的答案，也就是从中国历史中看到"吾民族之精神"，并看到中国即将"崛起而与世界日新"的前景吗？

《中国文化史》内容丰富，特色鲜明，今略举几点如下：

进化的文化史观——柳氏指出："历史之学，最重因果。"强调："研究历史，尤当涤除旧念，着眼于人民之进化。"坚持历史因果律，主张进化的文化史观，为他科学地剖析中国文化的发展，奠定了基础。从整部《中国文化史》看，柳氏认为："自草昧社会，进而至于文明。"他把文化的发展，归结于人民的集体创造："社会之开明，必基于民族之自力，非可徒责望少数智能之士。"他在论述"中国文化中衰及印度文化东来"时，仍然指出："政治教育……继续演进，且社会事物，亦时有创造发明，足以证人民之进化者。"举一个例子："吾国书籍，代有进化。由竹木而帛楮，由传写而石刻，便民垂远，其法夥矣。降及隋、唐，著作益富，卷轴益多，读书者亦益众，于是雕板印书之法，即萌芽于是时焉。"

强烈的民族意识——柳氏在《中国文化史》中，首先研究了"中国人种之起源"。他从"人类之生历年久远""人类之生不限一地""一地之人各分部落"三点立论，指出："自生民之初至于有史时代，至少亦必经数十万年。若谓吾国茫茫九有，从古初无人类，必待至最近数千年中，始由巴比伦、中央亚细亚转徙而来，是则理之所不可信者也。"他认为："吾国东、中、西三方，有最初发生之部落""羲、农以后所谓华夏之族，实由前此无数部落混合而成"。从根本上驳倒了中国人种西来、支那文明西源的谬论。民族主义是整部《中国文化史》的主旋律。当西方文化似乎要席卷全球，人们对中国文化的命运担忧时，柳氏理清中国文化的脉络，弘扬中国文化的精神，提高民族自尊心、自信心，应予充分的肯定。

有益于世的著作宗旨——柳氏在总结清初诸儒的治学特点时说："虽其途术不同，要皆明于学问之非专为学问，必有益于社会国家。"这也是他所奉行的宗旨。他专心致志于编著《中国文化史》，就是从有益于世的前提出发的。举例来说：柳氏与北洋军阀陷人民于水深火热之中，不顾人民死活存亡的倒行逆施，针锋相对，在《中国文化史》中，尽力宣扬古代爱民、保民、重民以及民权、民主的进步思想，并对"忠""孝"内涵，做新的解释。他在论"忠孝之兴"中说："夏时所尚之忠，非专指臣民尽心事上，更非专指见危授命，第谓居职任事者，当尽心竭力，求利于人而已。"

“夫人主不恋权位，不恤子孙，并一己之生命，亦愿尽献于国民而无所惜，垂死犹欲教化远方异种之人，其教忠之法何如乎？后儒不知忠之古谊，以臣民效命于元首为忠，于是盗贼豺虎，但据高位，即可贼民病国，而无所忌惮；而为其下者，亦相率为欺诈叛乱之行，侈陈忠义，而忠义之效泯焉，不可一睹。”又说：“孝之为义，初不限于经营家族。”“举凡增进人格，改良世风，研求政治，保卫国土之义，无不赅于孝道。”“后世务为狭义之孝者，不可以咎古人。”《中国文化史》中论述古代法治时，一再针砭北洋军阀。如说：“周代政治以法为本，自王公至庶民无不囿于礼法之中，故时时教民读法。……此岂空言法制，而一般人民尚不知现行之法为何物者所能比哉！”在整部《中国文化史》中，柳氏处处联系现实，进行比较，对北洋军阀统治口诛笔伐，动机是善良的。由于借古讽今，有时不免将古人古事抬高、夸大，这不能不说是学术上的遗憾；但当我们明了他写作《中国文化史》的时代背景，明了他是出于对祖国的关心和对民族的挚爱，就应该理解，而不去苛求责备了。他抨击“民国以来，政纲瓦解”，军阀官僚“任意挥霍，奢侈无艺”“赌博冶游，日支千万无吝色”的腐败现象，控诉“以人民有限之财，供当局无厌之欲，要亦所谓取之尽锱珠，用之如泥沙耳”。他揭露北洋军阀统治之“摧残”教育，“而社会之心理，殆皆公认学校为民族文化之一大事”。柳氏瞻望未来，看到人民的力量，对教育前景充满信心。洋溢于《中国文化史》中的正气，是令人感动的。

独到的学术见解——柳氏对中国传统文化具有深刻的洞察力，《中国文化史》中精义纷呈，触目可见。举一个例子：“吾谓乾、嘉诸儒所独到者，实非经学，而为考史之学。”“诸儒治经，实皆考史，或缉一代之学说，或明一师之家法，于经义亦未有大发明，特区分畛域，可以使学者知此时代此经师之学若此耳。其于《三礼》，尤属古史之制度，诸儒反复研究，或著通例，或著专例，或为总图，或为专图，或专释一事，或博考诸制，皆可谓研究古史之专书，即今文学家标举《公羊》义例，亦不过说明孔子之史法，与公羊家所讲明孔子之史法耳。”张舜徽对这个观点评价很高：“柳诒徵这种认识是很精辟的，他把清代学者研究经学的全部成果，都归纳为史料考证的一部分，扩大了史学的研究范围，这是他以前的学者没有认识到的，对后人有很大的启示。”（张舜徽《中国史学家传·柳诒徵》）

这部把握中国文化精髓的学术巨著，被誉为“中国文化史的开山之作”。它问世后，在学术界产生巨大反响，直到今天，仍为学术界所高度重视，1988 年作为“中国学术丛书”由中国大百科全书出版社出版发行。

（三）推寻中国史学的奥秘：《国史要义》

1942 年柳氏长途跋涉至重庆后，为中央大学研究生讲授中国史学原理。这部讲稿，分为《史原》《史权》《史统》《史联》《史德》《史识》《史义》《史例》《史术》《史化》十篇，汇成《国史要义》一书，1948 年由中华书局出版。

刘知几著《史通》，章学诚著《文史通义》，梁启超著《中国史叙论》和《新史学》，在中国史学发展史上都有重要地位，也都有不足、不当之处。柳氏重新总结中国史学，在《国史要义》中紧紧把握住中国史学理论的核心，阐述自己对史学的系统见解，并对刘知几、章学诚、梁启超等人的观点，补失纠偏。今略述该书要点如下：

以史官制度为中心的史学理论——中国史学富有政治性。中国史学家治史，历来都以有裨于政治为鹄的。刘知几、章学诚、梁启超等虽注意到蕴含于中国史学发展中重政治的特点，而未能深入剖析为什么会产生这个特点，没有进一步推究中国史学富有政治性与中国史学的产生、发展有什么联系。柳氏经过长期的研究，得出了这个特点是源于上古史官制度的结论。《国史要义》指出："史掌官书而赞治，此为吾史专有之义。由赞治而有官书，由官书而有国史，视他国之史起于诗人学者，得之传闻，述其轶事不同。"柳氏用上古史官制度的"赞治"来论证中国史学之富有政治性，是一大发明。他又从上古史官制度出发，将史学起源、史家笔法、史书体例与史官制度联系起来，构成了一个较为完整的以史官制度为中心的史学理论体系。这个理论体系，在认识论方面，力求从一定的历史条件中，寻求史学发展的制约因素，虽然在具体阐释方面尚不尽完善，但毕竟是独树一帜的。

以儒学精神为主体的史学功能观——史学的功能是什么？这是史学理论中的一个基本问题，从古至今，许多史学家对此发表过意见。柳氏认为：儒学是中国传统文化的基础，史学也通贯儒学，儒学精神是中国古代史学的核心。他在《国史要义》中说："史术即史学，犹之经学，亦曰经术，儒家之学，亦曰儒术也。吾意史术通贯经术，为儒术之正宗。"具体而言，通贯儒学精神的中国古代史学，其主要功能为："益自身之德""以道济天下"。不但经学，中国古代史学也阐释、证明、弘扬儒家学说，儒学的伦理、政治意识也通过史学反映出来，并以鉴诫的特定方式发挥其功能。柳氏还从中国史学的政治功能角度，重新解释了正统、闰统。正统、闰统是历代史学家争论不休的问题，《国史要义》指出：正统不在于争"一家传统"，而在于持义之正。柳氏说："史之所重，在持正义。""疆域不正则耻，民族不正则耻。""吾史之不甘为偏隅，不甘为奴隶，非追往也，以诏后也。"他讲授《国史要义》时，日军侵占了中国大片领土，并扶植了伪政权，在民族存亡的危急关头，他从积极意义上对正统说进行发挥，强调"正义"，激励民族，不甘偏居，不甘为奴，语重心长。

以进化论为指导的历史研究法——柳氏在《国史要义》中说："近人治史，多本进化论。""治吾史者，准此以求，亦可以益人神智。”在进化论的指导下，还要从中国的实际出发，“推寻人群之原理，以求史事之公律”。例如，他从中国上古农业社会的历史背景出发，对中华民族之所以产生独具特色的孝，作了具有示范意义的剖析：“游牧之俗，迁徙无常，贱老贵壮，故以夫妇为本位，而父子可不相闻。农稼之俗，世业相承。老幼一体，故以父子为本位，而夫妇重其相代。”研究历史不仅需要历史观的指导，而且需要了解中国史书的体例、义法。关于前者，他说：“史之有例，亦惟吾国所特创。”读某一部史书，先了解其体例，“则触处洞然”。关于后者，他说：“吾人读书，能用其法，一一问其何以如是云云”“则读书如桶底脱矣。”在《国史要义》中，柳先生再三申言，研究历史，要有民族自尊心、自信心，反对“卑葸已甚，遂若吾族无一而可”的偏向，要实事求是，批评“历代相承之信史，皆属可疑”的“风气”。他谆谆告诫“初学”，不可骄傲自满，“深造自得，正不易言”。从历史观到治学方法、态度，柳氏提出了一系列的指导性意见，充分表现了他对后学健康成长的希望。

《国史要义》是一部“命世之奇作”，对中国史学的起源、史书编纂、史家修养、史学功能以及历史研究法，提出了许多有启发性的独到见解。该书问世时，大江南北正处于战火之中，这部凝聚了柳氏一生研究心血的中国史学理论专著，发行量不大，一般图书馆没有收藏，未引起史学界的普遍重视，但仍然得到有识之士的推崇。如胡焕庸说：“（《中国文化史》）再结合老师晚年另一巨著《国史要义》来看，那就不能不承认，老师在中国史学史上的地位无疑是划时代的了。”（胡焕庸《怀念柳师翼谋先生》）蔡尚思说：“《国史要义》中有些见解，我现在越发觉得其正确，当时学者多未认识到。”（蔡尚思《柳诒徵先生之最》）

《国史要义》的最后一篇《史化》云：“任何国族之心习，皆历史所陶铸，惟所因于天地人物者有殊，故演进各循其轨辙。吾国之立国，以农业，以家族，以士大夫之文化，以大一统之国家，与他族以牧猎，以海商，以武士，以宗教，以都市演为有国者孔殊，而其探本以为化，亦各有其独至。骤观之，若因循而不进，若陈腐而无当，又若广漠而不得要领；深察之，则其进境实多（如疆域之推广、种族之熔化、物产之精制、文艺之深造等），而其本原不二。……吾之人本主义，即王国维氏所谓合全国为一道德之团体者，过去之化若斯，未来之望无既，通万方之略，弘尽性之功，所愿与吾明理之民族共勉之。”苏渊雷评云：“曲终奏雅，一唱三叹。此实先生一生学行之总结，世或以‘资料派’少之，或不足于其‘人本主义’与‘文化史观’，抑何言之浅易也！”（苏渊雷《柳诒徵史学论文集序》）

从上述三部代表性的著作看出，柳氏早年着力编写历史教材，中年专注于文化史研究，晚年则凭其多年积累的经验，总结中国史学理论。此外，还发表了许多篇文章，已编为《柳诒徵史学论文集》，1991 年由上海古籍出版社出版。苏渊雷序云：“综先生学术一生次第，可得而言者有四焉”：“一曰：原始资料，铢积寸累，爬梳董理，从不假人”“二曰：人文人本，先立其大，爱国忧民，凡三致意”“三曰：考镜源流，辨章学术，目录手抄，益臻完善”“四曰：能玄能史，文史相通，会心不远，晚年定论”。今对第三点做一些补充。

1935 年，柳氏编成《江苏省立国学图书馆图书总目》四十四卷，《补编》十二卷，共三十册。这不仅是中国第一部大型公共图书馆馆藏全部图书的总目，具有开创未来、示范学界的重要意义，而且在图书分类方面，有独创性的发明，对近代目录学的发展，有很大的影响。柳氏鉴于四部分类法已难以适应新的情况，便在传统的经、史、子、集四部分类的基础上，增设志、图、丛三部。志部以收方志，丛部以收丛书，图部以收地图、画册。拿丛书来说，其中有经、有史、有子、有集，《总目》既将丛书归于丛部，又采用互见之法，按照每本书的性质，分归于经、史、子、集各部，这样，大大方便了读者的查阅。《总目》又细分子目，将《四库全书总目》部下四十四类，扩充为八十五类，八百三十二属，提高了著录内容的明细度，增加了检索图书的准确性。在传统的分类法中，著录个人别集，常按作者生活朝代之先后排列。生活于易代之际的作者，有归属于前朝者，亦有归属于后朝者，没有统一标准。《总目》规定以作者卒年为断，改变了传统目录中随意归属别集的混乱局面。《总目》问世后，受到海内外图书馆界的重视。顾廷龙评价道："国学图书馆之《总目》实导夫先路，在目录学史上应有一定之地位。"

自 1927 至 1934 年七年中，柳氏印书六十三种，均为稀见之本。其中"有属防倭历史者，时正日本军国主义者虎视眈眈之时，用以借鉴，致力于激发群众爱国热情，实有深意"（顾廷龙《柳诒徵先生与国学图书馆》）。

三

柳氏是爱国主义者。他满腔的爱国热情，不仅洋溢在史学论著与学术活动中（已见上文），还表现在他所从事的教育、图书馆事业上。门生后学记载了他的许多遗闻佚事，今略举数例如下：

（一）1938 年，柳氏在浙江大学讲学，讲到侵华日军在南京大屠杀时，义愤填膺，激动得中风。据当时听讲的陈训慈回忆："犹忆战事初起，（柳）师至泰和为浙大讲学，第一次即昏厥。是日余与王驾吾、张晓峰均去听讲。余所忆师以日寇深入，南京居民遭虐杀，溯说前史外族凭陵，无此惨毒，乃引孟子语：'待文王而兴者……若夫豪杰之士，虽无文王犹兴'，意在鼓舞期待，讲到后一句'文王'二字，声更高昂激动，目瞪遽跌……师此次病，实系忧时爱国之深。"（陈训慈《劬堂师从游脞记》）

（二）效忠于教育事业。柳氏一生中，言传身教，尽心竭力，为国家培养了大批优秀人才。在小学、中学受过柳氏教导的茅以升说：“我从先生受业八年，感到最大获益之处，是在治学方法上从勤从严，持之以恒，并认识到‘知识本身只是一种工具，知识之所以可贵，在于它所起的作用’，这对我数十年来治学治事都有极大的影响。”（茅以升《记柳翼谋师》）在大学受过柳氏教导的郑鹤声说：“1920 年夏，我考入国立南京高等师范文史地部。……在南京高师学历史的人，大半受柳先生的影响。柳先生的教学方法，以探求书本为原则。他讲中国史的时候，并不编辑课文或某种纲要，仅就一朝大事，加以剖析，而指定若干参考书籍，要我们自动地去阅读。……读了以后，要把心得记在笔记本上，由他详细批阅。……他老人家的精神很好，态度很认真，虽一字之误，亦必勾出，所以我们不敢马虎。他要学生平时以阅读正史（二十四史）为主，并经常从正史中出许多研究题目，要我们搜集材料，练习撰作能力，由他评定甲乙，当为作业成绩，并择优选出在《史地学报》或《学衡》上发表。这种治学的方式，的确是很基本、很切实的，促使我们养成一种严谨笃实的学风，使我们一生受用不尽。……我始终以尊敬的心情，怀念这位学识渊博、诲人不倦的史学前辈。”（郑鹤声《自传》）

柳氏爱才、重才，善于发现人才，破格予以造就。“亲受恩泽”的张其昀说：“民国八年夏，我投考国立南京高等师范……柳师对我笔试口试的成绩，有很好的印象。……到发榜之前，没有我的名字，引起了柳师的注意。经查询结果，是体格不及格……致被淘汰。柳师起来说，该生各科考试成绩都很优异，就这样牺牲掉太可惜……由于他的资望，提请复议，无异议通过，到了发榜登报，我竟获得了领衔全榜的荣誉。当然一位恩师和慈母一样，尽其心力，施不望报，我哪里会知道？（北伐胜利，由南京高师、东南大学改称为中央大学。我因柳师的推荐，回到母校任讲师）直到我在母校任教多年，在一个偶然机会，柳师与人谈及此事，我听了以后，真是感激涕零，无法表达我的感恩。实在说，我在华冈兴学之举，以感恩图报为主要动机，奖励优秀清寒学生，是时时铭刻在心的。”（张其昀《吾师柳翼谋先生》）（所谓“华冈兴学”，指在台北华冈路55号创办中国文化大学。）

（三）柳氏长期担任江苏省立国学图书馆馆长，瘁心力于图书馆事业。该馆是1907年（光绪三十三年）缪荃孙创建的、我国最早的由国家兴办的公共图书馆之一，拥有丰富而精善的藏书。柳氏主持馆务后，该馆更加发展。他的不少门生在此工作过，学术获得成就。国内许多专家来此阅读过，撰成学术著作。馆藏线装书籍，只能在馆内借阅，不能拿到馆外，以防散失，对有权势者，也绝不例外（根据读者要求，可以代为抄录副本）。抗日战争爆发，日军攻占北平、天津、上海，南京告急。柳氏“重视馆藏图书甚于自己的家产”，唯恐南京失守后，图书馆藏书为日军掠夺，想方设法，将善本书一百一十箱，储藏于朝天宫地库中，又将丛书、方志等三万册，运至里下河的兴化，储藏于罗汉寺和观音阁。普通本，量太大，只好留在图书馆内。抗战胜利后，柳氏回到南京，馆内藏书已荡然无存，他不顾年迈，“各方接洽，矢死力争”（柳诒徵《自传》），费时一年，从各处收回十八九万册。由于过分辛劳，他中风旧疾复发。像柳氏这样爱护国家图书，人人都说是难能可贵，寡二无双的，然而他还自我批评：“已损失了一部分，我对祖国文化未克尽全责。”

柳氏把图书馆办成真正的读者之家，无微不至地给读者以学问上的帮助。“饮水思源”，与柳氏“超过了一般师生的感情”的蔡尚思说：“柳先生是为我提供读书方便条件最多的长者。他既允许我住入国学图书馆中，不收房租及其他费用，尤其还给我一个特别优待权利……他对阅览室的人员说：‘蔡先生为了著大部头的《中国思想史》一书，特来我馆从历代文集中搜集他人所少搜集的宝贵资料，我们必须尽力支持他。他的贡献也等于我图书馆的贡献。

……即使一天要阅十部、二十部或者更多的数量，你们都要到后面藏书楼把书搬来供他使用。……’柳先生是对我鼓励最多的长者。1935 年 9 月，我应上海沪江大学的聘请，向柳先生拜别，并再三感谢他给我最多读书的机会，他特送我到图书馆外的路上，回答的话竟是：‘在我主持这个图书馆十年后，才得到您来把馆藏集部图书的蠹鱼弄死或赶跑……我倒要大大地感谢您哩！’他还赠给我一帧横幅，写着南宋陈亮的两句豪言壮语：‘开拓万古心胸，推倒一时豪杰。’作为临别赠言。”（蔡尚思《柳诒徵先生之最》）

“史学有权威，先生其一人。道德文章美，学问工夫深。得英才而教，乐亦在其中”（周谷城诗）的柳诒徵，不仅在门生中享有极高的威望，史学家周谷城、图书馆学家顾廷龙、气象学家竺可桢、植物学家胡先骕、画家徐悲鸿等对他都十分敬重。梅光迪、吴宓创办《学衡》，更是以他为支柱。柳氏还擅长做诗写字，兹不详述。（我曾指导南京大学博士研究生孙永如撰《柳诒徵评传》。）

附：《中国文化史》为有益于社会国家而作

《中国文化史》主题鲜明，征引繁博，既条理旧说，使之系统化，又提出新见，成为一家言，是中华人民共和国成立前独一无二的一部中国文化史专著。

该书分为三编：第一编，“自邃古以迄两汉，是为吾国民族本其创造之力，由部落而建设国家，构成独立之文化之时期”；第二编，“自东汉以迄明季，是为印度文化输入吾国，与吾国固有文化由抵牾而融合之时期”；第三编，“自明季迄今日，是为中印两种文化均已就衰，而远西之学术、思想、宗教、政法以次输入，相激相荡而卒相合之时期”。柳氏所说的“今日”的下限在哪年？在1926年以前的北洋军阀统治时期。要想了解《中国文化史》的精义，必须先了解柳氏写书的时代背景和他当时的思想状况。

当时，从政治上看，“虽悬一中华民国之帜，而实则仅造成武人专制、强藩割据之局”。柳氏怀着爱国主义的热情，根据他对中国历史的研究心得，有针对性地写成《中国文化史》这部七十多万字的巨著。

柳氏在肯定清初诸儒的治学特点时说：“虽其途术不同，要皆明于学问之非专为学问，必有益于社会国家。”这也是柳氏所奉行的治学方法，他专心致力于编写《中国文化史》这部书，就是从“有益于社会国家”的前提出发的。

在北洋军阀统治时期，武人争夺，政客投机，狼狈为奸，祸国殃民。难道历史是由这些人主宰的吗？不！柳氏从几千年的中国历史中，看到人民的力量，他在《中国文化史》中，歌颂了人民的力量：

古代学者把一切文物制度都推原到黄帝，柳氏说："黄帝时之制作，或恃前人之经验，或赖多士之分工，万物并兴，实非一手一足之烈。故知社会之开明，必基于民族之自力，非可徒责望于少数智能之士，而研究历史，尤当涤除旧念，著眼于人民之进化，勿认开物成务，为一人一家之绩也。"

外国学者有对夏禹治水表示怀疑的，柳氏说："西人但读《禹贡》，不知其时治水者，实合全国人之力，故疑禹为非常之人，若详考他书，则知其治水非徒恃一二人之功""以大多数之人民之功，悉归于禹，则未知事实之真相耳"。

对于万里长城的修筑，柳氏说："经营百数十年之久""吾民能为国家任此重役，成此宏功，亦世界所仅见矣"。

对于两汉的开拓，柳氏说："汉代人民最能尽国民之义务，汉之国威膨胀，因亦迥绝古今，不可第归美于一二帝王将相也。"

对于唐代仓储，柳氏说："维持民食，调节经济，使谷价常平，而人民知思患预防，且食互助之益，一善制也。天宝中，天下诸色米积九千六百余万石，而义仓得六千三百余万石，可见人民合力之所积，愈于官吏之所储矣。"

对于元明清海上交通，柳氏说："闽广各省，人稠地狭，田园不足于耕。以海洋为谋生之所，时时有冒禁下海者。""《明史》所载林道乾、梁道明、陈祖义、张琏等，皆国人之富于冒险性，为群众开拓海上航业商业者也。使其时西人不垂涎东亚，相继远航，吾华民族亦必日趋于海上生活，而与欧人接触。""清代严海禁，而冒禁出洋者殊夥""清季华工之出洋者益多""论者谓吾国通商口岸输入恒超过输出，而其所恃以抵补者，在海外工商，能以其工资及商业所得，输入祖国。"

在中国历史上起过积极作用的帝王将相，如黄帝、夏禹、秦皇、汉武……都依靠了人民的力量，眼前一小撮军阀，与民为仇，能有好的下场吗？柳氏与北洋军阀陷人民于水深火热之中，不顾人民死活存亡的倒行逆施，针锋相对，在《中国文化史》中大力宣扬历代关于爱民、保民、重民、君主官吏应忠于人民以及民权、民主的进步思想，他说：唐虞政治，“其尤重要者，则敬天爱民之义，为后世立国根本”。所谓“敬天爱民”，是“以天与民合为一事，欲知天意，但顺民心。”

“夏时所尚之忠，非专指臣民尽心事上，更非专指见危授命，第谓居职任事者，当尽心竭力，求利于人而已。”所谓“利”，是“以实利为止，不以浮侈为利。外以塞消耗之源，内以节嗜欲之过，于是薄于为己者，乃相率勇于为人，勤勤恳恳，至死不倦。此牺牲之真精神，亦即尚忠之确证也。”“后儒不知忠之古谊，以臣民效命于元首为忠，于是盗贼豺虎，但据高位，即可贼民病国，而无所忌惮，而为其下者，亦相率为欺诈叛乱之行，侈陈忠义，而忠义之效，泯焉不可一睹。”

“夏商之时，人民得尽言于天子之前，天子有疑，且谋及于庶人”“以今日投票权例之，当时国事分为五权：天子一人一权，卿士若干人一权，庶民若干人一权，龟一权，筮一权。五权之中，三可二否，皆可行事。庶民之权，等于天子。”如“天子卿士皆反对，庶民藉龟筮之赞成，亦可以使天子卿士放弃其主张，而从庶民之说也。”

“周时虽无民主，而有民权，人民之钤制帝王，隐然具有一种伟大之势力。盖周代相传之训，以为天降下民，而后为之作君作师。故为君者，恒以畏天保民为主，周召诸公，于此义尤拳拳焉。”“礼之若匹敌，亲之若朋友，是实君主对于人民最要之义。”当时“百工士庶，咸可尽言于王朝。”“君主与人民对待，而公卿士夫，则介乎二者之间。周之盛时，公卿大夫固恒以勤恤民隐诏其君主，即至衰世，亦时时代表民意，作为诗歌，以刺其上。”“其言论之自由，或尚过于后世民主之时代也。”总之“周之重民，累世相传”“故虽未有民主立宪之制度，而实有民治之精神。”

“战国之时，不独重士，且甚重民。”“秦既重民，三晋亦知重之。”“正不独《孟子》有民贵君轻，《吕览》有顺民心而立功名之说也。”

秦汉之时，“人民言论甚自由，而地方之事，多由人民自主，民治且盛于官治也。”“今虽号为民国，而地方自治之说，乃若为政府所骇闻。”

魏晋南北朝实行九品中正制，隋唐以后实行科举制，“九品中正之弊，致成贵族政治，矫之以科举，而平民与贵族，乃得均享政权，是亦未始无关于国家社会之进化也。”

元代“举农田水利、树艺渔畜、教育劝惩，一寓于立社之中，此实汉族先哲研求民治培植国本之法，而蒙古游牧之族，入主中国，乃能施行此制。”“则元之能承中国国统，亦匪无故矣。”

“明初甚重耆民，其粮长至京者，得朝见，其老人得听断乡间狱讼，其儒者莅官，亦有以乡约辅官治者，盖虽官治极盛之时，亦时时思以民治为基本，第未能一切决于民治，而使之荡然平等耳。”

对于清代的“摧挫民治”与“大失民心”，《中国文化史》中也进行了总结，柳氏说：

> 清之学者，有谨守卧碑之语。卧碑者，顺治朝所颁，以诰诫学校生员者也。盖明季学校中人，结社立盟，其权势往往足以劫制官吏，清初以卧碑禁止，而后官权日尊，惟所欲为，为士者一言建白，即以违制论，无知小民，更不敢自陈其利病矣。故吾国国无民治，自清始。清之摧挫民治，自士始，今日束身自好之士，漠视地方利病，不敢一谋公益之事，其风皆卧碑养成。

辛亥革命前夕，“拥护清室者，则以君主立宪为平和之改革”。“然满人用事，政治益趋腐败，各省谘议局联合会，请愿速开国会，及另组责任内阁，皆不获遂。平和而文明之人民，亦大失望。”立宪之望既绝，“革命之机日迫。清廷又以铁路国有之策，大失民心。

辛亥八月十九日，民军遂起于武昌，各省闻风响应”。

辛亥革命虽推翻了清王朝，但被袁世凯窃取了中华民国大总统之位。袁世凯死后，北洋军阀势力失去了共同的头子，形成分裂。各派军阀在不同帝国主义国家的支撑下，争夺地盘，连续混战，给人民带来了深重的灾难。柳氏关心人民痛苦，在《中国文化史》中大声疾呼：

> 近年币制日益紊乱，发行兑换券之银行，既日出不穷，已经停铸之铜元局，又重行开铸，虽经人民之呼吁，而在位者竟无术以剂其敝焉！
>
> ……
>
> 民国一年中所用于陆海军之费，可以供同光以前政府全部之经费三四倍而有余，即比之宣统末年之国用，亦已占其三分之二，而其他独立省份所用之军费，尚不在北京政府预算之内，此岂国民所能担负乎？
>
> 国用增加，则恃内外债以救目前之急。……民国以来，政纲瓦解，中央政府不能节制地方，举凡到期之外债，急需之军费政费，举恃外债以应之，于是逐年以债累债，积至十二万万有奇，而各省单独所负之债及交通部之债额，尚不在内，此民国政府所以为世所诟病也！……民国以来，以外债之不能应手，累年发行国内公债，积至民国十一年，凡欠内债四万五千万有奇……以人民有限之财，供当局无厌之欲，要亦所谓取之尽锱铢，用之如泥沙耳！
>
> ……
>
> 最近之人口，殆不下四亿三千余万……人口增加，而土地初未增拓，则生计自然日形困难……吾国号称农业立国，然每年尚须购入食米数百万担或数十万担……故遇大荒，或邻国荒歉，需购吾米之时，则食料不敷分配，而贫民有因以断炊者矣！

北洋军阀统治时期，既无法制可言，也不重视教育，甚至镇压学生运动，柳氏有感于此，在《中国文化史》中，对历代法制与教育，进行了总结。

在法制方面，柳氏说：

唐虞之时，“法立令行，内外井井。”

“周代政治，以法为本。”《周官》一书，“经纬万端”“第就官联一法观之，即可知其立法之精密。于组织之中寓互助之意，既以泯其畛域，且使互相监视，不使一机关独断一事，而遂其营私舞弊之谋。此研究法治者所最宜留意者也。”而且“周之官府，最重会计。日有成，月有要，岁有会，三岁又有大计。其出入皆有式法，四国之治无不周知。故官吏皆知尚廉而畏法，非若今之武人、外吏，横揽财权，中央莫敢谁何，一任其贪黩恣肆，而惟恃借债以填其欲壑也。”当时，“全国之法，岁首悬于象魏。纵民观览十日，而乡遂诸官，则时时教民读法。”“乡遂之民，无人不熟读法令，自无干犯法纪之事，此岂空言法制，而一般人民尚不知现行之法为何物者所能比哉!”

管子“论治，必以法为主。”“其言实战国时法家之祖。”

“言律实始于秦。”

“汉之学僮，亦籀尉律。”

立法，读法，“互相监视”，注重“会计”……都是柳氏所肯定的古代的经验。不重视法制的后果怎样呢？柳氏以元代为例，说：“当时法令杂乱，家自为政，实极无法之弊。”“然使其族能精研法制，无使涣散，其势岂止于是哉。”

柳氏又指出，中国有注重法制的传统。“孔、孟、管、墨、商君、荀卿，以及董仲舒、刘歆辈，皆有意于创立法制。”清初，“船山有《黄书》，亭林有《郡县论》，皆极注意于法制。”“其后文网日密，士无敢谈法制经济。”瞻望未来，柳氏语重心长地说：“清季迄今，变迁之大，无过于法制。”“世界日新，吾国人理想中之法律亦随之而日新。然理想进步，事实殊不能与之相应，有全民表决之制，而全民之不知者，殆十八九，是则不能不有待于教育之普及也。”

在教育方面，柳氏说：

唐虞之时，“司教育者有二职，盖一司普通教育，一司专门教育也。普通教育，专重伦理。”“专门教育，则有学校。其学校曰庠，亦曰米廪。”

“夏之教育，有序有校。乡校一曰公堂。国学则曰学。”

“殷有左右二学，又有瞽宗及庠序，至其末造，周有辟雍，疑必殷有其制而周仿之。”“风气所被，私家之学也兴。”

“殷商之世，教育发达，其人才多聚于周，而周遂勃兴。”“且殷周之际，不独男子多受教育，即女子亦多受教育者。”“男女贵贱皆有才德，故其国俗丕变。”“此周室代商最大之原因，故知虽君主时代，亦非徒恃一二圣君贤相，即能崛起而日昌也。”

“周代教育，分乡遂与王朝为二途，犹今地方教育与国家教育之别也。王朝掌教育之官，曰师氏、保氏，乐师则掌小学教育者也；曰大司乐、大胥、小胥、诸子，则掌大学教育者也。”“乡学之教，曰乡三物。遂大夫复兼教稼，则文化教育而兼职业教育矣。”

“当春秋之初，诸侯之国，已各自为教。其风气之不同，殆由所传之学说不同之故。既而一国之中，又各自为风气，有守其先代之学而不废者，有数典而忘其祖者，官学日微，而私家之师弟则不分国界，故国学变为师弟之家学焉。”

西汉平帝至王莽，“郡国乡聚，皆有学校。”“东汉开国君臣，大都其时学校所养成也。”“后汉国学尤盛，顺帝以降，太学至三万余生。学生之势力，至于左右朝政，则兴学之效也。”

北宋之时，“熙宁元丰厉行新法，太学三舍规制始宏。崇宁中，罢科举，取士一出于学，而太学生至三千八百人。”“陈东等请诛六贼、用李纲，与汉之太学生救鲍宣、褒李膺者，后先相映，亦不可谓非养士之效也。”南宋之时，“太学诸生，能直攻宰相台谏而使之去，其权至与人主抗衡，则正宋室养士之效。以贾似道之奸，而不敢得罪学生，仅思以术笼络，其贤过于今之政府多矣。”

"宋元之间，书院最盛。""盖学校多近于科举，不足以餍学者之望，师弟子不能自由讲学，故必于学校之外，别辟一种讲学机关"，即书院。"宋时州县学校，皆有田产，以赡学者，然以属于官吏，亦可为强权所夺，若书院之创自私人者，其田产当然属于书院，不至为政府没收，第须规制完善，经理得人，其事反视官立学校为可恃。故当时定令，各地虽皆有学校，而士大夫仍于学校之外，增设书院，不以并行为病，是亦书院与学校异趣者也。呜呼，讲学自由，经济独立，非今日学者所渴望者乎？稽之史策，固有前规。"

"明初国学之制及国子生之盛，殆远轶于唐宋。""其学生最盛之时，几及万人，而整理田赋、清查黄册、兴修水利等事，皆命监生为之。或缮写书籍，或学习翻译，或以特事遣使，或以巡狩从行，而分部历事，随事任官，尤为重视。""以师儒督其学，以世务练其才，随时选任，不拘资限，斯实从古以来惟一重用学校人才之时代。""惜其后学生仅务考试，而埋首于时文，明初善制，以渐而废""而书院又因之以兴。""明儒讲学之所，自书院之外，复有寺观祠宇之集会。"

普通教育与专门教育，国家教育与地方教育，女子教育，职业教育，书院、集会自由讲学以及学校培养人才，学生关心政治等，都是柳氏所肯定的古代的经验。柳氏瞻望未来，认为："最近之文化，当以学校之教育为主。"虽然北洋军阀摧残教育，"而社会之心理，殆皆公认学校为民族文化之一大事"，对前景充满了信心。

综合以上，柳氏在论证古代的民主思想以及古代的法制、教育时，都与"今日"——当时黑暗的北洋军阀统治，进行对比，口诛笔伐。对柳氏所提出的一系列的学术观点，人们可能有不同的评价；但对于柳氏的善良的出发点，人们应该是没有异议的。

陈寅恪——《义门陈氏宗谱》《陈氏合修宗谱》考

陈寅恪《陶渊明之思想与清谈之关系》云："研究当时士大夫之言行出处者，必以详知其家世之姻族连系及宗教信仰二事为先决条件，此为治史者之常识，无待赘论也。"他批评梁启超"取己身之思想经历，以解释古人之志尚行动，故按诸渊明……所出之家世……所发明之新说，皆所难通。"[①]陈氏之治史方法，于此可见一斑。

陈氏既然注重家世对人生的影响，自己的家世"岂可不记"，他在1966年春，写下"最后之作"——《寒柳堂记梦未定稿》，表明"寅恪以家世之故，稍稍得识数十年间兴废盛衰之关键。今日述之，可谓家史而兼信史欤?"[②]

《记梦》出于陈氏手笔，自属珍贵，但偏重"戊戌政变"一节。蒋天枢《陈寅恪先生编年事辑》以及流行之传记等，对陈氏先世情况的叙述，也语焉而不详。本文特利用尚未被重视的《陈氏合修宗谱》《义门陈氏宗谱》为线索，结合陈宝箴、陈三立、陈寅恪三世之著作及有关文献，从家世及姻娅两个方面，首次详细理清陈氏家族发展的历史，从而解读该家族在中国近代史上成名之原因，以为知人论世之一助。

（一）

陈宝箴《〈陈氏合修宗谱〉跋》云，陈氏“其支派皆本于汉太邱长文范先生而支于宋义门”。据《德安县志》等书记载，南朝陈霸先之弟陈叔明后人陈旺于唐代开元年间迁居九江郡，从此聚族而居，中经三百余年累世义聚，合爨而不分家，号称江州义门陈氏。至宋仁宗嘉祐七年奉旨分家析产，播迁各地。其中陈元第七子陈魁“带家口九十七人迁福建汀州府汀州庄”（见光裕堂《义门陈氏宗谱》），为陈宝箴、陈三立家族宗奉之始祖。

陈氏宗谱自清中晚期至民国曾多次修撰，其中同治二年修成之聚奎堂本《陈氏合修宗谱》、民国九年庚申重修之光裕堂本《义门陈氏宗谱》最为重要。前者为陈文凤、陈宝箴主修，陈宝箴作《跋》；后者为陈三立挂名主修，并作《序》。修前谱时，为义宁陈氏兴起之初；修后谱时，为义宁陈氏既盛之后。

聚奎堂本《陈氏合修宗谱》成于同治二年癸亥秋，“其订百有十二集，每集凡十八卷”。其中亭字号谱“竹塅文光裔谱集右铭领”。该谱所载合族新定二十一世以下行派为：“三恪封虞后，良家重海邦。凤飞占远耀，振采复西江。”陈三立、陈衡恪、陈封可三代命名皆本于此。

据陈宝箴《〈陈氏合修宗谱〉跋》云：“至于笔墨润色之事，则文凤及宝箴与焉。”陈宝箴、陈文凤均是咸丰元年恩科举人，陈文凤登同治四年进士，官福建松溪、安溪知县，光绪二十三年殁。此谱对于家族历史的考订相当严谨。《跋》又云：“兹谱仍宋嘉祐……顾欧阳公谱断自五世，其间阙者尚多。不敢骛远以失实也。”陈宝箴提出，该谱始自宋嘉祐，乃是追求文献上之可靠与真实。今据《通志》卷二十五《氏族略》云：“家藏谱系之书，自五季以来，取士不问家世，婚姻不问阀阅，故其书散佚。”又，据姚鼐

《桐城麻溪姚氏宗谱序》云："自五代至宋，故家残灭……今日天下无复有千年相传之家谱矣。"可与陈宝箴之语印证。

据《〈宗谱〉跋》"初先君子议举斯役未就而卒，同治壬戌因诸族人始其事……凡十一阅月告竣"，陈氏宗谱之编纂，萌始于陈宝箴之父陈伟琳。实际上在陈宝箴祖父陈克绳时代就有了编撰族谱的动议，据嘉庆十三年陈之驹所撰之《义宁州陈氏宗祠序》："绍亭兄相招叙家世及建祠始末，欲编谱以系宗支。"随着陈氏家族"人文蔚起，科甲蝉联"（陈克绳《重修陈氏祠志序》），到了陈宝箴时代终于完成了大规模的谱牒编撰，将陈氏家族的发展源流予以廓清。

民国九年庚申重修之光裕堂本《义门陈氏宗谱》由陈氏族人陈三达董其事，陈三立《序》云："族人以丁口孳乳，恐漏失靡纪，复谋五修于城中光远祠，推族中之望者总其成。"此谱已经有了陈氏诸恪的信息。

今据同治二年《陈氏合修宗谱》、民国九年《义门陈氏宗谱》编制"义宁陈氏世系图"及"陈魁至陈封可卅六世主要成员情况简表"如下：

义宁陈氏世系图

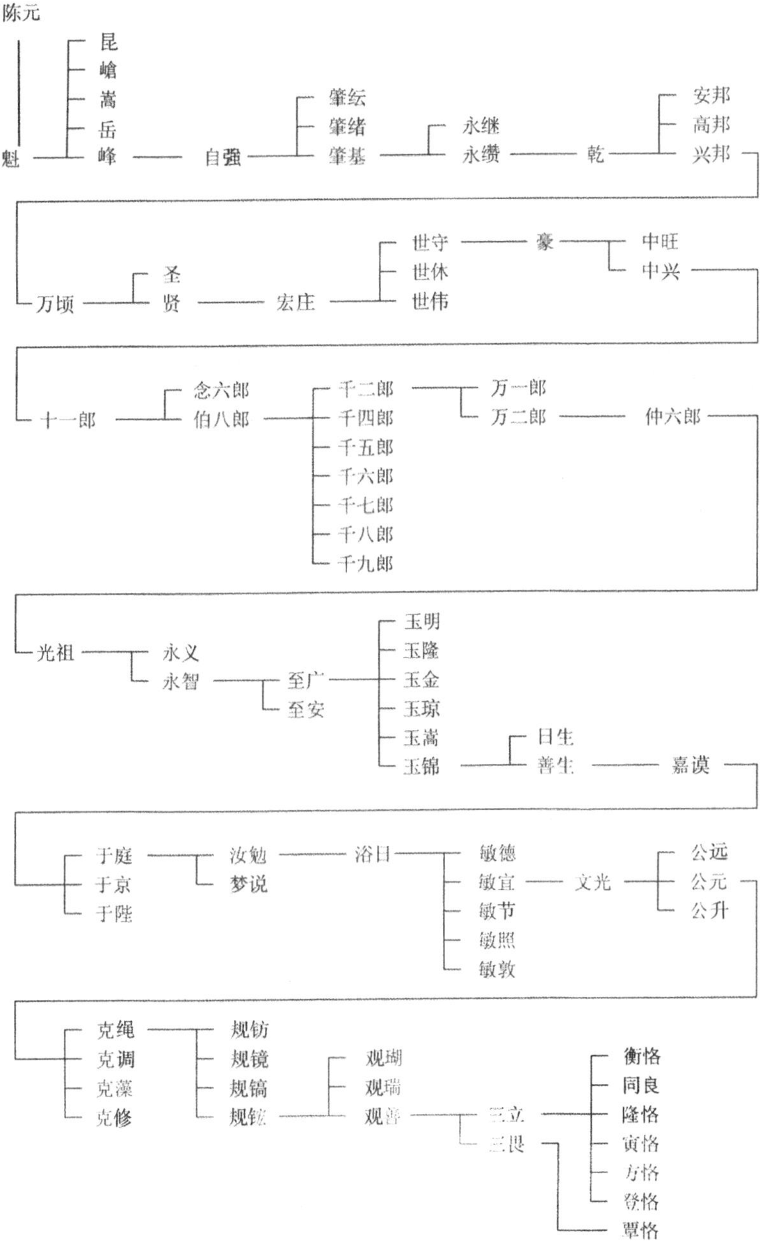
陈元
魁
昆
嵢
嵩
岳
峰
自强
肇纭
肇绪
肇基
永继
永缵
乾
安邦
高邦
兴邦
万顷
圣
贤
宏庄
世守
世休
世伟
豪
中旺
中兴
十一郎
念六郎
伯八郎
千二郎
千四郎
千五郎
千六郎
千七郎
千八郎
千九郎
万一郎
万二郎
仲六郎
光祖
永义
永智
至广
至安
玉明
玉隆
玉金
玉琼
玉嵩
玉锦
日生
善生
嘉谟
于庭
于京
于陛
汝勉
梦说
浴日
敏德
敏宜
敏节
敏照
敏敦
文光
公远
公元
公升
克绳
克调
克藻
克修
规钫
规镜
规镐
规铉
观瑚
观瑞
观善
三立
三畏
衡恪
同良
隆恪
寅恪
方恪
登恪
覃恪

陈魁至陈封可卅六世主要成员情况简表

世次	姓名	行第、字号	生殁	科名	仕宦	姻娅	备注
	陈元						
一世	陈魁	元七子		宋进士		刘氏	带家口九十七人迁福建汀州府汀州庄。
二世	陈峰	魁五子		宋进士		王氏	
三世	陈自强	峰长子			宋宁宗时位至宰辅	唐氏	
四世	陈肇基	自强三子，字世英，号安常。		进士	宁化教谕	李氏	官宁化教谕，遂开居宁化石壁村。
五世	陈永缵	肇基次子				王氏	
六世	陈乾	永缵子		邑庠生		邱氏	
七世	陈兴邦	乾三子				杨氏	
八世	陈万顷	兴邦子				曾氏	
九世	陈贤	万顷次子				何氏	
十世	陈宏庄	贤子				钱氏	
十一世	陈世守	宏庄长子				孙氏	
十二世	陈豪	世守子				郑氏	

续表

世次	姓名	行第、字号	生殁	科名	仕宦	姻娅	备注
十三世	陈中兴	豪次子				朱氏 沈氏 傅氏 刘氏	
十四世	陈十一郎	中兴十一子，字扶桑。				彭氏	由宁化石壁寨葛藤坳陈德村，迁潮州。由潮州复迁上杭来苏中都林坊。
十五世	陈伯八郎	扶桑次子				李氏	
十六世	陈千二郎	伯八郎长子				范氏	
十七世	陈万二郎	千二郎次子				范氏	
十八世	陈仲六郎	万二郎子				李氏	
十九世	陈光祖	仲六郎子				叶氏	
二十世	陈永智	光祖次子				何氏	
廿一世	陈至广	永智长子				王氏	
廿二世	陈玉锦	至广六子，号凤岗。	享寿九十有六			何氏	

续表

世次	姓名	行第、字号	生殁	科名	仕宦	姻娅	备注
廿三世	陈善生	玉锦次子，号东山。				何氏 叶氏	
廿四世	陈嘉谟	善生四子，号环川。	明嘉靖庚子年十一月初九日生，万历卅二年甲辰六月初四日殁。	廪生		钟氏	明崇祯戊辰年敕赠文林郎。
廿五世	陈于庭	嘉谟长子，字振宸，号枫岑。	嘉靖丙寅年十月廿一日生，万历庚戌年十月十五日殁。	万历癸卯科副榜		池氏 何氏	
廿六世	陈汝勉	于庭长子，字应标。	万历十六年戊子八月十六日生，崇祯八年七月十三日殁。			邱氏	

续表

世次	姓名	行第、字号	生殁	科名	仕宦	姻娅	备注
廿七世	陈浴日	汝勉子，字殷铭。	明万历四十年壬子十二月廿七日生，清康熙庚午年正月廿八日殁。			邱氏	
廿八世	陈敏宜	浴日次子，字必义。	明崇祯辛巳年正月廿三日生，清康熙丁酉年三月十六日殁。			饶氏	
廿九世	陈文光	敏宜子，字君里，号斗垣。	康熙十六年丁巳四月十三日生，雍正十一年癸丑六月廿四日殁。			刘氏	诰赠光禄大夫

续表

世次	姓名	行第、字号	生殁	科名	仕宦	姻娅	备注
三十世	陈公元	文光次子，讳腾远，号鲲池。	康熙四十九年庚寅十二月廿五日生，乾隆六十年乙卯正月十四日殁。	乾隆庚子年太学生	乾隆庚戌年以耆寿赐八品顶戴	何氏，觐光女	诰赠光禄大夫由上杭迁义宁州
卅一世	陈克绳	公元长子，字显梓，号绍亭。	乾隆廿五年庚辰四月初三日生，道光廿一年辛丑十二月初十日殁。	太学生		谢氏，春兴女 何氏，毓龙女	诰赠光禄大夫
卅二世	陈规鋐	克绳四子。讳伟琳，字琢如，号子润。	嘉庆三年戊午十一月初九日生，咸丰四年甲寅八月廿一日殁。			李氏，大荣女	诰赠光禄大夫

续表

世次	姓名	行第、字号	生殁	科名	仕宦	姻娅	备注
卅三世	陈宝箴	规铉三子，讳观善，字相真，号右铭。	道光十一年辛卯正月十八日生，光绪廿六年庚子六月廿六日殁。	道光卅年庚戌入州学。咸丰元年辛亥恩科举人。	署湖南辰沅永靖兵备道，补授河南河北道，浙江按察使，湖北按察使，署湖北布政使，补授直隶布政使，升任兵部侍郎、都察院右副都御史、湖南巡抚。	黄氏，太学生应亨女	钦派阅兵大臣，钦赐福字三次，钦赐寿字。光绪丁酉科文闱乡试监临部院，武闱乡试大主考。钦加头品顶戴，赏戴花翎，诰授光禄大夫。

续表

世次	姓名	行第、字号	生殁	科名	仕宦	姻娅	备注
卅四世	陈三立	观善长子，号伯严。	咸丰三年癸丑九月廿一日生。	同治十年辛未入州学，光绪壬午科举人、丙戌科进士。	吏部主事、考功司行走。	罗氏，咸丰辛亥科举人、四川雅州府知府亨奎女 俞氏，浙江山阴县咸丰辛亥科举人、湖南候补知县、历署兴宁东安县事文葆女	

续表

世次	姓名	行第、字号	生殁	科名	仕宦	姻娅	备注
卅五世	陈衡恪	三立长子，号师曾。	光绪二年丙子二月十七日生	日本高等师范毕业	教育部编辑审定员	范氏，江苏通州廪贡生当世女 汪氏，江苏吴县，湖南长沙知府府凤瀛女 黄氏，湖南湘潭县候补知府某某女	
	陈同良	三立次子					

续表

世次	姓名	行第、字号	生歿	科名	仕宦	姻娅	备注
卅五世	陈隆恪	三立三子，号彦和。	光绪十四年戊子正月初四日生	日本大学校毕业		喻氏，江西萍乡县翰林院庶吉士、署浙江布政使、宁绍台兵备道蓄兆女	
	陈寅恪	三立四子，号彦恭。	光绪十六年庚寅五月十七日生	德国大学校毕业			
	陈方恪	三立五子，号彦通。	光绪十七年辛卯十一月初五日生		参议院秘书		
	陈登恪	三立六子，号彦上。	光绪廿三年丁酉正月十一日生	北京大学堂肄业生			

续表

世次	姓名	行第、字号	生殁	科名	仕宦	姻娅	备注
卅六世	陈封可	衡恪长子	光绪廿二年丙申二月十二日生	日本高等学堂留学生			
	陈封怀	衡恪次子	光绪廿六年庚子四月十八日生	金陵大学肄业			
	陈封雄	衡恪三子	民国六年丁巳四月廿八日生				
	陈封举	衡恪四子	民国七年戊午九月十一日生				

（二）

《义门陈氏宗谱》中虽有诸恪之信息，但成书于民国九年，诸恪之生平、卒年、配偶、子女等，多缺记载。旧时家谱都是重男轻女，陈氏亦不能破例，《宗谱》中对陈三立妻、女及诸恪兄弟妻、女之名、字等，均无记载。今参考各种文献，尽可能地予以补全，庶几成为完整的数据，以便于利用。（纪年法：清朝按农历，民国按阳历，一九四九年以后按公元。享年按传统虚龄计算。）

陈宝箴

“生女二。长适……席曜衡。”

【补】：长女清光绪廿九年癸卯冬殁。

陈三立

“号伯严”

【补】：晚年自号散原。

“清咸丰三年癸丑九月二十一日子时生。”

【补】：民国二十六年丁丑九月十四日酉时（农历八月初十日）殁。八十五岁。吴宗慈云十一月殁，误。葬杭州牌坊山黄泥岭生圹，与继配俞氏合窆。

“续配俞氏……清同治四年乙丑七月廿六日卯时生。”

【补】：俞氏名明诗，字麟洲。民国十二年癸亥八月十一日（农历六月廿九日）殁。五十九岁。葬杭州牌坊山黄泥岭（穴左留三立生圹）。

“生女三：长适安徽合肥县张宗义。”

【补】：长女名康晦。光绪十九年癸巳三月卅日生。适张士珩子张宗义。一九六二年七月十八日殁。七十岁。蒋天枢云一九六一年初殁，误。葬南京雨花台望江矶至花神庙路西之公墓。

“次待字。”

【补】：次女名新午。光绪二十年甲午八月廿五日生。适浙江山阴县俞明颐子俞大维。一九八一年卒。八十八岁。骨灰撒入大海。

“三适四川兴文县薛琛锡。”

【补】：三女名安醴。光绪二十一年乙未生。适薛华培子薛琛锡。民国十六年丁卯夏殁。三十三岁。葬上海公墓。

陈衡恪

“号师曾。”

【补】：自号槐堂、朽道人。

“清光绪二年丙子二月十七日子时生。”

【补】：民国十二年癸亥九月十七日（农历八月初七日）殁。四十八岁。葬杭州牌坊山黄泥岭继母俞氏墓左。

“日本高等师范毕业。教育部编辑审定员。”

【补】：宣统元年日本东京高等师范学校毕业。曾任江西省教育司长，通州师范学校、长沙湖南第一师范学校教员，最后任教育部编审员兼任北京高等师范学校、美术专门学校等学校教授。

“妣范氏。……清光绪二年丙子九月十六日吉时生，清光绪二十七年辛丑五月十八日酉时殁。”

【补】：范氏名孝嫦。光绪二十六年庚子五月十八日殁。《谱》云光绪二十七年殁，误。二十五岁。葬新建青山赵家塘。

“续妣汪氏。……清光绪二十一年乙未十一月二十五日吉时生，民国二年癸丑十一月□日卯时殁。”

【补】：汪氏名梅未，字春绮。《谱》记生年误，待考。民国三年甲寅一月二十日（农历癸丑十二月廿五日）殁。《谱》云民国二年殁，误。

“再续黄氏，湖南湘潭县候补知府某某公女。清光绪十四年戊子十二月□日寅时生。”

【补】：黄氏名国巽。黄昭奎女。一九七一年殁。八十四岁。

陈隆恪

“清光绪十四年戊子正月初四日午时生。”

【补】：一九五六年一月四日（农历乙未十一月廿二日）殁。六十八岁。骨灰葬杭州西湖杨梅岭。

“日本大学校毕业。”

【补】：先后在庆应大学、东京帝国大学学习，民国元年毕业。任南浔铁路局局长，汉口电讯局主任，江西省财政厅科长、秘书，粤闽桂黔四省统税局顾问，邮政储金汇业总局秘书等职。一九四九年后任上海市文物保管委员会顾问。

“配喻氏。……清光绪十七年辛卯三月□日酉时生。”

【补】：喻氏名徽，字秀群，一字婉芬。一九五六年六月二日（农历四月廿四日）殁。六十六岁。骨灰与隆恪骨灰合葬杭州西湖杨梅岭。生女一：小从，谱名封玖。民国十二年生。

陈寅恪

“号彦恭。”

【补】：晚号青园病叟。

“清光绪十六年庚寅五月十七日生。”

【补】：一九六九年十月七日（农历乙酉八月廿六日）晨五时殁。八十岁。骨灰葬庐山。

“德国大学校毕业。”

【补】：先后在日本弘文书院、德国柏林大学、瑞士苏黎世大学、法国巴黎大学、美国哈佛大学学习，民国十四年回国。任清华大学、西南联合大学、岭南大学、中山大学等校教授。中央研究院首届院士。一九四九年后，任中国科学院哲学社会科学学部委员，中央文史研究馆副馆长。配唐氏，名筼，字晓莹。广西灌阳人。清台湾巡抚唐景崧孙女。清光绪廿四年戊戌生，一九六九年十一月廿一日（农历乙酉十月十二日）晚八时半殁。七十二岁。骨灰与寅恪骨灰合葬庐山。生女三：长流求，民国十八年生。次小彭，民国二十年生。三美延，民国廿六年生。

陈方恪

“清光绪十七年辛卯十一月初五日亥时生。”

【补】：一九六六年一月卅一日殁。七十六岁。骨灰葬南京望江矶公墓。

“参议院秘书。”

【补】：宣统二年上海震旦学院毕业。曾任中华书局杂志部主任，商务印书馆及《民立报》《时事新报》编辑，盐务署秘书，财政部秘书，张作霖督军府秘书，后在江西省税务部门及田亩丈量局任职。民国十九年后，在无锡国学专修馆上海分校、暨南大学、持志大学、正风文学院任教。沦陷期间，曾任职梁鸿志、汪兆铭伪政权。一九四九年后，在南京图书馆工作。

陈登恪

“清光绪二十三年丁酉正月十一日巳时生。”

【补】：一九七四年十一月十八日殁。七十八岁。

“北京大学堂肄业生。”

【补】：民国八年北京大学毕业，留学法国。十四年回国。曾在东南大学任教，后任武汉大学教授。配贺氏，名黔云。江西萍乡人。江西省民政长贺国昌女。清光绪卅四年戊申生，一九七三年殁。六十六岁。生子一：星照，民国廿五年生。

陈封可

“清光绪廿二年丙申二月十二日酉时生。日本高等学堂留学生。”

【补】：留学日本、德国。一九七一年殁。七十六岁。

陈封怀

“清光绪廿六年庚子四月十八日子时生。金陵大学肄业。”

【补】：留学英国。一九九三年四月十四日殁。九十四岁。

陈封雄

“民国六年丁巳四月廿八日未时生。”

【补】：燕京大学毕业。一九九八年殁。八十二岁。

陈封举

“民国七年戊午九月十一日丑时生。”

【补】：封举，殇。

衡恪五子封邦，殇。

衡恪六子封猷，民国十二年癸亥生。北京辅仁大学毕业。一九九九年殁。七十七岁。

（三）

利用图、表及本文所补充的材料，进行分析研究之后，对于陈寅恪的家世，获得几点崭新的认识：

一、《宗谱》以迁闽的陈魁为始祖，第三世陈自强“宋宁宗时位至宰辅”。考《宋史》卷三百九十四《陈自强传》：“陈自强者，福州闽县人，字勉之。登淳熙五年进士第。……嘉泰三年，拜右丞相……创国用司，自为国用使……掊克民财，州县骚动。方（韩）侂胄欲为平章，犹畏众议，自强首率同列援典故入奏。……常语人曰：‘自强惟一死以报师王。’每称侂胄为恩王、恩父。……侂胄奸凶，久盗国柄，自强实为之表里。……史弥远建议诛侂胄，诏以自强阿附充位，不恤国事，罢右丞相。……后死于广州。”从传统的荣辱观来看，祖先中有位到宰辅者，是光彩的事，但名声不好，反而成为不光彩的事。故陈氏不宣传其人。

二、陈寅恪家族迁江西义宁之前，自第五世陈永缵至第卅世陈公元，凡二十余世，除二三人为廪、庠生外，均以客籍聚居福建宁化、上杭，既无官职，又罕科名，社会地位低，生活不富裕。陈宝箴任湖南巡抚之后，给福建上杭的一位同族信中说道：“原籍族人贫弱，被何姓欺侮，不可数计。”[③]从光绪年间的情况可以推见雍正以前。

三、清雍正年间，陈氏自上杭迁义宁。《陈寅恪先生编年事辑》云：陈宝箴官辰永沅靖道“（治凤凰厅）地处万山中，民无所资生，教之植茶、种竹、刨薯为粮”。他所采取的这些利民措施，来源于陈氏家族自身的经历。陈小从云：竹塅老家居民“将薯刨丝晒干，可久藏不坏，食时可掺大米蒸成饭，我家先世亦终年食此”。可知陈寅恪家族本是寒门，《寒柳堂记梦未定稿》云“吾家素寒贱，先祖始入邑庠，故寅恪非姚逃虚所谓读书种子者”[④]乃是写实，并非自谦。

四、据《义门陈氏宗谱》所载查望洋《太学生陈公鲲池偕德配何孺人合墓志铭》云：“（陈公元）奉母刘太孺人由闽来豫章，溯修水至分宁安乡护仙源，爱其泉甘土肥、风俗淳朴，相阴阳而卜居之。时公方弱冠，力勤耕稼，尽三农之苦，阅十余年，家道日侈，置田园，新栋宇，俨然有大家风。”陈光祖《重刻凤竹堂屋记》则道出陈家初至江西时的家境艰难，云：“鲲池公壮岁迁宁，始择居于护仙源……基址狭隘，其屋仅堪容膝。”[⑤]陈氏致富的过程是“尽三农之苦”，经过十余年的积累，才“俨然有大家风”，成为殷实人家。寒门既富之后，就要读书、应试、入仕，改换门庭，这是旧社会千万人的必由之路。陈公元之子陈克绳已经开始读书，希图求取功名。但陈克绳“屡试不利，乃循例入太学”（查望洋

《太学生□□□□墓志铭》）[⑥]。

陈克绳之子陈规鋐（伟琳，字琢如）“一试有司不应选，决然舍去，务以德化其乡人，尤相奖以孝友”[⑦]（郭嵩焘《陈府君墓志铭》，下引同）。陈规鋐以其母“体羸多病，穷心医家言，穷极《灵枢》《素问》之精蕴，遂以能医名”。陈寅恪《寒柳堂记梦未定稿》第一章就以《吾家先世中医之学》为题，云：“先曾祖以医术知名于乡村间，先祖、先君遂亦通医学，为人疗病。”陈规鋐“尝一涉江揽金陵之胜，东历淮徐，涉略齐豫，北至京师。所至考揽山川，校其户口，厄塞险易，以推知古今因革之宜，与其战守得失之数”。郭嵩焘没有说出陈规鋐为何游历江苏、山东、河南、北京等处，但从他不是秀才，没有文名，不可能入幕来看，只能靠行医谋生。陈规鋐仅仅以游历行医谋生，还不足以促使陈氏家族的崛起。他在行医过程中积累了财富和阅历，回乡之后“倡建义宁书院”，在太平军反清起义时“率乡人团练击贼”。使原来依靠农耕为生的陈氏家族，成为可以组织号召一方的乡绅。

陈三立在为《义门陈氏宗谱》所撰的序言中说：“三立窃为吾族保聚于兹土，远者数百年，近者或百余年，大抵托于农亩者众耳，为士、为商工差少焉。”经过陈公元、陈克绳、陈规鋐三世的努力，他这一支完成了由“农”成“士”的转变，在这个转变的过程中，“医”是阶梯。

五、咸丰元年陈宝箴乡试中举，光绪时仕至湖南巡抚，才使得陈氏家族的面貌发生了彻底的改变。陈宝箴显达的过程及其在中国近代史上的地位，陈三立《散原精舍文集》所载《皇授光禄大夫头品顶戴赏戴花翎原任兵部侍郎都察院右副都御史湖南巡抚先府君行状》、陈寅恪《寒柳堂记梦未定稿》等文，叙述已详，可与《宗谱》互证。这里指出：（1）陈宝箴谱名观善，字相真，只见于《宗谱》，未见于其它文献。（2）据陈寅恪回忆：“光绪二十五年己亥先祖寓南昌，一日诸孙侍侧，闲话旧事，略言……荠苨似人参，而能治咳嗽之病。《本草》所载甚明。特世人未尝注意及之耳。寅恪自是始知有《本草》之书……是后见有旧刻医药诸书，皆略加披阅……藉作考证古史之资料，如《论胡臭与狐臭》一文，即是其例也。”（详见《记梦》）此为陈寅恪受祖父影响之一例。（3）据陈小从云：一九六八年夏，陈寅恪、唐筼夫妇“处境极为险恶”，某日下午彭旭虎妻萧乃兰“探候”陈寅恪时，寅恪将一份文件亲手交与乃兰说：“这卷文章为先祖抚台公遗留下来的文章和诗稿……惟有彭家大嫂是位可信托之人，恳请代我收检保存好，以待时局平静后，交付侄女小从……嘱她要妥善珍藏，以待机会面世永垂。”言罢向乃兰“再三作揖”，又言“如能办到，则是我家恩人”。不久，唐筼到乃兰家，“带来另一份文稿，嘱托一并转交”。一年多后，乃兰到武昌，亲手交给小从。[8]（详见陈小从《先曾祖右铭公遗稿之摭忆与考略》）可见陈寅恪对保护、流传陈宝箴遗稿，弘扬家学之苦心。

六、陈三立赞勷其父陈宝箴在湖南推行新政之始末，已见吴宗慈《陈三立传略》、陈寅恪《记梦》等文，兹不赘述，只补充：（1）民国四年，陈寅恪任经界局长蔡锷之秘书。对此事，不能仅以寅恪之文才来解释，还要考虑到陈三立与蔡锷的特殊关系。据吴宗慈《陈三立传略》：民国十一年，陈三立告诉梁启超：“松坡（蔡锷）昔考时务学堂，年十四，文不通，已斥，余因其稚特录之。”[9]（2）据民国二十七年（1938）七月五日香港《大风月刊》第十三期所载邵祖平《散原先生文行掇述》，他清理俞明震藏籍时，发现陈宝箴致明震书札数通，“此时通讯之时，正在戊戌政变之后，先生父子革职，而先生之太夫人复于是年弃养。先生佐党人变法之志既不得通，累父革职，母夫人又见背，家国牢愁，笼匝万端，于是乎撄疾而濒危。右铭公之札，即告恪士以散原斯时病状也。原书略云：‘立儿自经此家国巨变，痛疾万状，虽病不肯服药。日前进药，竟将药碗咬碎，誓不贪生复活……’此札字体潦率，而语气真挚若家书，今日读之，足见先生敢死心情，蓄之有素。"

七、陈三立注重对子女的教育，设家塾，讲新学。教师有王存（景沂、义门）等，子隆恪、寅恪、方恪，女康晦、新午等男女学童同室受业。《散原精舍诗集》卷上有《视女婴入塾戏为二绝句》，其二云："公宫化杳国风远，图物西来见典型。安得神州兴女学，文明世纪汝先声。"光绪廿九年癸卯，陈氏家塾改办为思益小学，课程设置仿照东洋，教师有王瀣（伯沆）、柳诒徵等，内侄俞大维、俞大纲，周馥孙周暹（叔弢）等，均来就学。

衡恪、隆恪、寅恪、登恪均出国留学。在日本时，衡恪曾与周树人（鲁迅）同住一宿舍。在德国时，寅恪与傅斯年交好。在美国时，寅恪与吴宓交好。

陈三立为晚清诗坛领袖，俞明诗亦擅吟咏，"著《神雪馆诗》若干卷。旧说神雪者，列仙琴名。淑人好琴，因取此"[10]（详见《继妻俞淑人墓志铭》）。诗为陈氏家学，诸恪幼承父母之训。陈寅恪《壬寅元夕作，用东坡二月三日点灯会客韵》自注："光绪庚子元夕，先母口授姜白石'元夕不出'词，中有'柳悭梅小未教知'之语。"[11]庚子为光绪二十六年，寅恪十一岁。

八、民国二十二年，唐贳来南京，迎陈三立北上，住西四牌楼姚家胡同三号，衡恪遗孀黄国巽率诸孙随侍，寅恪夫妇率孙女时来团聚。吴宗慈《陈三立传略》："二十六年丁丑七月，日寇发难于卢沟桥，平津寻沦陷，先生忧愤，疾发拒不服药，十一月弃世。"（按，应为九月。）《胡先骕文存》上卷《与吴宗慈论〈陈三立传略〉意见书》云："卢沟桥变作，骕亲谒先生于北平寓庐，先生对我国抗战，具莫大信心，盖先生平生负豪气，其忠于国家之忱，至死不衰有如此者。"同书同卷《四十年来北京之旧诗人》云："（陈三立）自'九·一八'事变之后，敌忾之心甚炽，七七事变，对于抗战颇抱乐观，其子寅恪则以悲观说进，适值病笃，乃却医而殁。"先骕对寅恪极为推崇，认为"寅恪淹贯东西古今学术，为吾国今代通儒第一人，虽王静庵、章太炎不能比拟。”他所言寅恪“以悲观说进（三立）”，必有所据，绝非信口雌黄，厚诬寅恪。

再举一例，以为旁证。民国三十四年八月十五日，日本无条件投降。此年，寅恪又提出“退化论之说”，见于《读吴其昌撰梁启超传书后》，略云：“中日战起，九县三精，飙回雾塞，而所谓民主政治之论，复甚嚣尘上。吾少喜临川新法之新，而老同涑水迂叟之迂。盖验以人心之厚薄，民生之荣悴，则知五十年来，如车轮之逆转，似有合于所谓退化论之说者。”⑫以后事量前事，持“退化论”消极观点与抗日“悲观说”之出于一人，盖无可疑。

九、寅恪号彦恭，只见于《宗谱》，未见于其他文献。按，寅恪同母兄弟中，隆恪字彦和，方恪字彦通，登恪字彦上，足以证明寅恪字彦恭之绝对可信。《编年事辑》云“字鹤寿”，《宗谱》不载。

诸恪中，寅恪最敬爱衡恪，究其原因：（1）衡恪人品高尚，诸恪莫及。据陈三立《继妻俞淑人墓志铭》云：“子五人：衡恪，罗淑人出。……（俞）淑人屡举其行谊，为诸弟率，所最笃爱者也。”《长男衡恪状》云：“衡恪迂拙，守俭素，不解慕声利，往往徒步张盖，穿风雪，趋吏舍治事，刻厉自苦，谨身而矫俗，其诸弟皆莫及也。”⑬寅恪以衡恪为立身处世之表率。（2）衡恪之诗词创作，在诸恪之上；其书画篆刻之造诣，更是名播海内外，足以不朽。《衡恪状》云：“颇以文艺播士夫间，画笔镌章印尤为时所推，即海东西诸国，颇有嗜而购致者。”袁思亮《陈师曾墓志铭》铭曰：“觥觥侍郎挺名世，考功雄文孰趾美。笃生哲英作门子，包孕流略穴经史。旁缀艺事摩圣垒，万灵呼吸吐在纸。雕镌六书泣神鬼，光气岳岳韬不晦。”⑭寅恪珍藏衡恪赠他的画册，作永久之纪念。

民国十二年，寅恪在德国，致信其妹：“如北京有满、蒙、回、藏文书，价廉者，请大哥、五哥代我收购。”⑮《陈寅恪先生编年事辑》于民国十三年加按语云：“先生连遭母、兄之故，家中容或未即告之。”当时家中未以衡恪凶讯告知远游在外的寅恪，恐其伤悲。可见家人皆知寅恪对衡恪之深厚感情。寅恪遗愿，葬于衡恪墓旁，因故未能实现。

本文首次对陈寅恪的家世，作了全面、系统的考察。蒋天枢《陈寅恪先生编年事辑》由陈公元（腾达）迁赣叙起，对于陈氏家族上世史料未作介绍。陈寅恪有《乙酉冬夜，卧病英伦医院，听人读熊式一君著英文小说名〈天桥〉者，中述光绪戊戌李提摩太上书事，忆壬寅春随先兄师曾等东游日本，遇李教士于上海，教士作华语曰：君等世家子弟，能东游，甚善，故诗中及之，非敢以乌衣故事自况也》，诗中虽有“旧时王谢早无家”一语而“非敢以乌衣故事自况”，因为：“先祖仅中乙科，以家贫养亲，不得已而就末职。其仕清朝，不甚通显，中更挫跌，罢废八稔。年过六十，始得巡抚湖南小省。在位不逾三载，竟获严谴。先君虽中甲科，不数月即告终养。戊戌政变，一并革职。”（详见《记梦》）确不能以“王谢”相比拟，陈氏为史学大师，岂不自知耶？吴宓《读〈散原精舍诗〉笔记》云“（陈三立）先生一家三世，宓夙敬佩，尊之为中国近世之模范人家。……先生父子秉清纯之门风，学问识解，惟取其上，而无锦衣纨裤之习，所谓文化之贵族，非富贵人之骄奢荒淫。降及衡恪、寅恪一辈，犹然如此，诚所谓君子之泽也。……寅恪自谓少未勤读，盖实成于家学，渊孕有自。”[16]作为陈寅恪挚友之吴宓，指出陈氏为“文化之贵族”，寅恪之学术造诣“非偶然者”，可谓知言。本文详考陈氏家世，长期务农，至陈宝箴始由“农”而“士”，脱离贫贱，深知得来不易，故维持“清纯之门风”不坠。若王谢之家，簪缨华胄，富贵已久，则难免不“骄奢荒淫”矣！

（四）

约在民国十八年（1929年），谭延闿为次女谭祥择婿，看中陈方恪，请人说合，陈三立婉言怎能与大官结为亲家。1950 年，陈方恪访冒广生，欲为其兄隆恪女小从与广生孙怀辛议婚，广生谢以生活不能解决，不敢自害害人。从这两件未成的婚事，反映出义宁陈氏处理婚姻问题的原则。今利用图、表及本文所补充的数据，对陈氏娶妻嫁女情况，进行分析研究，旨在说明娶来之妻对陈氏优秀家风形成之贡献，嫁出之女对提升、维持陈氏社会地位之作用。

先说明陈氏之娶妻情况：

陈宝箴妻黄氏

黄氏家世。《谱》云："太学生应亨女。"陈三立《诰封一品夫人先妣黄夫人行状》："世居义宁州油塅，老儒彩意公女也。"[17]

结亲经过。据《行状》：黄氏第五兄黄锡禧"尤与吾父善"。

黄氏表现。《行状》云："性俭素，礼仪斩斩，自吾父服官至巡抚，夫人终身布衣襦，常至补缀，不以易。""尝有亲知眷属相过从容，语服玩、鼎羞、组绮、珍石、怪丽侈靡状……夫人辄笑曰：'我乡人也，不解世间有若许事。'"马其昶《陈母黄夫人墓志铭(壬寅)》云："自夫人始归食贫，其后家日昌，起公持节……夫人命服在躬，能一秉谦约，帅初不渝。……即归，而无田以耕，无宅以栖也，固公卓荦学道之明效哉，即夫人之为贤可知。"[18]

陈三立原配罗氏

罗氏家世。《谱》云："清咸丰辛亥科举人、四川雅州府知府亨奎公女。"陈三立《故妻罗孺人状》："居武宁之洋井里，外舅悜四先生之长女也。"[19]

结亲经过。据《状》："外舅知酉阳州，赘余于官。"

罗氏表现。据《状》："孺人所处，非有奇节伟行震耀于人人，然其心纯一而洁白，约躬以礼，而其思通于仁孝。"

陈三立续配俞明诗

俞氏家世。俞文葆女。据光绪戊子科《顺天乡试朱卷·履历》：俞明震"父讳文葆，咸丰辛亥恩科举人，湖南拣发知县，甲子科乡试同考官，历署东安、兴宁县知县，钦加同知衔……著有《躬自厚斋诗文集》。"俞明诗兄明震、明观，弟明颐。

俞明震，字恪士，号觚斋，直隶宛平籍，浙江山阴人。光绪十六年庚辰进士。仕至甘肃提学使，署布政使。入民国，任平政院肃政使。著《觚庵诗存》。

俞明颐，字寿臣、寿丞，留学日本。历任湖南试用道，吉南赣宁道，奉天辽东道。入民国，任湖南实业厅长。

结亲经过。陈三立《清故太子少保衔江宁布政使护理总督李公墓志铭》："公讳有棻，字芗垣，萍乡人也。""积劳叙知府，发湖南补用。""继配俞夫人，先公卒，有淑行雅操，工为诗，余妻之从姊妹也。"[20]《继妻俞淑人墓志铭》："余侍余父分巡河北，已免前妻罗淑人之丧，归应乡试，道长沙，故人李太守有棻之妻，淑人之从姊也，李传其妻之言曰：'公子诚续图娶者，无如吾妹贤。'力媒合，于是试后就赘焉。"

俞明诗表现。据三立《继妻俞淑人墓志铭》："余父奖其解文字，习礼，晓大谊；余母悦其澹素，黜华饰类我。""不解樗博嬉弄事""模书鼓琴，悠然自遣。""余丁扰攘污浊之世，往往杜门偃仰，累月不复出，为得淑人相师友，养德性，永天趣，犹有以坚其志而自适其适也。""淑人之生死，系余一身一家者至重且钜。"

陈衡恪原配范孝嫦

范氏家世。姚永概《范肯堂墓志铭》："君讳当世，字无错，号肯堂。世为江苏通州儒族。""武昌张先生裕钊有文章大名，客江宁，君偕张謇、朱铭盘谒之，张先生大喜，自诧'一日得通州三生，兹事有付托矣'。其后君弟钟、铠相继起，世又称'三范'，而称君为'大范'云。""一女，适义宁陈衡恪，早卒。"[21]范当世《陈氏女墓碣铭》："名女孝嫦。""女出前母吴而成于今母。适陈氏，人皆谓其有母风，然女从母天津诚学三年耳。"[22]"今母"指姚倚云，姚永朴、永概之姐妹，"亦娴吟咏"。

结亲经过。陈三立《范伯子文集跋》："君有二弟：钟字仲林，铠字秋门，皆才士。余最夙交仲林，附以婚姻，然后与君习。"范钟《蜂腰馆诗集》陈衡恪《跋》："先大父官湖北按察使时延馆署中，衡恪受业，朝夕侍左右。后妻以兄子，盖由于时见爱之笃也。当壬癸之际。"

范孝嫦表现。范当世《故湖南巡抚义宁陈公墓志铭》："自吾女言之，公绝贫，在官不能请贷于婚友，则时时典其衣裘。……而公廉实夫人助之，终身布衣襦，吾女言其嫁时衣夫人有不识者，故绝不敢服。"[23]《陈氏女墓碣铭》："遽不失令名于陈氏，其性质亦优矣。"

陈衡恪继配汪梅未

汪氏家世。章炳麟《前总统府高等顾问汪君墓志铭》："君讳凤瀛，字荃台。""光绪末，八国联军入宛平，东南戒严。总督张之洞闻君达治体，召置幕府。""最后知长沙府。""袁公以高材召之，……竟以沮帝制，义声动天下。""女子子二，长适义宁陈衡恪，前卒。"[24]汪凤瀛八子，荣宝、东宝有名。

章炳麟《故驻日本公使汪君墓志铭》："君讳荣宝，字衮甫，江苏元和人，清末省元和入吴，故为吴人。""游学日本，入早稻田大学，及庆应义塾，治东西洋历史，旁逮政法。""既善文辞，虽公私繁攘，未尝废笔札，尤好杨子《法言》。"[25]

汪东宝，字叔初；改名东，改字旭初。入日本早稻田大学，又从章炳麟学。回国后，参加南社。曾任中央大学文学院院长，礼乐馆馆长，国史馆纂修等。一九四九年后，任上海市文物保管委员会委员。

结亲经过。汪荣宝、东宝兄弟与陈衡恪均留学日本。

汪梅未表现。汪东《寄庵随笔》："师曾……继室则余女兄春绮。春绮工绣。既归师曾，甚相得。姐初不甚工词翰，追与师曾唱和，猛进不已。"陈衡恪《春绮卒后百日，往哭殡所，感成三首》之三云："当时携手处，一一苦追省。伸纸见遗墨，检奁得零粉。衣绽何人补，书乱惟自整。""遗墨"指汪春绮之画。姚华《弗堂类稿·诗丁·题近人画》有《师曾继室汪夫人墨梅花遗墨，何秋江为妇乞题》可以参证。

陈隆恪妻喻徽

喻氏家世。陈三立《诰授荣禄大夫署浙江布政使宁绍台兵备道喻君墓志铭》："君讳兆蕃，字庶三，一字艮麓，世为萍乡人。……著有《问津录》《温故录》《既雨轩诗文抄》各若干卷，所择史传忠孝大节以砭世寄痛类编为《人理集》者未就。""女六人。……次适义宁陈隆恪，余之第二子也。"[26]

结亲经过。据《喻兆蕃志》："始游长沙，与余交，复交吾友湘潭罗正钧顺循，两人者同耽王先生夫之学说，意气论议亦同之，及出而从政，号名宦，退而坚卧乡里，侪遗民，抑又皆同。"蒋天枢《〈同照阁诗钞〉前言》："归国后始就婚江西萍乡喻兆蕃家。喻与散原老人同为光绪十五年己丑进士。曾官道府，入民国后退休家居。"[27]

喻徽表现。据陈小从《〈同照阁诗钞〉编后记》：隆恪生前手订诗稿未刊。喻徽患癌疾，弥留之际，诏女曰："汝父诗稿，汝须妥善保存，以求传世，此汝父毕生心血所注也。"[28]

陈寅恪妻唐筼

唐氏家世。唐筼祖父唐景崧，字维卿、薇卿，广西灌阳人。同治四年进士。光绪二十年甲午，署台湾巡抚。次年，清廷将台湾割让给日本，景崧内渡隐居。著《请缨日记》。叔祖父唐景崇，字春卿、椿卿。同治十年进士。仕至学部尚书、学务大臣。著《新唐书注》。唐筼父早卒。

结亲经过。陈寅恪“至清华，同事中偶语及：见一女教师壁悬一诗幅，末署南注生。寅恪惊曰：此人必灌阳唐公景崧之孙女子。……又亲友当马关中日和约割台湾于日本时，多在台佐唐公……故其家世知之尤稔。因冒昧造访。未几，遂定偕老之约。”（详见《记梦》第七章）

唐筼表现。与寅恪共患难。寅恪卒前撰《挽晓莹》：“涕泣对牛衣，卌载都成肠断史。废残难豹隐，九泉稍待眼枯人。”

在树立“俭素”家风方面，黄氏、罗氏起了示范作用。在打造“文化贵族”方面，俞明诗和她的儿媳各有贡献，俞之功最大。围绕这两个问题，进一步阐述如下：

一、陈宝箴《诰赠夫人陈母谢太夫人墓碑铭》云：“同里处士春馨公女。”[29]郭嵩焘《陈母李太夫人墓志铭》云：“处士大嵘女，世为义宁州人。”[30]陈宝箴的祖母谢氏、母李氏，都是出于没有功名，没有官职的“处士”之家。陈宝箴妻黄氏是油塅农家女，其父是没有功名，没有官职的“老儒”。“竹塅里人”陈氏，也是没有功名，没有官职。宝箴祖克绳，父伟琳，捐了“国子监生”。婚姻双方都是义宁州的“寒贱”。陈宝箴中举、进入仕途之后，家族的社会地位改变了，婚姻结构也随之改变。陈三立原配罗氏，武宁人，其父任酉阳州知州；继配俞明诗，山阴人，其父署兴宁县知县。从此，陈氏与官宦人家结亲，择偶标准是门当户对，不限本乡本地。

二、陈寅恪在《记梦》中回忆，光绪二十五年，曾亲闻其祖父陈宝箴言“吾家素贫”。陈宝箴宦达而妻黄氏不改“乡人”的“俭素”作风。光绪二十一年，湖北巡抚谭继洵，“曾患疾甚剧”，服用陈宝箴所处方药而愈，馈赠银票三百两，时宝箴在外地，黄氏不受。其安于清贫，可见一斑。宝箴媳罗氏、俞明诗，孙媳范孝嫦，不敢违背家风。吴宓赞叹自陈宝箴至陈衡恪、寅恪一辈，“无锦衣纨裤之习”。陈三立不愿与谭延闿结亲，恐谭女带来骄奢恶习。

三、黄氏、罗氏婆媳虽“俭素”而乏文采，陈宝箴、三立父子闺中无唱和之乐趣。自俞明诗嫁来后，给陈氏家族增添了文学氛围，形成一门风雅的局面。衡恪“夙慧”[31]，隆恪、方恪、登恪兄弟，康晦、新午、安醴姊妹皆工诗，安醴还能画，曾广珊有诗称誉之，见《鬘华仙馆诗钞》。衡恪妻范孝嫦、继妻汪梅未，皆出名门，惜皆早逝。从范孝嫦父范当世《阅女婿陈师曾诸近作，至其画菊为吾女遗照，而题四诗，潸然有述》及《陈甥为孝嫦写病菊，以寄其思，久之，复为嗟菊诗，速余之题咏，余泫然而反慰之》[32]等诗，可见衡恪、孝嫦伉俪情深。陈衍极为赞赏衡恪“悼亡作”；谓其悼汪夫人诗，“人不能道”“愈瑰丽，乃愈悲痛”；又称：“师曾近作，真挚处几欲突过乃父。”（见《石遗室诗话》）

寅恪与唐筼唱和，学界皆知，无待赘言。诸恪唱和新词以及兄画弟题，脍炙人口，如：隆恪有《大兄绘山水幅贺友新婚嘱题》，大兄指衡恪，民国八年（1919 年）事。（《同照阁诗集》卷三）方恪有《声声慢·梦窗此调有合咏梅、兰、瑞香、水仙四香，伯兄为作图，命谱词题之，即和梦窗原韵》，伯兄指衡恪，民国七年（1918 年）一月事。吴宓称义宁陈氏为“文化贵族”，这个荣誉得来不易，是两代父子（女）、兄弟（妹）、夫妇合力打造而成的。

四、在姻娅中，陈三立父子与俞明震关系最为密切。光绪二十八年，两江总督刘坤一派俞明震赴日本考察军事教育，江南陆师学堂及附属之矿路学堂官费留学生随之赴日本，陈衡恪、寅恪兄弟以自费同行，显然是得舅父俞明震之助。寅恪晚年，对“少时”在舅父俞明震家读书的往事，记忆犹新。《柳如是别传》第一章《缘起》：“寅恪少时家居江宁头条巷。……伯舅山阴俞觚斋先生明震同寓头条巷。两家衡宇相望，往来便近。俞先生藏书不富，而颇有精本。……一日寅恪偶在外家检读藏书，获睹钱遵王曾所注《牧斋诗集》，大好之……”

五、除了上述罗、俞、范、汪、喻、贺、张、薛、唐等姻亲之外，义宁陈氏的婚姻网络，还在不断扩大。举一例：据《喻兆蕃志》，喻兆蕃的女婿为：萍乡贺鹏武（贺国昌侄）、萍乡文倬（文廷式族侄孙）、义宁陈隆恪、莲花朱毓璋（朱益藩次子）、山阴俞大经。从隆恪的四个连襟看出，都是名门。喻兆蕃子喻崧娶贺国昌女，与登恪连襟。陈氏与俞、贺亲上加亲。关系密切，互相提携，是不言而喻的。回顾昔日陈克绳、伟琳、宝箴三世只能在义宁本地择偶结亲，是不可同年而语了。

再说陈氏之嫁女情况：

陈宝箴长女

夫家情况。《谱》云：“生女二，长适湖南东安候选郎中席公宝田之子袭骑都尉世职庠生席曜衡。”陈三立撰《皇清诰授光禄大夫追赠太子少保衔头品顶戴记名布政使前贵州按察使骑都尉世职兼一云骑尉业铿额巴图鲁席公行状》，述席宝田官职最完全[33]，《宗谱》云“候选郎中”，乃席宝田早年官职。又《席麓生墓志铭》：“君讳曜衡，字麓生，籍湖南之东安，父为席公宝田，记名布政使，赠太子少保。席公有子六人，君列第二，盖余妹婿也。”[34]

结亲经过。陈三立《先府君行状》：“就席公宝田江西军。……席公自府君至，累用奇策决胜……卒以歼寇竟大功。……席公假还籍，已前为府君叙功，累保知府。”又《席麓墓志铭》：“席公与余父，为患难交，继申以婚姻。”

席曜衡表现。据《席麓生墓志铭》：“君席遗资，号殷富。”“光绪末叶，科举废，君务兴学，招致郡中秀异子弟，任岁费，斥所新造宅充校舍，成就者众。”“生平能究览群籍，旁习占卜青乌术，取以自娱。用县学廪生，获官候选道，终不出。”《宗谱》云“庠生”，乃席曜衡最初功名，不载官职。席宝田有子六人。长子启冀，“殇”；故次子曜衡袭爵。

陈三立长女陈康晦

夫家情况。马其昶《四品卿衔张君墓志铭（己未）》：“君讳士珩，字楚宝。张氏其先自江西迁合肥。……母李氏，文忠公女弟也。”以道员领北洋军械局事，兼武备学堂。后领山东学务处、参谋处及武备学堂；主办江南制造局。入民国，监督造币厂。[35]程先甲《清授光禄大夫四品卿衔张公墓表》：“所著《竹居小牍》十卷、《明湖语录》六卷、《竹居外录》一卷、《劳山甲录》一卷，辑《竹居先德录》一卷，悉刊行。”[36]

结亲经过。光绪戊子科《江南乡试朱卷·履历》：张士珩“侨居金陵艺家桥”。

张宗义表现。马其昶云：“继垕从予游。”[37]入民国，任国务院主事。今案：马其昶、程先甲皆云张士珩一子，名继垕。垕同厚。按传统习惯，名与字相关，继垕字宗义，以字行。

陈三立次女陈新午

结亲经过。陈新午为俞大维表姊，曾同学于思益小学堂。

俞大维表现。留学美、德二国。返国后，任兵工署长、军政部次长、交通部部长、行政院政务委员等。

陈三立小女陈安醴

夫家情况。郭嵩焘《诰授光禄大夫薛公墓志铭》：“公讳焕，字觐堂，姓薛氏，叙州兴文县人。”官江苏巡抚，兼权两江总督，“召入为礼部左侍郎，充总理衙门大臣，补工部右侍郎。”[38]子三。幼子华培，庠生，官江南候补道。

结亲经过。“蜀人薛华培次申，倜傥矜名节，官江南候补道。病疽，君（李经钰）及余皆与有姻连，同朝夕省视……及卒，君挈数龄孤儿，以养以教，且十年出赘，始别居云。”[39]（见陈三立《清故二品衔河南候补道李君墓志铭》）孤儿指薛琛锡，陈三立之婿。

薛琛锡表现。陈隆恪《同照阁诗集》卷十三《挽薛珍伯》：“入赘孤零隔故乡，鳏居投老簿书傍。忽分生死怜同病，忍听呻吟剩断肠。白璧无亏承荫泽，黄金一掷赌兴亡。往依弱妹幽栖地，宿草空枝挂夕阳。”此诗辛卯年作，知薛琛锡于一九五一年去世。他一生坎坷，妻死未续弦。

陈席联姻于清季。陈张、陈薛联姻于民初。陈新午嫁俞大维在民国时。四个婚姻，给义宁陈氏带来什么呢？

一、据陈三立《先府君行状》：宝箴志在建功立业。最初，治乡团，“义宁团练名一时”。其后，从事易佩绅、罗亨奎所募之“果健营”，“果健营之名闻东南”。均未得到一官半职。又投靠曾国藩，国藩怎样对待他呢？略举二事：（1）曾氏同治八年五月二十七日《日记》：“将陈右铭信稿改毕，与之论古文之法。”信中称誉宝箴：“阁下志节嶙峋，器识宏达，又能虚怀取善，兼揽众长。”（2）胡思敬《国闻备乘》卷二《陈右铭服膺曾文正》：“陈宝箴初以举人谒曾国藩，国藩曰：‘江西人素尚节义，今顾颓丧至此……转移风气，将在公等，其勉图之。’‘……各存一不求富贵利达之心，一人唱之，百人和之，则风气转矣。’”从此二事看出，国藩以道德文章勖勉宝箴，而未许以建功立业，故宝箴曰“生平未受文正荐达”也。郭嵩焘亦云：陈宝箴“以赞席宝田军，积功保道员”（见《陈府君墓碑铭》）。席宝田是第一个保荐陈宝箴的恩人。没有宝田之荐，宝箴不能进入仕途。从“患难交”进而成为儿女亲家，不但巩固陈、席两家的亲密关系，也是陈氏与官宦人家联姻的开端，从而提升了陈氏的社会地位。

二、陈寅恪《寒柳堂记梦·弁言》：“清代季年，士大夫实有清流、浊流之分。寅恪本人或以世交之谊，或以姻娅之亲，于此清浊两党，皆有关联，故能通知两党之情状并其所以分合错综之原委。”第二章云：“简要言之，自同治至光绪末年，京官以恭亲王奕䜣、李鸿藻、陈宝琛、张佩纶等，外官以沈葆桢、张之洞等为清流。京官以醇亲王奕譞、孙毓汶等，外官以李鸿章、张树声等为浊流。至光绪迄清之亡，京官以瞿鸿禨、张之洞等，外官以陶模、岑春煊等为清流。京官以庆亲王奕劻、袁世凯、徐世昌等，外官以周馥、杨士骧等为浊流。但其间关系错综复杂先后互易，亦难分划整齐……”[40]从陈氏交游来说，与张之洞、瞿鸿禨等清流之关系，显而易见；而从姻娅来看，陈家与浊流之关系，所指是谁？陈三立长女适张宗义，宗义父张士珩乃李鸿章外甥。宗义祖父张绍棠既是李鸿章的表弟，又是李鸿章的妹夫（宗义祖母乃李鸿章长妹）。马其昶云：“文忠才君”，“建德、项城皆文忠故吏，习君也。”[41]即指张士珩先后为李鸿章、周馥（山东巡抚、两江总督）、袁世凯任用。张士珩应是浊流中的一员。寅恪所谓与浊流有“姻娅之亲”，此为一例。

三、入民国后，席、张两家皆渐衰败。陈康晦晚年，常住南京老家，依靠寅恪每月汇寄生活费。薛家尤破落，薛华培卒后，薛琛锡在李经钰家抚养成人，入赘陈家。隆恪《己巳十月，将侍大人入牯岭，至上海公墓视安妹茔地哀赋》略云：“习画匿几榻，郁郁雕肺腑。髫龄惯啼哭，毕世造化侮。”[42]小从解释这四句话：安醴结婚前，一听到“薛”字“就大哭”。婚后，“终日郁郁寡欢，居常以习字、画画自遣，却不轻易示人。”（详见《图说义宁陈氏》四十）

自陈新午与俞大维结婚，给义宁陈氏家族史又写下新的一页。大维官高位重，诸恪虽皆书生，仍能延续煊赫的社会关系二十年。

陈与张、薛联姻是悲剧，而与席、俞联姻对陈氏有红花绿叶的意义。

附带说明，因《宗谱》中不涉及交游，故本文亦不涉及宝箴、三立、诸恪三世之交游，拟另文论述之。

（五）

陈寅恪之学术领域，从两段自述中，可以窥见。《陈垣〈元西域人华化考〉序》云："寅恪不敢观三代两汉之书，而喜谈中古以降民族文化之史。"[43]《杨树达〈论语疏证〉序》云："寅恪平生颇读中华乙部之作，间亦披览天竺释典，然不敢治经。"[44]

寅恪之父母兄弟皆诗人，受此家庭环境之熏习，寅恪亦能诗，并研究古诗，以诗证史。但不以诗人自居，他说："游学四方，其研治范围与中国文学无甚关系。"（《柳如是别传》第一章《缘起》）又云："夫义理词章之学及八股之文，与史学本不同物，而治其业者，又别为一类之人，可不取与共论。"（《陈垣〈元西域人华化考〉序》）他有家学渊源，但不囿于家学而能超越家学。

寅恪《记梦》云："中医之学乃吾家学，今转不信之，世所称不肖之子孙，岂寅恪之谓耶?"诗更是陈氏之家学，而寅恪论诗与其父三立有异，其诗歌创作，与三立亦不属于一个流派。今举二例，一例说明寅恪对"同光体"的态度，另一例说明寅恪对"七字唱"之评价，以作为本文之摭余。

陈寅恪论同光体

陈寅恪《元白诗笺证稿·附论·（丁）元和体诗》："元和体诗……在当日并非美词。""而近人乃以'同光体'比于'元和体'，自相标榜，殊可笑也。"陈氏所批评的"近人"，指陈衍。

陈衍是第一个打出"同光体"招牌的人，其《沈乙盦诗序》云："吾于癸未、丙戌间，闻可庄、苏堪诵君诗，相与叹赏，以为'同光体'之魁杰也。'同光体'者，苏堪与余戏称同、光以来诗人不墨守盛唐者。"又《石遗室诗话》卷一云："丙戌在都门，苏堪告余，有嘉兴沈子培者，能为‘同光体’。‘同光体’者，余与苏堪戏目同、光以来诗人不专宗盛唐者也。”

钱萼孙（仲联）针对陈衍这两段话，进行分析：“一八九八年，陈衍与沈曾植同客武昌，而沈在十八年前，文坛已著盛名，与李慈铭、李文田、黄体芳一辈学者交游，客武昌时，是张之洞聘主两湖书院史席；陈在张之洞幕府时，任官报局总纂，声名未起，所以追叙一八八六年话，推沈为魁杰，明明是挟沈以自重，是旧时代文人标榜的恶习。”“但到清亡前后，陈衍的名声已逐渐提高，他以闽中诗派作为‘同光体’的主体，隐然以自己与郑孝胥为魁杰，所以一九一二年发表《石遗室诗话》时，沈的‘同光体之魁杰’的资格，轻轻地改换成‘能为同光体’了。这一变换，说明了‘同光体’在民初，几乎成为闽派诗的代称的原因。”（详见《论同光体》）

陈寅恪与钱萼孙从不同角度批评了陈衍以“同光体”标榜。“同光体”分闽、赣、浙三派，陈三立是赣派诗人之领袖。俞大维《怀念陈寅恪先生》云：“他特别喜好平民化的诗，故最推崇白香山。”（台湾版《陈寅恪先生论集》卷首，下引同）“同光体”非寅恪所喜好者也。

陈寅恪论七字唱

民国十六年王国维自沉于昆明湖。寅恪作《王观堂先生挽词》，海内传诵。三立曰：七字唱耳！[45]而俞大维云：“是我们这一代最好的诗篇之一。”翁婿评价不同。

寅恪晚年撰《论再生缘》，对七字唱有所论述。略曰：“寅恪少喜读小说，虽至鄙陋者亦取寓目。独弹词七字唱之体则略知其内容大意后，辄弃去不复观览，盖厌恶其繁复冗长也。及长游学四方，从师受天竺、希腊之文，读其史诗名著，始知所言宗教哲理，固有远胜吾国弹词七字唱者，然其构章遣词，繁复冗长，实与弹词七字唱无甚差异，绝不可以桐城古文义法及江西诗派句律绳之者，而少时厌恶此体小说之意，遂渐减损改易矣。又中岁以后，研治元白长庆体诗，穷其流变，广涉唐五代俗讲之文，于弹词七字唱之体，益复有所心会。”又曰：“如《再生缘》之文，则在吾国自是长篇七言律排之佳诗。在外国亦与诸长篇史诗，至少同一文体。寅恪四十年前常读希腊、梵文诸史诗原文，颇怪其文体与弹词不异。然当时尚不免拘于俗见，复未能取《再生缘》之书，以供参证，故噤不敢发。荏苒数十年，迟至暮齿，始为之一吐。”寅恪以唐代长庆体之七言排律，及希腊、梵文之史诗比喻，高度评价七字唱佳作《再生缘》之文学价值。他认为评价七字唱不能“拘于俗见”，尤其不能拘于“桐城古文义法及江西诗派句律”，是有针对性的。寅恪《论〈再生缘〉》附诗有“论诗我亦弹词体”之句，自注：“寅恪昔年撰《王观堂先生挽词》，述清代光宣以来事，论者比之于七字唱也。”

再举一证：民国三十八年己丑（1949）夏，寅恪作《哀金圆》，略云：“盲翁击鼓聚村众，为说近事金圆哀。”寅恪自称击鼓盲翁，诗中“湿柴”“黄牛”[46]皆市井语言，又是一首七字唱。

注释：

①陈寅恪《金明馆丛稿初编》。

②陈寅恪《寒柳堂集》。

③据陈宝箴手札。原件1983年修水县征集，藏修水县文管处。

④陈寅恪《寒柳堂集》。

⑤民国三十二年，光义堂《义门陈氏宗谱》卷二。

⑥据张求会1997年7月抄录。见《义宁陈氏源流述略》，《华南师范大学学报（社会科学版）》，1997年第6期。

⑦郭嵩焘《养知书屋文集》卷二十一。

⑧汪叔子、张求会编《陈宝箴集·下》第1844页，北京：中

华书局，2005。

⑨《国史馆馆刊》创刊号。

⑩陈三立《散原精舍文集》卷十三。

⑪陈寅恪《陈寅恪集·诗集》第140页，北京：生活·读书·新知三联书店，2001。

⑫陈寅恪《寒柳堂集》第188页，北京：生活·读书·新知三联书店，2001。

⑬陈三立《散原精舍文集》卷十三。

⑭袁思亮《蘉庵文集》卷三。

⑮信节刊于民国十二年八月《学衡》杂志第二十期《文录》。

⑯吴宓《吴宓诗话》第291页，吴学昭整理，北京：商务印书馆，2005。

⑰陈三立《散原精舍文集》卷五。

⑱马其昶《抱润轩文集》卷十。

⑲陈三立《散原精舍文集》卷一。

⑳陈三立《散原精舍文集》卷七。

㉑姚永概《慎宜轩文集》卷六。

㉒范当世《范伯子文集》卷九。

㉓范当世《范伯子文集》卷九。

㉔章炳麟《太炎文录续编》卷五之下。

㉕章炳麟《太炎文录续编》卷五之下。

㉖陈三立《散原精舍文集》卷十二。

㉗张求会整理《同照阁诗集》附录四，第445页，北京：中华书局，2007。

㉘张求会整理《同照阁诗集》附录四，第450页。

㉙汪叔子、张求会编《陈宝箴集·下》第1895页。

㉚郭嵩焘《养知书屋文集》卷二四。

㉛汪叔子、张求会编《陈宝箴集·下》第1680页。

㉜范当世《范伯子诗集》卷十四、十七。
㉝陈三立《散原精舍文集》卷三。
㉞陈三立《散原精舍文集》卷十一。
㉟马其昶《抱润轩文集》卷十九。
㊱程先甲《程一夔文甲集续编》卷三。
㊲马其昶《抱润轩文集》卷十九。
㊳郭嵩焘《养知书屋文集》卷十九。
㊴陈三立《散原精舍文集》卷十七。
㊵陈寅恪《寒柳堂集》第 191 页。
㊶马其昶《抱润轩文集》卷十九。
㊷张求会整理《同照阁诗集》卷六，第 100 页。
㊸陈寅恪《金明馆丛稿二编》。
㊹陈寅恪《金明馆丛稿二编》。
㊺咏馨楼主《当代诗坛点将录》注。
㊻陈寅恪《陈寅恪集·诗集》第 67 页。

赵元任——《西盖赵氏宗谱》考

现代著名语言学家和音乐家赵元任（1892—1982）是清代著名诗人和史学家赵翼（1727—1814）的嫡系后裔，一个家族中出了两位大师，这个现象，值得研究。先据2003年九修《西盖赵氏宗谱·学亮公派北岸分支世表》，编制赵翼至赵元任世系表：

赵翼——赵廷伟——赵忠弼——赵曾向——赵执诒——赵衡年——赵元任

再从《赵谱》中摘录赵翼至赵元任七代之简历：

赵翼 “行一。字云松，号瓯北。初名嶙。庠生。乾隆庚午科顺天举人。考补礼部义学教习。甲戌考授内阁中书、军机处行走。辛巳恩科一甲第三名，赐进士及第，授翰林院编修。散馆一等第二名。京察一等，记名本衙门撰文。历充方略馆纂修官，《通鉴辑览》纂修官，壬午科顺天乡试同考官，癸未会试同考官，乙酉科顺天武乡试主考官，丙戌会试同考官。历任广西镇安府知府，广东广州府知府，贵州分巡、贵西威宁等处兵备道。诰授中宪大夫。嘉庆庚午科重赴鹿鸣筵宴，赏给三品顶戴。雍正五年丁未十月二十二日寅时生，嘉庆十九年甲戌四月十七日申时卒，寿八十八。”“著有《廿二史札记》《陔馀丛考》《皇朝武功纪盛》《檐曝杂记》《瓯北诗话》《瓯北诗集》《瓯北诗钞》行世。”“子五”“女六”。“始居北岸”。赵翼“所至名流倾倒，传写诗什，江左纸贵，同时袁大令枚、蒋太史士铨与先生齐名，如唐之李杜、元白。而先生高才博物，既历清要，通达朝章国典，尤邃于史学……所撰《二十二史札记》，钩稽同异，属词比事，其于前代弊政，一篇之中，三致意焉。所为诗，无不如人意所欲出，不拘唐宋格律，自成一家。……论世者以为国家中叶极盛之世，文章耆寿必有应运而兴，为一代冠冕，先生其人矣。”（详见孙星衍《赵瓯北府君墓志铭》）

赵廷伟 “行五。初名廷良，字镇安。县学廪生。乾隆三十三年戊子十一月初八日亥时生，嘉庆二年丁巳闰六月十六日辰时卒，年三十。”“著有《镇安诗稿》一卷”。“子二”“女二”。

赵中弼 “行一。初名和羹，字作梅。国子监生。嘉庆戊寅恩科顺天乡试挑取誊录。国史馆议叙，授安徽徽州府婺源县知县，加三级，诰授奉直大夫。”“乾隆五十四年己酉十月初七日辰时生，咸丰六年丙辰十一月十六日酉时卒，寿六十八。”“著有《山茶室诗稿》一卷”。“子六”“女二”。赵忠弼“自攻举业时，读诸经注疏有所心得，辄录其要者，稿盈尺许。晚年尝笺注曾大父遗集，已十举其七八，尚未编次成帙。”（详见赵曾逵等《先考作梅府君行述》）

赵曾向 “行四。字朗甫，号啬庵。县学附生。道光癸卯科副榜贡生。丙午科顺天十四名举人。咸丰壬子恩科二甲进士。改翰林院庶吉士。散馆一等六名，授编修。派办江南团练，赏加侍讲衔，本衙门撰文。充国史馆协修、纂修、总纂、提调，文渊阁校理。戊辰会试同考官。升詹事府左春坊、左赞善。京察一等记名以道府用。任浙江金华府知府。大计卓异，国史馆议叙，赏加盐运使衔。诰授中议大夫。道光元年辛巳七月二十五日辰时生，光绪八年壬午五月初一日子时卒，寿六十二。”“子三”“女四”。“住青果巷”。赵曾向“常服膺昆山顾氏炎武、桐城方氏苞二家之言，以其说贯穿经史诸子，博观而慎取。既而潜心宋五子书，知束身之要。”“为古文辞，宗方氏苞，而尤达于事理，中年后散轶，其子稍稍搜辑，厘

为若干卷。又有《守婺折狱记》，皆藏于家。”（详见陈重威《中议大夫、盐运使衔、浙江金华府知府赵公行状》）

赵执诒　“行二。字仲固。国子监生。同治丁卯科顺天举人。内阁候补中书，协办侍读，户部云南司主事，截取直隶州知州，签分直隶，署理磁州知州、祁州知州，补授冀州直隶州知州。道光二十三年癸卯十二月初九日午时生，光绪二十七年辛丑六月十九日卒。”“子三”“女二”。

赵衡年　“行三。字君权，一字许卿。同治九年庚午十月十八日丑时生。光绪甲午科举人。光绪三十年甲辰八月初八日卒。”“子一：元任。”

赵元任　“行一。光绪十八年壬辰九月十四日生。江南高等学堂预科毕业。北京清华赴美考试第二名。美国康奈尔大学、哈佛大学毕业，获博士学位。清华大学教授，中央研究院历史语言研究所研究员兼组长。国际著名语言学家和音乐家。当选中央研究院第一届院士。……一九八二年二月二十四日卒，年九十。”“娶安徽清末著名佛教居士杨仁山孙女杨步伟，留学日本，我国第一位医院女院长，南京崇实女校校长。一九八一年卒。生女四。”

我对《赵谱》中的珍贵资料，进行发掘、研究，从而对赵元任的家世，获得崭新的认识：（一）家赤贫的赵翼，通过科举，进入仕途，光耀门庭；他从一个乡村私塾先生，刻苦学习，成为著名的诗人和史学家，誉满中华。他珍视这一切来之不易的成就，重视对子孙的教育。他《课儿辈》诗云：“惟将前辈事，说与后生知。”《送彦儿赴崇明教谕任》诗云：“此官多暇日，莫忘读书劬。”赵申嘉《题作梅兄携子读书图》诗云：“兄在孩髫即失怙，伶仃备极孤儿苦。赖有大父深护持，教兄读书论今古。”这些诗篇，反映了赵翼对子孙的督教情况以及他为后代培养了书香的家风。赵翼以孤儿奋斗成名，更为元任树立了榜样。（二）赵翼之后，子孙跟着走科举入仕之路，如赵曾向中进士，赵执诒、衡年父子中举。以上两点，说明赵元任出生于文化底蕴十分深厚的家族，他在这样的环境中成长，耳濡目染，习久成性。（三）赵元任父赵衡年逝世时，他才十三岁（虚龄）。他是独生子，无亲兄弟姐妹，孤儿寡母，相依为命。早年孤苦伶仃的家庭生活，使他体会到，只有靠自己努力。这就更激励了赵元任的上进自立之志，造就辉煌的明天。

钱穆——《钱氏宗谱》考

卞孝萱、武黎嵩

我们在无锡市图书馆古籍部阅读了《钱氏宗谱》影印本。该谱扉页题“光绪辛巳岁重辑”“钱氏文林公支宗谱”“义庄藏板”。卷首《目次》又题“钱氏湖头宗谱”。上卷八卷，首一卷，录谱序、像赞、图考、碑记、墓案、墓志、传状、寿序、茔图等文献。下卷十一卷，首末各一卷，录各分支谱牒。上下卷之板刻字体，均有纤细及宽大方正两种区别。字体纤细者版心题有“锦树堂”三字；字体宽大方正者则无，据光绪十八年壬辰（1892 年）三德支联名共识，推知该谱字体纤细者为“北钱意香宗长所刻”，字体宽大方正者为三德支所刻。

《钱氏宗谱》编纂经过

《钱氏宗谱》上卷卷首共载自五代、宋以来题序三十六篇。有宋徽宗、理宗御题序，杨时、谢谔、吴潜、汪彻、李东阳、钱谦益等各个时期名流的题序，钱镠、钱惟演、钱恒、钱洪、钱邵霖等该家族成员的题序。据各序所云：《钱氏宗谱》最早是后梁乾化年间钱镠所辑，称《大宗庆系谱图》。宋仁宗天圣年间，钱惟演续辑，以钱镠为始祖，至五世而止，仍用旧名。明洪武、永乐间，十六世钱恒以家藏《系谱》与苏州葑门蒋家桥十三世钱彦明甥毛彦宗藏《大宗庆系谱》及《宗支图》比对相合，以之为基础，进行续辑。

其子钱发、孙钱种德又辑诰券诗文碑记为《传芳集》。至弘治辛酉，十九世钱洪及其侄钱荣，又合统系图本，系以文字，总为家谱，更名《钱氏族谱》。此后，嘉靖、万历、崇祯、乾隆、道光、光绪均有递修续辑。每次递修均“止就切近而可考者约而修之”。

《钱氏宗谱》以钱恒之后钱发一系为中心，钱发有三子：种德、顺德、正德，故该谱在乾隆以前又有“三德宗谱”之称。至光绪重修，仍以钱发（砖桥钱氏）为中心，称《钱氏文林公支宗谱》。今按：江浙一带钱氏均奉钱镠为始祖，世系荒邈，本文存而不论，不去深究。

钱氏卅四世之世系图情况表

为了便于讨论，先据《钱氏宗谱》中的资料，编制钱镠至钱恩福卅四世主要成员之世系图及情况表如下：

（1）钱镠至钱恩福卅四世主要成员世系简图

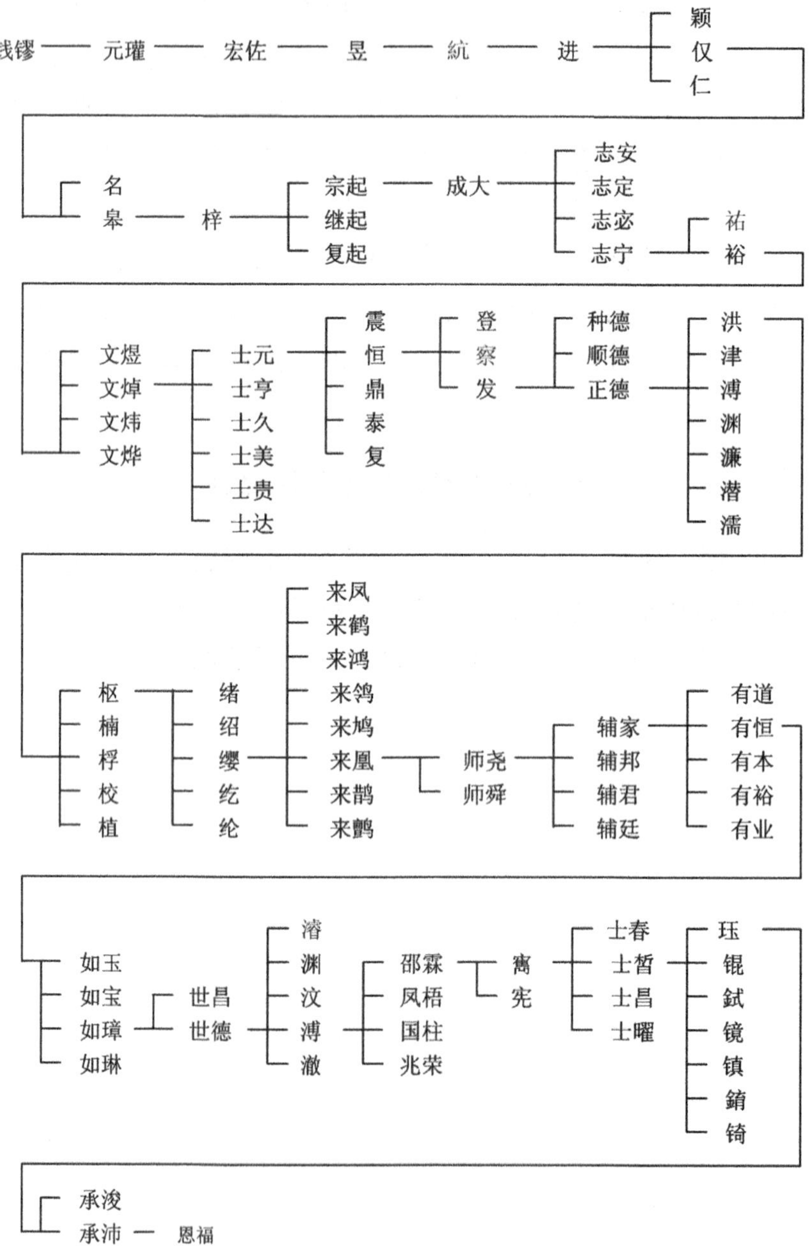
钱镠
元瓘
宏佐
昱
巰
进
颖
仅
仁
名
皋
梓
宗起
继起
复起
成大
志安
志定
志宓
志宁
祐
裕
文煜
文焯
文炜
文烨
士元
士亨
士久
士美
士贵
士达
震
恒
鼎
泰
复
登
察
发
种德
顺德
正德
洪
津
溥
渊
濂
潜
濡
枢
楠
桴
校
植
绪
绍
缨
纥
纶
来凤
来鹤
来鸿
来鸽
来鸠
来凰
来鹊
来鹏
师尧
师舜
辅家
辅邦
辅君
辅廷
有道
有恒
有本
有裕
有业
如玉
如宝
如璋
如琳
世昌
世德
濬
渊
汶
溥
澈
邵霖
凤梧
国柱
兆荣
寓
宪
士春
士晳
士昌
士曜
珏
锟
鉽
镜
镇
錥
锜
承浚
承沛
恩福

（2）钱镠至钱恩福州四世主要成员情况简表

世次	姓名	行第、字号	生、歿	生平事迹、科名仕宦、封赠荣典	姻娅、子嗣	备注
一世	钱　镠	字具美。	唐宣宗大中壬申二月十六日生。后唐长兴壬辰三月二十六日薨，寿八十有一。	临安县衣锦乡起为定乱安国启圣扶运同德功臣，天下兵马都元帅，尚父，吴越国王，赐剑履上殿，诏书不名。谥武肃王。唐昭宗赐金书铁券。唐庄宗授玉册。自唐中和初领制立功，至景德以后全有两浙，六受王封，三膺册礼。在位四十七年。	妃五：戴氏，封吴郡夫人，追赠正妃，谥庄正。吴氏，封吴越国元妃、正德夫人，谥庄穆。陈氏，封晋国夫人，谥庄懿。胡氏，封庆安夫人。童氏，封济南郡夫人。妾三：金氏、陈氏、吴氏。子三十人。	
二世	钱元瓘	行七。字明宝。	唐光启三年十一月十二日生；晋天福六年八月二十四日薨。寿五十有五。	兴邦保运同德功臣，天下兵马都元帅，吴越国王。谥文穆。在位十年。	娶马氏，吴越国夫人，谥恭穆。子十四人，先四子乃乞养者，至宋朝复原姓。后十子本谱所谓十房者是也。	

续表

世次	姓名	行第、字号	生、殁	生平事迹、科名仕宦、封赠荣典	姻娅、子嗣	备注
三世	钱宏佐	行二。字符佑。	后唐天成三年七月二十六日生；后晋开运四年六月乙卯日薨。寿二十岁。	十三岁即位，资忠纬武恭懿翊戴功臣，诸道兵马都元帅，镇海镇东节度使，浙江东西等道管内观察处置兼两浙盐铁制置发运营田等使，开府仪同三司，守太师，兼中书令，杭、越等州大都督府长史，上柱国，吴越国王。谥忠献。在位七年。	子二：昱、郁。	传位于弟倧。
四世	钱昱	行一。字就之。宋刑部尚书，金紫光禄大夫，上柱国，彭城郡开国公，赠太师。	娶周氏。子十六：绰、维、络、总、纮、绎、绅、约、纬、绘、缄、绶、纺、綂、绚、世明。			
五世	钱綂	行十四。字爱轩。		宋右殿直。	娶□氏。子二：逖，另有支谱；进，为迁锡始祖。	

续表

世次	姓名	行第、字号	生、殁	生平事迹、科名仕宦、封赠荣典	姻娅、子嗣	备注
六世	钱进	行二。字进宗。	宋咸平戊戌二月初十日生；至和甲午八月十三日卒。寿五十有七。	宋承奉郎。	祥符间自嘉兴赘于常州无锡之沙头王氏，遂徙居焉，是为锡山始迁祖。子三：颖、仪、仁。仁赘于严州淳安县，是为淳安始迁祖。	
七世	钱仪	第十七。字能甫。	天圣乙丑四月初八日生；元祐甲子四月初八日卒。寿六十岁。	宋宣义郎。建明远庵奉祖先神主，性至孝，保庐墓。	娶吴氏。子二：名、皋。	
八世	钱皋	第二十六。字绍庭。	嘉祐己亥九月二十九日生；宣和乙巳正月初三日卒。寿六十有七。	宋宣教郎。	娶许氏。子一：梓。	
九世	钱梓	第百五。字国器，一字国用。	元符己卯二月十二日生；绍兴丙子二月十二日卒。寿五十有八。	宋将仕郎。	赘于新安溪过氏，遂定居。称湖头钱氏始此。子三：宗起、继起、复起。	

续表

世次	姓名	行第、字号	生、殁	生平事迹、科名仕宦、封赠荣典	姻娅、子嗣	备注
十世	钱宗起	第十二。字宏基。	宣和己亥八月十四日生；淳熙丙午九月二十一日卒。寿六十有八。		娶李氏。子一：成大。	
十一世	钱成大	第六一。字容度。	宋绍兴甲戌三月初二日生；宝庆丁亥正月初三日卒。寿七十有四。		娶陆氏。子四人：志安、志定、志宓、志宁。	
十二世	钱志宁	第七五。字康国。	嘉定辛未十二月初十日生；元至元丁丑八月十三日卒。寿六十有七。	宋承事郎。	娶过氏。二子：祐、裕。	墓志、小传俱载《遗芳略》。
十三世	钱　裕	第正三。字宽甫。	淳祐丁未九月二十九日生；延祐庚申九月二十八日卒。	宋将仕郎。元至元间三吴大饥，出粟广济。侍御曹士开阅实，赵文敏公书种德名其堂。	娶陆氏。子四：文煜、文焯、文炜、文烨。	
十四世	钱文焯	第通八。字明远。	元至元辛巳三月初八日生；至正辛卯七月初七日卒。		娶唐氏。子六人：士元、士亨、士久、士美、士贵、士达。	

续表

世次	姓名	行第、字号	生、殁	生平事迹、科名仕宦、封赠荣典	姻娅、子嗣	备注
十五世	钱士元	第诚一。字彦春。	元至大庚戌生；至正辛未卒。	由学正转温州路永嘉书院山长。	娶华氏。子五：震、恒、鼎、泰、复。	
十六世	钱　恒	第文二。字伯刚，号文林。	元至正辛巳二月十七日生；明永乐辛卯六月十二日卒。寿七十一岁。		配陈氏。子三：登、察、发。察嗣兄震后。	
十七世	钱　发	字公达，号梅堂。	元至正癸卯十月二十日生；永乐丁酉五月二十五日卒。		明洪武十六年赘于垂庆乡周氏，人称砖桥钱氏自此始。妾姚氏，守节四十年，景泰癸酉诏旌贞节，嗣后奉诏暨子惟常双旌节义。子三：种德、顺德、正德。	
十八世	钱正德	行三。字惟义，号阅耕。	明洪武壬午八月初九日生；成化丙戌七月初三日卒。	生前享儿孙绕膝之福，死后傍父茔为穴，孝友精心。	娶邹氏。子七：洪、津、溥三子嫡出，渊、濂、潜、濡四子侧出。女二：适华守蟾、蔡泽。	

续表

世次	姓名	行第、字号	生、殁	生平事迹、科名仕宦、封赠荣典	姻娅、子嗣	备注
十九世	钱　洪	字孟洪，号默林。	明永乐癸卯六月二十七日生。		娶华氏。子五：枢、楠、桴、校、植。	
二十世	钱　枢	字世拱，号稼轩。	明正统癸亥七月二十一日生；弘治壬戌九月十六日卒。		娶夏氏。继李氏。又继邹氏。子五：绪、绍、缨、纥、纶。	
廿一世	钱　缨	枢三子。字宗清，号志涤。			子八：来凤、来鹤、来鸿、来鸰、来鸠、来凰、来鹊、来鹛。	
廿二世	钱来凰	字鸣冈，号心梅。			娶陈氏。子二：师尧、师舜。	
廿三世	钱师尧	字仁夫，号海岳。			娶顾氏。子四：辅家、辅邦、辅君、辅廷。	
廿四世	钱辅家	字养心。			娶华氏。子五：有道、有恒、有本、有裕、有业。	
廿五世	钱有恒	字仲元。			娶华氏。子四：如玉、如宝、如璋、如琳。	

续表

世次	姓名	行第、字号	生、殁	生平事迹、科名仕宦、封赠荣典	姻娅、子嗣	备注
廿六世	钱如璋	有恒三子。字惠南。			娶华氏。子二：世昌、世德。	
廿七世	钱世德	字兰生。	康熙癸亥十月廿一日生；乾隆丙戌正月廿四日卒。寿八十四。	自奉省约，惠推乡里。独立重建□运石桥，行人颂德。	娶朱氏，晋臣女。子五：濬、渊、汶、溥、澈。	
廿八世	钱　溥	字思洪，号亦轩。	康熙壬寅十二月廿三日生；嘉庆丙寅七月廿六日卒。寿八十五。	太学生，乡饮介宾，例授修职郎。乾隆丁巳，以助赈奉旨饬县给匾旌奖。	配浦氏，玉滋女。继华氏，惟貊女。侧蒋氏。子四：邵霖、凤梧、国柱、兆荣，俱蒋出。	
廿九世	钱邵霖	字雨三，号喜亭。	乾隆辛巳四月二十日生；道光丙午三月初八日卒。寿八十六。	附贡生。嘉庆甲戌以助赈奉旨赐县丞职，例授修职郎。道光辛丑时年八十，玄孙同高生，至是一堂五世，众宾咸贺，合祠呈请当道，详咨具题，奉旨赏给银缎，准予七叶衍祥匾额。	配王氏，例赠安人，乡饮宾邦正女。子二：寯、宪。宪嗣弟国柱后。	

续表

世次	姓名	行第、字号	生、殁	生平事迹、科名仕宦、封赠荣典	姻娅、子嗣	备注
三十世	钱　嶲	字奕隽，号静庵。	乾隆乙巳三月十六日生；道光己酉八月初一日卒。	国学生，候选布政司经历，例授儒林郎。	配华氏，例赠安人，太学生友仓女。子四：士春、士皙、士昌、士曜。	
卅一世	钱士皙	字步曾，号绣屏。	嘉庆庚午十月初三日生。	国学生。	配华氏，国学生赋梅女。继邹氏，乡饮介宾太学生云岩女。子七：珏、锟、鉽、镜、镇、鏳、锜。	
卅二世	钱　珏	原名钰，字荫楼，号鞠如。	道光壬辰九月二十八日生；同治戊辰闰四月初六日卒。	邑庠生。咸丰丙辰以助赈恩赐九品职。	配周氏，太学生倬云女。子二：承浚、承沛。	
卅三世	钱承沛	字汉章，号季臣。	同治丙寅二月十二日生。	邑庠生。	配蔡氏，书绅女。	
卅四世	钱恩福		光绪己丑七月二十八日生。			

从以上图、表，可以看出：(1) 钱氏虽奉钱镠为始祖，自第六世钱进以下，罕有立功、立言之名人。(2) 钱进赘于王氏，为锡山始迁祖；第九世钱梓赘于过氏，称“湖头钱氏”自此始；第十七世钱发赘于周氏，称“砖桥钱氏”自此始。三位迁居之祖，皆赘于外姓。(3) 既富之后，好善乐施，第廿八世钱溥，第廿九世钱邵霖，皆以助赈受奖。(4) 五世同堂“堕落”后，若无第卅四世、卅五世在学术上崛起，钱氏为“赤贫”之家。

《钱氏宗谱》是钱穆的家谱

《钱氏宗谱》中虽无钱穆之名，本文列举四证，说明该谱确是钱穆的家谱。

(1)《钱氏宗谱》：钱士晳，字步曾，号绣屏。嘉庆庚午十月初三日生。国学生。钱穆《八十忆双亲》：“先曾祖父绣屏公，国学生。前清嘉庆庚午生。”①

(2)《钱谱》：钱珏，原名钰，字荫楼，号鞠如，道光壬辰九月二十八日生。邑庠生。(倪平整理《钱伟长谈四叔钱穆》：“曾祖父鞠如公是前清举人。”误。) 钱穆：“先祖父鞠如公，邑庠生。道光壬辰生。”

(3)《钱谱》：钱承沛，字汉章，号季臣。同治丙寅二月十二日生。邑庠生。钱穆：“先父讳承沛，字季臣。前清同治丙寅年生。”“先父以十六岁县试入庠，以案首第一名为秀才。”

(4)《钱谱》：钱恩福，光绪己丑七月二十八日生。钱穆：“先兄字声一……先兄原名恩第……民元之春，先兄易名挚。”“前清光绪之三十二年，先兄年十八。”由光绪三十二年（1906 年）逆推十八年为光绪十五年己丑（1889 年）。

钱穆《八十忆双亲》所说曾祖父、祖父、父、兄之名字、生年、科名，与《钱氏宗谱》吻合。该《谱》确是钱穆的家谱，丝毫没有疑问。(钱穆兄之名，《钱谱》作“恩福”，《忆双亲》作

"恩第"，俱不误。钱穆兄原名"恩福"，改名"恩第"。）

据"光绪十八年岁在壬辰孟秋"，三德支钱国祥、士炳、曾滢、鸿鼎、承沛、鸿纶六人联合署名之声明："三德支于光绪辛巳年开雕，壬辰年止。"（钱承沛是钱穆之父。）故谱中只载光绪十八年壬辰（1892 年）以前之人与事。钱穆生于光绪二十一年乙未（1895 年），故谱中尚无其名。

《钱氏宗谱》与《八十忆双亲》对照

钱穆自称没有"亲睹"《钱氏宗谱》，他写《八十忆双亲》时，不可能利用该《谱》中数据，而是"得之传述"。本文将《钱谱》与《忆双亲》进行对照，既可印证，又可补充，大有助于增进读者对《忆双亲》之理解。

【七房桥】

钱穆《八十忆双亲》云："余生江苏无锡南延祥乡啸傲泾七房桥之五世同堂。溯其原始，当自余之十八世祖某公，乃一巨富之家，拥有啸傲泾两岸良田十万亩。……此下遂生七子，在啸傲泾上分建七宅，是为七房桥之由来。事载家谱，余未亲睹，以则得之传述。"

据《钱氏宗谱》，自第六世"锡山始迁祖"钱进（进宗）至第十五世钱士元等，称《进宗公支总谱》。钱士元五子：震、恒、鼎、泰、复。"恒为杨家巷、宛山黄家渡桥、南啸傲泾、北啸傲泾、鹳嘴上堰下黄埭放膺四庄，今即庄前胡家渡、钱家湾大通桥、东□湾西巷庙桥、曹家桥、三房巷、东□湾东巷、七房桥、砖桥、东河头南六房巷、开化胡家渡支祖。"

自第十六世钱恒（文林）至第卅四世钱恩福等，称《文林公啸傲泾三德支谱》。该支谱有"惟义公分·七房桥"，惟义公分指第十八世钱正德（惟义）以下，七房桥指第卅一世钱士皙以下。

《忆双亲》中所云"十八世祖某公"，指钱正德。"七子"为钱洪、钱津、钱溥、钱渊、钱濂、钱潜、钱濡。钱穆是钱正德—钱洪裔孙。又,《钱谱》载胡濙《贞庵钱义士惟常墓表》:“贞庵实吴越武肃王镠之十八世孙,十纨裤子弟进宗,由嘉禾徙无锡。”又载张思安《明故义官钱惟孝墓志铭》:“其先居临安。自忠懿归宋,冠盖满朝,后子孙散处四方,有曰进者,由嘉禾徙无锡开化,又由开化徙新安溪上,因爱湖山明秀,遂辟田开产而占籍焉。是无锡钱氏之始祖也。自宋入元,子孙繁衍,五世祖宽甫,富甲一乡……”今按:钱种德(惟常)、顺德(惟孝)、正德(惟义)为兄弟,钱穆是钱进(进宗)—钱裕(宽甫)—钱正德裔孙。据胡濙、张思安二文,第六世钱进为无锡钱氏之始祖。钱穆称钱正德为“巨富”,其实在第十八世钱正德前,第十三世钱裕(宽甫)已“富甲一乡”。

【五世同堂】

《八十忆双亲》:“五世同堂之大门,悬有五世同堂一立匾。……第三进为素书堂。”

“五世同堂”主人为第二十九世钱邵霖。据《钱谱》,“钱邵霖幼时逮事其祖六年,事父四十六年,先意承志。至是年逾八旬,夫妇齐眉,五世一堂,亲见七代。其玄孙与邵霖同以四月二十日申时生,邑人传为佳话,故名之曰‘同高’云。”详见《五世同堂录》。《钱谱》载华廷标《皇清例封儒林郎附贡生候选儒学训导喜亭钱公传》:“公有田数顷,自公父亦轩公在时,已命公理其事。……众曰:公夫妇齐眉,孙曾林立,今玄孙又生,此昌炽之征,慈祥之报,宜邀旷典,不可壅于上闻。于是杨君熙之等合词呈请当道,并缮公事实、宗图以进,事闻于朝,奉旨赏给银缎有差……”又载王大纶《例授儒林郎太学生候选布政司经历厅钱公静庵传》:“……喜亭公遂有五代同堂之盛,昆季相语,邀戚□走告郡邑大吏,入请,得旨嘉奖,恩赍优渥。”第廿八世钱溥号亦轩,第廿九世钱邵霖号喜亭,第三十世钱嶲号静庵。钱穆为钱溥—钱邵霖—钱嶲裔孙。

五世同堂主虽为钱邵霖，而钱氏家族基业之树立，必推至“三德”。胡滐《贞庵钱义士惟常墓表》：“与其弟惟孝、惟义相有爱，扁其堂曰‘同心’。”张思安《明故义官钱惟孝墓志铭》：“兄惟常、弟惟义三人者，皆自幼岐嶷端重，俱从湖广等处提刑按察司副使吴郡刘绍游，读书明大义，务善行，不事饰章绘句之学……甫弱冠失怙，兄弟同心以树家业，兄持门户于外，宜晚与弟惟义分理家政，内外斩然有条，故家日以大，业日以新，食指逭千，内外雍睦，人无间言。”钱顺德号宜晚。钱穆是钱正德（惟义）裔孙，曾居素书堂东偏房。他“名所居台北外双溪屋曰‘素书楼’，以志先母再生之恩于不忘。”（《忆双亲》）

【怀海义庄】

《八十忆双亲》：“七房桥阖族，有义庄三所，惟怀海义庄最先最大，乃由老大房五世同堂祖先所创立。”

《钱谱》载刘昌《钱氏义田记》：“钱氏为吴越武肃王裔曰惟常，端饬博雅，嗜义如饮食，家锡山垂庆乡之砖桥……割膏腴五顷，号义田，别贮岁所入租，以赡族人之不足与乡人之急而待举者，且目定条约示子孙，使世守勿坏。既而惟常卒，乃有以此为世业，弗暇赡人而取以自赡者，私其田。惟常长子承事郎孟清喟然曰：‘奈何使吾父之志业不竟！’遂复出田五顷继之，曰：‘此其为钱氏义田，谁得而私之也！’”今按，钱种德（惟常）、钱清（孟清）父子所创立之义田，是啸傲泾钱氏家族设置义庄之始。钱穆所云“义庄三所”，指怀海、清芬、宏远三所义庄。创立人为钱邵霖。

【功名无缘】

《八十忆双亲》：“科第功名，乃若与七房桥全族无缘。”

从《钱谱》看出，钱穆一支直系，整个明朝，无一有功名。清朝钱溥、钱寯、钱士晢为国学生（捐纳而得），钱邵霖为附贡生，钱珏、钱承沛为邑庠生，没有一个举人。钱挚（恩福）“犹及赴晚

清最末一期科举，然不第。”（《忆双亲》）

《钱谱》载《皇清例封儒林郎附贡生候选儒学训导喜亭钱公传》：“讳邵霖，号雨三，喜亭其字也。”“公自幼好读书，稍长习举子业，援笔立就。师事其族复斋、绣峰两先生。……时张邑尊科试金邑，拔置前列。冠其军。寻补博士弟子员，后数年，贡成均。”又《例授儒林郎太学生候选布政司经历厅钱公静庵传》：“翁姓钱氏，讳寯，字奕隽，静庵其别字也。”“翁幼端重如成人，勤读书，不得志于有司。乃援例入成均。”又王大纶撰《钱菊如先生传》：“讳珏，原名钰，字菊如，号荫楼。”“从洎壮有室，发逆上窜，江以南郡邑皆陷，乃隐身为市贾以养其亲。顾未尝一日废读也。贼既平，理旧业，未几……补邑诸生，益自镞厉。体孱多病，中更乱离，至是益不揝，殁之前……语周孺人曰：……二子均幼，家虽贫，质虽鲁，不可废诗、书。吾生平志而未逮者，将有以俟之也。”从钱珏虽“为市贾”而不废读，以及遗训子孙“不可废诗书”，说明他苦心维持书香门第。钱穆为“中央研究院”（台湾）人文组院士，侄钱伟长为中国科学院院士，女钱易为中国工程院院士。钱珏之所“俟”，即对子孙所抱的希望，终于实现。

【三世不寿】

《八十忆双亲》：“先兄乃与先祖父、先父三世不寿，而一门孤寡，亦复三世相传。”

钱　珏　《钱谱》云：“道光壬辰九月二十八日生，同治戊辰闰四月初六日卒”，终年三十七岁。钱穆云：“先祖父……辞世，年仅三十七”“先祖父卒……先父年仅三岁。”

钱承沛　《钱谱》云：“同治丙寅二月十二日生”，未记卒年。钱穆云：“先父（卒）年四十一，是为前清光绪之三十二年……余年十二。”

钱　挚（恩福）　《钱谱》云：“光绪己丑七月二十八日生。”钱穆云：“民十七年夏秋之交……先兄（卒）年仅四十……长子年十六。”钱伟长为钱挚之长子。

钱珏卒年三十七岁，钱承沛卒年四十一岁，钱挚（恩福）卒年四十岁，故钱穆云“三世不寿”。三世寡妇，指钱珏妻周氏，钱承沛妻蔡氏及钱挚之妻。（《钱谱》不载钱恩福婚姻，因光绪十八年壬辰修谱时，恩福尚未婚。）

【钱穆兄弟】

《八十忆双亲》：“前清光绪之三十二年，先兄年十八，余年十二，一弟年七岁，最幼一弟年三岁。”

钱承沛
- 钱挚（原名恩福、恩第，字声一）
- 钱穆（原名恩□，字宾四）
- 钱艺（字漱六）
- 钱文（字起八）

钱挚为光绪十五年己丑（1889 年）生，钱穆为光绪二十一年乙未（1895 年）生，钱艺为光绪二十六年庚子（1900 年）生，钱文为光绪三十年甲辰（1904 年）生。钱挚为 1928 年卒，钱穆为 1990 年 8 月 30 日卒。

注释：

①钱穆《八十忆双亲·师友杂忆》，北京：生活·读书·新知三联书店，1998。

附：《师友杂忆》选注

钱穆著《八十忆双亲》后，又著《师友杂忆》[1]，二文在大陆合并印行。上面已将《八十忆双亲》与《钱谱》进行互证，下面再对《师友杂忆》中之含蓄处，写几条注释，以求有助于读者对钱穆其人、其文增进了解。

（1）《师友杂忆》八《苏州省立中学》："余在厦门集美、无锡三师、苏州中学三校，校内敬事者有钱子泉……皆前辈典型人也。"

又："余在苏中除完成无锡三师讲义《国学概论》一书外，……"

【注】：章学良《有关著名史学家钱穆三事的辨正》："在三师所编印的（《国学概论》）讲义，钱穆曾经逐章寄给族叔钱基博，征求意见。以后由商务印书馆正式出版。因此，书前有国学大师钱基博的《序言》。杨绛先生在《记钱锺书与〈围城〉》一文中，说：1927年钱锺书考入无锡辅仁中学以后，就'常为父亲代笔写信''代作文章''那时商务印书馆出版钱穆的一本书，上有钱锺书父亲的序文。据锺书告诉我，那是他代写的，一字没有改动。'（见杨绛《将饮茶》，第129—130页，北京三联版）。按杨绛先生文中所指的'钱穆的一本书'，就是《国学概论》。"[2]今按：钱基博（子泉）是钱穆的族祖。北京商务印书馆1997年版《国学概论》无钱基博《序》。

（2）《师友杂忆》十《北京大学》："时傅斯年孟真主持中央研究院历史语言研究所……凡北大历史系毕业成绩较优者，彼必网罗以去，然监督甚严。有某生专治明史，极有成绩，彼曾告余，孟真不许其上窥元代，下涉清世。然真于明史有所得，果欲上溯渊源，下探究竟，不能不于元清两代有所窥涉，则须私下为之，故于孟真每致不满。"

【注】："某生"，指王崇武，后在中国科学院近代史研究所工作。

（3）《师友杂忆》十四《昆明五华书院及无锡江南大学》："抗战胜利后，昆明盛呼北大复校，聘胡适之为校长，时适之尚留美，由傅斯年暂代，旧北大同仁不在昆明者，皆函邀赴北平，但余未得来函邀请。"

【注】：钱伟长《怀念钱穆先叔》："抗日战争胜利后，1946 年……北大许多教授都纷纷回校，各就各位。但胡适之、傅斯年却不向钱穆发聘书。胡适之因与钱穆学术意见不合，而傅斯年一副洋派，瞧不起没有大学学历的钱穆。四叔则认为傅斯年飞扬跋扈。"③钱穆之言含蓄，钱伟长之言直率。

钱穆弟子严耕望于 1990 年 10 月 15 日、11 月 10 日《新亚生活》发表的《钱穆宾四先生行谊述略》中说："抗战胜利后，先生以时事方忧，暂时不想遽返京、沪、平、津繁华地。"又于 1992 年台湾商务印书馆出版的《钱宾四先生与我》中说："先生以一个中学教员骤然跨入大学任教授，而对于当时学术界当权者，毫无逊避意，勇悍地提出自己主张，与之抗衡。此种情形，只有顾颉刚先生的胸怀雅量相容忍，一般人自难接受。……后来离开西南联大，据说仍与此点有关！此后先生声望益高，超出等伦，更足招忌。所以学派对垒，也有人际关系，思之慨然！"前文回避问题；后文隐指胡适、傅斯年。

（4）《师友杂忆》十四《昆明五华书院及无锡江南大学》："其

时有旧在成都从余之数学生皆江浙籍，胜利回来，闻余在江南大学，重来从余，同居荣巷楼上。余适应上海某书肆约，为选四部旧籍人人最先必读者数十种，一一为加新标点，即由诸生分任。遇疑难处，由余为之决定。"

【注】："数学生"指郦家驹、钱树棠、吴沛澜（佩兰）、洪廷彦、诸宗海、吴昌汉。"某书肆"指正中书局。书名《四部选粹》。郦家驹《追忆钱宾四师往事数则》："从1947年秋至1948年底，这一年多时间里，宾四师招来他的学生钱树棠、吴沛澜、洪廷彦和我四人，随他读书。我们生活和工作都在无锡荣巷荣德生先生住宅楼上，和宾四师朝夕相处。1948年又有宾四师挚友诸祖耿先生之公子诸宗海兄，参加进来。"洪廷彦《从成都至无锡——随师读书杂忆》："（1947年）9月初，宾四师来信说，他已应江南大学之聘，任文学院院长，并受正中书局之托，选四部旧籍人人必读者，加上标点，准备影印出版，须由四五个人分任其事。""宾四师推荐王庸（以中）先生任江南大学图书馆主任……正中书局陆续寄来很多书，王先生帮助我们鉴别版本，宾四师安排王先生和我们同住在小楼上，便于我们随时请教。"吴佩兰《忆宾四师》："这一年（1947年）夏天，钱师就任私立江南大学文学院院长职，我又得侍左右。同时从学的，有钱树棠、洪廷彦、郦家驹、诸宗海、吴昌汉等。我们住在荣巷荣宅（江大教师宿舍）楼上，整日圈点古书。书由钱师选定，分别由我们圈点。"诸宗海《国魂常在，师道永存——为纪念宾四先生逝世一周年写》："先生在江南大学任文学院长……住荣家老宅楼上。楼共五间……一为藏书兼随侍学生洪廷彦、郦家驹与我（另钱树棠、吴佩兰在县女中、县中任课，不常来）标点《四部选粹》用。"[④]除"数学生"外，王庸亦曾参加此项工作。

注释：

①钱穆《八十忆双亲·师友杂忆》，北京：生活·读书·新知

三联书店，1998。

②引自中国人民政治协商会议江苏省无锡县委员会编《钱穆纪念文集》，上海：上海人民出版社，1992。

③钱伟长《怀念钱穆先叔——钱穆宾四先叔逝世十周年忆养育之恩》："……那时四叔在昆明，他和傅斯年有矛盾。傅斯年因为四叔在北京时和胡适唱对台戏的问题一直对四叔有意见，他是看不起当时的北京教授中的几个土生土长，没有留学过的文人的……四叔也是一个连大学都没有上过的教授。傅斯年对四叔横加攻击，一方面说钱穆抗战后，一年多居住敌区不到校，一方面还说他在宿舍里丢了钱，钱穆有嫌疑。四叔一怒之下辞了职。"见《钱伟长文选》第五卷，上海：上海大学出版社，2004。

④同注②。

钱锺书——《孙庵老人自订五十以前年谱》考

钱锺书的叔父钱基厚所著《孙庵老人自订五十以前年谱》中涉及锺书早年之事，今以此《年谱》为线索，引用锺书早年所作之文及有关文献为注，真实反映锺书家庭情况以及他成名前情况。

清光绪十三年丁亥……（父）讳福烱，附贡生，时以课徒自给，又有祖遗租田数十亩在江阴璜塘。人咸尊之曰钱四先生，七十后自号曰传叟。……有兄二人：长曰基成，字子兰，年十五；次曰基恒，字仁卿，年十二。……余兄弟孪生，故初名叔兄曰基来，小字曰博；余曰基复，小字曰馀，取《易经》七日来复之意也。

孝萱注：列无锡钱氏世系简表如下，以便观览。

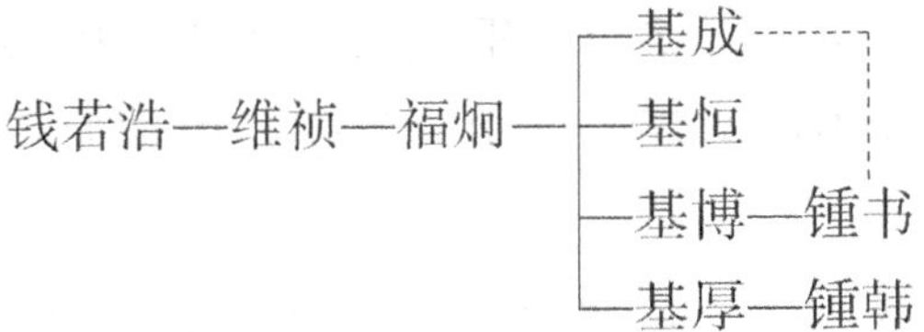

基成为锺书嗣父，基来（改名基博）为锺书本生父。

光绪十八年壬辰……父间经商，不恒在家。

孝萱注：唐文治《茹经堂文集三编》卷八《钱祖耆先生墓志铭》：“以父命习贾。”锺书生于亦儒亦商家庭。

光绪二十年甲午……长嫂毛夫人于三月来归。

孝萱注：锺书《先妣毛夫人行略》："无子，以锺书为嗣。"

光绪二十七年辛丑……父为改名，叔兄曰基博，字子泉；余曰基厚，字心卿。光绪三十三年丁未……三嫂王夫人来归。

孝萱注：王夫人为锺书本生母。

宣统二年庚戌……十月二十日申时，侄锺书生，叔兄出也。时母弥留，犹望抱孙，得之大慰。适有人遗父以《常州先哲丛书》者，故为命名曰锺书，小字阿先。以伯兄无子，奉父命，由伯兄夫妇携室乳养云。

孝萱注：将这条记载与目前许多文章比较，有两点补充：(1) 不仅记载了钱锺书出生的年、月、日，还记载了时辰。(2) 记载了"望抱孙"的钱锺书祖母，在"弥留"时看到长孙出生，"大慰"，反映了锺书在钱氏家族中的地位。

民国元年壬子……余少字心卿，后谐取古人名，亦自署曰荀卿……易字曰孙卿。民国四年乙卯……伯兄长女出适秦光甫。

孝萱注：锺书《先妣毛夫人行略》："生女一，适秦。"

民国五年丙辰……长侄锺书及子锺韩始由伯兄授读。……伯兄首以《尔雅》授之，叔兄为重订次序，盖父意欲令于幼时能正音读、辨字义也。民国九年庚申……夏历九月二十一日伯兄子兰卒，年四十八。……是时侄锺书年十一余子锺韩十岁，已卒《论语》《孟子》《毛诗》《礼记》《左传》诸书，暇则涉猎子史，能握管作二三百字论文，亦吾兄督教而成，而今已矣！无子，以叔兄子锺书嗣，奉父命，从所爱也。

孝萱注：锺书《题伯父画像》："呜呼！我亲爱之伯父死矣，不得而见之矣。可得而见者惟此画像耳。然吾瞻拜伯父之画像，不禁哀之甚，而又慰之深也。哀莫大于死别，夫何慰之有？慰者，幸音容之宛在。然而不能无哀，哀者，哀死者之不可复生也。嗟夫，我伯父乃终不可得而见矣！于不得见之中而可以稍慰夫欲见之心者，幸有斯像耳。岁时令节，魂兮归来。锺书衔哀瞻拜，供奉香花，我伯父在天之灵，其实式之。”此文为锺书十一岁能作文之遗存。

锺书《槐聚诗存序》：“余童时从先伯父与先君读书，经、史、古文而外，有《唐诗三百首》，心焉好之。”此《序》撰于1994年，锺书晚年犹念念不忘嗣父之恩。

民国十四年乙丑……吾父夥开质肆，在光复门外曰永盛典者……

孝萱注：唐文治《钱祖耆先生墓志铭》：“永盛典者，先生家所设也，地处光复门外。”基博、锺书对其家经商、开当铺避而不谈。

民国十二年癸亥……叔兄奉父命，始在城内七尺场建新居，尚伯兄在日佐父所置也。前屋两进：第一进七间，中为大门，东西各三间，以东偏间为家祠，西三间由大嫂及长侄锺书居之。第二进大厅三间，东西书房各两间，西书房内间最宽大，为父寝室，以外间为会客宴居及岁时祭享之所，叔兄住东书房，并以前进东三间之西偏间及中间，为读书会客之所。尚有傍屋，为井灶。吾父自题厅事曰“绳武堂”，省长韩国钧氏为书额。盖吾父讳福炯，与曾祖观涛公讳若浩者同生日，实取《左传》“与吾同物”之义，所谓绳其祖武也。

孝萱注：基厚详细记载钱氏新居情况，可以补充许多文章之缺漏。民国十二年，锺书十四岁，此条记载大大有助于对锺书青少年时期生活环境之了解。

民国十八年己巳……夏历二月十一日，长嫂毛夫人卒，年五十七。……长侄锺书及子锺韩在私立辅仁中学校高中毕业。锺书国、英文有特长……（锺韩）与锺书均获优奖。旋锺书录取北京清华大学，入校肄业。

孝萱注：锺书《先妣毛夫人行略》：“母江阴毛夫人，生于让清同治十二年夏历三月二十五日，于中华民国十八年夏历二月十一日。以二十岁来妃吾考子兰府君，事吾王考三十一年，事王妣十五年，而相吾府君以有家者二十二年，盖作嫔吾家者先后都三十五年焉。特锺书之生也晚，勿克备夫人之美，而姊氏以十五年长，则垂涕为我道。粤夫人生小华，夙昭闺望，而子兰府君家世儒素，乃能以自苦为极，服勤力事，家选其劳，致孝承欢。绰绰上下之间，莫不折中乎《内则》，而初未尝学礼也。府君含德之厚，录录无意奇节，夫人亦树于有礼，不丽辎重，怀哉君子，二人同心已。民国八年，府君有刻剥之痛，侵寻六载，重遭王考祖耆公之大故。夫人臼恨在心，新悲填膺，哀可知矣，疾乃深焉。自此三岁，病躯婵媛，起伏迭有，而后差不及前差，后剧必甚前剧。古人示疾，尝以致叹，昔闻厥语，今见斯情。及客腊而霜露之感，浸入膏肓，卧榻四旬，溘焉大渐；呜呼痛哉！寿五十七。于是乎去府君之，盖十年，去王考之，二年又七月也。启手足之日，媪婢师师，罔□擗，遗德入人，家门之化，于是乎远。生女一，适秦，是即姊氏告我以夫人之懿德者也。无子，以锺书为嗣。提撕自幼，比爱亲生，顾我复我，迄二十岁。锺书每离膝前，夫人翘思一室，居者之情，盖与行者共之。深恩浃肌，而今奚恃，危涕队心，云胡得已。锺书无知小弱，将母未能，每寻反本之思，弥切鲜民之恸。恭行谊，匪粤，孤子自写其哀，长德幸矜其意云尔。中年民国十八年三月，棘人本生严慈侍下钱锺书哀启。”

锺书覆李传砚函：“先嗣母哀启，不足语于文章。先君好事，应费范九先生之请，灾祸梨枣，久已忘怀。乃蒙检示，不胜愧汗。此等文字，听其随风澌灭可耳！”费范九，南通人，将锺书《先妣毛夫人行略》发表于1929年5月2日《南通报》副刊《文艺》第十九号。从这篇《先妣毛夫人行略》可见锺书“国文”之特长。他高中毕业“获优奖”，当之无愧。锺韩即锺书诗文信札中常提到的“文弟”。

民国二十四年乙亥……长侄锺书，于民国二十二年在国立清华

大学毕业。至是国内服务期满，膺英庚款第三届留学生考试，得分独多，全榜第一，以西洋文学系派赴英国牛津大学留学。旋又转赴法国巴黎大学，均得学位。至民国二十七年始归国，膺聘为国立西南联大教授。……叔兄为侄娶同里杨老圃先生之女季康，苏州东吴大学毕业，而在北京清华大学研究院者也。婚后同出国，亦赴牛津留学。

孝萱注：此条说明钱锺书大学毕业后，“服务期满”，才参加公费留学考试；说明锺书以第一名优秀成绩录取。（锺书获牛津大学文学学士学位；在巴黎大学研究，未攻读学位。）“杨老圃”为锺书岳父杨荫杭，“季康”为锺书妻杨绛。

附：钱锺书、冒效鲁诗案——兼论《围城》人物董斜川及其他

公元1938年（民国二十七年）8月，“游学欧洲”的钱锺书（字默存，号槐聚）、杨绛（原名季康）夫妇，抱着小女钱瑗，乘法国邮船阿多士Ⅱ（Athos Ⅱ）回国。这时，原在中国驻苏联大使馆工作的冒效鲁（原名景璠，字孝鲁、效鲁，以字行，号叔子），与妻贺翘华，携子女，由莫斯科取道欧洲回国。“在法国马赛舟中”，钱、冒相识。

冒效鲁生于1909年（清宣统元年），钱锺书生于1910年（宣统二年）。相识时，冒三十岁，钱二十九岁（皆按中国传统虚龄计算）。两位才华横缢、意气风发、目空一切的青年诗人，气味相投，一见如故，唱和从此开始。

冒效鲁《马赛归舟与钱默存论诗次其见赠韵赋柬两首》略云：“邂逅得钱生，芥吸真气类。行穿万马群，顾视不我弃。谓一代豪贤，实罕工此事。言诗有高学，造境出新意。滔滔众流中，畜树异军帜。”“云龙偶相从，联吟吐幽思。苦豪虽异撰，狂狷或相类。……登高试一呼，响应万邦帜。舍我其谁欤？孟言愿深味。”钱锺书原唱，因系少作，未收入《槐聚诗存》，从冒诗略见二人在舟中初逢论诗的情景。高谈阔论的内容，不同见解的争辩，下面有专题介绍，这里先说一说二人初逢论诗就感到“狂狷或相类”。

恃才而狂，是钱、冒共同特点之一。李宣龚（字拔可，号墨巢、观槿）《硕果亭诗》卷下（己卯）《喜锺书孝鲁见过》云："大难二妙能相访，令我犹生八九狂。"冒效鲁《次答墨巢丈喜余偕默存见过》云："倒屣已叨宽礼数，却愁无药可医狂。"诗坛前辈赞赏钱、冒的才华，称为"二妙"，并宽容二人之狂。（冒效鲁《呈观槿年丈》云："公独容我狂，骨鲠任吐弃。"）

李宣龚是最早将钱、冒合称者。夏承焘《天风阁学词日记》中称钱、冒为"二俊"。钱锺书《答叔子》云："篇什周旋角两雄，狂言顿觉九州岛空。""二妙""二俊"之称，不如"两雄"肖其人，"雄"与"狂"相连也。1953 年冒效鲁《雨后独游兆丰公园忆默存北京》云："书来北客狂犹昔，梦到西湖句未空。"自少至老其狂不改。

钱、冒之狂，与痴相连。冒效鲁《红海舟中示默存》云："苦殚精力逐无涯，我与斯人共一痴。"二人都痴迷于诗，因诗雄而狂。痴之僻性不能改，狂之习气亦不能改，确是"无药可医狂"。

大家知道，曹操对刘备说，天下英雄唯备与操。白居易曾用这个典故，比拟他与元稹之诗齐名。钱锺书、冒效鲁以"两雄"自喻自勉，可见自命不凡。二人自马赛舟中相识以后，唱和不绝：钱锺书《槐聚诗存》中，与冒效鲁唱酬之作最多；冒效鲁《叔子诗稿》中，与钱锺书赠答之什最夥。钱、冒都不轻许人。冒效鲁对钱锺书说"君诗工过我，戛戛填难字"，可见冒对钱之尊重。钱锺书《谈艺录》卷首云："余雅喜谈艺，与并世才彦之有同好者，稍得上下其议论。二十八年夏，自滇归沪渎小住。友人冒景璠，吾党言诗有癖者也，督余撰诗话。曰：'咳唾随风抛掷可惜也。'余颇技痒。"《谈艺录》撰成后，钱锺书又有函致冒效鲁，略云："此书之成，实由兄之指使，倘有文字之祸，恐兄亦难逃造意犯之罪耳。呵呵！"可见钱对冒之尊重。

钱、冒互相尊重，并互相称赞夫人。钱锺书妻杨绛是作家，冒效鲁妻贺翘华是画家。才子才女，佳偶天成。钱锺书有《题叔子夫人贺翘华女士画册》诗，称赞贺翘华为“绝世人”“丹青妙手”。又，《叔子五十览揆寄诗遥祝即送入皖》云：“然脂才妇长相守，粉竹金松共岁寒。”冒效鲁1947年《茗座赠默存》云：“偎慧怜娇女，居然有父风。”1955年《得默存九日寄怀绝句逾旬始报》云：“几回北望倚危栏，袖里新诗锦百端。想得添香人似玉，熏炉一夕辟邪寒。”自注：“谓夫人杨绛女士。”称赞杨绛、钱瑗。

以上介绍了钱、冒从相识到成为密友的实况，但这只是表面现象，要进行深层分析，才能发现二人既是诗友，又是论敌。冒效鲁《送默存讲学湘中》云：“我生寡朋俦，交子乃恨晚。……回思谈艺欢，抗颜肆高辩。睥睨一世贤，意态何瑟僩。每叹旗鼓雄，屡挫偏师偃。光景倏难追，余味犹缱绻。”这首诗反映出，钱、冒论诗，旗鼓相当，见解不同，互不相让。难能可贵的是，二人不以争辩为嫌，反以为乐，感到余味无穷。1939年冒效鲁作《光宣杂咏》，钱锺书作《叔子寄示读近人集题句，胜以长书，盍各异同，奉酬十绝》。对比钱、冒之诗，二人论诗的见解，虽有分歧，但能互相尊重，“盍各异同”，即不强求观点一致。这个原则，使二人能够长期保持诗友论敌关系。本文首次提出这个问题，并以二人对陈三立、陈衍、冒广生三位诗翁的态度为例，进行论证。

一、钱锺书、冒效鲁对陈三立态度之比较

要了解钱锺书对陈三立的态度，先要了解陈衍对陈三立的态度。

汪国垣《光宣诗坛点将录》云，“诗坛都头领二员：天魁星及时雨宋江——陈三立”“天罡星玉麒麟卢俊义——郑孝胥”“一同参赞诗坛军务头领一员：地魁星神机军师朱武——陈衍”。此说影响甚大，流传甚广。陈衍虽对其评价甚为不满，然亦承认陈三立、

郑孝胥为江西、福建两大诗派之领袖。据陈衍《石遗室诗话》卷三一云："近来诗派，海藏以伉爽，散原以奥衍，学诗者不此则彼矣。"附录《奚无识诗叙》云："自吾友陈散原、郑海藏以五七言，提倡于大江上下且十年，江表之为诗者日益众。……大略才调俊爽者，多与郑近；思力奥衍者，多与陈近。"

陈衍虽承认陈三立、郑孝胥是学诗者所祈向，实际上他对陈三立的诗，甚为非薄。如《石遗室诗话》卷一云："伯严论诗，最恶俗恶熟，尝评某也纱帽气，某也馆阁气。余谓亦不尽然。"卷三云："语必惊人，字忌习见。……近日沈乙庵、陈散原，实其流派。"这两段话，对陈三立似乎未作严厉的批评，其实只说了一半（不重要的一半）：在私人谈话中，才流露出那重要的一半。

门人黄曾樾笔记《陈石遗先生谈艺录》云："（师云）：陈散原文胜于诗。""师云：所谓高调者，音调响亮之谓也。如杜之'风急天高'，是矣。散原精舍诗，则正与此相反。""师云：散原精舍诗，专学生涩，盖欲免俗免熟，其用心苦矣。"

陈衍石遗说，钱锺书默存记《石语》云："陈散原诗，予所不喜。凡诗必须使人读得、懂得，方能传得。散原之作，数十年后恐鲜过问者。早作尚有沉忧孤愤一段意思，而千篇一律，亦自可厌。近作稍平易，盖老去才退，并艰深亦不能为矣！为散原体者，有一快捷方式，所谓避熟避俗是也。言草木不曰柳暗花明，而曰花高柳大；言鸟不言紫燕黄莺，而曰乌鸦鸱枭；言兽切忌虎豹熊罴，并马牛亦说不得，只好请教犬豕耳。丈言毕，抚掌大笑。"

1927 年冬，黄曾樾向陈衍学诗时，"将所闻于函丈者，随时记录之，其已见于先生著作者，均不记"。1930 年发表出来。1932 年阴历除夕，陈衍招钱锺书"度岁"，锺书"退记所言，多足与黄曾樾《谈艺录》相发"。至 1996 年亦刊布于世。从《（陈）谈艺录》到《石语》，陈衍两次私人谈话，都是不见于《石遗室诗话》者，是他内心深处真实思想的倾吐，而且一次比一次坦率。陈衍严厉批评陈三立因“恶俗恶熟”，而“免俗免熟”“避熟避俗”，而“专学生涩”，力求艰深，至“老去才退，并艰深亦不能为矣”！陈衍直言自己“不喜”陈三立诗，甚至断言“数十年后恐鲜过问者”。从“言毕，抚掌大笑”，反映出他得意之至。

钱锺书与陈三立不相识，无往还。锺书《谈艺录》二九批评竟陵诗派云“竟陵派钟谭辈自作诗，多不能成语”，举其“磬声知世短，墨述引心遐”“虫响如成世”等句，认为“酷肖陈散原”（页102）。《谈艺录补订》批评陈三立之表章阮大铖《味怀堂诗集》，是“未了然于诗史之源流正变，遂作海行言语。如搔隔靴之痒，非奏中肯之刀。……”（页103）此二例可见锺书对三立之非薄。《围城》小说中对“散原体”有嘲讽，与陈衍观点一脉相承（详下）。

冒效鲁对陈三立极为钦佩。1928年效鲁在北平，拜谒三立。《次韵赋呈散原先生》云：“每闻佳作惊潜采，才接高谈已别筵。”1939年效鲁在上海，《光宣杂咏·陈散原丈》云：“所忧直纳无穷世，敢死翻余自在眠。（自注：集中句）不解茂先渠自瞶，散原诗法本游天。”所谓“渠自瞶”，指诋毁“散原体”者。1962年效鲁在合肥，《黄山樵子，夜过谈艺，臧否人伦，推倒元白，舌底澜翻，势不可当，去后戏为三绝》之二、三云：“强口马兮决鼻牛，呶呶争辩几时休？（自注：渠诋散原翁为豁鼻老牛，余意不能平。）饤座黄花应笑我，踏携明月送髡囚。（自注：此散原句法，当撄樵子之怒耶。）”“前人朴质今人笑，面辱乡贤邵祖平。（自注：散原尝为年家子同乡邵某诗作序，恭维未餍其欲，邵于散原面将序文撕碎以辱之，散翁貌益谦下。）诸老风流难仿佛，得君狂者竟何人？”前一首学习陈三立句法，以表钦佩，反对诋毁者；后一首歌颂三立德艺双馨，陈之谦恭与邵之骄傲形成鲜明对比。1962年效鲁在合肥，《癸卯岁暮杂味》之六云：“伯瑟工诗狎二陈，（自注：后山、简斋）散原月旦最持平。诗坛老宿今俱尽，年少俄惊白发新。（自注：君与余少日同以诗受知散叟，今各垂老。）”此首感念三立对己之赏识。又《忆散原老人仍次前韵》云："旷代难逢唯此老，平居永忆隔孤灯。摇天鬓影谁夸得？誓墓文词世鲜能。唾弃钟罍尊盎缶，鸡鸣莫便误苍蝇。"此首极表对三立钦佩之忱，对诋毁三立者当头一棒。

二、钱锺书、冒效鲁对陈衍态度之比较

《石遗室诗话·续编》卷一云："无锡钱子泉基博，学贯四部，著述等身：肆力古文词……哲嗣默存（锺书）年方弱冠，精英文，诗文尤斐然可观，家学自有渊源也。性强记，喜读余诗，尝寄以近作，遂得其报章云：'新诗高妙绝跻攀，欲和徒嗟笔力孱。自分不才当被弃，漫因多病颇相关。半年行脚三冬负，万卷撑肠一字艰。那得从公参句法，孤悬灯月订愚顽。'第六句谓余见其多病，劝其多看书少作诗也。"

《石语》附录："余二十一年春在北平得丈赐书，问病并示《人日思家怀人诗》，亦敬答一首，以少作删，未入集。"

对照二文，陈衍所云"尝寄以近作"，即锺书所云之《人日思家怀人诗》。陈衍所云"得其报章"，即1932年3月锺书在《清华周刊》第37卷第5期发表，后载入《石语》附录之《敬简石遗诗老》。《石遗室诗话·续编》所载者，为锺书之初稿；《石语》所附录者，为锺书之定稿。第七句"句法"改为"句律"，第八句改为"孤灯悬月起痴顽"。

《石语》附录："二十一年春，丈点定拙诗，宠之以序。"序略云："默存精外国语言文字，强记深思，博览载籍，文章淹雅，不屑屑枵然张架子。喜治诗，有性情，有兴会，有作多以示余。余以为性情兴会固与生俱来，根柢阅历必与年俱进。然性情兴趣亦往往先入为主而不自觉。而及其弥永而弥广，有不能自为限量者。不臻其境，遽发为牢愁，遁为旷达，流为绮靡，入于僻涩，皆非深造逢

源之道也。默存勉之。以子之强志博览，不亟亟于尽发其覆，性情兴会有不弥广弥永独立自成一家者，吾不信也。”

1932年阴历除夕，陈衍招锺书“度岁”，锺书“退记所言”为《石语》。

《石语》前言：“民国二十四年五月十日，石遗丈八十生辰，置酒苏州胭脂桥寓庐，予登堂拜寿。”此年冬，锺书“在牛津”，陈衍寄诗给他，锺书“复书谢”“以后音讯遂疏”。

1937年陈衍逝世，锺书闻讯，“欷歔惝恍，为诗以哭”，即《槐聚诗存》之《石遗先生挽诗》二首。第一首云：“几副卿谋泪，悬河决溜时。百身难命赎，一老不天遗。竹垞弘通学，桐江瘦淡诗。重因风雅惜，匪特痛吾私。（自注：先生诗学诗格皆近方虚谷，时人不知有《桐江集》，徒以其撰诗话，遂拟之随园耳。）”第二首云：“八闽耆旧传，近世故殊伦。蚝荔间三绝，严高后一人。坏梁逢丧乱，撼树出交亲。未敢门墙列，酬知祇怆神。（自注：宋严仪卿之《诗话》、明高廷礼之《品汇》，皆闽贤挹扬风雅，改易耳目者。先生影响差仿佛之。）”

清末民初诗坛领袖之一的陈衍，对青年时期钱锺书所表现出的才华，极为欣赏，夸奖、勉励、教诲、期望，无微不至。锺书感念知己，对陈衍极为崇敬。陈衍生前，锺书歌颂其诗“绝跻攀”，祈求“参句律”“起愚顽”，遗憾的是未列门墙。陈衍卒后，锺书在挽诗中，对他作盖棺之论：反对当时人以袁枚比拟陈衍，认为其诗学诗格皆近于元方回，学术之弘通则如清朱彝尊，在“闽贤”中可与宋严羽、明高棅并列为三。尚未见过锺书对其他诗翁有这样的崇敬和深情。

冒效鲁与陈衍无来往。1939年效鲁在《光宣杂咏》组诗中，尊称陈宝琛为“陈弢庵丈”，易顺鼎兄弟为“易实甫、由甫丈”，康有为为“康长素丈”，陈三立为“陈散原丈”，林纾为“林琴南丈”，而对郑孝胥、陈衍直呼其名。诸人皆为父友，而区别对待，可见其对孝胥、陈衍之鄙视。诗云："白发江湖兴不殊，阉然媚世语宁诬。平生师友都轻负，不负萧家颖士奴。"所谓"媚世"，指陈衍撰诗话，恭维权贵；"轻负"之"友"，包括冒广生在内；"不负"之"奴"，则指陈衍所宠之厨师张宗扬，表现在：（1）陈衍所选编之《近代诗钞》，"以厨师张宗扬之诗殿焉"。（2）陈衍所撰之诗话中，誉扬张宗扬父子，如《石遗室诗话》卷五云："余仆张宗扬，侯官绅带乡人。……喜弄文墨，无流俗嗜好，行草书神似苏堪，见者莫辨，掞东、众异、梅生最喜之。欲学诗于余，余无暇教之，惟从余奔走南北……无游不从。钉铰之作，遂亦裒然径寸，然识字甚少，艰于进境。前岁除夕，亦和余村韵三首云……三首起句俱好。又九日次韵和余天宁寺登高之作云……意自寻常，音节却亮。"《续编》卷六云："张宗扬读书至不多，而诗句时有清真可喜者。……"又云："京生，宗扬子，有父风，喜为纪游诗。……"冒效鲁这首绝句，痛斥陈衍轻负师友而不负奴。

孝萱案：非冒效鲁一人讽刺陈衍宠其厨师，当时之论诗者，亦表示不满。如汪国垣《光宣诗坛点将录》云："监造供应一切酒醋一员：地藏星笑面虎朱富——张宗扬，此脯掾也。小人张，主人衍。"附录章士钊《论近代诗家绝句》云："紫生宜有说法主，名士亦须拉缆人。石遗老子吾不识，自喜不与厨师邻。"

三、钱锺书、冒效鲁对冒广生态度之比较

要了解钱锺书对冒广生的态度，先要了解陈衍对冒广生的态度。

《石遗室诗话》卷四云："（周）季贶外孙冒鹤亭，早慧有声，长而好名特甚。……癸卯始见君诗，佳句甚多，率笔亦时有。"摘引冒广生《饯春诗兼怀肯堂》"酒酣拍遍阑干说，今夜星无座客稠。忽忆论心范无错，落花如雪过扬州"数首，评曰："都可与仲

则、船山得意之作相挹袖矣。”又云：“君喜填词，诗中多词家语。……‘酒酣’二句，又从仲则‘忽忆酒阑人散后，共搴珠箔数春星’来矣。”陈衍非薄黄诗，曾劝钱锺书“黄仲则尤不可为”，可见他以黄景仁比冒广生，是贬非褒。

同书卷一二云：“余生平论诗，稍存直道，然不过病痛所在，不敢以为勿药；宿瘤显然，不能谬加爱玩耳。至于是丹非素，知同体之善，忘异量之美，皆未尝出此也。孙师郑不厌其严，冒鹤亭则恶其刻，甚者丛怨成隙，十年之交，绝于一旦。”冒广生未与陈衍绝交，还往苏州庆祝陈衍八十大寿。陈衍也不因广生“恶其刻”而不再进行批评，更进一步地嘲讽广生“空疏”“未能向学用功”。

《石遗室诗话·续编》卷二云：“鹤亭当壮盛之年，即喜充老辈，留长髯，称老夫，此皆名士结习，欧阳公称醉翁时，年尚未四十也。”《石语》云：“为学总须根柢经史，否则道听途说，东涂西抹，必有露马脚狐尾之日。交好中……近如冒鹤亭，皆不免空疏之讥。……鹤亭天资敏慧，而早年便专心并力作名士，未能向学用功。前日为《胡展堂诗集》求序，作书与余，力称胡诗之佳，有云：‘公读其诗，当喜心翻倒也。’夫‘喜心翻倒’出杜诗‘喜心翻倒极，呜咽泪沾巾’，乃喜极悲来之意，鹤亭误认为‘喜极拜倒’，岂老夫膝如此易屈邪?”钱锺书“按，《小仓山房尺牍·答相国》与《(答）书巢》二札皆有此语，是随园已误用矣”。又“按，孝鲁见此语予云：原函作‘喜心倒极’”。

钱锺书因冒效鲁而识冒广生。锺书非薄广生，试举二例：（1）《谈艺录》二九（补订二）云：“（冒广生）《小三吾亭诗录·读公安竟陵诗》七古云：‘公安以活法起死，竟陵以真诗救假。……小三吾亭语殊模棱。”（页103）此条批评冒广生所作公安、竟陵二诗派评语之非。（2）《谈艺录补订》云：“游学欧洲……归舶邂逅冒君景璠，因以晋见其尊人疚斋先生，并获所著《后山诗天社注补笺》。其书网罗掌故，大裨征文考献，若夫刘彦和所谓‘擘肌分理'，严仪卿所谓'取心析骨'，非所思存。余谓补笺洵善矣，胡不竟为补注耶。景璠嗤余：'谈何容易'少年负气，得闲戏取山谷诗天社注订之。"（页23）此条批评冒广生所著陈师道诗补笺，不具备刘勰、严羽论文评诗那种思路与方法。《围城》小说中贬冒广生诗，与陈衍观点一脉相承（详下）。

冒效鲁面对陈衍、钱锺书等对冒广生的批评指责，抱什么态度呢？他在《冒鹤亭先生传略》中说："他交游遍天下。交游既广则难免意气不投，有捧就有骂，我父五十多岁时，曾写一首诗悼念徐仲可说：'知交遍天下，宁免轻与妒。惟君无它肠，欸欸出情愫。'"这是冒氏父子对待批评指责广生的态度。《传略》又说："我父在评校过的《困学纪闻》的封面上写道：'庚寅八月疚斋七十八岁点读。顾亭林《日知录》仿此而作。恨吾中岁溺于词章，五十后专为校勘之学，炳烛余生不能将胸所积蓄，一一笔之于书，继两宁先生大业矣！"（"两宁"指梁宁居士王应麟，宁人顾亭林）这是冒氏父子对待讥笑广生"空疏"的回答。

综合以上，钱锺书崇敬陈衍，非薄陈三立、冒广生。冒效鲁钦佩陈三立，鄙视陈衍；诗词是冒氏家学，效鲁不墨守庭训。据《叔子诗稿》附录《诸家评语》，1932年陈祖壬曰："作者力追西江。"1939年李宣龚曰："高处直与东野、后山为邻。""与效鲁为文字交逾三纪"的钱萼孙（仲联），为诗稿撰序，对效鲁的创作历程，作了小结："少学后山，而（冒广生）先生广以玉溪。"《石遗室诗话·续编》卷六云："鹤亭诗并不似黄陈，其自谓学后山者，结习也；'未得其拙'则自知之明，自以为不好处，吾以为正其好处。至为作年谱，为注诗，则钦仰其人，无不可也。"父学陈师道而"不似"，子学陈师道可"为邻"，举此例可见冒广生、效鲁诗法之异同。

附录

（一）《围城》借描绘董斜川嘲讽冒广生、陈三立

1946年，《围城》在《文艺复兴》杂志第一卷第四、五、六期连载，后出版单行本。《吴宓日记》1946年8月3日记：“旧诗人董斜川，则指冒广生之次子冒景璠，锺书欧游同归，且曾唱和甚密者也。”当时看出《围城》以董影冒者，何止吴宓，但吴宓形于文字，本文不能不提到他。吴宓已以读者身份看出，冒效鲁本人更是“对号入座”了。钱锺书生前否认（例如他写给苏渊雷的信中说：“非弟之有心描画也”），而杨绛承认。杨绛在1985年发表的《记钱锺书与〈围城〉》文中说：“有两个不甚重要的人物有真人的影子……一位满不在乎……锺书夸张了董斜川的一个方面，未及其他。”（此文又附录于《钱锺书集·围城》卷末）

吴宓未说明《围城》以董影冒之证据，又误云冒效鲁为冒广生“次子”。近年有考证钱以董影冒者。本文详举七证，有与别人相同者，也有别人未提出而我提出者，还有与别人不同者。

1. 杨绛说，《围城》中董斜川“有真人的影子”，未说此人是谁，此人以冒效鲁最合。

（1）瞿宣颖撰冒广生私谥“文敏”议，特别说明是“如皋冒巢民先生之旁系”。冒襄字辟疆，号巢民，明末四公子之一，有爱姬董白（字小宛）。《围城》以“董”影冒。

（2）宋苏轼季子苏过，字叔党，号斜川。冒效鲁为冒广生第三子，号叔子。《围城》以“斜川”影冒效鲁。苏轼、苏过父子与冒广生、冒效鲁父子，均诗人，身份吻合。

（3）《围城》说：“董斜川的父亲董沂孙是个老名士，虽在民国做官，而不忘清朝。”是不是以宋末元初的王沂孙影冒广生呢？我认为：沂、夷音同，沂孙者，谓冒广生是夷族后裔。“（方鸿渐）

说：‘老太爷沂孙先生的诗，海内闻名。’”对董沂孙的描写（尤其是“老名士”），与冒广生吻合。

（4）《围城》说：“另一位叫董斜川，原任捷克中国公使馆军事参赞，内调回国，善做旧诗，是个大才子。”“董斜川才气甚好，跟着老子做旧诗。”“大才子”之称，非冒效鲁当受不起。“跟着老子做旧诗”，与《叔子诗稿》附《家大人鹤亭先生作诗一首示景璠》“我有五男儿，璠也得吾笔”吻合。钱锺书以“捷克中国公使馆军事参赞”影冒效鲁原任中国驻苏联大使馆秘书。

（5）《围城》说：“董太太是美人，一笔好中国画，跟我们这位斜川兄真是珠联璧合。”与冒效鲁妻贺翘华吻合。贺翘华是名画家贺良朴女。夫为才子，妻为才女，不愧“珠联璧合”之誉。

（6）《围城》说：“（苏小姐道）：‘不知道近代的旧诗谁算顶好。’”“（董斜川）：‘当然是陈散原第一。’”与冒效鲁称陈三立诗“旷代难逢”吻合。

（7）《围城》描写董斜川讲“掌故”，称樊增祥为“老世伯”。据《叔子诗稿·壬子岁暮沪游得口号如干首，纪实等于开米盐琐碎账，殊不成诗也》：“玉台诗画结缡时，八六樊翁善颂辞。”自注：“余于岁庚午腊八结缡北京报子街聚贤堂……樊翁主婚并赠联云：‘金鼎声华金马贵，玉台诗画玉人双。”“老世伯”之称，与冒樊两家之交谊吻合。

2. 杨绛说，钱锺书“夸张了董斜川的一个方面”，未说哪一个方面。请看《围城》是怎样形容董斜川的：“一个气概飞扬，鼻子直而高，侧望像脸上斜搁了一张梯，颈下打的领结饱满整齐得使（方）鸿渐绝望地企羡。”据1932年冒广生《送璠儿南行》四首之二云：“汝性毗于刚，未识世路歧。凡心意所造，不避艰与危。”《围城》对董斜川“气概飞扬”的一段描绘，就是夸张了冒效鲁“性刚”。至于“鼻子直而高”，也符合冒效鲁的容貌，效鲁是成吉思汗后裔。

3. 钱锺书在《围城》中，借描绘董斜川，嘲讽陈三立、冒广生，与陈衍的观点是呼应的。请看：

（1）《围城》说："董斜川道：'我做的诗，路数跟家严不同。家严年轻时候的诗取径没有我现在这样高。他到如今还不脱黄仲则、龚定盦那些乾嘉人习气。'"这与《石遗室诗话·续编》认为黄景仁"尤不可为"，以黄景仁贬冒广生，桴鼓相应。

（2）《围城》说："斜川把四五张纸，分发同席……纸上写着七八首近体诗，格调很老成。辞军事参赞回国那首诗，有'好赋归来看妇靥，大惭名字止儿啼'……可是有几句像'泼眼空明供睡鸭，蟠胸秘怪媚潜虬''数子提携寻旧迹，哀芦苦竹照凄悲''秋气身轻一雁过，鬓丝摇影万鸦窥'，意思非常晦涩。（方）鸿渐没读过《散原精舍诗》，还竭力思索这些字句的来源。他想芦竹并没起火，照东西不甚可能，何况'凄悲'是探海灯都照不见的。'数子'明明指朋友并非小孩子，朋友怎可以'提携'？一万只乌鸦看中诗人几根白头发，难道'乱发如鸦窠'，要宿在他头上？……"这与《石遗室诗话》《陈石遗先生谈艺录》《石语》对陈三立的批评，是呼应的。《围城》借描绘董斜川诗"晦涩"，追根溯源到陈三立，嘻笑之词，严于斧钺。据《槐聚诗存·代拟无题七首》，杨绛撰《缘起》，略云："尊著《围城》需稚劣小诗，大笔不屑亦不能为，曾由我捉刀。"董斜川诗是杨绛"捉刀"，但其中也有从冒效鲁诗变化而来。如将《叔子诗稿·还家作》"妇靥犹堪看，儿啼那忍嗔"二句变化为"好赋归来看妇靥，大惭名字止儿啼"。

杨绛说，《围城》中"董斜川的谈吐和诗句……全都是捏造的"，本文只是补充说明，"捏造"中也有"影子"。

（二）钱锺书、冒效鲁之家世

钱锺书是五代时期吴越国王钱镠的后裔。今据《传叟文录》中资料，列无锡钱氏世系简表如下：

钱士镜—若浩—维祯—福炯（祖耆，传叟）—
- 基成
- 基恒
- 基博—锺书
- 基厚

大家知道，钱锺书“家世儒者”。据《传叟文录》卷首所载唐文治《钱祖耆先生墓志铭》云：“永盛典者，先生家所设也，地处光复门外。”又云：钱福炯曾“习贾”[1]。钱基厚（孙卿）是江苏省工商界领袖之一。钱锺书生于一个亦儒亦商的家庭。

《传叟文录》卷末所载张一麐《钱母孙太君墓表》云：“基博以书生参淮上军事，民国二年八月，授陆军少校，加中校衔。”[2]钱基博由军界转教育界，历任圣约翰大学、清华大学、第四中山大学、无锡国学专门学校、光华大学、浙江大学、湖南蓝田师范学院、华中大学、华中师范学院教授，是著名学者，著作等身，古文词最有名。“南通张謇见其文而惊异，谓江以北，无敢抗颜行者；吴江费树蔚则曰：‘岂惟江北，即江南亦岂有第二人！’”[3]

冒效鲁的祖先中，最有名的无过于明末四公子之一的冒襄了。今据《冒氏宗谱》及冒广生《先墓纪略序》《木叶庄墓表》，列如皋冒氏世系简表如下：

冒鸿—隆征—云阶—篁—钰—芬—保泰—树楷—广生—
- 景璋
- 景瑜
- 景璠（效鲁）
- 景瑄
- 景琦

冒襄（以下从略）

据冒效鲁《冒鹤亭先生传略》，冒广生（鹤亭）为清光绪甲午科举人，刑部、农工商部郎中，五城学堂教员。民国瓯海、镇江、淮安关监督，考试院考选委员、高等典试委员，国史馆纂修，以及广州勷勤、中山大学教员，广东通志馆纂修，太炎文学院教授。解放后为上海文物保管委员会顾问，是著名文学家。卒后，友人私谥“文敏”。谥议略云：“能文博学，自幼闻名……著作等身，为张文襄、王文勤、张文达诸名公所推许。”冒效鲁生于一个官僚家庭，他本人亦曾从政。

钱锺书、冒效鲁均为名父之子，自有家学渊源。钱基博、冒广生是传统文人，而钱锺书、冒效鲁兼娴西学，他们的学术思想、治学方法，均不为父所囿，锐意创新，努力实现自己的学术追求。

（三）叶恭绰对陈三立、冒广生之评价与陈衍不同

叶恭绰（字誉虎，一字玉甫，号遐庵）与陈三立子陈衡恪等交游，冒广生是叶恭绰祖父的弟子，均为世交。《遐庵诗乙编·闻陈伯严丈葬杭州西湖》云：“便抛世网神宁灭，仅冠诗坛志岂图。”《散原翁百岁纪念》云：“百年论定已千秋，高节何曾与世休。”（此指北平沦陷后，陈三立忧愤而卒。）《寿冒鹤翁八十》云：“骚坛独步老宗工，易代犹欣物望崇。函谷著书留李耳，河汾讲学继王通。四朝闻见心成史，三世交亲说不穷。……”④从“冠诗坛”“骚坛独步”句，可见叶恭绰对陈三立、冒广生诗之推崇；“著书”“讲学”句，则称许冒之学术。叶对陈、冒之评价，与陈衍大不相同。

曾见叶恭绰致冒效鲁三函，今摘引要点如下：

大集细读而不克细评，附贡所见，虽非人云亦云，然未必能合尊旨，姑迷微意而已，兹奉还乞教。……拙作想承钳锤攻错，数十年来，罕得益友推敲，故并无成就。今当垂暮，犹冀一镜妍媸，故

以奉烦，想不见却耳。

从者何时往汉，拙稿务望加以绳纠，其可取者，亦乞标出，因自知不易，故极望能助我推敲，非漫作应求也。

今闻从者将赴汉口……拙诗切望不吝批评，俾得自镜，并祈于行前交下，能逐加评骘，至企至企。（四月十六）

叶恭绰与冒广生同辈，三函均称冒效鲁为“世弟”。冒请叶评其诗，叶亦请冒评其诗。叶不以前辈自居，以“益友”期待效鲁，可见其对效鲁诗学之尊重。又，四月十六日函中，叶恭绰发表了他对中外文化交融的一些意见，涉及钱锺书，有“默存才性及基础均优，然颇有散钱无串之憾”之评，此评当否？谨录供海内外之治“钱学”者参考。

（四）陈寅恪批评陈衍“晚岁颇好与流辈争名”

陈衍《宋诗精华录叙》云：“如近贤之祧唐宗宋，祈向徐仲车、薛浪语诸家，在八音率多土木，甚且有土木而无丝竹金革，焉得命为‘律和声，八音克谐’哉！故本鄙见以录宋诗，窃谓宋诗精华乃在此而不在彼也。”陈寅恪批云：“此数语有所指。其实近人学宋诗者，亦非如石遗所言……乌睹所谓‘仅有土木而无丝竹者’耶？石遗晚岁颇好与流辈争名，遂作此无的放矢之语，殊乖事实也。”（据梁基永复印、张求会辑录）寅恪认为陈衍这几句话“有所指”，甚是。指谁？陈衍评陈三立诗“直逼薛浪语”（《近代诗钞》），此《叙》斥“祈向”薛浪语之“近贤”，联系起来看，应指陈三立。钱锺书《叔子寄示读近人集题句，媵以长书，盍各异同，奉酬十绝》之五《论宋诗菁华录序》有句云“福建江西森对垒”，亦可为证。盖当时福建、江西两大诗派之“对垒”，亦即两派领袖陈衍、陈三立之“对垒”也。寅恪见过《近代诗钞》《石遗室诗话》，深知陈衍非薄三立，所谓“石遗晚岁颇好与流辈争名”，已表示出他对陈衍不满。“争名”必有与其声望相当之对象，此人姓名，不言而喻。寅恪不便为自己的父亲公开辩护，只斥陈衍“无的放矢”“殊乖事实”而已。

注释：

①见唐文治《茹经堂文集三编》卷八，排印本。

②见张一《心太平室集》卷三，1947 年排印本。“民国二年八月”，《心太平室集》作“以民国七年八月”。

③“南通张謇见其文而惊异，谓江以北，无敢抗颜行者”，《心太平室集》作“南通张謇称为江以北无能抗颜行者”。

④近有人影印叶恭绰此诗墨迹，说“寿诗外间少有流传”，误。墨迹“尊李耳”之“尊”字，公开发表时改作“留”。

附：《慎园诗选》中所见之钱基博、钱锺书

《槐聚诗存》1949年有《寻诗》一首，诗曰："寻诗争似诗寻我，伫兴追逋事不同。巫峡猿声山吐月，灞桥驴背雪因风。药通得处宜三上，酒熟钩来复一中。五合可参虔礼谱，偶然欲作最能工。"钱锺书这首七律，到1955年，引起了八十老人卢弼的吟兴，接连写了十二首和诗，从此二人结为忘年之交。卢弼字慎之，湖北沔阳人，著《三国志集解》《慎园文选》《慎园诗选》。卢和钱诗十二首，收入《诗选》中。《诗选》未公开出版，只油印了几十部。大陆人士见过此书者不多，港、台人士见过此书者更少。《槐聚诗存》中不载卢弼和诗，只能从《慎园诗选》中窥见卢弼与钱基博、钱锺书父子交游情况。先按照《诗选》卷十的排列次序，引用卢弼和锺书《寻诗》十二首，并略加注释。

和无锡钱默存（锺书）原韵

远溯鸿蒙一切空，庄生《齐物》尚趋同。侯王已等蝼蛄日，今古相殊牛马风。腹既常枵何患俭（藏书卖尽），身将就木不忧穷。天心好意安排定，万类昂头颂大公。

再叠前韵

斧藻群言一洗空，车书万国轨文同。修齐平治推今日，耕稼陶渔反古风。曾笑秦皇驱鹿逐，谁从鲁叟怨麟穷。《易》云无首元亨利（君主革除），《礼运》终趋大道公。

三叠前韵

钱唐王气已成空，孝友家传今古同。足下学行施北地，尊翁教泽化南风。继绳济济光方炽，文采滔滔运不穷。他日伏龙如枉顾（来书有造谒之语），庞公月旦尚能公。

孝萱注：钱基博、钱锺书是五代时期吴越国王钱镠后裔，故卢弼有“钱唐王气”二句。当时基博在武昌，锺书在北京，故卢弼有“北地”“南风”一联。

四叠前韵题《谈艺录》

诗人眼底已群空，点缀雌黄便不同。莽莽海天怀旧雨，泱泱大国启雄风。清言如画终无倦，玉屑馀音竟不穷。皮里阳秋褒贬在，词坛点将是非公。

孝萱注：《谈艺录》是钱锺书的名著。卢弼所见者是上海开明书店1948年本。

五叠前韵（钱君著《人·鬼·兽》一书，觅求不得戏作）

搜寻已遍冷摊空，想象痴人说异同。野录岭南开《北户》，《虞初》赤壁祭东风。《春秋》晋《乘》偕《梼杌》，夏后诸侯记有穷。是否随园《子不语》，猜疑劳我梦周公（是书后见之，劝不作此类书）。

孝萱注：《人·鬼·兽》是钱锺书的短篇小说集。卢弼所觅者是上海开明书店1946年本。

六叠前韵

欲瞻丰采愿成空（钱翁神交多年，尚未谋面），桥梓皋比（读皮音）两地同。吾道南来施化雨，大江东去挽颓风。人文吴楚文终胜，天运循环运不穷。早与松岑成敌国（金松岑赠默存诗有“老夫视此为敌国”之句），武昌鱼美忆钱公。

孝萱注：金天翮原名懋基，字松岑，改名天羽，号鹤望，又号鹤舫，江苏吴江人。《天放楼诗集》卷二一《赠钱默存（锺书）世讲》云：“谈艺江楼隽不厌，喜君词辩剑同铦。老夫对此一敌国，年少多才信不廉。祁乐后来人挺特，李舟名父子矜严。著书隐几识盈尺，醉读吾能昼下帘。”此诗作于甲申（1944 年）。70 岁的“老夫”金天羽对 34 岁（皆虚龄）的“年少”，视为“敌国”，可见钱锺书之“多才”。天羽与基博是朋友，故称锺书为“世讲”。

基博《现代中国文学史》上编《古文学（二）·诗二·宋诗》论金天羽曰：“晚近诗派，郑孝胥以幽秀，陈三立以奥奇，学诗者，非此则彼矣。顾有异军突起，为诗坛树赤帜者，当推吴江金天羽松岑。天羽才气横肆，极不喜所谓同光体，越世高谈，自开户牖……自谓：‘我诗有汉、魏，有李、杜、韩、苏，有张、王小乐府，有长吉，有杨铁崖，有元、白，有皮、陆，有遗山、青邱，而皆遗貌取神，不袭形似。自幼学义山，人不知也；学明远、嘉州，人不知也；学山谷，人不知也，然于此数家功最深。’斯盖寸心得失之言。刊有《天放楼诗集》《续集》。陈衍谓：其才思如矿出金，如铅出银，在明则杨升庵，在清则龚定盦，可相仿佛。及其老笔纷披，殊有杜少陵所云绝代佳人‘摘花不插鬓，采柏动盈掬’之态。并著于篇以备考论焉。”卢弼甚喜基博此书（详见下文），基博时在武昌，卢弼居天津，所云“神交多年，尚未谋面”，以及“武昌鱼美忆钱公”等句，皆实录，非虚言。

七叠前韵

红尘俯视尽虚空，谁与苍生苦乐同。陆海愿无争战地，乾坤赖有转旋风。万方多难真逢劫，六合兼吞计已穷。若使群盲销蠢动，潜移默化仰天公。

八叠前韵

蠲输文物锦囊空（钱翁将珍藏文物、书画、金石尽赠华中师范学院），高密家传有小同。不使野由施夏楚，长教曾点咏春风。中西早已兼淹贯（谓默存），陈蔡何能久困穷。茅苇纷纷丛卉里，诗人尚有顾黄公（顾景星有《白茅堂集》）。

孝萱注：《慎园诗选》卷首《诸家题识》载钱锺书《评和韵八

首》:“澜翻层出，横说竖说，诗家之广长舌也，膜拜顶礼而已。枚乘止于《七发》，孔明不过七擒，公乃复加一焉。八米卢郎之后，遂有八和，卢翁亦他年故实。”

卢弼和诗九首，锺书只言“八和”，何故？因第九首乃题基博《卢木斋先生遗稿序》，结语称赞锺书“青出于蓝胜乃公”，锺书只能避而不谈。

九叠前韵（题钱翁撰《木斋遗稿序》）

杰构宏篇一世空，高标已见耻雷同。文星世泽传吴会，木铎经年振楚风。大集姓名得依附，寒家铭感正无穷。最难迁固联绵业，青出于蓝胜乃公。

孝萱注：1953年卢弼编辑其亡兄卢靖（号木斋）遗稿，油印数十册，函请钱基博撰序，这是基博晚年的一篇重要文章，未公开发表，知者极少，是珍贵的资料。研究基博晚年思想，不可不知此序。

钱基博《卢木斋先生遗稿序》:“七年前，余客授华中大学以来武昌，偶在坊间睹沔阳卢木斋先生辑刊《湖北先正遗书》七百二十卷而善之，亟购而归以赠图书馆。江汉炳灵，文章攸托，诏我共学，知所皈依，以为世之所谓识时务者为俊杰，吾知之矣，不过厌故而喜新，曲学以阿世耳，非有所真知灼见也。独先生生新旧嬗变之交，实事求是以孤行己意，其始开风气之先，及其既也，矫风气之偏，而不为风气所囿，有以见天下之赜而观其通者也。遗文三十首，哲弟慎之先生网罗放佚，千里邮寄，而属论定以发其指。基博之生也晚，未及奉手，而又末学寡识，何足以窥先生之深。独念先生生前清咸丰六年，方当科举极盛之日，士非帖括无以进身，抑无以得食，先生独毅然有所不为，而究心畴人以牖启新知，旁通欧故，年二十八，犹困不得一衿，亡以自振拔，而先生莫之恤。亦既为一世之所不为，抑亦亡以易食于当世，挈慎之先生相与槁饿萧寺，而人亦莫之恤，则以孤行己意，而所学之与一世忤也，是岂屑意于曲学以阿世者哉？然而风气之开以之。于是有光绪甲申法越之役，我军败绩，问所以，则曰：法军枪炮之射击准，而我不如也。先生闻之，叹曰：此不习畴人之术也。因著《火器真诀释例》一书，具草为湖北巡抚长洲彭芍亭中丞所见，付之刊，而礼聘主讲算学书院，遂以显名当世，而项城高勉之学使试补沔阳州学生，调肄业经心书院以风厉多士，于是先生年二十九矣。其明年应乙酉科乡试，则以天算对策冠绝全场，而为典试义乌朱蓉生先生所识拔，谓科举以来所未有，中试举人。高学使称为朴学异才以荐于朝，特旨以知县交直隶总督李鸿章委用，于是需次天津，委充武备学堂算学总教习，而获交侯官严幼陵先生，读所译著各书，并以通知四国之为，而欲推陈出新，见诸措施。历知赞皇、南宫、定兴、丰润诸县，洊擢多伦诺尔厅，奉旨简放直隶提学使，调任奉天。前后服官垂三十年，敬教劝学，新猷燬焯，播在人口，而科举之废，尤先生一言之以。先生以光绪乙巳秋，奉委率直隶官绅赴日本考察学务，临行谒总督袁世凯，世凯曰：此一行也，宜深究彼之何以兴学，而我之所以不振自见。先生对：此不必出国门而可知者。吾国千百年相习以科举取士，所试者八股文诗赋小楷耳。萃一国之聪明才知，悉心以事帖括无用之学，然上自台阁卿相，下至一命之士，无不出于此，而美其名曰正途，得之者富贵利达，惟意所欲，否则穷愁白首，亡以自立于天地，使科举不废，虽日言兴学，学必不兴。如水流然，既有长江大河可奔赴，而支港细流，其何能畅。今之学校，不过支港细流而已，富贵利达之途不在也。学部侍郎严修方在座，力赞其说。于是世凯会商鄂督张之洞连衔入奏，先生之行未旬日，而停科举之诏下矣。呜呼！先生之在当日，岂非舍其旧而新是谋，以开一时风气者哉。然而先生知新温故，不废经史，《輶轩语》《书目答问》二书，张之洞早岁为学政时所著，以课科举之士，而诏示读书之途径者也。先生则所至必挟，五十年寝馈二书，按目以求，积书至数十万卷，而临民为政，历知五六县厅，提学直隶、奉天两省，未尝不刊印二书，接见士夫，必以相贻而勉之读书。及辛亥革命而先生解官，则慨然曰：吾不食于官，而儒者以治生为急，吾粗晓欧人之计学而未及施用，则摅所蕴蓄以委身实业，通商惠工，与时为盈虚，家大蕃息，而先生不以自丰豢，则斸其金十万元，出其书十万卷，捐之南开大学而以营建木斋图书馆。先生不以为足，而度地北京城西以营建第二图书馆。名椠秘籍，灿然盈架，宜其沾溉儒林，欣读未见。然挠万物者莫疾乎风，欧化东渐，经史束阁，惟新之求，衡政论学乃至移风易俗，言必称欧美，一往不返，轻我家丘，变本加厉，而读线装书以为大诟，宁啻《论语》当薪而欲茅坑是投，此则吾乡吴稚晖老人一时逞臆之谈，而传诵青年以为大快者也。先生则不以人弃我取欣得所求，而以道丧文敝为大戚，思古情幽，与慎之先生穷年孜矻，陈发秘藏，而以为近己而俗变相类，莫亲切于乡邦文献，校理旧文，搜刊《湖北先正遗书》《沔阳丛书》，卷且逾千，所费以大万，欲以恢张楚学，宏我汉京。吾读《湖北先正遗书序》而低徊往复以不自已焉。其言有曰：当兹道丧文敝之会，而值新旧绝续之交，水火兵戈，乘除纷扰，往籍湮晦，文献沦亡，失今不图，后将无及，岂徒以专己守残，而志在辅弱起微，倘亦一世之所不为，而先生独有以为之于此日者耶。呜呼！昔年人方笃旧，而先生日新又新，此日人皆骛新，而先生与古为徒，岂果先生之好与一世为忤，无亦长虑却顾，意念所及，国必自伐，而后人伐，非与时为变，固天演之所必淘汰，而舍己徇人，亦人心之日趋自伐一往不返，寖且丧吾，自淘自汰，何有图存。是以君子为国，观之上古，验之当世，参以人事，察盛衰之理，审权势之宜，去就有序，诚慎之也，倘不究观始终，而漫以一端相窥，几何大方之家，不为曲士所笑哉。先生九京有知，倘亦以雍之言然。后学无锡钱基博谨序。”

据《卢木斋先生遗稿》卷首卢弼题识：“伯兄木斋先生，注重事功，不尚辞翰，生平文字，多不留稿，余搜辑数十篇，略加选择，纂成此卷，泰半为余代作。”基博此《序》，不评卢靖文章如何，而详论其“生新旧嬗变之交”“其始开风气之先”，其后“矫风气之偏”“有以见天下之赜而观其通”。基博从知人论世的角度，以“字向纸上皆轩昂”的笔力，写下这篇名文，特录全文如上。

今春习书吟事又辍近与默存唱酬忽触吟兴遂盈数纸

岂将吟事寄生涯，千古茫茫几作家。姑写胸怀销暮景，诗如蔓草眼如花。

孝萱注：这首七绝，总结九首和诗。

和默存《寻诗》原韵

绮思妙谛易翻空，凿险探幽意境同。彩笔千言干气象，雄词万里驾长风。翠微吐纳形骸外，关塞收归掌握中。君已高吟鸣天下，衰龄驽蹇愧难工。

孝萱注：卢弼于九首之后，又作此首及下二首，共十二首和诗。

再叠前韵

锡山才彦世间空，况复佳人携手同（默存伉俪同膺讲座）。绛帐高台双化雨，金闺缀句满屏风。赏心选韵弹琴后，乐意倾茶角胜中。桃李门墙争艳日，宣文弟子亦能工。

孝萱注：此首兼咏锺书妻杨绛。

以上均1955年作。1956年，卢弼又写了一首《寄怀钱子泉先生仍叠前韵》，诗曰：

湖乡归去愿成空，风雨怀人异地同。北海推崇高密日，东坡善述老泉风。薪传江汉囊无底，运转神州道不穷。寄语花林群弟子，渊源师友颂钱公。

孝萱注：1957年基博病逝。

《慎园诗选（不分卷）》有《近人杂咏》，小序云：“据钱基博《现代中国文学史》，以所载之人为限，亦有载而不咏者，所载生存者不咏，余不谙词曲，不敢妄评，王国维博学苦行，不专以倚声见长，故咏之。”卢弼对基博此书极喜爱而赋诗二十四首，对书中人物王闿运等十六人进行评论。

《慎园诗选》卷首有钱锺书三文，不见于他书，今移录并论述如下：

（一）《评和诗八首》评语中有“孔明不过七擒”句，今按：卢弼《三国志集解》卷三五《蜀书·诸葛亮传》引《通鉴辑览》曰：“七纵七擒为记载所艳称，无识已甚。盖蛮夷固当使之心服，然以缚渠屡遣，直同儿戏，一再为甚，又可七乎！即云几上之肉不足虑，而脱韝试鹰，发柙尝虎，终非善策，且彼时亮之所急者，欲定南而伐北，岂宜屡纵屡擒，耽延时日之理，知其必不出此。”又引钱振锽曰：“《李恢传》丞相亮南征‘后军还，南夷复叛，杀害守将，恢身扑讨，锄尽恶类，徙其豪帅于成都’。《谯周传》周上疏云：‘南方远夷之地，平常无所供为，犹数反叛，自丞相南征，兵势逼之，穷乃幸从。是后供出官赋，取以给兵，以为愁怨，此患国之人也。’观此二传，则知亮传注引《汉晋春秋》南人不复反之说（《马良传》注亦有此语），七擒七纵之说，即其渠帅而用之说，皆不可信。马谡攻心之说，亦未真收其效。承祚一概不取，盖有故矣。”《通鉴辑览》、钱振锽皆否定“七擒”。卢弼引用之，可见他也是否定“七擒”的。锺书不怀疑“七擒”，所以作为典故。卢为史学家，钱为文学家，故有此异。

（二）《慎园诗选序》云：“光、宣以来，湖北诗人，有天下大名者，樊山、苍虬为最，沈观、笏卿，抑其次也。樊山才思新富，殆如刘后村论放翁，所谓天下好对偶，为渠作尽，而朱弦三叹之韵致盖寡。苍虬体格高浑，失之肌理不密，气浮于词，其于江西社里，亦如学唐诗者之有空同、沧溟矣。同光体既盛行，言诗者竞尊苍虬，如周、左二家，秀难掩弱，亦得把臂入林。而樊山别调孤行，遂等诸魔外，门户偏心，余尝慨之。近乃知沔阳卢慎之先生，夙论如此，窃喜自壮。先生一代学人，世多以抱经、竹汀比目，不知其工诗也。尝偶以七言律一章相赠，余方叹其典切，竭才欲酬答而不得。而先生叠韵再三，以至于八，出而愈奇，接而愈厉，余骇汗走僵，不敢吐一字。先生因徐出旧稿，许余讽咏之，然后识樊、陈、周、左辈，当让出一头地，而微恨先生之深藏若虚也。先生诗机趣洋溢，组织工妙，虽樊山不能专美于前。又笃于伦纪，情文相生，非徒刻意求新巧者。且学人而为诗人，匪惟摭华，且寻厥根，昌黎所谓于书无不读，用以资为诗，先生有焉。樊山稗贩掇拾，不免于花担上看桃李，非其伦矣。虽然，尝试论之。意到笔随，澜翻层出，此皮袭美所擅也。卷轴浩博，精于运遣，此宋子京所擅也。故袭美《杂体诗序》，标多能之目，而高似孙《纬略》，采子京逸句最多。若皮若宋，皆湖北之先正，先生与之继起代兴，而岂徒与晚近世作者，较一日之短长已哉。乙未七月后学无锡钱锺书敬序。”此序撰于1955年，卢弼收到后，回信致谢。金钺看了，大为不满，写信给卢弼，批评钱锺书：“乃不嫌悉抑并世之人，藉与独扬作者，且不止于抑，直一一诋讥之，则其扬也，其果为修词立诚也否耶？恐读者亦将有所致疑也。向读此君著作，其浩博至可钦，而锋芒殊足畏。……为人作序，亦用此法，似欠含蕴，殆由积习使然欤？……此君好抨击，下走又从而效之，一笑！虽然，文笔淹雅，其学究可敬佩，正所以责备贤者耳。”卢弼又写信给锺书，请修改序言，略云：“窃以大笔溢美之辞，遂启下走怀惭之念。”“楚中三老（指樊、周、左），流誉京华，属在后进，曷敢陵轹乡贤。任先（陈曾寿）同学，伊吕伯仲，地丑德齐，互相割据。左右臧否人物，自有权衡，惟序于拙集中，辞气之间，似宜斟酌，无令阅者疑讶。如承修饰，益臻完璧，冒昧陈辞，伏希谅恕。”

（三）“钱君默存复书”。锺书复信，坚持不改，全函如下：“前奉手教，正思作报。又获赐书，益佩长者之古心谦德。拙序属词甚拙陋，然命意似尚无大过。文章千古事，若以年辈名位迂回袒护，汉庭老吏，当不尔也。司空表圣之诗曰：‘侬家自有麒麟阁，第一功名只赏诗。’唐子西之诗曰：‘诗律伤严似寡恩。’严武之于杜甫，府主也，而篇什只附骥尾以传。鲁直之于无己，宗师也，而后山昌言曰：‘人言我语胜黄语。’虽即君臣父子之谊，亦无加恩推爱之例。故杜审言、黄亚夫，终不得为大家，而《乐全堂十集》，未尝与王、朱、袁、赵之作，等类齐称。虽然，公自尽念旧之私情，晚则明谈艺之公论，固可并行不悖耳。和邵诸联，典丽之至，鄙言樊山不能专美，此即征验。公既逊让未遑，而复录尔许佳句相示，岂非逃影而走日中乎？一笑。”

卢弼将他与锺书的来往函件，录示金钺。金钺复函，略云：“（钱锺书）复书‘汉庭老吏’‘谈艺公论’各说，适符管窥所及，自为著书则可……若先轻议其人之乡邦群彦，借为推重其人出类拔萃之张本，试思即觌面语言，亦未为得体。……至援引乡贤为比，命意本佳，只措词稍未圆融，致落痕迹，未免使受者难安，读者生讶。似可将此二札缀次序后，庶几彼此两全其美，而读者亦可无议于后，且不负知音见赏之盛意。……以区区一言，又引出二公两篇精作，是可增艺林一段佳话也。”卢弼照金钺意见办理。

卢弼又作《楚三老咏（樊樊山增祥、左笏卿绍佐、周沈观树模）》，说明：“钱君偶尔骋笔锋，一时兴到忘尔汝。高文自垂天壤间，藐躬踧踖窃不取。后生礼宜敬前贤，安敢自矜大言诩。赋诗陈词告来兹，庶几僭越憾可补。（钱君默存为拙吟撰序，称许逾量，感而赋此。）”一篇序言引起一场纠纷，是锺书想不到的吧！

今按：锺书《慎园诗选序》对樊增祥、左绍佐、周树模、陈曾寿诗之评价，金钺表示不满，而置钱对卢弼诗之评价不论，是不全面的。今将钱对卢之评价，与诸家（包括金钺）对卢之评价，列表对照如下：

<table>
<tr><th>《慎园诗选序》评卢弼</th><th>诸家评卢弼</th><th>备　　考</th></tr>
<tr><td>“先生一代学人，世多以抱经、竹汀比目。”</td><td>“……读其书者必信其能传而久、久而著如朱氏、钱氏之书也。”（王欣夫《慎园文选序》）</td><td>卢文弨号抱经。钱大昕号竹汀。朱氏名彝尊。</td></tr>
<tr><td>“先生诗机趣洋溢。”</td><td>“有飞动机。”　“理趣横生。”（金钺）</td><td rowspan="3">金钺、甘鹏云、徐沅评语，据《慎园诗选》卷首《诸家题识》。</td></tr>
<tr><td>“非徒刻意求新巧者。”</td><td>“如不经意而出。”“以视绨章绘句，撚髯苦吟者，有上下床之别。”（甘鹏云）
“不事雕镌。”（金钺）</td></tr>
<tr><td>“且学人而为诗人，匪惟撷华，且寻厥根，昌黎所谓于书无不读，用以资为诗，先生有焉。”</td><td>“放翁所谓工夫在诗外者耶。”（甘鹏云）
“真是旷代史才，岂徒诗坛健将，上有万古，下有千春，不可磨灭之作。”（徐沅）
“……非宏于才而裕于学者，曷克臻此。”　（金钺）
“平生邃于史学……虽不斤斤于诗律，而胸罗万卷，固非寻章摘句之俭腹人所能比拟者也。”　（胡先骕《忏庵丛话·卢慎之先生》）</td></tr>
</table>

经过比较，可以看出，锺书对卢弼的评价，与诸家对卢弼的评价，是相同的或相近的，钱自信为“明谈艺之公论”，是无愧的。

最后，对无锡钱氏父子与卢弼的交往，归纳为三点体会：

（一）20 世纪 50 年代，在武昌执教的钱基博，在北京工作的钱锺书，与在天津闲居的卢弼，闻声相思，诗文酬酢。但不是基博介绍锺书与卢弼通信的，也不是锺书介绍基博与卢弼通信的。

（二）卢弼赋诗赞美钱氏父子、锺书夫妇；基博为卢靖遗稿撰序，锺书为卢弼诗集撰序，均自称后学，可见互相尊重。

（三）卢弼推崇锺书《谈艺录》而劝其勿作《人·鬼·兽》一类书，反映出老辈对新文学不能接受，然而并不影响二人之交往。

附：钱锺书评李详

李详，字审言，又字愧生，后号百药生，晚号䍩叟，江苏兴化人，著名的文学家。1989 年，江苏古籍出版社出版了《李审言文集》。出版之前，李详之孙李传砚函求钱锺书撰序，锺书婉拒，其复书云：

传砚先生著席：奉书感愧。䍩翁诗文笔记，向来胝沫，而少年远游，未能捧手，有恨如何。遗著编印，一世学人，皆承嘉惠，不才私心忻悦，更不待言。不才于䍩翁之文章学问，如游、夏之于孔子《春秋》，莫赞一辞。作序题识，乃不自量妄人所为，区区尚知惭愧，未敢僭越，来示勿克负荷，歉悚之至。手此复谢，即颂近安！

钱锺书敬上 三月十二日

针对这封信，并联系有关情况，作六点分析：

（一）信中对李详十分崇敬，再看看《谈艺录》中是怎样评论李详的：

宋《蔡宽夫诗话》言："渊明诗，唐人绝无知其奥。惟韦苏州、白乐天、薛能、郑谷皆颇效其体。"《国粹学报》己酉第八号载李审言丈《愧生丛录》一则云："太白、韩公恨于陶公不加齿叙，即少陵亦只云'陶潜避俗翁'也。"【补订一】余按少陵《夜听许十诵诗》曰："陶谢不枝梧，风骚共推激。"《江上值水如海势》曰："焉得思如陶谢手，令渠述作与同游。"其不论诗而以"陶谢"并举者，尚有《石柜阁》诗之"优游谢康乐，放浪陶彭泽"。李群玉《赠方处士》云："喜于风骚地，忽见陶谢手。"即本少陵来，不得谓少陵只云"陶潜避俗翁"也。如以"陶潜避俗翁"为例，则太白……诗如《赠皓弟》……诸作，皆用陶令事。……昌黎诗如《秋怀》……未尝不师法陶公……清初精熟杜诗，莫过李天生；《续刻受祺堂文集》卷一《曹季子苏亭诗序》论少陵得力《文选》，且云："少陵全集，托兴莫如开府，遣怀专拟陶公。"由是观之，蔡李二氏所言，近似而未得实。(二四《陶渊明诗显晦》)

沧浪之说，周匝无病。朱竹垞《斋中读书》五古第十一首妄肆诋諆，盖"贪多"人习气。李审言文读书素留心小处，乃竟为竹垞推波张焰，作诗曰："心折长芦吾已久，别才非学最难凭。"(本事见《石遗室诗话》卷十七。)(六一《随园主性灵》)

窃谓（章）实斋记诵简陋，李爱伯、萧敬孚、李审言、章太炎等皆曾纠其疏阙。(八六《章实斋与随园》)

李审言《愧生丛录》卷一力诋《诗归》，谓："专标枯涩清灵为宗，便味如嚼蜡。"……窃谓谭友夏《东坡诗选》实足羽翼《诗归》。……钟谭操选枋，示范树鹄，因末见本，据事说法，不疲津梁。惊四筵而复适独坐，遂能开宗立教矣。(《谈艺录补订》103页)

(元遗山)《赠张文举御史》"会有先生引镜年"自注："先生新失明。"按李审言《愧生丛录》卷二谓王融《三月三日曲水诗序》："引镜皆明目。"《文选》李善注引谯周《史考》载任永事，乃遗山用字所本。是也。(同上150页)

以上五条，仅第三条、第五条赞同李详，第一条批评李详所云李白、杜甫、韩愈不重陶潜，"近似而未得实"；第二条批评李详所云《沧浪诗话》"别才非学最难凭"，传播了朱彝尊的谬论；第四条批评李详力诋《诗归》之非。我从大量的现象中，领悟到钱锺书的一个特点：在信札中，他常常对人谦恭；而在著作中，笔下毫不留情。前者是他的处世之术，后者是他的治学之方，要全面理解。

（二）《李审言文集》署“李稚甫编校”。李稚甫撰《二研堂全集叙录》《李详传略》，作为“附录”。1988 年 5 月江苏古籍出版社“编校后记”云：“由李详先生哲嗣李稚甫教授编集整理。李详先生之孙李传砚同志，参与了资料搜集整理工作。李稚甫教授还从头至尾审阅了初校样，在一些地方加了编校者案语。”可见《李审言文集》之完成，全仗李稚甫之努力，李传砚不过作为孙辈代表，挂个名而已。

《李审言文集》卷首有张舜徽、王利器二序，张序撰于 1983 年 9 月 10 日，略云：“其嗣君稚甫先生……近忽简札先施，殷勤以序其先人遗集为请，余重其抱守遗书，汲汲力谋刊布为不可及也。”王序撰于 1983 年 9 月 23 日，略云：“哲嗣稚甫教授，以北京图书馆所藏清稿十余种，校董后，先行问世，问序于予。”二序皆应李稚甫之请求，与李传砚毫无关系。

既比李稚甫晚一辈，又对《李审言文集》无功之李传砚，请钱撰序，欲达到什么目的，路人皆知，聪明绝世之钱锺书，岂能不知？当然不允。

以上略考《李审言文集》出版情况，供解读钱锺书复李传砚函者之参考。

（三）钱锺书并非一概拒绝为人作序跋。他为卢弼《慎园诗选》撰序，即是一例。此序署“乙未七月后学无锡钱锺书敬序”，乙未为 1955 年。

（四）《谈艺录》称李详为“丈”，复李传砚函称李详为“翁”，钱锺书对李详的尊称，要追溯到其父钱基博与李详的交往。《李审言文集·学制斋书札》上卷有《与钱基博四函》附《钱基博答李䁱叟书二函》。“文有骈散”，李详为骈文名家，基博为散文高手，二人互相推重，李详“愿与（基博）为友”，基博尊李详为“前辈”，李详谦让，基博“必致其诚，敬敢仍以晚学自居”。双方谈文论学之语，兹不多引，唯就《现代中国文学史》一事言之。

李详《与钱基博四函》之一云：“费君范九述足下语，索拙著骈文，谨以一部呈教。比年稍有进境，别钞骈文序目求政。”之三云：“阁下前属范九，索鄙著文集，为文学之左证。不知阁下位置弟于何等？一流将尽，温太真尚为色动，公之《文学史》出，定有可观，朱紫月旦，凭其一言，辱在下风，愿闻其说。”今按：钱基博《现代中国文学史》上编《古文学·文·骈文》评李详曰：“详骈文，精隶事而乏韵致。特其书札，词笔疏俊而气调岸异；繁采既削，古艳自生，乃正萧散似魏晋间人作。”

（五）钱锺书批评李详“别才非学最难凭”诗，涉及朱彝尊、陈衍以及他本人对《沧浪诗话》的看法。《谈艺录》六一云：“陈石遗丈初作《罗瘿庵诗叙》，亦沿竹垞之讹；及《石遗室文四集》为审言诗作叙，始谓：沧浪未误，‘不关学言其始事，多读书言其终事，略如子美读破万卷，下笔有神也’云云。余按‘下笔有神’，在‘读破万卷’之后，则‘多读书’之非‘终事’，的然可知。……沧浪主别才，而以学充之；石遗主博学，而以才驭之，虽回护沧浪，已大失沧浪之真矣。沧浪不废学，先贤多已言之，亦非自石遗始。”锺书逐一指出朱彝尊、李详、陈衍对《沧浪诗话》的误解，坚持他自己“沧浪主别才，而以学充之”的观点。

（六）李详、钱基博、钱锺书都评论过林译小说，今摘其要点如下：

李详《与钱基博四函》之三云：“弟于畏庐，从未识面，而观其所译小说，重在言情，纤秾巧靡，淫思古意，三十年来，胥天下后生尽驱入猥薄无行，终以亡国。昔人言：‘王何之罪，浮于桀纣。’畏庐之罪，应科何律？”

钱基博《现代中国文学史·古文学·文·散文》云：（高风

谦）挚友王寿昌精法兰西文，亦与（林）纾欢好。……遂与同译法国小仲马《茶花女遗事》，至伤心处，辄相对大哭。既出，国人诧所未见，不胫走万本。既而凤谦主干商务印书馆编译事，则约纾专译欧美小说；前后一百五十种，都一千二百万言；其中多泰西名人著作，若却而司·迭更司，若司各德，若莎士比亚，均有之；而以译却而司·迭更司为尤高。最先出者为《茶花女遗事》，致自得意。盖中国有文章以来，未有用以作长篇言情小说者，有之，自林纾《茶花女》始也。纾移译既熟，口述者未毕其词，而纾已书在纸，能限一时许就千言，不窜一字，见者惊诧其速且工。……自以工为文辞，虽译西书，未尝不绳以古义法也。……尝语人曰：‘中西文字不同，而文学不能不讲结构一也。’”

钱锺书《林纾的翻译》：“商务印书馆发行的那两小箱《林译小说丛书》是我十一二岁时的大发现，带领我进了一个新天地，一个在《水浒》《西游记》《聊斋志异》以外另辟的世界。我事先也看过梁启超译的《十五小豪杰》、周桂笙译的侦探小说等，都觉得沉闷乏味。接触了林译，我才知道西洋小说会那么迷人。”“他接近三十年的翻译生涯显明地分为两个时期。‘癸丑三月’（民国二年）译完的《离恨天》算得前后两期间的界标。在它以前，林译十之七八都很醒目，在它以后，译笔逐渐退步，色彩枯暗，劲头松懈，读来使人厌倦。”“为翻译起见，他得借助于文言小说以及笔记的传统文体和当时流行的报刊文体。……古文惯手的林纾和翻译生手的林纾仿佛进行拉锯或跷板游戏；这种忽进又退、此起彼伏的情况清楚地表现在《巴黎茶花女遗事》里。那可以解释为什么它的译笔比其他林译晦涩、生涩、‘举止羞涩’；紧跟着的《黑奴吁天录》就比较晓畅明白。”

对照起来看，李详彻底否定林译小说，钱氏父子则程度不同地予以肯定。锺书将林译小说划分为两个时期，认为前期胜于后期，但最早的《茶花女遗事》尚属于尝试、摸索阶段，在坚守古文义法与借助文言小说、笔记、报刊文体上，摇摆不定，不如后译的小说晓畅。（用今天的话说，就是付出了学费吧！）锺书能言其父基博之所未言，从事物的发展规律来看，是进步的现象。

必须将钱锺书在著作中对李详的评论以及其不同的学术观点，与他复李传砚函中对李详的谦恭之词，合并观之，才是全面的。这个原则，不仅适用于钱对李详，也适用于对其他学者文人。

附：钱锺书、乔曾劬唱和考

《槐聚诗存》有《赠乔大壮先生》诗。学生来寒舍，提出两个问题：（一）乔大壮是什么人？钱锺书对唱和的友人，如冒叔子、陈式圭、郭晴湖、徐燕谋、张挺生、滕若渠、许景渊、吴亚森、龙榆生、郑海夫、张荫麟、宋悌芬、周振甫、刘大杰、苏渊雷、向觉明、王辛笛、江骏卿、陈百庸、许大千、马先之等，均不称先生，为何对乔大壮尊重？（二）乔大壮有没有回报钱锺书的诗篇？如有，能录示否？外地读者，也有来函询问类似的问题。今一并在此答复。

一

潘伯鹰撰《乔大壮先生传》，是研究乔大壮生平、风貌、学艺的最可信的第一手的资料，因原文较简，今稍加补充，分段介绍如下：

乔先生者，名曾劬，字大壮，四川华阳人也。乔故世家。（补：乔氏别署伯戢、劳庵，号波外居士，清光绪十八年生。华阳乃今成都市双流县。）

先生短身巨颅丰颐高额，眸子瞭然以静，吐语甚徐，举措秩如也。（补：钱锺书云：乔大壮“美髯”。）

幼而绝特，博究经史、诸子、佛道、稗官之书，通法兰西文，工书，尤好者文学，而最致力莫如词。（补：乔大壮幼从顾印伯受学。毕业于北京译学馆。1935—1936 年与石凌汉、仇埰、夏仁虎、吴梅、陈世宜、汪东、唐圭璋、卢前、吴白匋、廖恩焘、寿鉨等在南京成立“如社”，出版《如社词钞》。）

历官掾曹，徒以文书笔札为人所称，久而厌之。教授大学，欲以发其意，然谦毅敏介，若不能言者。更历世难，弥以危逊，人亦罕知其蕴焉。（补：乔大壮 1915 年任北京政府教育部图书审定处专员，1935 年任中央大学艺术系教授，1937 年任国民政府实业部主任秘书，后任经济部、监察院秘书、参议、参事等职，兼中央大学师范学院教授。抗战胜利，复员南京。1947 年任台湾大学中文系教授，1948 年兼该系主任。）

托于酒，每酩酊，神意愈清，间逢其会，颇论道术消长，史事得失，人之所以自立，与夫文心之微，谘无不塞，引之而逾深，渊渊乎有味哉。（补：钱锺书云：乔大壮“善饮”。）

倭寇归降，讲授于台湾，感寓时事，体益羸，囊之所能含茹抑遏者，浸假不能。岁戊子七月三日，预署家事，既周以悉，遂独游苏州，其夜大雨以风，举身自沉于梅村桥之下，年五十七耳。（补：据当时报纸报道：台大解聘教授讲师等百余人，组织联谊会，派代表五人谒省主席，当蒙接见。复在该校文学院开会，决议要求校长发给还乡旅费，并加发解职薪金四个月，由总务代见，毫无结果。解聘教授云，照各大学习惯，如解聘应在学期结束前月通知，俾各人另作打算。至七月初始知解聘，于情理均有不合。史学系主任语记者，渠等为前任校长自各地请来，突遭解聘，倘以资历学识与服务成绩为解聘标准，渠等亦心悦诚服，如以背景定去留，则甚感愤慨。又接近乔大壮教授之人称，乔之自杀与台大易校长有关云。乔离台前曾称，余偌大年纪，如遭解聘，有何颜面。录之以供探求乔氏死因者参考。）

其稿曰《波外楼诗》四卷、《波外乐章》四卷，皆手定，友人为刻于成都。（补：乔大壮译有《你往何处去》《马兰公主》等。卒后，印有《乔大壮遗墨》《乔大壮印蜕》。）

二

钱锺书《赠乔大壮先生》云："一楼波外许抠衣，适野宁关吾道非。春水方生宜欲去，青天难上苦思归。耽吟应惜拈髭断，得酒何求食肉飞。着处行窝且安隐，传经心事本相违。"自注："先生思归蜀，美髯善饮。"

读者以未见乔大壮之和诗为憾。今查到乔氏《次韵报钱默存》云："客舍银灯照桁衣，远游芙芰是耶非？世传豪士吴中赋，风送轻装海上归。独立千人原小异，摩天六翮许低飞。欲从石室䌷书去，白首相望事恐违。"附言："初试名墨，惜纸小劣。"

下面对钱、乔二氏之诗，作几点说明：

（一）这两首诗都是七律，皆押非、归、飞、违韵，确是唱和之作。

（二）当时钱锺书在上海，乔大壮诗于 1948 年 6 月 27 日在南京付邮，距其自杀才六日。

（三）钱诗云乔"思归蜀"，乔诗懊悔"远游"（指台大教书）。言为心声，对于了解乔氏当时心情，有重要价值。

（四）乔氏生于 1892 年（光绪十八年），钱氏生于 1910 年（宣统二年），乔比钱大十八岁，故钱尊称乔为先生。

三

乔大壮擅长治印。他的女儿乔无疆说："（先父）廿余岁在北洋政府教育部任职时，开始对皖派、浙派等前代名家进行深入研究，同时与负有声望的陈师曾、寿鉨等印人为友，因得切磋之益。”寿鉨《印人诗》中称乔大壮“更向黟山低首拜”。“黟山人”是黄士陵的别号。乔大壮对黄士陵极为崇拜，他撰《黄先生传》，略云：“作篆极渊懿朴茂之胜。治印自秦汉印而外，益取材钟鼎、泉币、秦权、汉镜、碑碣、陶瓦，故于皖、浙两宗以次衰歇之后，自树一帜，并世学者尊为黟山一派云。”“论曰：余观近世印人，转益多师固已，若取材博则病于芜，行气质则伤于野，能事尽矣而无当于大雅，兼之而尽善者莫如先生，夫惟超轶之姿，辅之以学问，冠冕一世，岂不盛哉！”这不仅是乔氏对黄氏治印的颂赞，也可以看作他自己治印的经验心得之谈。世人对乔大壮治印之评价，如潘伯鹰说：“乙亥丁丑之际，先生与余同官，余爱其所治印，溯乎古初，逮于今日，未见有过之者也。”沙孟海说：“清末黄士陵、吴昌硕两大派之后，仅乔大壮与齐白石两位印人列名这本史书（《印学史》），此即社会赞誉的‘南乔’与‘北齐’造诣最卓是也。”潘、沙皆推崇乔大壮治印造诣之高。

附：钱锺书以杜诗、禅语评印

友人赠我一页钱锺书先生手迹的复印件。读后，我觉得应写一篇札记，作为纪念。先录钱先生原文如下：

爬格生贤友，学人也，亦才士也。精研格致，深造卓尔，馀事词翰亦妙，足夺行家之席。尤擅治印，杜诗之放笔直干，禅语之单刀直入，应足以形容其刀笔之雄劲。余二十馀年前获其三章，珍同球璧。兹复承以三章惠我，物好而多，真如贫儿暴富矣。出此册属书，因录三十五岁前旧什应教，字迹拙劣，诗则尚堪吟讽耳。丙寅三月。

我知道爬格生的姓名，但本文不宣布，以免标榜之嫌。本文只说明两点：（一）以杜诗、禅语为喻，品评治印，古已有之，略举数例；（二）将1986年（丙寅）钱先生“杜诗之放笔直干，禅语之单刀直入”两句话的典故，和盘托出，供读钱先生这页手迹的人们参考。

一

明沈野《印谈》：“古人云：画中有诗。今吾观古人印章，不直有诗而已，抑且有禅理，第心独知之，口不能言。”又：“眼前光景口头语，便是诗人绝妙词。”此最知诗者。即如“青青河畔草”

一句，试问耕夫牧稚，谁不能言，乃自汉、魏以后，文章之士钩玄致远，尽生平之力，毕竟无有及之者，信“眼前光景口头语”之不易及钱锺书以杜诗、禅语评印也。后世印章，以奇怪篆、不识字藏拙，去古弥远矣。（以上据《遁庵印学丛书》，西泠印社活字本）

明徐上达《印法参同·集印章·参互类》：“杜子美云：读书破万卷，下笔如有神。信不诬也。”（据万历甲寅本）清蒋仁《印款》：“司空表圣论诗贵味外味。余谓作诗者味内味尚不能，况味外味乎？作印亦然。”（据《历代印学论文选》，1999年西泠印社排印本）黄高年《治印管见录》：“沈石田说诗，有谓如兵家之阵，方以为正，又复是奇，方以为奇，忽复是正，出入变化，不可纪极，而法度不乱。此数语借为治印之诀，妥帖入微，受用不尽。”（据1935年活字本）今案：沈野，字从先，明吴郡人。徐上达，字伯达，明新都人。蒋仁，初名泰，字阶平，改名仁，改字山堂，别署甚多，清杭州人，“西泠八家”之一。黄高年，字彭侣，广东新会人。四人均善治印，沈野又工诗，有《卧雪集》《闭门集》《榕城集》等。著《印评》二卷，“大都类严子羽评诗法”，今已不传。四人借用诗意、禅理，评论印章，不落俗套，耐人寻味。

二

唐杜甫《戏韦偃为双松图歌》：“请公放笔为直干。”（旧注：直便难工）宋释道原《景德传灯录》卷十二：“若是作家战将，便请单刀直入，更莫如何，若何。”宋严羽《沧浪诗话·诗辩》：“虽学之不至，亦不失正路。此乃是从顶上做来，谓之向上一路，谓之直截根源，谓之顿门，谓之单刀直入也。”对照之下可以看出，钱先生以杜诗、禅语为喻，品评印章，与沈野、徐上达等以禅理、杜诗论印之文，其共同的思路是将诗、禅与印沟通，体现了中国传统的人文精神，可惜沈野所著“大都类严子羽评诗法”之《印评》失传，不能与钱先生之手迹做具体的比较研究了。

附：钱基厚笔下的钱锺书

谈钱锺书的文章很多，本文与众不同。本文根据钱锺书叔父钱基厚《孙庵老人自订五十以前年谱》中述及钱锺书的四条，略加注释，供海内外治“钱学”者参考。

（一）《年谱》卷上：“宣统二年庚戌十月二十日申时，侄锺书生，叔兄出也。时母弥留，犹望抱孙，得之大慰。适有人遗父以《常州先哲丛书》者，故为命名曰锺书，小字阿先。以伯兄无子，奉父命，由伯兄夫妇携室乳养云。”

孝萱案：将这条与目前许多文章比较，有两点补充：（1）不仅记载了钱锺书出生的年、月、日，还记载了时辰。（2）记载了“望抱孙”的钱锺书祖母，在“弥留”时，看到长孙出世，“大慰”，反映了锺书在钱氏家族中的地位。

钱基厚所云“父”是钱福炯，“伯兄”是钱基成，“叔兄”是钱基博。列世系简表如下：

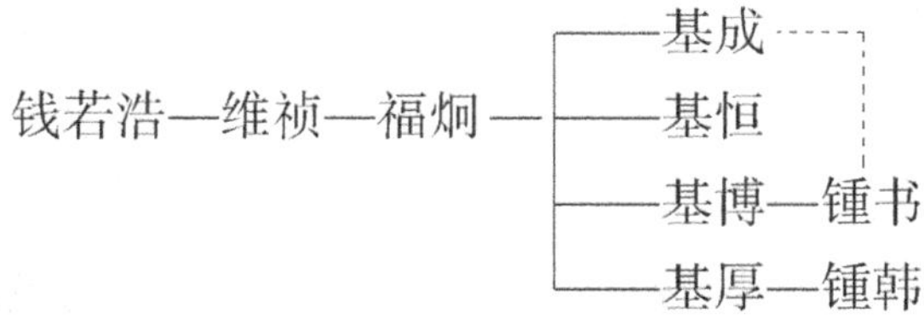

（二）《年谱》卷下：“民国十二年癸亥……叔兄奉父命，始在城内七尺场建新居，尚伯兄在日佐父所置也。前屋两进：第一进七

间，中为大门，东西各三间，以东偏间为家祠，西三间由大嫂及长侄锺书居之。第二进大厅三间，东西书房各两间，西书房内间最宽大，为父寝室，以外间为会客宴居及岁时祭享之所，叔兄住东书房，并以前进东三间之西偏间及中间，为读书会客之所。尚有傍屋，为井灶。吾父自题厅事曰“绳武堂”，省长韩国钧氏为书额。盖吾父讳福炯，与曾祖观涛公讳若浩者同生日，实取《左传》“与吾同物”之义，所谓绳其祖武也。

孝萱案：此条详细记载钱氏新居情况，可以补充许多文章之缺漏。民国十二年（1923 年）钱锺书 14 岁，此条记载大大有助于对锺书青少年时期生活环境之了解。建筑这样的新居，需有相当之财力。钱基博《潜庐自传》中说“家世儒者”，儒者一般没有建筑两进十四间新居（还有傍屋）之财力。《年谱》卷上：“父间经商，不恒在家。”卷下：“吾父伙开质肆，在光复门外曰永盛典者。”钱福炯经商，开当铺，所以有财力建筑这个新居。钱锺书生于亦儒亦商家庭。

（三）《年谱》卷下：“民国十八年己巳长侄锺书及子锺韩在私立辅仁中学校高中毕业。锺书国、英文有特长……（锺韩）与锺书均获优奖。旋锺书录取北京清华大学，入校肄业。”

孝萱案：此条的价值在于记载钱锺书高中毕业“获优奖”，反映出锺书中学阶段的学习成绩。钱锺韩即锺书诗文信札中所提到的“文弟”。

（四）《年谱》卷下：“长侄锺书，于民国二十二年在国立清华大学毕业。至是（民国二十四年乙亥）国内服务期满，膺英庚款第三届留学生考试，得分独多，全榜第一，以西洋文学系派赴英国牛津大学留学。旋又转赴法国巴黎大学，均得学位。至民国二十七年始归国，膺聘为国立西南联大教授。……叔兄为侄娶同里杨老圃先生之女季康，苏州东吴大学毕业，而在北京清华大学研究院者也。婚后同出国，亦赴牛津留学。”

孝萱案：此条记载甚为重要，如（1）说明钱锺书大学毕业后，“服务期满”，才参加公费留学考试；（2）说明锺书以第一名优秀成绩录取。（锺书获牛津大学文学学士学位；在巴黎大学研究，未攻读学位。）“杨老圃”为锺书岳父杨荫杭，“季康”为锺书妻杨绛。

附：钱锺书《沉吟》诗考

《槐聚诗存》1942 年有《沉吟》二首，最近国内有几篇文章探索钱锺书为谁“沉吟”，一种意见是针对吴用威、吴本钺父子而发，另一种意见是针对冒广生、冒效鲁父子而发，对其研究方法，我有一些不同的考虑：

（一）《沉吟》运用全祖望《七贤传》的古典，《七贤传》所评述者是群体———四个父兄奸，七个子弟贤，最近国内的几篇文章未从群体着眼。

（二）南京是沦陷区，上海也是沦陷区（太平洋战争爆发后，上海租界也为日军接管），失节附逆的知识分子，不是个别人，而是一群人。1942 年钱锺书在上海隐居，其亲戚、世交、同学、文友中的失节附逆者，有在南京任伪职，也有在上海任伪职，最近国内的几篇文章忽视了上海方面。

（三）《沉吟》第二首是说，对这一群父兄、子弟俱附逆者，是保持“私交”“酬诗”关系呢？还是“挥刀割席”呢？最近国内的几篇文章只争论为谁沉吟，未考虑钱锺书采取什么态度而沉吟。特撰小文，略谈怎样解读《沉吟》。

一

《沉吟》第一首云："史笔谁能继谢山，词严义正宅心宽。《七贤传》倘他年续，个里沉吟位汝难。"第二首云："王周通问私交在，苏李酬诗故谊深。惭愧叔鸾能勇决，挥刀割席更沉吟。"

第二首每句一典：王褒与周弘让，苏武与李陵，阳斐与羊侃，管宁与华歆。这四个古典为人们所熟知，诗人常用，钱锺书用之，是考虑自己取法哪一种古人，王周、苏李呢？还是阳斐、管宁呢？

第一首只用《七贤传》一典，此典乃人所鲜知，诗人所罕用，钱锺书为何用它呢？其着眼点在群体，不止一二人。锺书博览群书，历史上父兄奸而子弟贤的故事很多，他岂不知，而皆不用，独选冷僻的《七贤传》，其着眼于群体可知。为了便于讨论，将全祖望《鲒埼亭集外编》卷十二《七贤传》之主要内容，列表如后（见表1）。

表1

七贤父兄	七贤
周昌晋（侍御）既入阉幕，阴鸷深贼，罢官后尚多所残害。	弟昌会、昌时。两弟不与兄同居。丙戌后，昌会为僧，昌时弃官。
邵辅忠（尚书）附阉，尤为清议所恶。	子似欧、似雍。丙戌，兄弟微言劝父殉国，以盖前过，不能得。
姚宗文（学使）为浙党魁，隔绝复社人物不遗余力。	从子胤昌、宇昌。胤昌与冯留仙兄弟以气节相砥砺。遭改步，兄弟奔走山海间，以坎坷抑郁而卒。
陈朝辅（御史）附阉。	子自舜。甚愧父之所为，闻人言其父以某物赠奄，数日不食。

所谓"七贤"，指周昌会、周昌时、邵似欧、邵似雍、姚胤昌、姚宇昌、陈自舜。"七贤"之父兄，是周昌晋、邵辅忠、姚宗文、陈朝辅，可称为"四奸"。全祖望在叙述"七贤"事迹之前，先表

明他撰《传》之用意："揆之诸公之意，深不欲人道其父兄之耻，以见其贤，然而是固百世孝慈所不能讳也，吾故特表而出之，使天下为父兄者，弗为败行，以贻子孙之戚，而子弟之不幸而罹此者，能慎所趋，则幸矣。"在叙述"七贤"事迹之后，又重申他撰《传》之用意："如七贤者，绝口不敢白其家门之事，而但力为君子以盖之，是则可悲也已。呜呼！彼为父兄者，其谅之哉！"钱锺书以明末之附阉比喻当时之附逆，皆为群体。

《沉吟》第一首用《七贤传》古典，不是歌颂当时父兄为汉奸而子弟不同流合污者，而是叹息父兄为汉奸、子弟又同流合污者，所以说"续"写《七贤传》"位汝难"也。第二首进一步说，对这一群父兄为汉奸、子弟又同流合污者，应采取什么态度呢？取法哪一种古人呢？

二

《沉吟》是针对吴用威、吴本钺父子而发的吗？

吴用威，字董卿，号屐斋。先世由歙县迁杭州。用威少流寓扬州。清光绪十七年（1891 年）举人，入资为官。民国后，在北洋政府、南京政府任职。抗日战争时期，大汉奸梁鸿志在南京组织伪维新政府，用威任伪行政院秘书长。鸿志转监察院长，用威随往，任监察使兼秘书长。民国三十年（1941 年）卒。

用威有诗名。汪国垣《光宣诗坛点将录》云："地异星白面郎君郑天寿——吴用威：美矣君哉！太原公子，裼裘而来。屐斋诗，风神摇曳，不减张绪当年，新城而后，此其嗣音。至其风骨高骞，情韵兼美，并世诸贤，亦当俯首。"著《蒹葭里馆诗》，有光绪二十年本、民国八年本、民国三十一年四卷本。

民国八年本，系吴用威"自编"，郑孝胥题耑，李宣龚撰序。民国三十一年本，系用威卒后，其子本钺捧遗编，请父友闵尔昌

（字葆之）“点定”，父友兼业师陈懋森（字赐卿）“校”，郑孝胥题耑、李宣龚序仍旧，新增闵尔昌跋。此跋非常重要：（一）跋云：“二十七年二月，君（指吴用威）有书云，将北游，余复书止之。嗣后以老懒，遂不复相闻。”吴用威不于民国二十六年十一月随国民政府迁重庆而归扬州闲居，盖有所待。二十七年二月他“将北游”，北京已沦陷，他去做什么？不就是到华北伪政权中任职吗？尔昌虽“止之”，而终于在南京伪政权中任职。从此尔昌借口“老懒”“不复相闻”，泾渭分明。（二）跋云：“第晚岁牵于人事，题图介寿，篇什差多，似不妨稍事别择。若如近人于其先世手泽，一字一句，不敢割弃者，甚望贤子之不出此也。”这是劝吴本钺删去其父任伪职后与汉奸应酬的诗篇。隐居沦陷区北京的闵尔昌敢于公开表示这个意见，有胆有识，大义凛然。陈懋森《休盦集》卷上有《寄怀闵葆之旧京》《门人吴孟节以尊甫董卿先生丁丑后所作诗属校因题》。“丁丑后所作诗”即民国二十六年日本帝国主义发动侵华战争后所作诗。前一首作于吴本钺赴北京请闵尔昌“点定”其父诗稿之时，后一首作于尔昌劝本钺“别择”“割弃”其父“晚岁”附逆诗篇之时。

用威子本钺，字孟节。任伪淮南盐务管理局局长。他在为亡父用威印诗集的同时，为父友兼业师陈懋森印诗文集。懋森在《休盦集自序》中说：“门人吴孟节闵余穷老，因代醵资排印。”“杀青甫竟”而懋森殁（陈含光《（陈懋森）家传》）。

认为《沉吟》是针对吴用威、吴本钺父子而发的依据，是原藏于合众图书馆，今藏于上海图书馆的一部《蒹葭里馆诗》（民国三十一年本）上题：“默存先生，甲申闰四月本钺敬赠。”钱锺书是学者、诗人，吴本钺是官僚，气味不投，锺书在上海，本钺在扬州，无缘相识。怎样解释赠书之事呢？冒效鲁 1944 年作《扬州杂咏》等诗，他在扬州时必与表兄弟吴本钺会晤，是效鲁叫本钺赠《蒹葭里馆诗》给锺书的。此年效鲁还有《次答陈含光（延韡）见赠》（陈为扬州著名诗人），而《叔子诗稿》中无本钺之名，可见本钺无学术，不能诗，不值得一提（《蒹葭里馆诗》（民国三十一年本）附录陈懋森撰《（吴董卿）家传》中夸奖吴本钺“以干济称，克承家世”，只说能做官，未说诗承家学。《休盦集·吴君董卿家传》删此 8 字）。冒效鲁不屑一提之吴本钺，怎能入钱锺书之法眼！所谓“私交在”“友谊深”绝不可能指本钺。而且《沉吟》作于 1942 年，本钺赠书在 1944 年，锺书绝非看了《蒹葭里馆诗》之后，触发他写《沉吟》。

三

《沉吟》是针对冒广生、冒效鲁父子而发吗？

冒广生，字鹤亭，号疚斋。如皋人。清光绪二十年（1894 年）举人，刑部、农工商部郎中。民国后，在北洋政府、南京政府任职，并执教于中山大学、太炎文学院等校。解放后，应聘为上海文物保管委员会顾问。1959 年卒。

广生卒后，同人私谥“文敏”，谥议略曰：“能文博学，自幼闻名。顾恃才傲物，见忌文衡，虽著作等身，为张文襄、王文勤、张文达诸名公所推许，卒未掇巍科，而名则愈著，以是见重当世，逾久而逾彰。”其著作目录，见《冒鹤亭词曲论文集·前言》。

关于抗日战争期间冒广生与汪伪政权的关系问题：伪维新政府行政院院长梁鸿志是冒广生的诗友，伪行政院秘书长吴用威是冒广生的妹夫，梁、吴二逆与冒的关系，比汪逆兆铭（字精卫）与冒的关系亲密得多，冒未在伪维新政府任职而竟在汪伪政府任职乎？最近国内的几篇文章认为冒广生任汪伪政府顾问，如属实，是污点，但顾问乃虚衔，非实职，无实权，尚不能与汉奸等同。

1942 年 9 月 18 日《如皋日报》载，冒广生回乡，在各界人士欢迎会上讲话，开头就说：“我已脱离政界多年，现在又无一官半职，是如皋地方的一个老百姓。”他如在汪伪政府任职，怎能这样说呢？

抗日战争胜利后，1945 年 12 月，南京国民政府国史馆馆长张继聘冒广生为纂修。广生算不算汉奸，当时的国民党比今日的知识界要了解得多一些，张继不会不畏人言，聘汉奸纂修国史吧？

1957 年冒广生送长孙冒怀辛赴北京攻读研究生学位，住在第五子冒景琦（字舒湮）宿舍。6 月 28 日下午周恩来总理来宿舍看望，30 日晚毛主席在中南海与之会见。毛主席、周总理对冒广生的礼遇，是有政治标准的。

显而易见，认为 1942 年冒广生在南京任伪职，与上述三事（1942 年冒在如皋自称无官职，1945 年冒被聘为国史馆纂修，1957 年冒受毛主席、周总理礼遇）不合。必须推翻这三件事，提出冒任伪职，才能自圆其说。广生第三子景璠，字效鲁（孝鲁），以字行，号叔子。1938 年辞去中国驻苏大使馆工作，由莫斯科取道欧洲回国。“在法国马赛舟中”，与钱锺书（字默存）“文字定交”。效鲁回国后，暂寓上海，“出处”问题，煞费踌躇，征求锺书意见。《槐聚诗存》1938 年有两首诗述此事。《答叔子》云：“篇什周旋角两雄，狂言顿觉九州空。一官未必贫能疗，三命何尝诗解穷。试问浮沉群僚底，争如歌啸乱书中。后山嘱望飞腾速，此意硁硁敢苟同。”（此诗原题《孝鲁以出处垂询，率陈鄙见，荆公所谓无知猿鹤也，香港作》）《再示叔子》云：“卑无高论却成奇，出处吾心了不疑。未保群飞天可刺，且容独立世如遗。书供枕藉痴何害，诗托呻吟病固宜。今日朱颜两年少，宋王官职恐虚期。”两诗直抒胸臆，皆劝效鲁勿做官。

《叔子诗稿》1941 年诗皆上海作，1942 年诗皆南京作，其中《重来白下作》云：“重来白下更寻谁？惘惘都成隔世悲。乞食不为明日计，追欢宁复少年时。”《壬午八月二十五日白门有感是日为余卅四岁初度》云：“食贫官作业，荏苒岁华流。瑟瑟明秋柳，悠悠飏野讴。万端偿一泪，杯酒抵千愁。忧患从生始，浮沉士所羞。”两诗不仅证明1942年效鲁到南京任伪职，更反映他内心的苦闷。“浮沉士所羞”句乃答锺书“试问浮沉群僚底”一联，效鲁盖不胜羞愧之情。

需要仔细品味的是1942年效鲁在南京任伪职后与锺书（在上海）唱和之诗。

冒效鲁《夜坐一首寄默存》：“天荒地变人悲吟，不改沉冥劫后心。忍死须臾期剥复，观空索漠证来今。未甘庄叟沟中断，苦忆成连海上琴。裹影一灯疑可友，虫声如雨撼秋林。”

钱锺书《答叔子》：“龙性官中想未驯，书生端合耐家贫。敛非澜倒回狂手，立作波摇待定身。九牧声名还自累，群居语笑向谁真。白头青鬓交私在，宛转通词意不伸。”

冒效鲁《次答默存见寄》：“白鸥浩荡孰能驯？漫说粗官可救贫。且得长歌聊遣日，但明吾意岂无人？死生师友言宁负，肮脏情怀汝最真。老柳白门渐衰飒，相思林际梦春申。”

锺书虽不同意效鲁任伪职，但未与之绝交，苦劝他勿陷入过深。效鲁感念锺书一片真情，表示决不辜负其良言善意。锺书以绝世之才，述肺腑之语，“白头青鬓交私在”二句，诚挚缠绵，诵之令人回肠荡气。1973年锺书《再答叔子》云：“鬓青头白存诗句，卅载重拈为子哦。”30年过去了，锺书重提此句，可见二人生死不渝的交情。

据效鲁《邛都集序》：“旅食建昌……阅时八月。”此序1946年作。邛都——建昌为今四川省凉山彝族自治州（西昌市）。“旅食”云云，指在西昌工作。这是抗日战争胜利后事。效鲁曾在汪伪政权中任参事、行政督察专员，是闲员，非要职，故又能在蒋政权中工作。1947年锺书评效鲁《邛都集》，除赞赏其诗外，还有一段语重心长的话：“与君文字定交，忽焉十载，乱离复合，各感余生。自有麒麟之阁，赏诗不羡功名。相遗魴鲤之书，远害要慎出入。”

今案：以诗书安身立命，不做官，不羡功名，不求飞腾，是锺书一贯坚持的人生观，并三次苦劝效鲁。1938 年《答叔子》《再示叔子》作于效鲁任伪职前；1942 年《答叔子》作于效鲁任伪职时；1947 年评《邛都集》作于效鲁在国民政府工作时。这第三次苦劝带有总结性的意义：原谅效鲁的过失，希望他吸取教训，今后"远害要慎出入"。措词宛转，用意善良，君子爱人以德，何等光明磊落，古人云：友直、友谅、友多闻，锺书不愧为效鲁的直、谅、多闻之友，非简单的"挥刀割席"可比也！

四

钱锺书为谁"沉吟"？最近国内的几篇文章，想到龙沭勋（字榆生），又觉得不符合父兄为汉奸、子弟同流合污的条件。今案：《槐聚诗存·得龙忍寒金陵书》云："一纸书伸渍泪酸，孤危契阔告平安。尘多苦惜缁衣化，日暮遥知翠袖寒。负气声名甘败裂，吞声歌哭愈艰难。意深墨浅无从写，要乞浮提沥血干。"锺书自云："语带讽谏。"（据锺书致富寿荪函）此诗在《沉吟》之前，锺书对沭勋进行"讽谏"而非"割席"也。

我想到几个人：

王蕴章，字莼农，别号甚多，西神残客（简称西神）最常用。无锡人。钱锺书的舅父。王蕴章是南社社员，正风文学院院长，擅长诗词小说。晚年失节，在汪伪政府任职。

张一鹏，字云搏。吴县（今苏州市）人。张一麐（字仲仁）之弟。一鹏从清朝起就在司法界工作，1920 年任国民政府司法部次长、代理部长。抗日战争期间曾在上海执行律师业务。后任汪伪政府司法行政部部长。张一麐与钱基博、基厚（字孙卿）兄弟友好（钱基博《张仲仁先生轶事状》："独念予季孙卿，以乡邦父老之命，服劳地方，而与先生周旋过从之日久，先生独以文墨议论有意于余。”）张一麟、一鹏兄弟是钱锺书的前辈。

李宣倜，字释戡，又字太疏、汰书，号蔬畦，晚号苏堂。闽侯人。李宣龚从弟。在伪维新政府、汪伪政府任职。宣龚是锺书尊重的诗坛前辈，锺书未因宣倜任伪职而与之绝交。今见解放后锺书致宣倜函，尊称为“诗老”，自称“后学”“晚”。

陈世镕，字伯冶，号赵亭。闽侯人。从陈衍游。在伪维新政府、汪伪政府任职。据《顾廷龙年谱》：1943 年 2 月 19 日，“李宣龚招午餐，座有……陈伯治［冶］……钱锺书诸人”。同席而非“割席”。

王蕴章、张一鹏、李宣倜、陈世镕在汪伪政府中任职，其子弟有任伪职者否？待考。尤其是钱锺书的亲戚、世交、同学、文友中哪些人在上海任伪职？待考。结论产生在调查研究之后，既然对抗日战争期间锺书的亲戚、世交、同学、文友中任伪职者共有哪些人、他对这些人是什么态度等尚缺乏全面了解，揭示为谁《沉吟》的资料就还不完备。

目前所能肯定的是，1942 年在沦陷区上海隐居的钱锺书，目睹一群熟识的人失节，尤其是父子、兄弟俱附逆，不胜感慨而作《沉吟》。他叹息明季附阉者之子弟，尚能不与父兄同流合污，而当时附逆者之子弟，未能如昔人之“贤”。从他选用《七贤传》之古典，可见其所讽刺者为群体，不止一人。

五

解读《沉吟》，要联系《槐聚诗存》1942 年的两首诗。

《有感》：“穷而益脆岂能坚，敢说春秋备责贤。腰折粗官五斗米，身轻名士一文钱。踏空不着将何去，得饱宜飏却又还。同妾语传王百谷，哀矜命薄我犹怜。”这一首诗，排在《沉吟》之前，中隔 7 首。《有感》者，叹息“名士”不能穷而益坚，以致失节附逆。没有人认为此诗所刺之对象即《沉吟》所咏之对象，此人是谁呢？

《剥啄行》："到门剥啄过客谁，遽集于此何从来。具陈薄海苦锋镝，大力者为苍生哀。旧邦更始得新命，如龙虎起风云随……迂疏如子执应悟，太平兴国须英才。我闻谢客蹶然起，罕譬而喻申吾怀……客闻作色拂袖去，如子诚亦冥顽哉。"这首诗是锺书自述其严词拒绝伪政权派来之"客"的游说，此"客"是谁呢？

钱锺书不愿明说《有感》所刺之人是谁，《剥啄行》所斥之"客"是谁，人们亦不易探知，但并不妨碍对两首诗的理解。同样，目前虽不能确定钱锺书为谁《沉吟》，也不妨碍对这首诗的赏析。

附录：

陈含光——《陈含光俪体文手写稿本》《陈含光手写所作诗》考

陈含光先生，原名延韡，字移孙。“其先福建漳浦人。康熙间，迁江苏扬州。世居郡城而籍仪征。”（陈懋森《休盦集》卷下《清故头品顶戴、署理湖北盐法武昌道仪征陈公巽卿家传》）曾祖父陈嘉树，清江西布政使。祖父陈彝，清安徽巡抚、顺天府尹、内阁学士兼礼部侍郎衔。父陈重庆，清署理湖北盐法武昌道。

出生于名门望族的陈含光，自幼爱好文学。“丱角作诗，弱冠为文，著作七十余年，积稿盈箧。”（陈忠寰对陈含光手写所作诗文的介绍）其诗文集之编印情况如下：

《陈含光俪体文手写稿本》。陈忠寰编为三集。甲乙两集已问世，“丙集犹待整理付印”（同上）。

《陈含光手写所作诗》。陈忠寰亦编为三集。甲集为1937年含光五十九岁前所作诗。乙集为1937年至1948年含光七十岁之间所作诗。1948年“匆匆离扬州，此手稿未及携带，抵台北以后，先君始发觉此事，立即驰函扬州原寓询问，已不可得，以为遗失，甚为惋惜”（同上）。此稿落入他人之手，辗转为丁宁所得。粉碎“四人帮”、拨乱反正以后，丁宁将此稿交冒孝鲁，托冒交李宝森转陈忠寰。“丁谓冒曰：‘此数册，收藏多年，颇不容易，幸能保全未失，堪慰先师之灵，并聊表仰慕之殷。’言时泪下，收藏之艰苦，可以想见矣。”（同上）陈忠寰收到此稿后，发现排列零乱，由于他人剪贴，剪贴前各页之次序，已不能确定。丙集是1948年以后含光在台北所作诗。三集先后问世。

陈含光是扬州最后一位著名的文化耆宿，其诗文书画，皆负重名。他的书画作品，今日扬州尚可见到，但他的诗文集，扬州无人见过，也就无人谈过。澳门科技大学卢康华先生，古道热肠，访得含光全部诗文，影印邮示，当为有志于研究扬州地方文化者所喜闻乐见也。

今将含光诗文之重要内容，分门别类，逐一介绍。加上标题，以便读者观览。结合有关文献，对几个问题，略加注释，俾读者可与含光诗文对照研究，分析异同，加深理解。

一、自述生平

含光《自序》：“尝自谓性有三反。颇喜读书，不事著述；倾意朋友，不乐交游；俭于用财，粪土货利。游山泽，习禅观，心甚乐之；引醇醪，聆声伎，意甚悦之。言不掩行，行不掩言。以为楩楠文梓，要以瘿瘤拥肿为奇，若斫丑为妍，亦复何异凡木。故狂不至若阮嗣宗，傲不至若嵇叔夜。长卿慢世，元亮任真，其所慕也。”

《含光诗》自序（五十七岁作）：“四部中，集为最多。集之中，诗为最多。其略熟于今人耳目者，犹约百家。居今日而作诗，其能与古人争胜耶？纵使如曹、刘、李、杜，其人已死，骨朽久矣。故生平非唯不敢嗜利，亦复不甚喜名，为得及良时佳日，引满衔杯，于愿已足，何事费心劳力，以益故纸簏为！其自处，常在魏晋诸贤之间。”

二、总论诗文

含光《自序》："性好文章，特有悬解。以为文之为事，三元而已。未有文字，已有讴吟，故诗为最先。诗以哀乐为元，以真为归，以如感浅深为美。结绳既往，事物必须记录，史之所由生也。史以簿籍为元，以信为归，以如物情状为美。语言以道志意，时有迁流，方有限阂，则语之用绌而文兴焉。文以志意为元，以达为归，以如意屈折为美。其末流枝交脉注离合至不可穷，要乎本源，不出于此。又以为人之天性，本能文字，顾不习之古人，则无以发明。譬之小儿，语言动作，必资仿于成人。及其长成，则与所仿者，或略相似，或竟不同。然使乳哺之辰，遽弃之穷山绝壑，则必块然浑沌，一不能矣。故谓文必似古，与文可创作，两者相反而俱非。"

含光《汉晋五公颂》："少好为文，年逮桑榆，甫有微解。以为文字以代口语，其始贵能达意，其终归于自然。达意者，意之所蕴，如镜写形，必使外无溢词，内无匿指。自然者，既随意而诎曲，亦依意以圆成，动则若发于天机，止亦不关于心匠。为文之妙，极于此矣。后来作者，乃因文立法，以法制文。文以徇法为务，则或为法而造文；法非尽意之方，则或法完而意失。故用法衡文则美，用文求意则离。虽腾跃百家，派流万别，究其归宗，罕逃此蔽。"

三、论俪体文

《含光俪体文稿》自序："俪体文，莫能知其始之所自。余以为延之始反东晋道论之风，明远、希逸继之。三君者，措语必双，铸词必炼，此其始也。齐永明中，玄晖、休文立四声之法，而音调益精。梁末，孝穆、总持又变四声而为平仄相对，则侵寻唐调成矣。古以俪体为文，散文为笔。又曰有韵为文，无韵为笔。又以诗与笔对。则其与诗相近，非光一人之私言也。”

四、论诗

《含光诗》自序（七十七岁作）：“光五十后始悟诗唯情之旨，遂作《论诗绝句》，意谓俗说荡尽，则诗教已明，故其言有破而无立。来台后，倡诗人合一之论。以为诗者，凡人之情也。人之情万变而不齐，故古今诗迄无一人相似者。然必熟于古人，积岁月以酝酿之，以得其达情之法，字句音节是也。非效之也，久而与之化也。论其源则一法不立，语其流则万法兼收。今人或曰师古，或曰创作，则是诗与人对。诗与人对，则诗自诗而人自人。于是并己之力以求诗，虽所作极工，求所以为真诗者，亦已寡矣。”

含光《论诗绝句》：（一）“诗教千秋郁未开，真源端不用疑猜。分明一片情田里，发出宫商万变来。”（二）“啼笑从来岂自由，能传啼笑即千秋。若将意识生分别，定识渠侬不入流。”（三）“诗要纯情本大难，缘情便可霸词坛。古今流别分明在，始变风骚是建安。”（四）“如醉如狂画不成，诗人岂有理堪评。果从理窟求佳语，试听慈亲责子声。”（五）“千里相思共明月，生为久别没无归。千秋颜谢传心法，除却愚痴何所依。”（六）“忠爱盈腔托放歌，强名为史奈伊何。《春秋》自与诗殊艺，莫逐小儒诬孟轲。”（七）“见仁见智各纷拏，竞向虚空觅翳花。解道此中无达诂，始知庄叟是诗家。”（八）“臣忠子孝鬼神钦，女怨男痴百不禁。任把无邪立诗教，莫从作者问贞淫。”（九）“万变诗情太剧多，山之烟霭水之波。执将一相当全体，摸象盲人可奈何。”（十）“公宴才终复斗鸡，诗须题目渐成蹊。惹他八股堆中客，尽抹风骚讲切题。”（十一）“苦说诗中要有人，饴山持论果无伦。诗家自有真情兴，近理谁知更乱真。”（十二）“眼前身外总情中，各各看来各不同。未解粗官隋李谔，竟将何罪废云风。”（十三）“待向宗门细细探，七情颠倒苦沉酣。诗家自是魔非佛，一语为君来发凡。”（十四）“字句篇章各立程，更张诗话广诠评。何从觅得秦皇帝，一火烧将快我情。”（十五）“诗人原自擅天葩，要待前人启沃加。比似风云感龙虎，也如灌溉发萌芽。”（十六）“百城万卷作油膏，沉浸涵濡足自豪。不是诗心天赋予，书厨四足亦无聊。”（十七）“祖宋尊唐闹不禁，好诗原只是情深。老夫听尽人天籁，一片钧韶无古今。”（十八）“北鼓南歌妙有余，《国风》依旧在乡闾。文人总被弓鞋缚，六寸圆趺那及渠。”（十九）“初祖东来启禅法，阳明晚出讲良知。诗坛近日无新语，也要匡衡来解颐。”（二十）“丧乱余生百不宜，画墁毁瓦只谈诗。知他罪我还知我，且让先生一展眉。”

注：含光题冒景璠（孝鲁、效鲁）《叔子诗稿》：“顾窃谓诗者性情之事也。性不可见，可见者唯情。情之相温柔敦厚而已。情主哀乐，理主是非，情胜则废理，理胜则废情。然源于情者，音和；本于理者，音塞，此其大较也。有宋诸公于情不足处，往往以理充之。然试取两宋名大家之作彰彰在人口者观之，仍大都是情句，非理句也。近代名流始以理为先，故议论者近乎文，事实者近乎史。夫诗与文史，则曷尝同源也哉？君诗风骨高骞，苍虬评以‘芬芳悱恻’四字，最得其实。‘芬芳’者何？情之气息也。‘悱恻’者何？情之形容也。庭训既标举‘情余于文’，而君诗于‘温柔敦厚’四字再致之意，然则君家诗法，可谓探源星海，列接风骚矣。鄙人持唯情之论，未尝敢为一人言，今日因君聊吐其谬。甲申仲秋，陈含光拜读谨识。”此篇是含光集外文。含光所云“庭训”，冒景璠父冒广生示子诗，有云：“情有余于文，脱手自汩汩。”“作诗贵性情，一掴一掌血。如人腹中言，在我弦上发。情真易感动，性至不磨灭。”

五、自评所作诗文

含光《与周梅泉书》：“仆遭乱以来，都废吟事，于六朝文字，嗜之转深。亦欲以自然为宗，以达意为本。使笔随思转，情与声偕。鲛人潜织，自泣珠玑；西子美颦，何关粉黛。但暮年庾信，全多危苦之词；九死湘累，岂免怨诽之句。”

六、自评所作俪体文

《含光俪体文稿》自序：“光幼而好诗，十五六间，忽悟俪体文之作，于诗近，而于散文为远。家有张天如《汉魏六朝百三家集》，遂穷日夜选钞之。王湘绮《日记》有云，延韡甫弱冠，所作已斐然成章，今稿中《孔雀赋》是也。在燕中作《流水音赋》，刘申叔以为枚乘之亚。后为《史公碑》，吴白匋携示黄季刚，黄喜曰：‘过洪北江矣。’凡言此，非敢自矜宠，特以偶然乘兴，而能不薄于通人，为可喜耳！……若光者，曾未足以言文，特以吟咏之余，偶从事耳！而诸公顾襮其所短，宁不惭乎！昔太湖之石，块然弃掷于泥沙烟浪之间，奇章好之，至于今而爱赏者不绝，然石之无用，自如故也。今兹道废矣，光作又劣，而诸公扬之，虽扬之，世孰爱此无用之物者，则终汩没泥沙烟浪之间已耳！”

注：(1) 含光《孔雀赋》序云：“亲串家有致孔雀者，置之笼槛，弥一月矣，而华采不昭。夫雀，固以文著者也。意者羽毛未满，不足以彰身？抑其守质葆贞，辞远祸媒，有黄老之志乎？昔张公感鷦鷯，祢生述鸚鵡，咸属意忧患，然卒不免，甚矣非智之不及也。故条其臆对之意而著于篇。”可见此赋有寓意。

含光云此赋见赏于王湘绮。王闿运，字壬秋，又字壬父，号湘绮。钱基博称其“启迪后生如不及”（见钱基博《近百年湖南学风》六)。含光有《孙思昉见〈湘绮日记〉有过访先君，见其二子延鞞甫二十，所作已斐然成章之语，书讯其事，感赋此篇》，是孙思昉将《湘绮楼日记》的内容，告诉陈含光的。

(2)含光《流水音赋》序云：“西苑包三海，南海在南，其东古松百株，怪石叠山，引流亭中，写仿兰亭，是名曰‘流水音’，陈延鞞赋焉。”据含光《哭袁寒云》自注：“君居西苑之流水音，其地写仿兰亭。”袁克文，字豹岑，一作抱存，号寒云。袁世凯第二子。含光《流水音赋》中之“主人”，指袁克文。闵尔昌《云海楼诗存》卷三《(民国三年)旧历三月三日，袁豹岑招集南海流水音修禊，分韵得理字》云“精庐傍层岩，构造兰亭拟。堂堂右军象，高山肃仰止”云云，可与含光《流水音赋》参阅。

含光云此赋见赏于刘申叔。刘师培，字申叔，号左盦。含光曾云：“尝谓人生至乐，莫如友朋，相昵尔汝之间，促膝交欢，比肩共影。而览其造述，知可千秋；卜其姓名，将垂四部。昔对左盦，每怀斯叹。”(见含光《报闵葆之书》)含光《哭刘申叔》：“蟠匈元自烛星辰，下笔犹应泣鬼神。一暝幸酬盈箧谤，廿年空敝有涯身。青山未隐真无福，玉树虽埋故绝尘。回首玄亭无哭处，寝门风义暗沾巾。”

(3)含光所云《史公碑》，指《清光禄大夫、头品顶戴、前广西巡抚、记名副都统、捷勇巴图鲁史公神道碑》。史念祖，字绳之，江苏江都人。《清史稿》卷四四七有传，论曰：“念祖好行权。”“此十人(丁宝桢等)中虽治绩不必尽同，其贤者至今犹绿人口，庶几不失曾、左之遗风欤?”《清史稿》记载史念祖署甘肃按察使时，被左宗棠劾去；任广西巡抚时，“坐失察赃罪，罢免”；在奉天时，被徐世昌劾罢。《史公碑》讳之。

含光与史念祖有世谊。含光《从史绳之中丞丈弢园饮座中赋呈二首》第二首：“图书如海酒如渑，物外风期见未曾。绮阁花秾春奏伎，竹窗棋冷夜留僧。五湖烟水船归蠡，万里云霄臂脱鹰。富贵神仙知两得，从公终入白云层。”作于史念祖生前。《过史公绳之弢园故址》：“更无月榭与风台，处处凉风处处苔。”作于史念祖卒后。

含光云此赋见赏于黄季刚。黄侃，字季刚，章炳麟、刘师培弟子。含光《黄季刚游扬州，别七年矣，相见感喟不已，次其湖心寺韵》云：“绛帐故人今宿草，青溪旧屋但荒烟。怜居最富悲秋意，试下巫阳与问天。”兼述黄刘情谊。王振世《扬州览胜录》卷六《新城录·刘文淇先生故宅》：“仪征刘文淇先生故宅在运署东圈门外，世所称青溪旧屋是也。”刘师培是刘文淇曾孙。

含光云吴白匋将《史公碑》携示黄季刚。吴征铸，字伯陶，一作白匋，与含光皆为冶春后社诗人。含光《吴白匋自金陵归，相与泛舟登平山，次清明韵作诗，兼寄王叔涵海上》：“吴郎白下力都讲，缁尘满袖归挼莎。飘然一擢喜相对，湖山春绿如媌娥。谷林出没半烟雨，五泉阒寂阴松萝。古情幽意发不尽，正藉皓齿扬青蛾。君应箫唱追白石，我亦江海供黎涡。”吴征铸是黄侃弟子，时为金陵大学教师，故云“吴郎白下力都讲”。征铸擅词曲，故云“君应箫唱追白石”。姜夔，字尧章，号白石道人，南宋词人，音乐家。

七、自评所作诗

《含光诗》自序（五十七岁作）：“幼而好诗，不能舍去，非欲有所成就也。五十以后，始悟诗唯情之旨，其说具《论诗绝句》中。顾自尔以来，世变日亟，年晚事多，所作反往往多意而少情，有自语相违之过。知之非难，践之为难，固如此也。性本简率，中无城府，故其诗浅。好奇兼爱，不主一家，故其诗杂。此二者，最吾诗之大敝。至其他小小疵缪，随处皆有，不能自见，赖知者指摘之也。时因暇日，录为一编，藉存已往之迹，以示知好。吾论诗，殆可谓直指根原，一空蔀障，至其所自造作，不足观，不足观。”

《含光诗》自序（七十七岁作）："故光之为诗，非唐人，非宋人，非同光体，亦非非同光体，称心而言，伫兴而就，成为一己之诗而已，工拙非所论，毁誉亦非所计，其能人与诗合，诗与论合否耶？抑犹未也，世之君子通风雅之情者，幸有以教我。"

八、自评所作书画

含光《自序》："于诗唯情之说，持之尤坚。及所自作，乃不能逮。文则不尚苦思，伫兴而就。其他书画，小小技艺，不足言也。"含光《报闵葆之书》："比年卖画粥书，日不暇给，鞣材山积，门限铁穿。翰墨之事日亲，编简之缘转远，噬将没世，长作艺人。"含光《万君默得仆画幅作诗次韵答之》："少不如人幸不试，晚作艺人宁敢耻。探匈日唾万云山，甘被元舆吊藤纸。"

九、品藻人物

（一）孔融、曹操、诸葛亮、王羲之、陶潜（渊明）

含光《汉晋五公颂》："自汉迄隋八代，其间敷丽藻，振玉音，垂明而耀虹霓者，盖以百数。虽截趾适屦，刻舟求剑，或异于后贤，必求其率臆为文，妙绝天下者，亦不多有。独孔北海、曹魏王、诸葛丞相、王右军、陶征士之五公者，仕隐谲正，风轨各殊，而皆器轶于时英，望隆于百代。其为文也，直举匈情，不啻口出，江河行地，曲直自形，箫籁过风，呿吟毕协。始由诚立，卒若天成。使诵之者味其音旨，则如奉其笑言；把其篇翰，则如觌其仪状。年祀虽隔，宛尔亲承。岂非翔逸翮于翰林，被真风于文囿者也。高山仰止，玩绎滋深。……懿乎北海，迈逸惊俗而忤时；右军清贞，恤隐而忧国。征士寄情皇古，远迹风雩，非惠非夷，物莫能害。若夫狂飙震野，林无静叶，洪涛鼓壑，川靡恬鳞，惵惵黔首，朝人夕鬼，而曹王、葛相，起而拚之。华裔之广，则芟荡清夷；区宇之内，则绥徕安宅。委身托命，匪二公吾谁与归！”

（二）汪中、王闿运

《含光俪体文稿》自序：“凡为俪体有三忌。一曰散句用八家法。（俪体文有散句，不可用八家法。散文有对句，亦不可用俪体法。）二曰多使赵宋后人名与事。（庾文不使东晋后事，其王蒙、谢朓句，朓为尚之误。）三曰对仗过工巧。（对过工则成唐四六。）是三者，虽简斋、谷人，犹未之免。至于气体，则非言语可传，其年所作，亦岂可谓尽善耶！要之，清代为此体者，唯容甫、壬秋，卓然冠绝古今。”

含光《募修汪容甫先生墓启》：“汪容甫先生之殁，于今百四十三年。迹其学综《六经》，艺韬百氏，希踪七二，比肩五百，声辉横被，固无俟于详。……先生天下楷模，人伦先觉，既文既博，实张广陵，赖保一抔，足兴来哲。”

含光《古文喜读序》：“余惟容甫之文章妙天下，其渊流趣舍，顾默尔不传。凌氏仲子所称十七重言，无征靡信，略可窥测者，唯恒患意不逮文，文不称物，不专一体三语，见所与毕尚书书中。……若容甫此书之作，则本一心之玄览，冶百氏而同炉。……词无奇偶，知在古而同源；气有醇驳，则继唐者无取。可谓百川俱会，两曜常新，衣被乎千秋，筌簧乎六籍者也。……欲谂汪氏之文所自出者，于此乎求焉。”

注：李详《学制斋骈文》卷一《汪容甫先生赞》：“容甫先生，孤贫郁起，横绝当世。其文上窥屈宋，下揖任沈，旨高喻深，貌闲心戚，状难写之情，含不尽之意。可谓汉晋一贯，风骚两夹。渊源所被，弥复不逮，沾溉既广，去之逾远。”《学制斋书札》上卷：“容甫处小仓气矜之隆后，又鉴同郡吴园次之流靡，拔棘自成一队，传之至今，衍为宗派。其实容甫善学范蔚宗书及南北朝诸史，非有他也。”

钱基博《现代中国文学史·编首·近代》："桐城之说既盛，而学者渐流为庸肤，但习为控抑纵送之貌而亡其实，又或弱而不能振。于是仪征阮元倡为文言说，欲以俪体嬗斯文之统。江都汪中质有其文，熔裁六朝，导源班蔡，祛其缛藻，出以安雅。而仪征一派，又复异军突起，以树一帜。"

同书《上编：古文学》（一）《文·魏晋文》："方民国之肇造也，一时言文章老宿者，首推湘潭王闿运云。……其为文悉本之《诗》《礼》《春秋》，而溯庄、刘，探贾、董，旁涉释乘，发为文章，乃萧散似魏晋间人，大抵组比工夫，隐而不现，浮枝既削，古艳自生。……门弟子辑其诗文笺启，为《湘绮楼集》，凡若干卷。"

（三）陈炤（崇光）

含光《陈璧传》："（陈）若木名崇光，以画名于天下，资性聪异，自诗篇书法及其他艺事，无不通解，卒以贫死。……先是崇光与蒯光典交厚，尝舍其家，遍观藏画。"

含光《陈炤画歌》："明清以来数画手，老莲、青蚓皆绝伦。自从二子没，绘苑索莫无精神。陈炤晚出江之滨，笔力奄与崔陈亲。掉头宇内孰能敌，不独维扬一俊人。扬州人物当世奇，容甫文章春谷诗。后来炤画复挺出，如鼎三足光陆离。炤也少贱贫，弄笔聊儿嬉。一纸初出惊其师，丹青忽若天付之。尔时画史著者谁？王素八十声早驰。素唯师俗不师古，屡以纤媚矜风姿。炤旁窃睨心然疑，归来盘礴坐一室，奋挽苍茫鬼神入。画人直到武梁祠，写马如看伏波式。金碧山川益辉赤，巨壑长林元气湿。貌虫欲跃鸟欲飞，纤草秾花遍春色。图成往往缀小诗，清妙已入唐人律。天生逸才无不可，万象岂足当挥斥。时人不识骇且谩，共嗔炤画多浓殷。扇头只玩莲溪竹，屏上空张郑燮兰。焉知炤死四十载，一幅百金人竞买。燕昭骏骨本未殊，今忽骅骝昔驽骀。吾闻炤晚苦病狂，科头不韎虱满裳，朝朝但睡酒炉旁。酒家促迫取偿债，潦倒不复堪缣缃。生时妙迹人不藏，死虽恶札登华堂。九原有识应叹息，鼠璞骊珠谁短长。嗟今艺事方颓唐，画摹王素已擅场，诗文况论汪与黄。炤乎尔勿为画重，呜咽，伯牙之弦可以绝。”

注：(1) 据陈霞章《一沤吟馆选集序》，陈炤字崇光，后以字行，更字若木。“衣敝衣，履敝屦，发长如囚，尘垢满爪，唇齿翕张，时有所语，亦不辨为何辞。所偕多穷士，时集于烟寮酒市间，不知其为谁也。”

(2) 陈崇光《一沤吟馆选集》，宣统庚戌怀荃室刊。王鉴序云：“间涉经史，遂亦工诗。”臧谷序云：“若木以画传，不沾沾以诗名，其实即诗即画，画中固有诗，诗中亦有画也。”陈霞章序云：“不以诗名，而诗亦取法甚高。就若木一生论，则诗不如画，然世之生无他技，穷年兀兀，专治一诗者，所成亦不过此。”秦更年跋云：“读孙师郑所撰《眉韵楼诗话》，见其（陈若木）游平山堂律句及《西汉石刻残字歌》，只鳞片羽，已属可珍。”《一沤吟馆选集》载此二诗。

(3) 王鉴云：“若木画无师授，而擅绝一时。”陈霞章云：“若木虽无师而成，其取法于前人者独多。人物师陈鸿绶，花卉师陈道复，山水设色师王原祁，墨笔则师石涛，以及翎毛草虫，悉有师法，宜当时老于画者皆避席，盖画为若木家学，其父、其伯父皆能之，特不名于世。”黄宾虹最推崇陈炤（崇光）画，详见《黄宾虹全集》，兹不赘引。回忆五十余年前宾虹致孝萱函：“近百年中，陈若木之学识超众，狂疾亦可悯，佚事可传尚多，台端甚素加意，盍先成之。”今详注含光《陈炤画歌》，不负黄先生生前之嘱也。

十、交游

（一）何震彝

含光《何鬯威诔》：“君弈世以文章声望，名动区中。家有名钱，门陈高戟。弱冠而登进士，未三十而至监司。词章亦赏于通人，交游亦满于天下。然而十年之内，鲜暖席之安；七尺之躯，积如山之债。气类不闻乎汲引，曹辈或致其飞流。始就闲官，遽夭国器。……䎖早辱相知，爱逾□季。生平际遇，大率同君。特以岱箓未招，故得苟全天壤。修短一期，达人何算。乃使吾今日摇豪染墨，以不死骄君，可不悲乎！”

含光《壶园歌为何骈喜作》：“君家家世不可当，中丞郡守来相望。海天照耀龙虎节，閭里一日生辉光。阿兄毁齿能文章，二十已望尚书郎。”

注：(1) 何震彝，字鬯威，江阴人。祖何栻，江西吉安知府。父何彦昇，新疆巡抚。何氏“侨居扬州运司东圈门外，辟壶园为别业”(董玉书《芜城怀旧录》卷二)。

(2) 何震彝曾录陈延䎖、闵尔昌等人诗为《一微尘集》。汪国垣《光宣诗坛点将录（合校本）》：“何人示我《一微尘》？淮海维扬几俊人。见说情田春草长，竹西歌吹已无伦。（何鬯威《一微尘集》录含光、葆之诗若干首，余极叹服。）”

（二）梁菼（公约）

含光《哭梁公约五首》：“昔共青溪醉，解颐频说诗。今来黄浦望，殁视想余悲。”

含光《题梁公约为萧畏之所写山水》：“梁生山水人，独少山水画。黄花与红药，放笔姿一快。名高世争购，趣远俗难会。萧然此尺幅，意与倪黄对。崖石秋自青，风林静犹籁。孤行者谁子，商歌出巾带。斯人古天民，曹掾隐尘壒。高挹诗家流，余事寄图绘。奔崩晚客死，墓木森已大。雅故能几人，任（玉岑）柳（翼谋）及余在。”

含光《梁公约为柳翼谋写藤花箑，不知何时亡去，或得而归焉，命光赋诗》：“翻怜化鹤骑鲸去，不见天倾地坼时。”

注：(1) 梁菼，字慕韩，一字饮真，更字公约，后以字行，别号苍立、冶山傭等，时称“梁大秀才”。工诗词书画。卒后，柳诒

徵取其平生写定诗稿一卷，印之《学衡》杂志中，名《端虚堂诗集》。其词集名《红雪楼诗余》，稿本。

（2）汪国垣《光宣诗坛点将录（合校本）》：“地恶星没面目焦挺——朱铭盘，一作张謇、梁菼、吴涑，公约有俊爽之致，温叟擅深湛之思。不谓江东菰芦中乃生此麟凤。”

（3）1927 年上海商务印书馆出版《梁公约画册》。茅以升《忆柳翼谋师》：“当时，文化界人士所用的折扇，以能得到柳先生的字、梁先生（公约）的画，便称‘双璧’，向人夸耀，亦可见两先生才名之盛。”董玉书《芜城怀旧录》卷一：“（公约）晚年画臻妙品，身后有人搜其遗作，出洋展览，为他国人所珍赏。”

（三）方尔谦、方尔咸

含光《挽方泽山五首》：①“霏玉清言断不闻，眼前真作死生分。春寒更送潇潇雨，并入离人泪哭君。”②“才地升平黄散宜，襟期江海白鸥知。无端一片扬州月，照得人生发似丝。”③“老去心情百不宜，药炉经卷伴清羸。低回十五年前梦，羡杀江湖落魄时。”④“马卿多病名还盛，疏傅挥金意有余。至竟不随黄土尽，一囊诗句满籝书。”⑤“一代才名两弟兄，长公豪放次公清。白头凄断连床句，丁字沽边听雁声。”

含光《校阅方泽山诗感赋》：“列伎成围酒似泉，方郎玉树立风前。展诗处处皆陈事，合眼腾腾梦少年。肯信兵戈酬老寿，欲回桑海剩神仙。吟魂傥为巫阳下，聆我哀歌定泫然。”

注：（1）方尔谦，字地山，一字无隅。方尔咸，字泽山。时称“二方”“大小方”。闵尔昌《方地山传》：“君早年服膺汪、阮，好为深淳温厚之文。诗不常作，最擅长联语，雅言俗谚，情文相生，矢口而成，见者惊服。……著有《钱谱》《联语》各若干卷。”地山有“联圣”之称，周一良编《大方联语辑存》。陈懋森《方泽山传》：“君少为文，即波澜老成，见者疑为耆宿。……有诗文集若干卷，尚待梓。”今扬州图书馆藏泽山词抄本，有周树年评。

（2）汪国垣《光宣诗坛点将录（合校本）》：“地平星铁臂膊蔡福——方尔谦。地损星一枝花蔡庆——方尔咸。知作而不知藏，猖狂妄行，乃蹈乎大方。淮海维扬几俊人，小方哀怨大方清。空余禅智山光好，投老津沽剩此身。地山、泽山，诗名满淮海。所作皆清刚迳上，独秀时流。维扬多俊人，闵葆之、梁公约、陈移孙及方氏昆仲，皆一时鸾凤也。地山，世所称为大方者也，己丑解元。居津沽将三十年。尝制二印，曰：‘寡人好色’‘男女多于饮食’，不讳也。地山博览，尤长于史。又工偶语，咄嗟立成。挥金如土，皆由某巨公接济之，到手立空。”这段话，有二错误：地山是廪生，非解元；归葬扬州，天津是衣冠冢。

（四）闵尔昌

含光《报闵葆之书》：“执事清明在躬，著述不辍。乱思遗老，邠卿之济岱息肩；闲居安性，高密之礼堂写定。《诗集》并《高邮父子年谱》，各已拜登。便觉大雅未沦，古人可友。尝谓人生至乐，莫如友朋，相昵尔汝之间，促膝交欢，比肩共影，而览其造述，知可千秋；卜其姓名，将垂四部。……今于执事，又复然矣，珍重珍重！……又昔奉教言，见征拙画，息壤之约，宁去于怀。当俟气润时和，心闲手敏，必挥烟墨，用答相于。”

含光《闵葆之寄所著〈再续疑年录〉，篇末嵈威、申叔之名在焉，感赋》：“短书随手录，之子用情深。”

含光《闵葆之燕中书来，苦欲南还，而余数有卜居故都之志，寄此申意》：“樵柯烂尽慵观弈，人海藏深好著书。”

注：（1）闵尔昌，字葆之。尔昌《自述》：“早年为学，偏尚词章。……四十以后，有志于清代学术掌故，泛览诸家著述，先后成《碑传集补》、《疑年录校补》（初名《五续疑年录》，已锓木，后又补两汉迄近代若干人，更名《疑年录校补》）、《高邮王氏父子、江子屏、焦理堂四先生年谱》，都若干卷。”尔昌又著《云海楼诗存》五卷、《雷塘词》。

（2）汪国垣《光宣诗坛点将录（合校本）》：“地丑星石将军石勇——陈延韡，一作闵尔昌。乃生俊人，淮海维扬。急就章，石敢当。余幼时闻诸欧阳笠侪丈，乃知陈含光、闵葆之诗律精严。后穆忞示以《一微尘集》，始叹赏焉。葆之以简澹扫繁缛，含光以雄浑代纤巧，可谓二妙。”

（五）黄质（黄宾虹）

含光《题画赠黄宾虹》：“试写黄山云，远寄黄山客。君家云际居，松南定松北。”

注：据《古今》第四十一期黄宾虹《自叙》，原名质，字朴存，歙县潭渡村人。“家遭坎坷中落，肄业金陵、扬州，得友时贤文艺之士，见闻渐广，学之愈勤。”宾虹致孝萱信：“仪真与歙邑，夙犹故乡。鄙人年二十余，侨居邗上近十载……陈含光君书画，尤素佩。”

（六）李详

含光《世说笺释序》：“李审言先生目穷百氏，膺服四刘。研悦既深，居稽日积。……先生著书满屋，此仅碎金。”

含光《答周惺庵兼呈李审言丈》：“复传先生言，念子诗可娱。将呼剡溪櫂，一访班生庐。闻此意忽恍，子书宁误欤。先生实名德，九牧所称誉。《六经》与百氏，隋掌皆明珠。余事为文章，含吐庾与徐。奈何雌霓辨，遽欲高轩纡。”

注：周官懋，字惺庵。含光《周君墓志铭》：“乃受业兴化李君。李君九牧倦游，礼堂归定，一旦得君，喜于传业。……”

含光《怀李审言丈》：“高贤天固启，学海绝无垠。每拟登龙数，翻劳命驾勤。朽枯荣一顾，欢喜过三熏。笑语庄逢惠，留连夜接昕。侯芭能载酒，宗武更工文。曲院偕僧话，名香借佛焄。兴高遗俗虑，意得到皇坟。小别秋俄尽……讲习继河汾。烹鲤书频寄，闻韶意独欣。情澜纷娓娓，家法矢龂龂。博论当时体，高持郢匠斤。绔裁嗤辅佐，舟荡薄殷沄。辙乱真追北，雷訇似鼓鼙。莫过精选理，兼亦张韩军。雅调征牛铎，微衷效野芹。齿牙蒙借与，肝胆答芳芬。”

注：(1) 李详，字慎言，一字审言，少日自字百药生，亦号愧生，晚更称䶮叟，兴化人。尹炎武《李审言先生传》：“私淑乡先辈汪容甫，为俪辞，屡摹其体。……沈（子培）尝遍赞座客曰：‘此江淮选学大师李先生也。’（冯）梦华介金陵蒋国榜受业，为刻《学制斋骈文》二卷。”陈训正《兴化李先生墓表》：“夙昔董理经史训诂而外，于昭明《文选》所诣尤精，曲会旁籀，撮其理要，畜腹既多，振笔自异，并世萧学，罕比闳通。……先朝作者，独服膺汪氏《述学》，谓：‘华不伤缛，质不病实，典雅高朗，古今几人哉！’盖隐以自喻云。”

(2) 李详《学制斋书札》上卷《与陈含光四函》：①“所撰诗文，皭然不滓，如凤翔千仞，俯视斥鷃，归昌一鸣，凡翮尽敛。不意求之二十年后，由惺庵为媒，方得各吐胸中之奇，积诚既久，天必为之作合，与君是也。……前此足下诸书，皆得要领，详虽不敢引为至当，文章之正鹄，岂复有外于此？……从惺庵处读足下诗，得于比兴为多，以为方今救时之弊，无过于此。”②“弟老矣，欲吾含光作意一振，以竟容甫余绪。……名家华胄，含光如王谢弟子，其勉副鄙言，以竟此哀歌求友，风云会合之欢悦，含光其无让焉！”③“来论论骈俪文字，附和鄙说，又多推戴之言，皇恐万状。……足下诗文，虽未多见，而富有根柢，不失一朴字，学问尚有余于诗文之外。此详之所以亟亟纳交，而以上下其议论，引为至幸。”

(七) 陈衍

含光《元日寄石遗诗老书》：“玉梅花下安书几，元日萧闲聊自娱。难忘吉祥文字意，擘笺先写寿人书。”

注：我少时，曾见陈含光诗稿，此诗之前，有五古《石遗诗老，偕四客来游扬州……》一首，中有句云：“吟回扬州月，重作乾嘉圆。”事隔六十余年，诗题及全诗，已不能记忆。

含光《挽石遗诗老》：“塞北江南沸若糜，诗翁决去似前知。生持变雅离骚柄，亲见明昌大定时。四海倦归丘首卧，群生今逼剑头炊。芳尊腊鼓琅邪邸，一夕清欢系梦思。”

注：（1）据唐文治《茹经堂文集四编》卷八《陈石遗先生墓志铭》，陈衍，字石遗，“侯官诗文学大名家”。陈衍辑《近代诗钞》，选陈延韡《新晴》《美人篇（己酉四月初六日作）》《后美人篇》《感逝五首（录三）》《中秋对月》。

（2）此诗“琅邪邸”，指王柏龄宅，即陈含光与陈衍等宴饮之处，所谓“一夕清欢”者也。

十一、弟子

含光《过词人丁宁女士小园》：“深巷阒寂稀人踪，词人有此一亩宫。……君今词笔继朱李，自写芳洁非雕虫。金炉睡鸭供古佛，旃檀婆律烟方浓。骚人哀怨细故耳，泥洹一路方无穷。相期回向六如偈，君不见昨来风雨今原空。”

含光《怀执自都归，值园花盛开，以数枝相赠》：“白谢红开两不愁，飞英又送秣陵舟。”

含光《送怀枫》：“尺书手捧尚迟迟，锦样园林付与谁。”

注：丁宁，字怀枫。

十二、品赏园林

（一）个园

含光《个园行为同年李允卿作》序云：“个园者，黄氏故园，扬州八总商，黄至筠次居第七。嘉道间，每盐务奏销，常倚黄而办。其园在东关街，度地十余亩，他宅屋称是。黄败，丹徒李氏得园之一角，仍其故名，巨丽已为扬州之冠。清末，李以商业折阅，负官债。鼎革后，园属徐故上将宝山家。转移之迹，世莫能明也。”诗云：“个园城中央，开户临通衢。缭垣列云汉，密石磨阶除。借问园主谁？昔时姓李今姓徐。百年时事三反手，令我回首增嗟吁。君不见，此园未属李氏时，黄翁考室先来居。黄翁才智雄万夫，千金三致同陶朱。嘉道之间财力盛，总商八姓争豪横。桑孔秋毫析奏销，黄翁只手持魁柄。堂上俳优日夜陈，门前车马如云屯。移山转海在一顾，炙手炎炎欺要津。不辞布地金与银，买占直至东城闉。洞房连闼极窈窕，至今谈者神犹振。李君年少吾故人，买宅者祖君其孙。君家尊人昔爱我，招我日赏园中春。园前何所有？华堂朱槛波瀹沦。园后何所见？高楼四合干星辰。园中景物难具论，红蕖苍桧间碧筠。天然洞壑在庭户，坐来咫尺生烟云。黄园李占才一角，胜绝已复难为邻，何况黄翁昔日全盛当其身。盛衰成毁皆陈迹，李园俄作官家宅。”

注：(1) 梅曾亮《柏枧山房文集》卷九《黄个园家传》（庚戌）：“君讳至筠，字个园，甘泉人。……年十九，策驴入都，得父友书，见两淮盐政某公，与语，奇其材，以为两淮商总。时嘉庆初……君首输为众倡，前后数十万，由府道加盐运使司衔。……当是时，上至盐政，下至商，一视君为动静。贩夫走卒，妇孺乞丐，扬人相与语，指首屈，必及君。而是时承纯皇帝六十年丰豫之后，商人皆席富厚，乐骄逸，诙调舞歌，穷园林亭沼倡优巧匠之乐。……道光十八年七月，君卒。……盖君之为商总者四十余年，支拄救败者又十余年，卒五年而库始有悬引减运纲，又七年为道光三十年，而淮南之票盐兴，纲商废。”梅曾亮曰：“闻君蓄名画至数千，而不喜伎乐。”

(2) 王振世《扬州览胜录》卷六《新城录 · 个园》：“今属江都朱氏。”在属徐氏之后。

（二）何园

含光《尹石公生日何氏园集序》：“何氏园者，邑之胜处，于中则有华楼高阁，周廊曲誃，假山芳沼，森木灵卉，幽奇蒨丽，若践清都而去人间也。”

含光《题何氏园六首》：①“何氏山林好，今来六十年。朱门残棨戟，珍木郁风烟。兵徙龙骧幕，家回虾菜船。主人开竹径，招客一听然。”②“华馆当风启，长廊匝水回。跳鱼明镜阔，度鸟画屏开。檐阁将崩石，阶侵欲雨苔。承平饶物力，结构信雄哉。”③“几岁供营垒，归来费扫除。燕泥沾地锦，蠹粉落楹书。台圮摸金后，松凋系马余。八方犹画角，愁杀好园居。”④“谢傅偏怜女，班姬早解诗。墨床欹翡翠，画笔惹燕脂。贾岛宁堪佛，平原莫绣丝。只应施步障，容我醉支颐。（自注：主人女公子，从余问诗画。）”⑤“怪石攒云密，奇峰拔地长。匠心闻昔日，妙手自清湘。雪瀑龙湫拟，危阑鸟道妨。古情吾与尔，相对共苍苍。（自注：园东石山，相传大涤子所手叠。）”⑥略。

注：（1）何园在徐凝门刁家巷，本名寄啸山庄。民国十五年，李根源等来游，誉为“广陵园林第一”。

（2）安徽望江人何俊（亦民），曾任两淮盐运使司盐运使、江苏布政使司布政使、护理江苏巡抚。子维键（子嶔、芷舠），曾任湖北汉黄德道，署湖北按察使司按察使，筑何园。

（3）黄宾虹墨迹：“古云温柔敦厚，诗教也。唐王摩诘诗中有画，画中有诗，称为南宗画家之祖。董、巨、二米，至于元季四家，皆以华滋浑厚为归，不为犷悍纤媚之习，是谓得其正矣。怡如女士，喜学诗，兼习绘事，孜孜以南宗是尚，不懈而及于古，得于诗教岂浅鲜哉！乙亥，黄宾虹题。”陈含光所云“从余问诗画”之女公子，即何怡如。

（4）何声焕《皇清诰授光禄大夫、湖北汉黄德道、署湖北按察使显考何府君，暨显妣诰封一品夫人孙太夫人墓志铭》：“买宅扬州，得吴氏片石山房旧址。”何谓“片石山房”？钱泳《履园丛话》卷二十《片石山房》云：“扬州新城花园巷又有片石山房者，二厅之后，湫以方池，池上有太湖石山子一座，高五六丈，甚奇峭，相传为石涛和尚手笔。”据李斗《扬州画舫录》卷二《草河录下》，释道济，字石涛，号大涤子，又号清湘道人、瞎尊者、苦瓜和尚等。“工山水花弁，任意挥洒，云气迸出，兼工叠石。扬州以名园胜，名园以叠石胜。余氏万石园出道济手，至今称胜迹。”李斗离道济不远，所云道济“兼工叠石”，“余氏万石园出道济手”，是可信的。这条记载，对于鉴别“片石山房”之假山是否为道济手叠，是有帮助的。所谓“手叠”，我理解为，由道济画稿布置，众多工人叠石而成。

从以上的介绍，可以窥见陈含光其人及其诗文书画。他论诗文书画，俱有独到见解，应予肯定，但不完全正确，例如：他主张把历代诗话全部烧掉，就明显是错误的。余不多举。

方尔谦、方尔咸——《光宣诗坛点将录》“大小方”考

从“同光体”领袖陈三立到《光宣诗坛点将录》撰者汪国垣，都充分肯定方尔谦、尔咸兄弟的诗才。二方名满淮海，而钱萼孙《清诗纪事》光宣卷中，无二方片词只字，可见文献湮没。今据我多年来寻访到的资料，写成此文。首先考证“大小方”齐名合称之由来及其家世、家庭教育与主要的交游情况。接着考证二方之异同：大方擅长骈文、诗，最工联语，有“联圣”之誉，并精鉴赏，富收藏；小方擅长诗、词，亦作联语，篆刻、弈棋无所不能。二方都精通盐务，大方从事盐政工作，小方则凭借他与扬州盐商的特殊关系，在辛亥革命时扮演了沟通军商的重要角色。二方都关注教育，大方被袁世凯聘为家庭教师，小方在扬州提倡新式教育。大方性豪放，有狂名；小方工心计，病缠身。二方无诗文集传世，本文辑录佚作数篇，以见一斑。

汪国垣《光宣诗坛点将录》合校本云：

专管行刑刽子二员

地平星铁臂膊蔡福——方尔谦

地损星一枝花蔡庆——方尔咸

淮海维扬几俊人，小方哀怨大方清。空余禅智山光好，投老津沽剩此身。

地山、泽山，诗名满淮海。所作皆清刚迳上，独秀时流。维扬

多俊人，闵葆之、梁公约、陈移孙及方氏昆仲，皆一时鸾凤也。

孝萱案：汪氏以“维扬俊人”“一时鸾凤”，评价闵尔昌（葆之）、梁菼（公约）、陈延韡（移孙）及方尔谦、尔咸兄弟之诗，反映了这五人在“光、宣诗坛”上的应有地位。而钱萼孙仲联主编的《清诗纪事·光绪宣统朝卷》中，无方尔谦、尔咸片词只字，可见文献湮没，搜集不易。今将我多年来寻访到的扬州“二方”资料，整理为文以填补学术空白。

（一）“大小方”合考

（1）齐名合称之由来

闵尔昌《方地山传》云：“君姓方氏，讳尔谦，字地山，一字无隅，江都人也。……偕弟尔咸同补诸生，时称‘二方’，目君为‘大方’，故君以之自署云。”

陈懋森《方泽山传》云：“君讳尔咸，字泽山，姓方氏，江都人。……（兄弟）并以文章名于时，人称为‘大小方，云。”董玉书《芜城怀旧录》卷二云：“地山昆仲……弱冠文名鹊起，人皆称‘二方’，比之轼、辙。”

孝萱案：扬州“二方”“大小方”名称之由来，闵说为兄弟“同补诸生”，陈、董二说为兄弟“并以文章名”“弱冠文名鹊起”，三说相通，可以互补。

（2）家世

陈懋森《方泽山传》云：“祖讳长淦，诸生，以参戎幕功，累保至郎中，不乐仕进，弃不就。考讳霈森，举人，大挑二等，候选教谕，生子二……郎中君外方严而内和易……尤礼敬贤士。教谕君宽厚长者，貌如其心，平生浑然不见圭角。两世皆未大显，因钟美于君兄弟……”又云：“家本儒素。”

孝萱案：方尔谦、尔咸兄弟出生于一个普通的读书人家。

（3）家庭教育

陈懋森《方泽山传》云：“君兄弟幼失母，郎中君爱怜两孙，亲课之读。”又云：“余过君家，则见君兄弟共灯而读，同被而寝，依依情状，犹孩提也。”

董玉书《芜城怀旧录》卷二云：“东关街方氏书塾，地山、泽山昆仲读书处也。……父霈森，字汝霖，丁卯举人，隐居不仕，课子甚严。”

孝萱案：方尔谦、尔咸兄弟受祖、父之家庭教育，青出于蓝。

（4）交游

董玉书《寒松龛诗草自序》：“回忆髫年，与方地山泽山昆仲、郭楚生、梁公约同学，订文字交……”卷一《感逝诗·方地山、泽山》云：“联床风雨读书堂，犹忆元方与季方。自是当年好兄弟，不堪人物小沧桑。”

闵尔昌《云海楼诗存自序》：“余年十二三，即好为诗……嗣交公约、楚生、义门、泽山诸子，更唱迭和，殆无虚日。”卷一《还扬州却寄方地山、泽山兄弟》云：“年少扬州称二方，荀龙、薛凤属腾骧。”

陈延韡《陈含光手写所作诗·挽方泽山五首》云：“一代才名两弟兄，长公豪放次公清。白头凄断连床句，丁字沽边听雁声。”

刘师培《左盦诗录》卷一《端阳日，偕地山、泽山、谷人泛湖，念旧游，怆然有作》云：“前度游踪历历记，良朋聚首倾玉壶。”

吴用威《蒹葭里馆诗》卷四《公约、泽山相继殂谢，故交零落，凄怆心魂，葆之有诗志哀，予亦同作》云：“与君兄弟同声气，沆瀣尤称小陆贤。”

冒广生《小三吾亭诗》卷二《别董卿半月，重晤广陵，赋短歌》云：“元方、季方（地山、泽山）皆少年，接䍦倒著榴花前。”冒广生子效鲁《叔子诗稿·扬州杂咏》有“名满江湖大、小方

（地山、泽山）”之句。

刘慎诒《龙慧堂诗》卷上《赠方泽山》云：“淮海维扬州，方家有伯仲。仲也殊魁奇，窥时具深恫。”卷下《教场寻茗园感赋二首》自注：“辛丑冬游扬州，日与吴董卿、李瘦生、王义门、周谷人、方地山、泽山兄弟茗园谈集。”

陈三立《散原精舍诗》卷上《扬州方地山、泽山兄弟于去冬过访，濒行，泽山索观近稿，因赠二诗，次韵答寄》云：“维扬俊物好兄弟，共我狂言亦一奇。”又《次韵酬李审言详见赠二首》第二首云：“江介盛文儒，错落悬眼前。王（义门）梁搴荃兰，二方醉简篇（地山、泽山兄弟）……”

孝萱案：方尔谦、尔咸兄弟交游甚广，这里仅举出称赞“好兄弟”的数篇，如比喻“二方”为元方季方、陆机陆云、荀龙薛凤等，值得注意的是，评价“小方”贤于“大方”。上引诗篇的排列次序为故乡友人在前，外地友人包括前辈在后。

（二）“大方”考

（1）科名

闵尔昌《方地山传》云：“清光绪丙戌，学政王祭酒先谦岁试扬州，君年十五，偕弟尔咸同补诸生。……君岁科试，常得高等，食廪饩。顾屡赴省闱，不中式。”董玉书《芜城怀旧录》卷二：“方地山岁贡生。”

孝萱案：方尔谦、尔咸同成秀才后，父方霈森带他们到镇江焦山游玩，寺僧出上联“面面皆空佛”，尔谦对下联“高高在上人”，传播人口。汪国垣《光宣诗坛点将录》说方尔谦是解元，误。

（2）事业

闵尔昌《方地山传》云：“十七八时，即为童子师。继为其姻戚经理宝应、高淳盐务，究心利弊，深有得焉。……乙巳，友人在天津创行《津报》余推毂君主撰论说，斟酌时宜，词意精警。北洋大臣项城袁公见而嗟赏，遂延君入幕，命克文、克良诸公子从受学。北洋客籍学堂、法政学堂，亦聘君文史，循循善诱成就甚众。由岁贡生援例以知府候选。宣统中，新设盐政督办处，调充总务厅坐办。长官以君熟于产销榷课之法，颇资赞画。未几，出为长芦监理官。民国初年，财政部荐任扬子淮盐总栈栈长。复调部，在参事上行走。又充皿务署编纂、币制局咨议、侨务局秘书，然皆不久于其事。"

陈懋森《休盦集》卷上《寄挽方地山尔谦天津》自注："君尝为项城袁氏上客，自仲子克文以下，皆其弟子。"①

董玉书《芜城怀旧录》卷二云："（方）地山屡试不第，远游天津，袁项城延聘幕中，令其子寒云昆仲受业焉。"

孝萱案：方尔谦与闵尔昌，都以文学受知于袁世凯。世凯重用尔昌为机要秘书，而只以尔谦为家庭教师。从文学水平来衡量，方与闵难分高下，而尔昌个性谨慎，尔谦颇有狂名，所以世凯区别对待。某年，袁问方返里度岁否？尔谦答曰："出有车，食有鱼，当代孟尝能客我；金未尽，裘未敝，今年苏季不还家。"上联以孟尝君比袁，下联以苏季子自比，运用古典也。世凯卒，尔谦挽联云："诵琼楼风雨之诗，南国皆知公有子；承便殿共和明问，北来未以我为臣。"上联指袁克文以诗劝阻其父称帝，下联说自己未附和世凯称帝，运用今典也。

（3）品性

李详《学制斋诗钞》卷一《劝宣古愚人哲与方地山尔谦定交》云："东堂鹅炙荐槟榔，不敲扬州菜孟尝。客至都无宾主意，可人豪慨是元方。"自注："余以齑菜孟尝君目地山。"

冒广生《小三吾亭诗》卷三《喜晤陈子言又言别》自注："余宴子言于小三吾，一时名流咸集，方地山戏谓：一个冰冷陈子言，莫被冒钝宧弄热。"

陈衡恪《陈师曾遗诗》卷上《赴日本之前数日，扬州方大招饮，时有妓援琴作歌，感而有诗》云：“主人鼻息能吹虹，大笑一掷金尊空。咳唾恢诡惊凡庸，百夫莫或撄其锋。”

闵尔昌《云海楼诗存》卷三《二年二月，偕地山假归江都，并作丹徒、上海之游，流连匝月，君将之十二圩，余亦北行，赋此为别》云：“君言儒侠非殊科，贪财好色还自多。（君有印章，镌“贪财好色”四字）”卷四《过天津赠地山》云：“东风七十二沽水，短发飘萧覆两耳。大谈高睨向何人，罗瘿（掞东）离居吴瘿（彦复）死。”②又《寄地山》云：“赤仄白金钱有癖，高谈雄辩坐生风。”又《方地山传》云：“稠人广坐辩论纵横，众以为狂不顾也。”“居乡里，极修饬，文誉飙起，长者多爱重之。阅世既深不免与俗浮沉，纵意所适，以寓其抑塞不平之气。”

陈懋森《休盦集》卷上《赠方大地山（尔谦）》云：“大睨高谈似昔狂，笼头破帽发苍苍。”

董玉书《芜城怀旧录》卷二云：“（方地山）性素豪放不羁，无志仕进，以醇酒妇人自晦。”

刘慎诒《龙慧堂诗》卷上《寄方地山天津》云：“醉从歌士筑，狂引上公刀。”卷下《调方大地山》云：“九流扛喙无余地，谁省歌坊乞食人。”

汪国垣《光宣诗坛点将录》合校本云：“（大方）尝制二印，曰：‘寡人好色’‘男女多于饮食’，不讳也。”“挥金如土”。“性滑稽”。

孝萱案：方尔谦的友人说他“豪放”“豪慨”“诙诡”“高谈雄辩”，他自言“贪财好色”。尔谦有“狂”的一面，也有不狂的一面。陈懋森《方泽山传》云：“君与兄地山，友爱极笃。”反映了尔谦的兄弟之情。闵尔昌《方地山传》云：“余偶一至津，必过从留饭，站台相送，絮谈不休，俟车行，乃返，诚所谓白头如新者。”反映了尔谦的朋友之情。董玉书《拙修草堂剩稿》有《方地山、刘容季邀饮津门酒楼，座中皆家乡旧雨》诗（刘师颖字容季，刘师培堂弟，方尔谦女婿）反映了尔谦的翁婿之情。陈、闵、董是方的挚友，其言可信。对尔谦的品性要全面了解。

（4）文

闵尔昌《方地山传》云：“君幼颖慧，劬于学。”“君早年服膺汪、阮，好为深淳温厚之文。”

陈懋森《休盦集》卷上《赠方大地山（尔谦）》云：“相逢乱世兼悲喜，细校平生互短长。两地睽违皆老大，百年成就只文章。”

李详《学制斋书札》卷上《与陈含光四函》第二函云：“弟老矣，欲吾含光作意一振，以竟（汪）容甫余绪。大方远客津门，须将此意告之，为南北之相和。”又《寄江都陈赐卿书》云：“大方能识文章利病，惜不多作。”

汪国垣《光宣诗坛点将录》合校本云：“地山博览，尤长于史。”

孝萱案：在清代文坛上，桐城、阳湖两派之外还有扬州一派，其代表人物为汪中、阮元，其文以骈俪为主。方尔谦“服膺”乡贤，擅长俪体。扬州兴化人、骈文大家李详，立志“振”汪中容（甫之）“绪”，寄希望于方尔谦和陈延韡（含光），二人皆所谓“维扬俊人”也。王贵忱藏“大方代罗振玉撰”《阮寿岩先生六十寿序》墨迹，虽是一篇应酬文字，也反映出尔谦文章水平，今移录全文如下：

《记》有之曰：良弓之子，必学为箕；良冶之子，必学为裘。所谓箕裘克绍者，以为箕为裘之意，近于弓冶耳。世之盛世，士食旧德，农服先畴，商循祖训，工用规矩。厥父肯堂，子克肯构；厥父析薪，子为荷锄。此自然之理，不假强为，中国人伦之大道，所赖以不坠也。吾观于天津阮氏父子，以银行商业，世济其美，及老人之事兄敬长，嘉言懿行，而益信焉。君名福墉，字寿岩，年已六十矣。公子金铭，因同人之请，将于今年十二月初二老人生日，相率庆寿，先期以平生行事，属辞于余。余遁迹远方，艰于国事，亦知寿序非古，无志临文，但此中孝弟之大端，可以移风易俗者，又未尝不乐道之。君少孤，幼先失母依兄星彩君成立。家素贫，而好诵读，附里塾，勤学好问，聪慧异常儿，师咸称之。年十六，因谋生活，姊夫赵君为荐充裕盛成银号练习生，坚苦耐劳，朴毅沉挚，经理魏君赏其才，教诲周至。君小心谨慎，不敢自暇自逸，誓异日成就，必引诱后进。数十年来，遇亲友求学，有所图谋，必为治行李衣服，且安其家，不使困乏，担保护持，无微不至，皆基于此时。感前辈施于己者之厚，而倍以公德报之后进，自酬其险阻艰难之苦辛也。庚子拳□之乱，君年甫逾冠，当事者派充正金银行交际员。时华人与洋人作事，皆被执。君冒险佯与拳师合，以存款折子示拳师，言行中已无大宗存款，拳师信之，竟不追问，行中幸无损失。皆君之公尔无私，临事能任，使匪不疑，非徒机警小有才也。壬子之变，君兄在申，家中无人，君往返枪林弹雨，使妇孺无惊惧，血诚至性，忘乎死生，又非徒胆量过人所能为也。丙辰，兄病殁，子女皆幼，教之育之，婚嫁主持，表里周到，尽心于骨肉之私，更非酬恩报德之施于朋友者所能比也。丁巳之岁，吾友周作民创办金城银行，君为之经理，事无巨细，咸资擘画，一时名誉大起，遐迩皆知，血心任事，至于成疾。退休以后，上下感之。此数年中，当世善举，大而振天下之灾，御国家之患，兴学校，立工厂；小而恤孤存寡，济困贫，补不足，君无不乐为之，且曰：此公德应尽义务，沽名好誉，已近于私，若或退避，岂非罪过。宜乎天之所以报之者，即使其子继其志，述其事，无愧箕裘弓冶言，堂构薪锄之妙喻，食旧服先，遵训言，蹈规矩也。呜乎！吾所见银行界之人才多矣，大率具留学之衣冠，矜仕宦之阅历，奔走东西外交之门，钻营南北时流之窟，升车之容与，执杖之逍遥免冠握手之中节，进餐举酒之威仪，精于赌博之应酬，取媚倡优之联合，其一定不可移之态度，所以训其后进，矜式其子孙者，亦非无道，而求如阮氏之朴诚肝胆，有声当世，垂誉后人者，百不获一焉。吾惧中国之儒道沦亡，经史废绝，并此区区经济之道德，而亦亡之，使后生小子无所逃也，于是乎言。（大方撰文）

剔除“寿序”中不能没有的歌颂之词，方尔谦此文，是中国银行业的真实史料。在清末民国这一历史时期中，中国银行界的头面人物，不外两种出身：一为留学归来者，居于主要地位，如方文中之周作民是也；一为学徒上升者，居于次要地位，如方文中之阮福墉是也。文末“吾所见银行界之人才多矣”一段，描写生动，维妙维肖，而忧经济之道德沦亡，语重心长。罗振玉请方尔谦代笔，可见尔谦文誉之高。尔谦“博览”，善于用典，信手拈来，皆成妙谛。

（5）诗

闵尔昌《云海楼诗存》卷二《二年二月，偕地山假归江都，并作丹徒、上海之游，流连匝月，君将之十二圩，余亦北行，赋此为别》云“谁欤拔戟成一队？独把歌诗让吾辈。李陵（瘦生）、吴质（董卿）忝齐称，何似季方（泽山）尤绝代。（君尝言：吾若作诗，断不及君等，宁藏吾拙。）”又《方地山传》云：“诗不常作。”

孝萱案：清初恽格、王翚皆擅长山水画，恽格“不为第二手”，让王翚“独步”，而专意于花卉，“写生为一代之冠”。在文学上，方尔谦具有恽格的志气，诗歌让同辈而专意于联语，获得“联圣”之桂冠。尔谦无诗集传世，仅从当时的一些报章杂志和诗歌合集、选集中，可能发现尔谦的作品。今将《菱湖图咏》卷一《菱湖泛舟图》所载方尔谦之四首题诗，移录如下：

菱塘何必故乡无，要作东坡赤壁图。记否平山堂下路，扁舟一叶瘦西湖。

武库森森载酒过，使君于此善婆娑。渔洋翻说扬州好，游宦从来纪事多。

秋风梦影广陵涛，话到莼鲈意转骄。官舍去家三十里，天然图画是金焦。

廿载离群别意长，儿时风景总难忘。莫愁湖上相携去，万顷荷花看夕阳。

汪国垣评方尔谦诗“清”，这四首诗，当之无愧。《菱湖图咏》者，据卷首董玉书云：“光、宣之间，余掌武备库，在菱湖嘴。其时裁撤水师，留一炮艇，改为画舫清游。”又左运奎《菱湖泛舟记》云：“出安庆北门迤东五里许，有湖渟然曰菱湖……诘戎政者于其滨建库庋火药，库有余屋，居守者小葺之，可憩人，江都董逸沧适筦斯役。（自注：时逸沧总办全省军械所，库亦隶焉。）”董玉书逸（沧倩）人绘《菱湖泛舟图》《菱湖烟雨图》及《重游菱湖图》，征求友人撰文赋诗填词，汇编成书。方尔谦之题诗，联系扬州、南京风景及往事，这是他诗思巧妙之处，他没有到过菱湖，只虚写了“武库”“使君”二句。

（6）词

闵尔昌《雷塘词·沁园春（喜方地山来天津赋赠）》上片：“载酒天涯，把袂倾心，尘梦宛然。记云间日下，相逢抗手；伯符公瑾，结契齐年。憔悴忧时，缠绵思旧，俯仰都应涕泪涟。狂名减，只羞临青镜，坐阅华颠。”此词情文并茂，“倾心”“抗手”等句见二人才名之相当，“结契”“思旧”等句见二人交谊之深厚。“一时鸾凤”之称，二人当之无愧也。周树年《无悔词》有《金缕曲（与地山论诗赋此）》《蝶恋花（柬方地山）》《尉迟杯（用清真韵寄酬方大）》三阕。方尔咸有寄兄词，详下。尔谦如不擅倚声，尔昌、树年、尔咸等就不必填词寄给他了。

（7）联圣

董玉书《芜城怀旧录》卷二云：“（何秋辇中丞）卒于甘肃途次，方地山挽联云：‘身行万里路，能通六国书，无怪群公，欲使班超定西域；凄凉玉门关，呜咽陇头水，早知今日，不如何逊在扬州。’”

闵尔昌《方地山传》云：“最擅长联语，雅言俗谚，情文相生，矢口而成，见者惊服。”“著有……《联语》……若干卷。”

《周叔弢先生书简》云：“大方先生书扇，顷始检出，兹寄去二枚，祈查收。大方先生……幼有才学名。以擅联语名于世，有‘联圣’之称，赠妓之联尤工。我本有录稿传刻之意，惜之散失矣。”（一九八〇年七月十一日《书简》）

周一良《大方联语辑存·前言》云：“据云袁寒云曾集大方先生联语成《偶语》一书，未见流传。今编大方先生联语辑存，依联语来源，分为三部分。第一部分乃大方先生外孙刘葆中先生提供，系其母方慧云（1906—1998）所记之打印本。因是随手记录，未分类，亦未按照年代次序排列，较为杂乱。现重加整理……这一部分大抵为大方先生早年作品。第二部分为《北洋画报》所刊载联语。……今据《画报》索引逐期检出大方先生作品。龚联寿编《中华对联大典》收有采自《北洋画报》者，而间有遗漏。其未注明期数者，大约摘自《画报》他人文章中，现亦归入第二部分。王贵忱先生在广州所收集以及先父旧藏联语，收入第二部分最后。第三部分为龚氏《中华对联大典》从各书中搜集而来，并注出书名，现照录。”“刘叶秋同志等文中所录联语，皆未收入。”

汪国垣（辟疆）《光宣诗坛点将录》合校本云：“（大方）又工偶语，咄嗟立就。”又《光宣以来诗坛旁记·爰居阁》云：“谶语之说，本不足凭，而梁黄之死，其兆皆著于生前朋侪之文字，斯亦奇矣。乙丑、丙寅之交，安福系既败，方地山戏以二人姓名作嵌字联云‘梁苑嗣音稀，众议方淆，异古所云今世免；《黄庭》初写就，哲人其萎，维子之故我心夷。’哲维，黄别字也。……不谓未十年，而黄遽以通敌罹大辟。更九年，梁亦叛国伏诛。……方联则手录以示吾友陈颂洛，陈亲为余诵之。”

孝萱案：从方尔谦所撰联语可见其交游之广，略举数例：①前清遗老。如挽陈宝琛联云：“松影犹存，从今瞻望山高，读书孤吟冬岭秀；钟声不响，回忆相逢日暮，谈诗低唱铁冠图。”②民国政要。如挽黎元洪联云："德量是天生，便相逢游戏场，巍巍乎在人耳目；共和失民望，论统一南北界，滔滔者将谁与归。"③国学耆宿。如挽缪荃孙联云："丁卯昔人希，叙先子同年，相见便蒙呼小友；甲寅文字乱，记姚翁生日，当时颇耐识群贤。"④教育元老。如挽严修联云："瞻望宝塔，忆小金山，尽夕清谈怀北海；手把木鱼，再上天竺，相逢犹记在西湖。"⑤文坛泰斗。如挽梁启超联云："征歌当哭，叙君男女交情，每借微云谈晚翠；论才嗜痂，誉我荒嬉文字，同悲麦孺吊罗瘿。"⑥画界大师。如赠张爰（大千）联云："八大到今真不死；半千而后又何人。"

（8）藏书

李详《学制斋诗钞》卷三《方地山僦居嵩山路，悬金购书，率致精本，为赋此诗》云："地山好书如好色，媌娙娃娥曰侍侧。白头历齿且屏之，矜说佳人难再得。嵩山不异群玉山，纵横屭屃于其间。字如玉版墨如漆，异香袭浥光烂煸。五家邺侯三万轴，三世致此才充屋。（自注：承休、泌、蘩，凡三世。）君今一过马群空，受之挥泪清常哭。世人皆宝底下书，那有秘本藏葫芦。君独一一出精椠，留离轴映青珊瑚。吾昔见之每心醉，直拟茂先趋际地。语言慎饬二尤看，好与长恩同木睡。盱眙王叟谥书淫，复有继之称素心。熊鱼兼嗜君特建，故人但道夥沈沈。"（自注：盱眙王霞生司马藏书最富，后房之宠亦推甲选，余老友山阴徐遁庵先生赠以'书淫'之号，余复数以赠君，兰君旧识也。）

闵尔昌《云海楼诗存》卷三《连日独游厂肆偶占五绝句》第二首云："冷摊书侩多相识，频与殷勤问地山。"又《方地山传》云："喜聚书，嗜博览，名椠旧钞，高价购求，曾不少吝。尝得宋本《舆地广记》数帙，以黄绍武旧有'百宋一廛'之名，武进某氏，人谓之'百廛一宋'，乃曰吾今可称'一宋一廛'矣。以藏唐人写经，明、清人书画甚夥，长卷短册，骈罗几席间。"

罗继祖《我的祖父罗振玉》云："当晤伯氏时，伯氏面告石室尚有卷轴约八千，其中以佛经为多，可早自购归，以免这一点孑遗再为人夺取去。……但中间又出了岔子，有人从中间插手，插手人是新疆巡抚江阴何秋辇（彦昇）。不知学部、大学堂与何有甚么特殊关系，做成圈套，托何担任接受和押解，押解差官又是江西人傅某，大车装运到京师打磨巷时，就被何的儿子何鬯威（震彝）截留，约了他的岳父德化李木斋（盛铎）和刘幼云、江都方地山（尔谦）遴选其中精品。……于是他们就尽力盗窃其中的精华，为了凑足八千之数销差，他们竟然把盗窃之余的长卷破坏截割为二、三，甚至五、六段。”

孝萱案：罗振玉所云“盗窃”敦煌写经，需作说明。何栻，字廉舫，江阴人，道光二十五年进士，官至江西吉安知府，“罢职归，侨居扬州运司东圈门外，辟壶园为别业”。著《悔余庵文稿》及《诗稿》。栻子彦昇，字秋辇，“家传文学，兼通列国语言文字”，官至新疆巡抚。“宣统辛亥，卒于甘肃途次”。彦昇子震彝，字鬯威，号穆忞，光绪三十年进士，“英年隽望，家学克承”，著《鞮芬室近诗》。（参阅董玉书《芜城怀旧录》卷二）何氏三世居扬州，震彝与扬州文士多有唱和。但友谊有深浅，赏析有异同，他编《一微尘集》，只选陈延韡、闵尔昌诗，而不选梁菼、方尔谦、尔咸兄弟诗，可见他是有主见的。尔谦与震彝交游，如吴用威《蒹葭里馆诗》卷三有《抱存斋中，与彤士、立之、地山、鬯威刻烛联吟，极谈宴之乐，别后赋寄三首》。梁公约《端虚堂诗稿·和何鬯威见怀原韵》有“乡人念汝月千回”句，自注：“癸丑重九客上海，与……方无隅，饮刘葱石斋中……并闻无隅言鬯威近状。”（方尔谦号无隅）罗振玉推测何震彝欲“盗窃”敦煌写经，请精于鉴赏之方尔谦助其遴选其中精品，是可能的。何是有主见的人，从中遴选出精品，截割其余卷，到凑足八千卷销差，这个“盗窃”的全过程，不可能都约尔谦参与。事成之后，震彝赠送尔谦一些石室写经，酬谢其遴选之劳，是可能的，不会很多，还有李盛铎、刘廷琛等参与其事。

(9) 古钱

陈重庆《默斋诗稿》卷五《地山索予书所作诗，饷予古泉数枚，且持一大泉，为予祝，正面铸一鹿，上嵌“加官进禄”四字，背面则十二辰虫，唐时厌胜品也》云：“嗟我与君两贫儒，偏与世好酸咸殊。”

陈三立《散原精舍诗》卷下《方地山还自天津，过谈彦复近状，附一诗讯之》云：“方生南下话三沽，喜子连墙日夕俱。尘土堆中评赝物（君与地山皆好搜求彝鼎古币之属），觚棱影外有微吁。”③

闵尔昌《云海楼诗存》卷三《二年二月，偕地山假归江都，并作丹徒、上海之游，流连匝月，君将之十二圩，余亦北行，赋此为别》云：“随身泉货累十百，一日奚啻三摩挲。”又《方地山传》云：“古代泉币，尤多精品。累累贯串，终日携带，不离其身。”“著有《钱谱》……若干卷。”

《周叔弢先生书简》云：“大方先生则过从甚密，藏泉束之腰间，每见必取出，相与摩挲，昂首高谈，狂态逼人。书中所言如四画大观、端平、咸平、大绍定、崇庆、招纳信宝、天兴宝会，皆余所习见者，至今犹记忆犹新。惜大方逝世时，余适不在天津，归来其藏泉已不可踪迹，是为憾事。”（一九八一年九月题可居辑本《寒云泉简钞》）

孝萱案：周暹，字叔弢，安徽建德（今东至）人，藏书家。方尔谦《钱谱》未见。

(10) 卒与葬

闵尔昌《方地山传》云：“尝语友人：吾虽无恒产，储物盖值巨万，足毕吾一生。津市侨居，室家为累，频年支柱，斥卖垂尽，而君亦辞世，殆其谶欤。君体素弱，晚岁貌加丰，第不善摄养，竟以胃疾卒，实二十五年十二月十四日，春秋六十有五。”

陈懋森《休盦集》卷上《寄挽方地山（尔谦）天津》云：“云烟变灭十年间，地北天南各饱看。季子不归裘早敝，孟尝已往铗休弹。凄清旧宅荒三径，抑塞奇怀闷一棺。闻说收藏珍物尽，伴君到死只丛残。(君收藏甚富，晚年斥卖略尽。)”

董玉书《拙修草堂剩稿·方地山旅榇归里，设位妙音庵，诗以哭之》云：“风雨江头迓旅魂，潸然残泪湿襟痕。三千里外归骸骨，五十年来老弟昆。终古文章悭一第，此生哀乐忍重论。白头空抱人琴感，扶过邻庵奠酒尊。”

孝萱案：方尔谦卒于天津，葬于扬州，汪国垣“空余禅智山光好”之句，用典不合。天津之方尔谦墓，乃衣冠冢也。王贵忱藏民国二十九年邓散木刻“大方”朱文印。钱萼孙（仲联）《近百年诗坛点将录》云：“地羁星操刀鬼曹正——邓散木：邓散木学治印于虞山赵古泥。诗功不浅，颇露圭角。”方尔谦卒于民国二十五年，此“大方”印不是为尔谦刻的。

（三）“小方”考

（1）科名

陈懋森《方泽山传》云：“与兄地山尔谦同补诸生。越三年，光绪己丑，举江南乡试第一。……两与计偕，一因回避考官未试。然君以英英年少，负才望，四方名流居京师者争识君，或引君为重。君睹时局之日非，乃怅然而南。”

孝萱案：方尔咸于光绪十二年丙戌成秀才，年十四。光绪十五年己丑为解元，年十七。当时传为佳话，也是尔咸早年的亮点。

（2）事业

陈懋森《方泽山传》云“客游武昌者数年，归而以兴学自任，虽入资为内阁中书，迄未入都。迨江宁学务公所设立，当道奏君长其曹，秩视学部五品官。君强委蛇其间，非所乐也。”

刘慎诒《龙慧堂诗》卷上《赠方泽山》云："近颇悔文字，不欲托吟讽。酒酣聆高言，君志固殊众。丈夫宏树立，揽辔慷慨送。时艰急贤俊，殄瘁夙所恐。瓦狗与泥车，久悯里儿哄。饮博万金尽，春游竞雕鞚。所学误沿习，积如万牛重。章句不活国，小智出瓶瓮。此辈殊聪明，失教遂顽弄。弃之为樗栎，养之为梁栋。人执一艺鸣，皆足储国用。乾坤浩荡心，忍使长瞢瞢。诉诸乡先生，都骂此语梦。作俑臣优为，道谋徒聚讼。闻将置区舍，鸠徒分学俸。礼失于野求，夷夏吾道共。欧亚大九州，洋洋目所纵。蛮语虽鉤辀，其文略可诵。重译周殊方，巧手弥无缝。开方衍天元，象数入该综。九流择之精，岂以寸壤封。大哉轲丘门，中外道所统。瑶草讵无根，良玉原可种。矧兹文物邦，足备在廷贡。蒙养植圣基，艺术出磨砻。约守博取之，土腴谷乃供。牖户将漂摇，迨雨蚁知壅。万事创者难，孤鸣抗群哄。他年蔚英奇，天衢接麟凤。偃蹇承下风，伫草进贤颂。……看君发名业，径谋负笈从。"

孝萱案：清末，方尔咸在扬州创办方氏学塾，设置英文、笔算、格致等课程，开风气之先。

董玉书《芜城怀旧录》卷二云："泽山高自期许，亦不屑小就。淮商以公望所归，遇事就商策画。辛亥扬州光复，徐宝山掌握军政，恒敬重之，亦以其一言为重轻，维持地方，与有功焉。"

周树年《无悔诗存·柬方泽山》云："芝兰同气类，远在少年时。声名有后先，黾勉相追随。世变嗟沧桑，与子同艰危……"

孝萱案：辛亥革命时期，方尔咸、周树年代表扬州绅商，维持地方安定局面。许庆曾（幼樵）据所见所闻，作《扬州辛亥吟》六十六首，其中有九首涉及方尔咸。今选录原文，略加注释如下：

第四首："商人重利亦多谋，自卫团防夜不收。日暮家家传蜡烛，手擎高挑上城头。"自注："绅商方尔咸、周谷人等筹组自卫团。各界推谷人为团长，全城户出一人，各备红字灯笼，分区编队，编成二十四队，计一万六千人，夜间巡哨。"孝萱注：方尔咸为扬州绅士代表，周树年（谷人）为扬州商会会长。

第七首：“敌前敢死播先声，吞弹摧锋一跃轻。市井纷纷谈义烈，语虽荒诞见心倾。”自注：“市井无识者流侈言革命党人能吞弹入腹，遇敌时纵身一跃，人弹齐炸，闻者为之惊叹。嵩曰：‘我但求党人不害民。如有用我者，我将尽保境安民之责；不用我，然后去。’尔咸等语塞。嵩，旗人也。”孝萱注：嵩峋为扬州知府。

第八首：“风雨飘摇太守居，客来掉舌计全疏。非关故主酬忠荩，攘臂还思再下车。”自注：“尔咸、谷人往说知府嵩峋，劝以出巡属县，离扬暂避。”孝萱注：清扬州府属县八，江都、甘泉、仪征、高邮、宝应、兴化、泰州、东台。

第九首：“活财神亦畏风沙，自保须臾拂乱麻。职守无他惟宝藏，且将铁炮架官衙。”自注：“两淮盐运使增厚亦旗人，当谣诼纷纭之际，在署门内架炮自卫。居民见状咸惶惶然惊恐不安。尔咸、谷人复偕士绅李石泉、举人大德盐业公司经理戴孟瞻谒增厚，劝以安定民心，炮乃撤。”孝萱注：李石泉是劣绅。许庆曾（幼樵）作《十古怪》，第一首云：“一古怪，观察公，地皮盗卖宦囊充。黄鱼霸去为娘子，红顶归来作典东。空担教育曾何用，议员资格花丛送，滑头皮子多拉拢……”即讽刺李石泉也。

第十三首：“人言啧啧总含颦，取不伤廉且逐贫。贡士解元非爱重，傥来偏是雪花银。”自注：“尔咸字泽山，己丑科解元；谷人名树年，丁酉科拔贡。此际运筹奔走，奠乡邦磐石之基，人皆礼重，亦多有微言者，岂空穴之风欤。”孝萱注：民间传说方尔咸、周树年趁动乱之机会发横财。

第二十首：“东阁延宾纳绪绅，群情望治待披陈。谁知觌面无多语，不问苍生问课银。”自注：“尔咸、谷人、石泉等会见孙于运署，正在陈述舆情，请布政纲之际，孙忽问曰：‘库存盐课，究有若干？’尔咸等答曰：‘原有二十余万两，除拨借与安徽省五万两移存老库待运，昨晚已经定字营士兵劫成空库外，其余已先期悉数解运南京两江总督张人骏处。’孙愕然曰：‘是将奈何？我正欲以此库银发军饷尔。’咸等相视默然，乃辞退。”孝萱注：假革命党人孙天生为扬州都督。

第三十一首：“黄堂阶下作新囚，缓颊何人敢出头。还仗昨朝游说客，轻车相送到秦邮。”自注：“嵩峋为边振新捕获，尔咸、谷人为之缓颊，并遣人护送至高邮境。”孝萱注：盐枭徐宝山，由张謇保举，经两江总督刘坤一招降，编为缉私营。扬州绅商发现孙天生是假革命党，遂迎请徐宝山，建立扬州军政分府，徐为军政长，边振新是徐之部下。

第四十首：“功成定乱决行藏，名位何须一脔尝。手法未妨施两面，筹谋只为饷需忙。”自注：“尔咸与谷人功成不居，独以筹画军饷自任。”孝萱注：方尔咸等为徐宝山筹划军饷，《芜城怀旧录》说徐宝山“敬重”方尔咸，原因在此。方尔咸挽徐宝山联云：“风雨同舟识肝胆；江淮一路见英雄。”

第四十一首：“分工致力巧周旋，无尽军糈任仔肩。钱典盐商皆利薮，连番累万更盈千。”自注：“尔咸以豪绅结盐商，谷人以商界领袖统驭银钱典当各业，言如九鼎，故能得心应手，游刃有余。”孝萱注：《芜城怀旧录》说“淮商”两淮盐商“遇事”与方尔咸“就商策画”，这是尔咸“结盐商”的历史渊源，所以尔咸能向盐商筹谋军饷，供给徐宝山。

综合以上，武昌起义后，扬州社会动乱不安，方尔咸、周树年代表绅商，周旋于清扬州知府嵩峋、两淮盐运使增厚、假革命党扬州都督孙天生之间，后依附盐枭出身的扬州军政长徐宝山。方尔咸凭借他与两淮盐商的关系，为徐宝山筹谋军饷，扬州社会暂时获得安定，所以董玉书、许庆曾称赞方尔咸维持地方有功。民间传说尔咸趁动乱之机会发横财，或许这正是民国时期尔咸优游林下十余年之经济基础吧！

（3）志趣

刘慎诒《龙慧堂诗》卷上《赠别李瘦生之六合》自注：“泽山赠君有‘愿君多读有用书，毋事诗歌空激楚’之句。”

吴用威《蒹葭里馆诗》卷一《用山谷饯薛乐道诗韵，送泽山赴鄂》云：“方子广陵彦，谈言辄微中。偶逢素心侣，谐谑杂横从。羽毛未丰满，器宇实梁栋。时人誉孝友，往往媲张仲。养疴近闭门，雅好柔翰弄。镌刻到山骨，几案萝石供。《楞严》读千遍，香烟出帘缝。匡床坐成穴，仙佛一龛共。观心外无魔，寡过内何讼。颜色渐和粹，药物屏勿用。”

李佳《独诵堂遗集》卷三《送泽山之武昌》云：“病肺犹难辞道路，为儒端已误平生。”

王存《独诵堂遗集序》云：“闵子葆之藏其亡友李君瘦生遗文曰《独诵堂集》者逾二十年，至今岁乃与吴子董卿、方子泽山醵资雕版，而躬自写定，甚慎以劬，诸君之竺于风义，可念也。”

闵尔昌《独诵堂遗集序》云：“父瑞泉先生致君临终之言，以遗稿见付，谨受而藏之。……去年言之董卿、泽山，皆慨然赞助，谓其不可缓也。从事半载，今甫告成，距君之卒，二十年矣。”

孝萱案：二方之志趣性格不同。

（4）诗文

陈重庆《默斋诗稿》卷六《同乡八诗人歌序》云：“自鄂忧归，始识方君泽山……泽山则务为宋人诗，每好出入山谷，颇与予径庭，顾亦克自树立者矣。”诗云：“方干上第犹垂髫，春华摆落秋芳雕，瓣香独溯西江潮。”《和泽山解元除夕韵》云：“彩胜翻新绝妙辞，黄金虚牝少年时。”

吴用威《蒹葭里馆诗》卷一《赠方泽山》云：“就中方子最秀出，年未弱冠能文章。……今宵喜遇郭功父，言君昨日回轻航。青山对坐二十日，积稿已压千金装。伸纸急读各起舞，倦仆惊醒魂犹僵。”卷三《不到扬州，十五年矣，过江视泽山，信宿高斋，谈谑之余，继以谣咏，别后寄答二首》云：“新诗风味似新茶，苦入甘腴致更佳。”

刘慎诒《龙慧堂诗》卷上《赠方泽山》云：“即之貌语温，为诗意何恸。岳岳万古色，力乃挽强中。其气为秋霞，其声激幽洞。浩态围孤灯，读之心骨痛。”《次韵答泽山》云：“潭潭危语来奇篇，诚之所到石可穿。谨当使者三踊跃，愿写万本相流传。天下尽如君百辈，何愁鲸海颠风颠……”

陈懋森《休盦集》卷上《大梁归柬方二泽山（尔咸）》云：“小岁文章托深契，中年离别苦相思。”卷下《方泽山传》云：“君少为文，即波澜老成，见者疑为耆宿。”“余谓君文章孝友，无愧古人。”“有诗文集若干卷，尚待梓。”

孝萱案：小方诗名，在大方之上，再举一例，李佳《独诵堂遗集》卷五《友生集序》云：“既美其所作，而又重其为人，不佳在言也。……共得十一人，都为二十卷。曰江都梁葖公约，曰清河吴涑温叟，曰江都郭宝珩楚生，曰江都王景沂义门，曰歙闵尔昌葆之，曰嘉善张祖廉彦云，曰仁和吴用威董卿，曰江都方尔咸泽山，曰旌德江㟭瘦铁，曰同县陶鸿宝宾南，曰山阴孙露滋湛澂。”无方尔谦。

陈延韡《陈含光手写所作诗·校阅方泽山诗感赋》云：“列伎成围酒似泉，方郎玉树立风前。展诗处处皆陈事，合眼腾腾梦少年。肯信兵戈酬老寿，欲回桑海剩神仙。吟魂倘为巫阳下，聆我哀歌定泫然。”

孝萱案：经过陈延韡手校之方尔咸诗稿，寻觅未得，今将我所发现的五首尔咸佚诗，移录如下：

《蒹葭里馆诗》题辞

妙总门前龙象身，如来坐侧散花人。偶然游戏成三昧，未著诗中一点尘。（丁酉六月江都方尔咸读竟因题。）

《自武昌病归扬州》

病里经春百事违，轻装旋伴药炉归。马当山下风如虎，帆势西来片片肥。

《赠陆兴之》

瓶华水绘称双绝，颇道云间陆士龙。落落清才真可数，茫茫人世一相逢。中年丝竹销英气，小劫风沙惜妙容。泪满青衫秋欲老，天涯何处转飘蓬。

《西江道中》

见说西江道，能为天下奇。山分彭泽县，潮识小姑祠。世岂无丘壑，吾方苦别离。素心人已远，永叹复谁知。

《四桐吟》

四桐当窗天一碧，带露凉云好颜色。成阴都过二十霜，吾祖中郎之所植。东遍三株在先种，中间一株倍肥泽。最后乃补西屋隅，宛若生孙侍其侧。巍巍三晋各雄长，小邦邾莒难为国。岂知大树纵柯干，渐至侵寻扫屋脊。圬人隐恤毁瓦谤，投以斧斤事戕贼。一朝斫削祸根本，坐使丰繁异畴昔。此时小树高出墙，老苍俯首让奇特。固知造物好迁徙，十年往复犹顷刻。高居凌物宜取戾，薄质自完终有得。势之方盛始可忧，事有未来谁敢测。人生殖学无因依，但苦少年不努力。

(5) 词

方尔咸词稿卷首关笠亭题词《摸鱼儿》云：“黯夕阳、乌衣巷冷，唾红零落黏草。当年难并机、云隽，豪杰一时推倒。梅讯早，道春占江南艳说翩翩少。才人易老。恁苍狗云翻，青衫尘蜿，倚剑发狂啸。悲风起，吹皱湖漪瘦小。文园病渴难疗。哀笳惊破连床梦，月夜愁听鸱叫。歌水调，尽柳腻苏总是伤心稿。箫声恨杳。剩眷就乌阑，劫余黄绢，泥雪印鸿爪。”

方尔咸词稿附录周无悔评语：“余审定泽山遗作。余有先决问题，其以此表彰作者乎？抑欲揭作者之短以示人乎？如主前说，则必须审慎，方足以达敬爱之旨。今阅作者之词，仅二十八首，用调十一，如不多而精，未尝不可存。且逐首研究，以质诸同仁。”（周无悔名树年。）

孝萱案：陈懋森《方泽山传》云："君卧病累年，念兄綦切，而地山留滞于北，君每出寄兄诗示余，读之凄婉欲绝。"方尔咸寄兄诗不可见，录其寄兄词二首，并附周树年评语如下：

《浪淘沙》

黄叶雨声中，心事疏慵。秋江脉脉望芙蓉。背了东风浑不怨，嫁与西风。圜月又当空，千里还同。北书昨夜有归鸿。勾起离忧无着处，梦也惺忪。

周无悔评："似系寄兄之作。阿谁'嫁与西风'？不可知。"

《蝶恋花》

北雁南鸿无可据，手把茱萸，便是思君处。水没天津桥下路，今年真悔归期误。乍欲登楼还又住。有限江山，无限风和雨。不信举头天尺五，悠悠万事凭谁诉。

周无悔评："此系寄兄之词。'真悔'说己，不如用'又把'说人。"

（6）联语

陈重庆《默斋诗稿》卷九《方泽山解元，撰联为寿，媵以两鸥。其对语云："老眼灯前作细书。"风趣特甚，泽山亦得意此语，属以精楷为报。因即此七字限韵，成五古七章，书以贻之》云："风流唐解元，文字秉夙慧。书味秀兰茗，骚情纫芰制。与我群纪交，祝我松乔岁。滟滟蚁酿浓，字字鲸铿丽……"

孝萱案：周一良《大方联语辑存》附录方尔咸对联三副。《赠元配王夫人》云："借问是同乡，对明月二分，小时不识；别离在今夕，正秋星一点，银汉无声。"《挽继配朱夫人》云："何以报之，犹幸能怜小儿女；吾将老矣，不堪挥泪旧衣裳。"

（7）篆刻

吴用威《蒹葭里馆诗》卷一《泽山刻私印见贻，即送其江宁、武昌之行》云："君因丧偶暂里居，城南城北时相于。暇时为我刻私印，笔画古妙如秦初。凡手俗目梦不到，此事要须胸有书。”

孝萱案：篆刻，方尔咸之余事也。

（8）弈棋

李佳《独诵堂遗集》卷三《长夏无事，时过方氏庐弈，口占一首》云：“广陵五月天如火，张盖来从旧友生。半日喜能要我住，一枰聊复与君争……”又《送泽山之武昌》云：“朅来坐上逢棋敌，莫向天涯纵酒兵。”

孝萱案：诗词联语篆刻弈棋，方尔咸皆擅长，“维扬俊人”之称，当之无愧。

（9）病与卒

闵尔昌《云海楼诗存》卷三《寄忆南中友好八首·方泽山》云：“高枕卧林丘，朝朝与病谋。每同士衡语（谓地山），常为孝章忧。锦段劳予寄，金丹定可求。屋梁残月影，昨夜梦扬州。”卷五《今年二月二十日，泽山以久病卒于江都，拟为诗挽之而未成。兹又得南中讯，公约避兵上海，于五月四日弃世，皆三十余年莫逆交也。曩瘦生为〈友生集〉，才十数人，比岁遂已凋丧过半，瘦生之殇，且逾廿载矣。观化思贤，感叹靡已，率赋二章，以代一哭，并邀董卿同作》第二首云：“已矣谈诗方秘校，卧床忍死待兄归（自注：地山归甫旬日而君殇）。灵蛇径寸原无价，大鸟三年竟不飞。药裹关心常示疾，棋枰敛手早知几。故乡终老真为福，只惜芜城景物非。”

吴用威《蒹葭里馆诗》卷四《公约、泽山相继殂谢，故交零落，凄怆心魂，葆之有诗志哀，予亦同作》云：“一夕江楼飘梦雨，十年病榻送华颠。盖棺便了难偿债，倚杵方忧欲坠天。胶漆平生惟仲叔，据梧相对惜朱弦。”

陈延韡《陈含光手写所作诗·挽方泽山五首》云：“霏玉清言断不闻，眼前真作死生分。春寒更送潇潇雨，并入离人泪哭君。”“才地升平黄散宜，襟期江海白鸥知。无端一片扬州月，照得人生发似丝。”“老去心情百不宜，药炉经卷伴清羸。低回十五年前梦，羡杀江湖落魄时。”“马卿多病名还盛，疏傅挥金意有余。至竟不随黄土尽，一囊诗句满籯书。”

陈懋森《休盦集》卷上《哭方二泽山二首》云：“小岁巍科掇，文章世颇惊。兼能完孝友，微惜露聪明。佳境晚方入，衰翁壮已成。（君少患咯血，年甫三十，双鬓俱白如老人。）订交俱总角，此别可胜情。”“夜存君自号，一室外无天。（君病榻十年，暮兴晨寐，自号“夜存”。）几辈弹长铗，他人暖破毡。米盐亲少日，药饵送残年。生事多辛苦，吾怜未死前。”卷下《方泽山传》云：“迨君病笃，地山归，君手捋其须，细审颜色，久之始释，盖君自分将死，喜得见兄，而又怜其老也。……君体素羸，自更沧桑之变，惫益甚，一岁之中，以自偃在床者为多，虽旧故如余，亦罕见其面，则君病可知也。君卒以丁卯正月十九日，享年五十有五。”

孝萱案：二方皆葬于扬州西乡三道山方氏祖茔。

注释：

①袁克文字寒云。方尔谦与袁克文既是师生，又是儿女亲家。尔谦女庆根适克文子家嘏，尔谦撰联云：“两小无猜一个古钱先下定；四方多难三杯淡酒便成亲。”

②吴保初，字彦复，号瘿公，安徽庐江人，清末四公子之一。方尔谦挽吴保初联云：“心死已多年，地北天南皆郁郁；魂归今何处，嫣红姹紫太匆匆。”“嫣”指彭嫣“姹”指王姹，皆吴保初侍姬，保初逝世不久，二姬即适人而去，故曰“太匆匆”。罗惇曧，字掞东，号瘿公，广东顺德人。方尔谦挽罗惇曧联云：“莲花落，太风流，痛我辈多情，付与砚秋行侠义；□縻酿，尽沈醉，愿孤儿自立，莫须优孟效衣冠。”上联指罗惇曧赏识程砚秋，程后成为四大名旦之一。下联勉励惇曧之子。

③冒广生《小三吾亭诗》卷三《彭嫣词为吴彦复作》自注：“彦复多藏古泉。”“彦复有鸡血昌化石，世称红颜绝代。”

阮元、汪中
——《清人文集别录》中阮元、汪中考

张舜徽先生于1962年出版《清代扬州学记》（以下简称《学记》），于1963年出版《清人文集别录》（以下简称《别录》）。《学记》是考论自王懋竑至刘师培的清代扬州诸儒之学术，《别录》是评述自钱谦益至刘师培的清代六百部文集的价值。二书出于一手，写作时间相近，内容虽各有侧重，学术观点却是一致的。我将二书对照研究，觉得如以《别录》补充《学记》，可以增加对扬州学派诸儒的了解。今以汪中、阮元两人为例，选择《别录》较重要者若干则，补充《学记》，以张证张，略加案语，撰成此文，供同行参考。

汪　中

《学记》第四章《汪中》推崇其学，未评其文，《别录》可补充者如下：

（一）（汪中）始擅词章，所为《哀盐船文》，杭世骏序之，以为惊心动魄，一字千金，由是名大显。……至其平生为文，托体甚高。陶镕汉魏，自铸伟词，辞旨之美，允非并世经师所能逮。（《述学内篇》《外篇》《补遗》别录）

孝萱案：汪中于乾隆三十五、六年间撰《哀盐船文》。据汪喜孙《容甫先生年谱》乾隆二十八年癸未条："时杭先生世骏主安定书院讲席，见先君文，深加叹赏，先君益肆力于诗、古文。"可见杭世骏早已赏识汪中文。

（二）乾嘉诸师，以朴学而擅华藻者，自孔广森、洪亮吉三数家外，罕能兼之。至于汪中之文，镕铸周、秦、汉、魏，成一家之体，单复并施，无所不可。此殆汪氏《自序》所云：斯惟天至，非由人力。嘉道以还，靡有嗣音。（《朴学斋文录》别录）

孝萱案：《别录》高度评价汪中文。前一则云非当时经师"所能逮"，后一则云后世"靡有嗣音"。

（三）（孔广森）馀事为文，兼有汉魏六朝初唐之胜。江都汪中读之，叹为绝手。斯又不假师承，自得于己。后之论列清代骈文者，莫不以广森为一大家。（《仪郑堂骈俪文》别录）

孝萱案：梁启超《清代学术概论》十七云："美文，清儒所最不擅长也。诸经师中……能为骈体文者，有孔广森、汪中……其文仍力洗浮艳，如其学风。"

（四）（吴）鼒尝品第并世文学之士曰："古经生多不工为词。工者……余平生师友之间，得四人焉：馀姚邵先生二云、阳湖洪稚存太史、孙渊如观察、江都汪容甫明经。邵先生能为杨、班，而不能为任、沈、江、鲍、徐、庾之体，间撰供奉文字，局于格式，未能敌其经学之精深也。容甫遗文有《述学》内、外篇，经术词术，并臻绝诣。所为骈体，哀感顽艳，惜皆不传。渊如早工四六之文，既壮，笃志经义，乃取少作弃之。具兼人之勇，有万殊之体，篇什独富，其惟稚存太史乎。"（是集卷四《卷葹阁文乙集题辞）鼒评论当时经生之能文者如此。余则以为邵、汪二家之文，镕铸汉魏，不堕六朝以下，固与孙、洪异趣。（《吴学士文集》别录）

（五）谭嗣同《论艺绝句》有云："千年暗室任喧豗，汪、魏、龚、王始是才。"（见《莽苍苍斋诗》卷二）谭氏此诗，专以文论。

谓汪中、魏源、王闿运、（龚）自珍为文，自成一子。不守故蹊，同为不可及。若以识论，则龚、魏同负经世之略，又与汪、王异趣矣。（《定盦文集》《续集》《补文》《补编》别录）

孝萱案：吴鼒推崇邵晋涵、洪亮吉、孙星衍、汪中四家，谭嗣同推崇汪中、魏源、龚自珍、王闿运四家。《别录》认为，以文论，邵、汪与孙、洪异趣；以识论，龚、魏与汪、王异趣。

（六）（章）炳麟论文……于古今人少所许可。……于清儒推汪中、李兆洛，并世文人，推王闿运为能尽雅。（《太炎文录初编》《别录》《补编》《续编》别录）

孝萱案：章炳麟《菿汉微言》云："今人为俪语者，以汪容甫为善。彼其修辞安雅，则异于唐；持论精审，则异于汉；起止自在，无首尾呼应之式，则异于宋以后制科策论。而气息调利，意度冲远，又无迫笮蹇吃之病。斯信美也。"此早年之论。《章太炎先生国学讲演录·文学略说》云："骈散合一之说，汪容甫倡之，李申耆和之。然晋人为文，如天马行空，绝无依傍，随笔写去，使人难分段落。今观容甫之文，句句锻炼，何尝有天马行空之致。容甫讥呵望溪，而湘绮并诮汪、方。湘绮之文，才高于汪，取法魏晋，兼宗两汉。盖深知明七子之弊，专学西汉，有所不逮，但取晋宋，又不甘心。故其文上取东汉，下取魏晋，而自成湘绮之文也。若论骈散合一，汪、李尚非其至，湘绮乃成就耳。"此晚年之论。

（七）（朱铭盘）《柳西草堂记》，为张謇撰也。为其文模拟汪中之《自叙》，谓自方于季子，亦有四同三异。而遣词宅句，固远不及汪氏。信乎文章之事，非可貌袭。（《桂之华轩文集》《补遗》别录）

孝萱案：《别录》以朱铭盘为例，谓汪中之文，"非可貌袭"。

《学记》对《述学》的评价极高，《别录》可补充者如下：

（八）（毕）亨于乾嘉中，固亦绩学之士。……杨氏（以增）又以是集篇幅无多，乃比之汪中《述学》，谓二人识力相若，尤为

拟诸不伦。有乡曲之私，失是非之公矣。(《九水山房文存》别录)

(九)(方宗诚)少师事族兄东树，饫闻绪论……要其学固不越东树遗教，以是所见不广，而好訾毁人。若《续编》卷五《书汪氏述学后》一篇，谓汪氏喜新好异，肆妄无忌，实亦未必能窥汪氏识议之深处也。(《柏堂集前编》《次编》《续编》《后编》别录)

孝萱案：前一则以杨以增吹捧毕亨为例，指出不应轻率比拟《述学》。后一则批评方宗诚"訾毁"《述学》之"妄"，维护汪中的学术尊严。

关于《广陵通典》，《别录》可补充者如下：

(十)(吴昌绶)尝欲仿汪中《广陵通典》之体，撰《吴郡通典》十卷。(《松邻遗集》别录)

孝萱案：据顾千里《广陵通典序》，汪中"于掸经之余，悉取城邗以下，用编年之体，作释地之篇。会萃条流，差次月日。吴濞开国，孙韶领镇，据割重形胜，治平饶转输。上下各代，排比列城。沿革道里，户口贡赋，钜靡不包，细亦无漏。故谓之'通'。进节义，退草窃；贵贤能，贱奢逾。刊弃神怪，摈落嘲咏。唯录有用之事，弗为无益之谈。字求其实，言归于正。故谓之。典构造仅半，奄忽辍简。后三十载，嗣子喜孙字孟慈，始奉遗稿，以墨于板道光三年癸未之岁也"。《别录》云吴昌绶欲仿此书之体，撰《吴郡通典》，可见此书对后世之影响。

《学记·叙论》中说汪中"对伦理方面的问题，提出自己的看法"。《别录》可补充者如下：

(十一)(劳乃宣)《书汪容甫女子许嫁而婿死从死及守志议后》，发明尽致，足以荡除宋以来束缚妇女之桎梏，有功于礼俗甚大。(《桐乡劳先生遗稿》别录)

(十二)(姚永概)《驳汪中女子许嫁而婿死从死及守志议》一篇，则与其兄《蜕私轩集》卷二《书归熙甫贞女论后》，陈义略同。而皆自方宗诚《柏堂集续编》卷一《续贞女论》上下篇引申

而出，皆于归、汪二家之言，驳斥甚力。斯固桐城诸家以卫道自任者之结习，自不免失之迂拘矣。（《慎宜轩文》别录）

孝萱案：《女子许嫁而婿死从死及守志议》是汪中在伦理方面提出自己看法之一例。《别录》前一则表扬劳乃宣“发明”汪中进步论点之“功”，后一则批评姚永概“驳斥”汪中进步论点之“迂”。

关于汪中交游，《别录》可补充者如下：

（十三）（章甫）尝自述为学渊源，谓乾隆四十二年、四十四年间，随其叔父淮树之江宁守任，得交汪中。……以古学相切劘，为诗歌相酬答，尊酒论文，极一时之胜。（详是集下册《读汪容甫〈述学〉书后》）。（《如不及斋文钞》别录）

孝萱案：世谓汪中恃才傲物，此则以章甫为例，说明汪中与学友“尊酒论文”之“胜”。

《学记》未言汪中卒后之事，《别录》可补充者如下：

（十四）（包世臣）于汪中，则后进也。当其初至扬州，而汪氏没已八年，无可附会。乃托为三夕入梦之说，于《〈述学〉书后》一篇中，述汪氏曾于梦中以文稿乞其订定之状甚悉。此皆文士浮夸虚诞之习，不足为训。（《安吴四种·小倦游阁文稿》别录）

孝萱案：包世臣《艺舟双楫·书述学六卷后》云：“余以嘉庆辛酉至扬州，访容甫，而殁已八年。”“乙丑，予再至扬州……而容甫入予梦，自言其文之得失甚具，如是者三夕。”这不能理解为托订稿。辛酉为嘉庆六年，乙丑为嘉庆十年，可见包世臣所云汪中三夕入梦，距汪中之殁已十二年。包氏只说汪中“自言其文之得失甚具”，是汪喜孙托他订定《述学》。至“道光壬午九月，喜孙乃以此刻来贻，悉改乱，非予所定”。汪喜孙既请包世臣订定《述学》，为什么不采用？包氏难以自圆其说。

阮　元

《学记》讲到阮元时，特别提出“他所不同于其他封建大官僚的地方，便是他凭借自己的地位，积极提倡学术研究，作了不少编书、刻书的工作。例如他在浙江组织人力编成《经籍籑诂》”。《别录》可补充者如下：

（一）（杨凤苞）经史小学，皆有根柢。阮元编《经籍籑诂》，凤苞曾与分纂。（《秋室集》别录）

（二）（臧庸）居阮元幕府尤久，元编《经籍籑诂》时，畀以总纂之任，并助校诸经注疏。（《拜经堂文集》别录）

（三）（张鉴）年少时，肄业诂经精舍，为阮元所赏拔。尝预修《经籍籑诂》。后又久居阮元幕。于阮氏服膺无间，所为编述《雷塘盦主弟子记》也。（《冬青馆甲集》别录）

孝萱案：乾隆六十年阮元任浙江学政。嘉庆二年始编《经籍籑诂》，次年成书一百十六卷。六年又成《经籍籑诂补遗》。

（四）（郝）懿行之为《尔雅义疏》，初名《尔雅略义》……其后有《经籍籑诂》供其采猎，遂不免失之繁冗。观是集卷二《再奉云台先生论尔雅书》，已谓购得《经籍籑诂》一书，绝无检书之劳，而有引书之乐云云。其倚赖是书，可以想见。当王氏为《广雅疏证》时，《籑诂》之书，犹未编出，凡所征引，悉本原书，别择精严，语多心得。懿行之所以不逮高邮者，亦即坐此。两家之书，可覆按也。（《晒书堂文集》《外集》别录）

孝萱案：此则以郝懿行为例，说明《经籍籑诂》沾溉后进。

关于阮元为会试副总裁事，《别录》可补充者如下：

（五）（阮元）又尝总裁会试，得士最盛。一时名士如张惠言、陈寿祺、王引之、汤金钊、许宗彦、姚文田、郝懿行之流，悉出其门。（《揅经室集》一、二、三、四、续、再续集别录）

（六）（姚）文田与陈寿祺、王引之、许宗彦、郝懿行为同年进士，出阮元之门。师友濡渐，故亦究心汉儒之学。所著《说文声系》《说文考异》《邃雅堂学古录》诸书，早为儒林所重。（《邃雅堂集》《续编》别录）

（七）（莫与俦）会试出朱珪、阮元之门。而姚文田、王引之、张惠言、郝懿行、陈寿祺、许宗彦皆其同年生。师友渐渍，为益无方。（《贞定先生遗集》别录）

（八）（许宗彦）又与当世通儒……阮元诸人游处，上下议论，亦湛深于经学。（《鉴止水斋集》别录）

（九）（陈）寿祺以会试出阮元之门，得所师承。又与同年生张惠言、王引之、郝懿行、许宗彦、姚文田以学问相切劘。……观是集卷四《上仪征阮夫子请定经郛义例书及经郛条例》……诸篇，可以考见其治学专谨之致。（《左海文集》别录）

（十）（张澍）又谓清初诸家，自辟荆棘，批窍导窾，足可擘寻，沿及近时，遗其宏纲，拾其琐屑，时有创获，剿袭为多（俱见是集卷十四《上阮云台书》）。斯又片言居要，切中乾嘉以来诸儒病痛矣。（《养素堂文集》别录）

孝萱案：嘉庆四年（1799 年）阮元为会试副总裁，朱珪为总裁。张鉴《雷塘盦主弟子记》卷一云："是科二、三场文策，大兴朱公属先生一人披阅，乃选出长策一千三百余卷，穷三日夜之力，再选出二百卷分为三等，以观头场，名士经生多从此出。论者谓得士如鸿博科，洵空前绝后也。"

关于《十三经注疏》，《别录》可补充者如下：

（十一）阮元抚浙，集高材生校勘诸经注疏，（徐）养原与焉，分任《尚书》、《仪礼》。《仪礼》脱文错简，视他经为多，养原所校特精，学者重之。（《颀石庐文集》别录）

孝萱案：嘉庆四年阮元署浙江巡抚，次年实授，设馆校《十三经注疏》。阮元《揅经室二集》卷八《恭进十三经注疏校勘记折子》云："臣幼被治化，肄业诸经，校理注疏，综核经义，于诸本之异同，见相沿之舛误，每多订正，尚未成书。乾隆五十六年，奉敕分校太学石经，曾以唐石经及各宋板悉心校勘，比之幼时所校，又加详备。自后出任外省，复聚汉唐宋石刻，暨各宋元板本，选长于校经之士，详加校勘……成《十三经注疏校勘记》二百十七卷。"

《学记》说：阮元"在浙江立诂经精舍……选高材生读书其中，讲求朴学，培植人才。在那里培养出来的专家学者，确也不少"。《别录》可补充者如下：

（十二）（阮元）所至以经术文章倡导后进。……及抚浙，立诂经精舍，祀许、郑两先师。延王昶、孙星衍主讲席，选高材生读书其中。课以经史疑义及小学、天文、地理、算法，刻其文尤雅者，曰《诂经精舍文钞》。（《揅经室一集》等别录）

（十三）阮元抚浙时，辟诂经精舍，（李）富孙肄业其中，所学益进。而其一生为学，得诸阮氏启迪之益为多。考阮氏《揅经室一集》卷十一《诂经精舍策问》尝以发明《春秋》学行诏诸生，富孙即有《春秋学行说》，载是集卷十。阮氏《定香亭笔谈》卷四，尝言收辑两汉六朝碑版甚多，思纂为一书以明其例，其后富孙复有《汉魏六朝墓铭纂例》之作。至于阮氏有《十三经注疏校勘记》，富孙深究其义，撰成《七经异文释》以翼之。阮元有《畴人传》，富孙效其体，而述为《金石学录》以媲之。此皆富孙学术渊源于阮元之明征也。惜其局于识，未克大其所学。其于阮氏，亦特得其一体耳。阮氏之学，根柢在训诂，又进而阐明义理，富孙皆无能为役者也。（《校经庼文稿》别录）

（十四）学使阮元招（洪）颐煊偕其弟（震煊）肄业诂经精舍。时王昶、孙星衍方主讲席，以实学课士。颐煊精研经训，熟习天文，贯串子史，声誉日起。以嘉庆六年拔贡生，入赀为州判，署广东新兴县事。适阮元督粤，知其学优，非吏才，延致幕府，相与

谂諏经史。(《筠轩文钞》别录)

(十五)(金鹗)与洪颐煊、震煊同肄业诂经精舍，学以大进。(《求古录礼说、补遗》别录)

(十六)(赵坦)年少时以经学受知于学使阮元，补仁和县学生员。旋入诂经精舍肄业……著有《周易郑注引义》《春秋异文笺》《石经考续》诸书。(《保甓斋文录》别录)

孝萱案：阮元《揅经室二集》卷七《西湖诂经精舍记》云："圣贤之道存于经，经非诂不明。……尝病古人之诂散而杂稽也，于督学浙江时，聚诸生于西湖孤山之麓，成《经籍籑诂》百有八卷。及抚浙，遂以昔日修书之屋五十间，选两浙诸生学古者，读书其中，题曰诂经精舍。精舍者，汉学生徒所居之名；诂经者，不忘旧业，且勖新知也。"嘉庆六年阮元立诂经精舍，编《诂经精舍文集》。后孙星衍撰《诂经精舍题名碑记》，称"东南人材之盛，莫与为比"。

(十七)(俞樾)主讲杭州诂经精舍至三十余年之久，课士一依阮元成法。(《诂经精舍自课文》等别录)

孝萱案：此言阮元创立诂经精舍之深远影响，"成法"百年未改。

关于《积古斋钟鼎彝器款识》，《别录》可补者如下：

(十八)阮元所编《积古斋钟鼎彝器款识》，其中考证，多出(朱)为弼之手。为弼固阮元门下士也。(《蕉声馆集》别录)

孝萱案：嘉庆九年阮元刊刻《积古斋钟鼎彝器款识》。阮元《积古斋钟鼎彝器款识序》云："平湖朱氏右甫，酷嗜古金石文字，且能辨识疑文，稽考古籍国邑大夫之名，有可补经传所未备者；偏旁篆籀之字，有可补《说文》所未及者。余以各拓本属之编定审释之。甲子秋，订成十卷，付之梓人。"

关于阮元校进《四库》未收古书，《别录》可补者如下：

(十九)(张鉴)在琅嬛仙馆，校进《四库》未见之书。(《冬

青馆甲集》、《乙集》别录)

孝萱案:《揅经室外集·〈四库〉未收书提要》卷首阮福记:“家大人在浙时,曾购得《四库》未收古书,进呈内府。……十数年久,进书一百数十部。”

关于阮元为漕运总督事,《别录》可补充者如下:

(二十)阮元为漕督,以汉易十五家发策,(丁)晏条对万余言,精奥为一时冠。(《颐志斋文集》别录)

孝萱案:嘉庆十七年阮元任漕运总督。

关于《广东通志》,《别录》可补充者如下:

(廿一)阮元督粤时,尝聘(何治运)纂《广东通志》。(《何氏学》别录)

孝萱案:嘉庆二十二年阮元任两广总督,次年纂修《广通志》,道光二年书成。阮元《揅经室二集》卷八《重修广东省通志序》云:“元莅两广……及阅《广东通志》,则犹是雍正八年郝中丞玉麟所修,书仅六十四卷,《四库书提要》称其一年竣事,体例牴牾,未悉订正。且迄今九十余年,未经续纂,若再迟则文献愈替,是不可不亟修纂矣。爰奏请开局纂修之。……凡总纂分纂,采访校录,莫不肩任得人,富于学而肯勤其力。三年有成,奏进御览,志三百三十四卷。”

《学记》说:阮元“在广东立学海堂,选高材生读书其中。讲求朴学,培植人才。在那里培养出来的专家学者,确也不少”。《别录》可补充者如下:

(廿二)阮元督粤时,延(林伯桐)为学海堂学长,以实学课士,其学于群经靡不通贯,而尤深于《诗》《礼》。(《修本堂稿》别录)

(廿三)阮元督粤,延(张杓)主教子。旋任为学海堂学长,日夜点勘群书,竟瞽其目。(《磨甋斋文存》别录)

(廿四)阮元督粤时,延(曾)钊课其子。后开学海堂,以古

学造士，特以钊为学长，所成就甚众。(《面城楼集钞》别录)

孝萱案：阮元《揅经室续集》卷四《学海堂集序》云："余本经生，来总百粤，政事之暇，乐观士业。曩者抚浙，海氛未销，日督戈船，犹开黉舍，矧兹清晏，何独阙然。粤秀山峙广州城北，越王台故址也。山半石岩，古木荫翳，绿榕红棉，交柯接叶，辟莱数丈，学海堂启焉。……昔者何邵公学无不通，进退忠直，聿有学海之誉，与康成并举。惟此山堂，吞吐潮汐，近取于海，乃见主名。"道光三年阮元于粤秀山麓新建学海堂。梁启超《清代学术概论》十七云："十三岁肄业于广州之学海堂，堂则前总督阮元所创，以朴学教于吾乡者也。其规模矩矱，一循百年之旧。"可见其影响之深远。

《学记》说"阮元对十八、十九世纪的中国文化，作出了一定的贡献"。《别录》可补充者如下：

(廿五)(朱壬林)师事阮元……耳目濡染，故于学问之事，亦颇识途径。(《小云庐晚学文稿》别录)

(廿六)(袁钧)受知于学使阮元，元抚浙时，召置幕中，才誉日起。(《瞻衮堂文集》别录)

(廿七)(陈庆镛)后又出阮元之门，饫闻绪论。故一生治学趣径，复与仪征为近。(《籀经堂类稿》别录)

孝萱案：以上三则，言阮元爱才重士，衣被天下。

(廿八)有清一代，贵州学术，自独山莫与俦开其先，至(郑)珍而乃大。(莫与俦)出阮元之门……退而教授遵义，以经术倡导后进，珍实为其嫡传。(《巢经巢文集》别录)

孝萱案：此则以郑珍为例，说明阮元之学，一传再传。

(廿九)(徐才鼎《读书杂识》)多本许书，而参以……阮之说，实事求是，无凿空逞臆之谈，信其为能读书。(《未灰斋文集》别录)

(三十)(龙启瑞)《尔雅经注集证》，亦仅取……阮……诸家

校语，以订正其读。（《经德堂内集》《外集》《别集》别录）

孝萱案：以上二则，言阮元学说嘉惠士林，沾溉至广。

（三十一）（阮元）又尝集孔孟论仁之语，成《论语论仁论》……以祛后来附会之见。复广采先秦古书之言性命者，为《性命古训》，以辟晋唐以下诬罔之言……大氐诸篇宗旨所在，欲使学者憬然有见于古初义理之原，而不为后起诸说所惑。（《揅经堂一集》等别录）

（三十二）（林昌彝）《圣学传心录》，以朱子门人陈北溪《仁、义、礼、智、信字义》为本，复采……阮元《性命古训》……诸家之说，以成一书。盖言心性而不尚空疏者也〔俱见桂氏（文藻）《经学博采录》卷七〕。（《小石渠阁文集》别录）

孝萱案：以上二则，以《论语论仁论》《性命古训》为例，说明阮元之哲学思想。

（三十三）（夏炘）于义理之说，笃守朱学，屏弃后出新义，颇有深闭固拒之失。于……阮元《论语论仁论》诸篇，皆目为偏戾害道。……盖犹未免门户之私也。（《景紫堂文集》别录）

孝萱案：此则维护阮元学术权威，批评夏炘不能理解阮氏“新义”。

阮元与张肇岑——孤本《石鼓斋印谱》跋

《中国人名大辞典》："张肇岑，清江都人。字兰坡。工篆隶。足迹几遍全国。喜金石文字。阮元督滇时，大理石画，镌刻皆出其手。官按察司照磨。有《石鼓斋印谱》。"有谁见过《石鼓斋印谱》呢？没有。所以我写这篇文章，予以介绍。

印章是中国特有的一种艺术品。篆刻家（或收藏家）把印章钤盖在纸上，汇集为一本书，通称印谱。《石鼓斋印谱》是张肇岑生前所刻印章的一份留底，他死后由子孙珍藏，未公开出版。

《中国人名大辞典》说张肇岑"工篆隶"，墨迹罕见。我曾在亡友王瑾家中，见过一副张肇岑写的隶书对联，不知现在是否还保存完好。张肇岑有书法功底，又"喜金石文字"，故所刻印章，清真雅正，古趣盎然，不同凡俗。

回忆我少年时，爱刻印章。张肇岑的后裔，与我家为世交。张家的人，对我谈过张肇岑做阮元幕友的佚事，我很喜欢听。阮元是清代扬州的大名人，其故居与我家相距甚近。从我家到学校，经过阮元故居。我从初中时代起，就熟悉阮元之名，对《石鼓斋印谱》中阮氏印章，颇感兴趣。张家因我爱好艺术，把他家珍藏了几代的这本印谱，赠送给我。

七十年来，我南北奔走，不少书籍散失了，但这本《石鼓斋印谱》一直携带在身边，保存完好。因为这是孤本，如果丢掉，就是无法弥补的损失了。

《石鼓斋印谱》中钤盖着张肇岑为当时许多名人所刻的印章，最宝贵的是为阮氏一门所刻者。所以这篇小文以介绍阮元、阮常生、阮福父子二十五方印章为主。

①“阮元之印”（白文）

②“阮元之印”（朱文）

③“阮元伯元甫印”（白文）（大）

④“阮元伯元甫印”（白文）（大）

⑤“阮伯元印”（白文）

⑥“仪征阮伯元章”（白文）

孝萱按：阮元（1764—1849），字伯元，江苏仪征人。《清史稿》有传，缪荃孙《续碑传集》选录刘毓崧《阮文达公传》、李元度《阮文达公事略》等三篇。

⑦“云台”（白文）（大）

⑧“云台”（白文）（小）

⑨“云翁”（朱文）

⑩“云翁”（白文）

孝萱按：阮元一字云台。据⑨⑩两印，知阮元晚年自称“云翁”。

孝萱按：《清史稿·阮元传》：“自著曰《揅经室集》。”阮元

《揅经室集自序》："室名揅经者，余幼学以经为近也。"阮福《小琅嬛丛记·文笔考》录阮元《文言说》《书梁昭明太子文选序后》《文韵说》《学海堂文笔策问》四篇，均代父署名"揅经老人"。《石画记》卷二阮元自署"揅经老人"。

孝萱按：阮元《扬州隋文选楼记》："嘉庆九年，元既奉先大夫命，遵国制，立阮氏家庙，庙在文选楼文选巷之间。"《扬州文楼巷墨庄考》："元居扬州文楼巷文选楼侧。"阮元诗集名《文选楼诗存》。《清史稿·阮元传》："刊当代名宿著述数十家为《文选楼丛书》。"

⑪"揅经老人"
(白文)

孝萱按：《清史稿·阮元传》："编辑《积古斋钟鼎款识》。"阮元有《积古斋钟鼎彝器款识序》。

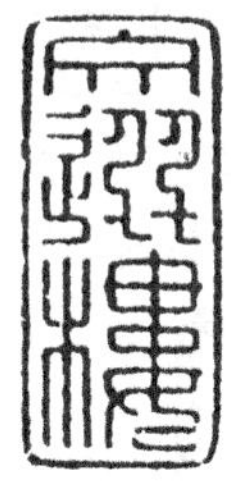

⑫"文选楼"
（朱文）

⑬"积古斋"
（白文）

⑭"积古斋"
（朱文）

孝萱按：据刘毓崧《阮文达公传》、李元度《阮文达公事略》，嘉庆十九年阮元调江西巡抚，"加太子少保"。清总督例带兵部尚书衔。光禄大夫是清文臣最高之阶官。

⑮"宫保尚书"
（朱文）

⑯"宫保光禄大夫"
（朱文）

⑰"阮常生印"
（白文）

孝萱按：阮常生（一作长生）是阮元长子，是族子过继的。《清人室名别称字号索引》只载阮常生有彬甫、小云二字号，据㉑㉒两印，知阮常生还有寿伯、伯长二字号。

⑱“阮常生印”（白文）

⑲“阮常生印”（朱文）

⑳“阮长生印”（白文）

㉑“阮常生字寿伯号小云又号彬甫之印”（朱文）

㉒“小云又号伯长”（朱文）

㉓“阮小云藏金石书画印”（朱文）

㉔“阮福私印”（白文）

㉕“子备”（朱文）

孝萱按：阮福是阮元次子，是亲生的。《清人室名别称字号索引》只载阮福字赐卿，据㉕一印，知阮福还有子备之字号。

㉖“甘泉张肇岑印”（白文）

㉗“兰坡六十以后书”（朱文）

附带说明，《石鼓斋印谱》中钤盖张肇岑为自己刻的印章很多，其中有“甘泉张肇岑印”（白文）、“兰坡六十以后书”（朱文）二方，可以考证张肇岑籍贯（江苏甘泉人。甘泉、江都都是清扬州府的附郭县。《中国人名大辞典》说“江都人”误。）与享年。

张肇岑为阮氏父子刻印如此之多，可见其关系密切。《中国人名大辞典》云：“阮元督滇时，大理石画，镌刻皆出其（张肇岑）手。”我们可以从大理石画来进行阮、张宾主之谊的探讨。

大理石，变质岩之一。美丽光泽，盛产于云南大理点苍山。一般白色，如含不同杂质，就有各种不同的颜色。大理石上的彩色花纹，如同图画，是天然的艺术品。阮元特别喜爱它，称为“石画”，亲自品题，嘱幕友张肇岑镌刻于石上，著有《石画记》，详记其事。

阮元《〈石画记〉序》云：“余到滇数年以来，所见不少，已如云烟过眼。又于到点苍时，张氏兰坡为余亲至石屋，选买数十幅，间有题咏，或持赠戚友，或儿辈乞去。又兰坡诸公，在省肆买石，各请品题。余择其得古人诗画之意者，不假思索，随手拈出，口授指划，各与题识，付兰坡暨侄荫曾，或镌或记……”末署：“道光十二年扬州阮元序于滇南节署石画轩。”

《石画记》卷一、二、三阮元提到张肇岑者，如：

《雪林图》：“雪林图石砚屏，高八寸四分，宽六寸八分。石质白润如玉……”注：“兰坡又摹‘快雪时晴，羲之’六字于上方。”

《日观峰图》：“日观峰小幅，高八寸半，宽一尺五分。……张公肇岑刻之曰：‘云台先生嘉庆八年登岱诗曰：日观开扶桑，元气浴滉瀁。色铸黄金天，岳影摇清旷。阳乌突跃出，晁采忽飞飏。’谓此石能画出诗意。”（以上卷二）

《天际乌云》：“小幅，高四寸半，宽七寸半。……张兰坡摹刻苏帖云：‘天际乌云含雨重，楼前红日照山明。’此君谟梦中诗也。又刻‘阮氏梦诗书画石’七字印。又刻‘苍山画仙仿小米画法’九字印。”

《桂岭图》：“高九寸半，宽九寸。……张兰坡摹《圣教序》‘桂生高岭云露方得泫其花’十一字于上方。旁刻‘苍山画仙仿燕文贵款，画法古茂，真宋笔也’。”（以上卷三）

《石画记》卷四、五是阮元第三子阮祜所编。阮祜在卷四开头说：“祜于癸巳秋，随严亲到滇。甲午稍暇，时张兰坡世兄、家琴士兄磨刻佳石甚多。严亲检新旧石画之未记者，命祜记之如左。”癸巳是道光十三年，甲午是道光十四年，这是阮元在云南的最后两年。阮祜又在卷五开头说：“乙未贡茶船至汉江，寄石来扬州，祜因续记之如左。”乙未是道光十五年，阮元“召拜体仁阁大学士，管理刑部，调兵部”（《清史稿·阮元传》）。这时阮元全家及张肇岑已离云南。

《石画记》卷四、五阮祜提到张肇岑者，如：

《初月残阳》：“方九寸。……张兰坡刻曰：‘初月残阳交弄影，绿杨红杏共扶春。’云台先生句也。此石画之。”（卷四）

《海涛夕照》：“高一尺五分，宽八寸五分。……刻曰：云台先生观海诗云：‘天风吹大水，落日满群山。’此石画之。兰坡选。”

《碧鸡金马》：“高七寸二分，宽九寸三分。一面刻曰：云台先生看碧鸡山诗云：‘况当落日余霞后，正是涂金刷翠时。’此石画之。一面刻曰：云台先生看金马山诗曰：‘夕阳无限好峰峦。’此石画之。兰坡选。”

《石壁水田》：“高八寸，宽七寸。……刻曰：‘石壁岚光生翡翠，水田天影冻玻璃。’云台先生句也。兰坡选。”（以上卷五）

张肇岑也收藏大理石画。《石画记》中阮元说：

《梅花道人水墨云山》：“高一尺二寸半，宽一尺四寸半。刻云：‘此幅山壁苍莽，云烟活泼，酷似吴仲圭得意之笔’。”注：“此石极精，乃神品。”

《秋山萧寺》：“高一尺二寸半，宽一尺六寸。刻云：‘石画中少有林屋，惟此右方有山寺楼塔之景，罕见之仙画也。’背刻：‘思入风云变幻中’。”

《青山缺处日初上》：“高一尺四寸，宽一尺六分左右。皆峰岭嵯峨，中间凹缺处独见红色。余题曰：‘青山缺处日初上。’放翁句也。”

“以上三石皆兰坡所珍藏。”

《桂岩转月》：“高四寸半，宽三寸二分。……此石为卖石人跌缺，兰坡买而裁之甚小，且手琢之，反以小而为研屏极宜。”（以上卷三）

《石画记》中阮祜说：

《湖山倒影图》：“高一尺一寸，宽八寸。……此石乃张氏兰坡所宝藏，刻曰，云台先生曾有句云：‘烟静湖水明，山影向湖倒。碧镜舒黛眉，绘事逊兹巧。’此石下半，恰是湖山倒映之影，真巧绘也。”（卷五）

从上引文字，可看出阮氏父子与张肇岑同赏大理石画之乐。《清史稿·阮元传》云：“元博学淹通，早被知遇。”“历官所至，振兴文教。”“身历乾、嘉文物鼎盛之时，主持风会数十年，海内学者奉为山斗焉。”作为大官、大学者的阮元，不摆架子，称张肇岑为“氏”为“公”；作为贵公子的阮祜，不骄不亢，称张肇岑为“氏”为“世兄”，可见宾主相处，极为融洽。这是张肇岑离乡背井，只身远赴云南，追随阮元，不愿另谋他职的主要原因。钩稽文献，并结合张家人所谈，考出以上情况，有助于加深对张肇岑其人、《石鼓斋印谱》其书的理解。

仪征卞氏与义宁陈氏的文字因缘
——解读陈寅恪先生《寄卞孝萱》诗二首

武黎嵩

陈寅恪先生《诗集》有两首题为《寄卞孝萱》的诗，这两首诗陈寅恪先生遗诗残稿中没有，唐筼编诗目不载，卞孝萱先生生前也已失去了陈先生手稿。此二绝句录自吴宓先生抄存稿，借此世人才知道有这两首诗。时人程巢父曾撰《卞孝萱娱母陈寅恪寄诗》文，试图揭示此诗背景。2008 年胡文辉出版《陈寅恪诗集笺释》也对此诗有所注解，惜二人于卞、陈二家交往知之甚少，又限于体裁未能深入研究。然胡《笺》已搜罗《娱亲雅言》之散见于各家别集者十一则，可谓用心良苦。2010 年出版的卞僧慧新著《陈寅恪先生年谱长编》对于此二首诗却是无所提及，甚为遗憾。今撰此文，介绍卞、陈二家的两代人的文字因缘。揭示这两首诗写作的原委，同时表达对先师卞孝萱先生的无限哀思。临文不讳，文中陈寅恪先生、卞孝萱先生或直称名。

陈寅恪《寄卞孝萱》[①]原诗二首，抄录如下：

卞君娱母以文字，千里乞言走书至。

我诗虽陋不敢辞，嘉君养亲养其志。

淮海兵尘白日阴，避居何地陆将沉。

一门慈孝祥和气，即是仙源莫更寻。

陈先生原诗表面意思并不艰涩，如“嘉君养亲养其志”一句，典出《孟子》；“避居何地陆将沉”一句，典出《世说新语·轻诋》，此所谓人人皆知之古典。然而细审诗意，不禁令人提出两个问题：其一，陈寅恪生于1890年，卞孝萱生于1924年，陈年长卞34岁。1948年陈寅恪已近耳顺之年的老人，卞孝萱只是24岁的少年后进，为何陈寅恪会说“我诗虽陋不敢辞”？“不敢”二字从何说起。其二，陈诗中“一门慈孝祥和气”是奖掖之语，还是写实性的描绘。陈寅恪何以对于未曾谋面的年少后辈如是了解？假如我们不对卞、陈二家的家世交往加以考证，对于陈诗的理解只能流于浮泛。通过细致的考察我们可知，尽管这两首诗写作于1948年，而两首诗背后所展示的时代背景和人物关系却是传统的，这正是解读两诗的关键。

一、三代兼祧与书香门第

卞孝萱谱名卞敬堂，1924年6月20日出生于扬州。父卞宗礼字恭甫，光绪己卯年生，国学生、登仕佐郎，初娶王氏，早卒；续娶李氏讳梅清，生卞孝萱。卞孝萱请陈寅恪为其母题诗，即为李梅清夫人。

卞孝萱先生晚年注重谱牒文献，利用过去不为人所重视的家谱资料研究名人家世，为文化史的研究开拓新的领域。先生搜罗研读的家谱中即有自家谱牒，今据先生生前曾阅读的《江都卞氏族谱》将先生的父祖四代情况编制表格如下：

姓名	字号	生卒	科名、职衔	姻娅	子嗣
卞惟贤	字宝臣、号篠岩	乾隆壬寅二月二十五日生，咸丰庚申十二月初一卒			子五：锡光、锡畴、锡三、锡蕃，锡龄出继。
卞能贤	字艺之	嘉庆甲戌六月初七生，道光壬寅十月十二日卒。	登仕佐郎		嗣子锡龄。
卞冠贤	字薪翘	道光壬午正月十三日生，光绪二十年二月二十日卒。	太学生，例授登仕佐郎。		兼祧子锡龄。
卞锡光	字载之	嘉庆丙子三月初二生，光绪甲午二月十一日卒。	太学生，例授登仕佐郎。		嗣子二：宗河、宗礼。
卞锡龄	字升眉	道光戊子正月二十日生。	太学生，例授登仕佐郎。		生子宗礼。
卞宗河		咸丰二年六月初一生，同治九年八月廿九日卒。		王氏	嗣子敬堂。
卞宗礼	字恭甫	光绪己卯十一月十五日生。【补】民国十三年七月卒。	国学生，登仕佐郎。	配王氏。	生子敬堂。

从谱中我们可以看到，卞孝萱本人有两位父亲、两位祖父、三位曾祖父。卞锡龄、卞宗礼、卞孝萱祖孙三代兼祧，子嗣艰难的卞家，在清末对于尚未出生的嗣子卞孝萱寄予厚望，《江都卞氏族谱》

续修于光绪廿五年（1899年），此时卞孝萱尚未出生，却已经将谱名记入族谱。（这也是江都卞氏最后一次修谱）。根据“孝义文贤，尊宗敬祖”的字辈，取名敬堂，即孝敬父亲之义。

卞孝萱的父、祖、曾祖皆有太学生的科名及登仕佐郎（从九品）的职衔，所谓例授即是捐纳，从九品的职衔系捐纳所得。可见当日的卞家既是书香门第，也是富足殷实之家。卞先生生前口述，父、祖辈多为仪征县学生员，且田产坟墓皆在仪征，故虽世居扬州郡城，而自称仪征卞氏。先生还述及父亲入学为生员的一段往事，光绪二十三年瞿鸿禨任江苏学政，案临扬州，甫下车即问卞家该年有几位考试生员，悉数录取。乃父卞宗礼即在瞿氏主持下取为秀才。瞿鸿禨为晚清清流领袖，何以对卞氏家族垂以青眼？这就要引出卞氏家族的两位名人，卞士云、卞宝第父子。卞宝第为卞孝萱族祖，卞士云为其族曾祖。

卞士云，本命卞荣贤，字光河。十一岁失怙，寡母陈氏养育他成人，有一年天寒岁歉，母陈氏祈祷于庭前石榴树下，曰：“天若佑吾儿读书成立，树便隆冬着花。”①未逾日，果发花一枝。母益勉之，由是刻苦励学。道光三年（1823年）癸未，卞士云中二甲第五名进士，授编修。历官安徽凤阳、宣州知府，江西赣州知府，广西右江兵备道、署理广西按察使。道光十九年（1839年）以广西右江兵备道改官直隶长芦盐运使，北上途中升授湖北按察使。赴湖北按察使任不数月，即署理湖北布政使，道光十九年九月初三日宣宗特旨“卞士云补授湖南布政使司布政使”。一年中，卞士云由兵备道、盐运使、按察使直至地位仅次督抚的布政使。这一年他有诗云：“已是头衔臻二品，况教一岁见三迁。”③宣宗对卞士云的知遇之恩，让这位勤于职守的臣子感激涕零。道光二十年（1840年）二月，卞士云生母陈氏在湖南任所病逝，卞士云开缺回籍。同年，中英鸦片战争爆发，英国军舰溯海北上，沿途攻陷浙江定海等军事要地。道光二十一年（1841年）冬，宣宗夺情起复尚在丁忧的卞士云，授予他总办浙江军营粮台事务兼管浙江布政使司事、署理浙江巡抚。方镇江告警，有人替卞士云担心扬州家眷安慰，士云曰：“吾以身许国，身且不顾，何有妻孥?”道光二十三年（1843 年）五月，在羽檄交驰，军事繁剧情形下，卞士云积劳成疾，病逝于署理浙江巡抚的任上。享年五十六岁。

卞士云次子卞宝第，本为吏员出身，考取举人，转御史。历任顺天府丞、顺天府尹、河南布政使，同治六年（1867 年）出任福建巡抚，后以养亲去职。光绪七年（1881 年）丁忧服阕，陈宝琛奏荐卞宝第“廉明勤直，夙尚志节”，请即召用。次年起复为湖南巡抚，光绪九年（1883 年）署理湖广总督，十一年（1885 年）还湘抚任。光绪十四（1888 年）年迁闽浙总督。卞宝第在闽兼摄福建巡抚、船政大臣、福州将军、陆路提督、福建盐政、福建学政，合本差闽浙总督凡握七印。光绪十八年（1892 年）因病去职，寻病殁。

卞宝第长子卞绪昌光绪乙酉科拔贡，官安徽巡警道。卞宝第次子卞綍昌系南菁书院高材生，贡生出身，捐纳同知，曾充驻日本长崎正领事官，回国后以道员归湖北候补。

卞士云、卞宝第父子两世开府、历任封圻，有政声。宣宗称赞卞士云：“汝任御史时，即知汝材干明练。做京官好，做外官亦好。”“卞士云才具操守朕所素知。”[④]《清史稿》称卞宝第“有威重，不为小谨”“所至诛锄奸猾，扶植良愿，民尤感之。”卞士云早年有母祈庭树，榴花冬发的故事，“及士云贵，治宅遂以榴瑞名其堂云。”[⑤]“榴瑞堂”这一传说，即是卞氏家族的荣耀，也是传统社会里读书人刻苦绩学成功的典范。“榴瑞堂”的故事也成为卞氏家族母慈子孝的象征。扬州诗人陈懋森称赞仪征卞氏，“苦节贞为门户光”“两世棨戟遥相望，同时七印何辉煌。”“榴花红映灯花紫，瑞兆之奇有如此。”[⑥]卞孝萱就是出生在扬州这样一个书香门第、官僚世家，也有苦节孤贞育儿成才传统的文化世家。

二、义宁陈氏与仪征卞氏

仪征卞氏是近代的官僚世家，卞士云、卞宝书、卞宝第、卞绪昌、卞綍昌、卞斌孙、卞鋏孙等四代为官。义宁陈氏为近代文化名门，陈宝箴官湖南巡抚，陈三立为著名诗人，陈衡恪为著名书画家，隆恪以诗名、方恪以词名，陈寅恪则为著名历史学家。陈宝箴和卞宝第是咸丰元年恩科举人同年（按，同年中举的还有瞿鸿禨之父瞿元霖），二家关系正如卞孝萱生前所述那样："既是世交，也是姻亲。"今我们试从陈、卞二家与清、浊二流的关系来解读这句话。在论及晚清政坛清、浊流时，陈寅恪在《寒柳堂记梦（未定稿）》中这样说：

清代同、光朝士大夫有清流、浊流之分，恽薇生毓鼎《崇陵传信录》已略论之。黄秋岳《花随人圣盦摭忆》言之更详。兹先录薇生之书于下，其文云：

光绪初年，两宫励精图治，弥重视言路。会俄人逾盟，盈廷论和战。惠陵大礼议起，一时棱棱具风骨者，咸有以自见，吴县潘祖荫、宗室宝廷、南皮张之洞、丰润张佩纶、瑞安黄体芳、闽县陈宝琛、吴桥刘恩溥、镇平邓承修，尤激昂喜言事，号曰清流，而高阳李文正公（鸿藻）当国，实为之魁。⑦

又云：

自同治至光绪末年，京官以恭亲王奕欣、李鸿藻、翁同龢、陈宝琛、张佩纶等，外官以沈葆桢、张之洞等为清流。京官以醇亲王奕譞、孙毓汶等，外官以李鸿章、张树声等为浊流。至光绪末迄清之亡，京官以瞿鸿禨、张之洞等，外官以陶模、岑春煊等为清流。京官以庆亲王奕劻、袁世凯、徐世昌等，外官以周馥、杨士骧等为浊流。但其间关系错综复杂先后互易，亦难分划整齐，此仅言其大概，读者不必过于拘泥也。⑧

陈寅恪先生自称："寅恪本人或以世交之谊，或以姻娅之亲，于此清浊两党皆有关系，故能通知两党之情状并其所以分合错综之原委。"不仅义宁陈氏与清浊两党均有关系，仪征卞氏与清浊两党也均有关系，且君关系密切，试举例如下。

先看**卞家与清流的关系**：卞士云与翁心存为乡试同年，且是莫逆之交。翁心存在卞士云去世多年后回忆道："嘉庆丙子予与卞君光河同举于乡，始相识……君长身玉立，才识开敏，先余一日生，余兄事之，过从尤密也。……留京师结文会，两人方年少气盛，酒酣耳热论议古今，纵横上下，慨然各以天下为己任。""君次子宝第余门下士。"[⑨]卞宝第曾得陈宝琛的荐举，称："前福建巡抚卞宝第……廉明勤职，吏民至今颂之。闻其养亲事毕，年未六十，世方需才，岂容卒耽闲逸。该抚夙尚志节，如蒙简任岩疆，必当应命而出。"[⑩]卞宝第子卞綍昌续娶张之洞长女张仁准为妻。

卞家与浊流的关系：卞宝书之孙卞鉌孙娶两广总督合肥张树声之女为妻。卞宝第侧室白氏生女四："一适道光丁未科进士、翰林院编修、太子太傅、赏戴三眼花翎、文华殿大学士、直隶总督、一等肃毅伯李鸿章子，恩赏员外郎李经迈。""一字咸丰庚申进士、翰林院编修、头品顶戴、赏戴花翎、四川总督刘秉璋子刘体道。"[⑪]卞宝第长孙、卞绪昌长子卞寿孙娶两广总督李瀚章孙女、李经畬之女李国锦为妻。卞家除直接与李瀚章、李鸿章结亲外，还与同属于淮军系统的刘秉璋、张树声结亲。

再看**陈家与清流的关系**：陈三立为陈宝琛典试江西时所取举人，陈寅恪回忆"清帝逊位后，陈宝琛任师傅，欲引先君相佐，先君辞以不能操京语"，陈三立、陈宝琛二人同以遗民自居，晚年多有诗歌唱和载集中。陈三立称陈宝琛"终出精魂亲斗极，早彰风节动宫闱。"[⑫]为陈宝琛撰有《陈太保弢庵夫子七十寿序》《沧趣楼诗集序》《清故太傅赠太师陈文忠公墓志铭》。戊戌变法期间，张之洞为湖广总督，陈宝箴为湖南巡抚，二人议论相近，政治上也曾相互援引。陈宝箴获谴去世后，陈三立迁居金陵，张之洞移镇两江。陈三立从张之洞游。陈寅恪自称“思想囿于咸丰、同治之世；议论近乎湘乡、南皮之间。”在诗文当中每每以司马光比张之洞，称张之洞为迂叟（按，据蒋天枢所记录《王观堂先生挽词》注，陈先生说：“抱冰堂弟子记载，文襄自比司马光。迂叟，温公自号也。”），并予赞誉。1927 年陈寅恪在《王观堂先生挽词》中写道：“依稀廿载忆光宣，犹是开元全盛年。海内承平娱旦暮，京华冠盖萃英贤。当日英贤谁北斗，南皮太保方迂叟。忠顺勤劳矢素衷，中西体用资循诱。总持学部揽名流，朴学高文一例收。”

陈家与浊流的关系：陈三立长女陈康晦，适合肥张士珩子张宗义。张士珩之母即张绍棠之妻为李瀚章、李鸿章之妹，而张绍棠本人又是李瀚章、李鸿章的表弟。马其昶《四品卿衔张君墓志铭》：“君讳士珩，字楚宝……母李氏，文忠公女弟也。”“文忠才君”“建德、项城皆文忠故吏，习君也。”张士珩先后为李鸿章、周馥、袁世凯所任用。此陈家与浊流之有“姻娅之亲”之一例。

从上文所胪列卞、陈二家与清、浊二流之关系，可以看出卞、陈二家与浊流的李鸿章家族、清流的陈宝琛和张之洞等或为世交，或为姻亲。卞士云任湖南布政使，卞宝第任湖南巡抚、署理湖广总督，陈宝箴任湖南巡抚，共同治理过一方水土。在传统社会，同属于士大夫家族的卞、陈二家，又在政治上有相似的经历，故而声气相投。进入民国之后，虽然有了新的转型，但是故国之思、黍离麦秀之辈也是两家的共鸣。

三、陈三立题卞士云《夜灯图》

卞士云中进士后，自己绘制了两幅图画，一幅为《夜灯图》是记录幼年时母亲一边做女红一边陪自己读书的，一幅为《南楼读书图》是记录少年时在扬州南楼读书的场景。《南楼读书图》不知所终。而《夜灯图》经卞宝第，传到卞緌昌的手中，一直珍护有加。宣统三年八月武昌起义爆发，卞緌昌携家眷仓皇乘船流亡上海，开始了流寓的生活。卞家后人回忆，辛亥革命后卞緌昌在汉阳的居所一度曾被革命军占领，作为驻军之所。后经张夫人（仁准）写信给张之洞的旧僚属黎元洪讨要，革命军才退出卞宅。但宅中物品多被抢掠，卞士云《夜灯图》也就此散失。

七年之后，一位名叫陈仙舟的同盟会员，从坊间购得《夜灯图》，通过罗四峰将图奉还已经定居上海的卞緌昌。卞緌昌目睹失去复归来的祖父所绘制的《夜灯图》，悲喜交集。于是征请当时在沪上的诗人名流，纷纷为《夜灯图》题诗。宁乡程颂万在《卞狷盦王父竹辰中丞夜灯图诗引》记录了这一事实：

中丞为颂臣制军之父，少孤贫，母陈太夫人祷于庭榴曰："儿为儒耶？若榴其华。"已而榴华且实，时则冬矣。乃读书扬城南楼，其后通籍作二图：一《夜灯图》，述母训；一《南楼读书图》也。辛亥国变，狷盦所奉《夜灯图》亡于武昌兵间，七年，陈仙舟购得之，因四峰致狷盦沪上，且订交焉。征同人咏其事。

其时，为《夜灯图》题诗的除程颂万，还有沈曾植、郑孝胥、陈三立、陈懋森等多人。

沈曾植《卞中丞夜灯课读图为卞薇阁观察题》有句云："颀颀卞君排闼来，衔袖一卷珍图开。秋灯昔闻今得见，楚弓已失天重回。中丞持节临浙水，我祖词林申馆谊。尚书秋冷白云司，我府君游同臭味。两家三世通缟纻，家乘分明四朝具。"[13]中丞指卞士云，与沈曾植祖父同官翰林；尚书指卞宝第，与沈曾植之父同官刑部。至卞緌昌与沈曾植两家已是三代通家。沈曾植与陈三立亦是诗友。

郑孝胥题诗，《海藏楼诗集》未载，据郑孝胥《日记》："民国八年六月初六：夜赴刘锡之之约于古渝轩，晤李经彝、卞薇阁，薇阁以《夜灯图》求题诗。""六月初七：以武夷茶二包遗卞薇阁。""六月初八：卞薇阁送其祖诗集及《小倦游阁帖》一套，乃包慎伯所书也。”[14]卞綍昌为请郑孝胥题诗，还将卞士云《诗集》和家藏包世臣《小倦游阁帖》送给郑。陈三立为当时诗坛领袖，其诗格高古，学江西诗派，号为同光体。

陈三立《卞薇阁索题先大父光河中丞夜灯图》（己未）收在《散原精舍诗文集》，今录取全文，云：

名贤奋虀盐，约略出母教。功烈满青史，一灯食其报。
卓荦光河公，逸事寒檑照。执卷机织旁，枢牖影廊庙。
孤鹤培毛翮，腾作九天啸。清文丽玉堂，高勋从云峤。
辉光浴中外，筹策播入告。岁月恋恩勤，梦暖萤点耀。
写为宵课图，依依儿时貌。尚书恢前谟，诸孙并英妙。
传家历三世，箧衍珍圭瑁。褰裳翔汉滨，毁室掠群盗。
辗转烽火间，阊阖何由叫。久之归完璧，摩抚杂涕笑。
天意非偶然，留痕奖忠孝。夙分通孔李，世乱余皂帽。
配命诵清芬，邪诐莫能摇。海尾一绳床，寤歌神所劳。

诗中赞许卞士云诗文“清丽”，功烈昭著。卞宝第能世其家而“恢前谟”，卞綍昌等皆为英才妙选。并自叙陈氏家族与卞氏家族“夙分通孔李，世乱余皂帽。”如上文所述，仪征卞氏与义宁陈氏以姻亲、世交关系多有联系，陈三立以“孔、李”比卞、陈二家。今按，王闿运《湘绮楼日记》光绪十三年（1887 年）十一月十日：“陈伯严来云，卞抚不事事，但日谩骂。此人殊悖逆，以弹章而怨怼朝廷，无君而又自尊其官，皆非恒情，不得以鄙夫目之。”[15]据《翁同龢日记》同治五年八月十一日：“卞颂臣来，以《玉泉山水道图》见示，谈许久，此人毕竟留意时务。”[16]同治八年正月二十九日：“卞宝第请开缺，给三月假。卞与督臣英桂，以抚台湾夷人构衅事意见龃龉，卞却持正不肯俯就。”[17]光绪八年四月九日：“卞颂臣从南抵京……长谈，饭而去，论人物时事，皆清刚无回护。”[18]又据黄云鹄《诰授光禄大夫闽浙总督兵部尚书都察院右都御史卞公颂臣传》卞宝第光绪“十一年二月回任（按，由署理湖广总督回湖南巡抚任），屡疏乞休，均蒙旨慰留，赏假调理，而言官素不协者罗织多款入奏。朝廷悉其诬，以名节攸关，特简大臣赴湘查办，覆疏入，事白。明年（十四年）三月升任闽浙总督。”举以上材料不难看出卞宝第之为人，翁同龢称赞他“留意时务”“持正不肯俯就”“清刚无回护”。在湖南巡抚、署理湖广总督任上，为言官所攻击，事白后升任闽浙总督。由此看来，在湖广施政，卞宝第并无不妥之处，实因为秉性刚直而得罪了人。陈三立与王闿运接谈，论及其与卞宝第交往之情形，其他文献资料不载，然由此后陈三立“夙分通孔李”之说，可知王闿运所记，未必实录。然卞宝第对陈宝箴、陈三立父子的湖南施政，影响可知。

民国十年前后卞綍昌由上海回到扬州，除了教授诸儿读书，在家乡卞綍昌闲居读书、作诗文，以擅八分隶书名噪一时。民国十一年卞綍昌五十寿辰，扬州诗人吴恩棠作诗贺寿，其《卞薇阁五十寿二首》第一首云：

灯火书窗有味青，教儿分治十三经。
壶觞近局招仙侣，名字先朝记御屏。
艾寿又增新岁月，榴花未改旧门庭。
劫余几辈存风雅，坛坫扬州聚德星。

卞綍昌作为前朝遗老，卞家不改书香门第的本色，对于已然逝去的旧王朝也多少有些眷恋。由吴诗“教儿分治十三经”“名字先朝记御屏”中不难看出。卞綍昌除了课子读书，还留心周济族人，奖劝后进，保持着传统士大夫的本色。孤寒的族侄卞孝萱，就是卞綍昌留心关注的一位。

四、陈寅恪题卞孝萱《娱亲雅言》

卞孝萱曾祖父卞惟贤、卞能贤、卞冠贤与卞士云（本名荣贤）为族兄弟，卞綍昌为卞孝萱的族伯父。卞綍昌大排行行十，卞孝萱称卞綍昌为十伯父，当地乡绅则称卞綍昌为十太爷。如前文所述卞孝萱之父卞宗礼中年得子，在这个三代兼祧的孤寒之家本来是喜事，可是卞孝萱以旧历五月生，卞宗礼以七月殁。尚在襁褓中的卞孝萱成了失怙的孤儿。

二十年后卞孝萱在《征诗文启》自述："母李氏，年十六嫔于卞，卞之少长皆重之，越三年生萱，萱生三月而孤，露乾荫既凋，家道中落。母子相依，孤老愁苦。生事之资，悉取给于母之十指也。""母欲自任师傅，又苦未尝问学，不识一丁。羡鱼无网，虽勤何获。""爰走访邻右，丐其指画，日得数字，还以教子。积余累寸，日夕不休。""戚党叹其坚忍，悯其孤贫，群加资助，俾择师而问业焉。"李梅清以一个十九岁的寡妇，依靠十指针线抚养卞孝萱长大。到了卞孝萱该读书的年龄，却请不起先生教授。李夫人想自己身担师傅，又目不识丁。于是从邻居每天学几个字，回来教授卞孝萱。数年之间，母子皆学会数千字。孤儿寡母就是这样一起识字启蒙的。

卞孝萱称："戚党叹其坚忍，悯其孤贫，群加资助，俾择师而问业焉。"这里的戚党即有卞綍昌。得到十伯父资助的卞孝萱，后来就读于扬州北柳巷小学，抗战期间卞綍昌携家眷避兵燹迁居泰县、兴化等地，卞孝萱又就读于位于溱潼古镇的江苏省立临时中学。中学毕业后，再无力读书。卞孝萱便只身前往上海，在银行里任职员养母谋生。

1946 年抗战胜利，卞孝萱在扬州与段子宜女士成婚。眼看这位孤寒的族侄读书成立，已经七十三岁的卞綍昌喜由衷出。亲笔撰写喜联云："峻节著熊丸，成才琢玉；高堂歌燕喜，洗手调羹。"并撰一长跋，跋云：

孝萱贤侄以母太夫人四十寿，与段女士成合卺礼。缅松筠之节，绵瓜瓞之祥。庆集德门，欢腾合族。爰撰斯联祝贺，用彰义训，藉慰慈闱。报答春晖，感深恩于衣线；䌷缊和气，卜吉兆于灯

花。乙酉吉日七十三叟狷翁卞綍昌隶并跋。

这是卞孝萱生前最为珍爱的对联，从扬州到北京、南京，一直呵护珍藏，直到晚年搬进秦淮河畔港龙园新居仍然偶而悬挂壁间。常以浓重的扬州口音吟诵“感深恩于衣线，卜吉兆于灯花”两句。

为了报答母亲的辛苦养育之恩，卞孝萱将自己的身世写成《征诗文启》投寄海内名贤宿儒，广求诗文，表彰母节。从民国癸未（1943 年）冬开始陆续有邢端、钱崇威、胡光炜、董玉书、朱师辙、李宣龚、夏敬观、胡先骕、梅文博、秉志、任鸿隽、饶宗颐、刘盼遂、柳亚子、陈中凡、胡士瑩、夏承焘、柳诒徵、吕思勉、余嘉锡、王焕镳、陈垣、俞陛云、冒广生、唐圭璋等百余人赠以诗文。众多题诗文的人当中，既有清朝的翰林（如邢端、钱崇威）、进士（如俞陛云系戊戌科探花）、举人（如冒广生、李宣龚、夏敬观）、秀才（如柳诒徵），也有毕业于新式大学的著名学者教授（如胡先骕、秉志等）。卞孝萱认为“陈三立（散原）先生为近代诗坛领袖，余生也晚，未能请教，每以为憾。”一九四八年，卞孝萱写信给陈寅恪，说明心愿，请求陈寅恪赐诗或文，总领所征诗文。当日时局动荡，国共两党在淮海决战，卞孝萱信中表达对远在扬州故乡母亲和妻子的担忧。因 1936 年陈寅恪曾发表《桃花源记旁证》一文，卞孝萱除了和陈寅恪探讨该文，并在信中感叹“今日之桃花源在何处耶?”在父亲陈三立为卞綍昌题写《夜灯图》诗二十年之后，陈寅恪又一次为卞家题诗。陈寅恪在诗中除了表彰卞孝萱“养亲养其志”的恪守孝道，更对这样一个书香门第保持着母慈子孝、刻苦攻学的传统大加赞许，他说“一门慈孝祥和气，即是仙源莫更寻。”卞孝萱回忆，陈寅恪先生的诗由唐筼夫人恭楷誊录，落款署“青园病叟”，钤盖“陈寅恪印”“青园居士”的印章。可惜原件在十年浩劫中焚毁。

卞孝萱先生晚年著《现代国学大师学记》《家谱中的名人身影——家谱丛考》二书，前者收录《陈寅恪与〈柳如是别传〉》，后者收录《从〈陈氏合修宗谱〉〈义门陈氏宗谱〉看陈寅恪》。分别研究陈寅恪先生的学术与家世，一则研究确有心得，二则感念陈先生当年的提携奖劝之恩。《从〈陈氏合修宗谱〉〈义门陈氏宗谱〉看陈寅恪》一文中，卞孝萱先生着笔揭示了陈氏家族"娶来之妻对陈氏优秀家风形成之贡献。"陈三立母黄氏，据马其昶《陈母黄夫人墓志铭（壬寅）》云："自夫人始归食贫，其后家日昌，起公持节……夫人命服在躬，能一秉谦约，帅初不渝。……既归，而无田以耕，无宅以栖也，固公卓荦学道之明效哉，即夫人之为贤可知。"[19]陈寅恪母俞明诗，据陈三立《继妻俞淑人墓志铭》："余父奖其解文字，习礼，晓大谊；余母悦其澹素，黜华饰类我。""不解樗博嬉弄事""抚书鼓琴，悠然自遣。""余丁扰攘污浊之世，往往杜门偃仰，累月不复出，为得淑人相师友，养德性，永天趣，犹有以坚其志而自适其适也。""淑人之生死，系余一身一家者至重且巨。"陈寅恪《丁亥元夕用东坡韵》诗小注："光绪庚子元夕，先母授以姜白石词'柳悭梅小未教知'之句。"由是可知陈氏父子一生学行有得之于母教者。

陈三立、陈寅恪父子二人同为一个家族中卞士云、卞孝萱两个孤儿的事迹题诗，陈三立说"名贤奋齑盐，约略出母教。""天意非偶然，留痕奖忠孝。"陈寅恪说"一门慈孝祥和气，即是仙源莫更寻。"父子二人注重表彰母教之心理缘由，亦颇可知晓矣。

民国三十六年卞綍昌在扬州故宅病逝，归葬仪征刘家集祖茔。卞士云《夜灯图》及诸家题咏不知所终。2009 年 9 月 5 日卞孝萱先生在南京鼓楼医院病逝，2010 年 3 月归葬扬州蜀岗，所征《娱亲雅言》百余幅藏于家中，尚未整理公布。两代节母孤儿守节励学的故事，随着传统社会而远去。位于扬州广陵路的榴瑞堂早已栋宇不存。位于扬州旧城九巷 17 号的卞孝萱故居，也只剩下门前的门楼，不复是当年慈孝祥和的仙源。

卞孝萱先生晚年宣传国学，编《国学四十讲》、著《现代国学大师学记》、不辞辛劳为南京大学学生主讲《国学讲堂》，竟如陈寅恪先生所谓“少喜临川新法之新，老同涑水迂叟之迂。”[20]尤记某日，与卞孝萱先生谈《娱亲雅言》中李拔可诗，先生对我言道“曩侍范文澜先生，谈宋史时，先生举欧阳文忠为例，说旧时妇女守节，也是孤儿生存之保障。如果没有寡母守节，则孤儿也不能得到良好的教育。所以旧时道德不可一盘打翻，要在当时的历史条件下看。”语罢，先生怅然久之。

今天我们已经无法理解，一位目不识丁的母亲是如何即学即授子读书识字的艰辛。从《娱亲雅言》中老辈学者的题诗中，我们多少可以看出那平凡却又惊天动地的感人。邢端说：“北堂荻早寒灰画，南国轮看大雅扶。”任鸿隽说：“试看展卷长吟处，绝胜斑衣学舞图。”刘盼遂说：“孤儿嫠妇泪，画荻碎钗图。应豁皇天眼，纷纶下瑞符。”饶宗颐说：“机声灯影事同传，想见当年画荻艰。一颂孟郊慈母句，欲赓刘向母仪篇。”胡士滢说：“将苦节、守清贫，书声灯影太酸辛。一针一血母心苦，成就孤儿此日身。”李宣龚说：“何尝识字始能师，教学相兼恃一慈。苦节至今天下少，深恩真有几人知?”吕思勉说：“瞻乌爰止于谁屋，回首平山忆逝川。”……从这一字一句中，我们除了能看到真切的感动，似乎也能看到一个传统时代下，一对孤儿寡母艰难的背影。

2005 年末先生知我喜好义宁陈氏之学，将珍藏五十年的陈寅恪先生在清华大学所印的讲义数十纸赠给我，并云：“我早年自学文史，因家世渊源得以向与陈先生通信请教，这是陈先生的学生王忠赠给我的先生手编讲义。”如今，重新展开陈先生所编发之讲义，已是纸色昏黄，抚今追昔，心中不禁对已仙逝的卞孝萱先生产生无限的怀念。

注释：

①陈美延编《陈寅恪集·诗集》第 62 页，北京：生活·读

书·新知三联书店，2001。

②《续纂扬州府志》卷九《人物》，同治年间刻本。

③卞士云《九月初三日奉命授湖南藩司纪恩》，《退思斋诗存》卷二，卞宝书、卞宝第校刻，咸丰九年刻本。

④《续纂扬州府志》卷九《人物·卞士云》，同治年间刻本。

⑤《江都县续志》卷二十七《列传》第九《卞士云传》，民国十五年刻本。

⑥陈懋森《卞薇阁观察出先世光河中丞所绘夜镫图属题》，《休盦集》卷上，民国壬午刻本。

⑦陈美延编《陈寅恪集·寒柳堂集》第214页，北京：生活·读书·新知三联书店，2001。

⑧陈美延编《寒柳堂集》第191页。

⑨翁心存《退思斋诗存序》，载卞士云《退思斋诗存》卷首，卞宝书、卞宝第校刻，咸丰九年刻本。

⑩陈宝琛《请召用卞宝第、阎敬铭、张岳龄片（光绪七年十一月）》，载《沧趣楼诗文集》第821页，上海：上海古籍出版社，2006。

⑪见《江都卞氏族谱》，光绪二十五年刻本。

⑫陈三立《挽弢庵师》，载《散原精舍诗文集》第717页，上海：上海古籍出版社，2003。

⑬钱仲联校注《沈曾植集校注》第1266页，北京：中华书局，2001。

⑭劳祖德整理《郑孝胥日记》第五册第1789页，北京：中华书局，1993。

⑮王闿运《湘绮楼日记》第三卷第1420页，长沙：岳麓书社，1997。

⑯陈义杰整理《翁同龢日记》第一册第484页，北京：中华书局，2006。

⑰陈义杰整理《翁同龢日记》第二册第675页。

⑱陈义杰整理《翁同龢日记》第三册第1656页。

⑲马其昶《抱润轩文集》卷十，民国十二年家刻本。

⑳陈寅恪《读吴其昌撰梁启超传书后》，载《陈寅恪集寒柳堂集》第168页。

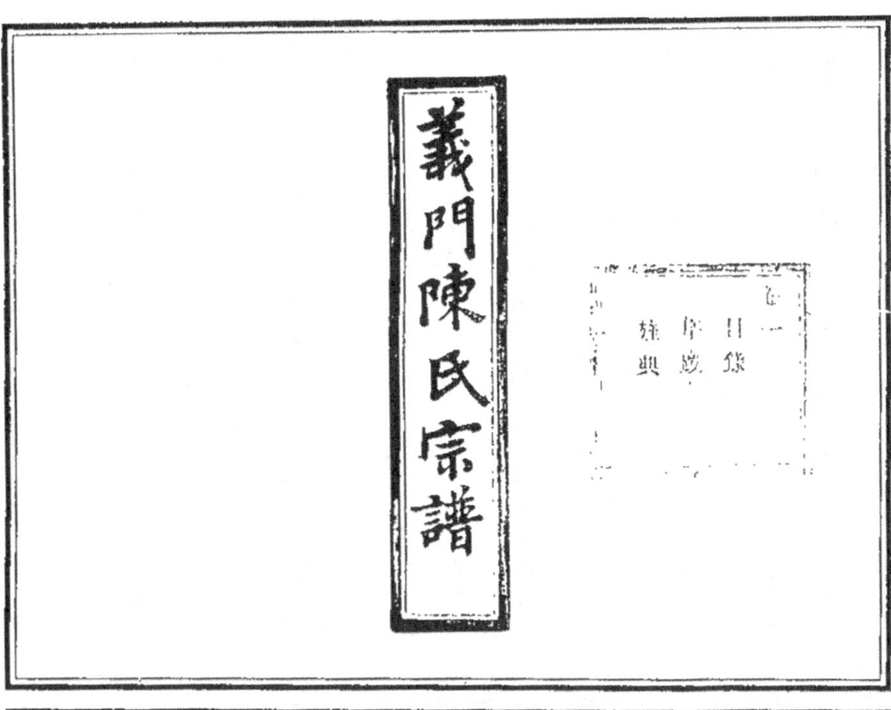

民國戊子重修

歐蘇遺風

聚原堂珍藏

義門陳氏續脩宗譜序

余髫年就學塾師聶之曰店口陳氏多才有子韶子長子辯者或擅文學或工詞曲或才氣縱橫睥睨一切楓橋之陳弗及也余默識於心思謁其宗祠交其賢士大夫卒未得閒晚年獲交子韶粹然醇儒也近歲讀于友人案頭得見子長所為日記諗其行誼并誦其詩心嚮往之乃躬歸道山丞於子辯則始終未有見聞夫以同姓之親楓橋店口相隔數十里而近覿面之難如此況乎宗支分流祖禰雲礽上下千數百年

勿替也余嘗謂古之宗法實為吾國惟一之民法先哲因天屬尊親以為摶結民族之具使皆知血統關聯以孝弟天性作忠義之氣因性施教其教不令而行宗譜之作其尤綮然者矣故家之有譜猶國之有史國無史才則舊聞放失而欲知其身世明其系統著于書而傳于後是則宗譜之所以可貴也店口陳氏宗譜稱為義門義門者其遠祖志孫公在元至大年間捐田六千畝分為義莊義塾義冢所俾其族人貧有養幼有教死有歸元帝旌曰義

門又上溯其三世祖杓四世祖充皆宋代進士更上溯至九世祖世勇公亦以進士隨宋帝南渡卜居諸暨白鶴山之陽實為店口陳氏之始祖蓋不獨以義門著稱簪纓科第亦復連綿勿絕宜其後人彬彬儒雅聲華遠揚至今

搢紳雖言譜而不文則數典忘祖潛德勿耀義門陳氏之有譜牒始於元之至元歷明代修輯凡四次以至於清自康熙甲子至光緒辛巳共七次修譜之密度人文之消長槩焉今民國三十八年矣自庚申至戊子修譜已有二次知陳氏之善於繼述而人文之未艾也其宗人陳君四居以修譜告竣請余為文以序之余謂今日人才宜重科學不在文詞陳氏多材必能知所緩急致力於科學以適應時代亦如曩者子韶子長子辯輩之聯翩代興則吾陳氏之光榮也夫

中華民國三十八年歲次己丑二等大綬寶光嘉禾章前署甘肅省長楓橋宗人陳誾拜撰并書

民國三十七年戊子第十三次纂修宗譜董事會職員

題名錄

本局自戊子正月十七日開始草譜同年九月初十日

開印四年己丑四月二十五日全工完成

族長兼董事長 行承千二百六十五富標

副董事長 錫七百八十二紹法

大房房長 莊千五百四十二金林

二房房長 昌千五百四十三如泉

三房房長 昇千一百十一德風

四房房長代 培三百九十一茂槺

新甲陳氏宗譜 董事會職員題名錄 民國戊子第十三次修 一 聚原堂

五房房長 昌千五百七十三馬興

大房董事 培三百七十二鐵川

培四百七十六金揆

卓百□十二冲光

卓百二十八福章

從十九伸管

昇千一百八十六出堂

二房董事 錫六百六十七伯寅

錫七百八十二紹法

錫八百五十七祖耀

三房董事 培二百三十陳韶

錫六百八十一福打

錫九百□十三[illegible]

四房董事 昇千十月虎

錫六百七十二錫恩

錫八百三十[illegible]

錫千五十六鑑庭

五房董事 卓二百九十二伯龍

錫九百四十志能

培四百八培軒

新甲陳氏宗譜 董事會職員題名錄 民國戊子第十三次續修 二 聚原堂

總四房董事 培四百六十四耀祖

卓三百三十三滙輝

昇千六百二十三鳳年

□六百二十一綿林

本局總理 錫六百十一行

淳七百三十六琪

監[illegible] 錫七百八十二紹法

錫八百三十一勝金

總纂 卓百十二復生

總務 錫七百八十二紹法
總幹事 昇千一百八十六柏堂
會計 卓三百三十三頤鄰
校閱 卓百九十二夬生
採訪 昇千一百八十六柏堂
校對 說十九仲宣
錫五百四十九□頫
卓一百十四承武
棋二十三思德
昇千一百八十六柏堂

幹事 卓五十一鳳翔
記司 同邑漁橋山俞慶元
刻板 黃山戴村周沈龍
顧問 銀六百二十六佃周
錫七百七十五尚青
錫九百六十七脊清
埠六十三子修
埠二百十八鵬卿
培二百七十五秉植

民國三十七年戊子重修宗譜收支賬目

計開

收福七公祠米一百十八石三斗一升
收石城三山宗祠米四石五斗
收大房 米一百三十石
收二房 米一百三十石
收三房 米拾石
收四房 米一百十三石
收脊清四房 米九石
收樹周四房 米八石

收五房 米一百三十石
收福四房 米拾石
收陳商 鄉眾堂元
共計收米六百六十二石八斗一升

計開

一支印譜版費及津貼米一百七十二石九斗七升八合
一支譜序潤資 米十三石四斗
一支編校祖武薪資 米八石零八升
一支津貼副董事長 米五石
二支津貼編校主任夬生 米四石

一支津貼繙校仲宣　米二石四斗

一支校對員三人薪資　米十石二斗五升

一支文牘股員一人薪費　米十二石三斗五升

一支勤工一人工資　米十二石五斗五升

一支辦食　米一百十六石三斗二升五合

一支招待費　米四石六斗一升五合

一支印譜紙料　米八十三石二斗九升五合

一支文具　米十一石九斗三升

一支置蘇省雕版印譜大牌銀杏樹二株　米十六石二斗

一支做箱子毛竹　米一石一斗一升七合

暨陽邊氏宗譜　卷目　民國戊子第十三次增修　二　聚原堂

一支郵電報費　米三石六斗

一支川旅費　米七石六斗

一支郵費　米一升

一支工資木匠十工漆匠　米十三石九斗

一支赴石堰抄錄戲譜一切費用　米一石

一支柴炭費　米二十五石七斗四升三合

一支修理譜局費　米一石一斗五升

一支緞線費　米三石八斗六升

一支漆譜箱工料箱二十二只　米四石九斗

一支雜刺開條承讀　米五十三石一斗

一支交絨譜袱　米五斗五升

一支運費　米五十五石五斗五升五合

一支陳耗　米九斗九升二合

一支譜局房租　米二石

共計支付米六百四十九石五斗六升二合五勺

收付兩抵餘存米十三石二斗四升七合五勺

根據己丑四月十八日譜局會議撥付大宗祠

收入項下

暨陽邊氏宗譜　卷目　民國戊子第十三次增修　三　聚原堂

民國三十七年戊子藏譜

福七公大房　二册　旅子二百六十五富齊家　給三百七十二錫川家

福七公二房　二册　男千五百八十三松慶家　編入百五十七盛擧家

福七公三房　一册　其千一百十　一卷嵐家

福七公四房　二册　達八百三十許余家　編九百六十定生家

福七公五房　二册　給二百七十六東盛家　給四百六十五培數家

福三山宗祠　一册

福二公派　一册

福四公派　一册

執譜　一册　給二百三十　陳韶家

義門陳氏宗譜　藏譜　民國戊子第十三次增修　一　聚原堂

校勘　一册　卓一百十　二舟光家

新存譜

福七公大房　二册　琮一百七十二太象樓　早一百九十二九生

福七公二房　二册　錫七百八十二紹法　錫六百六十七前賓

福七公四房　二册　卓二百九十二白根　像千九百六十七定庭

福七公五房　二册　信四百六十八閏盛　真九百四十八

右新存譜捐冊凡我族人如願領可向宗祠值年者接洽計收材料費繳來拾市石正應先將何家所藏者出售須臨時粘闔為定不得徇私留難倒米撥入宗祠收入項內特此附白

義門陳氏宗譜　藏譜　民國戊子第十三次增修　二　聚原堂

新存各家藏譜務須保守清潔嚴謹不得自手損壞
折閱之虞蟲蝕時時檢點有無黴蝕及毀
經本届己丑四月十八日午後二時族衆會
議決案

民國三十七年戊子續修四版
像記二十三版
像贊圖十二版
詞引一版 一卷人至二十 一卷林重撰
分佈圖一版 同上
義塾莊義所義坊及題辭丁版
樵下後山圖二版
山圖一百二十七版
陳序八版
書簽一版

義門陳氏宗譜 藏版 民國戊子第十三次修 卷一 聚原堂

共計二百十三版
福八公像贊 自百十二 後世重書
叔甘公像說 兩
以善公像贊 自百三十 後世重書
義坊銘 同上
以上皆藏於六坊錫六百六十六如珍家 小山灣中田塘頭

義門陳氏第十三修宗譜凡例
我族之有譜雖曰肇始宋代實則至元已毀於兵燹今
所流傳者皆由會五縣積秩收拾於灰燼之餘難以記
憶所傳及父老耳熟者拉雜成之輾轉排印不無可疑
之處可以考但當闕斷前未切勿輕改以符疑以傳疑
之例其確有可據者則自台部徵改不仍擇納次及改
正之故於篇末若與祀祭詞無句無關事實者後之君
子則不妨酌修整以歸雅馴
聚族近千戶而分支散處於四方者遠及中州可查者
遠則登報通知或[illegible]諮詢近則挨戶查報或生死互

義門陳氏宗譜 凡例 民國戊子第十三次修 卷一 聚原堂

[illegible]宗派紛歧猶涉粗疏謬訛嘆之此查報之[illegible]記傳
銘贊世系行第雖代有成牒而或因陋就簡詳略失宜
此有數事處所所哀擇損既難任我所欲為因仍又恐
貽誤後人此族譜之難也脫簡排訂涉繁填一成
不慎關係匪輕族大人眾意見各殊其有[illegible]者
意破壞欲加之罪何患無辭況時值非常[illegible]鄉
雖難長修譜之難果如斯然明知其難而毅然為之者
亦冀天下無難事顧力行何如耳
凡一人必詳諱名字號爵[illegible]婚配子女
生辰卒葬或失考或無可述者則缺

凡娶妻者曰娶某氏有繼娶者曰繼娶某氏妾生子者曰側室某氏終身無妻者曰不娶娶而無子曰無出有女者下書曰無子防後此非族之計[illegible]娶韓考間亦有不書者

凡立繼如適姪出云繼兄某公第某公第幾子某為嗣又於生史名下云第幾子出繼兄某公第某公為嗣從姪則云繼從兄從弟某公第幾子某為嗣族姪則云繼族兄某公第幾子某為嗣其尤遠者則云繼某公某公第幾子為嗣生史名下亦然若異姓入繼者繫不入譜第至於本宗出繼外姓者則於生史名下

云第幾子出繼某處某姓為子幾其歸[illegible]以防婚姻之亂云

凡婦[illegible]及[illegible]詳書姓名其女嫁之[illegible]者則[illegible]之[illegible]則[illegible]故

凡[illegible]止書其名[illegible]先[illegible]子節孝[illegible][illegible]之[illegible]立[illegible]人[illegible]之[illegible]生[illegible]所致[illegible]取古人[illegible]定之[illegible]也

凡古今名賢所撰記序錄贊詩文記傳有[illegible]詩書札聯額有關於族人者作者[illegible]不論生存[illegible]入譜以昭文獻而光簡冊

凡族中公務義舉學田祠產契約禁碑及行制約旅祠外[illegible][illegible]林溪塘堰橋梁津渡務必廣徵博采詳以入譜以維先賢遺蹟而重後人觀摩

凡族中孝悌忠信及清風亮節好義輸公或孝重儒林或名登仕籍足以增輝門戶者隨事呈請政府獎勵以光譜牒以示觀感

凡族大丁繁賢否雜出倘有不肖子孫悖逆倫常敗喪名節及一切玷辱門楣情節不[illegible]者不[illegible]入譜[illegible]行第已經入譜後犯者照[illegible]義當刻削以示懲[illegible]而重宗法

凡娶妻書配某氏已聘定而未過門者書聘某氏繼娶者書繼娶某氏若妾則書側室世俗不明古義每以無出為嫌甚且[illegible]母而并無史矣[illegible]側室之子[illegible]則正人想見[illegible]聚合娶[illegible]者不論有子無子皆稱側室若娶或未過門而卒者或有故離

與及夫亡故由者譜冊內或其丘墓俱再照之爲書院

以其氏不致淆混滋議

凡譜立傳者[illegible]例撮其行狀送局審定然後入

生平並無犯過及缺德之事准其子孫求名人撰述

以廣顯揚并昭孝思

凡事關祖先與通族者並譜此外私家有因特殊關係

要求載入者須具書面申明理由經族事會許可方

准以示限止而別公私

凡系統內間有缺行及重行或前後剖裂實因族姓繁

衍登報間有錯誤迨後查明更正譜已將次就緒勢

義門陳氏宗譜 凡例 民國戊子年十二月重修 四 [illegible]

難全行剖改故懸次修作者所不免後人慎之

凡譜內生卒詳譜多未詳載蓋原譜已失半出於記憶

錄之僅後補式加詳然間有無可稽考者不得已然也

從缺

凡舊譜於生卒年庚雖載年號干支不載年數有詞事

者或於干支未能熟悉間有[illegible]以故父子絕無世系按

之生卒之年竟上推暢分茲修譜於年號干支下指

明其年數或有未諳一律者暫爲之由

凡立嗣如昭穆相當人繼出嗣者兩造允協照例爲

之執明倘有一方不允或第三者出而爭執必須驗

明[illegible]書方准入譜

凡昭穆宜[illegible]必先宗譜[illegible]宗族必先辨明[illegible]昭穆之

長幼宗[illegible]不紊[illegible]之不背宗族[illegible]

[illegible]謂之倫理

凡譜表悉遵歐蘇程式並有諱字行號生卒娶葬謚

有諱傳娶卒無[illegible]而未備故我譜折衷[illegible]增

損之至以五世爲圖五世再提而成九世九世再提

而至無窮世雖參用不敢無知妄作歐譜有圖爲

傳僅略而歸詳蘇譜繫圖而有傳傳詳而圖略實兼

二式並用則詳略咸宜

義門陳氏宗譜 凡例 民國戊子年十二月重修 五 [illegible]

凡與族繼承等與世俗譜例不合者雖經現行法律許

可亦排除不錄所以嚴宗法也

右凡例係本草擬諸多未備尚冀後賢修[illegible]

十三修宗譜董事會兼董事長[illegible]謹誌

目錄

卷一

上毛山墓圖 葬二[illegible] 葬三[illegible]

長琵買山圖 葬一公墓 [illegible]十二公墓 彥長公

新湖山圖 葬一公墓 [illegible]二公墓

樓殿嶺圖 葬三公墓

大墳山圖 葬四公墓 怡門公墓

上下瓜山圖 葬五公墓 葬六公墓 [illegible] 葬二公墓 葬七公墓 [illegible]六十三

瓦窯灣圖 葬六公墓

半月山圖 葬二十三公墓

眠牛山圖 葬九十四公[illegible]人合墓 葬五百七十九公[illegible]方[illegible]二[illegible]人合墓

[illegible]百八十九公[illegible]人合墓

[illegible]五百九十五公[illegible]人合墓

[illegible]六百二十五公[illegible]人合墓

[illegible]六百二十七公[illegible]人合墓

[illegible]六百十二公[illegible]人合墓

義門陳氏宗譜 目錄 民國戊子第十三次增修 五 聚順堂

長覺山前圖 葬一百三十七公[illegible]一[illegible]二十 葬三[illegible]人合墓

跌砂山圖 葬一百五十五公墓

羅家鳴山圖 葬一百[illegible]人[illegible]

[illegible]

蛇山圖 葬二百八十一公暨[illegible]人合墓

[illegible]

山陰花芭山圖 葬一公二公合墓 [illegible] 葬六百四十二公墓 [illegible]

後對畈圖 葬十二公墓 [illegible]五十四公墓

漁湖田圖 葬七十公墓 [illegible]

新滿山圖 葬二百六十九公墓

灣家鳴山圖 葬二百九十九公墓 [illegible] 葬八公暨[illegible]人合墓 [illegible]

犬眠山圖 葬四百十七公暨[illegible]人合墓

義門陳氏宗譜 目錄 民國戊子第十三次增修 六 聚順堂

陳家灣後山圖 葬四百八十三公墓 [illegible]一千六十九公[illegible] 葬大百八[illegible]

鐵頭山圖 葬八十二公墓

百步山圖 葬四百四十三公[illegible]人墓

獅子山圖 葬百七十七公墓

[illegible]家灣圖 葬四百三十公暨[illegible]人合墓

歇家山圖 葬四百七十公墓

金竹嶺圖 葬五百五十四公墓

窯墳山圖 葬一百[illegible]人墓 [illegible]二百二[illegible]十七公合墓 [illegible]元山後

義門陳氏宗譜圖　目錄　民國戊子第十三次重修　七　聚原堂

義門陳氏宗譜圖　目錄　民國戊子第十三次重修　八　聚原堂

卷三

卷四

義門陳氏宗譜 目錄 民國戊子第十三次增修 十 聚原堂

義門陳氏宗譜 目錄 民國戊子第十三次增修 十二 聚原堂

重修觀音廟碑記
重建茶亭記
建造旱閘徵信錄
拆建旱閘[illegible]徵信錄
募建寧諧亭徵信錄
新修石[illegible][illegible]兼築石堪徵信錄
三修隆[illegible]碑記
三修隆寧廟徵信錄
募建民族林碑記
東亭倉井題名錄

卷五

祭文

合祭家廟文
家廟春秋二祭文
元旦祭偏上廳堂文
元旦下祠堂祭始祖文
祭始祖孝廉議郎九公文
祭六世祖千十二公文
祭七世祖陞三公文
祭八世祖[illegible]一公暨孝[illegible]夫人文
祭九世祖震三公文
祭九世祖旌表義士震四公文
祭十世祖九江知府會一公文
祭十世祖會六公文
祭十世祖會大公配林太君文
祭十一世祖怡四公文
祭十二世祖國子生灝二公文
祭十二世祖[illegible]七公文
祭世通公李氏安人文
合祭[illegible][illegible]公孫氏安人文

祭泰三百六十九贈德配王安人文
合祭織謨公偕馮兩孺人文

志書

舊志十一頁
新志十頁 詳三餘縣志

史籍

太丘公傳 附元方季方
陳太丘碑
陳太丘廟碑
文範先生陳仲弓碑

義門陳氏宗譜 目錄 民國戊子第十三次重修 十五 聚原堂

義門陳氏宗譜 目錄 民國戊子第十三次重修 十六 聚原堂

附錄

卷七

文徵 外篇上

壽文

榮慶 衍東八百八十八

恭祝誥封孺人陳表嫂俞孺人七十壽言 孝衍七十七

恭祝儒林郎石翁陳老先生六旬榮慶 衍冉三百二十八

恭祝上舍生蓮洲老伯陳老先生六旬榮慶 衍冉八百八

錫三十三公配裴太宜人七秩壽序

錫三十三公配裴太宜人八秩壽序

文徵外篇中

忠十三公任浦城詩

明八十二公配俞氏壽詩

耀百九公配鄧氏贈詩

耀三百八十四公壽詩

承二百六十六公配壽詩

雙壽同題詩

錫三十三公配裴七秩壽詩

錫三十三公配裴八十壽詩

錫三十三公配裴挽聯

深柳堂文編序

南村詩餘序

止樵吟草序

止樵吟草跋

英四百十七公像贊

錦四百三十公像贊

泰一百三十公像贊

德二百三十三公暨配田氏像贊

德三百三十八公像贊

德五百四十二公像贊

耀二百二十八公像贊

耀二百五十四公像贊

耀五百九十三公像贊

承二百四十三公繼配何氏像贊

承二百四十九公暨配蔣氏像贊

莊二百七十七公像贊

文徵外篇下

錫五百五十二公贈詩

培七十五公誄

陳鳳居誄

培七十五公贈挽詩什

培一百七十六公挽詩

追悼盧舟越流兼示其猶子仲光

培七十公輓挽詩什

義門陳氏宗譜 目錄 民國戊子第十三次增修 壹 聚原堂

義門陳氏宗譜 目錄 民國戊子第十三次增修 貳 聚原堂

附 九

誌傳 惠子至承字

義門陳氏宗譜 目錄 民國戊子第十三次增修 聚原堂

義門陳氏宗譜 目錄 民國戊子第十三次增修 聚原堂

義門陳氏宗譜 目錄 民國戊子第十三次重修 毛 聚原堂

義門陳氏宗譜 目錄 民國戊子第十三次重修 [illegible] 聚原堂

義門陳氏宗譜 目錄 民國戊子第十三次增修 聚原堂

譜十二

誌傳 昇字至卓字

義門陳氏宗譜 目錄 民國戊子第十三次增修 聚原堂

義門陳氏宗譜 目錄 民國戊子第十三次修譜 聚原堂

錫舟公傳 行昇八百三十一 屬七公五房
先考亞蓮公行述 行昇八百七十四 屬七公四房
族叔祖少蓮公傳 行昇八百八十七 屬七公四房
子聯陳公家傳 行昇八百八十九 屬七公四房
吉軒先生家傳 行昇九百六 屬七公二房
陳君靜彥家傳 行昇九百七十八 屬七公四房
先嚴昂生府君行述 行昇一千三十八 屬七公五房
星占公傳 行錫三十三 屬七公二房
錫三十九公暨配節孝王孺人合傳 屬七公二房
杏堂公家傳 行鉴五十八 屬七公二房
仕成公傳 行錫七十 屬七公二房
錫圭公傳 行錫二十八 屬七公二房
清誥封資政大夫陳公墓誌銘 行錫百三十三 屬七公二房
先木生考行狀 行錫四十九 屬七公大房
先考行述 行錫百六十九 屬七公二房
先考行狀 行錫百八十四 屬七公大房
先府君行述 行錫二百十二 屬七公大房
陳公叉燃家傳 行錫一百十五 屬七公大房
族叔欣莊先生傳 行錫二百十八 屬七公二房
族姪琢嵌之哀辭 行錫二百七十九 屬七公大房

義門陳氏宗譜 目錄 民國戊子第十三次修譜 聚原堂

族叔祖啟瑞先生家傳 行鉴三百三十四 屬七公二房
岷夢白先生 行錫六百五十八 屬七公五房
族叔[illegible]梅村先生傳 行錫五百五十七 屬七公四房
先考行狀 行鉴三十一 屬七公大房
先君行狀 行席七十 屬七公大房
先君行狀 行鉴七十五 屬七公大房
先君事略 行培八十一 屬七公大房
先君行狀 行培一百一 屬七公大房
先兄事略 行卓四十 屬七公大房

卷十二

女傳

元故御母馮氏墓志 錫一公配
貞節徐氏安人傳 明八十二公配 屬七公四房
欽二十一公孺配丁氏安人傳 屬七公大房
百成貞節虞大君傳 欽百三十八公配 屬七公五房
貞節王太君哀錄 英九十五公配 屬七公大房
節孝王氏傳 英百十四公配 屬七公二房
傳王丁太君哀錄 英四百六十七公配 錫五百六十二公配 屬七公五房
貞節殷太君傳 錫一百九十五公配 屬七公大房
節母陳金氏序 錫二百八十九公配 屬七公二房

義門陳氏宗譜 目錄 民國戊子第十三次增修 聚原堂

節孝汪太君傳 承三百六十公配 理七公大房

淮賢陳公繼配張孺人傳 繼四百三十公繼配 福七公二房

祖母俞太孺人傳 錦四百七十公配 福七公五房

貞節王太君傳 錫五百五十七公配 福七公四房

義門俞賢媛行實 承六十七公配 福七公大房

田太君傳 承九十五公配 福七公四房

節孝趙太君傳 承三百九公繼配 福七公二房

兩王太君合傳 承三百九十公元配 承四百六十六公繼配 福二公 福二公

貞烈王太君實錄 承四百二十九公配 福七公四房

節孝楊太君傳 承五百二十七公配 福七公大房

馮孺人傳 承五百六十一公配 福七公二房

陳母方樓二孺人合傳 承五百六十七公元配繼配 福七公五房

殷太君暨光文公鮑孺人傳 德六十九公 德四十三公配 福七公二房

節孝俞太君傳 德二百四十九公配 福七公四房

節孝蔣氏安人傳 德四百八十公配 福七公二房

貞節孫孺人事跡 德五百五十七公配 福七公五房

節孝何太君傳 德六百五十公配 福七公五房

貞節俞孺人傳 德六百七十九公配 福七公五房

阮孺人傳 德八十二公繼配 福七公二房

義門陳氏宗譜 目錄 民國戊子第十三次增修 聚原堂

重徽公德配節孝鄧氏孺人傳 德百九公配 福七公大房

貞節田孺人傳 德百六十五公配 福七公二房

俞氏太君傳 德百七十三公配 福七公大房

梓造公元配蔣孺人傳 德二百十公配 福七公四房

節孝伯母傳鄧孺人行略 德二百二十三公配 福七公二房

伯母朱太君志 福二百六十四公配 福七公二房

耀三百四十七公側室朱氏行錄 福七公二房

蔣孺人節孝傳 福四十五公配 福七公大房

伯母蔡太君節孝傳 福五百八十九公配 福七公二房

太學生伏兼公德配錢太孺人傳 福六百十三公配 福七公五房

節孝周孺人暨阮氏合傳 福六百五十二公繼配 承五百十四公配

福七公二房

節孝傅孺人傳 福七百三十一公配 福三公

顧孺人節孝傳 福八百二十公配 福七公五房

伯母何太孺人傳 承二百二十公配 福七公大房

濬川公配馮孺人暨帝佐公配傅孺人雙節傳 承二百十六公配 承百四十公配 福十公五房

趙太君傳 承三百十公配 福七公大房

節孝沈太君傳 承四百九十六公配 福七公二房

貞節丁太孺人傳 承千十二公配 福七公二房

何孺人行畧 崇百十大公配 譜七公大房
徐孺人節孝傳 懷二百七十二公配 譜七公二房
裴孺人節孝傳 崇三百八十三公配 譜七公二房
郭馮二孺人合傳 崇四百四十三公配 譜七公大房
雙節傳 崇五百四十三公配周氏 莊六百六十九公配沈氏 譜七公四房
伯祖莊七百二十七公側室苦節實錄 譜七公五房
蔡節母傳 莊千四百九十公配 譜七公五房
馮傳沈三孺人合傳 學四百三十九公配 學二百五十三公配 學三百三十
閥公配 譜七公大房
朱孺人節孝敘 學三百五十四公配 譜七公二房

義門陳氏宗譜 目錄 民國戊子第十三次增修 壹 聚原堂

節孝徐孺人敘 學三百六十二公配 譜七公二房
譚孺人傳 學六百十八公配 譜七公二房
周太孺人節孝傳 昌百十九公配 譜七公大房
陳其川公繼配李氏孺人傳 昌五百五公配 譜七公二房
李節婦傳 昌五百五公配 譜七公二房
節孝馮孺人傳 昌九百二十五公配 譜七公四房
陳母田孺人傳 昇二一七公繼配 譜七公二房
馮孺人節孝傳 昇百二十四公配 譜七公大房
朱節婦傳 昇百三十二公配 譜七公四房
義母宜氏傳 昇二百四十四公配 譜七公大房

陳母馮太君節孝傳 昇三百九十七公配 譜七公二房
朱大母行述 昇四百十五公配 譜七公二十房
從叔姚孺人節孝傳 昇四百七十三公配 譜七公二房
俞張兩節婦合傳 昇八百五十七公配 譜七公二房 昇百三十七公配 譜七公大房
蔣節母傳 昇二百二十六公配 譜七公大房
亡妻俞氏行畧 培七十公配 譜七公大房
亡室田孺人傳 培七十五公配 譜七公大房
王孺人傳 培百一公配 譜七公大房
亡女蔣芬哀辭 培二百九十四公配 譜七公大房

義門陳氏宗譜 目錄 民國戊子第十三次增修 貳 聚原堂

民國己未聚順節婦事實冊
卷十三
系圖 潁川 閩州 建寧 開封 虎口 協字至舜字
卷十四
系圖 石堰派上 一世至十三世
卷十五
系圖 石堰派下 十三世至二十一世

義門陳氏宗譜 目錄 民國戊子第十三次增修 卷一 聚辰堂

義門陳氏宗譜 目錄 民國戊子第十三次增修 卷一 聚辰堂

義門陳氏宗譜　目錄　民國戊子第十三次增修　卷一　聚原堂

卷三十七
系圖
福七公二房　欽七十一公派下　二十五世至三
十三世

卷三十八
系圖
福七公三房　欽八公　欽十公　欽五十六公
欽八十二公　欽三十八公—欽八十九公　欽九
十五公　十七世至二十九世

卷三十九

義門陳氏宗譜目錄　民國戊子第十三次增修　聚原堂

系圖
福七公四房　欽三十二公　欽四十六公　欽五
十五公　欽四十公　欽九十八公　欽百二十九
公　欽百十六公　欽百十九公　十七世至三十
三世

卷四十
系圖
福七公四房　欽八十五公派　十七世至三十三
世

卷四十一

系圖
福七公四房　欽四十二公派上　十七世至二十
五世

卷四十二
系圖
福七公四房　欽四十二公派中　二十五世至二
十九世

卷四十三
系圖
福七公四房　欽四十二公派下　二十九世至三

義門陳氏宗譜目錄　民國戊子第十三次增修　聚原堂

福七公五房　欽百三十七公派下　二十五世至
三十三世

卷四十九
行傳
潁川　閩州　建寧　開封　湖口　協中至常字

卷五十
行傳
忠字　田字　附石堰派　懷先字　朝佐字

卷五十一
行傳

欽字 附石堰派 坤字

卷五十二

行傳

舜字 附石堰派 清字

卷五十三

行傳

英字一至百九十止 附石堰派 太字

卷五十四

行傳

英字百九十一至終

義門陳氏宗譜 目錄 民國戊子第十三次增修 聚原堂

卷五十五

行傳

綿字一至三百止 附石堰派 宇字

卷五十六

行傳

錦字三百一至終

卷五十七

行傳

泰字一至三百四十九止 附石堰派 宙字

卷五十八

行傳

泰字三百五十至終

卷五十九

行傳

德字一至二百九十九止 附石堰派 中字

卷六十

行傳

德字三百至五百四十九止

卷六十一

行傳

義門陳氏宗譜 目錄 民國戊子第十三次增修 聚原堂

德字五百五十至終

卷六十二

行傳

耀字一至三百止 附石堰派 和字

卷六十三

行傳

耀字三百一至六百九十九止

卷六十四

行傳

耀字七百至終

卷六十五
行傳
承字一至二百五十止　附石堰派　值字
卷六十六
行傳
承字二百五十一至五百五十止
卷六十七
行傳
承字五百五十一至九百止
卷六十八

行傳
承字九百一至終
卷六十九
行傳
莊字一至二百五十止　附石堰派　學字
卷七十
行傳
莊字二百五十一至五百五十止
卷七十一
行傳

莊字五百五十一至八百五十止
卷七十二
行傳
莊字八百五十一至千二百止
卷七十三
行傳
莊字一千二百一至終
卷七十四
行傳
學字一至二百止　附石堰派

卷七十五
行傳
學字二百一至五百五十止
卷七十六
行傳
學字五百五十一至八百五十止
卷七十七
行傳
學字八百五十一至一千一百五十止
卷七十八

義門陳氏宗譜 目錄 民國戊子第十三次增修 聚原堂

義門陳氏宗譜 目錄 民國戊子第十三次增修 聚原堂

義門陳氏宗譜　目錄　民國戊子第十三次增修　聚原堂

義門陳氏宗譜　目錄　民國戊子第十三次增修　聚原堂

目錄補遺

卷二

陳氏分佈圖

卷三

契約

補二頁

卷四

建築

補一

卷五

義門陳氏宗譜 目錄補遺 民國戊子第十三次增修 聚原堂

女徽內篇上

卷廿一

詩稿

德清叔培承先生 傳第二百四十三 補世丞圖先

卷十二

女傳

金節婦姓傳 錫上自大十四丞起 附十丞二房

義門陳氏歷世行第字母引

行第之設始於蘇長丞所以序尊卑別長幼也蓋一族之中遷徙他處則有慶弔不通涉不相識者惟一世列一字母即千里會而尊卑長幼之倫詰之無不知矣其有關於宗祊非淺淺也乃爲之列序於左

協克宿耆伯千陸發發

怡福堂忠明 金欽 寬尊 英錦榮

德耀承莊學鳳昇錫培卓

悅猷宣民霖敢綸敘永斐

裴嶽晉續芳潤鐇鑫匯煥

義門陳氏宗譜 行第 民國戊子第十三次增修 聚原堂

石堰怡二丞派行第

性能仲 宗襄 乾朝 坤坤後緯 清靖 太宇宙

中和重華學 仝

里居遷徙考

嗣子蘧庵甫士龍謹述

按吾陳氏系出帝舜舜始生於姚墟實於虞帝新坂迨武王封胡公於陳子孫遂以國為姓春秋時荆楚忍陵中夏散處南北漢末太邱長寔世居潁川歷二十一世孔彰公始遷於蜀之閬州雖嗇嗇公嘗寓豳閭而文忠公父子兄弟道德文章禮樂勳名炳耀一時咸居乎閬也後子姓或派溫州與臨禾或派建寧與江陵或派平湖或派弋陽或上虞之枯橋或山陰之梅墅或會稽之上林鳳亭或鄞城三派或泌東一支星羅碁布惟知古公遷汴之開封宜陽里孫協九公扈蹕至臨安是居開

封止二世耳九公因力詆和議左遷知時事不可為遂棄鄞決新命決意歸隱訪名勝自金華歷覽而下抵山陰之橫江因曰江橫而山復尖此上必有大地得迴車至紫巖白鶴山前而河流九曲而家焉遞傳元孫伯一公來孫千十二公昆孫慶三公凡七世皆居山前大灣口九曲河前九曲河後被王老人誣奏改變時由前九曲字迎舟拔自金浦江派舟拔鳳凰山下必竟夕方濟故老相傳永樂年間官寨其曲譜以植濟至今禾秀時尚出視之河身之苗皆秀於他田遂洗見河流九曲之形云又天啟時開塘卜選擴木葉尚未朽御寨河之物也若湯家沮長樂尾昔陶身故遷器一公遷居鴻山之陰竄三公遷四公開義學建義莊卜義圩即今所居之地斷非山前矣書房

三百棳今之學國其遺基也迨柯公立碑高公建坊興二公之作亭思母皆爲山後所以命五公有跡府元山之麓石倉六公醉酒開亭避難瓦窯灣也是時遐近數十里皆陳氏產以故義莊義塾制山村出六千餘畝造屋至三四百楹且芹券譜浦助以鉅萬計甃繕纓授躍禮制輝煌又上數朝廷旌表功業文章聲名物采固極一時之盛矣然本境入居未稠開市在中村所數里幅員環錯陳氏之居故至今有稻園桑園上園學園溪頭之稱若宗祠前及雞鵝市口一帶則怕四公故居也出入輿馬旁有上馬之石匾額盈門中列義士之坊衙名

可以考實矣嗟乎桑滄變易運會不常其如此哉後之君子訪求遺蹟而思繼祖先之芳躅安在韓黎不可再振耶

世系源流考

二十一世孫可學纂輯

宓羲以前荒遠莫稽少典之君娶于有蟜氏之女生二子長曰石年是謂炎帝八傳至榆罔諸侯侵伐弗能征軒轅修德治民於是諸侯咸推軒轅代神農爲天子此開宗之祖也軒轅生昌意昌意生顓頊顓頊生窮蟬窮蟬生敬康敬康生句芒句芒生蟜牛蟜牛生瞽瞍瞽瞍生舜此五帝繼統之祖也爲封舜後於虞城虞三十一世孫閼父爲周武王陶正能利器用王以元女大姬下嫁其子滿而封諸陳賜姓嬀以奉舜祀此三恪受封之祖也滿謚胡公生申公申公而下傳國十世至桓公鮑

壽門陳氏宗譜　卷一　世系源流考　民國戊子第十三次重修　一　聚厚堂

始爲春秋歷厲公佗莊公林宣公杵臼穆公款共公朔[illegible]哀公溺惠公吳懷公柳閔公越楚惠滅之先是厲公子完字敬仲始生周太史過陳厲公使卜完卦得觀之否是爲觀國之光利用賓于王曰此其代陳有國乎不在此而在異國不在其身而在子孫若在異國必姜姓四嶽之後也物莫能兩大陳衰此其昌乎厥後殺公子禦寇完恐禍及故奔齊齊桓公使爲工正懿仲欲妻之卜之占曰鳳凰于飛和鳴鏘鏘有嬀之後將育于姜五世其昌並于正卿八世之後莫之與京乃以國爲氏而食邑於田又爲田氏此播遷之祖也五

傳恒割齊安平以東至琅琊爲封邑三傳至田和周安命爲諸侯代有齊國和卒子桓公立桓之子威王威子宣王宣之子湣王湣王子襄王法章中興至子建滅於秦建三子昇桓軫軫相楚封潁川侯稱陳氏八世至太邱君寔此東漢發祥之祖也然前此此斷播遷宗法雖詳必欲祖述軒轅祭實虞帝則疑於信譜牒網羅百代則幾於濫甚或附會宗盟同道莽異近於誣求其支派擊擊可徵者莫如太邱崇先潁州故以太邱爲一世祖亦猶朱晉其後依次編輯失水木本源即增舊譜所未備要亦無悖前人纂述之深心哉

壽門陳氏宗譜　世系源流考　民國戊子第十三次重修　二　聚厚堂

陳氏家譜序

德州司戶陳君乘直與予爲同姓一日過予署出示家譜一帙請予序之予惟宗譜之作其有功於世教也大矣蓋所以明世系序昭穆別尊卑乃仁人君子之用心也寧不從其請爲稽按吾陳氏其先出於帝舜至漢之太邱長寔世居穎川寔十七世孫孔彰始遷於閬州孔彰九世孫諱夢賢者生二子省華省華省嵩居福閬以子貴封秦國公三子堯叟堯佐堯咨堯叟咸平初特賜狀元官至同平章事二子舜俞舜弼徙居於閬堯佐以進士官平章事二子舜臣舜卿舜臣官知越州事

卒於官一子天驥遂家於歷陽之滁水東義谿以狀元及第官知制誥一子棐明徙居溫州之清澳孫輔以父蔭補官太廟齋郎生知古知古生奕徙居汴之開封宜陽里奕生協以提調浙東常平茶鹽公事因和議不合還金華介過暨陽之紫巖鄉樂其山水之勝遂留家焉舜弼生師古師古之五世孫復官浙東觀察推官因居紹興郡城舜卿之五世孫康伯舉進士官至左隱附封魯國公而生宜撫公仲則今司戶督大父也二子德剛德毅德剛官祭酒樞密院事司戶大父也司戶父諱以明歷官知嘉興府扶溝遂家於平湖歐與之外甥官知江陵府子孫因家焉後之長子坊官監察御史坡之曾孫偉明又徙居會稽風林鄉後遷郡城江橋德毅官至工部尙書至曾孫淇徙居山陰之梅墅何之孫奕亦徙居紹興郡城葵之孫琪又徙於會稽之上亭鄉自後各爲宗派譜牒毀於宋末兵燹今司戶公念其族屬散漫遼漠而無紀於是參會溫州江陵與夫紹興暨陽上虞會稽山陰諸派而纂修之纂成矣請予序諸首簡予觀其先世科第後先相望蟬聯簪組榮貴崇朝誠當世之故家也然斯譜之纘源流以正世系以明昭穆有辨尊卑有別乎百世之下同姓不系相見如途人使人

人親其親長其長推之於國於天下無乎不洽矣譜之有關於世教而仁人君子之用心有如是也後之子孫不忘司戶公今日惓惓於斯譜之纘修苦心而推廣之以綿世德則陳氏宗姓之後將有纘乎詩曰無念爾祖聿修厥德又曰子子孫孫勿替引之予於是深有望焉故不辭而爲之序

至元丙戌七月既望治譜侍御史宋人天祥謹敘

按序追述予宗宋南渡以前世系甚詳且斷然可考之宋史文忠次張康齋三與其子孫名諱亦不盡符按文恭傳筆涉及子俞者文忠傳云緣其孫知育知章

爲將作監主簿良子師古賜進士出身後爲都官員外郎師古至太子中舍虞龐傳云子述古太子賓客致仕博古爲學能文爲館閣校勘早卒又附傳云從子漸字鴻漸以文學知名於蜀淳化中與其父堯封皆以進士試廷中太宗擢漸第楓辭不就願擢其父辭之興譜所載堯相子舜俞者亦不合要之官階事實當以官書爲信私譜所載或不免增飾至名諱世系私譜必有所授未必非官書傳聞之訛也又序稱寔十七世孫孔彰按譜當作二十二世譜所載世系大率本新唐書宰相世系表與陳寔爲祖木紀大略

暨陽陳氏宗譜　卷一　至元丙戌序　民國戊子年十二月重修　三　聚原堂

相似唯木紀中失載伯膠一世爲不同耳又按三國志陳矯傳裴松之注引陳氏譜云矯之後名位漸微諶孫佐官至青州刺史佐弟坦廷尉佐子準封廣陵郡公準弟戴徽及從弟堪並至大位準孫逵字道林有譽江左爲西中郎將追贈衛將軍則與世系表又不甚同今將裴注所云另載行傳俾志其異於此亦疑以傳疑之意也民國九年庚申協行七十齡記

紫巖陳氏家譜序

自大小宗法廢而譜牒興其染夫水源木本之思者至矣其有裨於風化也大矣此紫巖陳氏家譜之所繇作也按陳氏系出帝舜周武王配元女大姬於胡公而封之陳後世氏焉下逮春秋則緒迹陵中是陳之子孫散處南北汴宋時有諱知古者皆開封之實賜里知古之孫諱協建炎初提調浙東茶鹽公事改授左朝議郎金華令既去官卜居吾諸暨紫巖鄉始爲諸暨人世爲儒素協之五世孫諱充淳熙十年（按縣志作十一年甲辰）進士任國子宗諭六世孫諱約嘉熙丙戌進士九世孫諱志孫繼

暨陽陳氏宗譜　卷一　至正□□序　民國戊子年十二月重修　一　聚原堂

齊從學爲於孝悌卒毋命毅然壯遊以教授浙人及四方從遊者死無所歸爲義阡以斂之勝國時曾旌其門志孫之弟曰嵩孫嵩孫之子應麒嵩孫之子應禎咸以孝義文章取重於時鈺晉祖宣慰公以仲女女應禎一時名公若達忠介兗文獻柯丹邱輩與諸人皆與之往還倡和虞文靖說其次子允期其大用嘗以權世功烈弗克被諸天下鄉邦之人至今誦其文詞其詩思其人而不知手之舞足之蹈況爲其子若孫者膺其家聲思其譽欽其能不永其思乎嵩孫之子曰渤字持廉世其家學爲鄉閭人偉子孫賢盍観絶祖宗源本之風

或至放失視族人爲途人也乃倣近祖譜其所知合爲一族題曰紫巖陳氏家譜支分派別犂然各當嗚呼其爲子孫慮也深矣爲陳氏子孫者志前人之所志學前人之所學凡可以振起者無忝毋愧前人義門之旌豈必於昔而不於今哉持睇翁之次子景温乎兄弟行也嘗與韻皆辯摩志於宏博爲義門後來之倚意在斯乎舍姪湍來京以陳氏宗譜請序於予故介其端云

永樂十九年夏四月十日

賜進士及第翰林院編修眷晚生王鈺拜手撰

紫巖陳氏重修家譜序

義門陳氏者母氏家也前有家乘作於前元先生爲續今士忠士信復爲續之增所未入夫陳氏世列冠裳歷

賜旌疊繁聯其水源木本莫可稽迹即中葉料難詳非設非如以道以高爾公者亦當文正公後龍一見爲然范氏取以贍其族而陳氏并以贍其鄉則其所濟之闊博較范氏尚更有加矣陳氏來自劇州乃文忠公後裔文忠公兄弟之事父恭閔公也雖然將相而傴僂磬折於坐客前與嬰兒孺子無異此其孝思亦以道翁其十二世孫也承母志割田造屋以好行其德至令天子旌

其門此其事亦甚奇文忠公之孝孫以道翁之施濟越三百年而先後相望噫使人人如文忠公則天下皆親親長長之俗使人人如以道翁則天下無失其所之家古道庶其復見於世乎惜乎今之世未見其人也陳氏之族從亘而累世不罹刑獄豈其習慣先世之風不以詐相先而以精義相讓漸摩爲俗者耶肯陳氏之卜葬敢仲也能必於十世之後今陳氏之去以道翁凡六七世矣其間談理學志進取者難以　舉自茲以往陳氏其未可量乎木之達者末必茂流之遠者光必燦譜之續者後必昌哉以俟之當知余言之不爽也若

夫世系之親疏人物之顯晦宗派之久近譜已收之詳
矣無俟余之贅言矣
嘉靖三十五年丙辰八月望日
賜進士第資善大夫南京刑部尚書[illegible]游拜撰

潯陽義門陳氏族譜凡例
一譜例兼倣歐蘇二公師其意而不循其迹者蓋自
祖宗以來有所傳授所以述家法也
一首列開創祖宗剏業垂統後世子孫繩繩相繼所
以正本源也
一次列世系本支旦述小大不遺雖子孫支分派別
各有親疎自吾祖宗視之未嘗不一所以勸親親
合族屬也
一次列行傳具其諱字錄其娶妾子女紀其生卒墳
墓所以序長幼重嗣續備始終也

一世數遙遠雖祖宗統緒有傳或失其諱字者則止
存其行第或遺其所娶與夫生卒葬地者並皆不
書所以呈實錄也
一祖宗立法雖嚴而子孫克肖維難有能遵繼箕裘
克昌厥後無愧前人者必述其行事所以別賢良
也
一祖宗脈絡貽禁前朝旌表子孫有犯不遵而罪背
刑籍者不錄所以屏惡人也
一君臣之義無所逃於天地之間官無大小受君之
心則一有能[illegible]名壯[illegible]而貪污不職者必[illegible]其事

所以戒不忠也

一父子兄弟人道之大倫有犯不孝不悌而以罪廢者不錄所以防紀綱也

一夫婦之道不可以不久婦人不幸夫故而改適者是雖有子止書生子某而不錄其節族所以勵節義也

一婦人不幸早寡有能守節自誓教子成人足以承先啓後者必述其行事詳其始末所以表貞烈也

一子孫不得出繼於異姓亦不可以異姓爲後致亂其宗所以尊宗祧也

一吾家世業儒與他教全異子孫有爲僧道者不錄所以斥異端也

一家之有譜猶國之有史收掌宜珍重倘或致毀或交傳他族者以其治之所以懲不孝也

一先世圖譜燬於兵燹元至元丙戌修於十二世祖秉貞公不過記其所知十不全一矣迨大明永樂辛丑修於十七世祖潮嘉靖丙辰曾於丁潮再先考南岡公復集族之高明者重修之而始終條理纔燦然備矣及今幾六十餘年余承之取官山公之所記述者又歷前十餘年而成雖中曠前慮

後情出莫已不無少乖於前例亦權而弗規於正也後勿爲例

義門陳氏宗譜跋

嘗今日族人相與作譜牒豈急務也哉彼騁馳鶩奔倉
皇皇告至走死不得休曰吾將爲子孫萬世不拔之業
也顧後之人于知有父孫如有祖自高曾而上邈焉滅
沒如未嘗有其人此義從閒中論恩亦爲若作奴隸作
馬牛曾幾何時而不知有我則其平時營營紛紛之氣
不覺弛然灰冷且答之曰此則爲之後者無良莫甚焉
吾子若孫必不爾也試自吾身溯之自高曾而上有能
按其行事憶其狀貌指數其諱字如目睹之者乎則亦
邈焉滅沒如未嘗有其人夫心折於後日之遺忘而不

義門陳氏宗譜 萬曆己酉跋 民國戊子書 一 三卷 譜序 聚星堂

能縱跡於往昔希冀後日之不我遺忘而無所可藉以
求不泯其亦不思甚也已然則前承後貽追本溯於有
始昭法戒於無窮非譜其誰望之吾族自協恭迄今幾
二十世中遭兵火記載缺然流亂者家失其宗士著者
祭忘其墓塚婺本支一脈得於兩元公之記憶而不存
一矣故譜創自指揮府掌記於廷廉濂溪官山諸翁及
至吾先考而系圖條例燦然大備不肖嗣之撰成族所
遺故老所識證稽所弄輯纂子叢十餘年次爲十卷印
本六十五冊中不無匯校訛誤悉仍舊譜併仿各族所
有不及支系事夫先人當從依原書之後即有缺略有

所歸告今幸際太平明盛之世瓜瓞浩繁不以此時發
憤修葺樂而於後之乘孝思者觀前輩之紛文無取也
抑亦纘父緒于不墜云

萬歷己酉仲春吉日十七世孫元朋謹識

按此例當系萬歷己酉天日於修譜時所訂有恐劭
公康熙癸巳修譜約言可證唯此次不作譜序僅有
跋一首故後之作序者皆遺之如嘉慶丙辰序云譜
謀之作始於元至元丙戌一續於明永樂辛卯再續
於嘉靖丙辰三續於本朝康熙癸巳乾隆乙卯序云
謀譜之作始於元之至元丙戌歷明修輯者凡三次

義門陳氏宗譜 萬曆己酉跋 民國戊子書 一 三卷 譜序 聚星堂

其實自元迄明修凡四次而康熙癸巳則五續也且
例所書皆金科玉律子孫所當決守者而稱云譜前
處後情由莫已爲乎宜獨公爲然哉恐譜元明字號
中天目其號也入譜誌隱逸傳見其族公所批志中
類民國九年庚申揚行七十世孫謹誌

續修宗譜約言

陳留公曰國史一大帳簿也然則家乘非一族帳簿耶所關非淺鮮矣本族舊遭家譜陳兵燹多闕失賴先人持勝公重輯於灰燼之餘嗣後宜山南開錦公代加纂修萬歷間天目公乃集其成第共行尚未全鏤行方訖始也皇清甲子繼棣子宥二公同心倡舉將兩週續得印板三本餘亦中廢因惜二公爲門賓後有談譜事者欲唾其面竟置之度外者又三十年獨叔氏子一先生推廣孝思時以爲念庚寅冬杪協謀家長族賢許公謬以重任責小子竊思吾族共才鮮染學則鄙劣無文縱

義門陳氏宗譜 卷 康熙癸巳約言 民國戊子第十三次增修 一 聚原堂

有筆墨不足爲家史重辭再四子一叔曰別宗譜系多子代庖豈祖宗公事不責庖人而責尸祝乎勉而承乏始自辛卯夏迄癸巳秋拋背溫涼閑試不燃不刷漉汗呵氷三易稿而成編於前也則廣採博搜增所未備然近代錦泰德粿承行全失遺稿句櫛字沐乃得詳閱歷編行名合表系傳贊銘記等不下六十餘篇胥迄今神昏目耗精力疲竭小子即無從告勞祖宗其陰鑒之否也邇來世風不古苟無倫情貪財即年庚婚配切於一身一家者亦懶以發字開報類而推之彼背體祖宗之志事爲繼述守承宗之規則爲家法視祖宗之血脈

爲同氣乎勢必標榜門戶漸而同宗如秦越矣劃界彼此漸而五服如氷炭矣浸假德色甚而一家如水火矣由是情乖義離尊卑不必分也分強弱而已賢愚不必分也分多寡而已是非曲直不必分也分貴賤貧富而已究其弊起於人各營私無非爲子孫計耳誰想我不知有祖宗而父兄之教不先子弟之率不謹一旦駒隙虛度壞草宿墓木拱子孫亦遂不知有我下逮昏元靈爽則以我之行狀不知諱號不知生卒葬地不知在與草木同腐九原幽魄能無怨且恫乎然後知重譜牒所以重祖宗重祖宗所以訓子孫訓子孫所以起孝思乃

義門陳氏宗譜 卷 康熙癸巳約言 民國戊子第十三次增修 二 聚原堂

爲可大可久之道也誠能則倣前人思報吾親則文忠康肅之身都將相孝事恭謹者可法也思敦同氣則元方季方兄弟稱爲二難者可法也思刑家室則閨門雍睦如元龍所敬服者可法也思睦鄉里則太丘公之德惡不彰人甘刑罰者可法也思裕後昆則不求金玉但願賢嗣香烝之祝可法也且思厚吾族黨則鄰垣六燕饍祝九齡焚券之祖妣更可法思積累陰功則義莊義塾教養兼施旌門之義風尤可法譜牒具在龜鑑不亡不獨天下古今之大帳簿哉數十傳來祖宗世德相承子孫之責志者繼業必有昌於前光於宗者出而其嗣

宗賜族屬為譜牒光即小子之握管布算者亦與有榮施矣

康熙五十二年癸巳二十一世孫可學百拜謹述

續修宗譜敘

宗政中重大切要之務莫過於宗譜一書大凡一姓祖先擇地而居數傳後生齒漸繁行藏各異其生斯長斯聚族於斯者每什之八九其徙居別鄉別邑別都者亦或什之一二則其勢易散其心易離其情易渙嘗觀之謂何弘介其散爲離爲渙爲已耶非有法焉以爲樞紐而維繫之不可是以古人創立家廟即皆定家乘凡家政中重大而切要者誠莫過於宗譜一書也但不時加續修雖前代之淵源不紊而後昆之支派必淆不至尊卑無等長幼無序昭穆無辨不止也故續修之舉關

係尤非淺小論譜向以太邱公爲鼻祖嫡派流傳不差累系旁支分枝皎若列眉至宋發變公兄弟三人發福爲刺鼎甲尚自開寶沫及嘉叟公嫡孫世賢九公因留南來提調浙東蒸顯公事終不與和議在巴金華介逆棄官潛隱卜宅於長堯山之南總此則我陳氏聚居者士之始祖也閱四世伯一公暨千十二公七子進入南宮又閱二世然三公豫四公爲祝母壽焚券數千兩借銀開義塾義莊義阡我紫巖陳氏得奉勅建坊旌表義門此由來也後此而衣冠蔚起科甲蟬聯抑亦祖宗德澤之所遺澤也而宗譜自十七世天目公續修後已越百

十餘年續修之舉急不容待新惓惓於此不得已與公劭姪史子衆再不避豬窮三年乖而成集雍正九年歲賢君位新若占吉觀可順統輯遠請君請師纂梓輯年告竣其間世系表傳井然有條犁然可觀散者聚離者合渙者萃一姓丁繁族盛雖有多寡強弱貧富貴賤遠近不同以祖宗視之孰非血脈之所流通精神之所貫注乎昔眉山老泉先生譜序亦云其初祇一人之身入術深維此意則孝弟之心油然自生又何慮敦倫睦族不可即此而推之哉要知爲通族協修而維繫之者全賴此譜之存願我陳氏後起賢達上念祖宗之世德下

貽孫子以燕謀俾聚不復散合不復離萃不復渙則親親之誼萬世長存且嗣而續之及時而修之則此譜不朽而我義門陳氏之子姓亦因之不朽云

雍正九年歲次辛亥裔孫一新薰沐謹識

義門陳氏續修宗譜序

賢陽浣江之北有陳氏焉宋建炎初朝議郎諱協字世勛扈蹕南遷因不從和議卜隱於紫巖之長寬山前即今陳氏始祖九公是也然則陳氏族譜之輯當自九公始矣而歷元明以逮本朝嗣而輯之者皆遠追溯唐人物以弁諸首殆猶之山必宗崑崙元圃水必宗龍門積石也昔蘇老泉曰譜爲親作所以敦宗睦族而古台之異者別之本支百世而已若其源流距遠即同姓亦有不獲合者陳之先世若諸之清溪山陰之梅墅會稽之鳳林上亭諸暨之泌水東并上虞諸族派別支分各自

有譜惟山陰石堰係恰二公卜遷閱十一世孫壬辰進士可長蒙聖祖仁皇帝欽授京畿道御史於康熙壬戌歲獨任譜事至今聯之親者無失其爲親由先是協公九世孫志原尚孫建義塾置義莊教養宗人及四方來學者而天台柯丹邱謙與爲元至大間謙爲諸暨州判申憲題旌義門以故陳氏世世瓜綿椒衍族大而蕃其秀者說禮樂而敦詩書其樸者知力田而勤稼穡代多文行卓異彪炳誌乘其來有自雍正辛亥冬纂輯告成越今四十有四年矣自祿行以下未竟綵聯繼貫族長久吾長會東徐卿閣來於予予所序哉歲辛未先伯韜

建梁嵊部明公聘汝崖陳老先生主許陸講席峻與譜
爲加以所聞於先生者序之
乾隆三十九年歲次甲午仲呂月吉旦
賜進士第戶部湖廣司主事江北來起岭拜撰

義門陳氏宗譜 乾隆甲午原序 民國戊子第三次續修 二 聚慶堂

陳氏續修宗譜序

嘉慶元年二月既望陳氏族長命族人曰義門宗譜不修者二十餘年族大丁繁勢必散而無紀諸君其舉續之衆唯唯奉命惟謹遂延譜師于孟夏朔日開工迄仲冬望日告竣譜既成曰序跋曰像圖曰村坊圖曰墓圖曰總典曰志譜曰遺稿曰建築曰記序曰議單曰墓所曰祭田曰祭文曰誌傳曰系圖曰行傳分門一十有六條連繩貫若網在綱嗚呼教孝明倫之道其在斯乎考陳氏之先自宋朝議大夫世勇公由汴遷浙甲第人文蔚世三十譜牒之作始于元至元丙戌一續於明永樂

義門陳氏宗譜 嘉慶丙辰續序 民國戊子第三次續修 一 聚慶堂

辛丑再續於嘉靖丙辰三續於本朝康熙癸巳四續於雍正辛亥五續於乾隆甲午茲其六續也闕者補之外者正之祖功宗德微顯並彰較前譜更爲確核陳氏子孫從昌從熾其于是譜卜之矣立綱從妹適陳氏爲姻末深羨陳氏積累之厚誌數言于簡首
嘉慶歲次丙辰律叶黃鐘上浣之吉
賜進士出身翰林院編修安徽提督學政上虞年晚生
徐立綱頓首拜撰

續修宗譜序

類族辨物易敘也所以見神明之澤也猶伏莽係緜大夫以字系分派別自相爲宗所以明統緒之正也譜牒者明宗而類族者也但世遠則易忘人多則離派我陳氏自九公應紹南來五百餘年於茲矣其間人道終始似續代更婚姝姻戚墳墓宅第與夫特懋爲紳忠臣孝子義士節婦女人懸咨晨夫女紅工商技藝之屬不爲不多族不可謂不大矣考訂系譜代有其人不致舛間無稽鉅典煌煌厥功懋矣迺自乾隆甲午裒集後及經兩紀今皇登極之歲丙辰春正家長大仕公憚其久而

疎渙而不幸也因大合族人商議修輯于是乎延名師于是乎審執事簡閱勘校繁者删缺者補舛者序謬者正斟之酌之討之論之起工於孟陬告成於季平展卷披讀正如指上螺文井井具列無所不備猗歟休哉竊念家之有譜猶國之有史而譜與史又有異史爲天下人設公言而公愆之好惡無得掩爲譜爲親故諱其失則偽其子譏其兄則傷其弟故善則揚惡則諱亦天理人情之至然則是非畏勸戒亡矣其可乎是又不然或微之或隱之或相形而漸革之使其人睹而思思而惕[illegible]

一字之間微而顯隱而見親親而公是譜之爲教也與史殊者也我族世傳忠義赫赫令名彬彬爾雅詩禮農桑陳姻任恤其流風餘韻猶能興起人於千秋之下況姓其姓者耶夫登山者勤而益高即途者趨而愈進詩云子子孫孫勿替引之則自今以往不能無厚望焉

清嘉慶元年柔兆執徐裔孫維祠盥沐頓首撰

嘉慶元年續修宗譜執事

監修

大仁

校勘

景中 卓巖

對讀

上九 世五 鳳岀 友榆 宗一 炳南

攸渠 介如 駿遠 汝鈺 重鼎 紹鈺

紹鑑 懷祖 能修 朋玉

總理

義門陳氏宗譜卷 嘉慶丙辰總理執事姓名 民國戊子第十三次續修 聚星堂

欽州 開茂 苑衢 聚大

出入錢鈔

邦球 丹陛

董事

輝進 齋繩 如意 輔杰 廷琪 蓉鉉

國彩 山有 炳南 蘭英 光廷 駿遠

家鴻 錦釁 作舟 俞德 金鏞

竹日

文泰 紹觀

續修宗譜敘

先人之志事後人當知繼述也先人之規訓後人當知法守也先人之血脈後人當知親睦也禮曰尊祖故敬宗敬宗故收族又曰同姓從宗合族屬此之謂也然則親親之誼孰有過於宗譜一書哉我陳氏自宋朝謙大夫協九公扈駕南來卜居茲土爲始祖嗣是而五世孫伯一公宋淳熙進士任國子宗孫六世孫千十二公宋寶慶進士纓纓絡繹世篤忠貞宋室既沒元興恥食其祿不仕者二世至震三震四二公當元之末避難置庄鸚遊共券一門雍穆及明人文甲第一時稱盛而我陳

義門陳氏宗譜卷 嘉慶己卯序 民國戊子第十三次續修 一 聚星堂

氏子姓寖大且繁矣積善有餘慶積德後嗣熾故者幾衰復興而幾墜之復可企踵而待也奕世載德不忝前人而適當續修宗譜之年眞我族之福慶爲謝我陳氏譜牒之作始於元之至元丙戌歷明修輯者凡三次自國朝康熙癸巳迄今上元年丙辰修輯者凡四次閱者補其者正敘次之秩凡例之詳最爲確核由元年迄今二十四年族愈大丁愈繁丁繁則苗裔愈加多必繁今則修葺宜勤爰承家君之命大合族賢而謀之並內舊譜歷年未甚久遠紙墨尚新可恥而合也旨稽行以世之宇畫訛錯莫生本非徒之宜義譜者已舉可一條

其書自德行以下下而婿配娣娶生卒葬地之宜載譜者正繁當一從其新其績之便行傳字號自德遞錫現在子姓譜代凡八世及時不修勢必散而無紀漸而標榜門戶者有之漸而疆界彼此者有之甚且不顧尊卑長幼強陵弱衆暴寡一家如水火一族如讎敵者有之至此而嘆息痛恨於頹俗之甚也晚矣自有此續俾知在德行者是我二十一世祖之昆季也在耀行者是我二十二世祖之昆季也在兆行者是我高高祖之昆季也在壯行者是我高祖之昆季也爲我曾祖之昆季者則學行是爲我祖之昆季者則昌行是昇爲諸父行錫

爲諸兄諸弟行昭穆以辨尊卑以別而族屬因以合也族屬合則無離散陵犯之患而孝弟之心油然生矣爲在孝子賢孫可不體先人之志亦爲繼述奉先人之規訓爲法作視先人之血脈而親之睦之以厥其水源木本之思也然則親親之誼孰有過於宗譜一書能[illegible]陳氏子姓滿而續之及時而修之規規之繼述門中存我祖我宗日鑒在茲矣

嘉慶二十四年己卯裔孫汝銈薰沐謹識

嘉慶二十四年重修宗譜執事

監修
成德 總理
齊懷 龍衛 閑法
四台 揚榮
校勘
齊衛 對介
對讀
崇魁 祖院 興魁

祖詒 鼎石 鶴火
[illegible]高 紫光 謹平
萊山
贊耶
齋倫 紹餘 克勳
邦燦

續修宗譜序

昔周官小史定繫世辨昭穆太史公因之作三代世表而譜學興焉漢高起徒步不尚氏族其時有官譜相傳迨降自魏晉九品中正法行州有世官延及李唐猶參用門名家之學宋世士大夫輕去其鄉遷徙靡常於是乎家自為譜支分派別雖雲礽世守示不忘本源然人道之大者矣懸觀前序義門陳氏之有譜亦創始於宋以遠我朝其間繼而復續者將盈向來纂譜率計口出錢故勢與恐在所不能避亦難矣哉今年復有修譜之舉有匹士公世希致可理開名衙者助錢五十萬以供剞氏復捐田十畝充祭生息以待將來而後陳氏之譜纘續承承可以傳之罔替夫一樹百穫者人也崇道之污隆天為之而其實則人為之天以嶽生嶽降之奇為生名將相人亦以旋乾轉坤之力作啓賢子孫天以斷鰲鍊石之才畀諸人以為造化宰人亦以御能補衮之烈答乎天以為宗族光人之功不恭偉歟而昧者乃以滄桑變易輒諉其過於天試已有識者不然以不可知者聽之天而以可勉者責諸人其期也人亦修而天心契與材能出風俗大遒未有不變機而發為者而誠皆聞參誤不復樂為善矣今名皆有教之諫也乎於陳氏有世道焉者吉道夾爰拜手而為之序

咸豐十年五月甲辰科舉人揀選知縣同邑黃鳳庚拜

義門陳氏宗譜 咸豐庚申續序 民國戊子第十三次增修 一 聚辰堂

義門陳氏宗譜 咸豐庚申續序 民國戊子第十三次增修 二 聚辰堂

重修宗譜跋

人心之不同如其面焉或急其所緩或緩其所急意見別則是非頓殊故往往族有大事而任之者勞與怨皆所不免我陳氏之譜持勝公實創厥始元末兵燹之後殘缺罔稽天錫公櫛風沐雨追本溯源辛勤十餘載始集其成及觀公自狀而覺當時事亦不無掣肘溱竊疑修譜公事也何若斯之難乎溯是修凡五次遞嬗己卯迄今閱四十餘載生齒繁長幼幾無以辨嚴君忠之遂延耆紳議其事輸錢五十萬以爲倡族衆僉曰善踴躍捐貲有差議乃定開工之日嚴君命溱曰譜牒所

關非細爾雖無能嘗隨諸父老盡心經理俾無差訛溱冒昧從事難易罔知家長以丁口浩繁其中生本遷徙不能偏稽命分支別派按介送稿出冊以知之究期以符之鳴金以促之又復別親疏資賢能按派搜求毋無遺漏而漠然罔聞遲延不報者甚不乏人指而責之彼且曰此緩務也何急乜乃爾溱聞之咋舌既而明條例更備歷種種艱難不堪言述今而後始恍然於修譜之難而益欽先世之殫精竭慮以創續此譜之功爲不朽也然與事多賢終思集益無何烽火伊邇村中設團練[illegible]不急及此則[illegible]已後不復[illegible]

以各處停工緊我族而速其成德速按理不免稍焉或豕并多求詳於後日者此在諸父老皆得以時勢諒溱則嚴命諄諄必當竭盡心力求無微毫差謬而後已苟且塞責不作執甚況嚴君恐異日久廢復捐田歸公承爲譜費爲後之意長而溱且不能仰體於目前也又奚說之辭爰書此以志過焉

咸豐庚申夏仲二十七世孫溱敬識

其實自元迄明修凡四次而康熙癸巳則五續也且例所書皆金科玉律子孫所當法守者而譜云嘛前處後情田莫已烏乎豈獨公爲然哉公諱元明字鏡中天目其號也入譜誌隱逸傳見卓識公所輯志書

類民國九年庚申并行七十齡識誌

續修宗譜約言

陳留公曰國史一大嘏傳也然則家乘非一族嘏傳耶所關非淺鮮矣本族舊遺家譜既兵燹多闕失賴先人持晦公重輯於灰燼之餘嗣後雪山南閣肅公代加纂修萬歷間天目公乃集其成然其行尚未全綠行方託始也皇清甲子繼耀子育二公同心倡舉將兩週纔得印板三本餘亦中廢因指二公爲口實後有談譜事者欲踵其而竟置之度外者又三十年獨叔氏子一先生推廣孝思時以爲念庚寅冬抄協謀家長族賢諸公謬以重任責小子竊思吾族英才鱗集學則謭劣無文縱

義門陳氏宗譜 卷 康熙癸巳約言 民國戊子冬十二次重修 一 聚原堂

有華墨不足爲家史重辭得四子一叔曰別宗譜系多子代庖豈祖宗公事不責庖人而責尸祝乎學勉而承乏始自辛卯夏迄癸巳秋拋背壇潮闈試不熱不屑灑汗呵冰三易稿而成編於前也則廣搜博接增所未備然近代錦森德隸承行至失遺稿句櫛字沐乃得詳臚歷編行名合表系傳贊銘祀等不下六十餘萬言迄今神昏目耗精力疲竭小子即無從告勞祖宗其陰鑒之否也邇來世風不古皆無論情實吝財即華庚婚配切於一身一家者亦懶以隻字翻報類而推之彼背體祖宗之志事爲最迭守祖宗之規則爲家法視祖宗之血脈

爲同氣乎勢必操傍門戶漸而同宗如秦越矣疆界彼此漸而五服如冰炭矣駸蝕德色甚而一家如水火矣由是情乖義離尊卑不必分也分强弱而已賢愚不必分也分多寡而已是非曲直不必分也分貴賤貧富而已究其弊起於人各營私無非爲子孫計耳誰想我不知有祖宗而父兄之教不先子弟之率不謹一旦駒隙虛度墳草宿墓木拱子孫亦遂不知有我下逮吾元雲祁間以我之行狀不知諱號不知生卒葬地不知直與草木同腐九原幽魄能無怨且恫乎然後知重譜牒所以重祖宗重祖宗所以訓子孫訓子孫所以起孝思乃

義門陳氏宗譜 卷 康熙癸巳約言 民國戊子冬十二次重修 二 聚原堂

爲可大可久之道也誠能則傚前人思報吾親則文忠康肅之身都將相孝事恭謹者可法也思教同氣則元方季方兄弟稱爲二難者可法也思刑家室則閨門雍睦如元龍所敬服者可法也思善鄉里則太尉公之盜感不彰人甘刑罰者可法也思裕後昆則不求金玉但願賢嗣香火之祝可去也且思厚吾族黨則鋼通大萬壽祝九齡焚券之祖妣更可法思積累陰功則義莊義塾教養兼施旌門之義風尤可法譜牒具在總纘不亡不猶天下古今之大嘏傳哉數十傳來祖宗世德相承子孫之當志者彙集必有昌於時亢於宗者出而培祖

宗聯族屬爲譜牒尤即小子之握盤布算者亦與有榮施矣

康熙五十二年癸巳二十一世孫可學百拜謹述

續修宗譜敘

家政中最大切要之務莫過於宗譜一書大凡一姓初卜擇地而居散傳後生齒漸繁行派各異其生斯長斯聚族於斯者每什之八九其徙居別鄉別邑別都者亦或什之一二則其勢易散其心易離其情易渙聽親之謂何忍令其散爲離爲渙爲已耶非有法爲以爲樞紐而維繫之不可是以古人創立家廟即首定家乘凡家政中重大而切要者誠莫過於宗譜一書也但不時加續修雖前代之淵源不紊而後昆之支派必淆不至於尊卑無等長幼無序昭穆無辨不止也故續修之舉關

係尤非渺小爾向以太尉公爲鼻祖嫡派流傳不差累黍旁支分派皆列闡至宋堯叟公兄弟三人登高第列鼎甲衛自開寓派及堯叟公嫡孫世勇九公應詔南來提調浙東羈公事參不與和議左遷金華令遂棄官潛隱卜宅於長兜山之南麓此則我陳氏聚居於土之始祖也閱四世伯一公暨千十二公父子連入南宮又閱二世惠三公暨四公爲祝母壽焚券數千紙備極開義塾義莊義阡我黎嚴陳氏得奉勅建坊旌表義門此由來也後此而衣冠迭起科甲蟬聯皆祖宗德澤之所留遺也而宗譜自十七世天目公續修後已越百

十餘年續修之舉急不容待斯惓惓然此不得已與公
劭姪史子寒暑不避棲寓三年業而成集雍正九年歲
賢君位新若占吉觀可順統輝邀諸君翰師鋟梓經年
告竣其間世系表傳非然有條釐然可觀啟者聚離者
合渙者萃一姓丁繁族盛雖有多寡強弱貴富貧賤遠
近不同以祖宗視之孰非血脈之所流通精神之所貫
注乎昔眉山老泉先生譜序亦云其初祇一人之身人
術深維此意則孝弟之心油然自生又何慮敦倫睦族
不可即此而推之哉要知爲通族將綿而維繫之者全
賴此書之存願我陳氏後起賢達上念祖宗之世德下

貽孫子以善謀俾聚不復散合不復離萃不復渙則親
親之誼可世長存且嗣而續之及時而修之則此譜不
朽而我義門陳氏之子姓亦因之不朽云
雍正九年歲次辛亥裔孫一新薰沐謹識

義門陳氏續輯宗譜序

暨陽浣江之北有陳氏爲宋建炎初朝議郎諱協字世
勇扈蹕南遷因不從和議卜隱於紫巖之長竟山前即
今陳氏始祖九公是也然則陳氏族譜之輯當自九公
始矣而歷元明以迄本朝嗣而輯之者皆遠追溯厥人
物以弁譜首始猶之山必宗崑崙元圖水必宗龍門積
石也昔蘇老泉曰譜爲親作所以敦宗睦族同者合之
異者別之本支百世而已若其源流距遠即同姓亦有
不盡合者陳之先世若溫之清溪山陰之梅墅會稽之
鳳林上虞諸暨之泌水東并上虞諸族派別支分各自

有譜惟山陰石堰傑恰二公卜遷閩十一世孫壬辰進
士可與紫宸祖仁皇帝欽授京畿道御史於康熙壬戌
歲獨任續事至今聯之親者無失其爲親也先是協公
九世孫志原嵩孫建義塾置義莊教養宗人及四方來
學者而天台柯丹邱謙與孫元至大間謙爲諸暨州判
申憲題旌義門以故陳氏世世瓜綿椒衍族大而蕃其
秀者說禮樂而敦詩書其樸者知力田而勤稼穡代多
文行卓異彪炳誌乘其來有自雍正辛亥冬纂輯告成
越今將十有四年矣自繼行以下未竟綿聯繼貳族長
久翁爰會衆梓輯將序於予予何序哉歲辛未先伯祖

建梁巖譔鳴公朋波崖陳老先生主書院講席峻與湖
爲即以所聞於先生者序之
乾隆三十九年歲次甲午南呂月吉旦
賜進士第戶部湖廣司主事江皋來起峻拜撰

辛丑再續於嘉靖丙辰三續於本朝康熙癸巳四續於
雍正辛亥五續於乾隆甲午茲其六續也闕者補之舛
者正之祖功宗德徽顯彰於前譜更爲確核陳氏子
孫綿昌熾具于是譜卜之矣立綱從妹適陳氏爲婣
末深羨陳氏積累之厚誌數言于簡首
嘉慶歲次丙辰律叶黃鐘上浣之吉
賜進士出身翰林院編修安徽提督學政上虞年晚生
徐立綱頓首拜撰

續修宗譜序

類族辨物易致也所以見神明之澤也春秋諸侯卿大
夫以字系分派別自相爲宗所以明統緒之正也譜牒
者明宗而類族者也但世遠則易忘人多則難稽我陳
氏自九公歷鶴南來五百餘年於茲矣其間人材終始
似續代更姻婭婚媾墳墓宅第與夫簪纓鴻紳忠臣孝
子義士節婦文人墨客農夫女紅工所技藝之屬不爲
不多族不可謂不大幸考訂系緝代有其人不致有間
無猶鉅典煌煌厥功懋矣迺自乾隆甲午裒集後又經
兩紀今皇覽揆之歲丙辰春正統長大仁公攄其夙而

疎渙而不萃也因大合族人商續前緒于是乎延名師
于是乎審執事簡閱勘校繁者刪缺者補紊者序謬者
正斟之酌之討之論之起工於孟陬告成於嘉平屬卷
披讀正如指上螺文井井具列無所不備猗歟休哉竊
念家之有譜猶國之有史而譜與史又有異史爲天下
人設公言而公習之善惡無得掩焉譜爲親設諱其父
則傷其子諱其兄則傷其弟故善則揚惡則諱亦天理
人情之至然則是非爲勸戒亡矣其可乎是又不然或
微之或隱之或相形而漸革之使其人睹而思思而惕
于是有敦睦之行有蓋愆之方有幹蠱之法寓創懲於

一字之間微而顯隱而見親親而公是譜之爲教也與
史異者也我族世傳忠義赫赫令名彬彬爾雅詩禮農
桑睦婣任恤其流風餘韻猶能興起人於千載之下況
姓其姓者耶夫登山者動而愈高即途者趨而愈邈詩
云子子孫孫勿替引之則自今以往不能無厚望焉
清嘉慶元年柔兆執徐裔孫維瀚熏沐頓首撰

義門陳氏宗譜 卷一 嘉慶丙辰序 民國戊子歲十三次增修 聚辰堂

嘉慶元年續修宗譜執事
監修
大仁
校勘
景中 卓巖
對讀
仁九 世五 鳳岳 友楠 宗一 炳南
效渠 介如 馭遠 汝鉎 重鼎 紹鈺
紹鑑 懷祖 能修 朋玉
總理

義門陳氏宗譜 卷一 嘉慶丙辰續修執事題名 民國戊子歲十三次增修 聚辰堂

景州 網兵 飛衡 萊六
出人 錢紗
邦球 丹陛
董事
維進 齋魁 如意 樹杰 廷琪 [illegible]
國彩 山有 炳南 蘭英 [illegible] 馭遠
家鴻 錦雲 作舟 尙德 [illegible]龍
竹山
文榮 湘麒

續修宗譜敘

先人之志事後人當知繼述也先人之規訓後人當知法守也先人之血脈後人當知親睦也禮曰尊祖故敬宗敬宗故收族又曰同姓從宗合族屬此之謂也然則親親之誼孰有過於宗譜一書哉我陳氏自宋朝議大夫協九公扈駕南來卜居茲土爲始祖嗣是而五世孫伯一公宋淳熙進士任國子宗簿六世孫十十二公宋寶祐進士縛纓絡繹世爲愚貞宋室既沒元興恥食其祿不任者二世至震三震四二公當元之末建塾置庄踴達發奮一門旌義及明人文甲第一時稱盛而我陳

氏子姓寖大且繁矣稽譜有餘慶借德後稱報茲者義門復興而義塾之復可企踵而待也奕世載德不乖前人而逾常綱修宗譜之年莫我族之禍變焉測我陳氏譜牒之作始於元之至元丙戌歷明修輯者凡三次自國初康熙癸巳逮今上元年丙辰修輯者凡四次興者補外者正紋次之秩凡例之詳最爲確核由元迄今二十四年族愈大丁愈繁丁繁則吞恢愈加多然繁今則修葺宜勤爰承家長之命大合族賢而謀之負丹前譜歷年未甚久遍紙塈何新可觀而合也自德行以上上而婚配嫁娶生卒葬地之宜載譜者已畢可一例其有自德行以下而婚配嫁娶生卒葬地之宜載譜者正繁當一從其新其舊之便行傳字第自德遐錫現在子姓著代凡八世及時不修勢必散而無紀漸而標榜門戶者有之漸而還界彼此者有之甚且不顧尊卑長幼强陵弱衆暴寡一家如水火一族如離散者有之至此而嘆息痛恨於頹俗之甚也晚矣自有此譜俾知在德行者是我二十一世祖之昆季也在祥行者是我二十二世祖之昆季也在承行者是我高高祖之昆季也在非行者是我高祖之昆季也爲我曾祖之昆季者則爭行是爲我祖之昆季者則昌行是昇爲諸父行錫

均諸兄諸弟行昭穆以辨尊卑以別而族屬因以合也族屬合則無離散陵犯之事而孝弟之心油然生矣爲在孝子賢孫可不體先人之志事爲繼述奉先人之規訓爲法守視先人之血脈而親之睦之以歷其水源木本之思乎然則親親之誼孰有過於宗譜一書哉嗚呼陳氏子姓淵而徵之及時而修之親親之誼萬世常存我祖我宗日鑒在茲矣

嘉慶二十四年己卯裔孫汝銈熏沐謹撰

嘉慶二十四年續修宗譜執事

監修

成德

總理

靈傑 瑞衢 閣玉

聞红 伯榮

校勘

堯衛 勵介

對讀

家鄒 祖阮 學魁

祖詔 鼎石 淵火

約高 紫榮 繼平

至治

董事

孫倫 紹餘 克昌

邦燾

續修宗譜序

昔周官小史定繫世辨昭穆太史公因之作三代世表而譜學興焉漢高起徒步不尚氏族其時有官譜相傳紗降自魏晉九品中正法行譜有世官延及李唐猶多本門名家之學宋世士大夫輕去其鄉選徙靡常於是乎家自爲譜支分派別俾雲礽世守示不忘本源誠人道之大者矣歷觀前序義門陳氏之有譜亦創始於宋以逮我朝其間絶而復續者冉叠向來纂譜率計口出錢故勞與恐在所不能避亦難矣哉今年復有修譜之役有三十六世布政司理問名衡者助錢五十萬以供

剞氏復捐田十畝充公生息以待將來而後陳氏之譜綿綿承承可以傳之罔替夫一樹百穫者人也家道之污隆天爲之而其實則人爲之天以嶽生嶽降之奇鍾生名將相人亦以旋乾轉坤之力佑啓賢子孫天以斷鰲鍊石之才畀諸人以爲造化宰人亦以御龍豢龍之烈答乎天以爲宗族光人之功不甚偉歟而求者乃以滄桑變易慨諉其過於天嗟已有識者不然以不可知者聽之天而以可勉者責諸人其猶也人事修而天心契央材競出風俗大淳未有不綫熾而綫昌者而或者謂修譜不獲報爲善無介名皆有救之談也乎於陳氏

有此鎮爲古道熱腸乎而爲之序

咸豐十年五月甲辰科舉人揀選知縣同邑壽鳳庚拜

重修宗譜跋

人心之不同如其面焉或急其所緩或緩其所急意見
别則是非頓殊故往往族有大事而任之者勞與怨偕
所不免我陳氏之譜持勝於實創嘅始元末兵燹之後
殘缺罔稽天目公櫛風沐雨追本尋源辛勤十餘載始
集其成及觀於自然而覺當時事亦不無掣肘濂竊疑
修譜豈事也何若斯之難乎嗣是修凡五次遂稱慶已
卯迄今閱四十餘載生齒繁殖長幼幾無以辨識猶患
之遂延者紳議其事捐錢五十萬以爲倡族衆僉曰善
踴躍捐貲有差職乃定開工之日殷責命濂曰譜牒所

關非細爾曹無能當隨諸父老盡心經理與無差訛濂
自昧從事難易罔知家長以丁口浩繁其中生卒遷徙
不能偏稽命分支别派按命送稿出祇以知之恨期以
待之嗚金以促之又復别親疎貴賢能按派搜求冀無
遺漏而漠然罔聞還延不報者竟不乏人指而責之彼
且曰此緩務也何急七乃爾濂聞之咋舌既而明條例
更備亂種種難不堪言述今而後始恍然於修譜之
難而益欽先世之殫精竭慮以創續此譜之功誠不朽
也然與事多賢終思集益無何烽火伊邇村中設團練
議賬給兼顧不遑及既稍安而已殘不復急諸譜師偏

以各處停工聚我族衡速其成德遠校理不免豕魚亥豕并多求諒於後日者此在諸史者皆得以時考證濠則殿命諄諄必當竭盡心力求無纖毫差謬而後已捐且塞責不肯熟甚况儆君恐異日久廢復捐田歸烝示爲譜貽裔後之意長而濠且不能仰體於日前也又奚說之辭爰書此以志過焉

咸豐庚申夏仲二十七世孫濠謹識

義門陳氏宗譜　咸豐庚申鐫　民國戊子春十三次增修　一　聚星堂

續修宗譜序

天下事有以緩而實急者國家之有史郡邑之有志宗族之有譜體製不同其關係一也然使生當承平之際或一世或二十年循次纂修其葸羅易其責任猶輕而獨至兵燹之後文獻無徵抗賊不加者若而人於沒未歸者若而人被脅而存亡未卜者若而人且數十年生徒卒葬娶配嫁娶之類漸遠漸湮何以昭示來許此孝子賢孫所爲觸目心傷摔續編而有繼述之思也䓗嚴陳氏吾邑右族也今年有葺譜之舉請序于予予披其積帙見夫歷代之絲綸名賢之翰墨可欽可寶非鮮

義門陳氏宗譜　光緒辛巳鐫序　民國戊子春十三次增修　聚星堂

寒嵃起者比且陳氏自宋始祖九癸以自湖太尉聿友故睦仍爲家法而元時又有義門之旌炳炳鄉閭蓋其垂裕者遠矣咸豐庚申有瀞佐石珊先生者出首修譜又助義田卜畝爲世世編葺之資近來時世多艱計畝生息不足以供譜事而其子若孫復醵金足成之族中之衰倦亦皆慷慨解囊襄成鉅典嗚呼天下之源遠流長而盛爲當世之巨族者未有不孝友敦睦傳爲家法者也傳曰光遠而自他有耀宣揚之責爲其鼓起距有望乎予於陳氏之篤學宗支而知所本也特書之以爲

鄰家書勸

光緒七年歲在辛巳仲秋月穀旦例授文林郎揀選知
縣同邑將峕堯拜撰

義門陳氏宗譜 卷一 光緒辛巳舊序 民國戊子第十三次增修 一一 聚原堂

跋

咸豐庚申先君子倡議輯譜距嘉慶己卯已四十餘載
時在承平丁口浩繁各親其親家自爲稿又有老成林
立詢之則原原本本指示甚詳而遷延不報率意舛誤
俞不乏人諸父老按派搜求至再至三意猶未慊稀三
衢告警絡繹殘工附時詢謀僉同議定後行初衷共濟
蟲聚也未逾年流離顛沛付且爲墟昇平後掇拾宗譜
僅集三册而人口彫零不堪回首幸譜系初定朗若列
星否則茫茫墜緒無稽者幾何哉此祖宗呵護之靈先
君子敦本苦心爲不虛矣湊粥食舊德敢忘繼述奈歷

義門陳氏宗譜 卷一 光緒辛巳跋 民國戊子第十三次增修 一 聚原堂

魏年定眠席未安十餘年來輪轉膓忙雖支門戶唯不
克繼公是懼蓋念似續多虛必椒聊蕃衍庶綿瓜瓞撰
時勢度人才興離而郎遂逡巡不舉有自年客歲族議輯
譜甫開工濕患溼熱偃七眠食者累月諸執事或以疾
或以事出未幾監校謝師叢集三閱月而工草定中心
耿耿深以兵燹後懸支眾衆其中流散遷徙播逸存亡
殊難悉數此非寬以時日廣使周知不可天下事成收
利鈍非可逆覩而盡其心之所當爲則固任事者之責
也族旭齋少蓮吉軒諸弟及嶹甫姪司校對集而議之
支得毋遺否校得毋訛否負以時促不免對乃擬符工

復查舉欣然曰如此皆可告無罪爰質諸董商可否皆
歟許區區管見旣符者成志又洽矣後謀事非草率應即
於八月朔檢族停工刊貼招紙邑鎮週衢及省府州縣
與爲設局待報並隨時按查族兄汝璋父子倍竭勤勞
迄已歲週添續更正計日告成縱未周詳已竭綿薄所
愧不愼於始擬章數條附載如左俾後之人采而擇之踵
所可行而增所未逮斯幸矣

一族中向有司譜一人生卒婚嫁皆宜往報而報者卒
鮮宜於每歲臘月挨戶細查備悉登記是在司譜者
之不憚勞也

一修譜繼稿村中可無遺而分支遷徙最難稽查依親
責成而人心不一玩忽殊多是在任事者之廣爲稽
也

一每逢修譜計板包工譜師動輒二十餘人成工最易
此必先一年稿定草譜然後選期興工事乃有濟而
臨校對讀終費多人匆促未免草率且多外費是在
任事者之愼厥初也

一吾族譜約七千板預防品藝兼優譜師四五位訂以
週年擬定辛金貲定字板及公舉對讀一人另催離
役一人齊料酌擬支役滴爭譜局與工不過八九月

工程寬以年則暇矣此須由執事供膳或分任或獨
任貲可核計是在任事者之不憚煩也

一紙張須備頭號上下邊旁闊留爲換補地步譜內行
之疏密字之斜整宜向譜師訂託以止體式人多則
工之好醜不齊無能劃至是在任事者之能早辨也

一各派送稿必經執事會同監校修其字句正其僭繆
如未經監正不准照稿刊入往往紛議錯謬莫不知
爲要務及查遺漏更啓亂其不視爲迂闊物議紛騰
在所不免聖人云民可使由之不可使知之旨哉斯
言是在任事者之有定見也

一兵燹後流亡遷徙老卒固難徧查現經招貼傳待轉
恐不免遺漏倘有查認宗支者本族紳耆務須詳詢
房派并祖父名號及從前任處查考的實執譜者隨
時配補俟下次定議補收事在建構難拘成例但須
愼重以杜假冒經生動以徵絕爲險功往往歸通其
見殊不知異姓參宗固敢祖制即的係同族而疑似
之間昭穆混淆亦屬有乖倫理是在任事者之詳
審也

光緒辛巳仲秋之月二十七世孫濚謹跋

咸豐庚申年修譜捐貲名目列後

大房

百玥房　捐錢五百千文

芝榜房　捐錢八千文

芝詒房　捐錢十四千文

毓元房　捐錢十二千文

小蘆房　捐錢八千文

南山房　捐錢八千文

二房

忠七公　捐錢五十千文

五龍公派　捐錢六十千文

[illegible]公派　捐錢念千文

西亭公派　捐錢[illegible]千文

四房

玥三十二公派　捐錢六千文

欽百四公派　捐錢十千文

[illegible]派　捐錢五千文

[illegible]公派　捐錢五千文

運[illegible]公派　捐錢二千文

世[illegible]房　捐錢十二千文

五房

堂十四公　捐錢一千文

欽百三十七公　捐錢四十千文

欽四百十一派　捐錢十千文

義門陳氏宗譜　咸豐庚申捐貲名目　民國戊子第十三次增修　二　聚原堂

義門陳氏宗譜序

章韓戕賊之世父不慈其子兄不慈其弟彼子姪之戕有弗兼相愛者矣人類之紛亂未有其爲禍乃不綴聖人起而拯之使父子兄弟相親推而至於子姪始兼相愛也家與家乃不相亂而生人之禍以息顧子姪之衆奚翅十人百人其初皆一人之身不能使其後之不分北其分也歷年既久若者爲昭若者爲穆質弗克辨而譜事尚焉繫世雖遠按譜可稽傳親疏有時而盡祖不處其易忘木本水源之思迄於雲礽弗替故不受亡有而庇其本根猶有縱斧斤斨者乎故亂家亡有人皆愛

其室天下之亂物不作然則宗譜之有功於世教蓋又若是也乎雖然時日逝更宗支蕃衍而夫文學政事孝友節義農紅技藝其可述者於是乎宜增之所當以時續修爲義門陳氏宗譜肪自遷浙以來其間始續再續不一續繼繼繩繩宜爾孫子乃歎有嫉之後其流滌猶有存者今又丁續修之役請序於余余曰風紀陵遲以親戚爲芻狗者衆矣陳氏懇懇乎慨譜牒之不整及時理而葺之以致孝乎高曾而愛其宗族於是歡親親之誼卒不能惜又安知夫世之不有孝子仁人也而陳氏之復繼復要未有艾也夫

共和紀元之九年歲在庚申仲秋吳興朱祖謀撰

義門陳氏宗譜序

余既序桐廬方氏宗譜嘉陵陳君子修又以宗譜命爲之序按陳氏嬀姓舜後滿封陳子孫以爲氏三代之前氏以別貴賤姓以別婚姻嬴後姓氏合而爲一皆所以別婚姻余於方氏譜序既詳之矣夫宗族之制原夫生民之始古者尚巫巫極鬼神鬼則淫祀先王忠之制爲天子六宗宗廟之祀禮樂以節之民毋忘其先也宗廟之祀陳其衣裳設其時食以享以格尊昭穆咸在而不失其倫人倫明於上小民親於下雖歷世綿邈數遷數十遷一本之義存焉其非一本者槩之地望而不

戚且自隋唐以上官有簿狀選舉以之家有譜系婚姻以之今官之簿狀亡而宗廟之譜系猶或存也今宗族之制不變家修明之猶足以救官守之失也豈惟別婚姻而已哉義門陳氏宗譜自元至元丙戌及清光緒辛已踵修代有序者余不文樂觀其盛而爲之弁首庚申五月新建夏敬觀謹序

民國九年庚申續修宗譜執事

總理 [illegible]

[illegible] 偲亭

[illegible]

吉軒

董事

暉庭 昆樓 思颱 子升 維淵 仿慶 禎龕

逢三 德颱 亞汀 鶴生 桂明 軼夫 玉潤

佳長 瑞樑 韵莊 桂馨 九經 梅生

校勘

子韶 勝爾 亞汀 耿齊 露夫 子俯 子長

校對

劭莊 鐵生 雍齡 鉅川 之淦 錫恩 培章

淵如 世濤 蔡承烈 謹

民國九年庚申重修宗譜收支賬目

計開

一收敦本戶田租洋六百元

一收福七公祠存款洋一千二百三十四元五角三分四釐

一收堯甫房私譜洋四十元

一收鶴年房私譜洋四十元

一收子修房私譜洋四十元

共計收入洋一千九百五十四元五角三分四釐

計開

一支譜師成做洋九百六十一元

一支譜師抄錄草譜薪工飯食費洋一百零九元四角二分一釐

一支宋夏二先生譜序潤謝士儀費洋三十元

一支對校人二薪膳雜用洋一百八十九元五角一分三釐（按對校二人其中一人薪工由福七公大房二房四房五房四派承認其飯食乃由福房供給）

一支譜局備工飯食薪工洋九十二元[illegible]角五分

一支譜師來開印前供膳酒飯洋十二元四角二分六釐

一支登坑瀝各報費洋四十八元五角六分三釐

一支遣人至石眼抄錄草譜一切費用洋五十元零二角八分四釐

一支譜箱進漆工交鎮洋四十八元

一支修理祠屋廚灶工料洋三十八元五角五分七釐

一支譜盤工料飯食洋八元五角三分三釐

一支雕刻像器各圖工料飯食洋三十元零一角一分

一支洋油茶葉炭紙等費洋三十[illegible]元五角五分七釐

一支一切雜項用費洋七十七元七角六分一釐

一支譜醮費洋二百廿五元六角四分九釐

共計支出洋一千九百五十四元五角三分四釐

收支相抵兩直

民國九年庚申藏譜開後

石塘 一册

福二公派 一册

福四公派 一册

福七公大房 二册 一存璧塘房 一存志升房

福七公二房 二册 一存氏宗房 一存占軒房

福七公三房 一册 一存亞汀公

福七公四房 二册 一存九經房 一存玉渦房

福七公五房 二册 一存敦齊房

石瑞公 一册

義門陳氏宗譜 民國庚申續修 民國戊子第十三次增修 義原堂

執譜 一册

總理 一册 存[illegible]

校勘 一册 存子[illegible]

發大房 一册 [illegible]

鶴年房 一册 [illegible]

子循房 一册 [illegible]

玉昌房 一册 [illegible]

致

咨詢秋族人以譜牒失修已久乃定議重修衆皆踴躍而獨遺余謂其飢寒謀食不當以事羈縻之也然竊自念昔先伯王父昌三百二十八嘗捐財產以助其費先王父昇二百七十則於咸豐庚申光緒辛巳兩襄斯役及先王父考終於辛巳除久其事之未竟者先本生考錫一百四十九實終始之自揣自戢三世於茲幸席先德食舊德敢不自策疲駑冀拾遺補缺以無辱先人之緒爰偏謁父老願與校勘之役幸承見許於是朝夜以思欲整齊其體製分別其部居糾正其脫誤從事未

義門陳氏宗譜 民國庚申續 民國戊子第十三次增修 一 義原堂

竟而譜局已於今年仲春開印越十有二旬而蕆事父老以其朝夕於斯頗許其勤勞而捫心自問則抱慚正多也蓋有迫於時日而不及修者有恐觸忌諱而不敢修者有擬其繁重而不勝修者茲編次目錄既竟不揣檮昧僭述私臆知我罪我兩無辭焉目序跋始於元之至元丙戌以迄清之光緒辛巳凡十一篇其間次序雖皆在嘉慶條孔間亦以其年次之世系源流考則最後者亦謂承也故亦次之然竊為二篇皆可删為其體於吾吉口名甚懸也曰旌典許族排盤自安不求聞達故此類最少然如義三義四兩公祟祀鄉賢文亦至可

眞也曰像圖自太師公以迄崑行諸像皆公也貞節傳太君及南岡公像則一派所獨有者然南岡公於明清鼎革之際纂輯家乘甚勤其子天目公復殫畢生之力從事於斯而吾族始得有譜俞太君南岡公之母也以節旌者實昉於此故其事卽私亦凡吾族眾之所共許者也後雖有達人苟非有登於合族宜無容議增矣曰村坊圖村圖擬以測量儀器繪之以細於數而止幾門坊錄出之宋景濂氏邑志載之莊墩三圖則蓋存餼羊以行告朔之禮也曰墓圖爲人子孫所不宜忽者先人之墳墓是也然賢愚貧富非可預計故凡營葬他鄉及

他有關系者必繪圖以載之至不得已之事也然兼并侵佔之不行往往得力於此甚不可忽也曰墓所曰祀田譜中惟此二類最淩雜無次序蓋歷次皆有增益而從未經排比者夫不豫整剔此載墓所其意旣泛行傳既載葬地而復志墓所於此其事亦複如此便於檢尋而先後無序房分未分卽檢尋亦甚不便必欲存之則宜仍以行第爲次其有墓圖者則注明之有類似族葬者則首書其祖然後備載祔葬某某箸標有本非一派而共葬一山者仍當依行第分載而互注某某亦葬此山庶易於檢尋矣至祀田則必不可不載須先載宗祠

所固有之田產其助祀則各書某某助祀爲題目然後詳載字號畝分及某戶完糧有碑記者則細書夾注之夫立碑所以彰其義垂戴之於譜則固以祀田爲重附載碑文特所以徵信耳曰議單議皆要約之言有關於一族者有關於一房者亦有僅關於一家者其言唯取明晰不尚雅馴然苟有關之終編茫然不得要領者視其事至要而視其文特輕亦至可異也凡祀產記皆此類也傳啟記類今改隸之遺書所以免紛爭亦議單類也且甚少故亦附之曰建築凡關亭寺廟橋梁津渡之屬爲吾先人所捐者悉記其目然舍卒付印排比殊

不整齊實望後賢補其過失曰祭文皆合族致祭歷代祖先祠墓之文弗敢廢也曰序記凡無類可歸而其文足傳者皆隸焉後附止廬吟草序跋各一首則爲著述序跋類以止有此二篇暫附於此後之人輯述日富轉什百增可自爲一類矣曰壽文祝嘏之文唯傳寫諸多不類實或以其文足存故不忍遺棄耳曰遺稿吾先人涵泳道腴不尚藻華故遺稿皆掇拾於叢殘之餘非所謂止此也然亦有意取曉人故作俚詞後人不察亦爲拾存所當刪訂至當合爲一集不宜人自爲編也曰志書卓嶷公搜輯舊志勤之家乘用心最密以較清之三

修縣志所刪存者備矣闡揚之雖孝子慈孫所當留心者也曰史籍吾族元明之間實以夢登公為始祖而追述至太訓故略太訓以下諸傳略清初始以九公為始祖然祖德不宜無述焉故錄正史及古籍舊文唯不敢有所增損曰表表凡四光緒辛巳曾輯吾族男婦殉粵匪之難者各立一表今復益以科第節孝兩表實仿司馬氏之意所以濟列傳之闕也其不為旁行斜上之式者從其便也曰誌傳誌銘表碣傳贊體裁微有不同然一姓之譜固不服分也唯譜中有以文集序代傳者有以祭文代傳者殊乖體例然年代既遠欲改轉而不能

則亦姑仍其舊而已曰系圖參所行之譜大別有二詳系與詳行是也吾譜向詳行傳以愚慮度之實以詳系為便既得展卷瞭然且可減省卷軸唯茲事綦重非一朝一夕所能奏功也曰行傳譜之有行蓋合一族之人以序齒所以親親也其有功德材能者則更為立小傳故曰行傳譜中小傳有作詩者殊非體裁然不敢易也其曾生卒娶妾子女葬墓亦未能畫一將以修正之事期之後人矣如或易詳行為詳系則可祇載生年月日餘皆不必載宜可省卷軸三分之一以上所述其已行者十之二三未行者十之七八蓋懼欲陳之久矣故

非之於前以俟後之君子采擇焉其亦紀元之九年歲次庚申夏五培七十藹跋

奉
天承運
皇帝聖旨天賛我邦生賢才而興運世濟其美立功業
以承家是以得人為用願必推其本焉茲爾中奉
大夫同平章事陳堯叟之祖父陳夢賢志紹宗先
德孚鄉里積善餘慶發於孫枝今朕褒賞勳臣燠
揚典禮追榮均寵爵及先世此人臣之異數而國
家之至恩也松楸有耀益厚來昆特贈中奉大夫
韓國公陳夢賢宜令准此

義門陳氏宗譜 誥典 民國戊午第十三次增修 一 聚星堂

奉
天承運
皇帝聖旨士有厚德天不爽報家有令嗣祿不遺親茲
爾贈大夫同平章事陳堯叟之父陳省華世為儒
裔人服令名紹端方之志而無求於時貽文學之
傳而能兼其子是以行義有於前人謀猷著於實
用名重朝廷惠及士庶隱德之徵遺訓之功也大
邦疏封生存有耀特贈資善大夫同平章事追封
秦國公宜令准此

奉
天承運
皇帝勅曰朕纘承緒業寤寐英賢況茲衡軸之司尤屬
儀表之地必有耆德乃稱具瞻茲爾吏部侍郎陳
堯佐寅工勤職庶尹推賢夙夜不愧明揚忠讜宜
居密勿特命爾同中書門下平章事貳公弘化參
輔成功六符藉以提衡元氣由之燮理選於有眾
匪左右之先容置彼巖廊實蒼生之素望尚資碩
謨翼我皇圖毋孤倚庇之隆益懋匡勤之職欽哉

義門陳氏宗譜 誥典 民國戊午第十三次增修 二 聚星堂

奉
天承運
皇帝制曰昔史事君臣子爲匪躬之誼作忠以孝國家
於錫類之恩爾陳士俊乃江西廣信府推官陳可
既之父善積於身祥開厥後教子有義方之訓傳
家禮堂構之遺茲以覃恩封爾為文林郎江西廣
信府推官錫之寵命於戲殊榮必逮於所親寵命
用光夫有子尚宏佑啓益勵忱悃

奉
天承運
皇帝制曰錫類推恩朝廷之大典勞能亮采臣子之常
經爾江西廣信府推官陳可畏職任明刑才堪良
吏清廉克彰於庶事慈惠尤著乎當官慶典欣逢
新綸用賁茲以覃恩授爾爲文林郎錫之勑命於
戲宏敷章服之榮用勵靖共之節欽茲寵命懋乃
嘉猷

奉
天承運
皇帝制曰恪恭奉職良臣既殫厥心貞順宜家淑女爰
從其貴爾江西廣信府推官陳可畏妻錢氏含章
協德令儀夙著於閨閫黽勉同心內治相成於夙
夜茲以覃恩封爾爲孺人於戲錦章載煥用彰敬
戒之勤鳳誥欽承益勵柔嘉之則
勑命
順治十四年三月初十日
之寶

奉
天承運
皇帝制曰興教惟材錫類宏昭報本敦忠自父服官數
用承家爾陳士俊乃福建道監察御史加一級陳
可畏之父道在規弼愛被絲綸之重志存作室式
宏堂構之遺茲以覃恩貤爾爲朝議大夫福建道
監察御史加一級錫之誥命於戲恩遠所生彌表
象賢之美榮施下逮益彰燕翼之庥

奉
天承運
皇帝制曰疏恩將母宏推錫類之仁移孝作忠均切勵
揚之念爾福建道監察御史加一級陳可畏之母
錢氏愛子能勞飭義方於杼柚相夫克顯端令範
於閨閫茲以覃恩封爾爲太恭人於戲象服昭榮
率衛廷綸之重熊丸式穀永貽女史之芳
制誥
康熙九年五月初六日
之寶

奉
天承運
皇帝制曰國家推恩而錫類臣子懋德以圖功爰與攸
存倡忱宜昂爾福建道監察御史加一級陳可長
夙具幹材彌勤建白剛方植節敬慎攄忠歷年宜
勞始終匪懈欣逢慶典用賁新綸茲以覃恩特授
爾階朝議大夫錫之誥命於戲式宏車服之庸用
勸顯揚之志尚欽榮命益矢嘉猷

奉
天承運
皇帝制曰靖共爾位良臣既効其勤維勉同心淑女宜
從其貴爾福建道監察御史加一級陳可長妻錢
氏克嫺閫則能貞順以宜家執考問常無違嘉以
錫茲敕以覃恩封爾為恭人於戲敬為鴻服貴加
儆戒以相成柔合女儀愈著匡襄以永贊
制誥
康熙九年五月初六日
之寶

旌表陳氏義門
本州前任判官柯謙切見嚴鄉儒戶陳志孫紹
於孝友身於為義見親族以疎遠不能自存者惻
然興念請於母氏謀於弟姪將為義莊以贍其族
人義塾以教其族之子弟及四方從游者遂定議
以田八百畝山三千畝為義莊田二百畝山二千
畝為義塾落成於至大四年九月且卜地以為義
阡置屋以為義居規模宏遠要約詳密誠當今所
未見者又足以見
聖朝教養之漸被也當職昨任翰苑伏覩

聖朝旌表義率班班可考今志孫為義甚偉為此保勘
相同申奉總府指揮該准本路同知王順中總管
李嘉議關本道廉訪分司牒俱保前事該奉浙江
道宣慰司都元帥府劄付浙江行中書省劄付准
中書李嘉議得陳志孫好義輕財建別義莊義塾
義所良可嘉尚依例
旌表義士門閭就便與教官內擢用相應已經委官依
上
旌表

崇祀鄉賢申文
紹興府呈懇恩飭學遵照舊誌錄表前賢存殁銜
結事據諸暨縣申紫本府批發例監生員陳兆祚
陳養德等連名呈稱祚等九世祖陳志甯陳嵩之
兄弟孝友過母壽屐焚通券大萬餘緡以爲母壽
買制田一千餘畝山五千餘畝造屋三百餘楹爲
義莊義塾義阡聚族里之貧者養之未知學者聘
名士以教之死無所歸者與棺殮而瘞之元至大
二年州判柯謙具疏上聞旌表義門一欽擢數論
一欽旌義士崇祀鄉賢郡縣二誌炳載日星故事

家乘歧若列眉茲因兵燹相仍舊主朽失恩逢
本朝會典理合報明伏叩大宗師大老爺恩飭本學照
誌錄表重立祭主庶俾朝恩典歷久彌彰前賢芳
躅于今益烈存沒感戴連名具呈到府等情紫府
批仰諸暨縣查報等因到縣紫此遵行該學美庸
硅張嘯碟覆內稱細查本縣舊誌載陳志甯陳嵩
之果受前朝恩旌今逢
會典相應照誌重立祭主以光俎豆等情前來准此取
具師生里鄰印甘結狀據此該本縣知縣鄭起潛
看得本縣舊誌內載陳志甯陳嵩之制田捐山建

立義莊義塾義阡事聞旌獎崇祀鄉賢茲因兵燹
相仍舊主朽失今逢
會典以致生員陳兆祚陳養德等具呈請復舊主細查
前情相應重立祭主錄表前賢具詳到府紫此據
詳似屬可行但係前朝崇祀世遠年湮未便竟自
重立仰縣再查始末根由徑詳 上憲候示遵行
仍報本府查考可也此繳等因到縣紫此卑職復
查得陳志甯陳嵩之恩旌出自前朝崇祀已非一
日義莊以瞻民生義塾以復民性義阡以澤枯骨
誠鄉賢中之最難得者相應重立祭主以妥先靈

具詳
學憲察批崇祀鄉賢事關大典如果舊誌可憑仰縣
詳府轉申到日以便酌奪繳等因到縣紫此合行
詳請備由據此該本府知府王之賓看得陳志甯
陳嵩之兄弟孝友建立義莊義塾義阡本州柯謙
上聞恩旌一門數論一旌義士欽給表揚崇祀鄉
賢及查郡誌所載與縣詳相符第因兵燹木主損
失恩逢
會典理應重立以光義士也卑府未敢擅便爲此備由
另具書冊伏乞照詳示下施行須至牒呈者 右

申
浙江等處提刑按察使司提督通省學政道張
康熙二十九年九月　日紹興府知府王之賓
同知邊　安
通判
經歷僞　英
浙江等處提刑按察使司提督通省學政道張
批
既據該府查明即准重修木主可也此繳
紹興府行縣牌由

義門陳氏宗譜卷六　睦典　民國戊子年十三次增修　九　敦厚堂

台州清軍廳署紹興府事李　爲懇恩仿學遵照
舊誌錄表前賢存歿銜結事據諸暨縣申蒙前府
王　批發俐縣生員陳兆祚陳養德等姓名呈稱
祚等九世祖陳志甫淶諸之兄弟孝友建立義莊
孫聚親所元至大旌表義門一欽擢教諭一欽旌
義士崇祀鄉賢衍著在誌因兵燹主失未經補立
今蒙
府典生員陳兆祚陳養德等具呈到府仰縣查報及該
學繳復再經覆查徑詳
上憲仰縣詳府轉申外備由請詳

學憲張　蒙批既經該府查明即准重修木主可也
此繳等因到府爲此牌仰諸暨官吏遵照即行擇
吉具請仰主入學仍取進依二套具文報府以便
轉報
學憲此係崇祀大典以光前賢以勵後學萬勿遲慢
遲慢速速須至牌者
康熙二十二年十月　日
先賢木主入府學鄉賢祠根源
發三公諱四公木主向入縣學鄉賢祠乾隆五十
七年紹興知府李公亨特重修府誌查各縣鄉賢

義門陳氏宗譜卷六　睦典　民國戊子年十三次增修　十　敦厚堂

未入府學者移文到縣介子孫送入暨人遵憲辦
理吾族遂於本鎮建立二主家長命遜甫卓巖紀
甫丹陛淇濱五人送入府學時五十八年十月初
一也進主日設祭上堂教授杭州進士俞公拱主
祭開散胙

工部主事進士臣陳元鼎題爲

國恩初被已沾釋褐之榮闡節宜旌乞

賜建坊之典以光泉壤以勵世風事臣已故祖母俞氏

乃臣已故祖父陳禕之嫡室也其于歸也以十八

歲其稱未亡人也以二十四歲其育臣父士信爲

孩孤也以一歲斯時也家門寒瘁實艱旦夕之需

呱泣將何藉解提攜之役事舅姑嫗勉婦道以婺

身苦支易珠柞操作女紅則十指爲禿數勢不能

守而竟守者也及臣父稍長每痛其夫之無良醫

不活也故教臣父去儒業醫曰良醫能活人汝其

作此一段功果以補汝父於地下於是臣父於醫

獨精每出則歸報其母曰兒所活者若而人用娛

膝下臣祖母時一解頤乃其背不肯沐足不出戶

笑不見齒終身如一日也享年八十有四臣幼時

猶及見之授以句讀併以禮讓齒髮無恙耳目不

衰一夕端寢而逝先是鄉縉紳文學里老等赴縣

呈舉上之府府臣湯紹恩覆覈得實匾門曰貞節

至是又呈舉縣臣陳正誼覆覈得實匾門曰貞節

將以類

奏未遑也念臣向者爲一介微末之諸生皆無上

陳之路幸臣今者館百職具擧之

熙運宜無不闡之幽爲此冒昧

請乞伏惟照例

旌揚庶水木本源臣得以報覬者報

主而榮哀生死世將以勵薄者起淳

皇上之孝治爲益光而貞閨之節行亦且嘉勵矣臣曷

勝激切待命之至

天啓二年五月　日奉

聖旨建坊旌表

丁未奬勵事實
乾隆丁未從兄明經泰巖查族中苦節未
旌者共二十一人次第報明
兩學詳
學憲朱公各給匾以表揚之其書役紙筆等費約數
十金獨任無吝夫顯微闡幽仁人之用心也是亦
可嘉已二十一人者諸慶公配陸氏寶晉公配俞
氏富友公配蔣氏時廷公配石氏鴻訓公配蔣氏
祖德公配蔡氏允淮公配殷氏嘉本公配俞氏文
燦公配顧氏文煒公配呂氏肇元公配蔡氏聖干

公配蔣氏光斗公配田氏炎榮公配張氏鑑容公
配呂氏啟公配蔣氏麟閣公配傅氏定遠公配朱
氏國瑞公配朱氏萬濤公配黃氏適年公配姚氏
云
嘉慶元年仲夏一日家長命維拔識

欽命兵部侍郎兼都察院右副都御史浙江巡撫等處
臣覺羅吉慶
題爲恭報五世同堂事據布政使司布政使汪志伊
詳據紹興府知府高三畏詳據諸暨縣知縣路鍏
詳稱據紳士屠性天何旦中宣穎奇陳九如陳周
姓陳體甫陳維垣陳文超等呈稱六十一都店口
莊耆民陳源陞現年八十一歲生子二人孫二人
曾孫二人元孫一人現在五世同堂爲此備送系
圖伏叫據情詳請以誌
旌表等情到縣據此該諸暨縣知縣路鍏查看得耆民

陳源陞瓜瓞綿延欣睹子能育子曾元環繞喜看
孫復生孫敦雍睦之風家傳孝友秉純龐之質身
資康強五世承歡一堂聚首愉熙
紹允協應邀
曠典疑榮身職傳驗明實合將送到系圖加具印結詳
請
憲核等情到府據此該紹興府知府高三畏核看得
諸暨縣耆民陳源陞齒屆八旬以上欣而舜者
三綱瓜綿五世而長茂芝蘭于一室人享
太平之福鼓腹含哺家承雍睦之風奉杖舉天倫

之樂事表
聖世之祥徵宜沐
恩䘏用彰
瑞應兹據該縣傳驗屬實繪圖具結詳請前來臣覆
核無異理合加看轉詳核轉等情到司據此該布
政使汪志伊查看得諸暨縣耆民陳源陛現年八
十一歲子孫曾元七人居家孝友賦性慈祥年逾
八旬喜精神之矍鑠世沿五代慶瓜瓞之綿長洵
爲
詩考祥徵宜沐

旌獎瞻與兹據該府縣查明確實備具印結系圖具詳
前來相應轉詳察核具
題以彰人瑞等情到臣據此該臣看得諸暨縣耆民
陳源陛現年八十一歲子孫曾元七人年臻耄耋
世力農桑鑿井耕田沐
九重之雨露含飴鼓腹萃五代之曾元惟
麟趾之祥昭于
毓秀所鍾斯之慶下逮芽孫洵爲
盛世之休徵宜荷
聖恩之

優錫兹據布政使汪志伊取具系圖印結詳報前來臣
覆查無異除圖結送部外理合
題報伏乞
皇上睿鑒敕部議覆施行謹
題請
旨
乾隆六十年十二月　日具
題
禮部爲知照事儀制司案呈禮科抄出本部題
前事一案相應抄錄原題行文浙江巡撫遵照辦

理可也
計粘單內開
議得定例壽民壽婦未届百齡五世同堂者該省
撫分別年歲給予匾額賞給緞疋銀兩又嘉慶元
年正月初一日奉
恩詔各直省有同堂五世及七代親見者除例賞匾
額外查明各加
恩賚欽此欽遵各在案今浙江紹興府諸暨縣民陳
源陛現年八十一歲五世同堂相應行文該撫給
與

盛世庥徵恩願照例職銜紐定銀兩具摺
奏
聞恭候
諭旨遵行等因嘉慶元年五月初九日
題本月十一日奉
旨依議欽此
吏部議得本年正月初一日奉
恩詔內開年老之人自古所重滿漢七十以上除家奴
外給與品級之處該部查議具奏欽此臣部查從
前

義門陳氏宗譜 卷六 歷典 民國戊子第十三次刊修 十七 聚星堂

恩詔八十以上老民給與八品頂帶此次恭逢
恩詔內開七十以上之老人給與品級之處臣等酌議
應請酌照上次之例辦理除家奴外將滿漢七十
以上者均給與九品頂帶八十以上者給與八品
頂帶九十以上者給與七品頂帶百歲以上者給
與六品頂帶俟
命下之日行文八旗並各省督撫府尹將軍等查明實
在身家清白平日並無過犯之事者造具年貌籍
貫并取具都族印甘各結造册送
部臣部查核彙題等因嘉慶元年二月二十一日

奉
旨依議欽此
諸暨縣正堂路 為曉諭事本年五月十八日奉
布政使司汪 憲牌內開嘉慶元年四月十七日奉
撫部院吉 案驗嘉慶元年四月初三日准
吏部咨開彙題飭查七十以上老民分別給與品級
者查明實在身家清白平日並無過犯等事取具
年貌籍貫都族甘結加結造册咨覆到 部等因
并計粘抄行
司到縣奉此為此出示曉諭仰各都地保在於境

義門陳氏宗譜 卷六 歷典 民國戊子第十三次刊修 十八 聚星堂

內查明身家清白素行端方平日並無過犯之老
民如年在七八九十以上者取具親供并里鄰親
族甘結冊限半月內親齎投縣以憑核轉驗加
結詳報給予品級頂帶事毋
瀆與該保等毋任假捏浮冒以及違悮定限致干嚴究
等因行查遵即具帖請詳
撫憲具奏請
行賞給

奉
天承運
皇帝制曰奮志策名驤足騁乎皇路積仁累德燕翼
早裕夫孫謀爾陳冠容迺五品銜江蘇試用知縣
現任嚴州府訓導陳儀亮之祖史佑啓有方馨香
無斁聿著作傳之美宜酬一命之榮茲以覃恩貤
贈爾爲朝議大夫錫之誥命於戲培玉樹之楨材
載膺鉅典濕金花之寵誥用迪前光
制曰循良著績官方懋紡乎在公勤慎宜勞母教
導源於先世爾裴氏田氏迺五品銜江蘇試用知

縣現任嚴州府訓導陳儀亮之祖母徽音迭播淑
德能稱蘋蘩常率之恭枝挺蘭階之秀茲以覃恩
貤贈爾爲宜人於戲荷彤綸之榮旋顯揚有自美
笄珈之介祉寵錫非虛
誥　命
光緒二十年八月十六日
之　寶

奉
天承運
皇帝制曰教育需才稱職誥在官之美文章報國報功
膺錫類之仁爾陳錫榮迺五品銜江蘇試用知縣
現任嚴州府訓導陳儀亮之父雅尚素風長迎善
氣弓冶克勤于庭訓箕裘丕振夫家聲茲以覃恩
貤贈爾爲朝議大夫錫之誥命於戲美善歸之在
位國典宜彰酬燕翼之深恩臣心彌勵
制曰春職無愆懋著勤勞之績致身有自宜酬鞠
育之恩爾裴氏迺五品銜江蘇試用知縣現任嚴

州府訓導陳儀亮之母淑範宜家令儀昌後早相
夫而教子俾移孝以作忠茲以覃恩貤封爾爲宜
人於戲貢象服之端嚴誕膺鉅典錫龍章之渙汗
用表榮施
誥　命
光緒二十年八月十六日
之　寶

補遺 欽六十一房派

錫七百七十七名長海 配金氏美鳳本邑金家巷將校公長女生光緒二十九年癸卯九月二十三日子時生一子 培叉八百四十七 二女長名婉青適將家灣將校定公長子有根 次名玉青字將村殷秋泉公長子祇水

培叉八百四十七名張法 生民國十五年丙寅九月十七日子時 娶李氏早夢下坂底生民國二十二年癸酉十月初一日卯時

本譜全部裝訂將竣倘餘第一本因眼目待印來就適行其柏堂翁持示欽六十一房派行錫七百七十七長海一家因術坐誤竟忘填報不得已補遺于此所望後來續修者亟爲查明派系分別補入爲要

己丑四月二十日 卓百十二謹誌

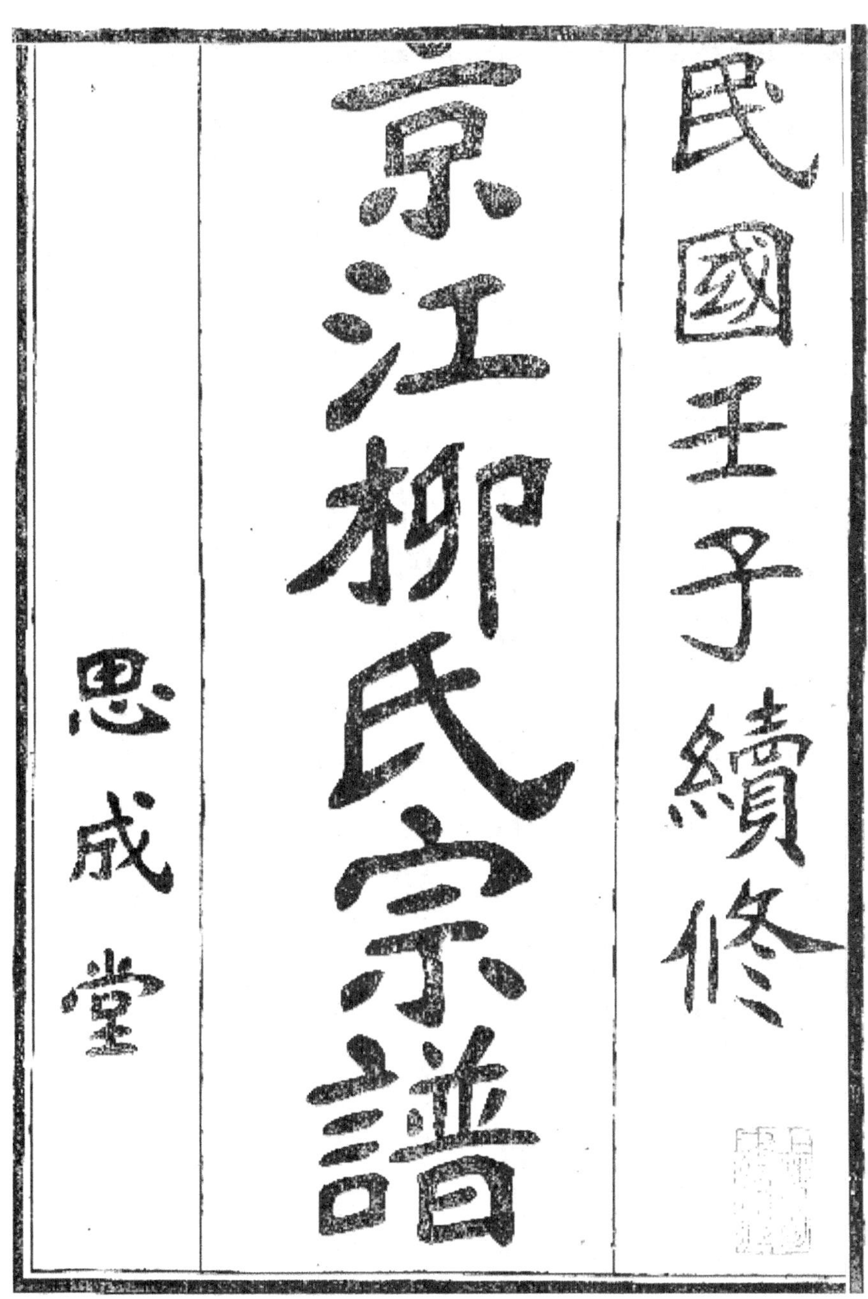

民國壬子續修

京江柳氏宗譜

思成堂

續修宗譜序

孝經曰天地之性人爲貴又曰父母生之續莫大焉又曰父子之道天性也父父子子相續無窮上溯遠祖下及耳孫人也即天也恒人不之察惟聖哲深觀天人之際剖抉性眞命曰天性詔世立國條理萬端罔不由此故吾國之異於殊方遐族者以有聖哲本天立教而其教尤重在父父子子之相續殊方遐族未嘗不本天而於天性之相續不逮吾聖哲之精諦小戴記大傳曰萬物本乎天人本乎祖分析人物義

藴昭然蓋第知本天者雖人而儕於萬物不祖而推之天者斯人乃貴於天地今斥人不成人雖愚且惰者必怒此即其性之貴之證不明其所貴乃病其族之相續欲從異俗而廢之斬之而不悟此天性之相續可貴可大而不可廢且斬也聖哲詔人之相續者宗廟焉有譜諜焉年禩綿延禮制演變後世之宗廟譜諜不盡合於古代要其續天立人源流一貫無二道也續者順天斬者逆天順逆之判不待中智可辨故春祠宗廟賡輯譜諜皆所以爲續受卽所以爲承

天此盡人之性所同具匪一宗一姓所獨私然一宗一姓源遠流長必其性特厚其續之也較虔於他族而後能永永勿替帝王將相勃興而蹶起者夥矣或數十年或數百年湮淪澌滅者不可勝數而士農齊民蟬嫣賡接轉不與國柄世卿同實則其續之自有道也吾族肇自姬周盛於南北朝唐宋中厄於蒙兀譜繫缺佚有間而著籍鎮城自明中葉歷滿清迄民國尚於舊族弁冕者五六百年祖訓儒風炳燿史志其亦非偶然矣宗祠故有二所均燬於太平天國間

洞賓巷祠鄉賢公暨吉雲賓嵎兩公所重建以妥先
靈屹然數十禩蝦夷跳梁未罹兵燹春冬饗祀不懈
益虔族人之力即祖德所默佑也族譜則自康熙乾
隆道光光緒宣統修續相承人手一篇率循禮法型
家禔身寶愛惟謹民國鼎興政俗嬗變邑之故家閥
望或多衰落吾族雖無膴仕高貲鉅儒武烈赫奕於
時而丁口日蕃職業競昜裕齒相恤治亂不一僑贊
棲泣官局領戎行縮工鑛治金融者所在多有祖宗
遺澤之厚俾雲礽昆來繩繩蟄蟄即近事可睹焉先

仲兒砥如公曩長族事鋭志修譜先輯生卒婚娶未及勒成遽歸道山三十四年秋諱徵自蜀返寧抵里哭兒與族中賢雋話十年離亂撫逝徵存謂莫亟於續修譜諜推十三世燎春朋三十四世維甫十五世文偉柏年暨流寓各地者甄訪最錄迄三十六年冬至祭祠合議僉以時局未靖印布毋緩量力醵幣詒以祠祖舉惟衆擎體循曩例系表條秩渙遠悉萃續輯藝文以十四世貢禾葆厥考立凡之手澤推其編次今春祠祀遂獲告成付手民焉諱徵暮齒仰荷先

澤未塡溝壑獲覩成書追維從兄之倡導近倚諸賢之徵輯欣慰交并雖已於言夫事之易襲者迹而道之難推者本譜系傳狀迹也由天性之愛其親致力以續祖考之爲者本也本祖本天乃貴乃大是雖吾一族數冊之譜卽可以推明人類其具之性天人惟不自承其爲人始敢以涼薄苟偷縱戾凶暴敗其家啓禍其宗國徇異俗而日圖貌之新之然苟倡明人禽之別之本則其性之得於天而賦之祖者固亦未嘗泯滅汽機光電雖日新而日速今之天猶古之天今

之人亦猶古之人安在其不由兗極獸行之餘而復反於人極否泰消長如環無端正不必以短期之詭幻致疑於聖哲彝訓之不滅也往者鄉里猥黠佻薄之士以吾族儒先教篤謹愿不染時習目之曰騃且曰是族騃者最多實則世所謂騃者即其天性特厚續文較虔天所詔相歷明清不貫之特質也今世詬病家族相續而快其斬刈者方標榜其義以播於南朔而吾族人守先待後稟聖哲之教不渝其亦緣茲族譜守其特質而益勉於人之貴且大者由一族而

擴推及於國族乎三十七年歲在戊子清明十二世

詒徵謹序

京江柳氏宗譜目錄

京江柳氏宗譜譜例

第一條 譜系分錄仍遵庚寅譜以坤榮育生來止

楷入四公支系分別列卷

第二條 譜系所以續支系也有支可續者續之其

民國以後無支可續之世系一律註明見

庚寅戊辛亥譜

第三條 民國以後族人婚嫁及生卒年月日耋除

特殊環境無法調查者外概行詳考註明

第四條 族人有在遠方叠次通函及居本城當面

查詢置之不理者仍照舊譜錄之

第五條　藝文門包括家傳銘記及祠産補錄在内

第六條　祖宗有傳記及其著作以前修譜漏錄者

今詳加採訪補入藝文門

第七條　族人中凡在民國得有學位及曾任職官

者均查明分載學籍公職兩門

第八條　凡關於君主時代稱謂從略婦女之有學

籍及曾任公職者亦根據族人填報分别

列入

京江柳氏宗譜族人資歷表

一學籍　民國以後大學畢業得有學位者

十三世

維生　國立交通大學工學士

椿生　國立交通大學工學士

屺生　國立中央大學理學士

十四世

肇恒　國立中央大學理學士

十五世

詩高　金陵大學文學士

十六世

穀書　大夏大學商學士

鳳書　大夏大學商學士

二公職　民國以後政府聘委或地方推選歷任公職者

十二世

詒徵　歷任各大學教授教育部部聘教授內政部專門委員中央研究院院士國學圖書館館

長江蘇省參議員國史館編纂學術評議會委員

十三世

保和　歷任總統府秘書湖北房縣知事

十四世

肇慶　歷任江蘇鎮江警察廳廳長江蘇省議會議

員衆議院議員

肇嘉　曾通文官考試最優等第三名及格歷任國

立武昌高等師範教授北平私立通才商業

專門學校教務長江蘇省區長訓練所教官

國務院秘書廳主事江蘇省建設廳視察

開泰 現任江蘇省保安司令部中校主任

肇敦 中國銀行開封分行行長

十五世

建 曾任鎮江縣教育局局長

鶴圖 海軍中校歷充海軍艦長上海海軍造船所工程師

鶴圖配鍾鍾源 聖約翰大學畢業上海海軍造船所秘書

觀圖　曾任曾蘇戰區副總司令部經理處中校科長蘇北軍糧委員會中校秘書曾蘇皖邊區游擊總指揮部一等軍需正蘇北食糧管理處主任江蘇省特別行政區公署薦任視察行總蘇甯分署專員

同圖　曾任曾蘇皖邊區游擊總指揮部政治部中少校指導現任江蘇省政府科員

族人資歷有漏列者有續報者補誌如次

十三世

維生　歷充復旦大學教授京滬鐵路上海排通總稽核暨滬上自來水公司工程師

椿生　資源委員會技士

定生　女　國立中央大學文學士歷充浙江大學中央大學講師　嫁

京江柳氏宗譜世系表

一世

鯤 字化鵬鄉飲大賓明景泰六年乙亥生嘉靖十年辛卯卒壽七十七歲葬京峴山

配何氏

子二 淮 泗 支系見庚寅譜

謹按宋工部屯田司員外郎耆卿公遷潤其後世居之公其裔孫也世系中斷前代無考京峴山祖塋公與月溪公居其末二塚其上

倘有五塚生卒名字俱闕　公世居郡城西關
外土橋明正德庚辰年武宗微行臨京口曾幸
其宅親承温旨蠲其徭役語在楊文襄公紀事
中　公生平爲鄉里所推重太守禮招鄉飲賓
蓋其忠厚積德佑啟後昆我柳氏無窮之餘慶
基諸此矣

二世

淮字脈枝號月溪行一化鵬公長子授廸功郎明宏
治十五年壬戌五月十一日生萬曆十三年乙

酉九月二十四日卒壽八十四歲祔葬京峴山

祖塋

元配梁氏

繼配郭氏

子一方繼配出

謹按公潔身修行不慕榮利自甘淡泊和易

近人坐享高年當世申其行誼蒙授恩職鄉里

榮之

三世

方字小溪行一月溪公子以次子子泰職勅贈承德郎鹽運司分司明嘉靖七年戊子閏十月初四日生萬歷十六年戊子五月二十三日卒壽六十一歲葬黄山正穴陳太安人合焉

配陳氏以次子子泰職勅贈太安人明嘉靖十年辛卯九月十九日生萬歷十六年戊子五月二十四日卒壽五十八歲

子三子春　子泰　子華見庚寅譜

女一適高恒齋

四世

子春 字儉軒 行一 小溪公長子 見庚寅譜 止

子桼 字承溪 行二 小溪公次子勅授承德郎除山東淸平縣丞署縣令事陞浙江鹽運司分司欽擢監督熹廟陵工兩舉鄉飲大賓明隆慶元年丁卯五月二十二日生淸順治元年甲申十月初九日卒壽七十八歲祔葬黃山 祖塋右首穴徐安人合焉

正室徐氏國學生敬椿公女勅封安人明隆慶四

年庚午五月二十二日生清順治十五年戊戌
四月初一日卒壽八十九歲
側室劉氏以長子映奎職例封太孺人明萬歷十
四年丙戌六月十六日生天啟五年乙丑六月
初二日卒年四十歲祔葬黃山祖塋右次穴
子三映奎側室出 映星正室出 映宿側室出
女二長適國學生張爾和 次適修職郎顏仁
甫婿早世女守志撫孤旌表建坊
謹按公孝敬慈愛不輕取與治家嚴肅居官勤

敏有惠在民人尸祝之致政歸里爲鄉里所欽

式云

五世

映奎 字五緯 號子菴 行一承溪公長庶子 世系見庚寅譜 按庚寅譜註本支七世祖間宣公徙居泗州盱眙縣子孫遂家焉

映星 字薇垣 行二承溪公嫡子以次子可植職例贈儒林郎候選州同知以少子可法職誥贈武略將軍候推衛千總明萬歷三十五年丁未十二

月初二日生清康熙十八年己未二月十四日
卒壽七十三歲葬招隱山正穴繼配王太宜人
合焉
元配錢氏武肅王裔女孫以次子可植職例贈太
安人以少子可法職誥贈太宜人生卒缺祔葬黃
山 祖塋左未穴
繼配王氏勛衛世襲指揮仲德公女以次子可植
職例封太安人以少子可法職誥贈太宜人明
天啟三年癸亥閏十月初三日生清康熙三十

七年戊寅二月三十日卒壽七十六歲

子四可培 可植俱元配出 可薩 可法俱繼配出

女一元配出適國學生吳國珍

謹按 公勤勞節儉式擴宏圖守成而兼創業承先並以啟後且天性純篤樂善好施宗族稱孝鄉黨戴德奕世猶思慕焉

五世祖薇垣公一宗六世以下四房世系分敘

京江郗氏宗譜世系表

六世

可培字坤榮號厚菴行一薇垣公長子明崇禎二年己巳八月十五日生清康熙二十三年甲子六月初二日卒壽五十六歲祔葬鎮江招隱山祖塋正壙內左首穴壬丙八合爲

配王氏生卒缺

子二加勵 加懋

女一適郗庠生張闇生

謹按　公喜交遊重義氣臨財不吝遇事果斷常與人排難解紛人多稱頌之

七世

加勵字翼滋行一坤榮公長子見庚寅譜

庚寅譜註翼滋公一宗居丹陽世系載至十世

即無考

加懋字廷簡行二坤榮公少子國學生清順治十二

年乙未八月十二日生康熙五十年辛卯五月

十二日卒壽五十七歲葬越河東雩山正穴萬

孺人合葬

配萬氏順治戊子科舉人直隸永清縣知縣一薦

公女生卒缺

子三宏鼎 宏晉止 宏復止

女三長適眞以中次適王啟蔚三適孔興鐸

八世

宏鼎字上玉行一廷簡公長子授登仕郎清康熙十

九年庚申十二月初六日生乾隆二十二年丁

丑五月初九日卒壽七十八歲祔葬東雲霧山

祖塋葉孺人合焉

配葉氏清康熙二十年辛酉九月二十一日生乾

隆四年己未十月二十一日卒壽五十九歲

子四 珩 琮止 瑛殤 瑞止

九世

珩字楚白 上玉公長子清康熙四十年辛巳十二月初三日生乾隆九年甲子十一月初二日卒年四十四歲祔葬東雩山 祖塋宋孺人合焉

配宋氏清康熙五十三年甲午二月十九日生乾隆二十六年辛巳三月初十日卒年四十八歲

子三 金魁 金元 金聲

女二長適馬熊占次適江象初

十世

金魁字岦凡楚白公長子授修職郎清雍正十三年乙卯十一月二十二日生嘉慶二十二年丁丑八月二十一日卒壽八十三歲祔葬東雲霧山祖塋繼配蔣孺人合焉

元配汪氏二蘇公女清乾隆五年庚申二月十七日生乾隆二十五年庚辰十二月初五日卒年二十一歲缺葬

繼配蔣氏丹陽雨溯公女清乾隆七年壬戌二月

十一日生嘉慶三年戊午九月二十九日卒壽

五十七歲

子三仁吉 仁山止 仁壽止 俱繼配出

女三長適丹陽邑庠生蔣聑亭次適丹徒鎮國

學生姚豫章三適國學生程茂川

十一世

仁吉 字時英豈凡公長子清乾隆三十六年辛卯九

月二十一日生咸豐二年壬子十一月二十九

日卒壽八十二歲葬越河大李村東雩山

元配呂氏義尊公女清乾隆三十五年庚寅八月
二十五日生嘉慶二年丁巳二月初一日卒年
二十八歲祔葬東雩山 祖塋

繼配居氏敬脩公女清乾隆三十六年辛卯九月
二十一日生嘉慶十五年庚午五月二十三日
卒年四十歲祔葬東雩山 祖塋

繼配馬氏國學生康候公女孫致中公女清乾隆
五十三年戊申十月十四日生咸豐十年庚申

十二月十四日卒壽七十三歲塟大橋鎮北鄉
徐家庄後
子二福臻 福祥止 俱名氏出

十二世

福臻字春源號師醫時英公長子淸嘉慶元年丙辰
十二月二十九日生同治四年乙丑正月十五
日卒壽七十歲塟大橋鎮北鄉徐家庄陳孺人
合焉
配陳氏淸嘉慶九年甲子六月十八日生同治七

年戊辰五月十一日午時卒壽六十五歲

子二 璋 珣止

女三長字吳𢇁字仲三適朱

十三世

璋 字欽三春源公長子清道光十二年壬辰十一月

十五日丑時生同治九年庚午四月二十二日

辰時卒年三十九歲葬越河東雩山

配丁氏焕南公女清道光十六年丙申六月十九

日子時生光緒二十三年丁酉十一月初四日

申時卒壽六十二歲權厝寶蓋山枝新塋

子一恩霖

十四世

恩霖字雨人欽三公子國學生清咸豐八年戊午三月二十九日未時生民國二十一年十一月十三日卒葬西鄉盧灣

正室潘氏秀三公女咸豐七年丁巳十一月十六日子時生民國十八年四月二十日卒葬缺

側室李氏鹽城人同治十二年癸酉閏六月二十

七日未時生民國二十四年四月廿五日卒葬缺

子五鴻圖　鳳圖　鸞圖　燕圖　鶴圖俱側室出

女三俱側室出

十五世

鴻圖　字展伯雨八公長子清光緒二十一年乙未二月二十二日申時生

配趙氏清光緒二十五年正月二十三日生

側室施氏宣統元年十月二十四日生

子運年　適

女一

十六世

暹年 字　展伯長子民國三十一年二月二十八

日生

聘　氏

適 字　展伯次子民國三十七年一月八日生

聘　氏

十五世

鳳圖 又名建 字健行兩八公次子清光緒二十六年

庚子五月十一日巳時生

配李氏

子

女

鸞圖 字健民雨人公三子清光緒三十二年丙午九月初七日申時生民國三十四年六月十九日酉時卒葬安徽含山縣

配馬氏清宣統三年十二月十五日亥時生

子一柏書

女一

十六世

柏菁 字 健民子民國二十一年九月十四日辰

時生

聘 氏

十五世

蘅圃 字 雨人公四子清宣統二年庚戌五月初

二日卯時生殤

鶴圃 字 雨人公少子民國四年二月初一日生

配龔氏民國十一年二月十四日生

子

女

京江柳氏宗譜世系表

六世

可植 字育生 行二 薇垣公次子國學生例授儒林郎候選州同知明崇禎十一年戊寅八月二十五日生清康熙二十九年庚午五月十三日卒壽五十三歲祔葬招隱山 祖塋正壙內右首

正室徐氏例封安人 生卒俟

側室吳氏

子加敏 加惇 俱正室出 加欽 側室出

謹按庚寅譜載育生公一宗徙居丹陽後又有由丹陽至貢慶者江北泰興靖江河口者亦有返居丹徒鎮及本城者但檢閱世系嘉慶以後紀載寥寥辛亥續修育生公一支闕付缺如迨民國十三四年間　先君梅蓀公編次辛亥以後族人世系以備再修時之根據適有柳連城柳鵬程者（時鵬程服務鎮江警局）　到祠聲稱來自泰興其遷泰之　始祖為鎮江進士柳育生公云云并攜帶抄譜一份先君取康熙首譜道光續譜彼

對支系連城應爲十三世鵬程爲十四世所謂進士者育生公出身歲貢蓋歲進士之沿訛也遂將育生公遷泰之一支編列譜系由民元迄民十六族人生卒婚嫁譜稿及其他傳記文藝連同康熙首譜道光譜庚寅譜辛亥譜泰興抄譜統於十七年冬節時呈由芝庭公攜滬校核詎料日月遷流芝庭公作古先君相繼逝世家藏厚稿亦燬於蝦夷犯境片紙無存致育生公一支無從追溯鵬程任鎮江早故生兩子仁康

仁福此次增入育生公支系始自十四世鵬程起連城及其他萬泰興各族容俟探訪再行補列云十四世 邦芳謹誌

十四世 育生公後嗣在鎮江者祇鵬程一支按前註既經考証確鑿應即列入育生公世系載譜

鵬程 字乙飛育生公十四世孫清光緒己卯年七月初二日辰時生民國二十五年十月初四日酉時卒 葬缺

配蔣氏星魁公女光緒十六年九月初十日未時生

子二 仁康 仁福

十五世

仁康 字乙飛公長子民國十年辛酉七月初五日辰時生

聘氏

仁福字乙飛公少子民國十五年丙寅九月初三日寅時生

聘氏

京江栁氏宗譜世系表

六世

可蓉字來止行三薇垣公三子年十七入泮補增生以長子加恂職例封修職郎高淳縣教諭贈文林郎候補知縣以次子加忱職少子加惲職俱爵儒林郎候選州同知清順治元年甲申七月初八日生康熙三十七年戊寅九月初十日卒壽五十五歲葬東園山正穴楊太安人合焉

配楊氏鄉飲大賓例贈修職郎貞吉公女貢生候

選教諭凝九公胞妹以長子加恂職勅封太孺
人以次子加恍職少子加惲職俱晉太安人清
順治元年甲申八月十一日生康熙四十八年
己丑九月二十五日卒壽六十六歲
子四加恂　加恍　加恪　加惲
女四長適程康熙辛丑科進士廣東河源縣知
縣夢蘭公子歲貢生朝濟婿早世女守志撫孤
旌表節孝　次適陝西襄城縣知縣蔣爾甫
三適國學生孫燾　四適郡庠生朱之遴

謹按　公賦性端凝勤於學問經史百家無不精研兼長於詩賦著作與年日進有歷代史論并詠史詩選藏於家

七世

加恂字民借號繼誠行三來止公長子年十五入泮 敕授修職郎以歲貢生授高淯縣學教諭 敕授文林郎陞授知縣有惠政載在淯邑誌中清康熙三年甲辰六月十六日生康熙五十三年甲午六月二十八日卒壽五十一歲塟傳家邊塔山正穴

元配高氏 敕贈儒人清康熙四年乙巳五月二十七日生康熙二十一年壬戌三月二十一日

卒年十八歲葬京峴山　祖塋壙外

繼配張氏邑庠生越凡公女　勅封儒人清康熙

三年甲辰十一月十一日生乾隆十二年丁卯

五月十三日卒壽八十四歲葬夏家村

側室葉氏清康熙十九年庚申正月十七日生乾

隆五年庚申十一月初七日卒壽六十一歲葬

桃庄趙家脚正穴

子五虔　謙俱繼配出　詮側室出　誼繼配出　論側室

出

女四長適考授州通判改補縣丞張贈北次適
孫乃恒婿早世女守志撫孤　旌表建坊三適
歲貢高厚滋四適丹徒鎮國學生姚士彪
謹按　公氣剛性直不能容人過而樂善好施
又復能濟人急是以德公者固多而忌公者亦
時有之然事親孝待弟友宗族鄉黨無不交推
公在滆湖惠績昭於邑乘是以永垂不朽而詩
文之俊永字法之遒勁又其餘事焉耳

八世

虞字遐祚行一氏借公長子世系見庚寅譜

詮字慎誕號慎齋行三氏借公三子邑庠生清康熙三十五年丙子五月十八日生乾隆三十八年癸巳十一月初九日卒壽七十八歲祔葬趙家醐北土山　祖塋即桃庄尤孺人合焉

配尤氏來恭公女清康熙三十五年丙子四月初十日生乾隆十六年辛未十二月初六日卒壽五六歲

子三濤　璹　鑄

女一適王崇仁

謹按　公幼隨父居丹陽既長昆仲俱徙居潤

公亦遷居潤之丹徒鎮　公少穎異弱冠遊

庠與同懷弟樗巖公俱有聲譽序性冲淡不慕

榮利布衣疏食晏如也又好吟詠興之所至輒

成篇什不必規規摹仿前人而流露性情時出

前人窠臼之外有存古堂詩集若干卷藏於家

晚年　公以浣亭公續修宗譜又經三十餘年

蒐輯世系裒然成帙今茲修譜甚利賴之錄庚寅譜

九世

濤 字達瀾 慎誕公長子 生卒見庚寅譜

璹 字有瑲 慎誕公次子 淸雍正八年庚戌正月初六日生乾隆五十三年戊申十二月初八日卒壽五十九歲 祔塋趙家鬭北土山 祖塋華孺人合厝

配華氏 例授登仕郎光燦公女 淸乾隆五年庚申正月二十七日生乾隆四十八年癸卯二月十八日卒年四十四歲

子二 耀祖 成祖

女一 適呂昶亭婿早世女守志 旌表節孝

十世

耀祖字光還有瑲公長子國學生清乾隆三十年乙酉正月二十九日生道光三年癸未八月初四日卒壽五十九歲葬堽窑五洲山新塋

配孔氏勝章公女乾隆三十三年戊子十二月初七日生卒葬缺

子二 文林 文彬

女四長適丹徒鎮候選從九品朱崑玉次適儀
候選州同知敬堂公子自南三適國學生陳聲
揚四適張國學生樹田公子

十一世

文林 字茂亭光遠公長子世系見庚寅譜

文彬 字均士光遠公少子國學生嘉慶六年辛酉正
月十三日生咸豐六年丙辰十月初七日卒壽
五十六歲權厝揚州南門外化子橋
元配唐氏景庭公女嘉慶十年乙丑正月二十一

日生卒年缺十二月二十三日卒葬五洲山
繼配許氏笠塘公女清嘉慶十六年辛未八月十
二日辰時生同治元年壬戌正月十七日戌時
卒年五十二歲權厝角斜場
側室李氏清嘉慶九年甲子正月初七日生咸豐
四年甲寅三月卒日缺年五十一歲遇紅巾賊殉
難揚州權厝賫城　旌表義烈
子四　燠側室出嗣胞兄茂亭公　煜元配出　煇側室出　煊
繼配出

女一適陳元配出

十二世

煜字鑑堂均士公次子邑庠生清道光六年丙戌六月二十日巳時生同治十一年壬申十月二十五日戌時卒年四十七歲權厝揚州寶塔灣

配王氏式菴公女清道光四年甲申九月初四日生咸豐四年甲寅十二月二十四日卒年三十一歲權厝揚州寶城

子一立中胞弟德餘公出

十三世

立中 字翰屏鑑堂公嗣子邑庠生清同治九年庚午八月二十九日未時生宣統三年辛亥十一月初八日卒年四十二歲葬南鄉潭家灣團山新塋

配吳氏同治甲子科舉人麗生公女清同治十年辛未七月二十八日未時生民國二十七年二月二十二日戌時卒 葬缺

子二 肇頤 肇新 殤

十四世

肇頤 字 翰屏長子清光緒三十三年丁未七月

十五日申時生民國二十一年八月十二日亥

時卒葬缺年二十六歲未娶

嗣子彭圖 堂兄肇和出

十五世

彭圖 字 肇頤嗣子民國十年辛酉八月初二日

丑時生

聘氏

十二世

燀字德餘均士公三子清道光十四年甲午十一月十九日生光緒十五年己丑三月初一日酉時卒壽五十六歲葬東臺楊家厦鄒孺人合壽

配鄒氏邑庠生崇甫公女清道光十五年乙未五月十四日未時生光緒二十四年戊戌五月十三日卒壽六十四歲

子四厚培嗣堂兄燦章公 厚基 厚址 立中嗣胞兄鑑堂公

女一適滕松年

十三世

厚基字益芝德餘公次子清同治六年丁卯二月十七日生光緒二十一年乙未四月十八日午時卒年二十九歲權厝東臺楊家厦

配陳氏起興公女清同治六年丁卯十月三十日辰時生夫早世年二十九歲撫孤守志待旌卒年

缺

子一肇祁

十四世

肇和 字致祥 益芝之公子 清光緒二十一年乙未六月

初七日亥時生 民國三十 年 月 日卒

年 十 歲 葬

配王氏 錫齡公女 清光緒二十年甲午九月二十

二日卯時生

子二 林圖 彭圖 嗣堂弟肇頤

十五世

林圖 字 致祥長子 民國八年乙未六月初四日

酉時生

聘　氏

十三世

厚址 字益明德餘公三子清同治七年戊辰九月初十日生民國二十年乙丑二月十二日卒 葬缺 止

配蔡氏新甫公女清同治八年己巳八月初一日卯時生民國九年十月初一日未時卒 葬缺

子一 肇彭 殤

十四世

肇彭字　　謚明子光緒二十九年癸卯六月二十

七日丑時生　止

十二世

熣字明仙均士公少子世系見庚寅譜

十一世

成祖字紹岐有琦公少子世系見庚寅譜

九世

鑄字亘治愼誕公少子生卒見庚寅譜

八世

詵字舒言又字榜巖號慰溪又號半後老人行四民借公
四子年十八入泮補郡廩生例授修職郎乾隆
丙子科歲貢己卯科副榜候選教諭以長子仙
根職例晉文林郎候選知縣清康熙四十一年
壬午六月二十八日生乾隆四十六年辛丑五
月初七日卒壽八十歲塟越河何家庄楊太孺
人合塋
配楊氏貢生凝九公女孫貢生准可公長女歲貢
昭文縣學訓導青岑公姊例封孺人以長子仙

根職例　晉太孺人清康熙三十九年庚辰七月初九日生乾隆二十七年壬午正月二十八日卒壽六十三歲

子五仙根　悔遣出未返　仙椿　仙李　仙桂嗣胞兄遐旂公後

女三長適丹陽孫寶周次適張樹三三適王岐山

謹按　公賦稟剛正學問精勤經師人師俱爲人望邑誌云先生通經義能文章久困場屋至

乾隆乙卯科乃中副車書法初仿徐展成得二
王意後學玄秘塔務追剛勁　耆舊集云牛後
老人經術淹通所作制藝吾鄉奉爲圭臬有對
山樓文集行世王夢樓侍讀其高足弟子也詩
非尋長白饒神味

九世

仙根字芝田號芍亭楞巖公長子例授文林郎乾隆
戊子科舉人截取知縣清雍正元年癸卯九月
十三日生乾隆六十年乙卯六月初四日卒壽

七十三歲祔塟招隱山　祖塋正壙內左次穴

繼配管孺人合焉

元配呂氏丹陽縣人清乾隆壬申科順天舉人吳江縣學教諭正和公女例贈孺人雍正元年癸卯十二月十三日生乾隆十七年壬申正月二十一日卒年三十歲塟莊家灣

繼配管氏邑庠生岸先公女國學生殿宣公胞妹例封孺人清雍正四年丙午二月十四日生乾隆五十九年甲寅八月初十日卒壽六十九歲

十世

承祖 字貽孫芝田公長子清乾隆十五年庚午五月二十八日生乾隆五十一年丙午六月二十八日卒年三十七歲塟莊家灣

配談氏清乾隆二十四年己卯六月二十八日生嘉慶二十四年己卯四月初六日卒壽六十一歲權厝招隱山　祖塋夫早逝年二十八歲守志立嗣撫孤　旌表建坊

子一　長春胞弟立堂公出

女一適沈邑庠生聯元公子

十一世

長春 字用章貽孫公嗣子郡庠生乾隆五十一年丙午四月初四日生咸豐四年甲寅三月十三日卒壽六十九歲葬諫壁東汝山高皇廟後

配陳氏上元縣人嘉慶戊午科舉人山陽縣學教諭名鏊公女乾隆五十年乙巳六月初五日生道光六年丙戌九月十三日卒年四十二歲葬招隱山、祖塋立堂公壙內

子一　喬松改名步瀛

女一　適姚仕選

十二世

步瀛字格　搢用章公子清嘉慶十八年癸酉十二月二十三日生光緒十四年九月二十三日子時卒壽七十六歲葬張家灣蔣孺人合焉

配蔣氏兆之公女清嘉慶二十一年丙子九月初七日生光緒十年甲申十二月十五日卒壽六十九歲

子二伯勳　建勳
女四長適吳承亨次適副榜趙正恒公子同書
三適趙景琮四適廩膳生盛景曾

十三世

伯勳字鴻猷蓀圃公長子 生卒見庚寅譜
建勳字廷揚蓀圃公次子清道光二十八年戊申十月二十四日生光緒二十八年壬寅六月初九日戌時卒壽五十五歲葬城南菊花山校吳孺人謝孺人俱合焉

元配吳氏邑庠生名楷公女清咸豐八年戊午十
月二十一日午時生光緒八年壬午十二月初
六日辰時卒年二十五歲
繼配謝氏子湘公女清同治四年乙丑十月十七
日子時生光緒三十四年戊申五月二十九日
辰時卒年四十四歲
子二　肇奎元配出　肇昌繼配出
女一　適張獻廷元配出

十四世

肇奎字萬青廷揚公長子清光緒八年壬午十一月二十二日戌時生民國二十九年九月二十九日卯時卒壽五十九歲葬城南菊花山枝曹孺人合焉

配曹氏清河縣人永春公女清光緒十六年庚寅十二月十一日卯時生民國二十三年正月二十八日辰時卒年四十四歲

子三蔭圖 文圖 弘圖

女

十五世

蔭圖　字慶餘萬青長子清宣統元年己酉六月十五日未時生

配閔氏少荃公女民國元年十一月十四日戌時生

子

女

文圖　字介青萬青次子民國五年二月初七日戌時生

配錢氏民國七年八月初四日酉時生

子寅書

女

十六世

寅書字　介青長子民國二十七年五月二十八
日酉時生

聘　氏

十五世

弘圖字　葛青少子民國十年二月初十日卯時

生

聘　氏

十四世

肇昌字　廷揚少子生卒見庚寅譜

从游知向瘦西湖：记文史大家卞孝萱先生（代后记）

武黎嵩

2008 年 4 月 5 日清明，我陪同卞孝萱先生重游扬州。在阔别故乡多年之后，那一天孝萱师和我沿着甘泉路从扬州小东门（史可法殉国处），走到毓贤巷（旧称太傅街）阮元家庙、故居，旧城九巷 17 号先生出生及幼年生活的宅院，旧城五巷旧居等处。已是 85 岁高龄孝萱师，那一天却游兴很浓，拄着徐复老先生送的竹节拐杖，步履之间从容而平稳。中午的时候，还专门在甘泉路上的共和春老店请我吃了一碗虾籽饺面，他说："这面味道鲜美，以前常吃。"每过一处，先生便讲起一些往事，有时还背一两句诗词。在旧居门前，孝萱师专门让我给他拍摄一张照片，拍照前自己特意整理了一下衣领和纽扣，面容也十分严肃，甚至略显紧张。那一天的回忆，就这样定格在这张照片中。

2009 年 9 月 5 日，南京大学文史专家卞孝萱教授逝世。2010 年 3 月 29 日，卞孝萱先生归葬扬州蜀港墓园，墓碑上集郑板桥字写下了刘禹锡的诗："在人虽晚达，于树似冬青。"先生长眠于故乡。今天是卞孝萱先生逝世 4 周年纪念日，4 年间时常回想起先生浓重的扬州乡音，谈笑风生的学者气度，有求必应的古道热肠。

一

江都卞氏是扬州的望族，是东晋尚书令卞壸的后代，南宋初著籍江都。南门街上曾有晋卞忠贞公庙，因卞壸曾官广陵相之故。又由于卞氏在仪征有祖茔、田产，常由仪征县学考取生员，故又称仪征卞氏，其实卞氏祖居在扬州城内。晚清卞士云官至署理浙江巡抚，卞宝第官湖南巡抚、署理湖广总督、福建巡抚、闽浙总督等。父子二人两世开府，卞宝第在福建曾连署总督、巡抚、学政、船政等七印。卞孝萱师提起家世，常吟咏扬州诗人陈懋森的诗："两世棨戟遥相望，同时七印何辉煌。"孝萱师的本生曾祖父卞惟贤（字宝臣），兼祧曾祖父卞能贤（字艺之）、卞冠贤（字薪翘）与卞士云（原名荣贤，字光河）是从兄弟，曾一起在太平军战乱后重修卞忠贞公庙。

孝萱师兼祧曾祖父卞能贤、卞冠贤均有登仕佐郎的职名。祖父卞锡龄（字介眉）为太学生、登仕佐郎。父亲卞宗礼（字恭甫），光绪己卯年（1879 年）生，捐纳为国学生、候选县丞，初娶王氏，无出。后娶李氏，讳梅清，即孝萱师之母。新历 1924 年 6 月 20 日，46 岁的卞宗礼中年得子。这个三代兼祧的人家，早在光绪己亥年（1899 年）续修《族谱》时，已为下一代传人起好名字。按照江都卞氏"孝义文贤，尊宗敬祖"的排行，孝萱师行"敬"，谱名卞敬堂，字孝萱。后因父亲过世，便以孝萱为名。又字映淮，晚年自署冬青老人。20 世纪 50 年代之前，师且偶尔会用卞敬堂、敬堂的名字发表文字。

卞宗礼中年得子本来是喜事，可孝萱师以民国十三年（1924 年）夏历五月出生，父亲便于七月因病下世。寡母李太夫人抚养孝萱师成人。殷实的家中本来有些宅院、田产、古玩，但是经不起失去收入坐吃山空。为了度日逐渐典当、变卖家产。想让儿子读书，却又请不起私塾先生，李太夫人佣工之余，每天到学堂或邻家向先生学写几个字，回来再教给孝萱师，日积月累，师就这样认字启蒙。数年时间，本来目不识丁的母亲，和儿子一起学会了两三千字。

孝萱师在旧城九巷17号的一户深宅大院门口，曾指着杂居破乱的老宅说："这就是我小时候的家，曾经有五进院子，还有假山池塘。我猜想，我们家祖父、父亲恐怕是前清负责收取盐税厘金的，因为我小的时候家里还剩有不少铜砝码，我当玩具玩。后来为了过活，将大宅子卖掉，换到旧城五巷小一处的宅子居住，那里也有十几间房子，距阮元故居毓贤巷和阮元重修奉祀南宋抗金将领魏俊、王方的旌忠庙都很近。"

若干年后，在《征诗文启》中孝萱师自叙身世曰："母李氏，年十六嫔于卞，卞之少长皆重之，越三年生萱，萱生三月而孤，露乾荫既凋，家道中落。母子相依，孤老愁苦。生事之资，悉取给于母之十指也。……母欲自任师傅，又苦未尝问学，不识一丁。羡鱼无网，虽勤何获。……爰走访邻右，丐其指画，日得数字，还以教子。积余累寸，日夕不休。……戚党叹其坚忍，悯其孤贫，群加资助，俾择师而问业焉。"在寡母辛勤劳作，族伯父卞綍昌（卞宝第之子，前清湖北道员、张之洞长女婿）等的接济之下，完成小学、中学学业。

扬州浓厚的文化氛围，也让孝萱师从幼年即陶醉其中。孝萱师就读的北柳巷小学，就是董子祠故址，是纪念汉代大儒董仲舒的祠庙。不远处有文选楼。从家中去学校的路上，又有几家书画装裱的店铺，每次路过，就从裱画的墙壁上欣赏书画。孝萱师说，他幼年喜好骈文，多读近代名家文；书法喜学黄庭坚、伊秉绶等。而同族之中，伯父卞綍昌擅隶书，族兄卞鉌孙擅草书。2007年9月中，我与师在宁波象山参加纪念国学大师陈汉章的学术会议，曾连床夜话，师为我背诵汪中的《哀盐船文》，并云杭世骏曾评汪中此文

“惊心动魄、一字千金”。汪中七岁丧父，承母教而成才。孝萱师仰慕同乡汪中，或因身世相似而感佩之。

二

读中学的时候，抗日战争爆发。因卞綍昌家在泰县（今姜堰）有田产，卞家族人多离开扬州，流亡到泰州一带。孝萱师就读于迁往溱潼小镇的江苏省立第一临时高级中学，继续完成学业。在那里，孝萱师第一次聆听到了国学大师柳诒徵的演讲，柳先生讲国学与国家的关系说，“国学不亡，国家就不会亡。”这令孝萱师极为感动。此前，柳先生因战乱辗转至江西泰和，在浙江大学讲学，讲到日军南京大屠杀时，不禁义愤填膺，激动得突然中风倒地。师晚年每次为学生讲述国学时，都要回忆到这一段。

孝萱师中学毕业后，无力继续攻读，便经人介绍到银行工作。这里有个内情，孝萱师曾经向我言道，卞宝第的两个孙子卞寿孙、卞福孙都是留美学生，布朗大学政治经济专业的学士，归国后分别任中国银行副总经理和中国银行天津分行行长。当时银行职员的收入比较高，为了养家糊口，师即在族人的帮助下到银行做职员。开始是在扬州，后到上海，那时不过十八岁的年纪，便独闯生活。在上海，工作时间最长的是在中国实业银行。银行的工作使得师对于数字比较敏感，后来从事史学研究就曾专门研究历法和年代学。在史学研究中也常常使用统计的方法。孝萱师的右手小手指的指甲，总有半寸许长，常以此翻书稿，或许也都彼时养成的习惯。

在上海，孝萱师还曾在立信会计专科学校进修，这是他一生最高的学历。工作之余，坚持自学文史。其时钱仪吉《碑传集》、缪荃孙《续碑传集》、闵尔昌《碑传集补》都是名编巨著，传世之作。师有感于战火中文献惨遭遗失，急需抢救，就立志收集、整理晚清以来至民国的政治、经济、军事、文化各方面人物的墓碑、墓志铭、家传、行状等。扬州诗人闵尔昌（葆之）曾经是袁世凯的签记官（秘书），好碑传之学，撰有《碑传集补》。北洋政府垮台后，闵赋闲家居。师即向闵求学，遂以编纂收集晚清近代碑传为治学方向。闵尔昌去世后，孝萱师即将闵氏收藏的碑、传、拓片和一些信札从闵氏后人手中购得。其中 2006 年前后，就师示我所见，有宣统末年段祺瑞、奕劻给袁世凯的亲笔信札，辛亥革命前后冯国璋向袁世凯汇报炮击武昌兵工厂的信札及情形图纸，以及由袁世凯批阅的文书，等等。孝萱师的学术成就在唐代文学自不必说，而孝萱师的学术研究却是从近现代历史开始的。

孝萱师年轻时在银行，白天工作，晚上就到图书馆读书，那时的图书馆晚上也开放，常常是从家中带了馒头夹咸菜，用手帕包上揣进口袋，就去图书馆了，周末也是如此。除了从诗文集、图书、杂志上截取碑传史料，师还通过家族姻亲、故交关系，写信给晚清名贤遗老和其后人，访求碑传。后来师将其中民国的部分，编成《民国人物碑传集》《辛亥人物碑传集》两书，并将原始资料捐赠华中师范大学。这批碑传资料极为珍贵，今举两例：高振霄撰《清授光禄大夫太子少师故直隶总督北洋大臣陈公（夔龙）墓志铭》系作者手稿；陈三立撰《诰授光禄大夫护理两广总督广东布政使胡公（湘林）墓志铭》系原石拓片，《散原精舍诗文集》不载，师疑其为代作。此外还有瞿鸿禨《瞿文慎公墓志铭》的拓片，瞿宣颖抄赠的《浙江巡抚聂公墓志铭》《周汉传》，皮锡瑞所撰的《湖南粮道署按察使夏献云墓志铭》，柳诒徵先生署赠的《赵伯先传》，朱启钤署款的《唐鄂生中丞行略》，题敦典手录的《王仙洲农部庚子扈从日记》抄本，未署撰者之《庚子杂记》稿本，等等。其中不少是稿本、孤本。

孝萱师最后的岁月中，曾经希望将已经出版的两部《碑传集》合并，加以补充再出版。陈垣先生生前已经为孝萱师预题了《广碑传集》的书签。然而却未能如愿。

三

1945年旧历乙酉，是年孝萱师之母亲李太夫人四十寿诞，师奉母命与段夫人（讳子宜）成婚礼。卞宝第之子，曾任湖北候补道、驻日本横滨长崎正领事官的卞綍昌赠联祝贺，联云：

峻节著熊丸，成才琢玉；

高堂歌燕喜，洗手调羹。

卞綍昌是著名的隶书书法家，他亲笔书写此联并跋云：

孝萱贤侄以母太夫人四十寿，与段女士成合卺礼。缅松筠之节，绵瓜瓞之祥。庆集德门，欢腾合族。爰撰斯联祝贺，用彰义训，藉慰慈闱。报答春晖，感深恩于衣线；䌷缊和气，卜吉兆于灯花。乙酉吉日七十三叟猬安卞綍昌隶并跋。

这是孝萱师生前最为珍爱的对联，从扬州到北京、南京，一直呵护珍藏。2006年搬进港龙园新居后，时而悬挂壁间。师曾一一向我讲述对联和跋语中的典故所出，并能背诵对联和跋语全文。

孝萱师将母亲早年抚养自己成人的事迹写成骈文《征诗文启》，寄给当时名流，乞请他们题赠诗文。按照当时社会风尚，许多鬻字的耆老名贤，例不撰写寿序、寿文，但多被先生的《征诗文启》所感动，欣然题赠诗文，甚至润例分文不取。从民国癸未（1943年）冬开始陆续有邢端、钱崇威、胡光炜、董玉书、朱师辙、李宣龚、夏敬观、胡先骕、梅文博、秉志、任鸿隽、饶宗颐、刘盼遂、柳亚子、陈中凡、胡士滢、夏承焘、柳诒徵、吕思勉、余嘉锡、王焕镳、陈垣、俞陛云、冒广生、唐圭璋等百余人题咏诗文。其中，既有清朝的翰林（如邢端、钱崇威）、进士探花（如俞陛云、商衍鎏）、举人（如冒广生、李宣龚、夏敬观）、秀才（如柳诒徵），也有毕业于新式大学之名教授（如胡先骕、秉志等）。前后得诗文题辞百余首，成《娱亲雅言》一卷。师最爱李拔可之诗，尝以此诗示章士钊，孤桐先生曾以一“真”字为评。有些诗章已经散见于各家文集，有的则是未刊。选录数首如下：

邢端题诗

尚书门第重江都，欣见兰枝集凤雏。
家世清芬传献玉，海滨善政纪还珠。
北堂荻早寒灰画，南国轮看大雅扶。
岁岁寒舆花下乐，从游知向瘦西湖。

李宣龚题诗

何尝识字始能师，教学相兼恃一慈。
苦节至今天下少，深恩真有几人知？
违时彩服仍娱母，循例篝灯不入诗。
善述文章根血性，雷同岂受望溪訾？

胡士莹题《玉楼春调》词

难得维扬有卞君，殷勤文字述亲恩。
廿年我亦嗟无父，读到君文泪暗吞。
将苦节、守清贫，书声灯影太酸辛。
一针一血母心苦，成就孤儿此日身。

夏承焘题诗

不将昼锦换莱衣，养志如君世所稀。
我有衰亲隔江海，谢池草长正思归。
【自注：亲舍在春草池畔，逾年未归省矣。】

任鸿隽题诗

贤母教子首读书，儿今报母诗盈橱。
试看展卷长吟处，绝胜斑衣学舞图。

世人养亲不养志，华筵上寿夸豪侈。
蕴藉谁如卞子贤，但将苦节话当年。

刘盼遂题诗

济阴忠孝裔，清誉满扬都。
乐学缘将母，苦怀咏孝乌。
孤儿嫠妇泪，画荻碎钗图。
应豁皇天眼，纷纶下瑞符。

饶宗颐题诗

机声灯影事同传，想见当年画荻艰。
一颂孟郊慈母句，欲赓刘向母仪篇。

吕思勉题诗

苦节孤贞几十年，机声灯影记依然。
瞻乌爰止于谁屋，回首平山忆逝川。

除海内名家题赠外，师还购买收藏不少名家字画，有陈豪、蒋维乔、商衍鎏、张启后、陈夔龙、孙智敏、张元济、傅增湘、俞陛云、潘昌煦、云泉外史等的书画作品。先生晚年感前辈大家道德文章，读其书，赏其丹青书画，想见其人，每有心得，必深求而转相发明，著《现代国学大师学记》。

所征诗中最广为人知的是陈寅恪先生的《寄卞孝萱》二首。义宁陈家与仪征卞家是三代世交，陈宝箴和卞宝第是咸丰元年恩科乡试同年，卞宝第与陈宝箴同官湖南巡抚，卞綍昌、陈三立在晚清同从张之洞交游。因卞士云也是幼年丧父，贤母教育，有“榴瑞堂”故事。陈三立曾为卞綍昌作《夜灯图》题诗。故而陈寅恪先生寄诗与师，并许以“嘉君养亲养其志”。孝萱师和陈先生曾有数面之缘，彼时陈先生目已盲，送客时仍走至门前拱手作揖。（2009 年 8 月南京大学文学院赵永刚博士，看到孝萱师在医院曾向医生拱手作揖，甚为不解。盖孝萱师晚年借书、办事多不便。求人之处愈多，而待人愈为恭敬，每每作揖。每睹此，便感辛酸。）孝萱师回忆，陈寅恪先生原赠诗稿系唐夫人恭楷抄录，署青园病叟，钤陈寅恪印。师言陈先生名声太大，从 50 年代中期以后就对陈先生批判不断，此前一直和陈先生保持通信，讨论学术问题，后来渐渐信也不敢通。“文革”期间害怕抄家，陈先生的字不敢留，遂焚烧了，同烧的还有不少名流的作品、信件。

70 年代后期，孝萱师请求从中国社会科学院调回扬州师范学院工作。他说回扬州的目的有两个：一是母亲年事已高，要回家照顾老人。二是子女在家乡读书，要把他们都送进大学。

四

大家都知道卞孝萱师曾师从范文澜、章士钊，帮助编著《中国通史》和《柳文指要》。师又是如何从银行界进入学术界的？新中国成立前夕，上海即将解放，鉴于战乱，师由上海先辗转到厦门工作，又由厦门辗转到广州、香港工作。在香港，由民主人士的帮助回到北京工作。讲到这一段，师常常说：“那个时候从香港去北京，就是因为爱国啊。”

到北京后师仍在银行工作，1952 年由中国人民银行（总行）调入中国民主建国会中央。闲暇时只去两地，一是去琉璃厂淘旧书和文玩，再就是去北京图书馆读书。业余开始从事近代历史研究，发表学术文章。同去读书的有金毓黻先生的助手，金先生曾任中央大学史学系主任、文学院长，后在中国科学院工作。金先生对孝萱师极为器重，同时范文澜先生也看到卞孝萱的文章，在他们的帮助下 1956 年前后孝萱师转入中国科学院近代史所工作。此前在上海的柳诒徵先生仍和孝萱师时常通信，嘱孝萱师持信拜访金毓黻先生，并作推荐。而孝萱师直到柳先生去世后，才把推荐信转给金先生看。我曾见师藏有叶恭绰编的《辽海引年集》（金毓黻先生六十庆寿论文集）一书，询问师与金毓黻先生交往，师便叙述以上事情。

师进入中国科学院历史第三所（即今天的中国社会科学院近代史所）工作，工作地点就在东厂胡同一号。当时唯物主义历史学家范文澜先生在毛主席的支持下，编撰《中国通史》。孝萱师即为范老查阅资料，做助手。他先将史料由原典中抄出，做成长编，供范老在编撰《通史》时采择。2005年末，孝萱师搬家时，将两叠约二尺厚的手抄材料赠给我，是为范老编辑《通史》而准备的宋代经济史方面的史料，在大开的竖行红格稿纸上用毛笔或钢笔工楷抄写，字迹一丝不苟，眉间有一处还有范老的红笔批点。师曾多次对我们讲："范老虽然是马列主义史学家，但是他的思想是开放的，他对于历史的研究有自己非常独到的见解。例如社会历史分期问题，范老不同意郭沫若的观点，可是毛主席要求范老不要争论，范老便不再发表反对的意见，但是在自己的书里，范老仍然坚持自己的观点。《中国通史》唐代及以前的部分都是范老生前亲自撰写，反复修改定稿的，今天仍值得读。"师晚年和我合撰《从桐城麻溪姚氏宗谱看姚鼐与宋学》一文时特意引用范老的对宋学的观点，并云："范老在经史子集四部都有著作，可谓精通国学。他的有些观点今天看来没有错，我要宣传他。"

"文革"开始后因范老是奉命编撰《通史》，工作组没有受到太大的影响，师说："也是范老保护我们。"1969年范文澜先生去世后，孝萱师曾一度下放到五七干校劳动，恰此时章士钊先生要校订《柳文指要》，王益知向章先生推荐孝萱师作为助手，经周总理批准，孝萱师由河南干校回京工作。这期间发生了高二适与郭沫若关于《兰亭序》的论辩，师也是亲历者。

孝萱师极重感情，对他的师长十分尊重，时刻铭刻在心。2005年末师搬家的时候，为了寻找一页金毓黻先生的文稿和一份范文澜先生的手稿，师几乎用了两天时间，处处寻觅，却总找不到，竟放下拐杖，然后双手抱实，像在作揖祷告，口中念："金毓黻老先生，你就显显灵吧。不能丢啊。"后来，郁旭映君在一丛旧稿中检出此页纸，系金先生所撰的《自述》，油印一页，纸色黄脆。

对于友朋，孝萱师也是风义可嘉。人至暮年，总是生离死别忙，每有老友逝世消息传来，孝萱师总是叹息怅然久之。2008 年 5 月 20 日同受知于柳诒徵先生的蔡尚思教授逝世，一周后孝萱师才得知，师云："想请人代送花圈，恐怕来不及了，只能将来写蔡老的纪念文章，以志怀念了。"语罢叹息再四。而南京大学文学院诸教授都还记得，2000 年 6 月程千帆先生去世，卞孝萱先生来灵堂祭奠，扑通一下跪倒在地，行上大礼。有时和孝萱师谈起此，师云："是程先生请我来南京大学的，我感激他。"孝萱师晚年常常拄着一根旧竹节拐杖，最下端已经磨得有裂痕，这根拐杖是徐复先生送的，师说："拿着它就想起老朋友。"

五

卞孝萱先生在魏晋南北朝、唐代文学历史方面，取得了辉煌的成就。除此之外，还涉猎碑传、书画、近现代学术史等研究领域。晚年开拓的最重要的研究领域是家谱研究。孝萱师在搜集碑传的同时，也注意到家谱的历史资料价值。20 世纪 60 年代便利用家谱研究郑板桥，研究扬州八怪。起初只是以家谱补充史料之不足。后孝萱师得以看到一些完整的大谱，便以家谱为中心，进行细致的学术研究。家谱中有极具史料价值的，如柳诒徵先生的家谱《京江柳氏宗谱》前后三部，收录碑传序跋八十余篇，作者及传主上至高官名流下至一般乡绅，被孝萱师誉为"资料宝库"。

又由于家谱是民间私修，质量良莠不齐，内容驳杂。孝萱师在研究家谱过程中，采取与对正史典籍不相同的态度，更为审慎。对于家谱中的作伪史料，师都慧眼识出并加以辨别。在晚年出版的最后一部专著《家谱中的名人身影——家谱丛考》中，师有五篇文章专门辨伪。师在使用家谱材料时的审慎之至，不易为人知，举一例：《锦树堂钱氏宗谱》是钱穆的家谱，其中世系小传记载六世祖“钱进，宋承奉郎。祥符间自嘉兴赘于常州无锡之沙头王氏，遂徙居焉。”而廿八世孙钱瀛补撰《进宗公传》称：“授西京安抚使，辞不就。”师云：“世系小传的材料可靠，后人补写传的材料不可靠。什么道理哪？安抚使是高官，能做到高官的人，怎么会入赘别家哪？入赘毕竟不是光彩的事情。”故而在最后撰写文章时，我们没有采用《进宗公传》的材料。

师晚年为了看第一手的家谱资料，不辞辛劳，四处奔波。去桐城参加学术会议，着重为访求桐城姚氏（姚鼐家）、张氏（张英、张廷玉家）家谱。去无锡江南大学讲学，主要是为查阅钱氏（钱穆家）家谱。但也常常吃闭门羹，碰软钉子。2009 年 4 月孝萱师和我去某图书馆查阅一部家谱，管理员称该书破损，不能调阅。师和管理员商量说：“我八十多岁了，出来一趟打的要几十块钱，不方便，能不能想想办法？”言语已近哀求，而终不果。张廷玉的家谱因掌握在私人手上，师多方求观未果。直到 2009 年 8 月 31 日师躺在鼓楼医院的病床上，还对我说：“小武，今年桐城我去不了了，你和王思豪（时为南京大学文学院博士研究生，安徽桐城人）一定要去，带上照相机，想办法把张廷玉的家谱拍照回来。张家两代宰相，书香名门，家谱一定有可挖掘的东西啊。”2009 年 4 月 25 日在无锡图书馆看完《锦树堂钱氏宗谱》，回来的路上师对我说：“如果能给我一间房子，三四个研究生，每个月一万块钱经费，一个家谱研究中心就可以建起来了。无锡一个地级图书馆就收藏高质量的家谱四百多种。如果我们做，肯定会更好。还能利用家谱做些研究。”孝萱师没有因为年龄，而放弃对学术探索的期盼，始终在规划着。

六

卞孝萱师自学成家，好学敏求，尊师重道。晚年笔耕不辍，每日黎明即起，早餐后端坐窗前，阅读著述，及午方罢。每一稿成，反复修改，朱墨焕然。尝转述范文澜先生语曰："做学问你们是不知老之将至，我是不知死之将至。"教导学生每以范老"专、通、坚、虚"四字为要方，以志不忘师恩。

孝萱师把读书、撰文称为"用功"，有时在图书馆遇到，也不要我们起身，说："你们继续用功，不要起，我看看书。"他是图书馆来的勤、来的早、走的晚的读者，即便是晚年移家城郊，仍然是南京大学图书馆古籍部的常客。师对我说："每次打车进城来学校，第一件事情先看书，等精力用的差不多了，再去办取钱、寄信、拿包裹这些事。"古籍阅览室里第一个位置，时常能看到他满头白发危坐读书的身影。他会带很多大小不同的零碎纸片，遇到有用材料，便随手抄下，撰文时剪贴在文中。而说明书、广告、信封等纸张，也常常用来起草、写提纲。每一篇论文撰成，放在一个大的信封或档案袋里，除了有清抄稿外，还有各种剩余的碎纸材料。

初识孝萱师时，他虽已 81 岁，然耳聪目明，声若洪钟。不知从哪一天开始，师戴上了金属边的老花镜，有时还和我一起看文稿时把放大镜递给我，怕我看不到。我知道，师的精力已经渐渐不如前了；但我不知道，师会什么时候停下来休息一下。孝萱师逝世前两小时，尚与弟子胡阿祥教授谈韩愈之学，可谓"死而后已"矣。

在长达 60 年的学术生涯中，卞孝萱先生留下各类著述逾千万字。2010 年先生逝世周年之际，凤凰出版社将先生生前已经结集及已发表之著述，合并出版为七卷本《卞孝萱文集》，而整理、点校、主编之书不在其中。

卞孝萱先生，把自己的一生都献给了中国古典文化，直到生命里的最后一分钟。